景印香港
新亞研究所
新亞學報
第一至三十卷
第三三冊・第二十二卷

五十周年所慶特刊
總策畫　林慶彰　劉楚華
主編　翟志成

景印香港新亞研究所《新亞學報》（第一至三十卷）

景印本・編輯小組

總 策 畫

林慶彰　劉楚華

主　編

翟志成

編輯委員

卜永堅　李金強　李學銘　吳　明　何冠環

何廣棪　張宏生　張　健　黃敏浩　劉楚華

鄭宗義　譚景輝

編輯顧問

王汎森　白先勇　杜維明　李明輝　何漢威

柯嘉豪（John H. Kieschnick）科大衛（David Faure）

信廣來　洪長泰　梁元生　張玉法　張洪年

陳永發　陳　來　陳祖武　黃一農　黃進興

廖伯源　羅志田　饒宗頤

執行編輯

李啟文　張晏瑞

（以上依姓名筆劃排序）

景印香港新亞研究所《新亞學報》（第一至三十卷）

景印香港新亞研究所《新亞學報》第三三冊

第二十二卷　目次

珍重珍重——我對新亞校歌的體會	孫國棟	頁 33-15
荀子言「心可以知道」釋疑	唐端正	頁 33-25
墨學「言‧義」的哲理體系	陳啟雲	頁 33-35
雍正私生活的窮奢極侈	楊啟樵	頁 33-83
三十九卷本《拍案驚奇》對學界的影響	蔡海雲	頁 33-107
《清脾錄》作者與中國文士潘庭筠、李調元的情誼和文字交往	鄭健行	頁 33-115
漢代郡縣鄉亭之等級	廖伯源	頁 33-133
中國現代學術典範的建立：救亡思潮和胡適的《中國哲學史大綱》	翟志成	頁 33-149
福建在國史上地位的分析	李金強	頁 33-215
司馬氏篡魏軍政憑藉考	張偉國	頁 33-245
二十五史編纂時間緩速比較研究——附清史稿	黃兆強	頁 33-275
海上絲路與環球貿易——以十六至十八世紀中國海外貿易為案例	李木妙	頁 33-317

近三百年嶺南十家詞選析	韋金滿	頁 33-371
杜佑《通典》的經世本質	鄧國光	頁 33-393
論新詩人兼作舊體詩的原因	朱少璋	頁 33-413
明太祖朝貢貿易體制的建構與挫折	鄭永常	頁 33-471
東晉釋道安對佛經辨偽學之開創及其成就與影響	何廣棪	頁 33-513
修真與體道——陳希夷「無極圖」與周濂溪「太極圖」闡微	鄧立光	頁 33-531

景印本・第二十二卷

第二十二卷

新亞學報

新亞研究所

景印香港新亞研究所《新亞學報》（第一至三十卷）

第二十二卷

新亞學報

新亞研究所

景印香港新亞研究所《新亞學報》（第一至三十卷）

新亞學報

五十周年所慶特刊

景印本・第二十二卷

景印香港新亞研究所《新亞學報》（第一至三十卷）

《新亞學報》學術顧問

王業鍵	王爾敏	宋　晞	杜正勝	李潤生	李學勤
李豐楙	吳宏一	陳永明	陳祖武	張玉法	湯一介
單周堯	廖伯源	趙令揚	鄧仕樑	劉昌元	錢　遜
饒宗頤					

（按姓氏筆畫為序）

《新亞學報》編輯委員會

主任委員：鄭健行

編輯委員：鄭健行

李　杜

張偉保

執行編輯：張偉保

New Asia Journal
Editorial Board

Chairman, Editorial Committee:

KWONG Kin-hung

Editorial Committee:

KWONG Kin-hung

LI Tu

CHEUNG Wai-po

Editor

CHEUNG Wai-po

景印香港新亞研究所 《新亞學報》 （第一至三十卷）

前　言

陳志誠[*]

　　時光荏苒，新亞研究所成立至今剛好經歷了五十周年，猶憶一九五三年成立之初，它本來屬於新亞書院的一部分。新亞書院籼辦於一九四九年，幾經艱辛，於數年之後，不但穩定了書院的規模，而且還成立了研究所，使志切求學的學子，可以繼續深造。而書院的學制，亦基本上得到確立、完整，既有本科的大學部，又有提供深造機會的研究所，可說初步已符合了書院籼辦時的使命和理想。然而，隨着香港高等教育的急速發展，書院在六十年代中併入了中文大學，成為三間基本成員學院之一，而新亞研究所卻獨立開來，另謀發展。

　　本來，堅持研究所屬於新亞書院一部分，並且把經費也編入預算之中是當年加入中文大學條件之一，且已得到當時香港教育當局所認同，也為提議中大併合方案的富爾敦頓調查團團員所接受。可是，根據唐師君毅先生的憶述：「後來此報告書（按：指富爾敦頓調查團的報告書）之不為大家所信守，及許多與報告書相違的事情發生，是我們依中國文化中之道義標準所全想不到，亦不能理解，而令人十分遺憾的。」（見唐師《新亞的過去、現在與將來》一文）在這「許多與報告書相違的事情發生」當中，新亞研究所沒有併入中文大學並退出新亞書院是其中之一。自此之後，中文大學的新亞書院跟新亞研究所雖然關係依然密切，但終究是兩個不同機構，沒有任何統屬關係，各自的發展自然就很不相同了。

　　從新亞書院退出來的新亞研究所，對經費預算和發展規模無疑都有

---

[*] 本所現任所長。

一定影響，但也不致太嚴重。因為，我們所擁有的圖書冊籍、供研究用的資料都非常豐富，加上多年來跟海內外學術研究機構和學人所建立的珍貴友誼，讓我們的學術生命仍可連綿不斷，我們的研究活動仍可多采多姿。事實上，作為民間的學術研究機構，我們可以有更大的自由度，去追尋自己的理想，去培育我們認為值得培育的年輕學子，而不必受任何僵化制度的羈絆。這五十年來，曾經在研究所講過學的像錢穆、唐君毅、牟宗三、徐復觀、吳俊升、牟潤孫、全漢昇、嚴耕望、潘重規、孫國棟、陳荊和等各位獨當一面的大師。他們不但本身學問了得，成就非凡；更難得的，也更重要的；是他們在這塊海角南隅的商業社會，樹立了楷模，開出了風氣，播下了學術種子，培育了不少有為有守的年輕才俊之士。如今，這些青年學子大都學有所成，紛紛自立；或則位居上庠，或則繼續從事研究工作，成為中國文化的重要傳人。的確，前輩們的偉大，不在於其本身學問的博大精深，著作豐碩，而在於他們的人格精神對青年的感召，在於他們把學術推向社會並使之普及化。尤其以粉辦當時的境況來說，風雨飄搖，危機重重，中華文化已是花果飄零，國故文章僅餘氣息奄奄，最後終不致於萎靡凋謝，更得以再現生機，那是前輩學人堅毅卓絕、不屈不撓，抱着「知其不可為而為」信念的結果。要非他們具有堅持信守的高尚情操，孜孜不倦的為學為教精神，是無法成就如此事業的。

近年來，儘管研究所的條件沒有顯著的改善，辦學規模沒有太大的發展，雖然比起草創之初那種篳路藍縷的艱辛歲月好得多，但距離我們的理想仍然很遠。這最主要的原因，是作為後輩的我們，無論學養和魄力，都遠及不上我們的前輩學人，而各種內在的、外在的因素，也無法跟過去相比。俗語說：「創業難，守業更難。」我們現在正好深深感受到這句話的精義所在。如今，我們刻刻為念的，是前輩學人的風範氣度；我們絕不放棄的，是要恪守學術的真誠與尊嚴。這麼多年來，不管人事如何興替，也不管世局如何變遷；我們歷練不變的，是前輩學人昭

示的為學與做人的宗旨，是重視傳統文化的新亞精神。

要恪守學術的真誠與尊嚴，要重視學者們的研究成果，最具體的表現之一，是我們一直都維持《新亞學報》的出版。《新亞學報》的內容和水平，一直保持在學術的最高層次。經過這麼多年的努力，它已廣為學術界所認識、所認同、所重視。雖然它的出版，由每年兩期改為一期，但值得欣慰的是，這麼多年來，這本純學術刊物都極少脫期不出版。今年既已是研究所的五十周歲，我們自然也就要出版五十周年紀念專號。

《新亞學報》向來園地公開，歡迎外來投稿。今年的這一期，由於是五十周年紀念專號的關係，則以校友惠賜的稿件為主。這些稿件，內容充實，見解獨到；論據豐贍，析理精詳。具見作者深邃之讀書心得與超卓的學術水平，在各個不同的範疇內，相信都有很高的參考價值，應該是毋庸置疑的。

記得《新亞學報》一九五五年第一卷第一期的發刊辭中，曾以頗長的篇幅，提及考據與義理之爭，以及中學西學長短之辯，然後下一總結：「今欲矯其偏蔽，則仍當以考據義理為重，中學西學，以平等法，融之一鑪。當知言西方義理之說者，亦當守考據家法，纔知其所尊某項義理之真邊際，真性質。言中學的考據為能事者，亦當先擴大心胸，必知考據之終極，仍當以義理為歸宿，始知其所當考據之真意義，與真價值。如此則義理考據，固可相濟，而中學西學，亦可相通，又何事乎出主入奴，軒此輕彼，必先立一牢不可破之壁障以自限乎？本所同人，學問無可自恃，知識無以自信，自創設新亞研究所，每為此事，時相研討。上之所述，將勉奉以為詔示來學者的方嚮與準繩。自謂差免門戶之見，或有塗轍可遵。」於此紀念研究所五十周年所慶之際，細味前輩學者這番話，不但可使我們有一可遵循的既定方針與為學津梁，並且讓我們可以更堅定地面向未來：《新亞學報》將一本向來的宗旨，屏除門戶之見，以更開放的態度提供學術研討之所。

景印香港新亞研究所《新亞學報》（第一至三十卷）

新亞學報第二十二卷

目　錄

陳志誠	前言	
孫國棟	珍重珍重——我對新亞校歌的體會	1
唐端正	荀子言「心可以知道」釋疑	11
陳啟雲	墨學「言‧義」的哲理體系	21
楊啟樵	雍正私生活的窮奢極侈	69
蔡海雲	三十九卷本《拍案驚奇》對學界的影響	93
鄺健行	《清脾錄》作者與中國文士潘庭筠、李調元的 情誼和文字交往	101
廖伯源	漢代郡縣鄉亭之等級	119
翟志成	中國現代學術典範的建立：救亡思潮和胡適的 《中國哲學史大綱》	135
李金強	福建在國史上地位的分析	201
張偉國	司馬氏篡魏軍政憑藉考	231
黃兆強	二十五史編纂時間緩速比較研究——附清史稿	261
李木妙	海上絲路與環球貿易 ——以十六至十八世紀中國海外貿易為案例	303
韋金滿	近三百年嶺南十家詞選析	357
鄧國光	杜佑《通典》的經世本質	379
朱少璋	論新詩人兼作舊體詩的原因	399
鄭永常	明太祖朝貢貿易體制的建構與挫折	457
何廣棪	東晉釋道安對佛經辨偽學之開創及其成就與影響	499
鄧立光	修真與體道 ——陳希夷「無極圖」與周濂溪「太極圖」闡微	517

景印香港新亞研究所《新亞學報》（第一至三十卷）

珍重珍重

—— 我對新亞校歌的體會

孫國棟*

去歲十一月，接酈健行君來函，謂新亞研究所創辦五十週年將出紀念專刊，囑我撰一文。當時正值內人患重病，西醫束手，四方訪求中醫，心煩事忙，撰稿一事，竟爾遺忘。今年三月內人病況稍稍穩定，乃整理堆積之文件，得酈君函，自念畢業於新亞研究所，又承乏所長五年，當此創所五十週年，不可默無一言。惟遠處國外，資料難覓，不易寫學術性之論文。正徬徨間，晤王健武兄，偶談及賓四師當年撰校歌之情形，乃欲就校歌寫一抒情文。正擬下筆之際，忽從香港傳來噩耗，長女夫婦同日遇害。不禁魂飛魄散，驚悸失度，久久無法執管。惟截稿之期將屆，乃黽勉下筆，一以表感念師門之意，亦欲藉此自勉以渡橫逆。

（一）

〈新亞書院校歌〉雖只有一百五十一字，但充滿真情、充滿學問與智慧，同時充滿故國之思。所以要了解校歌，體會此校歌的精神，必須了解作者錢賓四師創辦新亞書院時的心境和他的教育理想。

最能表現賓四師當時心境的，是他於創辦新亞書院前後自撰的兩部著作的序文。一是民國四十二年（公元一九五三年）二月十日寫的《宋明理學概述・序》文中說：

> 顧余自念，數十年孤陋窮識，於古今學術略有所窺……雖居鄉

---

* 本所碩士（1957），本所前任所長（1979-1983），香港中文大學歷史系退休教授。

僻，未嘗敢一日廢學，雖經亂離困阨，未嘗敢一日頹其志，雖或名利當前，未嘗敢動其心，雖或毀譽橫生，未嘗敢餒其氣，雖學不足以自成立，未嘗或忘先儒之榘矱，時切其嚮慕，雖垂老無所自靖獻，未嘗不於國家民族、世道人心，自任以匹夫之有責，雖數十年光陰浪擲，已如白駒過隙，而幼年童真，猶往來於我心，知天良之未泯……民國三十七年（西元一九四八年）在江南大學，赤氛方熾……感觸時變，益多會心。三十八年（西元一九四九年）再度流亡……今年續成此書，此皆十年來大病大亂中所得……。

賓四師志節之貞烈，不為任何環境所動搖，垂老之年，天良未泯，童心猶存，在這種心情之下，創辦新亞書院，所以要了解〈新亞校歌〉，必先體會賓四師這種心境。

再讀賓四師於民國四十年（西元一九五一年）十二月一日所撰《莊子纂箋·自序》述其內心的感觸尤為深切。他說：

報載平津大學教授方集中思想改造，競坦白者踰六千人，不禁為之廢書擲筆而歎。念蒙叟復生，亦將何以自處？作逍遙之遊乎，則何逃於隨羣蝨而處褌；齊物論之芒乎，則何逃於必一馬之是期；將養其生主乎，則游刃而無地；將處於人間乎，則散木而且剪僬忽無情，混沌必鑿，德符雖充，桎梏難解，計惟鼠肝虫臂唯命之從，曾是以為人之宗師乎？又烏得求曳尾於塗中，又烏得觀魚於濠上。天地雖大，將不容此人，而何有乎所謂亦天地精神相往來。然而古人有言：焦頭爛額為上客，曲突徙薪處下坐。此六千教授之坦白，一言以蔽之，無亦曰墨翟是而楊朱非則已，若苟四十年來漆園之書，尚能索解於人間，將不至有若是。天不喪斯文，後有讀者，當知其內心之苦，實甚於考亭之釋《離騷》也。

可見賓四師之創辦新亞書院，用心之苦，是欲為往聖繼絕學。此種精神，一一浮現於校歌之中，所以特別指出「人」之尊嚴，以為斯文之

2

繼。如果我們能認知賓四師九十六年莊嚴的生命，對校歌的了解一定會更深切。

賓四師從十八歲開始，即致力於學術。以後八十年，從事研究、講學、著述、教育，未嘗一日中斷。八十年中，學術著作專書八十二種，文章五百餘篇。舉凡中國政治史、社會史、經濟史、文化史、經學史、思想史、文學史、以至歷史地理，無一不遍及。所關涉的問題，都是國史上的重大問題。他學問的廣博精深，架構之大，真可謂自南宋朱熹以後八百年中第一人。

民國二十六年（西元一九三七年）日寇侵華，中國奮起抗戰，初期中國東南沿海淪陷於日寇，國人憂疑大難之將作，賓四師四十四歲著《國史大綱》，從國史上的大關節處證驗中國之必不亡，以振奮人心。當時又有不少知識分子競逐西風，鄙斥國史，賓四師乃嚴正指出：「斷斷無一國之人相率鄙棄其國史而其國族猶可以長立於天地間者。」真可謂對當時之知識分子作獅子之吼。

民國七十四年（西元一九八五年）賓四師九十一歲，任台北文化大學博士班導師，六月九日作告別杏壇的最後一課。他最後的贈言是：「你們是中國人」。

民國七十九年（西元一九九〇年）賓四師九十六歲，近去世之前夕，對「天人合一」觀念更有新的體悟，於是撰最後一篇文章：〈中國文化對人類未來可有的貢獻〉，指出「天人合一是中國傳統文化思想的歸宿處，是中國文化對人類最大的貢獻。」可惜文章未完成，他便溘然長逝，未把他所體悟到「天人合一」的新觀念完全道出，這是非常可惜的。幸而他已指出途轍，將來學者循此途轍，更往前探求，必可得其全貌而貢獻於世界文化。

賓四師學術多方，而核心則在宋學。他自述說：

自問薄有一得，莫匪宋明儒之所賜。

他的教育理想，亦以宋代的書院制為楷模。

宋代承唐末五代之後，五代是國史上的大黑暗時代——政治敗壞、社會殘破，學術凋零、思想虛無、道德墮落，人幾乎無以自立為人。北宋承此大崩壞之餘，學者面對大難，認為要救國族的厄難，必須從教育工作挽救人心，使人能恢復人格，然後社會可以重建。所以宋代學者多是教育家，於是書院大興，莫不以重建人生為急務。宋代的國勢雖不及漢唐之盛，但學術與思想則遠超於漢、唐。中國文化的統緒乃得以延續。今日中國的情況，有些方面頗似五代。賓四師創辦新亞書院，不但要建立學術，同時要建設人生。把宋代書院的精神，寓於現代的大學制度之中，這番理想，表現於他所手訂的新亞書院的《學規》中。

《學規》第一條：求學與作人，貴能齊頭並進，更貴能融通合一。

第二條：做人的最高基礎在求學，求學的最高旨趣在做人。

第十六條：一個活的、完整的人，應該具有多方面的知識。但多方面的知識，不能成為一個活的完整的人，你須在尋求知識中來完成你自己的人格，莫忘失了自己的人格來專為知識而求知識。

第二十二條：起居作息的磨鍊是事業，喜怒哀樂的反省是學業。

第二十三條：以磨鍊來堅定你的意志，以反省來修養你的性情，你的意志與性情將會決定你將來學業與事業之一切。

第二十四條：……敬愛你的人格，憑你的學業與人格來貢獻於你敬愛的國家與民族，來貢獻於你敬愛的人類與文化。

不了解賓四師這番心情，就很難深切地體會校歌的精義。

（二）

校歌第一節：

> 山巖巖、海深深、地博厚、天高明，人之尊，心之靈，廣大出胸襟，悠久見生成。珍重、珍重，這是我新亞精神。

山巖巖，海深深、地博厚、天高明，是何等莊嚴的景象！它喚起人

莊嚴的情懷。人生有輕快的一面，也必須有莊嚴的一面，輕快由於感情的流動、灑脫；莊嚴由於感情的凝定、執着。人生如果全無輕快之情，則人生太淒苦，不足以完滿地實踐生命。但是，如果只有輕快而無凝定的感情，則人不能挺拔地站起來。因為要挺拔地站起來，必先有一定點，可以立定腳跟，然後可以挺立。所以要挺立，必須有凝定執着的感情。凝定而執着的感情，必帶有責任感，責任感是道德與理想的起點，正是人能挺立的起點。所以莊嚴的感情必不可無。

天地生化萬物。萬物在天地的懷抱中生生不息，此中實蘊藏無限的仁心。所以天地不是只晨昏晝夜、四時健行，毫無情意的大自然，它同時是雲山蒼蒼、江水泱泱的有情世界。它賦予人感情與睿思，於是人在此蒼茫的大地上發展出燦爛的「人之文化」。

在人之文化中不但每人均應被尊重為一個獨立自主的人，同時每人應自重為一有靈魂的人，不把自己作為工具，也不視別人為工具；不把自己作為追求物慾的工具；不視別人為實現自己物慾的工具。人人就自己才性之所長，開啟自己真實的理想，懷一顆敏感的心靈，去接觸自己的真生命，過一種真實的「人」的生活。

敏感的心靈常被人世的苦難所觸動，於是發願為救助世人的苦難而奉獻心力，是之謂理想。理想是公的，因為希望世間無有苦難是眾人心之所同。所以理想有普世的意義與價值。它與慾望不同，因為慾望只是個人的私企求（如權力慾、財富慾、地位慾⋯⋯等），與理想不同。而世人常誤認「慾望」為「理想」，新亞人必應知兩者不同而有所抉擇。

理想把人的心胸推廣。廣濶至極的胸襟如張載〈西銘〉所說的：「民吾同胞，物吾與也，天下之疲癃殘疾，皆吾兄弟之顛連而無告者也。」實現理想不但要有廣大的胸襟，還要有長遠恒久的毅力。因為有價值的事，不會一朝一夕，一蹴而成，所以要實現一個真正的理想，不但要突破一己的私念，還要突破耐心的限度，長時間對理想保持不厭不倦之情，把生命中最佳的力量奉獻出來。

當此舉世如狂地追求物慾的今日，新亞全人應有豪傑的氣慨，獨往獨來，不與流俗合污，為新亞理想的荷負者。

新亞校歌是新亞精神的讚歌，它要喚醒新亞全人人格的自覺，點醒新亞全人真實的生命，以廣大的胸襟，遠大的目光，把生命中最寶貴的力量獻給中國文化的長流。

（三）

校歌第二節：

十萬里，上下四方俯仰錦繡，五千載今來古往一片光明。五萬萬神明子孫，東海、西海、南海、北海，有聖人。珍重，珍重，這是我新亞精神。

這是對中國五千年歷史文化最深情的讚嘆。如果我們切實回顧中國五千年歷史文化，我們必定覺得這是真誠的讚嘆。

中國有壯麗的河山，有可歌可泣的歷史，有使人仰慕的聖哲，有驚天地泣鬼神的豪傑行誼，有數不盡優雅動人的文學藝術，有極豐富璀璨的文物，尤其重要的是有一貫串於歷史、人物、山河、藝術、文物中之道德精神的文化統緒。她陶冶出中國人特有的生活風格與情調，成為世上一個非常有個性的羣體。她的寬宏大度能搏合許多族羣而成一大民族。所以中國是由歷史、文物、山河、藝術、文學、文物所搏合而成的一有機體，她與現在國際上一些缺乏歷史文化的軍人政權不同。現代不成熟的政治學以為凡具備人民、土地、主權三者即可結構國家。他們只認識國家的體質條件，未認識到國家的精神條件，於是有些軍事強人，掠奪了土地、掠奪了人民，自建政權，即僭稱為國家。其實他們只是一些政權而已，與中國大不相同。當然，中國在體質條件上亦具備人民、土地、與主權。不過中國的人民，是指有數千年文化素養、具有中國文化氣質的人羣，不是如政治學上所指的自然人；中國的土地，是歷幾千

年沿革，幾千年整理，附着幾千年文物的人文地理，不同於現代政治學上所指的自然土地；中國歷史上的主權觀念亦與現代政治學上的主權觀不同。現代主權之說是由於近代國際間政權林立，為了保護本土的利益而設計出來的。中國歷史上是東亞的最大宗主國，四周圍的國家大都是中國的藩屬，各國行使其自主的權力並不互相衝突，所以各國有實際的行政權力，無須狺狺於主權的爭辯。所以現代政治學上憑人民、土地、主權三要素而結構成的國家，是淺化的、量化的國家。而中國則是有深度的、質化的國家。當然中國文化不是全無瑕疵的，任何民族文化都有她的弱點。因為文化是由多種因子配合結構而成，當各因子配合得宜，適合環境需求時，文化就表現得光彩奪目。但社會環境不斷在改變，當文化的各因子配合失宜，未能隨時改變不能與社會環境相適應，便表現黯淡無光。中國近百餘年來文化的因子失調，未能適合近代環境，至遭遇種種挫折，於是不少人因中國近百年的挫折而對中國文化失去信心。殊不知文化是具有生命的特質，它不斷在成長，不斷在新陳代謝──剝落腐朽的部分，又吸收養分新生一部分。只要文化生命的生機未斷，雖受斲傷，仍可再生。而且民族文化常寓有該民族賴以生存的力量，因為民族文化是該民族在長期奮鬥磨練中長成，它的性格必帶有一種克服困難的能力。尤其一個歷史長遠而成熟的文化，它的生命力必是極堅韌的。所以中國經歷數千年，曾遭遇不少挫折而終能渡過艱難而挺立於世，此證明中國文化的生命力很強健。我們更應進一步認知：文化生命的強弱，在於其成員當時所作貢獻的品質與多少而定。貢獻不可以空言，必來自其生命最真實、最精彩之處。新亞的教育理想，就在點醒人的真實生命，喚醒人真實生命的良知。校歌就是要興發一顆顆真實的心靈。

但是，有些人對新亞校歌可能仍存有幾點懷疑：

一、中國歷史上有不少極邪惡的人物，怎能說「今來古往一片光明」呢？

二、新亞精神似乎保守性較強，而進步性較弱？

三、新亞特別指出中國文化的優異性，此是否與當前排斥西方文化的「東方智慧論」相類似？

不清除這幾點疑慮，對新亞校歌終難有深入的體悟。

就第一點言，如果從個人觀察，則每人都有弱點與缺點。但是，如果從社會的總體看，則大多數人都盼望社會進步與光明。這就是社會能進步的最大力量。因此，人類社會雖有種種罪惡，而人類社會依然在進步，這是人性最大的光輝，同時表示人性本質的善良。所以中國人深信孟子的「性善說」。我們從此處體認，然後可以了解「今來古往一片光明」一語的意義。

就第二點說，新亞精神似乎保守性較強，而進步性較弱，不錯，我們必先認知保守不是一貶詞，只是表示一種態度。新亞書院的態度不是抱殘守闕，而是要保持原來有價值的精神，為原來有價值的東西拂去它表面的塵埃，使它再煥發光輝。我們必須認識，一切有價值的精神都來自人的真性情，是真性情的流露。所以道德精神是在每個人的身上，在每個人的心中。因此，就道德精神的本質言並無新舊之別，所不同的是表現的方式而已。新亞書院所欲保持的是人的真精神，也是道德的真精神，不是它所表現的方式。試看現在世人所歌頌的道德如人道、人格、正義、誠信……等，何一而非由二千多年來「性善論」所主張的「惻隱之心」、「是非之心」、「辭讓之心」而來。即使今日所歌頌的政治道德如人格尊嚴、民主、自由等觀念，亦無一不與「性善說」相通。試想倘使人性為不善。何有人格尊嚴可言？倘使人性為不善，如何可以付予民主之權？倘使人性為不善，又將何以寄託此自由之身？道德不會毫無根源而今日突發的，它必有淵源，必本於人性，由人性發育而來。所以今日所患者不是「保守」，而是正患不能保守原來有價值的真精神。能保守原來有價值的真精神，然後可以求進步。進步不同於改變，進步是要有價值的理想作為目標。向有價值的理想接近，才是進步，不向有價

值的理想接近只是「改變」，不是「進步」。現在世人熱心於求「改變」而不求「進步」。以「改變」代替「進步」，正是當前的流行病。新亞書院所追求的是有價值的進步，不是無價值無理想的改變。

至於第三點說新亞書院強調中國文化似乎與當前一些強調「東方智慧」以排斥西方思想者相類似。這點懷疑是對新亞精神最大的誤解。當然，中國文化是東方寶貴的智慧。惟其是智慧，所以必非排外的。凡有智慧的文化必不斷地吸收新養分以強化其自身。中國的政治觀念發展得較慢，亟需吸取西方的民主自由思想以加速中國政治觀念的發展。何況民主自由思想是近代政治思想的精神，與原來中國文化的真精神正相融合哩。只有「反智慧」的文化然後才會排外，中國文化必不排外。

中國文化最重要的智慧有二：一是肯定人的價值，所謂「立人極」；二是認取「性善」之說。惟其性善，所以人有最大的價值與意義。所以性善說與「立人極」是相一致的。此不但為中國人所自認，而且認為凡人類都如此，所以宋儒指出四海聖人，此心同，此理同。豈有半點排外的意思。現在排外的人喜歡用「民族大義」作為排外的理據，殊不知講求民族大義最重要的在健全民族的文化，追求中國文化的健康發展是講求民族大義的最重要課題。無論用任何藉口，排拒外來文化，都是一種反智慧的行為。

新亞創校的精神是繼承中國文化的性善說，所以特別標舉陸九淵所說東南西北四海聖人心同理同的話。願新亞人能體認人性的光明，體認文化的光明、歷史的光明，及自己內心的光明，更擴而充之。

（四）

校歌第三節：

　　手空空無一物，路遙遙無止境，亂離中流浪裏，餓我體膚勞我精，艱險我奮進，困乏我多情，千斤擔子兩肩挑，趁青春，結隊

向前行。珍重珍重，這是我新亞精神。

一無所有，一無憑藉，我們赤手空拳，只有滿懷理想，滿腔熱血。我們把全幅生命，為追求理想，投向無盡的未來。因為中國需要新生，亞洲需要新生，人類需要新生。道路雖然險阻，我們不害怕，我們會自我警策，環境雖然困乏，我們不氣餒，我們對理想愈見深情。責任雖重，道路雖長，我們願意承擔，願意承擔。我們用堅韌的毅力，用強壯的兩肩來承擔，我們以歡樂的情懷，無怨無尤地去承擔。讓我們都懷着青春的活力，結隊向前，因為我們都是新亞理想的荷負者。

荀子言「心可以知道」釋疑

唐端正*

　　荀子〈堯問篇〉謂荀卿懷大聖之心，其遺言餘教，孔子不過；只因迫於亂世，鰌於嚴刑，上無賢主，下遇暴秦，是以名聲不白，光輝不博。然而，荀學淵懿博瑋，在秦漢之際，有韓非、李斯為其弟子，董仲舒、王充為其流亞，而《大學》、《中庸》、《易傳》、《禮記》皆深受其影響，亦不可謂光輝不博。惟漢文帝列《孟子》於學官，立博士傳授，推崇有加；以荀子與孟子持義有別，不與《孟子》同列。揚孟抑荀，乃此自始。至宋明理學興起，揚孟抑荀之風尤烈，遂使荀學聲沉影寂，不復為儒者所重。

　　孔子仁智兼備，孟、荀皆推尊孔子，皆以成就內聖外王為目的。惟孟子偏於仁，荀子偏於智。苟能以此所長，補彼所短，必能使儒學獲致充實而飽滿之發展。今將荀學視同異端，使儒學於重智一面，有所偏廢，實為中國文化成長中之一大憾事。

　　揚孟抑荀之風，緣於孟子道性善，荀子道性惡。學者不求甚解，誤認兩家之說，如水火之不相容。如欲和會兩家，使之合流，共赴大海，則必須對荀子性惡之說，排難解紛。作者在〈荀學述要〉、〈荀子善偽論所展示的知識問題〉及〈荀學價值根源問題之探討〉（見《先秦諸子論叢》上下冊）諸文中，曾有所疏解。今再就荀子言心與道之關係，申述如下：

　　孟子論性善，認為人有良知良能。良知知善知惡，良能為善去惡。性善是就人有可以為善的先天根據而言，故〈告子上〉云：「乃若其情，則可以為善矣，乃所謂善也。」荀子言性惡，認為人性中沒有與生俱來

---

* 本所碩士（1957），香港中文大學哲學系高級講師，已退休。

之善，也沒有與生俱來的惡。〈性善篇〉所謂「惡」，是指爭奪生而辭讓亡、殘賊生而忠信亡、淫亂生而禮義文理亡而言。但這些「惡」，不是與生俱來的，而是人在後天一味順任好利、疾惡、好聲色等情欲時，才有這些「惡」。人有好利之性，不等於只有好利之性；正如人有情欲，不等於沒有心知一樣。在荀子書中，曾清楚地說明人有好利之性外，亦有好義欲善之性。今引述如下：

〈大略篇〉云：「義與利者，人之所兩有也。」

〈性惡篇〉云：「凡人之欲為善者，為性惡也。」

〈彊國篇〉云：「人之所惡者何也？曰：汙漫爭奪貪利是也。人之所好者何也？曰：禮義辭讓忠信是也。」

〈王制篇〉云：「水火有氣而無生，草木有生而無知，禽獸有知而無義。人有氣有生有知亦且有義，故最為天下貴也。」

〈非相篇〉云：「人之所以為人者，非特以其二足而無毛也，以其有辨也。……辨莫大於分，分莫大於禮，禮莫大於聖王。」

荀子既然要以「人之欲為善」證明性惡，則「人之欲為善」必然是與生俱來的、普遍而必然的性。「辨」既然是通向禮、分與聖王的根據，則這個「辨」必然不止於辨物，而同時也能辨義；不止能分辨知識，也能分辨道德。在〈性惡篇〉，荀子還說人是有可以為善的先天根據的。他說：

塗之人可以為禹。曷謂也？曰：凡禹之所以為禹者，以其為仁義法正也。然則仁義法正有可知可能之理。然而塗之人也，皆有可以知仁義法正之質，皆有可以能仁義法正之具；然則其可以為禹明矣。……今使塗之人伏術為學，專心一志，思索熟察，加日縣久，積善而不息，則通於神明，參於天地矣。故聖人者，人之所積而致也。

塗之人皆有的可以知仁義法正之質，此即與生俱來之良知；塗之人皆有的可以能仁義法正之具，此即與生俱來的良能。人皆有良知良能，又有

好義欲善之性，則其對人性的了解，與孟子無異；為甚麼荀子依然不主性善、而說「其善者偽也」呢？究竟孟、荀的人性論不同在那裏呢？其實孟、荀的差別，不在對人性內容上，而在對性偽善惡的定義上。孟子認為人有仁義禮智之端，有可以為善的良知良能，便可以說性善。但荀子認為仁義禮智之端，只是道德主體的道德意識，而非能達致正理平治、羣居和一的客觀善道。荀子所謂善，是偏重客觀的實效說的。〈性惡篇〉謂「凡古今天下之所謂善者，正理平治也。所謂惡者，偏險悖亂也。是善惡之分也已。」因此荀子不因肯定人有欲善好義和可以知仁法正之質與可以能仁義法正之具而說人性善。至於孟、荀對性偽定義之分歧，在孟子認為人本着仁義禮智之端和良知良能所作的一切存養擴充的工夫，都可以說是性。故告子謂性猶杞柳、義猶桮棬時，孟子即詰問：「子能順杞柳之性而以為桮棬乎？將戕賊杞柳而後以為桮棬也？如將戕賊杞柳而以為桮棬也，則亦將戕賊人以為仁義歟？」蓋孟子認為我們只能順杞柳之性而為桮棬，順人性而為仁義。順其本性而為，亦即是其本性。這和荀子言性偽的定義，顯然有別。荀子認為「不可學不可事而在天者謂之性，可學而能可事而成之在人者謂之偽。」（〈性惡篇〉）一切後天存養擴充的人為努力，荀子都認為是偽。荀子不以先天的性是善、又不以後天成就的善是性；這是孟、荀分歧的關鍵。

荀子不從人有可以為善的先天根據說性善，還因他有能與不能和可與不可的分別。〈性惡篇〉云：

> 曰：聖可積而致，然而皆不可積，何也？曰：可以而不可使也。故小人可以為君子，而不肯為君子；君子可以為小人，而不肯為小人。小人君子者，未嘗不可以相為也；然而不相為者，可以而不可使也。故塗之人可以為禹則然；塗之人能為禹，未必然也。雖不能為禹，無害可以為禹。……然則能不能之與可不可，其不同遠矣，其不可以相為明矣。

用我們今天「可能」與「現實」兩個相反詞而言，荀子所謂「可以」，

相當於我們所謂「可能」；而所謂「能」與「可使」，相當於我們所謂「現實」。人雖然可以為善，但不必能為善，因為人有了可以為善的先天根據後，還要「伏術為學，專心一志，思索熟察，加日縣久，積善而不息」，才能達致聖人的境地，才能建構禮義法度等客觀的善道。

一般人認為荀子既主張性惡，推論人性中不可能有善的根源，因此認為荀子所言的善道，完全不能說明其所從來。於是強作解人，謂作為學習對象的師法之化、禮義之道，是歷史文化遺留下來的產物。但經不起這些產物最初從何而來的詰問，又說這些善道原是些先天地生的形上實在，正如柏拉圖的觀念世界一樣。但荀子所謂禮義之道，明明說是由聖人產生的。〈性惡篇〉一則說：「聖人積思慮、習偽故，以生禮義而起法度。」再則說：「聖人化性而起偽，偽起而生禮義，禮義生而制法度。然則禮義法度疽，是聖人之所生也。」這又怎能說善道是先天地生的呢？

然則聖人是怎樣制禮義而起法度的呢？這些善道是怎樣產生的呢？現在我們先看看荀子所謂道是指甚麼東西。

首先荀子表明這個道是由人建構出來的人道。所以〈禮論篇〉說：「禮者，人道之極也。」〈樂論篇〉說：「禮樂之統，管乎人心矣。」〈儒效篇〉更說：「道者，非天之道，非地之道，人之所謂道也，君子之所道也。」

至於說這個道是怎樣建構起來的？建構這個道的目的是甚麼？〈正名篇〉說：「道也者，治之經理也。」〈榮辱篇〉云：「夫先王之道，仁義之統，詩書禮樂之分，彼固天下之大慮也，將為生民之屬長慮顧後而保萬世也。」由此可知，荀子所謂道，是個治道、為生民之屬長慮顧後而保萬世之道。它是天下的大慮，是長慮顧後的產物。「慮」就是權衡計慮、深思熟慮，這是心作出抉擇前的主要功能。〈正名篇〉云：「情然而心為之擇謂之慮。心慮而能為之動謂之偽。慮積焉、能習焉而後成謂之偽。」荀子說善是偽。而心之慮就是偽。慮若不是偽，則「慮積焉」也不可能是偽。人在「能為之動」之前，必先由心計慮權衡，作出抉

擇。禽獸的行為則完全受本能衝動和刺激反應所支配，也沒有抉擇的自由，沒有心的慮，只有「情然而能為之動」，而沒有「情然而心為之擇」，所以禽獸的行為無所謂善惡；也無道德責任可言。

「心為之擇」，並不是「離道而內自擇」。荀子在〈非十二子篇〉批評子思、孟軻「僻違而無類，幽隱而無說，閉約而無解」，大概就是說他們離道而內自擇。然則怎樣才是合道的抉擇呢？這首先便要有廣博的知識，學至於全盡。所謂「百發失一，不足謂善射；千里蹞步不至，不足謂善御；倫類不通，仁義不一，不足謂善學。學也者，固學一之也。一出焉，一入焉，塗巷之人也；其善者少，不善者多，桀紂盜跖也。全之盡之，然後學者也。」（〈勸學篇〉）學不但要全之盡之，還要通倫類、一仁義、知類明統。有螞蟻式知識，也要有蜘蛛式知識；然後將天下之萬事萬理，鋪陳於我們可以知道之心之前。故道是融會知識與道德的產物，相當於蜜蜂式的知識。

然而，荀子所謂學至於全盡，並不是泛濫無歸，如朱子所謂「即凡天下之物，莫不因其已知之理而益窮之，以求至乎其極」，而是要學有所止。〈修身篇〉曰：

> 夫堅白同異、有厚無厚之察，非不察也；然而君子不辨，止之也。倚魁之行，非不難也；然而君子不行，止之也。

〈不苟篇〉云：

> 凡以知，人之性也；可以知，物之理也。以可知之人性，求可以知物之理，而無所疑止之，則沒世窮年不能徧也。其所以貫理焉雖億萬，已不足以浹萬物之變，與愚者若一。學，老身長子，而與愚者若一，猶不知錯，夫是之謂妄人。故學也者，固學止之也。惡乎止之？曰：止諸至足。曷謂至足？曰：聖王。聖也者，盡倫者也；王也者，盡制者也，兩盡者，足以為天下極矣。

由此可見，荀子之智性活動，還是受德性所規範的。心的計慮權衡，不只是要計慮得失、權衡利害；也要計慮道義、權衡善惡。不但學要止諸

至足，慮也要止諸至足，才能建構出一個去禍得福的道來。故〈正名篇〉，云：

> 人無動而不可以不與權俱。……權不正則禍託於欲，而人以為福。福託於惡，而人以為禍。此亦人之所以惑於禍福也。道者，古今之正權也。離道而內自擇，則不知禍福之所託。

以上我們說明了荀子的道，以下我們便要說荀子言心。

荀子〈正名篇〉說：「心也者，道之工宰也。」〈解蔽篇〉云：「心不可以不知道。……心知道然後可道，可道然後能守道以禁非道。」王懋竑曰：「工乃主字之訛。」陳奐曰：「工，工官也。官宰，猶言主宰。」故道是由心主宰建構的。心的知道還可以說有認知的意義。心的可道、守道、以禁非道，則顯示出這個心有它的價值意識，能夠知善知惡；而且有道德意志，能夠為善去惡。然則我們的心是如何知道的呢？〈解蔽篇〉云：

> 人何以知道？曰：心。心何以知？曰：虛壹而靜。……虛壹而靜，謂之大清明。

荀子言心，雖有欲善好義之性，但其重點則落在清明鑒物的智心上。這個心，應而能藏，不像莊子的心應而不藏，但卻能「不以所已藏害所將受」。這個心又能同時兼知不同的對象，但卻能「不以夫一害此一」。人心雖有夢劇之擾動，卻能「不以夢劇亂知」。這個虛壹而靜的大清明心，如正錯而不動的槃水，可以照察一切。心只有能照見大理而無偏傷之患、蔽塞之禍，才能知道。故〈榮辱篇〉云：

> 為堯、禹則常安樂，為桀、跖則常危辱，……然而人力為此而寡為彼，何也？曰：陋也。……陋也者，天下之公患也，人之大殃大害也。

〈修身篇〉云：

> 凡人之患，偏傷之也。見其可欲也，則不慮其可惡也者；見其可利也，則不顧其可害也者。是以動則必陷，為則必辱，是偏傷之

患也。

〈解蔽篇〉又云：

> 人之患，蔽於一曲而闇於大理。……亂國之君，亂家之人，此其誠心莫不求正而自以為也，妬繆於道，而人誘其所迨也。……欲為蔽，惡為蔽，始為蔽，終為蔽，遠為蔽，近為蔽，博為蔽，淺為蔽，古為蔽，今為蔽。凡萬物異，則莫不相為蔽，此心術之公患也。……聖人知心術之患，見蔽塞之禍，故無欲、無惡、無始、無終、無近、無遠、無博、無淺、無古、無今，兼陳萬物而中縣衡焉，是故眾異不得相蔽以亂其倫也。

人都是求安樂、避危辱、不想國之亂、家之敗的，可見人的主觀願望都是好的。但由於知識淺陋，蔽於一曲而闇於大理，結果動則必陷，為則必辱。所以荀子要我們學至全盡、兼陳萬物，但又不為萬物之異所蔽。人要做到「眾異不得相蔽以亂其倫」，則心除了清明鑒物之外，仍要能權衡計慮，作出正確的判斷。故以衡為道，以道為古今之正權。但心要由權衡計慮而知道，再由知道而可道、守道、以禁非道，則心決不能止是個清明鑒物的智心。照業師唐君毅先生說，這至少也是個意志行為心。〈解蔽篇〉云：

> 心者，形之君也，而神明之主也，出令而無所受令。自禁也、自使也、自奪也、自取也、自行也、自止也。故口可劫而使默云，形可劫而使屈伸，心不可劫而使易意，是之則受，非之則辭。故曰：心容，其擇也無禁，其物也雜博，其情之至也不貳。（梁啟雄曰：「情讀為精。」）

這個自由自主的心，不但是個意志行為心，同時也是個有價值意識、道德意識的心。它不但是個智心，也是個仁心。但就荀子重視解蔽、防陋而言，心的主要功能，仍在智性上。因為只有豐富而確當的知識，才能建構出一個能為天下生民保萬世的道。

但是，荀子這個可以知道的心，並不一定能知道。正如可以為善的

7

性，並不就是善一樣。心要知道，仍然有許多養心和治心的工夫。因為人心有君子之心與小人之心；又有用心一和用心躁之別；故曰：「君子大心則敬天而道，小人則畏義而節。……小人……大人則慢而暴，小心則淫而傾。」（〈不苟篇〉）「螾無爪牙之利，筋骨之強，上食埃土，下飲黃泉，用心一也。蟹六跪而二螯，非蛇蟺之穴無可寄託者，用心躁也。」（〈勸學篇〉）因此，心要建構出一個「進則近盡，退則節求」的道，必須危微精一，計慮周詳，權衡允當。於是荀子特有後天的治心養心工夫。

荀子引道經云：「人心之危，道心之微。」（〈解蔽篇〉）危有警覺戒備的意思，微則達致恭敬和樂的境界。故曰：「處一危之，其榮滿側；養一之微，榮矣而未之。……危微之幾，惟明君子而後能知之。」（〈解蔽篇〉）心怎樣才能修養到微的境界呢？在達到微的境界之前，有強、忍、危三個階段。〈解蔽篇〉云：

> 孟子惡敗而出妻，可謂能自強矣，未及忍也。有子惡臥而焠掌，可謂能自忍矣，未及危也。闔耳目之欲，而遠蚊虻之聲，可謂危矣，未可謂微也。夫微者，至人也，何強、何忍、何危！故仁者之行道也，無為也；聖人之行道也，無強也。仁者之思也恭，聖人之思也樂；此治心之道也。

以上一段文字，頗有錯簡，今按己意調整如上。人在用心行道時，起初要用強，與外物不妥協。其次要用忍，使自己堅忍不屈。再其次便要提高警覺、戒慎恐懼，操心也危，慮患也深。最後才到達無為無強、恭強和樂的境界。人治心至危微精一，才能達致大人的境界。〈解蔽篇〉云：

> 萬物莫形而不見，莫見而不論，莫論而失位。坐於室內而見四海，處於今而論久遠，疏觀萬物而知其情，參稽治亂而通其度，經天緯地而材官萬物，制割大理而宇宙裏矣。恢恢廣廣，孰知其極；睪睪廣廣，孰知其德；涫涫紛紛，孰知其則。明參日月，大滿八極，夫是之謂大人。夫惡有蔽矣哉。

由上可知，欲本身並不惡，縱容欲不受心的節制才惡。心本身並非善，

修治此心使能權衡得宜，可否中理才是善。故〈正名篇〉云：

> 凡語治而待去欲者，無以道欲，而困於有欲者也。凡語治而待寡欲者，無以節欲，而困於多欲者也。有欲無欲，異類也，生死也，非治亂也。欲之多寡，異類也，情之數也，非治亂也。欲不待可得，而求者從所可。欲不待可得，所受乎天地。求者從所可，所受乎心也。所受乎天之一欲，制於所受乎心之多，固難類所受乎天也。人之所惡，死甚矣，然而人有從生成死者，非不欲生而欲死也，不可以生而可以死也。故欲過之而動不及，心止之也。心之所可中理，則欲雖多，奚傷於治。欲不及而動過之，心使之也。心之所可失理，則欲雖寡，奚止於亂。故治亂在於心之所可，亡於情之所欲。

由於荀子主性惡，而心有欲善好義之性，又能知道、可道、守道、以禁非道，似乎心是善的。心的善與性的惡，照理不能合而為一，於是有人主張荀子是心性分途的。所謂心性分途，是將可以為善的心，抽出於性之外，認為心不是性。抱這種見解的人，以為這樣才能解消性惡心善的矛盾。但依照我們上文所釋，荀子的性不是惡，只是可以流為惡。荀子的心也不是善，只是可以為善。荀子謂性是「生之所以然」、「不可學不可事而在天」、「性者，本始材樸也」，都與他全書旨意相符。甚至說善是偽，都沒有問題。問題在於他說性惡。本始材樸的性，是可善可惡、非善非惡的。以性惡來反對孟子性善，是用詞過當。如果性不是惡，心不是善，兩者都是中性的，則不必說心性分途。而且心之好義欲善，有可以知仁義法正之質與具，難道不是生之所以然的嗎？難道這些可以為善的良知良能，不是如可以見之明不離目、可以聽之聰不離耳嗎？何況荀子明明說「人生而有知……心生而有知」呢。（〈解蔽篇〉）心知既是生而有的，是生之所以然的，怎樣可以說心不是性呢？荀子說心可以知道，無異說性可以知道。只要我們理順了荀子的思想，則說性可以知道，和說性未善，其善者偽也，是沒有甚麼矛盾的。只是不可將性未善，說成性惡就是了。

景印香港新亞研究所《新亞學報》（第一至三十卷）

墨學「言‧義」的哲理體系

陳啟雲*

一、對過去詮釋的批評

(一)「兼愛」與「言／義」

關於墨家的思想學說，通常受到《孟子》〈滕文公下〉「墨子兼愛，是無父也」和〈告子下〉「墨子兼愛，摩頂放踵，利天下為之」的說法影響，大多以「兼愛」為其核心。梁啟超《墨子學案》在開宗明義第二章即標目為「墨學之根本概念＝兼愛」，謂：

> 墨學雖有十條，其實只從一個根本觀念出來，就是兼愛。孟子說：「墨子兼愛，摩頂放踵，利天下為之」這兩句話，可以包括全部墨子。[1]

伍非百《墨子大義述》謂：

> 諸子掊擊墨宗，大抵以兼愛為言。是兼愛乃墨宗通義也。今述墨子學說，自兼愛始。[2]

不敏在研讀和講授墨學時，總覺得此說法不能貫通或涵蓋整個墨學體系，甚至對墨學的源流 —— 如孔子與墨子的關係，墨子與孟子的關係，乃至墨子和墨子後學（新墨、別墨、墨辯）的關係 —— 以及墨子衰落的原因的解釋，都有偏失，需要進一步分析。

---

* 本所碩士（1958），現任美國 University of California, Santa Barbara 教授。

[1] 梁啟超《墨子學案》(1921年自敘；上海書店《民國叢書》據商務印書館版影印)，頁15。

[2] 伍非百《墨子大義述》(上海書店《民國叢書》據國民印務局1933年版影印)，頁23。

首先這種說法，源自以孟子為代表的後儒對墨學的攻擊。這種攻擊或則突顯對方學說和己方特別差異的地方，或則針對對方學說最大的弱點和最容易受人非議的地方; 這種攻擊很少平穩中允地照顧對方思想學說的整體層面。以孟子為代表的後儒反對「兼愛」，乃基於人之本性、人情自然「愛有等差」、「由近及遠」、「親親而仁仁」的基本立場，甚至推衍至「禮」有等差，「親親之義」等身分組合的社會、文化行為。

這種有等差的「愛」、「義」、和「禮」，是建立在社會文化中的「倫理」基礎上的「道德行為」。而以孟子為首的後儒則著重在把這種倫理道德，建立在「人性」的根源——「情」（「人情之所不忍」、「惻忍之心」、「羞惡之心」、喜惡哀樂之本源）。與此相比較，荀子著重把倫理道德之善行建立在社會文化對人的模塑、約制的機能; 墨學則著重把人的善行，建立在「義」理（理性・理念・原理・原則）的基礎上（說見下文）。由於墨學把人的善行建立在超越個人（尤其是個人的情的稟賦），而對個人行為有強制督導約束作用的「義」理上（《墨子》〈公孟〉:「夫義，天下之大器也，何以視人，必強為之」，分析見下文）。在「大義」的感召下，其徒「皆可使赴火蹈刃，死不旋踵」（《淮南子》〈泰族訓〉），「手足胼胝面目黎黑，役身給使，不敢問欲」（《墨子》〈備梯〉）。「生不歌，死無服……使人憂，使人悲，其行難為也……反天下之心，天下不堪。」（《莊子》〈天下〉），「彼勤生薄死，以赴天下之急，而姓名澌滅，與草木同盡者不知凡幾」（孫詒讓〈墨學傳授考〉。墨學強調的「兼愛」不是情愛，而是「以此教人恐不愛人，以此自行，固不愛己」（《莊子》〈天下〉），是矯逆基本人性人情的繩墨義理，所以為孟子等後儒攻擊的要點。【3】

【3】又見孫詒讓《墨子閒詁》（1910定本），附〈墨子後語〉引。以下引墨子文均出孫本。

（二）苦「行」與「言」

從哲理上分析，近代西方分析哲學把人所面對的領域分為兩大類別（或兩大層面）：一是「原理・道理・理念」的領域（中國傳統簡稱為「理」或「義理」），二是「行動・實踐・事實」的領域（中國傳統簡稱為與「理」對稱的「事」）。在西文中前者表現的句法是：

〔述言〕：「主詞」→「述詞」（verb to be）→「述語」（proposition）

（如：我——是——中國人）

而後者表達的句法則是：

〔動語〕：「主詞」→動詞（或再加「受詞」）

（如：甲——動怒）（或：甲——管理——乙）

對於後者（行動・實踐・事件）批判的第一情境，為此行動的成（功）或（失）敗；第二，為此行動成（功的結）果是有利或有害；第三，為根據此行動的成敗利害而評定其善惡。我們也可以說「管理」行動失敗便不能說「是」管理了（「述語」），但這已是後起的情境了。對於前者（原理・道理・理念）批判的第一情境為此述言（proposition）是否成立：述言是否真正表達述言的內容（真意），和其內容是否為真（真義、真理）。這「分析架構」表現在傳統中文用語上，約為：

〔義〕理 （意・旨・道）

↓

〔言〕言 （言以載道・辭達意・言盡意）

↓

〔行〕事 （成・敗・得失・利害）

最能代表這架構的是《論語》〈正名〉的一段話：「名不正，則言不順；言不順，則事不成（案以上論「言」）；事不成，則禮樂不興；禮樂不興，則刑罰不中；刑罰不中，則民無所措手足（案以上論「行・事」。）【4】

由於中西語法（尤其古漢語法）的差異，西方一些學者認為中國古

漢語無與 "verb to be" 等同之「述詞」，甚至認為古漢語只有「行動詞」而無「述詞」，因此沒有等同於西方 "proposition" 的「述語句」。既然「述語句」是表達「真理」內涵的型式，古漢語沒有此句法型式，便難以（甚或無法）表達「真理」內涵；以故古代中國人特別注重「行為」的意義和效應（成敗・利弊・得失）來判斷「是・非」、「真・偽」。[5]

上引《論語》「正名論」共分五段文字，其中第一段論「言」，第二段論「言」與「事」，第三至第五段論「事」，著重點似在後者（行・事）。其中「名不正，則言不順；言不順，則事不成」二段文字本來最能表達「理→言→事」的哲理分析架構。由于中國傳統思想中「名」與「理」的密切關係，馮友蘭一本「新唯實論」、「理想主義」即以「定義・理念・理想」釋「正名」，來解讀孔子「君君；臣臣；父父；子子」的「正名」論：「蓋一名必有一名之定義，此定義之所指，即此名之所

---

[4] 關於此問題的討論，參閱陳啟雲〈論語「正名」與孔子的真理觀和語言哲學〉《漢學研究》第10卷，第2期（1992.12）；收入陳啟雲《中國古代思想文化的歷史論析》（北京：北京大學出版社，2001）。Sun Zhenbin, "*Yan,* A Dimension of Praxis–The Chinese Perspective on Language," *Journal of Chinese Philosophy* 24 （1997），pp.191-208.

[5] A. C. Graham,"Being in Western Philosophy compared with Shih/Fei 是 / 非 and *Yu/Wu* 有 / 無 in Chinese Philosophy", *Studies in Chinese Philosophy and Philosophical Literature*（State University of California Press, 1990），pp. 322-359；宋繼杰中譯收入《場與有（5）：中外哲學的比較與融通》（北京：中國科學出版社，1998）。Chad Hansen, *Language and Logic in Ancient China*（Ann Arbor：University of Michigan Press, 1983），also "Chinese Language, Chinese Philosophy, and Truth", *Journal of Asian Studies* 46：3（May, 1983），pp.491-518, also *A Daoist Theory of Chinese Thought*（New York：Oxford University Press, 1992）。對 Hansen 說法的批評見陳啟雲（1992.12），又 " Chinese Language and Truth", *Chinese Culture* 31：2（June, 1990），pp.53-80。

指之物之所以為此物者，亦即此物之要素（啟雲案即 Essence 本質）。如君之定義之所指，即君之所以為君者，君君……上君字乃指事實上之君，下君字，乃指君之名，君子定義（啟雲按：為君之理，即作為理想之君之理念）。【6】

　　但傳統上或釋「名」為「名份」——即以正確的身份、地位、立場作出合適的言論；或釋「名」為「字」或「名號」——即以正當的字眼名稱來發言；於是「名不正，則言不順；言不順，則事不成」二段，所指也變成了「行為・行事・實踐」（約當於當代所謂 Speech-act）。然則整篇《論語》「正名論」便完全是討論「行」（行為・行事・實踐）的文字了。再加上後儒，由於孔子在《論語》中說：「敏于事，而慎于言」（〈學而〉），「先行其言，而後從之」，「慎言」（〈為政〉），「君子欲訥于言，而敏于行」（〈里仁〉）等等，因此特別著重「行為・實踐」，包括決定「行為・實踐」的內心修養功夫。以故西方學者很多以為傳統中國人只知道（或只關心）「行」或行為的效率效果，而沒有（或不關心）真理觀念；是以傳統中國文化的成就多是技術性的 "knowing how to do"，而缺少理論性的 "knowing what is"。【7】

　　這種說法，對孔子思想學說，是很大的偏差。我的分析，指出孔子教人「慎言」，不是不注重「言」及「言」之「真理內涵」，而是孔子極度重視「言」及其知性內涵，因此要人對此特別「慎」重。上引《論語》「正名篇」，在「正名」之前，孔子說：「君子于其所不知，蓋闕如也。」說的是如果沒有「知性真理內涵」，則應該寧缺無濫，這是尊重「知性真理內涵」而「慎言」。而在「正名」篇後，孔子說：「君子于其言，無所苟而已矣」正是重申「慎言」的說法。在其上，孔子又說：「故

─────────────────────

【6】馮友蘭《中國哲學史》（增訂本，台灣商務印書館，1993），頁85-86。討論見陳啟雲（1992）。

【7】Hansen（1983），（1992）。

君子名之必可言也，言之必可行也。」這和上表：「義理→言→行事」的分析架構是完全符合的。這也是《禮記・中庸》所說「博學之；審問之；慎思之；明辨之；篤行之」的意指。全文五節，首四節論「知・言・思・理」，後一節為「行」；正好補正「正名篇」二節論「言」，四節論「事」的一偏。

可惜孔子這些想法，被過於注重人本德行和對人本德行有決定性作用的「心・性情」和「修養・工夫」的後儒所忽視。因此連帶忽視了墨學中「言・義」的核心地位，而特別強調其與儒家「人本・德行」、「心・性・情」、「修養・工夫」違異的「苦行」和對苦行有決定性作用的源頭：「兼愛」（博愛）。更由於「苦行」、「兼愛」屬於「行・事」的領域，和「墨經」、「墨辯」屬於「言・義」的「名・理」學說連接不上，因此把與墨學中與「言・義」思想有密切關係的墨辯名理學說摒為「別墨」。這對墨學整個思想體系是嚴重的扭曲。這也抹殺了古代中國思想中可以與西方傳統「理想主義」及近代分析哲學（尤其語言分析與邏輯）對比的哲理傳統。墨學思想體系原本的中心是「言・義」，而不是「兼愛」、「苦行」。

（三）《論語》和《墨子》中重要觀念詞出現的頻率和比例

根據台北中央研究院史語所《漢籍全文資料庫》檢索，在《論語》中，如〈附表一〉所列，「仁」出現59次（21%），「禮」43次（15.6%），「言」80次（29%），「行」58次（21%），「義」20次（7.2%），「愛」8次（2.9%），「名」6次（2%），「辨」2次（0.7%），「辯」0次，八字共出現276次，（括弧中的百分比即照此總數取得）。這大略支持了近世新儒家認為在孔子心中，「仁」比「禮」略為重要的看法，也支持了上面我認為孔子心中「言」比「行」重要的主張。「義」的觀念，在孔子思想中已經出現，但尚未發展成熟。「名」、「辯・辨」觀念更是微不足道。這證實了我從前的分析，認為《論語》注重的是「言」

不是「名」，而《論語》〈子路〉「正名篇」「名不正，則言不順……則民無所措手足」五段文字之可疑，或至少不如文前「君子于其所不知，蓋闕如也」和文後「君子于其言，無所苟而已矣」二段話重要。【8】

《論語注疏》代表了後人對孔子這些觀念的想法和論釋，也代表了孔子以後這些觀念的發展變化。其中「言」的比重不變；「仁」、「行」、「禮」比重都減低了，可能因為在正統儒學中，這三辭都是司空見慣，無須多費文字詮釋；值得注意的是「禮」的比重變成高於「仁」，這是以禮教為重心的正統儒學的現象。「義」的份量大為增加，這是直接受到孟子的影響，也可能間接受到《墨子》的影響（《墨子》中「義」的份量，見後）。「名」、「辯」、「辨」的份量亦相對地增加很多（幾近三倍），象徵著孔子以後，名辨觀念漸興。

比對之下，如〈附表二〉所列，在《墨子》中，「仁」出現61次（約10%），「禮」17次（3%），「言」159次（27%），「行」117次（20%），「義」101次（17%），「愛」63次（11%），「名」40次（7%），「辯」25次（4%），「兼愛」則只有12次（2%）。這顯示「兼愛」所佔的文本份量很低；可能由於「兼愛」是複詞，但單詞「愛」所佔的份量還是很低。意義比較廣的「行」，份量比較高，但是和「義」、「言」的重要份量是不能比的。這大略支持了上面分析，認為「兼愛」、「行」不是墨學思想體系的核心，墨學體系的中心是「義」和「言」。

和《論語》對比，在《墨子》中，「仁」和「愛」二字加起來的成份為21%，比《論語》中的24%略減，但相差不遠；這是孔墨相近的地方。「仁」和「愛」分別計算，則在《論語》中「仁」（21%）的比重遠高於「愛」（3%），而《墨子》中，「仁」（10.2%）的比重略低於「愛」（10.5%）；顯示孔子的確以「仁」為本，而《墨子》則是化「仁」為「愛」，但「仁」、「愛」尚屬兼重；這是《墨子》繼承《論語》的大體而變化的發展。

【8】陳啟雲（1992.12）

《論語》本文與注疏相比較，顯示了「名」、「辨」觀念在孔子以前沒有可觀的發展，在《墨子》本文中「名」、「辨」、「辯」出現的總次數可與此相照應；在《論語》本文中，「名」、「辨」、「辯」出現的總數佔2.7%；在《論語注疏》中共8.4%；在《墨子》本文中共11.7%；在《墨子閒詁》中共15.4%；這顯示了，由孔子到墨子，到墨子後學，「名」、「辯」的繼續發展。不過在《墨子閒詁》中，「名」的份量大為增加，「辯」的份量略為降低，足見墨學和「名學」的後續關係。韓愈云：「辯生於末學，各務售其師之說，非二師之道本然。」是有見地的。【9】值得注意的是《墨子》本文中，「言」和「義」在一般認為是早期甚至是墨子本人學說的篇章如：〈尚賢〉、〈尚同〉、〈兼愛〉、〈非攻〉、〈天志〉、〈非命〉等，和一般認為是「新墨」或「別墨」學說的篇章如：〈經上下〉、〈經說・上下〉、〈大取〉、〈小取〉等，和屬於墨子後學的〈耕柱〉、〈貴義〉、〈公孟〉、〈魯問〉、〈公輸〉，和被認為可疑的（或被認為最重要的）〈親士〉、〈脩身〉、〈所染〉等篇，都有相當份量，顯示了「言・義」這主題觀念是貫通整個墨學體系的（〈附表三〉）。

以上是初步粗略的分析，下面再就墨學思想的義理體系作進一步詮釋。

二、《墨子》「言・義」的理論體系

(一)「兼愛」與義理的不同層次

過去討論《墨子》的思想體系，大多由「兼愛」為中心開始。《墨子》〈兼愛上〉：

> 聖人，以治天下為事者也，不可不察亂之所自起；當察亂何自

【9】韓愈《韓昌黎集》〈讀墨子〉，《墨子閒詁》〈墨子後語下・墨子通論〉引。

起？起不相愛……子自愛不愛父，故虧父而自立；弟自愛不愛
兄，故虧兄而自立；臣自愛不愛君，故虧君而自立。此所謂亂
也。……是何也，皆起不相愛。雖至天下之為盜賊者亦然。盜愛其
室，不愛其異室，故竊異室以利其室；賊愛其身，不愛人，故賊人
以利其身，以何也，皆起不相愛。雖至大夫之相亂家，諸侯之相攻
國者亦然。……天下之亂物（〈閒詁〉：物亦事也），具此而已矣。

這段文字針對「天下之亂事」的「起因」、「根源」在人不「兼愛」。
根治這個「亂因」的基本對策是「兼愛」。〈兼愛上〉繼云：

察此（亂事）何起？皆起不相愛。……若使天下兼相愛，國與國
不相攻，家與家不相亂，盜賊無有，君、臣、父、子皆能孝慈。
若此，則天下治。

這是一篇極為「雄辯」（Rhetorical）的文字；「雄辯」的一要素，是反
復申重。上引二節中，「……」省去文字，多屬「反復申重」之類。《墨
子》〈兼愛中〉：

子墨子曰：仁人之所以為事者，必與天下之利，除天下之害。

這裡把〈兼愛上〉的「聖人以治天下之亂為事」改為「仁人以與天下之
利，除天下之害為事」，就「不兼愛」和「兼愛」二事，「反復申重」。
墨子注重和強調「兼愛」，是很明顯的。能「兼愛」，才能「尚賢」（說
見後）；能「尚賢」才能「尚同」（說見後）；「非攻」是「兼愛」的一特
殊部分（「國與國不相攻」）；「天志」則是「兼愛」的最高道德指令：
「子墨子置天之（志）以為儀法」，「天……兼愛天下之人」（〈天志〉），
「天必欲人之相愛相利，不欲人之相惡相賊。」（〈法儀〉）。這是過去大
多數人對《墨子》思想體系的解說。

值得注意的是《墨子》論「兼愛」雄辯文字背後的「行事」思維範
疇，和屬於此範疇的關鍵辭語：「治天下為事」、「天下之亂物（事）」、
「具（具體、工具）」、「人（事）」、「身（具體之人）」、「勸（影響
行事）」、「為事者」（〈兼愛中〉一句二見）。如果我們把《墨子》全部

文字，都當作是「濟世」的「行事」，都是「治理天下」的政策，則「兼愛」自然是這「行事」的大本大源，這「政策」的根基：

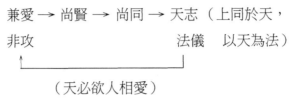

「兼愛」行事最高的境界是今存《禮記》中的〈禮運・大同〉：

> 大道之行也，天下為公；選賢與能，講信修睦；故人不獨親其親，不獨子其子……力惡其不出於身也，不必為己。是故謀閉而不興，盜賊而不作，故外戶而不閉，是謂大同。

這篇文字，不但在理想上，而且在辭語上，都和上引《墨子》有契合，甚至有人認為這原本是墨家而不是儒家的文字（正確的看法，應該是此理念原出孔子《論語》，而大成於墨學）。[10]

從哲學對「知・行」、「言・行」、「抽象普遍的道理・具體個別的行事」的範疇分析，則在「行事」、「政策」之先、之上、或背後，還有一「知識、原理」層次，就如「大道之行也」之先、之上、或背後，應有一「大道」，才能「行」此大道。

上引〈兼愛・上〉篇在提出「兼愛」作為「行事、為政」的根本觀念以前，尚有一大段話：

> 聖人以治天下為事者也，必知亂之所自起，焉能治之；不知亂之所自起，則不能治。譬之如醫之攻人之疾者然，必知疾之所自起，焉能攻之；不知亂之所自起，則弗能治。

從義理和文理上看，這段文字提出的「知」和知所關涉的「原因・原理」

---

[10] Joseph Needham, *Science and Civilization in China,* Vol.2（Cambridge University Press, 1969）, pp.167-168；中譯《中國之科學與文明（二）》（台北：商務，1973），頁 261-262。

（「亂之所自起⋯⋯疾之所自起」），都是文中提出「兼愛」的先決前提。
如同引文中「醫、病」的比喻，「醫理」（醫學原理、醫學知識）是先決
前提，由「醫理」找出「疾病的原因」，才能對症治療（行動、對策）。
〈魯問〉篇：

> 子墨子曰：「凡入國，必擇務而從事焉。國家昏亂，則語之尚
> 賢、尚同；國家貧，則語之節用、節葬；國家憙音湛湎，則語之
> 非樂、非命；國家淫僻無禮，則語之尊天、事鬼；國家務奪侵
> 凌，即語之兼愛、非攻。」

這也明白地提出「兼愛」只是根據所知的原理，針對「事故」、「病因」，
「擇務而從事」的手段、對策行為。知道了「理」（原理），「兼愛」便
如〈兼愛中〉篇所說「此何難之有」了。

不過，《墨子》不是不知道事實上「兼愛」之難；〈兼愛中〉接著
說：

> 此（兼愛之義）何難之有？特上弗以為政，士不以為行故也。

這更指明了「兼愛」屬於「政策」、「行為」的範疇層次，其難易也只
是在行為實踐的層次。

〈大取〉篇：「以故生，以理長，以類行也者。立辭而不明於其所
生，忘（妄？）也。今人非道無所行；唯有強股肱而不明於道，其困也
可立而待也。」這指出了「行」是最末的層次，其先決條件或所本所源
（「故」、「理」、「道」）則是屬於知識、原理範疇層次。〈經上〉開章
明義第一句便是：「故，所得而後成也。」〈經說上〉進一步說：「故，
小故，有之不必然，無之必不然。⋯⋯大故，有之必（然），無（之必
不）然。」[11] 不過《墨子》〈經上下〉、〈經說上下〉、〈大取〉〈小取〉
等主要是分析「理」、「推理」方法的文字，一般認為是後出的「別墨」

---

[11] 胡適《中國哲學史大綱（上）》台版改名《中國古代哲學史》（台北：遠流，1986），
頁181；又 Needham（中譯，1973），頁281；依《閒詁》改。

的作品。根據上面的分析，我認為這些篇章是與墨學全部思想體系一致的，但可能是其後續的專業發展。【12】和早期墨學乃至墨學全部思想體系息息相關的義理層次是「言、義」。

(二)「言」的哲理意義

在分析哲學裡，「言」（proposition）和行（action）是最為基本的二分析層面。前面約略從關鍵詞的檢索，顯示在《論語》和《墨子》中，「言」、「行」對比都是很重要的命題。《論語》強調「敏于事，而慎於言」；《墨子》〈尚賢中〉則主張「謹其言，慎其行，精其思慮。」《論語》對「言」有若干疑慮，因而持有保守態度，所以說：「先行其言」、「訥於言，而敏于行」、「言之不出，恥躬之不逮也」、和「君子恥其言而過其行」。【13】《墨子》〈兼愛下〉則說：

> 言若此，行若此；……言不然，行亦不然；……言相非，而行相
> 反……言必信，行必果；言行之合猶合符也，無言而不行也。

意雖相近，但卻強調「言、行」間的因果關係：言在前是因，行在後是果；言是行的根源。〈節用下〉：「言即相非，行即相反」意指亦同此。【14】

墨學在言、行對比之間，特別重視言的主要論述，出現在〈公孟〉篇和〈魯問〉篇。〈公孟〉篇：

> 二三子復於子墨子曰：「告子曰：言義而行甚惡，請棄之。」子
> 墨子曰：「不可，稱我言以毀我行，愈於亡……今告子言談甚

【12】 胡適（1986），馮友蘭（1993），Needham（1969，中譯1973），都把「別墨」從墨學體系分開，另作處理。Benjamin Schwartz, *The World of Thought in Ancient China*（Harvard University Press, 1985），Ch. 4, 的看法則與筆者相近。

【13】 陳啟雲（1992.12）。

【14】 陳啟雲（1992.12）。Sun Zhenbin（1997）.

辯，言仁義，而不吾毀，猶愈亡也。」

這段話可涵孕幾種重要意義，也引起了後人不少爭議。

首先，「告子曰……」句，文意不清楚。孫詒讓《墨子閒詁》云：

顧云：「『曰』當為日」。蘇云：「……或為『口』字之訛。……
然此告子自與墨子同時，後與孟子問答者當另為一人。」案：
「曰」字不誤，此文當作「告子曰『墨子言義而行甚惡』。」，蓋
告子嘗以此言毀墨子，而二三子為墨子述之，故下文墨子云「稱
我言以毀我行」，又云「告子毀猶愈亡也」。……顧、蘇說並未
憭。又案：《孟子》〈告子〉篇趙注云：「告，姓也。子，男子之
通稱也。名不害，兼治儒墨之道者，嘗學於墨子。」趙氏疑亦隱
據此書，以此告子與彼為一人。王應麟、洪頤煊說並同。然以年
代校之，當以蘇說為是。

張純一《增訂墨子閒詁箋》（1922年敘本）極力反對孫說：

愚案：曰當從蘇顧二校作日……。孫說並非，其以毀為毀墨子尤
誤。蓋二三子以墨子之教，言行一致。今告子行不顧言，即是毀
墨子之行，故請棄之；……非必毀墨子之所行也，即令是毀墨子
之行，然猶稱其言；亦足見其言不足以遷行，不能如墨子繩墨自
矯。故下文云稱我言以毀我行，又云言仁義不吾毀，足證告子曰
言義而行甚惡甚明（？）。決不當增墨子二字，作告子曰墨子言
義而行甚惡也。

但他在後來的《墨子集解》（1931年敘本）中，把這段案語全部刪除，似
是改從孫說。吳毓江《墨子校注》引《閒詁》則只引前文孫詒讓「又案」
語，而把「又案」以前的孫氏案語全部刪去，似又回歸張純一在1922年
的看法。【15】

【15】張純一《增訂墨子閒詁箋》（台北：藝文1975），頁257；《墨子集解》（台北：
成文，1975），頁593-594。吳毓江《墨子校注》（北京：中華，1993），頁730。

這裡牽涉的是到底「言義而行甚惡」是「告子」批評「墨子」的話，所形容的是「墨子」；抑或是二、三子批評「告子」的話，所形容的是「告子」。根據下文墨子自云：「（告子）稱我言以毀我行」，「言義而行甚惡」是「告子」批評「墨子」的話。再下文：「告子言談甚辯，言仁義而不我毀」，指的是告子本身長於言辯，但在言辯仁義的共同命題上，卻沒有非難墨子之言義，這與「（告子）稱我言」前後符合。再下文「告子毀」則指的是前文「（告子）毀我行」，亦前後相符。所以孫詒讓認為「此文當作：告子曰：『墨子言義而行甚惡。』」是正確的解讀。

對於告子認為墨子之言論（學說）很好，但「行事」卻很壞，墨子的反應是很奇特的。他認為告子能「稱讚（或稱道）我的言論」，就算「同時也非議了我的行事」，總比「不稱讚我的言論好得多」。這表明了墨子非常重視「言論」（學說）的價值。

這段文字在另一層次上則顯示了墨學對論辯的基本態度。戰國中晚期關於「論辯」有兩種不同的立場，第一類「辯」是以「論辯」作為打倒對手贏得勝利的手段；《孟子》排拒楊墨，罵楊朱墨翟為「無父、無君」、「是禽獸也」，以及《戰國策》中記述很多「縱橫家」策士之言屬於此類。《韓非子》〈外儲說左上〉一再提到「（墨子）其言多而不辯」指的應是這一類的「辯」。第二類「辯」（「辨」）是以「論辯」作為「分析」、「推斷」以求得「真知、真理」的方法；墨學大部分的「論辯」，特別是被稱為「墨辯」的學說，都是屬於此類。墨子對告子批評他「言義、行惡」的反應表現得平心靜氣、很客觀，不作意氣之爭，而是站穩了自己「重言」的立場，接受和稱讚了對方的批評。韓愈論孔墨的異同，認為「辯生於末學，非二師之道本然」，指的是第一類的「辯」[16]。

這裡還有另外一個問題：引文「行惡」的惡和「言義」的義，後人多從儒家道德價值觀念，作為「善‧惡」解釋。但「義」、「惡」在古

【16】 韓愈《韓昌黎集》〈讀墨子〉，《墨子閒詁》〈墨子後語下‧墨子通論〉引。

代還有一層「非道德」、「超道德」的意義。就如「義」有「意義」之義;「德」有「善德」,也有「凶德」、「穢德」等「本質」的意旨。「惡行」可以指道德敗壞的行為,也可以指非常困難、艱苦的行事;如「窮山惡水」,不是指道德敗壞的「山水」,而是指「窮困艱苦」的境地。按照這解釋,「言義、行惡」是告子批評墨子的理論,認為墨子的言論是很好、很正確,但太難實行了(不是行為敗壞)。這正是多數人對墨學的批評。《莊子》〈天下〉篇:批評墨學「其行難為也……以自苦為極。」馬司談《論六家要指》批評墨學「儉而難遵」。都是著例。《墨子》〈兼愛中〉也承認「兼愛之義」的難處,是「上弗以為政、士不以為行」甚至「自古及今未有能行之者也。」等「行事、實踐」上的困難問題。

上引〈公孟〉篇關于墨子與告子的對話,還有一段下文:

> 告子謂子墨子曰:「我治國為政。」子墨子曰:「政者,口言之,身必行之。今子口言之,而身不行,是子之身亂也。子不能治子之身,惡能治國政?」

這是引起後人認為上文「言義而行甚惡」是墨子形容告子的話的原因。這段話的確有「言義行惡」的涵義,但這是墨子批評告子「為政」的行事行為,和上文主題在「言義」屬於二種不同層次。「為政」是一種「行」事,因此「必行」、「能治」等行為是最基本的行事,但不能應用到「言義」的層次上。關于「言義」與「為政」的不同層次,上引〈公孟〉篇在「言義行惡」文之前,有一段文字:

> 有游於子墨子之門者……欲使隨而學。子墨子曰:「姑學乎,吾將仕子。」勸於善言而學。其年,而責仕於子墨子。子墨子曰:「不仕子。子亦聞夫魯語乎?……勸於善言……子不學,則人將笑子,故勸子於學。」

這說明墨子認為「善言」(好的學說)是「學」(學問、求知識)的內涵;是出「仕」為政等行事的先決條件。

《墨子》書中,有很多處「子墨子曰:……」都寫作「子墨子言

曰：……」如〈尚賢上、中、下〉、〈尚同上、下〉、〈兼愛中、下〉、
〈非攻中、下〉、〈節用中〉、〈節葬下〉等等。「言曰」不是文義重覆，
而是標明「墨子的言論學說是……」。其申重的是「墨子的學說」而不
是「墨子個人」。子墨子也自己關注到：「子未察吾言之類，未明其故」
的問題（〈非攻‧下〉）。在〈尚賢‧中〉（2：10b），墨子更表述了他對
自己的學說（「言」）的信心：

> 以尚賢使能為政而治者，夫若【吾】言之謂也；以下賢為政而亂
> 者，若吾言之謂也。

在〈尚同上、中〉篇，墨子的「尚同」行事政策是：

> 去若不善言，學鄉長之善言；去若不善行，學鄉長之善行；則鄉
> 何說以亂哉？……。去若不善言，學國君之善言；去若不善行，
> 學國君之善行；則國何說以亂哉？……去若不善言，學天子之善
> 言；去若不善行，學天子之善行；則天下何說以亂哉？

因為「尚同」是在行事政策層次，所以要提「善行」，但即使是在此層
次，墨學還是十分注重「言」和「說」。

在墨子最受人重視的「兼愛」學說裡，〈兼愛上〉談的大部份是實
踐上具體的「兼愛」。〈兼愛中〉已由具體的「兼愛」轉為比較廣義的「兼」
的理念原則（「兼則善矣」），以及「言」與「行」對比的問題——提出
「今天下之士君子曰：然乃若兼則善矣，雖然不可行之物也……子墨子言
是非，其譬也……自古及今，未有能行之者也」，來比對墨子之言：
「……此言禹之事，吾今行兼矣」。〈兼愛下〉討論的更不是「愛」（改
用「仁」字），而是「兼」與「別」，和「兼之言」與「別之言」的對
比——「兼是也……且鄉吾本言曰：……是故子墨子曰：別非而兼是
者……」，「非兼者之言」、「別士之言」、「兼士之言」、「別士之言
若此，行若此；兼士之言不然，行亦不然」等等針對學理言論的辨析。

這裡關於正反、是非的辨析，墨學只以「兼士之言」和「別士之言」
等命題作論理之「辨」，而不是指名道姓地去攻擊某特定思想家或門

派。這也照應了前面關於墨子「辨」而不「辯」的討論。

關于「言」勝於「行」的緣故,〈魯問〉篇的論證是:

> 魯之南鄙人有吳慮者……謂子墨子:「義耳義耳,焉用言之哉?」
> 子墨子曰:「翟嘗計之矣。……一農之耕,分諸天下,不能人得
> 一升粟……其不能飽天下之飢者,既可睹矣。……一婦人之織,
> 分諸天下,不能人得尺布。……其不能煖天下之寒者,既可睹
> 矣。……王公大人用吾言,國必治;匹夫徒步之士用吾言,行必
> 脩。故翟以為雖不耕織乎,而功賢於耕織也。」
> 吳慮謂子墨子曰:「義耳義耳,焉用言之哉?」子墨子曰:「籍
> 設而天下不知耕,教人耕,與不教人耕而獨耕者,其功孰多?」
> 吳慮曰:「教人耕者其功多。」子墨子曰:「籍設而攻不義之國,
> 鼓而使眾進戰,與不鼓而使眾進戰而獨進戰者,其功孰多?」吳
> 慮曰:「鼓而進眾者其功多。」子墨子曰:「天下匹夫徒步之士
> 少知義,而教天下以義者功亦多,何故弗言也?」

文中的吳慮是個人德行很好的力行者,和《孟子》說到的農者許行
是同類人。文中第一段指出個人的力行,效果很少(具體、特殊之有
限)。普遍性的大原理、大原則的效果和影響力則很大。第二段,吳慮
提出就算如此,有好的原理原則(義)就夠了,何必需要「言」。墨子
的回答是:就算有了很好的原理、原則(知識),如果這些原理、原則
只有一個人去力行(如獨耕),功效還是有限;必須用言論,把這些原
理原則(義)(耕的好知識)普遍化(教人耕、教人義),效果影響便大
得多了。這是述說普遍原理原則的「言」,遠比具體個別的「行」重要
的理由。對於西方學者批評傳統中國人只知道(或只關心)「行」,而沒
有(或不關心)真理觀念的述言,這是有力的反證。[17]

---

[17] Hansen(1983);馮友蘭(1993),頁9-11。討論見陳啟雲(2001),頁86-88。

「事」、「理」的層次架構

層次	範疇（義理）	範疇（實存）	墨學詞彙
先驗	本體	具體	天
	（道、理）	（宇宙、物自身）	天志｜事、物
知覺	推理知識	感覺經驗	知｜意
	理	事	辯（辨）
表達、實踐	言	行	言、語、說 ———— ｜行、事、政 兼愛、尚賢、尚同、非攻

（三）「言」的意旨：「知」

上節討論墨學認為「言」比「行」重要，因為「行」是個人的，個「別」的；而「言」則超越了個「別」，有溝通個別的「普遍性」和客體化的功能而產生集體、共同、「大我」的行動，亦即〈兼愛，中、下〉所極為注重的「兼」。這種普遍化客體化的「言論」功能是非常厲害的。《墨子》〈耕柱〉說：

> 巫馬子謂子墨子曰：「我與子異，我不能兼愛。我愛鄒人於越人，愛魯人於鄒人，愛我鄉人於魯人，愛我家人於鄉人，愛我親於我家人，愛我身於吾親，以為近我也。擊我則疾，擊彼則不疾於我，……故有我有殺彼以【利】我，無殺我以利【彼】。」子墨子曰：「子之義將匿邪，意將以告人乎？」巫馬子曰：「我何故匿我義？吾將以告人。」子墨子曰：「然則，一人說子，一人欲殺子以利己；十人說子，十人欲殺子以利己；天下說子，天下欲殺子以利己。一人不說子，一人欲殺子，以子為施不祥言者

也；十人不說子，十人欲殺子，以子為施不祥言者也；天下不說
子，天下欲殺子，以子為施不祥言者也。說子亦欲殺子，不說子
亦欲殺子，是所謂經者口也，殺常【子】之身者也。」

但客體化的「經口之言」雖然厲害，卻只是一種工具。言之善與不善，有利抑或有害，決定在「言」的內容。

「言」的內容，墨學首先注意的是所包含的「意」、「義」；而這意義要表達正確的知識（「知」、「智」）。由於這種知識的普遍客觀性，「言」不但可以超越和溝通個別，還可以超越時間而貫通古今。〈尚賢中〉：

子墨子言曰……故以尚賢始能為政而治者，夫若言之謂也，……
且以尚賢為政之本者，亦豈獨子墨子之言哉？此聖王之道，先王
之書，距年之言也。

這裡「距年之言」是超越時空距離之「言」。〈尚賢下〉：

是故昔者堯之舉舜也，湯之舉伊尹也，……惟法其言，用其謀，
行其道。上可而利天，中可而利鬼，下可而利人，……故書之竹
帛，琢之槃盂，傳以遺後世子孫。於先王之書……女何擇言
人？……堯舜禹湯文武之道可及也。是何也？則以尚賢及之，於
先王之書，暨（距）年之言然。

這裡說的也是超越時空距離之「言」。這些「言」在古代（昔）所包涵的內容——「謀」和「道」——可以利天、利鬼、利人；可以「書」寫下來，超越時間而「傳」諸後世。墨學主張尚賢，是因為賢人從這些超越時間的先王之「書」裡，可以上及「堯、舜、禹、湯、文、武之道」。因此墨學「尚賢」，主張以「言」擇人，和《論語》〈衛靈公〉說的「君子不以言舉人」頗不相同。

「言」本身有其功能，但其重要性主要是在其包涵的內容（如上文的「其謀」、「其道」）。關於這問題《韓非子》〈外儲說左上〉有一段話：

楚王謂田鳩曰：「墨子者，顯學也。其身體則可，其言多而不辯
何也？」曰：「昔秦伯嫁其女於晉公子，令晉為之飾裝，從衣文

之媵七十人，至晉，晉人愛其妾而賤公女，此可為善嫁妾而未可謂善嫁女也。楚人有賣其珠於鄭者，為木蘭之櫃，薰以桂椒，綴以珠玉，飾以玫瑰，輯以翡翠，鄭人買其櫝而還其珠，此可謂善賣櫝矣，未可謂善鬻珠也。今世之談也，皆道辯說文辭之言，人主覽其文而忘有用。墨子之說，傳先王之道，論聖人之言以宣告人，若辯其辭，則恐人懷其文忘其直，以文害用也。此與楚人鬻珠，秦伯嫁女同類，故其言多不辯。」

文中，楚王之問顯示了當時墨學是「顯學」，而時人已認為其學特點之一是「身體力行」，前面已討論過；特點之二則是「言多」，這是上節和本節討論的重點；至於「不辯」，在前面也已指出墨學不注重以外在言談勝人的雄「辯」，而十分注重分析「言語」、「論說」內涵哲理（真理）的分「辨」。本段引文中，田鳩對「言多而不辯」的解釋證明了這論點。田鳩說「今之談也，皆道辯說文辭之言」（勝過對手，贏得人主信用的雄辯），這只是「言語」、「論說」外表的裝飾，就如嫁女的「從媵」和藏珠的「木櫃」一樣；「言語」、「論說」的重要價值，在其內涵的主旨，就如「木櫃」裡的「珠」，嫁女儀式中的「女」一樣。墨學要「辯」的是「言」之內容。

《墨子》〈修身〉篇說：

言無務為多，而務為智，無務為文而務為察。

「智」、「察」是分析（辨）檢定（察）真理。〈非攻下〉說：

是故古之知者之為天下度也，必順慮其義，而後為之行，是以動則不疑，速通成，得其所欲……則知者之道也。

關於原理原則（義）的正確的「知」（真理）是「行事」能夠成功的先決條件，是墨學「言必信，行必果」（亦在〈修身〉篇）的信念的基礎。〈經上〉：

聞，耳之聰也，窮，或有前不容尺也。循所聞而得其意，心之察也，盡，莫不然也。言，口之利也。執所言而意得見，心之辯也。

也是這個意思，不過卻進一步提升了「意」、「心」、「察」、「辯」（此「辯」之意旨亦是「辨」）的重要性。比較起來，個人感官所得的經驗（「聞，耳之聰」），是有「窮」的，其份量更是有限的，「前不容尺也」：個人耳朵很好，但直接能聽到的是很短距離的。「言」在「行事」上雖然很重要，是口之利，但它的功能在使人「執言而意得」。在墨學裡，「行」與「言」屬於二大不同層面；和「言」同在一大層面，構成「言」內涵的是「知」、「理」、「意」、「義」。根據中央研究院《漢籍全文資料庫》，在《墨子》文本中，「言」出現了159次，「知」出現了128次；二者大約相當，分佈亦遍及全書大部分篇章。比較起來，「行」出現了117次，「義」則出現了101次（〈附表二〉）。

墨學討論了：「知要故」（〈所染〉）、「知天」（〈法儀〉、〈非儒〉、〈經上、下〉、〈大取〉、〈貴義〉、〈公孟〉、〈魯問〉）、「知戒」（〈七患〉）、「知為宮室……知為衣服……知為飲食……知為舟車……」（〈辭過〉）、「知其然」（〈辭過〉、〈尚賢中、下〉、〈尚同中、下〉、〈兼愛上〉、〈非攻中〉、〈天志下〉、〈非樂上〉、〈公孟〉）、「知所以行之術」（〈尚賢中〉）、「知吉與凶」（〈非攻中〉）、「何以知」（〈天志下〉）。

西方漢學家中有很多人認為中國傳統的「知」大都為「行」之附，只是知道如何去做（行事）（Knowing how to）而不注重事件本身和「行」的「原理為何」（Knowing what is）。上引《墨子》「知所以行之術」以及「知為宮室……」類乎此。但《墨子》「知為宮室……」一大篇文字，並不是單純直接敘述「怎樣去做」，而是討論「為宮室……」所需要的知識，而且這「知識」是普遍化、客觀化的。上面在討論〈兼愛〉篇時，已指出墨學在提出「兼愛」作為「治亂」的行事對策之前，先分析「亂」何以起的原因。《墨子》討論「尚賢」、「尚同」，也是以析論「何以知尚賢之為政本也」（〈尚賢中〉），「何以知尚同一義之可（知），而為政於天下也（行）。」（〈尚同下〉）為前提。故：

子墨子言曰：知者之事，必計國家百姓所以治者（知）而為之

（行），必計國家百姓之所以亂者（知）而辟之（行）。（〈尚同下〉）

指的都是具有客觀性、普遍性的「理」。

當然就人本身而論，「知」、「察」、「辯（辨）」、「度」、「慮」、「疑」，都是心靈的運作活動，因此也屬於廣義的「行」的層次。但《墨子》〈經下〉分析「知」時，特別提出：

物之所以然，與所以知之，與所以使人知之，必不同。

「物之所以然」是物自身之理，是客觀地存在的；「所以知之」是人「心知」的活動（「察」、「辯」、「度」、「慮」），但其「知」的對象（「知之」的「之」）仍是客觀地存在的物自身之理。「所以使人知之」則是把「獨（「別」）知」變為「通（兼）知」的作為與行事。〈天志下〉、〈明鬼下〉、〈經上、下〉、〈經說上、下〉等篇對「知」還有技術性的專門分析。

這是對西方人認為中國傳統思想沒有「知識論」和「真理觀」，只知道如何去做（行），而不注重「原理為何」的說法的重要反證。可惜後儒因為注重墨學「兼愛」、「尚賢」、「尚同」等行事策略，而近人研究則側重屬於「墨辯」部分的〈經〉、〈經說〉、〈大取〉、〈小取〉等篇章關涉對「知識」和「真理」專門技術性的探究，並另類歸入「後墨」、「新墨」、「別墨」，因此忽視了墨學整體以「知識」、「真理」為核心的思想系統。這對中國古代思想史和中西哲理思想的比較，都是嚴重的誤差。

（四）「知」的內涵：「理」

就現代學術的理解來說，「言」表達的是「知」，而「知」的內涵，有的是關于「行」的方法和技術，但更重要的是「理」（原理、原則、道理、真理）。因此「理」應該是墨學關注的重心。但根據中央研究院《漢籍全文資料庫》的檢索，在《墨子》本文中，「理」字只出現了九次（段）。

這粗略地顯示「理」的觀念在當時尚未發展成熟。原因可能是「理」在當時的意指頗不清楚。

根據許慎《說文解字》,「理」本義作治玉解;乃順玉文加以剖析之意,故從玉;又以里本作居解,古以為民戶聚居之處,亦有因地勢分為構建之意。治玉必依玉之文理剖析琢磨,與里之因地勢構建無殊,故理從里聲。【18】準此,理是存在於具體的事物(玉,里居)中,而能為人所察知的條理形象(玉之文理,人聚居的地理),是由人觀察得到的客觀「知識」。但「治玉」本義,則是一種針對特定對象的有效的「行為」,《韓非子》〈和氏〉:「王乃使玉人理其玉,而得寶焉」;《尹文子》〈大道上〉:「玉未理者為樸」都是這個意思。《易》〈繫辭下〉:「理財正辭。」《書》〈周官〉:「燮理陰陽。」《禮》〈月令〉:「命理瞻傷,察創視析。」也近似這個意思。 至於抽象普遍性之「理」,如《易》〈繫辭〉「易簡而天下之理得矣」,〈說卦〉「窮理盡性以至於命」、「將順性命之理」,《毛詩》〈七月〉「毛序」:「陰陽失其道理矣……萬物失其道理矣。」,應是後起的新義。

比較起來,《墨子》文本中,「理」字雖只出現在九段文字中,但唯有〈節葬下〉「定危理亂」意為「治理」之行動詞,而此句前文作「定危治亂」,孫詒讓《閒詁》謂「理」為唐人避「治」諱而改。所餘八段文字,完全屬於抽象原理、原則範疇之「理」:

(1)「君之所安者,何也?以其行理也。」〈所染〉;

(2)「處官得其理。」〈所染〉;

(3)「定危理亂。」〈節葬〉;

(4)「仁人以其取舍是非之理相告。」〈非儒〉;

(5)「不義不處,非理不行。」〈非儒〉;

(6)「理也者,以其知論物。」〈經說上〉;

【18】《正中形音義綜合大辭典》(台北:正中書局,1971),頁1001。

（7）「論誹；誹之可不可；以理之可誹，雖多誹，其誹是也；其理不可誹，雖少誹，非也。」〈經說下〉；

（8）「以故生，以理長，以類行。」〈大取〉；

（9）「夫辯者，將以明是非之分，審治亂之紀，明同異之處，察名實之理。」〈小取〉；

其中：（1）、（2）、（5）三段申述「理」在「行」先，「理」是「行」的先決因素（原理、原則）。（4）、（9）說「理」是決定「是·非」、「名·實」的原理；（9）也再次證實墨學之「辯」是分析道理之「辨」，不是以言勝人的「辯」）。（6）說「理」是知識的推論；（7）說用言語批評別人（誹）是一種行為，這種行為本身是沒有「是·非」屬性（亦即前面指出的「行」——行動、實踐、事件——只有「成·敗」「利·害」之分，沒有真理內容的討論分析）；它的是非是由「理」決定的；如果這批評（誹）是「合理」的（真理之「是」），則批評得愈多，愈是對；如果這批評是「不合理」的（真理之「非」），則些微的批評也是「不對的」。（8）更進一步分析「故」（原故、原因、因素、cause），「理」（推理、因的延伸、deductive reason），「類」（行為的普遍原則），和「行」（具體的實踐行動）的不同屬性和相互關係。

「理」字在《墨子》中出現得少，顯示著「理」作為「普遍的原理、原則」的後出新義，在當時尚未大量通用，而在此新義上，墨學可能是起了帶頭的作用。

（五）「言」的內涵：「心」的展現 ——「意」

如果說「理」是一種普遍的道理；「意」則是一種比較具體獨特的意旨。根據中央研究院《漢籍全文資料庫》檢索，「意」在《墨子》本文中，出現了52段，遠多於「理」出現的次數。這粗略地顯示，「意」在當時是相當通行的觀念詞，比「理」較為早出。《說文》「意，志也，從心；察言而知意也。」《說文·段注》：「志」，其本義作「意」解，

乃即將見諸行動之一種意向，亦即心所專注之一種意念。戴侗氏謂「心之所注為志」。[19]「意」、「志」都和「心」有密切關係。

和「理」比較，「心」是比較具體和屬於個體的（「人心之不同，各如其面」）。《易·明夷》：「象曰：入於左腹，獲心意也。」心是具體存在於人體內的。「志」、「意」雖然抽象存在，但仍是屬於個人的。《易》〈繫辭·上〉「書曰：言不盡意。然則聖人之意，其不可見乎」，所說的意，是屬於聖人個人的。因此「意」有濃厚的主觀（甚或感情）的意味，如《禮記》〈祭義〉：「思其志意，思其所樂，思其所嗜。」《周禮·司寇》：「道王之德意志慮，使感知王之好惡。」因此《繫傳通論》曰：「天下之人，其志不同，各有所之也。」[20] 在《墨子》〈節葬〉：「我意欲使法其言，用其謀」、「故天意曰：……」、〈非攻下〉：「植心不堅，與國諸侯疑……則敵生慮而意贏矣。」、〈耕柱〉：「我是彼奉水者之意，而非夫摻火者之意……亦是吾意，非子之意也。」中，「意」的意指也是這樣。值得注意的是，與「理」比較，「意」是是非未定的；與「義」比較，「意」則是善惡未定的。即使「聖人之意」也是如此，《禮記》〈禮運〉：

> 聖人而擬以天下為一家，以中國為一人者，非意之也（不是聖人主觀的想法）。必以其情（實情），辟於其義，明於其利，達於其患，而後為之。

在《墨子》〈兼愛下〉：「意欲人之惡賊其親歟？……意以天下之孝子為遇而不足以為正乎？」、〈非攻下〉：「意將以為利鬼乎？……意將以為利人乎？」、〈節葬〉：「意者可邪？其說又不可矣。」、〈明鬼下〉：「意不宗親之力，而害為孝子乎。」等文中，「意」甚至代表了與「理」、「義」相反的意指。這似乎顯示了墨學對個人、內在、主觀、情緒化的

---

[19]《正中形音義綜合大字典》，頁472，496。

[20]《說文解字詁林》（台灣：鼎文正補合編本）10下，「志」引。

「心」、「志」、「意」的負面看法（天意則是例外），與孟子及宗孟學的後儒，很不相同。這可能是《孟子》對墨學極力攻擊的主要原因，「無父無君」只是雄辯的措辭而已。

（六）「言」的內涵：善的理想——「義」

在墨學思想系統裡，「心」、「意」、「行」是由主觀主體出發的；「言」、「知」、「義」、「行」，原來也是由主體出發，但已經客觀化、理念化、知性化、客體化了。

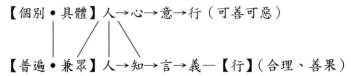

「義」在《墨子》本文中約出現了101段次，略少於意義廣泛的「言」（159段次）、「行」（117段次）。但在意旨確定的觀念詞中，遠多於「愛」（63段次）、「仁」（61段次）、「名」（40段次）、「辯」（20段次）、「禮」（17段次）、「理」（9段次）、「辨」（5段次）。可以說「義」是墨學思想體系裡，最重要、最受關注的一特定觀念。但「義」的涵義也有相當複雜性。

《說文》：「義，己之威儀也，從我羊」。《詁林》注：「臣鉉等曰：此與善同意……」。「義」具有善的價值含義，是少有爭議的。問題在這個善的價值含義的本質原由。根據《說文》這本質是「己之威儀」。這是由個人本身建立和展現於外的。《段注》云：「古者書儀但為義；今時所謂義為誼。是謂義為古文威儀字；誼為古文仁義字。故許各仍古訓，而訓儀為度；凡儀象、儀匹，引申於此，非威儀也。」是「義」（個人具體之威儀）和「誼」（客觀原則）二者的字原和古義都有分別。

在《說文解字詁林》中，詳引各家議論紛紜，其主要論點，大略如上引《說文》本文及注。綜而觀之，大概「義」、「儀」指的是一具體展現的「禮儀」，在古代代表了具有宗教權威的儀式。「羊」是吉祥佳

善的祭儀犧牲（儀、犧、義均從羊）。孔子說「女愛其羊，我愛其禮」意指已經從具體的祭祀實物，轉移到禮儀所代表的「正當、正確、恰當（宜、誼）的形式意義。」這便需要有一些客觀性的標準：「度」、「儀象」、「儀匹」。由具體的吉祥物「羊」，衍申為正確吉祥的宗教儀式的威儀、威力；再衍申為「佳善」、「吉祥」的法度標準；三者意旨是連貫的。

墨學思想體系裡的「義」應該不會脫離這種意旨太遠。首先要指出的是在上引許慎《說文》中，接著說：「（上羊、下弗）墨翟書『義』，從『弗』。」注：「墨翟書，藝文志所謂《墨子》七十一篇也；今存者五十三篇，『義』無作『上羊、下弗』者。蓋歲久無存焉爾，從弗者，蓋取矯弗合宜之意」，這是很值得注意的。依照一名有一字，一字有一定義的語言哲理，墨學注重原理、意旨，而「義」字是墨學中極重要的觀念詞，如果墨學對「義」的意指和當時一般人有別，則《墨子》中另作──「上羊、下弗」的異詞符號是很合理，而且很進步的作法。比較起來，《公孫龍子》〈指物〉篇用同一「指」字代表三種不同意旨：手指（指物之主體）、指定，指出（指物之動作、行為）、所指（意旨），則是語意學和語言學上的嚴重缺失；因此引起《莊子》〈齊物論〉：「以指（手指）喻指（旨）之非指（？），不若以非指（旨）喻指（手指）之非指（？）也」的批評。如果《公孫龍子》文中能用一異詞（如"旨"）代表「不是手指之指」，文意及述理便清楚得多了。

可惜《墨子》存本此「義的異詞：上羊下弗」已不可見，無法細析其精義。上引注文「從弗者，蓋取矯弗合宜之意」，指的是此詞對人的心、意、行為有強制矯正的力量。這和本節上面討論在《說文》及各家注中「義」的義指是一致的，和前面各節討論墨學注重「言」、「理」、「義」超越個人個體主觀性的思想也是一致的。《墨子》〈公孟〉篇：「義，天下之大器也，何以視人，必強為之」是很好的例證。因此《說文》特別提出墨翟以「上羊下弗」取代「上羊下我」的「義」是否帶有「毋我、

去我」的用意，也是合理的推測。《鶡冠子》〈著希〉：「夫義，節慾而至禮……故君子弗徑情而行也。」也是這個意思。

墨學主張超越小我，完成大我。墨學也稱道「仁愛」，但反對個別的「自愛」，要超越「自愛」達成「兼愛」，這是一般人所知道和強調的。《墨子》中特別受人注意的〈兼愛上〉篇，開宗明義提出「兼愛」只是針對治亂的對策行為；在提出這對策之先，聖人「必【先】知亂之所自起，焉能治之」（論見前）。亂之所自起，在於人人「自愛」而不「兼愛」，所以治亂的對策是「兼愛」。同樣的治亂大前提，也一連三次出現在〈尚同，上、中、下〉三篇中；〈尚同下〉對此大前提的討論最為周詳：

> 子墨子言曰：知者之事，必計國家百姓之所以治者而為之，必計國家百姓之所以亂者而辟之。然則計國家百姓之所以治者何也？……子墨子曰：唯能以「尚同一義」為政，然後可矣。何以知「尚同一義」之可而為政於天下也？然胡不審稽古之治為政之說乎？古者天之始生民，未有正長也。百姓為人（個人之人）。若苟百姓為人，是一人一義，十人十義，百人百義，千人千義。逮至人之眾不可勝計也，則其所謂義者亦不可勝計。此皆（自）是其義而非人之義，是以厚者有鬥而薄者有爭。

〈尚同‧上〉在與此相當處加上：

> 是以人是其義，以非人之義，故交相非也。是以內者父子兄弟作怨惡，離散不能相和合；天下之百姓皆以水、火、毒藥相虧害……天下之亂，若禽獸然。

〈尚同‧下〉又云：

> 今此何為人上而不能治其下，為人下而不能事其上，則是上下相賊也。何故以然？則義不同也。
> 是故天下之欲同一天下之義也，是故選擇賢者立為天子……其次立為三公……建諸侯……其次立為卿之宰……其次立而為鄉長家君。

陳啟雲　墨學「言‧義」的哲理體系　　49

從表面看來，墨學認為天下大亂的緣故一為「（別）自愛」，對策是「兼愛」；一為「人異義」，對策是「同一義」。二者相比較，到底何者更為重要呢？過去大都認為「兼愛」最重要，這是後儒注重「行為（實踐、行事）」和「行為」的心態傾向（別愛 VS. 兼愛），以及塑做此心態傾向的修養工夫（修心）的想法。如果根據本文的分析，「同一義」應是墨學更注重的理念。

　　上面說過，作為觀念辭「義」在《墨子》中出現的次數，遠多於「兼愛」與「愛」。在《墨子》專論「兼愛」的〈兼愛，上、中、下〉三篇中，只有〈上〉篇專門強調「兼愛」實質命題；〈中〉篇已由「兼愛」實質轉為理念上比較廣義和抽象的「兼」的原則，和「兼」的言與行之間關係的問題；〈下〉篇討論的不是愛（文本上已改用「仁」字），而是「兼與別」，和「兼士之言、別士之言」的學理分辨。比較之下，〈尚同，上、中、下〉三篇，始終一貫，所討論的都是「天下同一義」的主題。〈兼愛‧上〉篇對「兼愛」的討論屬於雄辯性的風格；而〈尚同‧上、中、下〉三篇，分析「同義」、「善言」和達到「善言」、「同義」理想的途徑，和「選賢」（連結〈尚賢‧上、中、下〉三篇），都是知性的分析和推理的論辨。上面說過，墨學注重「辨」而非「辯」，與這論點是互相證明的。《墨子》〈大取〉：「辭以類行」，狹義的意旨是說：一字代表一名，一名則意指同一類的事物。推衍而言，一個重要的主題在行文（辭）中可以包含或貫通許多相關的論題（「類行」）。《墨子》中「兼愛」主題所貫連的篇章不多，而「同一義」所貫連的篇章，則遍及〈尚同〉、〈尚賢〉、〈法儀〉、〈天志〉等一般被視為是代表墨子重要論述的許多篇章。

　　《墨子》〈公孟〉篇認為「義，天下之大器也，……必強為之」。因此「人異義」的別義，不只是一個人自己的想法（「意」）而已；這些「別義」對人有強制性，會干預別人的想法或行動，因而引起衝突紛爭而成為天下之亂源。要清除這亂源，必須有「同一義」。要有「同一義」，

必須「選賢」：

> 選擇天下賢良聖知辯慧之人，立以為天子，使從事乎一同天下之義……選擇天下贊閱賢良辯慧之人，置以為三公，與從事乎一同天下之義。天子三公既已立矣，以為天下博大，山林遠土之民，不可得而一也，是故靡分天下，設以為萬諸侯國君，使從事乎一同其國之義……以遠至乎鄉里之長，與從事一同其國之義。(〈尚同，中〉)

這便貫連到〈尚賢〉諸篇。〈尚賢〉諸篇一再申述「聖王之為政也，言曰：不義不富，不義不貴，不義不親，不義不近」、「謀曰：舉義不辟疏，然則我不可不為義」、「聞之皆競為義」、「舉公義、辟私怨」。墨學「尚賢」、「選舉」以「義」為理想標準，是很清楚的。

值得注意的是墨學的「義」和後儒所注重的「義德、義行」不同（這可能是《墨子》中的「義」字，另作「上羊、下弗」的別寫的原因），墨學著重的「義」是一種普遍性的原則、原理，客觀化為「標準」（繩墨），客體化為「理論」（「善言、義言」）。上段所引的「言曰」、「謀曰」、「聞之」即是這樣客體化的「理論」。〈尚賢中〉：「聖人聽其言、迹其行、察其所能，而慎予官。」雖然不排斥「行」，但「言」是選舉的首要根據，和儒家「不以言舉人」的想法不同。〈尚賢下〉更說「擇言人」。其餘〈尚賢〉諸篇提到「道」、「書」、「言」、「說」、「距年之言」（超越時間的理論）之處還很多。〈尚同上、中、下〉篇，更再三提出「同一天下之義」的要點是「去若不善言，學鄉長之善言……學國君之善言……學天子之善言。」這也與《墨子》「義」字之「去我、強弗」相照應。客觀化的「義」貫連著客體化的「言」，進至制度化的「尚賢」和「尚同」。普遍化、客觀化的「尚同」進程的最高層次是「上同於天」。〈尚同上〉：

> 天子唯能一同天下之義，是以天下治也。天下百姓皆上同於天子，而不上同於天，則菑猶未去也。(〈尚同中〉略同)

這便連貫到〈天志，上、中、下〉諸篇的申說。〈尚同下〉則說：

> 天下既已治，天子又總天下之義，以尚同於天。故當尚同之為說也……若道之謂也。

這又連貫到前面分析到在《墨子》中出現最多，在墨學體系中占極重要地位的「言」（說、道、謂）的觀念了。引文下段即連接討論：此非「意獨墨子有此」，而是「先王之書」、「大誓之言」、「古之聖王治天下也，其所差論」等與「言」有密切關係的辭句。無論是合而論之，或分而析之，「言」與「義」是墨學最重要的核心，這是鐵證如山的。

（七）墨學的極致理念及其困境：「義」、「法儀」、「天志」

墨學的理想，包括理之「知」、善之「義」、和治之「道」，依據的是一客觀性、普遍性、客體化的標準（「繩」墨），而不是主觀性、個別性的主體、個人及其內在獨特的心（「情」、「意」）。在墨學體系中，這客觀性、普遍性、客體性的最高、最後的理想標準是「天」。

墨學中最受一般人重視的「兼愛」論題就是由「天之意」推論出來的。〈天志下〉：

> 今天下之士君子，欲為義者，則不可不順天之意矣。曰：順天之意何若？曰：兼愛天下之人。何以知天之意為兼愛天下之人也？以兼而食之也。何以知其兼而食之也……我以此知其兼愛天下之人也。

這段文字的推論方式很值得注意。文中「兼愛」是主要論題，但這論題本來的大目的則是「為義」。這再次呼應了前面討論過的「言、義」與「兼愛」在墨學體系中的主從層次。由「義」的目的，推論到「兼愛」的行為策略，所依據的是「天之意」。在人的感官（耳目）所能察知的具體世界，天是最高的終極。但「天之意」卻是抽象而不是具體的，因此「何以知」天之意便是論證的主要關鍵。

「天為知而已以，然則義果自天出矣」（〈天志，中、下〉），指的正

是「知」的重要關鍵性；而「而察知有、無之道」（〈明鬼下〉），和「知其所不知，說在各取」（〈經下〉）則關係到對抽象的「天之意」的「知」。墨學注重的「知」和所知的「天之意」是客觀合理的，而不是神祕的主觀體驗或直覺。

> 是故子墨子之有天之辟人，無以異乎輪人之有規，匠人之有矩也⋯⋯皆可得而知之⋯⋯故置此以為法，立此以為儀⋯⋯順天之意者，義之法也。（〈天志・下〉）

這便牽涉到「法儀（義之本字）」的論述。〈法儀〉：

> 子墨子曰：天下從事者，不可以無法儀。無法儀，而其事能成者無有也。雖至士之為將相者皆有法；雖至百工從事者，亦皆有法。百工為方以矩，為圓以規，直以繩，正以縣。無巧工不巧工，皆以此五者為法。巧者能中之；不巧者雖不能中，放依以從事，猶逾己。故百工從事，皆有法所度。

（以上第一段，提出和西哲柏拉圖（Plato）類似的客觀、普遍理念（idea）。[21] 柏拉圖以「圓週」（circle）為此理念代表，墨學則以「矩、規、繩、縣」為代表。）

> 今大者治天下，其次治大國，而無法所度，此不若百工辯也。然則奚以為治法而可？當皆法其父母奚若？天下之為父母者眾，而仁者寡，若皆法其父母，此法不仁也。法不仁不可以為法。當皆法其學（師長）奚若？天下之為學者眾，而仁者寡，若皆法其學，此法不仁也。法不仁不可以為法。當皆法其君奚若？天下之為君者眾，而仁者寡，若皆法其君，此法不仁也。法不仁不可以為法，故父母學君三者，莫可以為治法。

（以上第二段，提出此觀念理想之絕對超越性，任何個人，包括父、母、

---

[21] Edith Hamilton and Huntington Cairns ed., *Plato: The Collected Dialogues*（Princeton: Princeton University Press, 1961）, pp.1589-1591.

師、君，都不能符合此絕對超越的理念、理想。）

> 然則奚以為治法而可？故曰：莫若法天，天之行廣而無私，其施厚而不德，其明久而不衰，故聖王法之。既以天為法，動作有為，必度於天，天之所欲則為之，天所不欲則止。

（以上第三段提出「天」作為至高無上、超越一切的理想）

> 然而天何欲何惡者？天必欲人之相愛相利，而不欲人之相惡相賊也。奚以知天之欲人之相愛相利，而不欲人之相惡相賊也？以其兼而愛之，兼而利之也。奚以知天兼而愛之，兼而利之也？以其兼而有之，兼而食之也。

（以上第四段，由「天」作為理想，提出人與人「兼愛」的理想。）

> 今天下無大小國，皆天之邑也。人無幼長貴賤，皆天之臣也，此以莫不犓羊、豢犬豬，絜為酒醴粢盛，以敬事天，此不為兼而有之，兼而食之邪？天苟兼而有食之，夫奚說以不欲人之相愛相利也？故曰：愛人利人者，天必福之，惡人賊人者，天必禍之。……夫是以知天欲人相愛相利，而不欲人之相惡相賊也。

（以上第五段，企圖以具體事實證明「兼愛」之為「天志」。）

> 昔之聖王禹湯文武，兼愛天下之百姓，率以尊天事鬼，其利人多，故天福之……。暴王桀紂幽厲，兼惡天下之百姓，率以詬天侮鬼，其賊人多，故天禍之……。故……愛人利人以得福者有矣，惡人賊人以得禍者亦有矣。

（以上第六段，以過去歷史上的成敗、得失、利害（禍福）來證實「兼愛」之為「天志」。）

以上用大量篇幅引載〈法儀〉篇文字，因為這篇文字不但包括了墨學中關於「儀（義）」、「法」、「度」、「事」、「辯（辨）」、「治」、「說（當下之言、和距年之言）」、「知」等重要觀念辭語，更簡要地討論了理念的客觀普遍標準（第一段）和超越所有凡俗個人的最高標準或絕對理想（第二段）；以天作為這最高標準（「法」），而提出「兼愛」的

理想（第三、四段）；然後辨析人何以能「知」天的理想，而以當前（今）的具體事實（第五段）和過去（昔）的歷史經驗（第六段）作為論證。墨學由關懷「治·亂」而注重「義」；由注重「義」而注重「公（同）義」；由注重「公（同）義」而注重共同普遍、客觀的標準（「法儀」）；而「天義（天意、天志）」是「義」的最高理想；這理想的具體展現是「兼愛」；因此關于「天義兼愛」的「知」是墨學最高層次之「知」，而論證「天義兼愛」和「何以知之」之「言、說」，則是墨學最高層次之「言辯」。從這觀點來說，上引〈法儀〉篇可以說是墨學最具關鍵性、層次最高的論說體系的縮影（包括很受當代學者注意的墨辯論證和功利主義）。

　　然而，墨學理念體系的困境也同時出現在〈法儀〉篇對「天志」之「知」的論證。上引〈法儀〉在第一段提出了一切行事必須根據和依照類似柏拉圖理念（idea, ideal）的普遍性的客觀理想標準為規範，如「矩之為方，規之為圓，繩之為直，懸之為正」；在第二、三兩段中，特別強調這規範標準不是世俗中任何人所能及，而是一超越的理想；在第四段中提出理想的天作為最高的規範標準。接著，在第五段中，一本墨學注重理「知」的立場，來論證「奚以知天……」。這是墨學知性理想主義之極至。但就在這關鍵問題上，墨學遭遇到理想主義的終極困境：先驗的理想與經驗的現象（現實）之間的疏隔——理想的「義」和實際的「利」的分辨。

　　在上引〈法儀〉第五段中，墨學企圖以一些片面的特殊具體事實（天之邑，天之臣，「犓羊豢犬豬……以敬事天」）來證明全面普遍的事實（天「兼而有之、兼而食之」），已經不是「足證」了，何況要論證的是超越凡俗一切人的「天」和抽象的「天志」？此段文字所提出的事實是「人以『食品』敬天」，卻要證明「天以『食品』養人」，更是論說失序。在第六段中，以「得福」、「得禍」的個人功利，來論析超越一切人的理想——「天」，更是層次混亂，與前面第一、二、三段的前題相矛

盾；更甚者，此段所提「昔之聖王禹、湯、文、武」的「兼愛」、「尊天、事鬼」、「利人」，和「暴王桀、紂、幽、厲」的「兼惡」、「詬天侮鬼」、「賊人」都只是傳說、信仰，並不是可以實證的經驗知識。

　　墨學在「天志」此最高理想層次論證的困境，衍申到其關于「鬼神」、「節葬」等次高層面的論證。根據理想主義的推理論證（deductive reasoning）原則，墨學在建立「天志」為最高理想原則或道德指令（Moral Imperative）以後，對「鬼神」、「節葬」等次高層面的原則或指令，應該由此最高原則或指令來推斷，如：「天志愛人養人，故鬼神亦愛人和與人為善。」「人應該敬天順天，故亦應該敬神祀神。」「神鬼愛護人是遵順天志，不是因為人的侈奢葬禮。」但今本《墨子》〈節葬〉篇，完全以現實上的利害論證「厚葬久喪，實不可以富貧、眾寡、定危、理亂……國家必貧，人民必寡，刑政必亂……盜賊眾而治者寡」的後果。在〈明鬼〉篇，由於論題哲理層次比較高（「有與無」的理念問題），因而除了功利主義的考量以外，還特別提出了關於論證的知識論基礎：

> 子墨子曰：天下之所以察知有與無之道者，必以眾之耳目之實知有與亡為儀者也。……聞之見之則必以為有。莫聞莫見則必以為無。若是，何不嘗入一鄉一里而問之。自古以及今，生民以來者亦有嘗見鬼神之物，聞鬼神之聲，則鬼神何謂無乎？若莫聞莫見，則鬼神可謂有乎？

這更突顯了「先驗哲理」（「有與無」、「道」）與「經驗實證主義」（「眾之耳目之實知……聞……見」）二層次離異的問題。這問題，在漢代王充《論衡》〈薄葬〉中，就指出：

> 死生之義未有所定者，死者闇昧，與人殊途，其實荒忽，難得深知。有知無知之情不可定，為鬼之實不可是。通人知士雖博覽古今，窺涉百家，條入葉貫，不能審知。

更何況凡人耳目之知。因此王充批評墨學之論證曰：

> 夫論不留精澄意，苟以外效立事是非，信聞見於外，不詮訂於

內，是用耳目論，不以心意議也。夫以耳目論，則以虛象為言。虛象效則以非為是。是故是非者不徒耳目，必開心意。墨議不以心而原物。苟信聞見，則雖效驗章明，猶為失實。失實之議難以教。雖得愚民之欲，不合知者之心。……此蓋墨術所以不傳也。

這是站在「知識論」的哲理立場，批評墨學哲理體系的缺點；是從思想本身的因素討論墨學衰落的內在原因。

關于這問題，李約瑟（Joseph Needham）在《中國之科學與文明》卷二中，曾有討論。李約瑟站在科學史的立場，指出墨學企圖用「經驗主義」（Empiricism）來論證「超自然」的命題（鬼神）；此做法和歐洲自文藝復興以來，尤其是十七世紀一些科學家遇到同樣的困境。站在科學實證的立場，李約瑟認為墨學的「經驗主義」論證「不能說不是科學的」，但卻不能不承認此論證的結論（鬼神、天志的存在）是錯誤的。由於李約瑟的科學立場和關注，他對墨學的著重點亦在其實證經驗和功利主義，因此忽視了本文所論的墨學理想主義思想體系，而認為墨學的錯誤是在於不重視「理智的批判」（critical intellect）。【22】

如果就前人一般的看法，墨學主要是一種「實踐行為」學說，則其以「經驗見聞」、「功利效用」來論述和推動其「實踐行為」學說是理所當然的，即使其於推論「天志」、「非命」等形而上的觀點時有嚴重的不足，對其「實踐行為」的論述並非致命之弱點。但如果就本文所論，墨學在其「實踐行為」學說的上層或背面，更有一理想主義思想體系，而建立此理想主義思想體系是墨學的主要關注，則墨學在其最高理念層次上的論理錯誤，便成為墨學思想的致命弱點。

【22】 Joseph Needham, *Science and Civilization in China,* Vol.2,（Cambridge：Cambridge University Press, 1969），pp.169-170, 200-201. 台灣中譯版《中國之科學與文明（二）》（台北：商務，1973），頁264-266，328-333，譯文在這方面有些嚴重錯誤。

這個問題，在《墨子》〈非命上、中、下〉篇更為顯著。「天」和「鬼神」雖然是高度抽象問題（上引王充所謂「其實荒忽」），但仍有形象可見，「命」則是更抽象的觀念。〈非命〉篇作者亦很了解純理辨析對此命題的重要性；因此指出「執有命者之言，不可不明辨」，並提出明辯的理念基礎。〈非命上〉：

> 然則明辨此說，將奈何哉？子墨子曰：「必立儀，譬猶運鈞之上而立朝夕者也，是非利害之辨，不可得而明知也。」

在文中，墨子重申了建立一致一貫的普遍論理知識標準的重要性（論見前）。沒有這個標準，就像立在轉動不停的輪子上去測定太陽運行的時度一樣，無法確定時度（朝夕）。這一大前提又重申於〈非命中〉篇，而且明白指出這是一個「學理」上的論題：「凡出言談，由文學之為道也」，並且用比較抽象的名詞「義法」，來代替上引〈非命上〉篇中比較具體的「儀」字。這大前提又重申於〈非命中〉篇，並且指明墨學之「辯（辨）」不是只求勝於「朝夕之辯」，而是要追求「必將終可得而從定也」的終極定理。

接著，〈非命上〉提出「言必有三表」作為標準（〈非命中、下〉則稱為「三法」）。按照演繹推理原則，墨學既建立「天志」為最高理想原則和理念指標，則「天」之「命」（天志指令）是此原則推論的大前提，亦即三本中的「本之」、「原之」。墨學亦理解到這點，所以在〈非命中〉說：

> 有本之者，有原之者，有用之者。於其本之也，考之天【志】鬼【神】之志，聖王之事。

「天、鬼之志」是理想，而「聖王之事」則是具體事物，二者層次不同；而且在〈法儀〉篇，墨學斷言「父、母、師、君」等人間具體人物行事，不可以為「法儀」，因此在這裡把「天、鬼之志」與「聖王之事」混而為一，作為「立言」的第一「法儀」，不但是理念層次混亂，而且是立論互相矛盾。可能有鑑於此困境，〈非命上、下〉更把「天、鬼之志」排

37

除，單提：「有本之者……於何本之？上本之於古者聖王之事。」
（〈非命下〉作「有考之者……考之先聖大王之事」）。於是〈非命上、
中、下〉所論，都是用具體經驗（包括傳說中的過去聖王的經驗）來
證明相信「有命」則結果有「害」；不相信「有命」，則結果有「利」
的世俗功利主義的論述；而對中國古代思想中最重要的「天」、「命」
觀念，在墨學中作為最高理想原則和理念指標的「天志」在名理層次
上毫無闡發。

在一般認為是「別墨」的「墨辯」〈經上、下〉、〈經說上、下〉、
〈大取〉和〈小取〉諸篇，甚至一般歸入「名家」的文字中，對「言」、
「義」、「知」、「辨」所牽涉的論證方法、推理邏輯、知識論、語言語
意分析等問題有相當專精的技術性的論述，可能就是由早期墨學邏輯論
理的困境所引發，而企圖在理論層面上解決上述缺點。不過這些論理技
術，在今本《墨子》中並未顯示出對上述〈天志〉、〈明鬼〉、〈節葬〉、
〈非命〉諸篇中的論證缺失做出有效的補救。上述〈非命中〉所云：「於
其本之也，考之天、鬼之志，聖王之事」，如果是由於「天、鬼之志」
與「聖王之事」在範疇層面上的矛盾，導致後墨在〈非命上、下〉裡，
把「天、鬼之志」一語刪除，而把對「命」的論證完全建立在經驗實證
和功利主義衡量之上，這種作法加重了「理」、「事」論理層次的矛盾，
更是因小失大了。

三、結語

本文論《墨子》中蘊涵的思想，統稱為「墨學」是基於兩點考慮：
一為今本《墨子》的文本考證；二為文中重建之「墨學」思想體系與《墨
子》諸篇文本的互應關係。而這兩點考慮也密切互應。

關於《墨子》諸篇文本的考證，除了「墨辯」諸篇一般認為屬於「新
墨」、「別墨」的著述，而記錄軍事戰爭技術性的〈備城門〉等最後諸

篇一般認為是墨徒或「兵家」之言以外，其餘各篇諸家說法很不一致。如〈親士〉、〈脩身〉等篇，畢沅、孫星衍、尹桐陽等認為是墨子自著（宋代黃震、宋濂所見此等篇目甚至題為墨學之《經》），而孫詒讓、梁啟超、胡適、張煊則認為是偽作。【23】

墨翟本人事跡已屬茫昧，連「墨」是指其姓，抑或代表「墨刑之徒」或工匠的「繩墨」工具，甚或是其膚色，都已不能詳考，何況他的著作。考證《墨子》諸篇的早晚真偽，主要只能依據《墨子》文字本身及其思想內容。墨學的思想內容及脈絡是考論《墨子》文本的主要標準。如〈親士〉諸篇，被認為是偽作，由於其思想內容接近儒學：「其言淳實……為七十子後學（儒家）者所述」（汪中），「疑皆後人以儒言緣飾之」（孫詒讓）；認為儒墨對立而不相容者便說它「全無墨家口氣」（胡適），「非墨家言」（梁啟超），因此是偽作。但孫詒讓又說「此篇所論，大抵〈尚賢〉篇之餘義」因而「作者當然為墨非儒」。羅根澤引〈親士〉中「兼王之術」一語，說：「治墨者每忽視此語，今案：由其言『兼王』，知定出墨家；因墨家倡兼斥別，故有『兼士』、『兼王』之稱」（關於「兼」在墨學中的重要性見本文前論）。由於關於《墨子》文字的考證，主要是依據各人對墨學思想的理解，因此本文基本上是從《墨子》全書內容來討論墨學思想體系，包括其大體一貫之處及其發生矛盾之處，以期全面理解全書文本脈絡。

首要的問題是關於「墨學」的名義和門派。墨子其人早年事跡雖已茫昧，其學說後來在戰國中、後期，卻成為顯學。從歷史考證上說，把先秦諸子分為「儒」、「道」、「墨」、「名」、「法」、「陰陽」等

【23】孫詒讓《墨子閒詁》〈墨子附錄〉引《四庫全書總目「提要」》（5ab），《晉書‧隱逸傳》〈魯勝墨辯注敘〉（12ab），孫星衍《墨子注》〈後敘〉（15-17ab），汪中《述學》〈墨子序〉（16b-22a），張惠言〈書墨子經說解後〉（27a-29b）。又張心澂《偽書通考》（上海：商務印書館，1939，1954），頁752-762所引諸家考論。

家派，始於司馬談「論六家要旨」，而大定於班固《漢書‧藝文志》。這種分派，代表的是漢朝人的觀點，和先秦時期諸子本身的看法很不相同。從先秦思想發展的歷史趨勢來看，宗派紛爭由孟子開始；孟子之前並無宗派之分，亦少派別之爭，這從新出土的《郭店楚墓竹簡》（1998）可以得到新證。孟子以後，在思想學說上的辯爭漸多，但仍不是漢代人所劃分的學派之間的辯爭，而是個別思想家的思想觀念之爭。從《莊子‧天下篇》把「老聃」和「莊周」分別論述，和《荀子‧儒效》篇極力崇儒，但卻仍把「俗儒」、「雅儒」、「大儒」、「小儒」分別論析，《荀子‧非十二子》更極力抨擊子思、孟軻等「瞀儒」，子張、子夏、子游氏之「賤儒」，可以看到當時「儒」、「道」等宗派觀念尚未完成。當時對這些思想學說，或總稱「百家」，或分稱「諸子」。「百」是數目很多的意思，如「百姓」、「百官」。這和「六家」、「九流」等有限數目，有很大差別。伍非百《墨子大義述》：

> 九流之稱，始於班固，固以前無有也，當時……汎稱百家。如《荀子‧成相篇》：「百家之說，誠不詳。」……秦始皇既并天下，李斯請焚詩書「百家語」，漢武……罷除「百家語」，是班固以前不言九流也。【24】

「家」仍然帶有群體集體的意義；「諸子」的子，指的是個別思想家，為數更多。

「儒學」和「墨學」與此有異。「儒學」淵源很早，但最早指的是一種「文化傳統」（殷商遺下的禮樂？），稍後則是一種「學術傳統」（王官之學流入民間？孔子述而不作所傳述的貴族教育內涵？）。「儒學」與「孔門思想」的分別，到西漢末還表現在《漢書》〈藝文志〉中對「六藝」（經學）和「諸子」（包括儒家思想）的分野裡。「墨學」最早的淵

【24】伍非百《墨子大義述》（上海書局，《民國叢書》據國民印務局1933年版影印），頁1-2。

源可能也是一種「文化傳統」（「清廟之守」？「繩墨工匠」？「墨刑徒隸」？「俠」？）。稍後亦變為一種學術傳統。《史記》〈太史公自序〉司馬談說「儒者以六藝為法」，接著說「墨者亦尚堯舜道」，指的是二者學術的遠古淵源。【25】

「墨學」和「儒學」不同的地方是：「墨學」注重哲理思想體系，因此在思想上有很大的延續性。比較起來，「儒學」的延續性大多停留在文化學術傳統方面（先王、六藝、經傳），其思想則由孔子到孟子，由孟子到荀子，各自發展，並未構成延續一貫的體系。孟子雖極力建立孔門思想傳統，但此傳統要在一千多年後才在宋明理學中成為「道統」。【26】先秦儒者孔子、孟子、荀子各有專著，自成思想體系，荀子門下更產生了韓非和李斯兩位重要法家代表人物。

比較之下，墨者雖或亦分支派，但其學說總匯於《墨子》一書。羅根澤謂：「《墨子》為墨家總集，非墨翟自著，然篇章次第，頗成條貫」，又說「蓋以述作之前後不一，傳誦之部署自異，劉向據以編校，亦遂能秩然不亂也」，更說：「據 上所考，今本墨子有亡佚而無竄亂。則篇章次第，故猶漢志之舊也。」【27】這看法與本文從《墨子》重要觀念

【25】 胡適《說儒》（台北：遠流，1986），並附章太炎〈原儒〉，錢穆〈駁胡適之說儒〉；馮友蘭《中國哲學史》（台灣商務印書館「增訂本」，1993），附〈原儒墨〉。羅根澤《墨子考索》（台北：成文，1975，據1958排印本影印）對儒墨引用古史與經書的傳統有詳細考論。

【26】 美國專研「新儒學」的 William Theodore de Bary 更認為宋明理學（新儒學）的「道統」是一開放型的「自由主義」（Liberal）傳統，*The Liberal Tradition in China*（New York : Columbia University Press, 1983）；狄百瑞著，李弘祺譯《中國的自由傳統》（台北：聯經，1983）。

【27】 羅根澤《墨子考索》（台北：成文，1975，據1958年本影印），頁23，24；頁30並引孫詒讓輯《墨子緒聞》稱「七國時，學者以孔墨並稱；孔子言（啟雲按

辭的檢索和思想脈絡的分析所得的結論是一致的。墨家自事跡茫昧的墨翟開源，中經一、二百年的發展，蔚為聲勢浩大、枝派分立、門徒眾多的「顯學」。【28】但其思想體系與傳承著述（包括上面析論的「墨辯」〈墨經〉）仍然大致上維持一貫整體，一直到西漢晚年。這是很值得注意的特點。

墨學的這個特點和前論墨學要求超越個別個人而注重普遍理念原則和理想體系有密切關係。墨學在論說上注重「理念、理想」遠過於個別具體的人，在文字上不但徵引「子墨子曰」（這仍是《論語》「子曰」的筆法），更一再徵引「子墨子言曰」，這意指論述的不是墨子個人，而是墨子創發的「理論‧學理」；與此相應，所徵引的文字內容也是長篇大論的「理論‧學理」。《莊子》〈天下〉篇曰：

> 墨翟……使後世之墨者……相里勤之弟子、五侯之徒、南方之墨者、苦獲、已齒、鄧陵子之屬，俱誦墨經，而倍譎不同，相謂別墨……墨翟禽滑釐之意則是。

文中指出雖然後來墨學分枝，總結仍是墨學之一體（俱誦墨經……墨翟之意則是），與本文所論符合。文中提到的〈墨經〉，今本應是〈經，上、下〉（包括〈經說，上、下〉？），乃「別墨」之學；但在宋、明時代，如黃震、宋濂所見的古本，則今本第一至第七篇，〈親士〉、〈修身〉、〈所染〉、〈法儀〉、〈七患〉、〈辭過〉、〈三辯〉等與儒學較為相近的文字，原題為「經」。【29】畢沅〈墨子注後序〉則謂：「以意求之，或以〈經上、下〉、〈經說上、下〉、及〈親士〉、〈修身〉六

應作孔門之言，如孟、荀等）滿天下，而墨子則遺文佚事，自七十一篇（《墨子》）外，所見殊眇。」「秦漢諸子，若呂不韋、淮南亡殊，所采摭至博，至其援舉墨子之言，亦多本書已見，絕無異聞。」亦足見今《墨子》是墨學總集大全。

【28】汪中《墨子序》：「自墨子設，其學離為三，徒屬滿天下；呂不韋再稱鉅子（〈去私篇〉、〈尚德篇〉）；韓謂之顯學。」

篇為『經』，其說為近。」孫星衍〈墨子注後序〉略同。尹桐陽《墨子新釋》以《墨子》七十一篇分為〈墨經〉、〈墨論〉、〈雜篇〉三項，亦以〈親士〉、〈修身〉、與〈經上、下〉、〈經說上、下〉等篇為「經」。曹耀湘《墨子箋》，則以〈經〉、〈經說〉諸篇為「辯經」，所以辯明〈墨經〉中之文辭。【30】

這些意見都認為：（1）墨學早期學說被稱為「經」，由包括「別墨」在內的墨者共同研習；（2）被稱為「別墨」的文字（今本〈經上、下〉等篇），則是要澄清辯明這些早期墨學所引發的疑義問題的著述。這和本文分析的結論大致上是接近的。因此《墨子》各篇文字，無論「經」、「論」、「辯」或時代早晚，大部分是互相呼應，構成墨學整體體系的。其所以如此，原因在於墨學主旨注重「理念」。個人行為行事，可以由「地緣」、「血緣」、「政體」等外在力量集結，「理念體系」則必須由理念理想系統貫通貫串。墨學由注重「理念」而注重「體系條貫」，甚至以「理念體系」指導強制墨者之行為行事而形成有高度紀律的墨徒團體，並留下《墨子》作為此團體的理念整體總集。

學理探討可以分為「理」、「事」二大範疇；學術思維可以分為「理本」、「人本」兩大型態。二者的分別，以柏拉圖的「圓圈」（Circle）理念為著例。【31】「理本」思想認為「圓圈理念」（圓圈之中心與其外周各點距離都相等）為一切「人為」、「具體」圓圈的根本：（1）所有具體存在的圓圈，都是依照此「圓圈理念」而做成；（2）所有圓圈的「圓」和「不圓」以及其「圓」的程度，都是依此「圓圈理念」為標準而判定；（3）一切「人為」、「具體存在」的圓圈都不能完全符合「圓圈理念」的理想，只有「圓圈理念」本身才是完全符合此理想；（4）一切「人為」、

【29】孫詒讓《墨子閒詁》附〈墨子目錄〉，1a、5b。

【30】張心澂《偽書通考》，頁 753-754 引。

【31】Hamilton and Cairns（1961），pp.1589-1591.

「具體存在」的圓圈都不是永恆存在不變的，只有「圓圈理念」是永恆不變的；縱使世界毀滅，一切人都死光，沒有人，沒有世界，「圓圈理念」還是永恆不變的，因此此「理念」是「超越一切」的。比較起來，「人本」思想則認為一切圓圈都是人從人成功的行為經驗（文化）裡產生的，「圓圈的理念」本身也是人成功的行為經驗（文化）的產品——是人想出來的。過去，中、外學者大都認為中國傳統思想（尤其古代思想）是人本主義。相對於「理」的超越性（Transcendental），很多學者把中國「人本」思想歸入「內在超越」（Immanental，其實應作「內在轉化」）思維範疇。【32】這人本主義的思想體系大致為：

層次	（神秘） （玄） （莫測）	（內在修養）	（外在經驗）
階段	理 氣	性→→心→→意→→行→→事→→文化 （情）	（成敗、得失、利害）

從這「人本」主義立場，把墨學解釋為以「兼愛」、「苦行」、「功利」為主軸的學說，因此忽略了本文所論墨學和西方傳統哲學相類似的「理本」思想學說。

從歷史發展來觀察，可以說早期墨學的確希望建立一套「超越性」的理想主義體系的思想學說。此努力由後期墨學延續，並衍發或影響了「各家名學」的發展（包括《莊子》中的大量「名辨」論述）。張惠言〈書

【32】 David L. Hall and Roger T. Ames, *Thinking Through Confucius* （Albany: State University of New York Press, 1987）; *Anticipating China* （Albany: State University of New York Press, 1995）; *Thinking from the Han* （Albany: State University of New York Press, 1998）.

墨子經說解後〉曰:

> 今觀墨子之書……蓋縱橫、名、法家,惠施、公孫龍、申、韓之屬皆出焉。[33]

不過這種努力,最後失敗了,墨學和名學一同消沈。這努力的失敗,象徵了在墨學中經驗主義和功利主義的勝利,更引致戰國末期以《荀子》、《韓非子》為代表的現實、功利主義思想的發揚。[34]

先秦諸子消沈的原因,很多人都著眼於外在因素(尤其政治力量)的影響。胡適在《中國哲學史大綱》最後一章中,從思想的本質來說,認為中國古代哲學之中絕,有四種原因:(1)是懷疑主義的名學,(2)是狹義的功用主義,(3)是專制的一尊主義,(4)是方士派的迷信。這是就先秦諸子思想本身的缺點和發展的趨向來分析諸子哲學沒落的原因的精要討論。[35]其實這四種原因是密切相關的,其主因是墨學、名學代表的推理學說所遇到的困境,引起當時大家對名學「真理」的懷疑,而轉向極端的現實功利主義。唯力是從,成者為王,敗者為寇,有強權無公理的思想,正是專制一尊政權的基石;粗淺的經驗主義和專制君王主觀的意欲和不理性的行為,是方士派迷信抬頭的原因。從這方面來看,墨學在哲理上遇到的困境,可以說是先秦諸子(義理之學)衰落,六藝經學(古學、實學、人本「事理」之學)代興的歷史指標。

---

[33] 孫詒讓《墨子閒詁》〈墨子附錄〉27b-29a引。胡適《先秦名學史》全書主題在此。

[34] 初步討論,見陳啟雲《中國古代思想文化的歷史論析》(北京:北京大學出版社,2001),頁96-106。

[35] 胡適《中國古代哲學史》(原《中國哲學史大綱》(上冊),1919年初版,1967年台三版),第十二篇,第三節。

表一：《論語》中重要觀念辭出現次數				
觀念辭	《論語》白文		合注疏	
	次數	份量	次數	份量
言	80	29 %	716	29.7 %
仁	59	21 %	167	6.9 %
行	58	21 %	380	15.8 %
禮	43	15.6 %	257	10.7 %
義	20	7.2 %	600	24.9 %
愛	8	2.9 %	57	2.4 %
名	6	2 %	193	8 %
辯	0	0 %	9	0.3 %
辨	2	0.7 %	32	0.13 %
總共	276	100 %	2411	100 %

表二：《墨子》中重要觀念辭出現次數

觀念辭	《墨子》白文		《墨子閒詁》		
	次數	份量	次數	份量	
言	159	26.7 %	446	24.8 %	↘
行	117	19.7 %	220	12.2 %	↘
義	101	16.9 %	395	22 %	↗
愛	63	10.5 %	123	6.8 %	↘
仁	61	10.2 %	94	5.2 %	↘
名	40	6.7 %	180	10 %	↗
辯	25	4.2 %	67	3.7 %	↘
禮	17	2.9 %	207	11.5 %	↗
兼愛	12	2 %	65	3.6 %	↗
「辨」	5	0.8 %	32	1.7 %	↗
總共	600	100 %	1829	100 %	

表三：《墨子》中重要觀念辭在各篇的分佈

	《墨子》本文				《墨子閒詁》	
	「言」	「義」	「行」	「愛」	「言」	「義」
親士第一	1			1	5	6
脩身第二	2	1	2	1	2	2
所染第三	1	2	1	1	4	3
法儀第四			1	2	1	4
七患第五		1		1	4	5
辭過第六			3		2	3
三辯第七					3	4
尚賢上第八	6	2	1		6	5
尚賢中第九	5	1	4	3	8	8
尚賢下第十	4	1	3		5	4
尚同上第十一	3	2	1		5	4
尚同中第十二	5	6	3		9	10
尚同下第十三	4	7		4	8	8
兼愛上第十四				3	3	
兼愛中第十五	7		4	7	9	5
兼愛下第十六	9	1	6	4	11	7
非攻上第十七	1	2			2	2
非攻中第十八	5		3	1	5	5
非攻下第十九	3	5	2		7	7
節用上第二十			1		2	3
節用中第二十一	2		1	2	5	4
節葬下第二十五	9	5	4		11	12
天志上第二十六	5	4	1	2	6	7
天志中第二十七	2	6	1	4	8	8
天志下第二十八	3	7	1	2	6	8

47

明鬼下第三十一	6	1	4	1	11	13
非樂上第三十二	3				8	6
非命上第三十五	6	2		1	8	5
非命中第三十六	4	1	1		4	4
非命下第三十七	4	1	1		4	4
非儒下第三十九	6	4	5		12	11
經上第四十	1	1	1	1	2	1
經下第四十一	1	1	1	1	1	1
經說上第四十二	1	1	1	1	2	1
經說下第四十三	2	2	2	2	3	3
大取第四十四	1	3	3	8	15	13
小取第四十五	2		1	1	3	2
耕柱第四十六	5	6	5	2	13	12
貴義第四十七	8	7	4	1	12	8
公孟第四十八	10	5	5	2	14	14
魯問第四十九	5	9	4	4	12	13
公輸第五十	2	2	1		4	3
備城門第五十二	1	1	7		45	36
備高臨第五十三			1		1	2
備梯第五十六			1		3	4
備水第五十八					1	2
備穴第六十二			3		13	12
蛾傅第六十三			4		7	9
迎敵祠第六十八	1	1			4	5
旗幟第六十九			1		7	6
號令第七十	11		12		30	18
集守第七十	1		4		15	10
總次數	159	101	117	63	499 (另56)	356 (另46)

雍正私生活的窮奢極侈

楊啟樵*

（一）

對於雍正的評價人言言殊，莫衷一是，然而有一點卻一致公認，別無異議，那就是他撙節成性，自奉甚薄。何以有此說？一則他一再自道，性尚儉樸，且頻頻告誡臣工，不可暴殄天物。[1] 二則出於王公大臣之口。[2] 三則近代學者撰文，提及雍正優點，往往援引此說。[3] 筆者於舊著《雍正帝及其密折制度》中也稱譽過雍正樸實無華，深惡奢侈。[4] 殊不知這絕非事實，他醉心宮室服御、奇技玩好，私生活侈靡，可以說到了頂峰。

---

* 本所碩士（1961），日本姬路獨協大學教授。

[1] 如：「（宮燈）所進過多矣，物力殊為可惜。」（清世宗御編《雍正硃批諭旨》十六函，雍正四年十二月初九日，高斌奏折硃批。光緒十三年，上海，點石齋石印本。）

又如：「外間所進香囊中，有裝飾華麗、雕刻精工者，此皆開風俗奢侈之端，朕所深惡而不取也。」（鄂爾泰等奉敕撰：《清世宗憲皇帝實錄》卷五七，雍正五年五月己未。偽滿洲國國務院影印本，一九三七年。）

[2] 如禮親王昭槤稱頌雍正：「憲皇帝在位十三載，日夜憂勤，毫無土木聲色之娛。」（昭槤：《嘯亭雜錄》卷一，〈世宗不興土木〉條。北京，中華書局，一九八〇年十二月。）

又如文學侍從大臣張廷玉讚美：「世宗憲皇帝時，廷玉日值內廷。上進膳，常承命侍食。見上於飯顆、餅屑，未嘗廢置纖毫，……」（張廷玉：《澄懷園語》卷一，頁十五。收於清葛元煦輯光緒二年刊《嘯園叢書》第二函內。）

為何世人一直都被蒙騙，作出誤解？那是史料的限制，關於帝王的隱私，僅能從官書中約略窺知一二。最完整的只有《實錄》，因是「奉敕」編輯，自然不可全信。然則「起居注」應該可信，實際上當值的記注官，不可能闖進皇帝的私生活中，不會了解多少；即使知道，也不敢秉筆直書。還有一種叫作「內起居注」的文獻，按理說該是記載君主行動最直接最可靠的資料，實則執筆者不敢也不可能「紀實」，與《實錄》、「起居注」並無多大分別。

（二）

雍正講究享受，耽於聲色犬馬，與官書報導迴殊，如何斷定官書是粉飾的謊言，那是根據內務府造辦處一種資料，叫作「各作成做活計清檔」（以下簡稱「活計檔」），現珍藏於中國第一歷史檔案館。這「活計檔」乃宮殿中各作坊的工作記錄。所謂「作成」就是「作坊」，是宮廷

【3】如黎東方先生說：「（雍正）自奉甚薄，較康熙有過之而無不及。」（黎東方：《細說清朝》上冊，頁一五四。一九六二年二月，台北，文星書局。）如錢宗范先生說：「（雍正）保持和堅持了康熙儉樸的作風，……看到其父皇的用具儉樸如此，十分感動，諭令王公大臣，要崇儉禁侈，他自己也卻是這麼做的。」（錢宗范：《康乾盛世三皇帝》頁三四七。一九九二年八月，廣西教育出版社。）

【4】如諭內閣：「各省督撫尚有未能深體朕心，於土產之外，復以器玩進獻者，……茲特再行宣諭：倘或仍有進獻古玩者，則並其方物土產亦行擯棄。」（《世宗實錄》卷七五，雍正六年十一月己酉。）又曾屢次三番告誡臣工，連奏折封套、折紙也須節省。如：「可惜綾子、向後除面封套、折舍身用黃色紙好。」（《宮中檔雍正朝奏折》第四輯，頁四三〇，法海雍正三年五月二十八日奏折。一九七八年，台北，故宮博物院。）又如：「請安折用綾絹為面，表汝等鄭重之意猶可；至奏事折面概用綾絹，物力難難，殊為可惜，以後改用素紙可也。」（《雍正硃批諭旨》第三函，黃國材奏折硃批，雍正三年六月初三日。）

中專為皇室服務的工場，有幾十處，譬如琺瑯作、裱作、鐘錶作、鑲嵌作等等。「活計」是製造的物品，小的可能是一隻釘、一張紙，大的則火箭、大炮都是。自日常用具到藝術珍品，一應俱全，可以說是中國寶庫的縮影，也是一流藝術家精心傑作的匯點。「活計檔」是工程記錄，詳盡地記載皇帝何年何月何日降旨，命令製作或修補何種物件，採用何種材料，作成何種形式，由何人設計、操作，何年何月何日竣工等等。原是枯燥無味的流水帳，但通過它，卻能窺知皇帝的性格、好尚，以及私生活的一面。

筆者早就聽聞此一密檔，但閱覽、抄錄，卻從一九八五年開始。翌年，利用此一史料，撰成〈雍正帝與郎世寧〉一文，於大連國際清史討論會宣讀，以後刊載於論文集中。[5] 此後由陸續發表一連串有關文章，其主題是：雍正並非節儉，而是極端講究生活享受。

（三）

筆者在二十年前舊著中，根據官方粉飾的文獻，讚揚雍正儉樸，說他連奏折紙張竭力須節省。[6] 孰知這是門面話，一則矯揉造作，二則警告官僚不可奢華而已，舉一例可明。「活計檔」五年十一月十九日有記：「太監持出封套一個，傳旨照樣做三個。其封套上只寫『陝西總督岳鍾琪』七字。其前面跪封等字不必寫，背後的字亦不必寫。以後再做時俟交出樣來再做。」[7] 試看臣工的封套須特製，每次只做三個；再製則另據新樣。不僅封套，折紙也講究：

---

[5] 白壽彝主編：《清史國際學術討論會論文集》，遼寧人民出版社，一九九〇年八月。

[6] 同注[4]。

[7] 「活計檔」雍正五年十一月十九日。

（雍正七年正月初五日）太監張玉柱、王常貴傳旨：「着做黃紙折
一件，長六寸，寬三寸，十八頁紙。不要太滑了，亦不可表厚。
用黑鉛界蕩。其折子殼面用碎花、好黃錦糊表，上貼黃絹描泥金
簽。再做一外套，亦糊黃錦，貼黃絹描泥金簽。」【8】

此段文字後有數行小字，記載奉旨後作坊的工作步驟：

於本日，太監范國用持出長七寸一分，寬三寸一分五厘，界紅蕩
七折片一件，說太監張玉柱、王常貴，傳界黑鉛蕩，照此紅蕩樣
式界，記此。於本日照尺寸做得糊黃鳥錦套、貼黃絹描泥金簽、
黃鳥錦殼，面貼黃絹黃泥金簽，界黑鉛蕩，十八頁折一件，郎中
海望呈進訖。【9】

雍正要臣工節省紙張，實際上他本人則刻意求工，所費不貲。然而
這只是他闊綽手法的一端，與他在其他方面的揮霍，實微不足道。以下
介紹一二。

（四）

雍正有珍寶玩物嗜癖，要求甚高，宮廷製品，經常受到他的挑剔。
有一次呈進靈璧石磬，他不滿意，說：「此磬聲音甚好，但『太古之音』
四字刻法不好，或者改做八分書，或去平。爾等酌量做。再纓子甚長，
做短些。架子不好，另換架子。」【10】

對黑紅瑪瑙兔批評：「耳朵大亦蠢，着收拾。」【11】

對蓮艾硯批評：「做的甚不好，做素淨，文雅好。何必眼上刻花。

【8】同上，雍正七年正月初五日。

【9】同上。

【10】同上，雍正四年三月十三日。

【11】同上，雍正四年十月十二日。

再書格花紋亦不好，象牙花囊甚俗，琺瑯葫蘆式馬褂瓶花紋、群仙祝壽花籃春盛亦俗氣。」[12]

對荊州石仙人批評：「此仙人旁邊的貓不好，改做狗形。」[13]

對盆景批評：「年希堯進的點翠盆景，五盆內有一盆好的；其餘俗氣些。」[14]

以上例子較為單純，尚有更複雜的，雍正十二年（一七三四）二月初十日，皇帝要為宮內關帝廟鑄造神像，傳旨：

> 將景山東門內廟裏供奉騎馬關夫子像，着照樣造一分。其像要如意法身高一尺六寸。先撥蠟樣呈覽，准時再造。

一月後的三月初十日，蠟樣關夫子一尊，周倉等從神六尊塑成，呈覽，雍正不滿：

> 關夫子臉像撥的不好，照圓明園佛樓內供的關夫子臉像撥。其從神站像款式亦不好，着南府教習陳五指武撥像。

十天後，呈上新蠟像，仍然不滿，評道：

> 關夫子的臉像特低，仰起些來。腿甚粗，收細些，馬鬃少，多添些。廖化的盔不好，另撥好樣式盔。

六天後第三次進呈，依然不稱心，說：

> 關夫子硬帶勒的甚緊，再撥鬆些。身背後無衣折，做出衣折來。鞋大鐙蠢，俱收小些。膝旁放高些。持刀的從神手並上身做秀氣着。

四月初二日四度呈覽，雍正還有挑剔：

> 帥旗往後些，旗上火焰不好，着收拾。馬胸及馬腿亦不好，亦着收拾。

---

[12] 同上，雍正六年五月四日。

[13] 同上，雍正六年八月十日。

[14] 同上，雍正八年八月十一日。

過了兩天，五度進覽，總算深愜帝心：

> 甚好，准造旗，做繡旗。【15】

附帶說一句，關夫子像的竣工，是在八個月後的十二月二十四日，共耗赤金一百五十六塊，重六十二斤。

再舉一例，意大利畫家郎世寧，頗受雍正眷睞，圓明園牡丹花開，讓郎氏來畫；地方進瑞穀，讓他來畫；海外貢動物，讓他來畫。要弈棋，讓他畫果子棋盤，甚至於宮內家具也多出自他手筆。《清史稿》有傳，雖然僅有四十二字，卻作了高度評價：「凡名馬、珍禽，琪花、異草、輒命圖之，無不交變如生，設色奇麗。」【16】順便說一句，西洋畫家著錄的除郎氏外，只有波希米亞人艾啟蒙；其實算不得傳記，因只有十一字：「亦西洋人，其藝亞於郎世寧。」

再說雍正喜歡養狗，郎氏就成了畫犬師，皇帝很欣賞，可往往吹毛求疵，有一回命畫洋狗，照例呈上稿樣，評語是：

> 西洋人郎世寧畫過「者爾得」小狗雖好，但尾上毛甚短，其身亦小些。着郎世寧照樣畫一張。【17】

郎氏花了八個月時間，修改後呈覽，八天後，雍正命再畫一張。這次自二月二十一日動筆，閏三月十六日始脫稿。【18】

又有一回，郎氏奉命於圓明園萬字房圍屏空白處畫十二張畫，雍正看過稿樣後評道：「此畫窗戶檔子太稀了些，着郎世寧另起稿，畫油欄杆畫。」【19】

又有一回，奉命於圓明園含韻齋畫窗戶欄畫，二十三天後呈上稿樣

【15】 同上，雍正十二年二月初十日。

【16】 趙爾巽等撰《清史稿》卷五〇四，藝術三。

【17】 「活計檔」雍正五年正月十六日。

【18】 同上，雍正五年正月初六日。

【19】 同上，雍正五年七月八日。

三張，雍正只批准山水畫一張；而且要在畫上「添畫日影」。【20】

總之，雍正醉心藝術，講究生活享受，同時常常尋絲覓縫，要求做到十全十美。

帝王有特權享受豪華無比的奢侈生活，古今皆然，不限於清帝，不限於雍正。皇室的支出雖有定額，然而「普天之下莫非王土」，可以予取予求。世傳雍正好「抄家湖」，【21】就是將沒收充公的財物歸於私囊，這不一定完全可信，但登基後金玉古玩滾滾而來，卻是事實。譬如，雍正元年三月十八日，十三弟怡親王允祥獻上畫軸五十六幅。【22】同年四月二十八日，內監持出鑲有寶石等金托盤八十七件，交予作坊加工。【23】同年十月初七日，十六弟莊親王允祿呈進玉簪一百七十九件，珊瑚二十件，玉戒指十三件等。【24】有些珍寶雍正視若敝屣，有一次，嫌養心殿部分陳設品「俱係平常之物」，將六百四十三件玉器、古玩等通統撤去；其實內中不乏罕貴之物，如白玉連鎖扇，米南宮冊頁，董文敏手卷等。【25】

（五）

雍正有幾樣特別愛好嗜好，眼鏡是其中之一。這原是彌補視力不足的實用品，稱不上玩物，但雍正愛之入迷，視為珍品。眼鏡出自西域，

【20】同上，雍正七年正月二十三日。

【21】蕭奭：《永憲錄》卷四，頁二八九、二九〇引雍正上諭：「朕即位以來，外間流言，有謂朕好抄人之家產。……市井中鬥牌名色，有稱『抄家湖』者，譏刺朝政，甚屬可惡！貪贓犯法之徒，危懼抄家、參劾，造此語言散布。」《清代史料筆記匯編》，香港，龍門書店，一九六九年一月。

【22】「活計檔」雍正元年三月十八日。

【23】同上，雍正元年四月二十八日。

【24】同上，雍正元年十月初七日。

【25】同上，雍正六年九月二十八日。

趙翼《陔餘叢考》云始自明代，係胡人朝貢時齎來，雅名「靉靆」，說：「老人目昏，不辨細節，加此物於雙目，字明大加倍。」[26]「靉靆」意為「雲霧繚繞」，也就是說老眼昏花，猶如蒙上雲霧，一旦戴上鏡片，宛如撥雲見日，一目了然。輸入之初，相當昂貴，「或頒之內府，或購之賈胡，非有力者不能得。」稍後，廣東人仿其式，竟青出於藍，「今則遍天下矣。」[27]「今」指趙氏所處的雍乾時代，說「遍天下」恐非事實，因從皇帝恩賜而得看來，似不易輕得。

說雍正對眼鏡入迷，因「活計檔」記載中，不僅次數多，且數量也多，如四年（一七二六）八月，一次便由內廷持出一百副，「着收拾」。[28] 又如九年八月，交出「外進眼鏡」一百副，配做盒子。[29] 當然，宮內製作不能和民間相比，數量大，不一定皇上獨佔；其中有賞賜部分，但標明「上用」字樣，該是皇帝專用，如二年九月十九日諭：「照朕用的眼鏡，再做十副。」[30] 又如三年八月十一日，命「做上用眼鏡十副」，[31] 這無疑為皇帝特製的。

這些眼鏡在何處使用，史料中有交代，如四宜堂如意床上[32] 京中大殿，[33] 乾清宮陳設內，[34] 弘德殿，[35] 出外時車上，[36] 等等。

---

[26] 趙翼：《陔餘叢考》卷三三。收於《甌北全集》內，乾隆五十五年刊本。

[27] 同上。

[28] 「活計檔」雍正四年八月十三日。

[29] 同上，雍正九年八月三十日。

[30] 同上，雍正二年九月十一日。

[31] 同上，雍正三年八月十一日。

[32] 同上，雍正七年六月十四日。

[33] 同上，雍正七年七月二日。

[34] 同上，雍正九年十一月一日。

[35] 同上，雍正十年七月二十七日。

[36] 同上，雍正十一年正月十五日。

且每處往往一放便是兩副。

眾所皆知，鏡片度數根據視力強弱而定，當時卻以年齡計算，如「三十歲」、「四十歲」等。此法雖然來自西洋，因「活計檔」有如此記載：皇帝不識眼鏡盒上洋文，命郎世寧辨認，回報乃「七十歲」三字，【37】，可證此法來自西洋。

雍正對於眼鏡的要求異乎尋常，有十二時辰說，這究竟是甚麼名堂？「活計檔」中多次出現過，譬如八年十二月十六日，「太監焦進交來近視玻璃眼鏡九副，子、丑、寅、辰、巳、申、亥各一副，卯時兩副；午、未、酉、戌則缺。」皇帝過目後，命改作十二時辰各兩副，湊成二十四副。【38】

對於這個問題，十餘年來一直縈繞心頭，無從索解。因為以時辰區分，其根據無非是配合光線，制定度數及顏色深淺的鏡片。然而光線相當複雜，諸如天氣晴雨、室內、戶外，燈火明暗，乃至於屋宇的廣窄、高低都有關係，並非單純的時辰可以決定。以場所來說，紫禁城和圓明園就不一樣：即使同一圓明園，其中的「九洲清晏」與「武陵春色」便迥然有異，倘若加上氣候變幻，就更複雜，戴上某個時辰的眼鏡，和實際的時辰沒有連帶關係，這毫無意義，豈能蒙得了精明的雍正。總之，是個謎，我曾經請教過光學專家，也不得要領。幸而北京和台北的故宮博物院中，保存着實物，倘能對比、研究，或能解決疑難。再說鏡片的質地，多用茶晶、水晶。不知是否此等材料缺乏，有特別措施，如元年八月，水晶人物器皿五十七件，墨晶若干件繳到養心殿，怡親王下令：將這些物件「備挑選磨眼鏡用。」【39】同年十二月，怡親王交出墨晶圖書兩方，吩咐：「挑好處做眼鏡

【37】同上，雍正七年十月二十五日。

【38】同上，雍正八年十二月十六日。

【39】同上，雍正元年八月十四日。

用。」【40】有時眼鏡框也要指定，如：「其鋼鈎上節做骨頭的，下節做銅的。」【41】有一次，雍正別出心裁，命人在眼鏡框梁上雕一個「壽」字。【42】倘使他戴上這副奇異眼鏡，留下一張寫真，便可以與那張戴假髮扮洋人的畫像媲美。

其次，眼鏡套也頗講究，什麼黑子兒皮匣、撒林皮拱花盒等。有一次傳做「壽字錦盒」，特別囑咐：上面刻壽桃。【43】又有一次則傳做「繡喜相逢眼鏡套」。【44】

上文交代過，部分眼鏡用來賚錫，第一是最親昵的十三弟怡親王允祥，一賞就是玳瑁圈水晶眼鏡四副。【45】三哥誠親王允祉也受賜過幾副。【46】賜正紅旗都統蘇丹的是「配紅皮採金五福捧壽罩套」的玻璃眼鏡。【47】有時雖然其人地位低微，但有實際需要，也蒙賜賞，如篆字人方西華，就曾受賜過一副六十歲用的茶晶眼鏡。【48】近侍鄭愛貴也獲得過一副。【49】

有一件賞賜非常有趣，雍正將自己戴過的眼鏡賞予寵臣，時在十一年三月十九日，傳旨：「將上用玻璃眼鏡一副，賞總兵稽曾筠。」【50】稽

【40】同上，雍正元年十二月十五日。

【41】同上，雍正十一年正月十五日。

【42】同上，雍正三年四月十二日。

【43】同上，雍正五年六月二十九日。

【44】同上，雍正五年九月十二日。

【45】同上，雍正四年六月十一日。

【46】同上，雍正七年八月五日。

【47】同上，雍正五年七月三日。

【48】同上，雍正五年十月三十日。

【49】同上，雍正十年十月二十一日。

【50】同上，雍正十一年三月十九日。按：雍正稱稽曾筠為「總兵」，其頭銜應是：「江南河道總督，兼太子太保，吏部尚書。」

氏於四月十五日奏折上提及，引用批硃批：「朕所用眼鏡一副賜卿，未知可對眼否？若不對，不必勉強，隨便交回，朕另頒來。」稽氏怎敢說句不合，奏道：「今領承玉寶，晶瑩徹朗，纖毫無障，恰與臣目適相對合。」雍正批覆：「此朕案邊親用之鏡，本日批畢，隨便拈來賜卿者；若對眼，則卿之目力尚好，朕深為欣悅。」[51] 稽氏生於一六七一年正月，其時六十三歲。雍正小七歲，其時五十有六。因視力未衰，居常戴「四十歲」眼鏡，這叫六十出頭的稽曾筠如何消受？卻不敢明言，恩賜有時竟是這樣一件苦事！

（六）

　　故宮存留着不少精巧鐘錶，其中一部分是雍正收藏的。中國早在古代已經發明計時器，稱為「漏壺」，《周禮》中有掌「漏刻」官的記載；至於唐代的渾天銅儀，鐘鼓相擊，以及元順帝自製「宮漏」等故實，人所習知。

　　然而西洋式的自鳴鐘則始於明朝，一般說是由利瑪竇傳來。馮時可《蓬窗續錄》中，提到利瑪竇贈自鳴鐘事，有「僅如小香盒」句，似是錶，非鐘。其時尚視為珍品，以後廣東也能製造，就稍稍流行於上流之家，昭槤《嘯亭雜錄》說：「近日泰西所造自鳴鐘，製造奇邪，來自粵東，士大夫爭購，家置一具以為玩具。純皇帝惡其淫巧，嘗禁其入貢，然至今未能盡絕也。」[52] 純皇帝即乾隆，說他「惡其淫巧」，不確，今故宮博物院保存着大量鐘錶，其中精巧絕倫的都屬於乾隆朝。

　　究其源，乃父雍正早有嗜好鐘錶傾向，甚至於躬自設計，如雍正三

【51】《宮中檔雍正朝奏折》二十一輯，頁三九七。一九七九年七月，台北故宮博物院。

【52】禮親王昭槤：《嘯亭雜錄・續錄》卷三。

年(一七三八)七月十六日，諭造辦處負責人海望：自鳴鐘內輪子，「做法照朕指示。做轉盤遮燈幾件，先畫樣呈覽，俟准時再做。」【53】同年九月十一日又諭：「圓明園後殿內仙樓板牆上，安錶一件。樓板上做一銅火盆，不必用架子，改配座子，使錶輪子藏內，其錶上的針透下樓板；樓板下畫一錶盤，錶輪子聲音，不要甚響。」【54】

又如七年十月，怡親王允祥諭：「着做西洋蠟燈錶一分，同西洋人商議。」【55】這是通過怡親王之例。還有吩咐內侍的，如十二年正月二十一日，太監趙進忠傳諭：「西洋人余如玉畫得架子時鐘樣一分。」【56】

雍正朝鐘錶名目不少，有「飛仙風琴時鐘」、「聖壽無疆錶」、「步行錶」等；「聖壽無疆」雖名之為錶，但下文附注卻是：「配在安錶鏡紫檀木香茶几上」，【57】似是小鐘。

錶對於雍正來說，不僅僅是裝飾，而是實用品，殿內，臥室及轎內都安放幾塊，似乎隨時要知道時間。

（七）

與眼鏡相關的是望遠鏡，當時叫作千里眼。其名始見於《魏書》卷五八楊逸傳，但此處別有所指，是說楊逸施行仁政，耳目遍千里，人不敢欺云云，與後世所指的望遠鏡不同。清初也稱為「千里鏡」，乾隆御製詩集內便有〈千里鏡詩〉。但此前則都作千里眼。雍正經常下旨製造，如十年三月二十二日諭：「將千里眼多做些備用。詢問做千里眼

【53】「活計檔」雍正三年七月十六日。

【54】同上，雍正三年九月十一日。

【55】同上，雍正七年十月十二日。

【56】同上，雍正十二年正月二十一日。按：「余如玉」當為「沙如玉」之誤。

【57】同上，雍正十二年正月二十一日。

人，茶晶、墨晶、水晶若做得千里眼，看得遠的多做些。【58】十餘天後又追加，這次式樣卻要與鼻煙壺放在一起。【59】這些千里眼，一部分暫給軍人使用，一部分作為賞賜，如十年十月，「賞署將軍常德無簽千里眼二件，提督哈元生黃紙簽千里眼二件。」【60】至於雍正自己，多用來觀覽勝景。譬如有一回傳旨：命造辦處送來，安放在圓明園萬字房面對瀑布處，蓮花館對西瀑布處，一號房抱廈處，蓬萊洲流杯亭等處；並吩咐，流杯亭處的須「掛在柱子上」，件數共三十。【61】

千里眼來源有二：一是造辦處，另一是進貢。如一次，廣東總督鄂彌達進象牙嘴千里眼九件，廣東巡撫楊永斌進銅嘴千里眼五件。【62】也有來自海外的朝貢，一看名稱便知道，如「西洋紙筒千里眼」。雖然品質不能與當今相比，可是名目繁多，式樣和材料考究，如「象牙嘴」、「銅嘴」、「鳥目瓶式」等。而裝的盒子花樣更多，如「駝骨筒」、「銅鍍金筒」、「白羊角套圈」、「花紙罩漆」等。

附帶說一句，雍正始終愛好眼鏡，最後一次呈進兩副水晶眼鏡時，是他暴亡前兩天。【63】

（八）

雍正愛好鼻煙壺，「活計檔」中時有反映。鼻煙壺來自異域，受到

【58】同上，雍正十年三月二十二日。

【59】同上，雍正十年四月七日。

【60】同上，雍正十年十月二十八日。

【61】同上，雍正五年七月十日。

【62】同上，雍正十一年十月二十三日。

【63】同上，雍正十三年八月二十日。按：八月二十日傳旨，駕崩前兩天的二十一日呈進。

康、雍、乾三帝酷愛，皇室所用，部分由內廷研製，為特殊精品。煙草原產地為美洲，土語 Tabaco，中文譯作「淡巴菰」，明萬曆年間，由傳教士傳入中國，立即成為宮廷寵物。它所以受人歡迎，因為既有健身功能，而且也可作藝術欣賞。先說第一點，鼻煙的材料是煙草，碾成粉末，加上香料，發酵後盛入小瓶中，使用時以匙子挑出，由鼻孔吸入。據說沁人心腑，功能明目、醒腦、辟邪、活血。第二點，鼻煙壺具有藝術價值，其質地、製作及繪畫，異常講究。在琥珀、瑪瑙、玉石或玻璃上，描繪出生動、綺麗的畫，匠心獨具，使人愛不釋手，藝術愛好者的雍正，視若至寶。「活計檔」中自元年至十二年都有與鼻煙壺有關的記錄，數量少則十餘個，多則近百。

對鼻煙壺的製作，雍正時時提出意見，如：「鼻煙壺口袋甚華麗了；將樸素、文雅些的做幾個。」【64】如：「此（鼻煙）盒內西洋畫片擋臉，不好，着改做、收拾。」【65】如：「此鼻煙壺牆子花紋並蓋子俱不好，着收拾。」【66】如：「照此（綠色玻璃雞鼓鼻煙壺）款式，做紅玻璃。兩頭或燒琺琅，或鏨花鍍金，……蓋子上的雞改生動些，口子開大些，做水注用。」【67】

對於精美的作品，雍正會加以褒獎，有一回，看到呈進的「畫飛鳴宿食雁琺琅」鼻煙壺一對，大稱心，問：「此鼻煙壺畫得甚好，燒造得亦甚好，畫此琺琅是何人？燒造是何人？」郎中海望奏：「此鼻煙壺係譚榮畫的，煉琺琅料是鄧八格，還有太監幾名，匠役等幾名，幫助辦理燒造。」聞奏即賞譚、鄧各銀二十兩，其餘匠役人等賞十兩。【68】

【64】同上，雍正十年八月十七日。

【65】同上，雍正四年十月二十日。

【66】同上，雍正五年五月二十九日。

【67】同上，雍正三年九月十日。

【68】同上，雍正八年三月六日。

楊啟樵　雍正私生活的窮奢極侈　　83

要說明的是：宮中當差匠人工資菲薄，比方說畫琺瑯人鄒文玉，宮廷中承認他「藝技甚好」，但他「所食錢糧，不敷養贍家口之用。」【69】有等工匠每月食糧及工資僅二兩，雍正一賞二十兩，可謂大手筆。他賞罰分明，年餘後，鄒的作品曾受批評：「此鼻煙壺嘴子、足子與款式俱不好，花卉亦不好。」【70】雖然如此，只令更改而已。嗣主乾隆卻比乃父刻薄，有一次嫌鄧八格怠慢，指摘所做活計「甚屬粗糙，亦不堅固，交怡親王、（內務府郎中）海望申飭。」【71】諸臣擬奏罰俸兩年，乾隆聖心「寬大」，罰半年了事。【72】

鼻煙與香料有密切關係，雍正甚為重視，他很欣賞允祥使用的那種，即命照方配做。【73】「活計檔」中又多次提到香料，一方面用土方，一方面也參考洋法，西人羅懷忠、巴多明等都曾協助配方製造鼻煙香料。【74】

（九）

雍正喜愛小動物，特別是鳥、狗。關於鳥的，如：「雍正三年十二月，傳旨：做鵪鶉籠子一件。」【75】四年四月，奉旨：「着鸚鵡鐵絲籠上配做滑車兩個，以備掛在樹上。」【76】六年六月，傳旨：「做盛白喜

【69】同上，雍正十一年五月初一日。

【70】同上，雍正十年正月三十日。

【71】同上，乾隆九年八月初十日。

【72】同上，乾隆九年九月初二日。

【73】同上，雍正八年五月十四日。

【74】同上，雍正六年四月十五日。

【75】同上，雍正三年十二月二十三日。

【76】同上，雍正四年四月二十三日。

頁 33 - 97

鵒籠一件。」【77】

養狗的資料多得很，如雍正元年七月，傳旨：「給造化狗做麒麟衣一件，老虎衣狻猊馬衣兩件。俱用良鼠皮等毛做。」【78】三年九月，傳旨：「做狗窩二個，裏外吊氊氆，下鋪羊皮。」【79】五年正月，傳旨：「給造化狗做紡絲軟裏虎套頭一件。再給百福狗做紡絲軟裏麒麟套頭一件。」【80】五年二月，傳旨：「原先做過的麒麟套頭太大，亦甚硬。爾等再將棉花軟襯套頭做一分，要做小些。」【81】五年三月，傳旨：「做圓狗籠一件，徑二尺二寸，四圍留氣眼，要兩開的。」【82】七年九月，傳旨：「虎皮衣上托掌不好，着拆去。再狗衣上的鈕絆釘的不結實，着往結實處收拾。」【83】類似資料尚多，不枚舉。

（十）

稗官中的雍正莊嚴、狠辣，缺乏人性，純粹是個政治動物；實際上不然，他耽樂、天真，史書中的描述，宛如另有其人。前文說過，他戴假髮，扮洋人，這張畫像還保存在故宮博物院，眾所皆知。可是他戴洋鬍子的事，也許無人知曉，「活計檔」中有一條，雍正十三年七月二十九日，

【77】同上，雍正六年五月十八日。

【78】同上，雍正元年七月初六日。關於養狗事，劉桂林先生曾撰文約略提及過，參〈動物在清宮的寵遇〉，《故宮新語》頁二五五、二五六。上海文化出版社，一九八四年二月。

【79】同上，雍正三年九月初四日。

【80】同上，雍正五年正月十二日。

【81】同上，雍正五年二月二十日。

【82】同上，雍正五年三月初四日。按：此狗籠自傳旨製造至竣工，竟歷時一年零二十一天。

【83】同上，雍正七年九月二十五日。

下諭：做「像西洋人黑鬍子」一件。八月初三日做成呈進訖。【84】他暴死於八月二十三日，死前二十來天，尚有如此雅興，不讀檔案，何從而知！

雍正「童心未泯」，閒來還撥弄玩具，如「活計檔」中數次出現「自行虎」之名，和它關聯的詞語有「鐵輪」、「消息」等。【85】「消息」就是彈簧，這自行虎可能是上了發條能走動的玩具，當時是罕見的。

雍正還匠心獨用，自己設計玩具鼓，五年九月初十日，郎中海望奉旨：

> 陳設鼓樣並挺子座子，俱照戳燈一樣做。將鼓牆厚些的鼓做兩面。上安粘翎毛雞一支，內安風琴。再將扁形的鼓做二面，上或安瓔珞，式樣或配合何樣爾等酌量。【86】

十月初六日，畫成數張鼓樣上呈，雍正俱不滿意，說：

> 鼓上雞肚內安的風琴雖好，但雞肚內地方窄小，恐不能吹整套曲子，若有響聲亦可。再此鼓內若安得風琴，頂上就不必安雞，或安一夔龍式頂才好。【87】

即使以現代的技術水平來說，也是精心傑作：試想在鼓內安風琴，能演奏整套樂曲，實在了不起。這件玩具竟然耗時一年又三個月，雍正七年正月十六日，始「做得陳設瓶自鳴鼓一件，郎中海望呈進訖。」我們可以想像，在竣工前的一段歲月裏，工務承擔者不知絞盡多少腦汁，才完成任務。

雍正竭力追求物質生活，極盡享受之能事。政治運作上，凡事乾綱獨斷。詎料私生活上，也躬自策劃，一切必合乎心意而後止，讀上文可知。

【84】同上，雍正十三年七月二十九日。

【85】同上，雍正六年六月十六日。六年十月初九日。六年六月十二日。

【86】同上，雍正五年九月二十六日。按：此條楊乃濟先生於〈雍正喜好之物〉中曾引用，收於鄭逸梅等編《清宮軼事》內。紫禁城出版，一九八五年十月。

【87】同上。

（十一）

雍正擅書法，遒逸瀟灑，別具異趣。於雍邸時已蒙乃父康熙欣賞，往往命伊代筆。《養吉齋餘錄》說：「聖祖最喜世宗宸翰，每命書扇，歲書進百餘柄。有旨不令書名，並用閑字圖書。」【88】

因善書，自然喜愛文房四寶，其中最講究硯台，收羅甚多。以材料來說，有瓦、銅、漢玉、白玉、端石、紫石、松花石、湖廣石、西山石、破黃石、徽歙石等。同一端石有各種顏色：紫、綠、黑、藍等。以形狀來分，有方、圓、長圓、荷葉、天然、葫蘆、雲龍池、雙鳳池、雙夔龍池、綠娃娃等。以硯盒來說，有嵌玻璃紫石夔龍盒、嵌碧玉如意黑退光漆盒、嵌群仙祝壽紫色石盒、嵌關東石臥蠶水池花梨木盒、羅甸盒、泡速香盒、雕龍油珀盒及銀母鑲嵌五彩盒等等，不一而足。其中暖硯與雍正有關，須作一番說明。

暖硯因多用銅做，稱為銅燒暖硯。北京故宮博物院中藏有乾隆年間琺瑯盒暖硯，據專家說明：「盒內下部盛熱水，使硯不凍不乾。」【89】

我讀後頗有疑問：熱水保溫究竟能否持久？以後讀「活計檔」，有關雍正的指示，才一清二楚。雍正十年（一七三二）有一道上諭：

> 看前做過的暖硯，其形俱高；因火在底下，不得不如此做高。何必將火做在硯底？硯旁另做一爐，爐下安足，上安銅絲罩，使火氣透入硯底；硯既然可熱，爐亦可燒香。【90】

這一年二月十八日傳旨，九個多月後始做成兩方，雍正不稱心，說：

【88】吳振棫：《養吉齋餘錄》卷三，頁三〇〇。北京，古籍出版社，一九八三年十二月。

【89】《清代皇帝一天的生活》頁五四，香港區域市政局・北京故宮博物院共同出版，一九八四年。

【90】「活計檔」雍正十年二月十八日。

「暖硯做得高了，再做時矮些。其盛水處亦深，再做時，高矮留一指。」翌日又傳旨：「暖硯做得不如意，火爐下的如意腳不好，或懸着，爾等酌量改做。」十二月十八日始竣工，足足費時十個月。【91】可見雍正對暖硯的重視，而保溫兼燒香的設計，顯示出他頭腦的靈活。

再介紹兩件雍正設計的文房用具，一是筆架，十年七月二十四日，有旨製造蒼龍訓子筆架，皇帝指示：「不必明顯，擱筆處要當一陳設用；亦要擱得筆，其山峰高處可做尖些，使筆帽套在上亦使得，方好。」【92】

另一是墨汁罐，四年三月十三日，員外郎海望持出洋漆罐（附銅匙）一件，雍正吩咐：

> 照此款式，靶再放大些，可以容得下指。或做銅的，或做琺琅
> 的，以便盛黑汁用。匙子背後上安一鉤子，亦不要匙子甚下去，
> 亦不要匙子甚露出來；要懸在罐門掛着，以備舀墨用。【93】

細微小節，一一清晰指示，說明雍正的嗜好以及精力過人。

（十二）

盡管雍正富可敵國，應有盡有，卻不時出些古怪的主意，將某一物改造成某一物，實是匪夷所思，且看下舉例子。

一、鼻煙壺改水盛

> 雍正三年（一七二五）十月十七日，員外郎海望持出瑪瑙桃式鼻
> 煙壺一件，奉旨：「將口開大些，做水盛用。」【94】

【91】同上。

【92】同上，雍正十年七月二十四日。

【93】同上，雍正四年三月十三日。

【94】同上，雍正三年十月十七日。

二、獅子改洋狗

雍正四年三月十三日，員外郎海望持出壽山石羅漢一件，奉旨：
「旁邊的獅子不好，着改做西洋狗。」【95】

三、香筒改衣杆

雍正四年五月初一日，員外郎海望持出雕香筒一件，奉旨：「着
將此香筒改做衣杆架，上掛筆筒用。再將先做過的牆硯托着，亦
安在衣杆帽架上用。」【96】

四、圖書改鎮紙

雍正四年十月二十日，郎中海望持出畫石竹節虎形圖書一方，奉
旨：「將字磨去，配做壓紙用。」【97】

五、痰盂改棋盤

雍正五年五月初十日，太監薩木哈持出象牙雕刻鑲嵌銅鍍金裏痰
盂二件，奉旨：「着將此痰盂改做大棋盤，銅鍍金裏子拆下，另
配做紫檀木痰盂。」【98】

有時，同樣物件也須改過一番，如元年正月二十二日，怡親王允祥
交出六獸鈕黃壽山石「體元主人」圖書一方，雙龍白玉「萬機餘暇」圖
書一方，檀香木「敬天勤民」圖書一方，奉旨：「白玉圖書上『萬機餘
暇』圖書一方，檀香木『敬天勤民』字做砣在白玉圖書上。其檀香木圖
書不必動。再將白玉圖書上『萬機餘暇』字，照『體元主人』圖書式樣，

【95】同上，雍正四年五月初一日。

【96】同上，雍正四年十月二十日。

【97】同上，雍正四年十月二十日。

【98】同上，雍正五年五月二十九日。

另尋壽山石補做一方。」【99】

你看多瑣碎、繁雜。當然，若是平常閒散、富貴之人，將印章磨而再雕，移此被彼，吟味、玩賞，作為消遣，亦無不可。然而雍正元年，他已不是藩邸的雍親王，而正當肅清政敵、整飭官場局面最緊張、危殆之際，竟有如許閒情雅興，實在不能不佩服他精力絕倫，獨具超人異稟。

（十三）

讀「活計檔」察知雍正為人精細，雖瑣屑末節亦不放鬆，有一次，見養心殿東暖閣一塊地磚色調不合，即命更換。【100】對於某些內廷製品，不許外傳，如七年十二月特製垂恩香，雍正叮囑：「香方不可傳出。」【101】還有一些忌諱，譬如地毯，因為人腳踏，就不准畫龍。【102】同樣的情形，坐褥上也不能畫夔龍。【103】關於這點，十三弟怡親王最能揣摸乃兄心意。有一次，呈上香料中有「龍掛香」，他立即吩咐：「以後不可叫『龍掛香』，請過旨，定過香名再寫。」因將「龍」「掛」起來，恐觸犯逆鱗。【104】但不久此名又一再出現，料已請示過皇帝，認為無妨，始可繼續使用。

（十四）

眾所周知，中國歷代珍寶文物的精華，收藏於北京與台北兩大故宮博物院中。有前朝遺物，也有清代產品。原為供應皇帝及皇族使用、欣

【99】同上，雍正元年正月二十二日。

【100】同上，雍正四年八月七日。

【101】同上，雍正七年十二月五日。

【102】同上，雍正五年二月十九日。

【103】同上，雍正三年十一月十二日。

【104】同上，雍正十年十一月十二日。

賞，出自民脂民膏，不值一讚，然而這是中國人民智慧的結晶，幸而能流傳至今，可以說目的雖不純，但結果卻留下無數精彩絕倫的稀代奇珍，其中絕大部分出諸無名藝術家之手，這些人多服務於宮廷作坊中。作坊中工匠大致可以分為兩類，一是旗匠，一是南匠。前者於八旗中挑選，於作坊中受訓，手藝平常，地位低賤。後者來自各地技術熟練精湛的藝人，多由地方長官包薦而來。

南匠待遇較旗匠為優，但亦不甚富裕。不過雍正酷愛文物，製品倘愜心意，不吝賜賞，「活計檔」屢有記載。如四年二月，因洋漆方盒「做得甚好，着賞採漆匠秦景賢銀十兩。」[105]同年九月，因「壽意活計做的甚好」，督造者各賞官用緞一疋，其他工匠共賞庫銀二百兩。[106]五年十二月，賞畫畫人大制錢一百串。[107]七年九月，因盛玉器盒子做得好，賞督造人緞一疋，匠役十八名銀五十三兩。[108]類似例子尚多，不一一枚舉。其中有兩人，比較突出，一是班達里沙，因畫畫好，賞德勝門內二十四間官房之一半；每月另賞車馬費二兩。[109]另一是江南裱畫師李毅，皇帝非常讚賞他手藝，命人查附近官房，或五六間，或六七間，賞他一家居住，並破例賞予八品官職。[110]

（十五）

官廷中有大批人夫，為皇室操作，自古已然，可惜欠缺明確史料。

---

[105] 同上，雍正四年二月二十二日。

[106] 同上，雍正四年九初七日。

[107] 同上，雍正五年十二月二十七日。

[108] 同上，雍正七年九月二十四日。

[109] 同上，雍正七年十月二十八日。

[110] 同上，雍正十年十二月二十三日。

或當時雖有，現已散軼，因此便顯得「活計檔」的珍貴。內務府造辦處早已成立於清初，康熙時各類作坊相當完整，只是制度未備，一無記錄。雍正纘位後，即大刀闊斧整頓造辦處，規模完整，秩然有序，且留下精確的記載，大有助於宮廷史的研究。造辦處有如此宏大的規模，自然與雍正本人重視這一機構有關，但協助有人，也是重要因素。第一是十三弟怡親王允祥，雍正一繼位，即封為怡親王，除總理大臣外，還身兼各要職，內務府亦在其管轄之內。他不僅對公務殫精竭慮，而且連皇帝私務，也一一由他安排、照顧。

其次是海望。他與造辦處有密切關係，雍正元年（一七二三），任內務府主事，以後由員外郎、郎中而擢為總管內務府大臣。所以得重用，自與恪盡職守有關，但主要具備才能，既善繪畫，又善設計，且能彈琴，甚愜雍正之意。

尚有唐英也是內務府要員。雍正初年，官內務府員外郎。曾主管製造陶器的官窯，史稱：「器製絕精，超越前代，有『唐窯』之目。」【111】著有《陶人心語》，自述心聲。傳記甚多，如《清史稿》、《八旗畫錄》、《八旗文經》、《國朝畫家筆錄》、《甌鉢羅室書畫過目錄》等。雍正知人善任，擢用人才，造辦處始有卓越成績。

（十六）結論

以上約略闡明了雍正的好尚、嗜癖、性格以及生活奢侈的一面，糾正了世人稱頌他節儉、樸素的觀念。本文開端介紹了禮親王昭槤稱道雍正的諛辭，說他「在位十三載，日夜憂勤，毫無土木聲色之娛。」【112】其

【111】李玉棻：《甌鉢羅室書畫過目錄》卷三。

【112】參注【2】。

實僅圓明園一處，已不知耗費多少銀兩。康熙四十八年，皇帝給幾名皇子賜地建園，雍正是其中的一個。【113】當時他已擁有雍和宮藩邸，廣六萬六千平方公尺，而圓明園佔地三千畝，多至三十餘倍。但據我個人推想，殿宇、庭園規模絕不是以後那樣雄偉、壯麗，因為雍正正在窺伺神器，裝得樸素無華，不敢逾分，超過康熙的暢春園。一即位就積極擴建圓明園，與紫禁城一樣，有御門聽政的「正大光明」、「勤政」殿，也有衙署、值房，而景色之美，遠非大內園囿可比擬。繼統之初，因先後有考姚之喪，要矯情一番，做到「諒闇三年不言」，直到服滿，於三年八月二十七日首次幸圓明園駐蹕，兩日後即返。

實則居喪三年中，大動土木，圓明園煥然一新，費用是一個天文數字，單雍正三年二月，就命廣儲司撥銀三十萬兩興建殿宇、庭園。【114】其後陸續擴張、所費不貲。因此所謂「毫無土木聲色之娛」，純粹是溢美之詞，絕不可信。電影「雍正王朝」中見到他用膳，多是鹹菜白飯，實在荒天下之大稽，翻翻「御茶膳檔」，僅豬肉、牛肉之類，每月數千斤，難道都給后、妃享受，自己光吃青菜、豆腐？總之，雍正的私生活是窮奢極侈的。

【113】 于敏中《日下舊聞考》云：圓明園建於康熙四十八年。（卷八〇，「國朝園囿」項。北京，古籍出版社，一九八一年十一月。）但《實錄》四十六年十一月已未有記載：「胤禛恭請上幸花園進宴。」（卷二三一，頁一四a～一四b。）又康熙朝滿文奏折，四十六年三月二十日，有諸皇子賜地建園記事，則建園當在四十八年之前。（滿文資料見楊珍女士文，載《清代全史》第四卷，第五頁。遼寧人民出版社，一九九一年十月。）竊以為四十六年園已部分竣工，故請父皇臨幸進宴。

【114】 滿文奏折「允祿奏遵旨撥給圓明園銀三十萬兩」。（雍正三年二月二十五日），載《圓明園》上冊，頁九。中國第一歷史檔案館編，上海古籍出版社，一九九一年五月。

三十九卷本《拍案驚奇》對學界的影響

蔡海雲*

　　《拍案驚奇》最早的原刊本，現今尚存兩個孤本，一在日本日光輪王寺，是明尚友堂的四十卷原刊本，另一藏於日本廣島大學，亦是尚友堂刊本，三十九卷，題名初刻《拍案驚奇》。本文主要在探討那三十九卷本的來龍去脈，以及如何引起學界的注意和影響。說到影響，卻不能不涉及廣島大學名譽教授古田敬一先生。此書自入廣島大學至今，剛好半個世紀，在這半個世紀當中，幾度與古田先生有所關聯，特別是他主編的譯注本，最近面世，[1] 更不能不提，此容後述。首先談談此書如何傳到廣島大學，及以前的所有者，究是何許人。

一、尋根探源覓故主

　　廣島大學的前身是廣島文理科大學，《拍案驚奇》於一九五一年八月十一日由文理科大學向東京神田山本書店購入，店主叫山本敬太郎。當時適值日本學制改革，舊制的廣島文理科大學漢文學學科，更改為新制的廣島大學中國哲學中國文學學科，《拍案驚奇》也隨着移交廣島大學管理。

　　此書先前的所有者是誰？山本書店從何入手，開卷細看，不難尋得頭緒。書中蓋有兩種藏書印，一大一小，一上一下，大的刻有「細野申

---

*本所碩士（1967），日本神戶市外國語大學兼任講師。

[1] 古田敬一主編：《拍案驚奇訳注Ⅰ　唐賽児の乱始末記》，汲古書院，日本，二〇〇三年三月七日。

三」字樣，小的刻着「燕台瀏覽」四字，這無疑是原來所藏者之印；此外尚有一個小印，蓋在第一頁序文的右下方，清楚地雕着「北畠千鐘房章」數字，此是書店所有者之印，對此古田先生曾作過詳細的考證。

細野申三是誰？與燕台有何關係？白本直也教授在《廣島大學文學部紀要》第二十號（一九六二年）登載之〈關於本校所藏三十九卷拍案驚奇〉的〈追記〉上說，此書以前的所有者細野燕台已於九月二十四日逝世，原名申三，石川縣出身，陽明學者。由此可見上述小印「燕台瀏覽」的燕台，與「細野申三」是同一人物。至於細野申三是什麼人，則未涉及，根據《雅遊人細野燕台》[2]可進一步看到申三的形象。

練野申三，號燕台，石川縣金澤市人，生於明治五年（一八七二年）七月二日，長子。卒於昭和三十六年（一九六一年）九月二十四日。申之年、申之日、申之時生，[3]故取名申三。燕台本為金澤的雅稱，從高處眺望市內，宛如一隻飛翔的燕子，因而得名，此仿效中國之稱北京為燕京。

申三父親對漢學亦頗有修養，於藩主前田邸當藩士，藩士子弟得學習誦讀漢籍。稍長，父親要教他四書五經，被回絕，卻對《傳習錄》感興趣。成年後，師事家鄉漢學家五香屋休哉，休哉精通中國小說。後又跟常福寺主持北方心泉學習書法和篆刻。到壯年期，開始收藏中國古董、書畫等。是時故知王治本（中國籍的流蕩詩人）到細野家來，逗留了半年。在這期間中，申三不但跟王治本學到很多漢詩的知識，在為學與做人方面，更深受他的薰陶。昭和三年（一九二八年）四月，燕台五十七歲時，受大北路魯山人慫恿，離開了長年生活的金澤，移居鎌倉。當時魯山人在鎌倉發展，事業蒸蒸日上。設有星岡茶寮，經常開茶會招

---

[2] 北室南苑：《雅遊人細野燕台》，里文出版，日本，一九八九年。古田先生用此探討燕台的人物像，同注[1]。

[3] 名篆刻家桑名鐵城特地為燕台刻了「吾生也年月日皆屬申」字樣。

待財政界知名之士，會後，由燕台講述陽明學，已成定規。燕台的演講極有吸引力，深獲財政界名士的好評。講解時間並無硬性規定，幾乎每回到涉及猥談而後止。燕台深通中國小說，言談內容，自然也離不開小說。古田先生認為燕台既信奉陽明學，自然逃不出他那肯定物欲、強調性欲的精神；《拍案驚奇》的作者凌濛初，也同樣受到這種思想的影響，因此反朱子的存天理、去人欲，反人道主義和封建禮教。在精神構造上，燕台和凌濛初的哲學是一致的，《拍案驚奇》所描寫的世界，燕台也就毫無抗拒而浸潤其中。由於這個緣故，燕台珍愛此書、秘藏此書，這種說法，可說是順理成章的。

燕台晚年，境況欠佳，昭和二十五年（一九五〇年）一月，妻子去世，當時燕台七十九歲，再加上兒子病倒，入院、出院，周而復始，實在支持不了；另方面，燕台已年屆高齡，全無收入，且戰後景氣未復、民生艱苦，處於如此的環境、年代，身為一家之主的燕台，要負起合家生計，談何容易。尚幸家中有足以自豪的龐大藏書，只好陸續把書變賣來維持。可能就在此時，《拍案驚奇》也跟着被賣掉了。一九五一年廣島文理科大學購得此書，大概是在他出賣不久之後吧。

這三十九卷本的《拍案驚奇》是天下孤本，故主燕台是個漢學家、藏書家、中國小說通，新主廣島大學卻是堂堂的國立大學，前後兩主，可謂無愧這「天下孤本」了。【4】

三十九卷本《拍案驚奇》除了兩個藏書印以外，尚有一「北畠千鐘房章」印，這是書肆所有者之印，別名「須原屋茂兵衛」。換句話說，此書曾經有個時期，屬於這間書店，當時店主叫北畠茂兵衛。書肆設在江戶日本橋，「須原屋」出版的刊物，數量之多，壓倒同行。這《拍案驚奇》大概在明治中葉前後，屬於「千鐘房」所有，就在此時被中國小說通的燕台發現而買去。若干年後燕台落魄，又把它變賣，終於經山本

【4】同注【1】。古田先生認為故主的身世配得上這個孤本，因而感到心安。

書店而流到廣島大學。

至於《拍案驚奇》漂洋過海到日本的時期，應推早至十七世紀，當時與其他白話小說，整批從中國海運而來，經長崎而分散至各地。【5】

二、明清小說研究會譯注一卷歷八載

三十九卷《拍案驚奇》在廣島度過了五十周年的不久，卷三十一〈何道士因術成奸，周經歷因奸破賊〉的日文譯注本面世了。本書由古田敬一主編，厚達三百一十九頁，前後花了八年零四個月的時間，集多名廣島大學師生（廣島明清小說研究會）的力量才完成。【6】這是第一冊，今後將陸續出版，至第四十卷全部完成為止。

為何一卷話本的譯注得花費如此漫長的時間與人力？為何始於第三十一卷？又為何要等到五十年後的今天才起步？這得從頭說起。

距今約五十年前的一九五二年東京大學教養學部長麻生磯次教授，因公到訪廣島大學，順便拜訪文學部中國文學研究室的斯波六郎教授，閱讀廣島大學所藏的三十九卷本《拍案驚奇》，當時古田先生是研究室的助教，這套書是他為麻生教授從書架上取下來的；之後，遙望他們兩人對談的情景，時至今日印象猶新。麻生教授是江戶文學的權威，但也精通中國文學，所著《江戶文學和中國文學》【7】受到極高的評價。書中第三章〈馬琴小說受中國文學的影響〉，論述詳盡，且以《拍案驚奇》為

【5】詳細參考古田代序，同注【1】。

【6】同注【1】。頁三一一、三一六。第三十一卷首次研讀時，是一九八八年二月到一九九〇年十二月，共兩年零十個月。第二次，為了出版，從新整理，由一九九七年三月到二〇〇二年九月才殺青，剛好五年半。兩次合計，一共八年零四個月。

【7】麻生磯次著：《江戶文學と中國文學》，三省堂，日本，昭和二十一年五月十日初版，昭和五十一年十月二十日　第五版。

4

頁 33 - 110

例，比較同異，點明受影響之處。這可說是三十九卷本入廣島大學後，初次受到專家學者注意的證明，難怪古田先生對此難忘。

專於明清小說的復旦大學教授章培恆先生，於一九八〇年，得神戶大學文學部中文系伊藤正文教授的介紹，專程到廣島訪書，當寺廣島大學文學部中文系系主任正是古田先生。章先生把廣島大學所藏三十九卷本，初刻《拍案驚奇》影印帶回。【8】一九八二年出版了活字校點本《拍案驚奇》；【9】三年後的一九八五年，三十九卷本初刻《拍案驚奇》的影印本，也由上海古籍出版社出版。【10】這影印本的面世，意義深長，對學界的貢獻，不可謂不大。【11】繼麻生磯次教授之後，這稀世孤本，又一次受到專家學者的重視和利用。

古田先生對這《拍案驚奇》，一直未能忘懷，卻未見有所動靜，大概因公私兩忙的緣故吧。

一九八五年十月，也是古田先生剛從廣島大學退休那年，日本中國學會在京都大學召開，古田先生與與會的廣島大學師生，談起三十九卷本的《拍案驚奇》，認為不加以利用，未免可惜。又自一九七二年，白

【8】一九七九至一九八〇年間，章先生於日本神戶大學講學，趁便，專程赴廣島大學閱覽《拍案驚奇》，並得獲影印。詳見凌濛初著、章培恆整理、王古魯注釋：《拍案驚奇·序》，上海古籍出版社，一九八二年八月。

【9】凌濛初著、章培恆整理、王古魯注釋：《拍案驚奇》，上海古籍出版社，一九八二年八月

【10】關於影印本印行的經緯，詳細參看章培恆影印《拍案驚奇·序》，及古田敬一主編：《拍案驚奇訳注Ⅰ　唐賽兒の乱始末記》，頁三一〇，久保卓哉跋，汲古書院，日本，二〇〇三年三月七日。

【11】過去中國一般學者所能讀到的《拍案驚奇》，是不完整的版本、不完整的原文，利用不完整的資料，得出的是錯誤的結論。影印本的面世，使學者可窺見原書全豹，錯誤的論調，才能不攻而破。詳細可參閱拙作〈拍案驚奇是否凌濛初獨創〉，《新亞學報》第二十卷，革新號，二〇〇〇年八月。

木直也教授退休後，明清小說，後繼無人，因此有組織明清小說研究會的必要，大家都贊同這建議。當時在場者有：楊啟樵、狩野充德（兩人同屬廣島大學）、久保卓哉（福山大學）。終於在一九八七年二月，第一次研究會開始，參加者除上述四名以外還有市瀨信子（廣島大學）等，地點在古田先生家，每月一次，風雨無阻，直至於今。研究成員，與日俱增，每年不斷有學者及研究院的學生加入，當然也有因畢業或轉職而離去的。

三、前人譯注三十卷，留待十卷後人譯

研究會的第一步，是閱讀《拍案驚奇》。《拍案驚奇》四十卷中，三十多卷，已有譯注。主要是以下三種：

1. 章島驍譯注《拍案驚奇》第一卷至第三十卷（全譯中國文學大系、東京，東洋文化協會、一九五八年）
2. 千田九一、駒田信二、立間祥介譯《今古奇觀》（中國古典文學大系、平凡社、一九七〇年、及其他），其中，《拍案驚奇》被收錄的有第一、十一、十八、二十、二十二、二十七、三十五、三十八卷。
3. 松枝茂夫、入矢義高、今西凱夫譯《宋‧元‧明通俗小說選》（中國古典文學大系、平凡社、一九七〇年），《拍案驚奇》被收入的有第二、十二卷。

研究會研討的步驟，先讀有日文翻譯的第一卷，然後，順次從未有日文翻譯的第三十一卷着手。

第三十一卷的研讀，是由一九八八年二月開始，至一九九〇年十二月結束，共兩年零十個月，合三十四次。研究會開始之初，並無出版的計劃，只為研究而研究。每次輪流報告、相互討論、提示資料，不明之處，翻查字典，徹底追究。至一九九六年七月，一共才讀完四卷，距開

始時足足十個年頭。研究成果，若不公諸於世，未免遺憾，結果決定把譯注刊印出版，由未有日文翻譯的第三十一卷開始。於是將舊日的成果，從頭整理。該書體例是於每段原文之後，加以校勘、注釋。注釋不僅語釋、還有用例。最後是原文、眉批、夾批的日文翻譯。種種項目，從新審查、修飾、訂正，實在不簡單。有時為了一個不甚了了的名詞，就被擱了大半天，譬如「劍光動處見玄霜」的玄霜，字典上只有仙藥的意思，為何劍光動處出現仙藥，兩者如何搭上關係，實在弄不清楚。追尋之下，終於得到解答，在《傳奇》的〈裴航〉有如此句：「一飲瓊漿百感生、玄霜搗盡見雲英」。玄霜是仙藥、雲英是仙女，兩者常連用，至此才讀通了。有時在校勘上發現了問題，又要花一番工夫去追查，例如：尚友堂本的「宓宣」與消閑居本、王古魯校本不同，後者皆作「宓宣」。認為是尚友堂本錯誤，人名用「宓」應無問題，作為姓氏，則似有疑問，但不徹底追究、證實不罷休。翻查《百家姓》《千家姓》，果無此姓。尚友堂本作「宓」，可能是刻工錯在「宓」字下面，加多一「山」之誤。【12】

　　如此精密的研究，若沒有豐富、齊全的文獻，是很難有成的。據久保卓哉在後跋說，凡與明清小說有關的出版物，古田先生都很快地搜購，列於書架供大家利用。不僅明清小說，服飾、色彩、葬禮、建築、武器、武具、庭園、城郭等畫冊，以至出土文物的資料，網羅殆盡。所藏文獻較之大學研究室還要豐富，宛如明清小說研究所。研究會具備了這樣的條件，才能作深入探討。

　　一字一句，仔細琢磨，尋根問底、校勘、引例，費盡心思。這也是一卷話本，遲遲才能面世的主要原因。譯注詳盡，對欣賞或研究《拍案驚奇》者，貢獻不淺。今後對學界將引起怎樣的影響，吾人唯有拭目以待。

【12】同注【10】，頁三一六、三一七。

景印香港新亞研究所《新亞學報》（第一至三十卷）

《清脾錄》作者與中國文士潘庭筠、李調元的情誼和文字交往

鄺健行*

　　《清脾錄》作者李德懋，字懋官，朝鮮全州人，生於朝鮮英祖十八年[1]，卒於朝鮮正祖十七年；當中國清高宗乾隆七年（1742）至乾隆五十八年（1793）。李氏博學多才，著述甚豐，有《青莊館全書》（以下簡稱《全書》）傳世。《清脾錄》四卷，收入《全書》卷三十二至卷三十五[2]。李調元字羹堂，號雨村、童山等，四川羅江人，生於清世宗雍正十年（1732），卒於清仁宗嘉慶七年（1802）[3]。他是著名學者和作家，有關其生平的資料現存很多，不少學者已作研究敘說，此處不贅述。至於潘庭筠，個人掌握有關他的材料有限，茲綜合中韓兩方面的文字記載，概說其生平如下：庭筠字蘭公，號秋庫。浙江杭州人，生於乾隆七年壬戌（1742）。乾隆三十一年到北京考進士[4]，不中，留京，其後大

---

* 本所碩士（1970），曾任香港浸會大學中文系教授，現為本所教授及香港浸會大學中文系榮譽教授。

[1] 生年據李德懋兒子李光葵給父親所撰年譜（附李德懋全集後）。學者有把生年提前一年，即英祖十七年者。

[2] 所據版本為韓國民族文化推進會的「古典國譯全書186《國譯青莊館全書》，1990」。「國譯」本前列漢字原文，後列譯文及注釋。

[3] 友人詹杭倫教授著《李調元學譜》（成都，天地出版社，1997）云：「楊懋修《李雨村先生年譜》記：『七年壬戌十二月二十一日，卒於南村故里。』調元卒日按公元計算，當為1803年1月14日，為不影響干支計年，一般仍按慣例換算為1802年。」

[4] 據朝鮮洪大容《乾淨衕筆談》。

1

約以舉人身份入四庫館工作。乾隆四十二年（1777），做到「文淵閣檢閱充方略館總校官四庫全書分校官內閣中書舍人」的職位【5】。乾隆四十三年（1778）中戊戌科進士【6】，最後官至御史，曾共馮培合編過《嘉慶兩浙鹽法志三十卷》，嘉慶七年刊本【7】。潘氏卒年不詳，他在嘉慶年間編書，看來起碼活到嘉慶一朝。

《清脾錄》全書共一百七十七則，長短不一，每則附標題，體式和中國的筆記雜錄或一般詩話無異。此書雖不以「詩話」為名，但全書各則均引詩為說，李德懋是把本書看成詩話的。他給李調元寫信云：「鄙人攜來自著《清脾錄》，皆古今詩話，頗多異聞。」當時他的友人柳得恭（泠齋）給本書寫序，稱本書「庶幾乎古聖賢說詩之旨，可謂詩話之選也」，顯然也視此書為詩話的。歐陽修論詩話，說「以資閒談」；許顗論詩話，說「備古今、錄異事」【8】。如果拿來跟李德懋的話相比對，頗見吻合。所以即使律以中土的說法，《清脾錄》還是一冊詩話。

《清脾錄》一百七十七則中，以清代人物名號為標題的十六則。十六個人當中，和李德懋建立情誼並有文字交往的兩人，他們就是潘庭筠和李調元。〈潘秋庫〉條見卷三，〈李雨村〉條見卷四，篇幅比較長，內容比較多，可以詳細探論。本文主要根據朝鮮資料，述論李德懋分別和潘庭筠、李調元兩人情誼的建立和文字交往的過程，同時拿中土資料進行配合比對；希望對李德懋、潘庭筠、李調元的研究，稍有幫助。

乾隆三十年乙酉（1765）冬天，朝鮮人洪大容隨其出使中國的叔父到北京。三十一年（1766）二月初，在北京結識了由杭州前來考試的舉子三人：潘庭筠、嚴誠和陸飛。由二月初到二月底，四人會面近十次；

【5】據《韓客巾衍集》（朝鮮人柳琴編，現有排印本和各種手抄本行世）潘庭筠〈序〉。

【6】《明清進士題名碑錄索引》（朱保炯、謝沛霖編，上海古籍出版社，1979）。

【7】《續修四庫全書總目提要》第七冊〈嘉慶兩浙鹽法志提要〉。

【8】分見歐陽修《六一詩話》和許顗《彥周詩話》書前小序。

鄺健行 《清脾錄》作者與中國文士潘庭筠、李調元的情誼和文字交往 103

言語雖不通，但彼此筆談達意。有時四人因事不能相聚，仍舊遣人互相
傳遞訊問，由此四人建立了深厚友誼。洪大容四月間回朝鮮，六月中整
理手上的筆談草本，寫成《乾淨衕會友錄》（乾淨胡同為潘庭筠等人在
北京居所的街道名）一書，記載始末詳情，收進他本人文集《湛軒書》
內【9】。此書在洪大容的友人圈子內廣受傳閱，李德懋正是讀者之一，
證據是：他對四人的異國友情感動很深，於是把洪大容所藏的若干草帖
抄錄出來，後加評論，成《天涯知己書》一卷，今載入《全書》卷六十
三。《天涯知己書》短序云：

> 今觀其諸帖，翰瀉相和之樂，不愧古人，往往感激有可涕者。錄
> 其尺牘及詩文，抄刪《筆談》，名曰《天涯知己書》，以刺薄於
> 朋友之倫者焉。

李德懋還就四人結交事寫詩，其〈洪湛軒大容園亭〉詩曰：

> 高人秉潔操，耿介中林廬。獨彈歐邏琴，清商滿太虛。匪直寄遐
> 想，幽憂不自除。所思遙難即，漫把浙杭書。溫溫嚴夫子，素心
> 雅而疏。磊砢陸孝廉，燕吳遍名譽。文藻潘香祖，燦燦氣筍蔬。
> 天涯結知己，存沒多悲嘘。賤子側聽歎，慰君聊虛除。東方一士
> 高，只可予友予。【10】

乾隆四十一年（1776）冬天，李德懋另一位友人柳琴（字彈素）
隨朝鮮使臣入北京。柳琴此次入燕，目的是「欲一交天下文章博洽之
士」【11】。他有備而來，準備之一是帶來了四名朝鮮中青年詩人詩作選本
《巾衍集》，作為向中國文士請教交流之用。四名朝鮮青年詩人是：李德
懋，三十六歲；柳得恭，二十九歲；朴齊家，二十七歲；李書九，二十

【9】《湛軒書》內書名作《乾淨衕筆談》，想來是洪大容最後的定名，因為在洪大容
其他文章中，包括回國後寫給潘庭筠的信中，都稱此書為《會友錄》。此書有洪
大容友人朴趾源序，也稱為《會友錄》。

【10】《全書》卷十《雅亭遺稿二》。

三歲。《巾衍集》選李德懋詩共七十四題九十三首，其他三家選詩數目雖不同，但相差不遠。乾隆四十二年（1777）丁酉正月，柳琴在北京端門外，見李調元「儀容甚閑雅」，於是持襪請交，由此相識【12】；後來多次登門拜訪。然後再通過李調元指引，結織潘庭筠【13】。

按洪大容和杭州三士相會及著書事，柳琴當必知悉。三人是年下第事，洪大容也知道。潘庭筠曾對洪大容當面表示：如果考不中，還要再考三次【14】，所以柳琴揣測潘庭筠可能仍在北京，因此詢問。柳琴不會問及嚴誠，因為知道嚴誠早已逝世。嚴誠曾向洪大容說過「不中定不來」【15】的話，所以下第以後，即時南下，翌年（乾隆三十二年，1767）游閩中為館師，病瘧卒。此事洪大容有記載【16】，李德懋也轉錄【17】，則柳琴不容不知。至於陸飛，洪大容最初一段短時期，還能跟他有聯繫，說他下第之後，「轉客保定，尚未旋杭」【18】，以後則音信斷絕了。

【11】《清脾錄‧李雨村》條。

【12】同上注。

按李調元〈韓客巾衍集序〉和十六卷本《雨村詩話》第十六卷所載，兩人結識的過程是：柳琴先在琉璃廠書肆讀到李調元的《粵東皇華集》，心中佩服，於是慕名登門求見。值得思考的是：李調元序文寫於柳琴在北京時，而李德懋本條則在柳琴從北京回國、讀了序言以後寫成。李德懋記錄柳琴的話，大概不會錯，沒有需要誇大捏造。柳琴在北京直接登門造訪李調元，不算丟臉事，他儘可對李德懋明言。但是他修正了李調元序文中所說，也許覺得序文所記，還有不盡確切之處。總之，其間事實怎樣，一時難以考定，本文暫從李德懋記載立說。

【13】《清脾錄‧潘秋庫》條：「丁酉春，柳幾何琴入燕，遇李吏部調元，問知潘生否？李曰：『潘與吾最相好。』」然則李調元告知潘庭筠居處，自屬必然。

【14】《乾淨衕筆談》。

【15】同上注。

【16】《湛軒書‧外集‧杭傳尺牘》卷一與陸飛、潘庭筠諸函。

【17】《清脾錄‧嚴鐵橋》條。

鄭健行　《清脾錄》作者與中國文士潘庭筠、李調元的情誼和文字交往　　105

根據目前一些零星資料觀察揣度，陸飛在乾隆三十一年下第以後即使再考，始終沒有考上，因為清代進士題名錄中未見他的名字。另外，《續修四庫全書總目提要》九冊中有《乾隆江山縣志十六卷》一書，乾隆四十一年刊，仁和舉人陸飛纂修。又二十四冊有《歸善縣志十八卷》，乾隆癸卯（四十八年）縣署刊本。簡介云：「仁和陸飛纂輯。此書成於乾隆四十八年癸卯……此編延陸君載筆，寒暑無間，閱歲而成。」《江山縣志》簡介明言陸飛為舉人，如果他在乾隆四十一年前已中進士，自會捨舉人之名而不用的。《歸善縣志》在乾隆四十七年開始纂輯，「閱歲而成」，也不曾提到陸飛有進士的資格。看來陸飛下第之後，多受府縣延聘，不在北京。柳琴無疑也打聽過陸飛的消息的，《清脾錄·陸篠飲》條載：「丁酉春，柳琴彈素入燕，遇綿州李調元，聞起潛（陸飛字）已舉進士，未官，家食。」用一「聞」字，表示李調元也不確知其行踪；事實上柳琴在北京期間，沒有見到陸飛。至於「已舉進士」云云，應該是不準確的。陸飛如果已中進士，則不必到了乾隆四十七八年間，還得替縣衙修志，他早該出仕為官了。

　　柳琴結識了李、潘二人後，便把自己編選的《巾衍集》分別請二人閱評。二人答應了，對各篇作品逐一點批，每家選詩之後另作總評，很是詳盡；還分別為全書寫序，所謂〈韓客巾衍集序〉是。朝鮮佚名的《東詩叢話》卷一謂《韓客巾衍集》[19]「稿入中華，蜀人李調元及杭人潘庭

【18】《湛軒書·外集·杭傳尺牘》卷一〈與篠飲書〉（大容再拜上篠飲老兄足下）。此書寫於乾隆三十三年戊子（1768）。

【19】柳琴選本，本名《巾衍集》，李調元〈序〉明言：「（柳琴）因探懷出其《巾衍集》，則為李懋官、柳泠齋、朴楚亭、李薑山四家之詩，而為彈素所撰訂者。」李調元加上「韓客」二字，從中國人的立場說，自是恰當；如果韓人自稱，也用上「韓客」兩字，像《東詩叢話》那樣，或者像稍後的〈箋注四家詩序〉（韓·翰南書林·1921）所寫的那樣：「彈素柳氏所次《韓客集》，得潘、李氏序而存之，世稱四家詩。」便不算合適了。

筠序評之」【20】，即指此事。

柳琴於乾隆四十二年初夏回國。李德懋讀到《巾衍集》中點評，即時寫了一封信給李調元，表示感激和景仰，以及讀後的反應。中云：

> 彈素之歸，自詫遇天下名士，仍出《巾衍集》，使不侫輩讀之。果然朱墨煌煌，大加嘉獎；序文評語，爾雅鄭重；真海內之奇緣、而終古之勝事也。顧此下土小生，何以得此於大雅君子？相顧錯愕，如出天外，心不自定【21】。

到是年十月，李調元回信，李德懋又即時去函，內心動盪程度似乎更大：

> 茲者桂同之歸，先生清翰，翩翩飛墜。盥手莊誦，字字醒眼，言言沁脾。喜極欲狂，感深而涕。如此交道，開闢所稀。以文而不以幣，以心而不以面。尺書往來，片言相契。披丹見素，萬里匪遙；此係不侫至誠之攸感，亦見先生真心之傾向【22】。

李調元回信雖不可見，而從李德懋信中的文字，所謂「相契」，所謂「真心」，李調元的信應該是誠摯而具好意的；我們儘可揣測兩人彼此之間融洽的接觸。

至於潘庭筠，李德懋在洪大容回國後不久，便託人把自己的作品帶去給潘庭筠，這算是最初的接觸。他寄給潘庭筠的第一封信說：

> 湛軒洪先生，奇士也。遊燕而歸，每說篠飲、鐵橋、秋庫三先生風流文物，照耀江左；仍示其《談錄》及詩文墨蹟，不侫欣然欲起舞。……昔者舌官李白石持獻不侫〈雜纂〉一篇於先生，先生大加獎翊，稱為高士。人非石腸，安得不感？信息茫茫，於今

【20】《東詩叢話》原書為手抄本，藏韓國漢城大學圖書館，趙鐘業先生《修正增補韓國詩話叢編》（韓國太學社・1966）第十三冊中影印收錄。

【21】《全書》卷十九《雅亭遺稿十一・書五》〈李雨村調元〉（第一信）。

【22】同上注（第二信）。

鄺健行 《清脾錄》作者與中國文士潘庭筠、李調元的情誼和文字交往 107

十載。茲因友生彈素,接見兩邨先生評序《巾衍集》,忽又見先
生手筆評序,茫然失魄,如從天降,無中生有,絕處逢生;鋪張
震耀,令人顛倒。此振古之奇,天下之壯觀;矧又評品精確,眼
光如月。【23】

這封信應該跟寄李調元第一封信同時寫的,即乾隆四十二年夏秋之間,
因為同樣提及讀《巾衍集》評序之後的感受。信中提到十年之前,即乾
隆三十三年(1768)、送自己所著〈雜纂〉【24】向潘庭筠請教事。潘庭筠
看了「大加獎翊,稱為高士」。只是潘氏的反應究竟是通過舌官李白石
傳回呢,還是通過信函表示,不得而知。李德懋這封信也沒有給我們甚
麼提示。我們清楚能知道的是:潘庭筠「獎翊」了以後,兩人反而斷絕
接觸十年。然而不管怎樣,潘庭筠和李德懋的交誼和文字相接,早在柳
琴入北京之前的九年便開始了。

乾隆四十三年春,李德懋和朴齊家一同入燕,目的之一當然想會
晤李調元和潘庭筠。但此時李調元已離開北京,李德懋只能在五月二
十三日見到潘庭筠,潘庭筠設盛宴招待。兩人後來還多次見面(五月
二十七日,二十九日,六月初六,十一,十三;先後共六次)【25】。六

【23】《全書》卷十九《雅亭遺稿十一·書五》〈潘秋庫庭筠〉(第一信)。

【24】《全書》中無〈雜纂〉篇,但卷五有《嬰處雜稿一》,分為兩篇:〈戊寅篇〉和
〈歲精惜譚〉;前者成於乾隆二十三年戊寅(1758),後者成於乾隆二十八年癸
未(1763)。又卷六有《嬰處雜稿二》,篇名為〈觀讀日記〉,為乾隆二十九年
甲申(1764)九月初九至十一月初一的日記文字(《全書》第三冊「目次」《嬰處
雜稿》項下分成兩篇:〈觀讀日記〉和〈九月〉,不確。看原文:篇名為〈觀讀
日記〉,題左是幾行小序,然後是正文。起筆云:「九月戊午,朝霧。」編書者
不察,誤以「九月」為另一篇名。)〈雜纂〉想來是從幾篇中抽取出來,只是具
體段落或文字,已無從指出。

【25】《全書》卷六十七《入燕記下》記相會事甚詳。

月十一為李德懋生辰【26】，當天潘庭筠設饌祝賀，李德懋後來在信中深表謝意【27】。

李德懋去北京，帶了自己編著的《清脾錄》，先請潘庭筠刪訂，再託李調元弟弟李鼎元（墨莊）寄給李調元，請他寫序。寄給李調元的第三封信云：

> 今春換着戎裝，一洗儒酸，隨謝恩使。先訪墨莊、鳧塘，握手殷勤，如見先生。又逢秋庵、芷塘、鴛港、匏尊諸先輩。……鄙人攜來自著《清脾錄》，皆古今詩話，頗多異聞。但其隨腕漫筆，編次乖當，已經秋庵刪訂、芷塘弁卷。因囑墨莊遙寄先生，先生亦為文序之，有便東寄，有足不朽。【28】

此信末有修書日期，為乾隆四十三年六月十日，即李德懋離北京前六日。信末又云：「有懷先生之作一篇謄寄。」這就是《全書》卷十一《雅亭遺稿三‧詩三》所載的〈論詩絕句有懷篠飲雨邨蘭垞薑山泠齋楚亭〉的一組詩。懷念李調元的詩是：「蜀產伊來足勝流，揚雄太白亦君儔。命辭真得詩人意，卉木禽蟲筆底收。」李調元後來把《清脾錄》輯入其《續函海》中。《清脾錄》又曾經潘庭筠刪訂，則此書可說是李德懋和兩名中國文士文字交往的媒介。

李德懋跟李調元最後一次文字上聯繫，應該就是上引的第三封信和〈有懷〉詩，自此以後，兩人間音訊再不相通，《全書》中再也沒有任何文字上的線索。至於潘庭筠，李德懋回國後同年的冬天，寄去一信，即《全書》中所載的第三封信【29】。起筆云「朱炎分袂，候屆玄冬」，日子

【26】見《全書》卷七十所附李德懋兒子李光葵為父親所撰年譜《先考積城縣監府君年譜》。

【27】《全書》卷十九《雅亭遺稿十一‧書五》〈潘秋庫庭筠〉（第三信）。

此信是李德懋由北京回國後同年冬天寄出，中云：「賤降之日，為設綺饌。」

【28】同注【21】

鄺健行　《清脾錄》作者與中國文士潘庭筠、李調元的情誼和文字交往　109

寫得明白。此信同樣附詩一首，所謂「拙詩四韻，奉獻侍人」。《全書》卷十一《雅亭遺稿三・詩三》所載的〈有懷潘秋庫〉律詩，便是附詩：「翰苑名流即馬枚，鯫生何幸共銜盃。從今海左開文運，自古江南出異才。白雪詩聲增價返，青雲氣義結交來。願言沒齒無相忘，玄晏佳篇一諾裁。」可是自此之後，他跟潘庭筠的聯繫再也不見提及了。

　　不過這裏還有一個問題需要考慮和探索。根據《全書》，李德懋和李調元的聯繫應該止於乾隆四十三年，但十六卷本《雨村詩話》在卷十六有一段文字，緊接寫柳琴登門求書之後：

　　　勉懇不已，因令人與之，使去。是年秋，余奉命視學廣東，……閱數年，有人自京來，言東海人為余畫像作生，並寄四家詩求質，膽寄示余。【30】

　　李調元在乾隆四十二年八月奉旨提督廣東學政，九月赴廣東任，這就是《詩話》說的「是年秋余奉命視學廣東」。所謂「東海人」，自是指柳琴等人。柳琴拜會李調元時，李調元贈送自己的《粵東皇華集》和自己的松下看書小照【31】。柳琴回國後，每年李調元生日，必定對着小照作出儀式，遙為祝壽。柳得恭為李調元的祝壽詩，中有句云：「傴僂再拜祝一觴，小照猶挂中堂壁。」即《雨村詩話》中所謂「為余畫像作生」。李德懋也有一詩，題為〈雲龍山人（即李調元）生朝為柳彈素作〉：「綿州萬里看比鄰，自定神交意轉真。歲歲餘冬初五屆，遙飛一盞賀生辰。」【32】。

　　柳琴跟李調元於乾隆四十二年春天見面後，不久回國。他在朝鮮為

───────────

【29】同注【27】

【30】我手頭無十六卷本《雨村詩話》，《詩話》中記載有關朝鮮人朝鮮詩的文字，承詹杭倫君抄出見示。

【31】《清脾錄・李雨村》條。

【32】《全書》卷十一《雅亭遺稿三・詩三》。

李調元飛盞賀壽，極有可能在乾隆四十二年冬天開始（李調元在十二月初五出生）。但在外地的李調元不可能即時知道祝壽事，一直過了幾年，才從北京前來的朋友口中獲悉。《詩話》中「閱數歲」的「數」字，起碼指三年或超過三年；這就是說：他見到北京的來人，應該是在乾隆四十五年（1780）或更晚。《雨村詩話》中同時提到「並寄四家詩求質」。李調元記此事在「為余畫像作生」之後，表示寄詩求質的時間也該在乾隆四十五年或更晚，而不是乾隆四十二年「巾衍集」那回事。有的學者認為《雨村詩話》中的《四家詩》是《韓客巾衍集》的續編，這固然不失為邏輯性的推論；如果這樣，李德懋和李調元之間文字關係，不是止於乾隆四十三年了。

不過我對《續編》的說法，還是不無保留，這是因為：甲、作為四家之一的李德懋，其文集中完全沒有提及後來再送詩求質一事。乙、《韓客巾衍集》如果有《續編》，一定在朝鮮流行，像先前的《正編》那樣，可是朝鮮方面沒有這回事。丙、《雨村詩話》文字自「謄寄示余」以下，即接「柳琴云」，然後是柳琴的祝壽詩。其後再接「柳得恭云」、「朴齊家云」，同樣附錄兩人的祝壽詩。李調元這段文字會不會是這樣的意思：柳琴等人的祝壽詩傳到北京，他們想請李調元過目評說，有人把他們的祝壽詩謄寫帶出北京，交給李調元？李調元沒有錄載李德懋詩，因為李德懋沒有祝壽之作。《詩話》中說「四家詩」，雖不完備，但有了三家之作，「四家」一名，也就可以鬆動地使用了，所以「四家詩求質」云云，不排除上述的可能。我的看法傾向是：《韓客巾衍集》續編不見得是事實。

只是也得指出：李調元說寄詩求質的話也非全屬子虛烏有，四家之中是有人向他聯繫過的，可不見得四個人都聯繫，聯繫時間也不必一定是這段文字中涉及的時間。《童山文集》[33] 卷五有〈明農初稿集序〉和

【33】《續修四庫全書》一四五六‧集部‧別集類。

〈薑山集序〉二文。《明農初稿》為朴齊家集子，《薑山集》為李書九集子。〈明農初稿集序〉說作者「萬里之外，以求序於余」，這便是兩人「求質」的事實。李調元雖說寫序言，恐怕也對作品提出過意見。〈薑山集序〉中頗引李書九詩句，比對原作，李調元有時換字，有時減省後連綴，似乎不無微意【34】。再者從〈薑山集序〉中的引詩看，有些不見於《韓客巾衍集》【35】，那應該是後來送材料時補上的。另外十六卷本《雨村詩話》卷十六〈朝鮮四家詩頗多可采〉條，引李書九〈松山道中懷柳蕙風〉二絕，也不見於《韓客巾衍集》，當是李調元後來才得到的。又〈朝鮮四家詩頗多可采〉條引朴齊家詩三首，第一首〈東潞河見山東督府何裕城船〉七律，應該作於朴齊家入中國後，不會見於《韓客巾衍集》。此詩也是後來才傳到李調元手中的。這就間接表明「閱數歲」的講法可信。總之，李調元說的「寄四家詩求質」，不見得寄的一定是《韓客巾衍集》續編，還可以從多方面考慮。另外四家之中，無疑後來有人向李調元請教，但不是李德懋。因此說兩人的聯繫止於乾隆四十三年，還是可以成立的。

　　李德懋知道李調元其人，在柳琴回國以後，他卻始終和李調元緣慳一面。李德懋知道潘庭筠其人，則可上推到洪大容回國的年代，早了十年。同時通過閱讀《乾淨衕筆談》，他對潘庭筠應該有了比較清晰的印象。其後他寫信給潘庭筠開始聯繫，十年之後，又在北京跟潘庭筠數度會面酬酢。可以想見，按常理言，李德懋跟潘庭筠的私人交誼，要比跟

【34】譬如〈序〉中引詩：「家住碧溪頭，日夕溪風急。修林不逢人，水田鷺鷥立。」此詩見《韓客巾衍集》，題目為〈自白雲溪復至西岡口少臥松陰下作〉。原詩「住」作「近」，「逢」作「見」（據抄本）。又譬如《韓客巾衍集》有〈早起看晴〉詩，中有句云：「荳人立沙岸，柳陰津船喚。」又有〈江夕〉絕句，末二句云：「數點洲邊火，遙知估客船。」李調元在〈序〉中連綴一起：「豆人立沙岸，柳陰喚津船。數點洲邊火，遙知估客舡。」

【35】如「松下斷人踪，小逕明殘雪」、「千峰落日明，人煙淡初夕」。

李調元的深厚才是。何況他小李調元十歲，但和潘庭筠同年，那麼跟潘庭筠相處之際，應該更有平輩感覺、更加不感拘束的。事實上仔細分析各種有關資料、特別是《全書》中的詩文，李德懋心意傾向兩人厚薄的程度，還是可以看出來的。

李德懋寫李調元的詩共五首。〈題雲龍山人小影松下看書〉描畫小影中人物的精神，並表示仰慕。〈論詩絕句有懷篠飲雨邨蘭垞薑山泠齋楚亭〉第二首論李調元詩，集中推重作品風貌。〈柳彈素饋李雨村所贈落花生〉、〈雲龍山人生朝為彈素作〉、〈奉和素玩亭懷雨村之作〉三詩因友人的行動或作品而涉及，作意不是先由本身發出【36】。這五詩都缺少對李調元感情流露的字眼。其中〈雲龍山人生朝為彈素作〉的命題，最耐尋味。詩題可以引起讀者這樣的推想：李調元生日，最熱烈遙祝的是柳琴，不是李德懋自己。李德懋好像置身事外似的，細味詩題中「為彈素作」四字，這樣的推測不能說全沒道理。然則說李德懋對李調元情誼不很深，不一定就錯。他對李調元雖也說過「天涯知己」的話（第三信），但通觀全部相關資料，他對李調元敬佩則有之，深厚誠摯的平輩友情，由於客觀原因，大概不曾建立起來。客觀原因是：第一，乾隆四十一、二年間，李調元的聲名官位，跟李德懋大有距離。第二、兩人

【36】 以上五詩，並見《全書》卷十一《雅亭詩稿三‧詩三》。全文如下：

澹紅口角賽頻婆，卷裏烏絲爍眼花。奕奕裝池呼欲出，神怡心醉奈儂何。（〈題雲龍山人小影松下看書〉）

樹有秸含狀外名，辭枝結子落花生。從君手裏傳吾口，別樣香津心肺清。（〈柳彈素饋李雨村所贈落花生〉）

消遣閒愁付太空，靈犀祇信炯然通。三秋獨送東方月，萬里長臨北地風。日出漢城占語鵲，天低滇水憶歸鴻，向誰說此纏綿意，暗祝寒宵見夢中。（〈奉和素玩亭懷雨邨之作〉）

（〈論詩絕句〉及〈雲龍山人生朝〉詩，上文正文已引）

鄺健行 《清脾錄》作者與中國文士潘庭筠、李調元的情誼和文字交往　113

未曾相晤。第三，兩人年歲有差距。我們看他給李調元的信，自稱「下士小生」（第一信），還說：「如從先生入著書之堂，得親耿光，周旋左右，校讎五岳之叢書，編摩五代之詩討，聞見日新，恢拓胸次，則平生之至願畢矣。」（第二信）推許李調元為老師長輩，隱然甘居弟子之列；朋輩情誼比較談不到了。

李德懋寫潘庭筠的詩作同樣五首【37】，詩中則往往表露二人交誼的深厚。〈論詩絕句有懷篠飲雨邨蘭垞薑山泠齋楚亭〉一組詩中，懷潘庭筠（蘭垞）詩云：「聯詠樓頭舊月懸，湘夫人唱想夫憐。飛卿名字安仁姓，詩句如何不妙妍？」末二句借古人贊頌潘庭筠，倒也不算怎樣，值得注意的是開始兩句。湘夫人為潘庭筠妻子號，能詩，有《舊月樓集》【38】。潘庭筠和洪大容見面時，「幾欲出示」妻作，但洪大容以為「婦人能詩為必不佳，遂憮然而止」【39】。可是李德懋不像洪大容般道學，他給潘庭筠第二封信中，提出「刊本願賜一通」。引詩首二句想像夫婦唱和之樂，即信中所云「閨庭之內，載唱載和，真稀世之樂事」，見出歆羨之情。但問題不在於此，而在於李德懋論潘庭筠詩時，首先從對方妻子講起，這表示他起碼不把潘庭筠看成長輩尊輩，而是看成比較熟悉的友朋，詩句可以寫到對方「閨庭」之事。

李德懋另有一詩，題為〈上元夜次秋庫舍人韻〉。按《清脾錄·潘秋庫》條結尾處云：

> 丁酉春，柳幾何琴入燕，遇李吏部調元……雨村壁上黏蘭公〈元夕〉詩一首，幾何傳之曰：「人生幾元夕，留滯尚皇州。月是千山隔，星仍萬戶流。浙燈鄉國夢，魯酒歲時愁。耿耿高堂燭，頻年憶遠游。」

【37】 以下引詩，並見《全書》卷十一《雅亭遺稿三·詩三》。

【38】 《清脾錄·潘秋庫》條。又見《乾淨衕筆談》。

【39】 同上注《清脾錄·潘秋庫》條。

李德懋次韻詩云：

> 家家橋畔出，闐咽漢山州。大地春初到，中天月正流。藏心空舊詠，矯首只閒愁。聯袂玉河道，不知共誰游。

此詩應寫於乾隆四十三年正月十五，這時李德懋仍未啟行入北京（據《入燕記》：三月十七日丁丑發行），不知道潘庭筠後來考試的結果，所以仍稱他為「舍人」。詩雖說「闐咽漢山州」，只能看成想像中國上元夜的熱鬧，不是目覩之詞。詩人在朝鮮，心裏早印記着潘庭筠的詩，所謂「藏心舊詠」，一旦碰上相同的節日或情景，不覺即時浮現，次韻成篇了；這也見出潘庭筠在他心坎間的烙印。

李德懋〈有懷潘秋庫〉律詩，上文已引，詩中所謂「青雲氣義結交來」，所謂「願言沒齒無相忘」，情意懇切，在他寫李調元的文字中見不到的。這樣的懇切情意，不少地方可見，試舉他給潘氏第二封信中一些文字為例：

> 惟我二人，一生於三吳佳麗之地，一生於三韓僻陋之鄉。山阻海隔，不啻天壤。只是天付摯情，鬼助異事，元無半面之雅，仍成同心之友。往古來今，窮天極地，創見無雙，實非尋常識荊之願，終古美之。季布之諾，於吾榮矣。若夫敦情厚誼，自有其人，豈人人所可道哉？故佳朋之於良友，聖人之序倫常，君子視為兄弟。在昔賢哲，動稱知心，亦曰知音。嗟乎，惟此一知字，何等字也！……但願從今以往，塵塵利剎，置之心曲，不着絲毫之虛偽，永為百年之石交；如何如何？

李德懋另有一首〈題香祖批評詩卷〉絕句，此為李德懋就潘庭筠評批《巾衍集》中自己的詩篇而作。詩云：

> 專門漢魏損真心，我是今人亦嗜今。晚宋晚明開別逕，蘭公一語託知音。

按潘庭筠總評李德懋詩道：「炯菴（李德懋號）捶字鍊意，力掃凡蹊，別開異境，晚宋晚明之間，應踞一席。」李德懋詩第三句引述〈總評〉

文字，十分認同，覺得說到自己心裏去了，所以末句有「知音」一詞。

李德懋論詩，不着意於追跡唐人，重要的在寫一己面目，他在〈論詩絕句有懷篠飲雨村蘭坨薑山泠齋楚亭〉的第七首寫道：「各夢無干共一牀，人非甫白代非唐。吾詩自信如吾面，依樣衣冠笑郭郎。」可作證明。又《清脾錄‧漁洋論詩》條：

> 王漁洋〈論詩絕句〉：「鐵崖樂府氣淋漓，淵穎歌行格儘奇。耳
> 食紛紛說開寶，幾人眼見宋元詩？」余嘗愛此詩之公平博雅。

所謂「公平」，指王士慎不但不抹煞宋元詩，而且加以推揚，不像有些人「耳食紛紛說開寶」。另李德懋〈絕句二十二首〉第二十首云：「癡人談古詩，喜斥元明代。何如是元明，茫然失所對。」【40】他對自己論詩「偶與漁洋相符」，頗覺得意。【41】潘庭筠說詩當意，自是加深李德懋的知己之感。

再看李調元對李德懋的總評：

> 《青莊館集》造句堅老，立格渾成，隨意排鋪而無俗豔，在四家中
> 尚推老手。

雖然稱許，稍覺空泛不具體；即使稱許之中，仍有保留，細味「尚」字可知。李調元寫李德懋的總評，實不如寫柳得恭和李書九的那樣具體和沒有保留：

> （柳得恭）《歌商樓集》才氣縱橫，富於詩卷；如入五都之市，珍
> 奇海錯，無物不有。加以天姿勝人，鍛鍊成奇，故是令觀者眩
> 目。此真東國之文鳳也。

> （李書九）《薑山集》諸體皆工，而尤嫺於五古。原本陶、謝，而
> 時汎灠於儲、孟之間，詩品為最高矣。「落日不逢人，長歌白石
> 澗。」此人此品，安得朝暮遇之？

【40】《全書》卷十一《雅亭遺稿三‧詩三》。

【41】《清脾錄‧漁洋論詩》條。

這麼說來，李調元恐怕還不算是李德懋心中許為「知音」的人。他後來如果真個不曾寄自己的詩句向李調元「求質」，看來不是不可理解的。

以上基本上據朝鮮文獻述論李德懋對李調元和潘庭筠的情誼和交字交往；那麼可不可以倒過來，依據中土文獻述論他們三人的情誼和文字交往呢？可以是可以的，只是材料少得多。儘管這樣，還是值得一談。

潘庭筠文集或在中土的零散文字，個人未見（除了《嘉慶兩浙鹽法志》），無法知道他對李德懋的真正態度和觀感。我心裏猜想：他對李德懋可能積極和善意，同樣表示出友情。我是從他對李德懋〈洪湛軒大容園亭〉一詩後幾句批語推演的，批語云：「此詩固是傳作，讀之令人增感；一結尤為寫盡湛軒先生人品情事。湛軒東方高士，一別十年，終身無可再見。鐵橋（嚴誠）宿草已久，讀此詩數過，不自知涕泗之交流也。」離別十年，舊誼仍記胸臆，可見他是個深情的人。那麼他和李德懋幾番相聚飲宴，以及刪訂《清脾錄》，顯然表現出善意，看來也會接納兩人的友情，並且日後也會懷念這段交情的。

李調元在十六卷本《雨村詩話》中，有若干跟李德懋有關的文字。仔細閱讀，我們會覺得他對李德懋的態度、跟李德懋文字中間流露出來的，很不相同。以下試據卷十一的一則文字分析。原文云：

> 余弟在京市上，偶見朝鮮李德懋懋官撰《清脾錄》四卷，買歸示余。……皆彼國人詩話，亦間有采中國人者。……又載余詩云：「綿州李雨村〈白鷺州書院〉云：『一林蕉雨侵窗綠，四面書燈映水紅。』〈梅關〉云：『松杪人行雲氣外，梅花僧定月光前。』〈三水縣〉云：『夕陽人在千峰外，夜雨猿啼萬樹西。』〈潛山〉云：『皖山似展倪迂畫，潛水慚無許渾詩。』言皆足傳誦」云云。按此皆係余《粵東皇華集》，不知從何處覓得，竟傳東海；想亦在京中書肆購得耳。

此條所述，比對李德懋的記載，截然不同。首先，李調元怎樣獲得《清脾

錄》？此條說他弟弟在北京書肆偶然看到買來，而李德懋第三信中明說請李鼎元遙寄。其次，李調元表示不知李德懋從何處覓得《粵東皇華集》，並從中抄錄自己的詩作；又作不肯定揣測：「想亦在京中書肆購得耳。」李調元既然有《清脾錄》，自然讀過關於自己一條的文字，當中說他「仍餽其廣東主考時所作《粵東皇華集》」給柳琴。柳琴認識李德懋，李調元〈韓客巾衍集序〉說「四家之詩而為彈素所撰訂者」，兩人關係，李調元不容不知。柳琴有《粵東皇華集》，李德懋自然可以借閱，這事李調元應該清楚得很的。個人以為：李德懋的幾篇文字，清楚具體，不可能捏造事實寫出來；反而李調元此則詩話，一些地方似乎經不起分析，不無可疑。

看《雨村詩話》的文字，讀者會產生這樣的印象：李調元跟李德懋素不相識，只是偶然因為讀到《清脾錄》而順便記下編著者姓氏。李調元也不提及《巾衍集》。這樣的筆調，同樣見於卷十六寫柳琴登門求書一事：「（柳琴）云：『竊意著作必不止此（指《粵東皇華集》），不知此外尚有幾種？乞求數部。』勉懇不已，因令人與之，使去」末二句筆調也寫得冷冰冰地，好像兩人間絕無感情似的。然而如果拿〈韓客巾衍集序〉一讀，卻不是那麼回事。序言先寫柳琴外貌衣飾，用了加上主觀判斷的文句：「丰神朗潤，眉如長松，眼爛爛若巖下電。頭戴笠子，衣道衣。」繼寫聽了柳琴求書後：「余驟聞之驚，既而喜。」跟着寫下去：「延談之際，因探懷出其《巾衍集》。」序言最後寫道：「以向之所著《看雲樓集》付之，以不辜其求；而并為評隲四家之詩，以重其詩。」相會時種種周旋款曲，盡見筆下，絕非「因令人與之，使去」的不雜情感。然則《雨村詩話》中雖然寫得自己和李德懋向無關係，拿柳琴的例子去考慮，《詩話》中文字也可以不是實情的。

李調元為甚麼要這樣記述跟李德懋（包括柳琴）的關係，不得而知。他似乎有意識地想擺脫可能本是比較親近緊密的關係的，我看其中一定有更深層的道理；這點有待研究李調元的學者去探索。我目前的態度是：李德懋、李調元之間關係的記載，朝鮮人的資料似乎比較可信。

景印香港新亞研究所《新亞學報》（第一至三十卷）

漢代郡縣鄉亭之等級

廖伯源*

〔一〕

《張家山漢墓竹簡・二年律令・秩律》[1] 曰：

> 廷尉、內史……郡守、尉……秩各二千石。（頁192／簡440-441）

內史、郡守、郡尉之秩皆二千石，與九卿同列。此為漢初高后二年時之制，內史、郡守、郡尉之秩相同，不分等級。[2] 傳世文獻言及漢郡守、尉之秩級者稍詳，亦可據以分漢郡之等級。史書述漢內史於景帝時分為左、右內史，武帝時又分為京兆尹、左馮翊、右扶風三輔。內史、左內史、右內史、京兆尹、左馮翊、右扶風皆得稱為九卿。[3] 嚴耕望《秦漢地方行政制度》[4] 謂漢郡之等級，除三輔為畿郡，其長官與九卿同列，地位特崇外，一般之郡有時亦分大小。其引《漢書・元帝紀》[5] 為證：

> 建昭二年，「益三河〔大〕郡太守秩〔中二千石〕，戶十二萬為

---

* 本所碩士（1972），現任中央研究院史語所研究員。

[1] 張家山二四七號漢墓竹簡整理小組編：《張家山漢墓竹簡》，北京，文物出版社，2001年。所引釋文之頁數詳下文。

[2] 此為僅有之漢初郡守、尉秩級之資料，據此立說，不分等級。

[3] 考詳徐復觀：〈漢代一人專制政治下的官制演變〉，《周秦漢政治社會結構之研究》，頁213-216，香港，新亞研究所，1972年。

[4] 嚴耕望：《中國地方行政制度上編卷上：秦漢地方行政制度》（初版刊於1961年），頁218-221，中央研究院歷史語言研究所專刊之四十五，台北，1974年。

[5] 本文所引正史，皆引自中華書局點校本。

大郡。」三年，「令三輔都尉、大郡都尉秩皆二千石。」【6】
是西漢元帝時曾分郡為大小，戶十二萬以上者為大郡，其郡太守秩中二千石，郡都尉秩二千石。《漢書・百官公卿表》載郡守「秩二千石」，郡尉「秩比二千石」。（19上／743）大郡太守、都尉秩皆高於常郡長吏秩一級。按宣帝重視郡國守相，「以為太守，吏民之本也……故二千石有治理效，輒以璽書勉厲，增秩賜金。」【7】如王成為膠東相，黃霸為潁川太守，皆增秩為中二千石。然此皆特例，元帝劃一制度，以十二萬戶以上為大郡，其太守秩中二千石。

《秦漢地方行政制度》又引《漢舊儀》曰：

> 元朔三年，以上郡、西河為萬騎太守，月奉二萬。綏和元年，省大郡、萬騎員秩，以二千石居。【8】

按「月俸二萬」當是秩中二千石之月俸。【9】若干邊郡萬騎太守月俸二萬始於元朔三年，蓋武帝征伐匈奴之特別措施。元帝建昭三年（前36）令大郡太守秩中二千石，至成帝綏和元年（前8）省大郡太守、萬騎太守秩為二千石。則大郡太守秩中二千石僅施行二十餘年。郡太守秩二千石為漢代之經制。

【6】《漢書・元帝紀》9／294。前引《秦漢地方行政制度》頁39。

【7】《漢書・循吏傳》，89／3624。又王成事見（89／3627），黃霸事見（89／3631）。

【8】衛宏撰《漢官舊儀》卷下，孫星衍等輯，周天游點校：《漢官六種》，頁49，北京，中華書局，1990年。

【9】據此條所言，武帝時萬騎太守「月奉二萬」；成帝綏和中，省萬騎太守秩為二千石。二千石之上唯有中二千石、萬石，郡太守之秩不可能萬石，則「月奉二萬」應是中二千石之俸祿。《漢書・貢禹傳》：禹於元帝時上書自謂「為光祿大夫，秩〔比〕二千石，奉錢月萬二千。」（72／3073，《漢書補注》引周壽昌曰：「〈百官表〉光祿大夫秩比二千石。此亦脫比字。」（72／12））中二千石高比二千石兩級。其月俸分別為二萬及萬二千，於理亦順。本文所引《漢書補注》，為台北藝文印書館景印「光緒二十六年長沙王氏校刊本」。

《尹灣漢墓簡牘·東海郡吏員簿》牘文謂東海郡「太守一人秩□□□□」（79-2）。又謂「都尉一人秩真二千石」（79-3）《尹灣漢墓簡牘·集簿》謂東海郡有戶廿六萬餘。（77-10）是所謂大郡。「〈集簿〉是成帝晚年（最可能是元延年間）之物。」【10】元延年間（前12—前9）是施行大郡太守秩中二千石，大郡都尉秩二千石之時。則上引牘文「太守一人秩□□□□」所空四字，應是「中二千石」。

《秦漢地方行政制度》又述漢代有內郡、邊郡，近郡、遠郡之目，【11】雖非等級之別，然其長吏職位是否優差，時人心中自分高下，為官者不欲遠離京師，喜得近郡，似是人之常情。

〔二〕

傳世史書述漢縣之等級，以萬戶為界，分為大縣與小縣，大縣置令，小縣置長。《漢書·百官公卿表》曰：

> 縣令、長……萬戶以上為令，秩千石至六百石。減萬戶為長，秩五百石至三百石。皆有丞、尉，秩四百石至二百石。（19上／742）

此引文過於簡略，今據其文意，可依縣令千石、八百石、六百石、縣長五百石、四百石、三百石，而分漢縣為六等。「成帝陽朔二年除八百石、五百石秩。」【12】則漢縣尚有縣令千石、六百石、縣長四百石、三百石凡四等。此一分等尚未考慮丞、尉之秩及尉之人數，否則等級當更

【10】《尹灣漢墓簡牘·前言》，頁4。見連雲港市博物館、東海縣博物館、中國社會科學院簡帛研究中心、中國文物研究所編：《尹灣漢墓簡牘》，北京，中華書局，1997年9月。

【11】《秦漢地方行政制度》頁40。

【12】引文出自《漢書·百官公卿表》，19上／743。

多。據《尹灣漢墓簡牘‧東海郡吏員簿》所載，【13】西漢晚期東海郡38縣，依長吏之秩及縣尉之人數可分為七等：

（1）縣令秩千石，丞一人秩四百石，尉二人秩四百石。（凡四縣）

（2）縣令秩六百石，丞一人秩三百石，尉二人秩三百石。（凡三縣）

（3）縣長（侯國相）秩四百石，丞一人秩二百石，尉二人秩二百石。（凡八縣、二侯國）

（4）縣長（侯國相）秩四百石，丞一人秩二百石，尉一人秩二百石。（凡一縣、二侯國）

（5）縣長秩三百石，丞一人秩二百石，尉二人秩二百石。（凡一縣）

（6）縣長（侯國相）秩三百石，丞一人秩二百石，尉一人秩二百石。（凡一縣、三侯國）

（7）縣長（侯國相）秩三百石，丞一人秩二百石。（凡二縣、十一侯國）

《尹灣漢墓簡牘》之時代為西漢晚期成帝末年；【14】其中所顯示之漢縣等級當是武帝以來演變所形成者，故與《漢書‧百官公卿表》所記載者一致而更為詳細，為西漢後期之制度。《張家山漢墓竹簡‧二年律令》頒行之年代為高后二年（前186）。【15】其中〈秩律〉顯示漢初高后時諸縣分為如下五等：

（1）「櫟陽、長安、頻陽、臨晉、成都、□雒、雒陽、酆、雲中、□□□□□、新豐、槐里、雎、好畤、沛、邵陽」諸縣，其令「秩各千石，丞四百石」。（頁193／簡443-444）

（2）「胡、夏陽、彭陽……」等55縣，【16】其縣令「秩各八百石，有

【13】前引《尹灣漢墓簡牘‧東海郡吏員簿》，頁79-84。

【14】前引《尹灣漢墓簡牘‧前言》，頁1。

【15】〈二年律令釋文注釋〉之「說明」。見前引《張家山漢墓竹簡》，頁133。

【16】其中「□□□□□□臨邛」，僅計臨邛一縣，釋文空白者皆不計在內。

丞、尉者半之，司空、田、鄉部二百石」。（頁195／簡447-450）

（3）「汾陰、汧、杜陽……」等195縣，[17]其縣令「秩各六百石，有丞、尉者半之，田、鄉部二百石」。（頁196-197／簡451-464）

（4）「陰平道、蜀〈旬〉氏道、縣〈◎〉遞道、湔氐道」等四道，其長「秩各五百石，丞、尉三百石。」（頁202／簡465）

（5）「黃（廣）鄉、萬年邑」等二縣，其縣長「秩各三百石，有丞、尉者二百石，鄉部百六十石」。（頁202／簡465-466）

漢初縣分五等。第一等縣之縣令秩千石，除有數字不可辨識，〈釋文〉釋出縣名者僅十四縣，[18]是為櫟陽、長安、頻陽、臨晉、成都、雒陽、酆、雲中、新豐、槐里、睢[19]、好畤、沛、郃陽等縣。此十餘縣列入第一等，其理由或是為京師所在，或為高祖故鄉，或為天子祭祀天地山川神鬼之地，或為人多地廣之大縣，詳言如下：

其一，櫟陽、長安、洛陽，為京師所在，或曾為京師所在。漢二年，漢王都櫟陽。（《漢書·高帝紀》1上／33）至漢五年，滅項羽，二月甲午，漢王即皇帝位於定陶，「西都洛陽。」（1下／54）五月，婁敬說高祖，謂都洛陽不如都關中，張良亦以為然，高祖即日「車駕西都長安。」（1下／58）按所謂「西都長安」，蓋以後事為言。高祖西遷關中，

【17】其中簡453之「□平樂」作一縣計，「□□□陵」作一縣計。簡460之「□□」及「□」俱不計算在內。

【18】「□雒」不計在此十四縣之中，蓋不知其縣名。《張家山漢墓竹簡》【注釋】「□雒」曰：「缺字疑為『上』。上雒，屬弘農郡。」（頁193）按〈秩律〉後文有「上雒」。（頁196）則此處□雒之□不應為「上」字，否則〈秩律〉所列諸縣，上雒重出。

【19】此字〈釋文〉釋作「睢」，【注釋】謂即沛郡之鄰縣。（前引《張家山漢墓竹簡》頁194）另文考此字應為「雍」字，是內史之雍縣。見廖伯源：〈《張家山漢墓竹簡·二年律令·秩律》鄰侯國雍縣考〉，收載於《漢學研究》，2003年12月。

初尚都櫟陽，故六年，「上歸櫟陽，五日一朝太公。」（1下／62）然以櫟陽不宜為都，乃別營新都於長安；顏師古謂「長安本秦之鄉名」。（1下／58）於五年之後九月，治長樂宮。（1下／58）據《三輔黃圖》，長樂宮乃秦之興樂宮，始皇所造。[20]高祖於五年五月西遷關中，後九月修治長樂宮，則於西遷之後數月，即決定營治長安為新都，先修秦之興樂宮，又於其西側新建未央宮。七年二月，未央宮之東闕、北闕、前殿，及武庫、大倉已大致完工，高祖乃「自櫟陽徙都長安。」（1下／64）

其二，高祖「沛縣豐邑中陽里人」，顏師古謂豐為「沛之聚邑」。（1上／1）按秦時沛縣屬泗水郡，高祖改泗水郡名為沛郡，轄有沛縣、豐縣等。（《漢書・地理志》28上／1572）蓋分割沛縣之豐，別為豐縣。上引〈秩律〉載漢初第一等縣有沛、酆，注釋謂「酆，即豐」，[21]蓋以高祖之故鄉得列入第一等縣。至於新豐縣，以太上皇思戀故土，乃於漢七年徙豐邑之故人，置於驪山之南之驪邑，修治屋室街市，一如豐邑，以解太上皇之鄉愁。及十年七月，太上皇崩，「更命驪邑曰新豐。」[22]新豐初屬內史，中屬右內史，後屬京兆尹。

沛縣、豐縣為高祖之故鄉，新豐則新建為太上皇養老之地，三縣皆以此特異，列入為第一等縣。

【20】《三輔黃圖》卷一：「興樂宮，秦始皇造，漢修飾之，周回二十餘里，漢太后常居之。」（陳直校證：《三輔黃圖校證》，頁11，西安，陝西人民出版社，1980年）

【21】前引《張家山漢墓竹簡》，頁193-194。

【22】《史記・高祖本紀》注《正義》：「麗邑……《括地志》云：『……太上皇時悽愴不樂，高祖竊因左右問故，答以平生所好皆屠販少年，酤酒賣餅，鬥雞蹴踘，以此為歡，今皆無此，故不樂。高祖乃作新豐，徙諸故人實之。太上皇乃悅。』」按：前于麗邑築城寺，徙其民實之，未改其名，太上皇崩後，命曰新豐。（8／387）又參見《漢書・地理志》28上／1543。

其三，縣隸屬於內史，地近京師。〈秩律〉所列第一等縣，除上述長安、櫟陽、新豐外，尚有頻陽、臨晉、槐里、好畤、郿陽五縣屬內史。此五縣列入第一等縣之原因不明。唯知其縣名之第一等縣僅十四，其中有八縣屬內史，則在內史之縣以地近京師，或有離宮禁苑之類之皇家重地在其中，【23】故特重其縣令之職。唯屬內史之縣數十，何以僅此數縣得列入第一等縣，今不可考矣！

其四，其縣為天子祭祀天地山川神鬼之地，釋文之「畦」縣。已於另文證此縣非沛郡之酇縣，推測當是內史之雍縣。蓋自秦以來，雍縣即為天子祭祀天地山川神鬼之地。《漢書·地理志》曰：

> 右扶風……雍。本注曰：「秦惠公【24】都之。有五畤，太昊、黃帝以下祠三百三所。【25】槖泉宮，孝公起。祈年宮，惠公起。棫陽宮，昭王起。」（28上／1547）

《漢書補注》釋「五畤」曰：

> 先謙曰：「〈渭水注〉雍有五畤，以上祠祀五帝。〈封禪書〉：『惟雍四畤，上帝為尊』。（《史記》28／1376）……《後漢書·馮衍傳》注引《史記》云：『秦併天下，祠雍四畤，漢加黑帝，謂之五畤。』」【26】（28上之／34a）

是雍曾為秦都，有宮殿，城池必甚堅厚。而自秦時已集中天地神鬼之祠

【23】如槐里縣，《漢書·地理志》：「右扶風……槐里」，本注曰：「有黃山宮，孝惠二年起。」（28上／1546）

【24】《漢書補注》王念孫以為惠公當是德公之誤。（28上之一／34a）

【25】《漢書補注》先謙曰：〈郊祀志〉：雍有百有餘廟，又云舊祠二百三所。此三百，疑二百之誤。（28上之一／34a）

【26】《後漢書·馮衍傳》傳注，28下／990。所引乃《史記·封禪書》：漢二年，漢王問「秦時上帝祠何帝。對曰：『四帝，有白、青、黃、赤帝之祠。』」高祖乃立黑帝祠。（28／1378）

二百餘所於雍，歲時奉祠。故於雍專置廚長、丞，供給國家祠祀之祭品。《漢書・百官公卿表》曰：

> 廱廚長、丞。注如淳曰：「五畤在廱，故有廚。」（19上／737）

廱即是雍。西漢置廚令、長者僅二縣，是為長安廚令、丞及雍廚長、丞。【27】是雍縣地位重要，雍令為地方長官，其職必因此較常令為劇。雍或以此而得列第一等縣。

其五，人口眾多之大縣。〈秩律〉所列第一等縣，有成都。《漢書・地理志》曰：成都為蜀郡之首縣，郡治所在，「戶七萬六千二百五十六」。（28上／1598）按西漢縣邑1314，道32，侯國241，凡1587；天下「民戶12,233,062」，（28下／1640）平均每縣有7708戶。成都縣戶數幾為平均數之十倍，較不少邊郡之戶數為多。長安為首都，長安縣有戶八萬八百，僅稍多成都縣四千餘戶。《地理志》之戶口數為平帝元始二年時數，漢初戶口數必少於是。然以後推前，成都縣人口眾多，為漢初之一等大縣，可以斷言。〈秩律〉列成都縣為第一等縣，其原因甚明。

其六，雲中亦列為第一等縣。雲中為雲中郡之首縣。雲中邊郡，全郡僅有「戶三萬八千三百三」。（28下／1620）雲中何以得列為第一等縣，不知其原因。

〔三〕

前引〈秩律〉，謂漢初高后時諸縣分為五等。各等之長吏秩分別為：（一）「秩各千石，丞四百石」。（二）「秩各八百石，有丞、尉者半之」。（三）「秩各六百石，有丞、尉者半之」。（四）「秩各五百石，

【27】參見廖伯源：〈漢初縣吏之秩階及其任命—張家山漢簡研究之一〉，頁15-16，《中古史研究集刊》，台北，蘭台出版社，2002年。

丞、尉三百石。」（五）「秩各三百石，丞、尉者二百石。」除釋文之若干□號不計外，此五等縣之數目為15+55+195+4+2＝271。第四等為「陰平道、蜀〈旬〉氏道、縣〈◎〉遞道、湔氏道」等四道；第五等為「黃（廣）鄉、萬年邑」等二縣，後二等共六縣，前三等占絕大多數。若以〈百官表〉，六百石以上為縣令，以下為縣長，則〈秩律〉所載271縣中，265縣之長官為令，6縣之長官為長。似可謂漢初一般縣之主官多為令，主官為長之縣數目甚少，皆為道及鄉縣（以鄉為縣）。或謂漢初主官為長之縣是特異，一般縣之主官皆為令。

《尹灣漢墓簡牘‧東海郡吏員簿》載西漢成帝末年東海郡吏員，38縣邑侯國，其中侯國18，縣邑20。二十縣邑中，主吏為令之縣凡7，餘13縣之主吏為長。7縣令中，秩千石者4人，秩六百石者3人；13縣長中，秩四百石者9人，秩三百石者4人。又18侯國之主吏皆稱為相，然其秩四百石者4人，秩三百石者14人。【28】以六百石以上為縣令，以下為縣長例之，此18侯國相秩位皆比縣長。則此東海郡38縣邑侯國之主吏，其級別為令者僅7人，餘31人之級別皆為長。以此為例，或可謂西漢後期縣主吏稱令者甚少，為長者則甚多；與〈秩律〉所顯示漢初縣主吏多為令，為長者極少，剛好相反。或可據此謂漢初至西漢末二百年之發展，諸縣主吏之秩位漸趨低落，為數不少縣之主吏從縣令降級為縣長。

〔四〕

《張家山漢墓竹簡‧二年律令‧秩律》記載漢初鄉部亦分等級，鄉部吏之秩分別為二百石、百六十石、百二十石。今引釋文如下：

第二等縣之縣令「秩各八百石，有丞、尉者半之，司空、田、鄉

【28】前引《尹灣漢墓簡牘‧東海郡吏員簿》，頁79-84。

部二百石。」（頁195／簡450）

第三等縣之縣令「秩各六百石，有丞、尉者半之，田、鄉部二百石，司空及衛官、校長百六十石。」（頁197／簡463-464）

第五等縣之縣長「秩各三百石，有丞、尉者二百石，鄉部百六十石。」（頁202／簡466）

「田、鄉部二百石，司空二百五十石。」（頁202／簡468）

「毋乘車之鄉部，秩各百廿石。」（頁203／簡472）

頁202／簡468之釋文獨立成段，與前後二則釋文皆無關聯。疑簡468當置於簡444之後。蓋簡443-444列第一等縣，其長吏秩後不列田、鄉部及司空之秩，與上列引文不同。又此簡之司空秩二百五十石，較之上列第二等縣之司空秩二百石為高，當為第一等縣之司空。

鄉部分為二等：縣令千石、八百石、六百石之縣，其鄉部主吏秩二百石。縣長三百石之縣，其鄉部主吏秩百六十石。蓋三百石已為縣長秩之最低者，故百六十石亦當是鄉部主吏秩之最低者。然上引釋文尚有「無乘車之鄉部，秩百廿石」。推測當是鄉部之次要吏員，其於釋文中與縣、道之「傳、馬、候、廄……無乘車者，及倉、庫、少內、校長、髳長、發弩……士吏」同列，皆秩百廿石。

漢初鄉之等級分為二等，依縣令、長之秩級而分。縣令千石至六百石，其縣之鄉部主吏秩二百石，此為一級。縣長秩五百石至三百石，其鄉部主吏秩百六十石，此為第二級。鄉部主吏之下，各有秩百廿石之吏。

傳世文獻述鄉亦分大小。《後漢書‧續百官志》本注曰：

有秩，郡所署，秩百石，掌一鄉人；其鄉小者，縣置嗇夫一人。

注引《漢官》曰：「鄉戶五千，則置有秩。」（志28／3624）

是五千戶以上為大鄉，郡為置鄉有秩，主管一鄉之事；五千戶以下為小鄉，縣為置鄉嗇夫。《秦漢地方行政制度》引勞榦說，以為邊地不及五千戶之鄉亦有置有秩者，蓋邊地特異。又謂「五千戶之大鄉甚少，故嗇夫幾成通制，至於有秩，乃特制耳。」（頁238）

廖伯源　漢代郡縣鄉亭之等級　　　129

按百石以下為少吏，郡縣長吏得自辟除。任用秩過百石以上吏，則須上請，由朝廷批准任命。漢初鄉部主吏秩二百石、百六十石，為朝廷所署。其後郡縣長吏不復上請，逕以百石或以下之秩任用鄉有秩、嗇夫。漢初鄉吏秩位較之日後者為高，考詳另文。【29】

〔五〕

漢初亭部亦分二等。〈秩律〉載縣吏有校長，校長有秩百六十石、（頁197／簡464）秩百廿石（頁203／簡471-472）二等。按校長當即傳世文獻之亭長。《張家山漢墓竹簡》【注釋】曰：

校長，見於《睡虎地秦墓竹簡‧封診式》的〈群盜〉條，《續漢書‧百官志》注：「主兵戎盜賊事」。【30】（頁203）

按《睡虎地秦墓竹簡‧封診式》〈群盜〉條曰：「群盜爰書：某亭校長甲、求盜乙、丙三人，徼巡到某山，逮捕盜丁，及斬盜戊之首級云云。【31】據此，校長為亭吏。傳世文獻所載亭吏有亭長、亭佐、亭候、求盜（亭父），【32】無校長。高敏據秦簡〈群盜〉條，謂秦之校長職掌徼巡捕

【29】前引〈漢初縣吏之秩階及其任命—張家山漢簡研究之一〉，頁1-22。

【30】【注釋】釋縣吏之校長，引「《續漢書‧百官志》注：『主兵戎盜賊事』。」實是錯引。蓋此「主兵戎盜賊事」者，乃諸陵園之校長，非縣吏之校長。【《後漢書‧續百官志》太常條下曰：「先帝陵，每陵園令各一人，六百石……丞及校長各一人。本注曰：校長，主兵戎盜賊事。」（志25／3574）又《後漢書‧輿服志》：「諸陵校長秩二百石。」（志30／3676）】雖然諸陵校長與縣吏之校長兩者禁捕盜賊之職掌類似，官稱相同，但不可以彼校長作此校長。

【31】《睡虎地秦墓竹簡》戊午年本〈封診式〉，頁518，台北：里仁書局，1981年。

【32】《後漢書‧續百官志》，28／3624-3625。參見前引《秦漢地方行政制度》，頁240-243。

盜賊，與傳世文獻所言亭長之職掌相同，因斷言「『校長』則可能是『亭長』的別稱。」【33】雲夢秦簡中校長僅一見，不易考證。今張家山漢簡數見漢初之校長，可據以證秦及漢初亭有校長，校長當即傳世文獻之亭長。

〈群盜〉條謂「某亭校長甲，求盜」乙、丙，「甲將乙等徼循」。【34】校長為亭吏，官職又高於求盜。《秦漢地方行政制度》考亭有兩卒，或稱亭父、亭公、弩父、求盜，因地不同而異。【35】校長、亭長皆領率求盜之亭吏，可能因時地不同而一官異名，則校長可能即為亭長，此其一。

《張家山漢墓竹簡‧奏讞書》〈淮陽守〉章：從獄史武出行新郪縣公梁亭，髳長蒼、求盜布、舍人餘「共賊殺武于校長丙部中」。「公梁亭校長丙」與發弩贅逮捕蒼，「布死，餘亡不得」。蒼供出受新郪縣長信指使，丙、贅即釋放蒼。後淮陽守偃疑有姦詐，案理其事，劾髳長蒼賊殺人，新郪縣長信謀賊殺人，罪皆棄市。公梁亭校長丙、發弩贅「捕蒼而縱之」，律：縱囚，與同罪。丙、贅亦當棄市。【36】釋文有「公梁亭校長丙」、「校長丙部」之文。按「亭部」史書多見，如「渭城壽陵亭部」、「鳳皇、黃龍所見亭部」等，【37】漢人習慣稱亭之轄區為亭部。【38】「校長丙部」即「公梁亭校長丙」所轄之亭部。校長可能是亭長

【33】 高敏：〈秦漢時期的亭〉，收入中華書局編輯部編：《雲夢秦簡研究》，頁310-311，北京，中華書局，1981年。

【34】 前引《睡虎地秦墓竹簡》戊午年本〈封診式〉，頁518。

【35】 參見前引《秦漢地方行政制度》，頁242-243。

【36】 《張家山漢墓竹簡‧奏讞書》〈淮陽守〉章，頁219-220。

【37】 《漢書‧元帝紀》：有「渭城壽陵亭部」。（9／292）〈成帝紀〉：有「渭城延陵亭部」。（10／305）〈哀帝紀〉：有「渭城西北原上永陵亭部」。（11／340）《漢書‧張禹傳》：有「平陵肥牛亭部」。（81／3350）《後漢書‧章帝紀》元和二年詔：「鳳皇、黃龍所見亭部無出二年租賦……」注引《古今注》：「黃龍見洛陽元延亭部。」（3／153）〈安帝紀〉：延光三年，賜「鳳皇所過亭部，無出今年田租…」（5／238）尚有其他亭部之例不列舉。

之別稱，此其二。

《張家山漢墓竹簡・奏讞書》〈江陵餘〉條曰：

（漢高祖十年五月庚戌，）校長池曰：「士五（伍）軍告池曰：『大奴武亡，見池亭西，西行。』池以告，與求盜視追捕武……」……軍曰：「武故軍奴，楚時亡，見池亭西。以武當復為軍奴，即告池所……」（頁216／簡36-48）

軍發現其故奴武，即向該地亭之校長池報案，其述發現武之地為「池亭西」，又曰「即告池所」，是校長池任職之亭以池之名為稱。〈奏讞書〉為法律公文，其文字應當精確，若池之上尚有亭長，不得稱該亭為池亭；池當為該亭之主吏，即亭長。漢初縣吏校長，當即亭長，此其三。

上文已述高敏據秦簡之校長職掌與傳世文獻之亭長職掌相同，因斷言秦簡之校長為亭長。又上述《張家山漢墓竹簡・奏讞書》〈淮陽守〉條曰：公梁亭校長率領求盜二人，徼巡到某山，捕斬群盜，則校長之職掌禁捕盜賊。上述〈江陵餘〉條，校長池據告武為亡奴，即「與求盜視追捕武」；追捕亡奴，亦屬禁捕盜賊之職責。《秦漢地方行政制度》引《後漢書・續百官志》本注曰：「亭長，主求捕盜賊，承望都尉」，（志28／3624）考亭長之本職為「典武禁盜賊。」（頁241）亭長、校長之職掌相同，亦皆亭吏；亭長、校長可能是一官而異名，此其四。

縣吏之校長，傳世文獻僅見一例。《史記・彭越列傳》：秦末，群雄起，眾擁彭越起事。越與眾約，後期者斬，因誅最後到一人，「令校長斬之。」（90／2591）擁彭越起事之眾皆鄉里少年，所見識之官不過鄉亭小吏。所謂校長，必亭吏校長。亭之校長職掌禁捕盜賊，故彭越使校長斬最後期者以立威。

校長分秩百六十石及秩百廿石二等，是漢初亭以其主管吏之秩級不

【38】《秦漢地方行政制度》謂史書中「亭之涵義：則亭舍曰亭；亭舍旁之聚落城壁曰亭；而一亭所部之區域亦曰亭，謂之亭部。」頁60。

同，亦可分二等。

漢代之亭，於傳世文獻有亭、都亭、市亭、旗亭、鄉亭、野亭之目。「在京師及郡國縣道治所者曰都亭，」城門有門亭，「街市有市亭，而與門亭通稱旗亭。」又鄉野者通稱鄉亭，或稱野亭。考詳《秦漢地方行政制度》。【39】至亭之等級高下，則無考。

〔六〕

綜上所述，漢初郡不分等，郡守、尉皆秩二千石，與內史秩相同，亦與九卿同。其後京兆尹、左馮翊、右扶風三輔為畿郡，其長官亦稱九卿；一般郡太守治行優異，為天下最者，乃入長三輔，然三輔長官與一般郡太守皆秩二千石。武帝征伐匈奴，邊郡有萬騎太守，秩中二千石。元帝以十二萬戶郡為大郡，大郡太守秩中二千石。成帝省萬騎太守、大郡太守秩，其後郡太守皆秩二千石。

又據〈秩律〉，漢初高后時諸縣分為五等。各等之長吏秩分別為：（一）縣令秩各千石，丞、尉各四百石。（二）縣令秩各八百石，丞、尉者半之。（三）縣令秩各六百石，有丞、尉者半之。（四）縣長秩各五百石，丞、尉三百石。（五）縣長秩各三百石，丞、尉者二百石。

《漢書·百官公卿表》載西漢縣令千石、八百石、六百石、縣長五百石、四百石、三百石，而分漢縣為六等。「成帝陽朔二年除八百石、五百石秩。」則漢縣尚有縣令千石、六百石、縣長四百石、三百石凡四等。

據《尹灣漢墓簡牘·東海郡吏員簿》，以長吏之秩及縣尉之人數，西漢末東海郡之縣可分為七等。

（1）縣令秩千石，丞一人秩四百石，尉二人秩四百石。（凡四縣）

（2）縣令秩六百石，丞一人秩三百石，尉二人秩三百石。（凡三縣）

【39】前引《秦漢地方行政制度》，頁58-66。

（3）縣長（侯國相）秩四百石，丞一人秩二百石，尉二人秩二百石。
　　（凡八縣、二侯國）

（4）縣長（侯國相）秩四百石，丞一人秩二百石，尉一人秩二百石。
　　（凡一縣、二侯國）

（5）縣長秩三百石，丞一人秩二百石，尉二人秩二百石。（凡一縣）

（6）縣長（侯國相）秩三百石，丞一人秩二百石，尉一人秩二百石。
　　（凡一縣、三侯國）

（7）縣長（侯國相）秩三百石，丞一人秩二百石。（凡二縣、十一
　　侯國）

　　西漢後期縣主吏稱令者甚少，為長者則甚多；與〈秩律〉所顯示漢初縣主吏多為令，為長者極少，剛好相反。或可據此謂漢初至西漢末二百年之發展，諸縣主吏之秩位漸趨低落，為數不少縣之主吏從縣令降級為縣長。

　　漢初鄉之等級分為二等，依縣令、長之秩級而分。縣令千石至六百石，其縣之鄉部主吏秩二百石，此為一級。縣長秩五百石至三百石，其鄉部主吏秩百六十石，此為第二級。漢初鄉部主吏秩在百石以上，須上請朝廷任命，其後鄉部吏皆秩百石以下，由郡縣長吏自辟除。

　　傳世文獻述漢鄉亦分大小。五千戶以上為大鄉，郡為置鄉有秩，五千戶以下為小鄉，縣為置鄉嗇夫；鄉有秩或鄉秩夫為鄉主管吏，管一鄉之事。唯五千戶之大鄉極少，故鄉置嗇夫為通制。

　　漢初亭部亦分二等。《睡虎地雲夢秦簡》及《張家山漢墓竹簡》所載亭部之校長即傳世文獻之亭長。《張家山漢墓竹簡・二年律令・秩律》載縣吏有校長，校長有秩百六十石、秩百廿石二等，故漢初之亭部可分二等。漢初校長秩百石以上，亦須上請朝廷任命。

景印香港新亞研究所《新亞學報》（第一至三十卷）

中國現代學術典範的建立：
救亡思潮和胡適的《中國哲學史大綱》

翟志成*

一、引言

　　一九二七年二月七日，胡適給北京大學教授彭學沛（字浩徐）寫了一封重要的長信，為彭氏在《現代評論》第一〇六期中批評他因提倡「整理國故」而「造成了一種『非驢非馬』的白話文」一事作出了有力的申辯。此信後來被胡適以〈整理國故與「打鬼」──給浩徐先生信〉為題，摘刊於一九二七年三月號《現代評論》第一一九期，其中有一段話是胡適對自己的「少作」《中國哲學史大綱》的自我評價：

> 但我自信，中國治哲學史，我是開山的人，這一件事要算是中國一件大幸事。這一部書的功用能使中國哲學史變色。以後無論國內國外研究這一門學問的人都躲不了這一部書的影響。凡不能用這種方法和態度的，我可以斷言，休想站得住。[1]

　　胡適的這段充滿自肯、自信和自負的自我評估，以實衡之，前半段顯然自我膨脹得遠為不夠，而後段則未免膨脹得過了頭。在胡適的《中國哲學史大綱》的正式問世之前，康有為、章太炎、梁啟超、王國維、嚴復諸人雖也曾在學界和思想界鼓動西潮引領風騷，儘管也是一樣地震聾發聵激勵人心、一樣地叱咤風雲別開生面，但他們畢竟囿於、或且無

---

*本所碩士（1975），中央研究院近代史研究所副研究員。

[1] 轉引自耿雲志、歐陽哲生（編），《胡適書信集》（北京：北京大學出版社，1996），冊上，頁395。

法完全掙脫「中體西用」的思維窠臼;[2]他們對西方現代精神的把握,始終有一間而未達——而這毫釐之差往往會造成千里之謬;[3]更重要的是,他們使用的還是中國傳統的工具和文體,亦即使用文言文這一工具和文論注疏的形式,去介引或發揮西來的理論,從而使西方的思想內容因受制於中國傳統的工具和形式而不能完全舒展。胡著《中國哲學史大綱》與康、章、梁、王、嚴諸人著述的不同之處主要有三。第一,胡適當時的主導思想是杜威早期的實驗主義,[4]他基本的精神面貌更是「全盤性反傳統」的,[5]他的價值取向與思維方式早已完全跳出了「中體西用」的窠臼,而和傳統有著更徹底和更深刻的斷裂。[6]第二,《中

---

[2] 關於康有為、章太炎、梁啟超、王國維,尤其是曾撰文批駁過「中體西用」的嚴復,何故仍舊不能完全擺脫「中體西用」思維模式的桎梏,請參看余英時,《中國近代思想史上的胡適》(臺北:聯經出版事業有限公司,民73年),頁8-15。

[3] 關於在基本觀念理解上的細微偏差勢將造成對整個理論體系的巨大的誤解,請參看墨子刻對韋伯(Max Weber)的批評:Thomas A. Metzger, *Escape From Predicament: Neo-Confucianism and China's Evolving Political Culture*(New York: Columbia University Press, 1977), p. 4.

[4] 唐德剛譯注,《胡適口述自傳》,(臺北:傳記文學出版社,民70年),第五章,〈哥倫比亞大學和杜威〉,頁91-119。

[5] 關於胡適何故被定性為「全盤性的反傳統主義者」,林毓生曾作出了相當細緻縝密兼具說服力的分析和論證,詳見 Yu-Sheng Lin, *The Crisis of Chinese Consciousness: Radical Antitraditionalism in the May Fourth Era*(Madison: The University of Wisconsin Press, 1979), pp. 82-103.

[6] 當然,這並不意味著胡適的價值系統和思維模式可以完全不受中國文化傳統的影響。事實上,無人能自外於其所處的文化傳統。即令在最激烈、最徹底的反傳統主義者的思想深處,也可以或深或淺地窺見文化傳統的胎記和烙印。關於傳統對胡適的影響,請參看翟志成,〈儒學資源的現代轉化——熊十力與胡適的分歧〉,收入張偉保編,《傳統儒學、現代儒學與中國現代化》(香港:新亞研究所、香港聯教中心聯合出版),頁159-196。

國哲學史大綱》為研究中國的「國故」，提供了一整套現代治學的嶄新技術和方法（亦即胡適一輩子引以為傲的「科學方法」）。第三，《中國哲學史大綱》是用白話文撰寫的，而且又是胡氏在美國哥倫比亞大學完成的英文博士論文的中譯修訂本，【7】如此一來便完全符合了現代學術著述所要求的一切規格和範式。余英時曾指出，胡適《中國哲學史大綱》的出版，在整個中國現代史學建立的過程中，起著一種「典範」兼「示範」的重要作用。【8】這當然是正確的。但余英時對該書的肯定仍不足夠。因為，該書所提供的一整套治學的信仰、價值、方法和技術，不僅適用於中國哲學史乃至中國史學的研究，而且還同樣適用於中國的整個文、史、哲研究；是故該書的影響所及，便絕不僅僅局限於中國哲學史甚至中國史學研究的畛域，而且還涵蓋了一整個中國的人文學科。舊日治學的典範已因該書的出現而正式宣告失效與過時，新式的典範也因該書的出現而正式建立。以往運用傳統的「方法和態度」治理國學者，在

【7】一九一七年四月二十七日，胡適撰成博士論文，五月四日繳交，五月二十二日參加口試（見曹伯言整理，《胡適日記全編》【冊2】，合肥：安徽教育出版社，2001，頁583、590、591），一直到了一九二七年初纔獲哥大頒發的哲學博士學位（唐德剛譯注，《胡適口述自傳》，頁98-103）。至於何故有此十年稽遲，學界多年來聚訟紛紜，迄今仍無定論。但胡適在一九一七年七月十日歸國之後（《胡適日記全編》【冊2】，頁616），即因鼓吹文學革命而「暴得大名」，成了真正的「國人導師」以及全國最高學府的名教授，學界和文化界人士咸稱之為「胡博士」，而胡適也照單全收，從不加以更正或說明，其以博士自居之態勢甚為顯明。一九一九年二月，商務印書館出版了胡適的《中國哲學史大綱》（上冊），該書其實是胡適英文博士論文的中文修訂版。參看 Hu Shih (Suh Hu), *The Development of the Logical Method In Ancient China* (Shanghai: The Oriental Book Company, 1922), "A Note", p. 1.

【8】參看余英時，《中國近代思想史上的胡適》之附錄一，〈《中國哲學史大網》與史學革命〉，頁90。

該書出版之後，便再也無法在學術主流立足。當時中國的學術書籍，如果一次能賣個百多本，已經是了不得的暢銷書。胡適的《中國哲學史大綱》在出版後二年之內，竟能連續翻印了七版，共銷了一萬六千冊。【9】《中國哲學史大綱》的驚人銷售量，既在一定程度上反映了該書對當時學術、文化、思想界的驚人震撼力，同時也反映了該書纔甫出版，便立刻成了整個學術文化思想界爭相批評、觀摩、學習和擬模的寶典。我們甚至可以大膽地斷言：無論從思想到方法、無論從內容到形式，中國要一直等到胡適的《中國哲學史大綱》的出現，纔在嚴格意義上開始了並擁有了真正的現代學術。誠如胡適所言，該書的出版，的確「要算是中國的一件大事」。儘管胡適在談及該書時，語氣是何等的自肯、自信和自負，但胡適對該書在「開風氣」「功用」方面的評估，究其實仍遠嫌不足。因為，該書所改變的遠不止是中國哲學史研究，該書不僅使中國哲學史的研究「變色」，而且還使整個中國人文學科的研究變色。明明是中國現代學術的奠基者，卻偏偏以「治中國哲學史」的「開山人物」自限，可見胡適自肯、自信和自負的程度仍大大落後於客觀實際，而必須由後來的史家大加補充。

一整部中國近代史（尤其是中國近代思想史），倘若經過高度化約之後，其實也可被視為是一部救亡運動（尤其是救亡思潮）變化和發展的歷史。祇要我們稍稍憶及近代史上無數因救亡而喧囂一時的口號，例如「啟蒙」、「婦女解放」、「教育救國」、「實業救國」、「科學救國」、「軍事救國」……無數因救亡而屢仆屢起的運動，例如洋務運動、維新運動、共和革命、文學革命、共產革命，我們便不難發現，所有這些口號和運動都無不環繞著救亡這一主軸在旋轉。中國的尋求富強是為了救亡，中國的尋求現代化是為了救亡，中國的現代民族的想像和建構

【9】《中國哲學史大綱》出版後二年內的銷售量，見 Hu Shih (Suh Hu), *The Development of the Logical Method In Ancient China,* " A Note", p. 1.

是為了救亡，中國的現代國家的想像和建構是為了救亡，中國的擁抱斯大林極權體制甚至是後來的向蘇聯的「一邊倒」同樣也是為了救亡。……在這個壓倒一切的時代精神之前，祇有救亡纔是最終的目標，其它一切都祇不過是達成這最終目的手段；祇有救亡纔是最高的總綱，其它一切都祇不過是統御於這最高總綱的目。胡適的《中國哲學史大綱》也和救亡運動有著密不可分的關係。這不僅僅因為胡適本人正是第四代救亡運動的參加者、組織者和領導者，也不僅僅因為《中國哲學史大綱》其實是胡適用以批判和清算中國傳統學術思想的最重要武器——故該書不是別的，而祇能是救亡思潮的產物。更不能忽視的是，《中國哲學史大綱》之所以能「暴得大名」，實緣於其書成之日，天時、地利、人和這三個方面的重要因素，都一齊具備；而胡書的天時、地利、人和這三大有利因素的同時俱備，又是中國近代救亡思潮的逐步發展，終於得到了「水到渠成」「瓜熟蒂落」的結果。

　　本文的第二部分「救亡思潮」，擬從中國四個世代的救亡志士對傳統「體用論」認識的變遷，作為思想史的主要線索，首先探究中國近代知識人是如何企圖從傳統中尋找到科學和民主思想作為救亡的資源，以及在遍尋不獲時衍生出的各種傅會；其次探究中國近代的救亡思潮是如何地從「洋務運動」的第一代，逐步演變和發展為「變法維新」的第二代和「共和革命」的第三代，最後發展演變為「全盤性反傳統」的第四代，亦即以胡適和陳獨秀為代表的五四文化革命世代。本文特別指出中國文化經過前三代救亡者的手術刀斧砍伐之後，已變成「失根解體」的釜底游魂，到了五四時代又被胡適們徹底地妖魔化，被視為救亡的最大障礙而必須全盤地徹底加以摧毀。本文的第三部分「胡適和他的《中國哲學史大綱》」，剖析了胡適思想的杜威實驗主義淵源，以及胡適思想與杜威思想不同的三個基本面向，進而探究胡適是如何地把杜威的實驗主義經過高度化約之後，變為救亡的「科學方法」，並以此一「科學方法」為武器，在中國大眾文化和學術思想這兩個層面同時開展其猛烈的批判

5

和徹底的清算，在一心把「中國杜威化」的同時又在無意中把「杜威中國化」。本文著重指出：《中國哲學史大綱》是胡適把中國學術杜威化的最重要的一次實驗，並因此完成了中國學術史上第一次用西方現代學術思想對傳統學術進行系統性的改造和清算，建立了中國現代學術的典範。本文分析了胡適是如何用「科學方法」改寫中國的哲學史，並探究了當時救亡的時代精神，是如何地幫助胡適在北大講授他那反傳統的「中國哲學史」課程之時，一舉突破了傳統學術的核心陣地，逐步贏得了學生的接受和擁戴。本文也剖析了當時的救亡思潮，又是如何地為胡書的空前成功，提供了客觀的憑藉。

由上可見，本文的主要論述方式，是「宏觀歷史」和「微觀歷史」這二種書寫策略的交替使用，這也是本文作者近十年多來一貫堅持的治學方法。任何具體的歷史事件、人物或思想，必須放置在其所處之歷史大環境的脈絡中加以考察，纔能恰如其分；任何歷史大環境脈絡的鉤稽，也必須以具體的事件、人物和思想為依據纔不會掛空。「宏觀」可使「微觀」逃出「明察秋毫之末而不見輿薪」的陷阱，而「微觀」又可讓「宏觀」不致「天低吳楚眼空無物」。本文的第二部分「救亡思潮」，正是要從歷史的宏觀角度，鉤勒出胡適的思想及其《中國哲學史大綱》所憑藉的思想史背景；本文的第三部分「胡適和他的《中國哲學史大綱》」，則從歷史的微觀角度，描畫胡適和他的《中國哲學史大綱》所須面對和所要解決的種種具體問題。「宏觀」的書寫策略須承擔「掛一漏萬」的嚴重後果，以及各種學有精專的專家學者們的許多補充和指正。但既然任何歷史大環境脈絡的書寫都免不了「掛一漏萬」的譏評，本文作者也就祇有坦然面對，並以「掛一」必須「漏萬」，不「漏萬」則無法「掛一」的辯證觀點，為自己的「宏觀」書寫策略的合法性，作出最有力申辯。又由於救亡與胡適同為中國近代史研究的重要論題，歷來名家著論紛呈，珠玉在前，仍敢不辭鄙陋而緬顏獻醜者，實緣於重要歷史事件和人物正如同文學上之重要經典，值得每一代人從相同或不同的角

度加以無窮探索。本文在繼承了前輩學者尤其是林毓生、余英時、張灝等人的研究成果時，在不少的地方也不忘奉獻自己的「一得之愚」。野人獻曝、敝帚自珍，其為高明大方之家所哂笑，固其宜也。

本文最後的「餘論」，指出胡適的《中國哲學史大綱》在取得其空前成功之後，其影響力在極短的時期之內即因馮友蘭的《中國哲學史》的出版而迅速消失，而其典範地位亦被馮書完全取代，箇中最重要的原因之一，乃緣於胡書反傳統的主導思想，已因當時日人侵佔中國東北威脅中國華北而變得不合時宜。在全國上下一心抵禦外侮之際，傳統文化已一變成為民族抗日救亡的重要精神資源，是故以為華夏招魂為其主導思想的馮書得以乘時而起並取而代之。胡適的《中國哲學史大綱》因與救亡思潮同調而勃興，旋亦因與救亡思潮變調而歸寂。此之謂「成也蕭何，敗也蕭何」。

二、救亡思潮

（一）一元論系統

遠在先秦這軸心時代（Axis Age），由孔子、子思、孟子合力締造的儒家學說，便帶有強烈的經世傾向。這種傾向在儒典《大學》中有相當集中的反映。《大學》首章有云：

> 古之欲明明德於天下者，先治其國；欲治其國者，先齊其家；欲齊其家者，先修其身；欲修其身者，先正其心；欲正其心者，先誠其意；欲誠其意者，先致其知；致知在格物。物格而後知至，知至而後意誠，意誠而後心正，心正而後身修，身修而後家齊，家齊而後國治，國治而後天下平。[10]

---

[10] 引自朱熹，《四書章句集注》，頁1-2。

以上引文，據朱熹說是孔子門人曾參所記錄的孔子遺言。[11]日後儒者大都把格物、致知、誠意、正心、修身、齊家、治國、平天下看作《大學》的八條綱目，前四者為「內聖」之學，後四者為「外王」之學。但也有不少學者持不同的意見，例如朱熹就說過：「正心以上，皆所以修身也。齊家以下，則舉此而措之耳。」[12]意謂在《大學》的八條綱目中，前四者為內聖之學，最後三者為外王之學，而第五條綱目修身，則作為連結內聖和外王之學的樞紐。儘管對內聖學與外王學的分界線的定位問題，歷代儒者們容或持有不同的意見，但他們又都一致贊成內聖和外王是聖賢志業中不可分割的二個層面：對家庭、國家和社會的安頓經營，必須以個人內在的道德修養為其根本，纔不會誤入歧途；而個人內在的道德修養，也必須向外呈現於安頓經營家庭、國家和社會的事功之中，纔不會一事無成。這一整套強調道德、政治和社會緊密結合的內聖外王之學，在先秦時期便已和《易傳》、《中庸》的道德形上學互相滲透，並從陰陽五行家的氣化宇宙論中吸取營養，把宇宙間的自然秩序和人間的政治和社會秩序完全等同起來，首先以人間的道德把宇宙的自然秩序徹底道德化，然後再倒果為因，把被道德化的自然秩序變換為人間的政治和社會秩序。如此一來，天道和人道便通貫為一，原來人間的政治和社會的秩序全部被說成是天命所授予的道德秩序，因而是普遍又具體、既神祕又明白、既神聖又平常、既不可違抗不許逆轉又近情入理親切易行。到了秦漢時期，儒者們又從法家「尊君卑臣」的思想武庫偷運入「三綱」，把原來「君仁臣忠、父慈子孝、夫義婦順」的相對關係，轉變為「君為臣綱、父為子綱、夫為妻綱」的絕對服從。經過他們的努力整合，政治吞併了大半個社會，變成了文化、道德和價值的中心，而普遍王權（universal kingship）又變成了政治掌控的根本樞紐。這套內聖

---

[11] 朱熹，《四書章句集注》，頁2。

[12] 朱熹，《四書章句集注》，頁2。

外王的學說，在秦漢時本已轉變為支柱中國大一統專制政治的意識形態，後來又經宋明理學家從佛道二氏的「體用」論中轉手，更極度顯突和強化了其原來「一元的整體的和有機的」（monistic, holistic and organicist）特性。【13】在「理一分殊」、「體用一源」、「即體即用」，以及「舉體成用、攝用歸體」等觀念輔弼之下，這一整套無所不在又無所不包、無所不為又無所不能的意識形態大系統，已外化成一整套文化、政治和社會的制度，並規範、支配和主宰著傳統中國社會中國人的思想、生活和行為的各種方式。陳寅恪把這種歷史事實稱之為「法典化」，【14】余英時則稱之為「建制化」。【15】無論是「法典化」也好，「建制化」也罷，其實都是意識形態的制度化（institutionalization）的不同說法而已。

在中國與西方文明真正全面接觸之前，儒家這套聯結內外、天人和體用的意識形態大系統及其外在化的政治、社會和文化制度，也曾面對過無數的內外危機和各種挑戰，其中最嚴峻者莫過於農民暴動、蠻族入主和佛教思想的傳入，但卻總能成功地回應挑戰並化解危機。農民暴動

【13】 Yu-Sheng Lin, *The Crisis of Chinese Consciousness: Radical Antitraditionalism in the May Fourth Era*, pp. 11-18.

【14】 陳寅恪說：「夫政治社會一切公私行動莫不與法典相關，而法典為儒家學說具體之實現。故二千年來華夏民族受儒家學說之影響最深最鉅者，實在制度法律公私生活之方面。」引自陳寅恪，〈審查報告三〉，收入馮友蘭，《中國哲學史》（重慶：商務印書館，1944 年重印），冊下，【附錄三】，頁 2-3。

【15】 余英時說：「如眾所周知，儒家思想在傳統中國社會的影響是無所不在的。從個人道德、家族倫理、人際關係，到國家的典章制度以及國際間的交往，都在不同的程度上受到儒家原則的支配。從長期的歷史觀點看，儒家的最大貢獻在為傳統的政治、社會秩序提供了一個穩定的精神基礎。但儒家之所以能發揮這樣巨大而持久的影響則顯然與儒家的普遍建制化有密切的關係⋯⋯」引自余英時，《現代儒學論》（River Edge: Global Publishing Co., 1996），頁 171。

的勝利者最後總會被原來的政治體制馴化，蠻族的征服者在被中國政治體制馴化之後，往往還不免要再被中國文化漢化，而印度佛教傳來的一大套思辨的繁瑣哲學，最後也被改造成強調簡易和實踐的中國禪學。憑藉著「一元的、整體的和有機的」特質，以及壓倒四鄰文明的整體優勢，儒家的意識形態大系統及其制度往往在某一個據點或某一個側面被突破時，其它的點和面總能合力加以救濟並運用其壓倒性的整體優勢克敵制勝，從而使自己永遠立於不敗之地。正因為其回應挑戰和消除危機的成就是如此的輝煌，儒家思想及其制度二千多年來恆被傳統中國的知識階層頂禮膜拜拳拳膺服，視作至高無上的至道妙理、指點迷津生命指南、安邦定國的威權法典，以及救苦救難救時救世的萬靈丹。而在儒家思想及其制度的薰陶培植之下，傳統中國的知識階層也養成了一種根深蒂固的「中國中心主義」（Sino-centricism）的世界觀，總以為祇有自己纔是處於世界的政治、經濟、學術和文化的中心的「神明華冑」，而恆把中國以外的國族邊緣化，視之為有待自己去教化和撫育的「四夷」。【16】

（二）「中國中心主義」的破滅

但是，自道光、咸豐以降，西方列強由堅船利炮的開路，向中國大舉入侵，中國便在帝國主義的巧取豪奪蠶食鯨吞之中，第一次和西方文明開展了真正深入而全面的碰觸。西洋戰船的巨型火炮，不僅一舉轟塌了中國的邊防，同時也一舉震碎了「神明華冑」的「中國中心主義」的心防。【17】在一連串的喪權辱國潰師失地的慘敗之中，中國的知識階級

【16】Chi-shing Chak, "The Contemporary Neo-Confucian Rehabilitation: Xiong Shili and His Moral Metaphysics" (PH.D Dissertation, U. C. Berkeley, 1990), pp. 2-24.

【17】Chi-shing Chak, "The Contemporary Neo-Confucian Rehabilitation: Xiong Shili and His Moral Metaphysics", pp. 25-28.

翟志成　中國現代學術典範的建立：救亡思潮和胡適的《中國哲學史大綱》　145

漸漸意識到自己所面對的，是「數千年所未有之變局」；所要對付的，是「數千年來所未遇之強敵」。【18】這次入侵的「西夷」之所以如此強大、如此可怕，是因為他們的文明在整體上至少和中國相等，而他們由先進科技所發展出來的雄厚物質力量尤其是超強武力，以及由現代國家所擁有的行政效率和動員能力，更是中國知識階級數千年來所不曾夢見。由於在整體上不具優勢，每當中國在科技層面或政治層面局部受挫時，其它層面一如既往通盤合力加以救濟，其結果不僅挽救不了局部的危機，反而還造成了「全盤皆輸」的更嚴重的整體危機。正因如此，中國知識階級漸漸意識這次由「西夷」的入侵所釀成的危機，真正可以稱之為「史無前例」。因為，眼前的危機，已不僅僅是「亡國」而已，也不僅僅是「亡天下」而已，而且甚至極有可能是整個華夏民族的「滅種」。顧炎武嘗謂「亡國」只關係到一家一姓的興亡，除皇室與高官等少數「肉食者」之外，絕大部分士大夫並不必對此負責；而「亡天下」（即「亡文化」）便關係到整個華夏禮樂教化的續絕存亡，如何防患於未萌之先，以及拯救於既亡之後，纔是中國所有知識人無可規避的義務和責任。【19】顧氏這種救文化（救天下）不必救國的論述，誠然是激於一

【18】 李鴻章於同治十三年十一月初二（一八七四年十二月十日）上同治皇帝的〈籌議海防摺〉有云：「今則東南海疆萬餘里，各國通商傳教來往自如，如屬集京師及各省之腹地，陽託和好之名，陰懷吞噬之計。一國生事，諸國構煽，實為數千年來未有之變局。輪船電報之速，瞬息千里。軍器機事之精，功力百倍。礮彈所到，無堅不摧，水陸關隘不足限制。又為數千年來未有之強敵。」收入吳汝綸編，《李鴻章全集》（海口：海南出版社，1997），冊2，卷24，頁825。

【19】 對於何者為「亡國」，何者為「亡天下」，顧炎武在《日知錄》〈正始〉條中曾作了清楚的分疏：「有亡國，有亡天下。亡國與亡天下奚辨？曰：易姓改號謂之亡國；仁義充塞，而至於率獸食人，人將相食，謂之亡天下。魏晉人之清談，何以亡天下？是孟子所謂楊、墨之言，至於使天下無父無君，而入於禽獸者也。昔

股「忍見上國衣冠淪為夷狄」的偏頗與悲憤，從來就不為由明季到清代的大部分知識人所認同。因為，在儒家「內聖外王」的話語籠罩之下，家事、國事和天下事本來就理所當然和天經地義地成了中國知識人必須肩負的義務和責任。既然救國救文化本是中國知識人的天職，而拯救華夏種族使其免於滅絕更與中國知識人的個體保存直接相關，「救亡」便從道光、咸豐以降，逐漸變成了中國知識階級的宗教、上帝和終極關懷。為了成就救亡，沒有甚麼不可以被接受和被擁戴，也沒有甚麼不可以被拋棄和被犧牲。

如上所述，近代中國知識階級的「救亡」，本來就涵蓋了救國、救文化和救種這三個層面。由於國是種生息繁衍之所，文化是種之所以為種的種性，而種則是國與文化的載體，是故救國、救文化和救種這三個層面，有機地統一於救亡大業這一有機體中，既互相依存、互相轉化又互相決定。任何為了救濟其它層面而犧牲某一層面的作為，其結果必定會造成統一的解體，最終被犧牲的反而是救亡大業的自身。但是，近代中國的救亡史，卻是知識階級不斷地削弱、破壞和毀棄中國歷史文化以圖救國和救種的歷史。這種「倒行逆施」的反向操作，實為近代民族主義的救亡論述所未曾見。對歷史文化的破壞，到了五四前夕最終激化成

者嵇紹之父康被殺於晉文王，至武帝革命之時，而山濤薦之入仕。紹時屏居私門，欲辭不就。濤謂之曰：『為君思之久矣，天地四時猶有消息，而況於人乎。』一時傳誦，以為名言，而不知其傷義敗教，至於率天下而無父者也……自正始以來，而大義之不明遍於天下。如山濤者，既為邪說之魁，遂使嵇紹之賢且犯天下之不韙而不顧。夫邪正之說不容兩立，使謂紹為忠，則必謂王裒為不忠而後可也，何怪其相率臣於劉聰、石勒，觀其故主青衣行酒，而不以動其心者乎？是故知保天下，而後知保其國。保國者，其君其臣，肉食者謀之；保天下者，匹夫之賤有責焉耳矣。」引自黃汝成（編）《日知錄集釋》（長沙：岳麓書社重印，1994），卷13，頁471。

一股林毓生稱之為「全盤性反傳統主義」（totalistic anti-traditionalism）的匝地狂飆，【20】五四代表人物對自己的文化傳統憎惡之深切、反對之激烈、否定之徹底，不僅在中國歷史上是絕無僅有，在世界史上也是聞所未聞。

（三）今文學的傅會

不過，中國的知識階級並不是在救亡運動之始便有意走上反傳統的道路。事實上，在五四時代之前，凡有志救亡的知識人，都無不企圖在儒家傳統之內尋求救濟危亡的丹方，也無不以失敗而告終。晚清今文經學的興起，正是緣於魏源、龔自珍、康有為等人認定有清二百年來的考據學，專在經籍中考究章句訓詁音韻名物制度之餘事，勞而鮮功，博而寡要，於義理全不講求，以至於玩物喪志、捨本逐末，不僅全違其「通經明道」的初衷，更以其支離破碎使大道晦而難明，因而發大心別樹一幟，在六經中搜求聖人的「微言大義」，以移用為經世救亡的宗旨。【21】康有為的大弟子陳千秋在《長興學記》的「跋」語中，把今文經學復興

【20】Yu-Sheng Lin, *The Crisis of Chinese Consciousness: Radical Antitraditionalism in the May Fourth Era*, p. 10.

【21】梁啟超對自己如何在康有為的影響之下，盡棄舊學而改宗今文經學，有相當精采而生動的描述：「余以少年科第，且於時流推重之訓詁、詞章學，頗有所知，輒沾沾自喜。先生乃以大海潮音，作獅子吼，取其所挾持之數百年無用舊學，更端駁詰，悉舉而摧陷廓清之。自辰入見，及戌始退，冷水澆背，當頭一棒，一旦盡失其故壘，惘惘然不知所從事，且驚且喜，且怨且艾，且疑且懼，與通甫聯床竟夕不能寐。明日再謁，請為學方針，……自是決然捨去舊學，自退出學海堂，而間日請業於南海之門。平生知有學自茲始。」引自梁啟超，〈三十自述〉，收入《飲冰室文集》（台北：台北中華書局，民67年重印），冊2，頁16-17。

的因緣交代得甚為明白：

> 孔子朔造《六經》，改制聖法，傳於七十，以法後王。雖然，大
> 義昧沒，心知其意者蓋寡。漢之學發得《春秋》，宋、明之學發
> 得《四書》，二千年之道賴是矣。國朝之儒，刳心絀性而宋學
> 亡，經師碎義逃難而漢學亦亡。陵夷至道、咸之季，大盜猖披，
> 國命危阽，民生日悴，莫之振救，儒效既觀，而世變亦日新矣。
> 吾師康先生，思聖道之衰，憫王制之缺，慨然發奮，思易天下。
> 既絀之於國，乃講之於鄉……爰述斯記……其詞雖約，而治道、
> 經術之大，隱隱乎撥樾而光晶之。孔子之道，庶機煥炳不蔽。昔
> 日同學諸子請墨諸版以告天下……庶綴學之士，知所趨嚮，推行
> 漸廣，風氣漸移，生民之託命，或有賴焉。【22】

但是，成就中國救亡大業所最必須者，厥為現代化之科技與現代化
之政制——五四反傳統主帥陳獨秀以「賽先生」（Mr. Science）和「德先
生」（Mr. Democracy）標而識之【23】，真可謂一語中的——而儒家傳統
中偏偏就是難以找到賽先生和德先生的踪影。至於儒家傳統為甚麼會缺
乏科學和民主的資源，筆者在〈儒學資源的現代轉化〉一文中，已有比

【22】 陳千秋，〈《長興學記》跋〉，康有為，《長興學記》，收入蔣貴麟編，《康南
海先生遺著彙刊》（台北：宏業書局，民65年重印），冊9，頁31。

【23】 陳獨秀說：「第二種人……所非難本誌的，無非是破壞孔教，破壞禮法，破壞
國粹，破壞貞節，破壞舊倫理（忠孝節），破壞舊藝術（中國戲），破壞舊宗教
（鬼神），破壞舊文學，破壞舊政治（特權人物），這幾條罪狀。……本社同人
當然直認不諱。但追本溯源，本誌同人本來無罪。祇因為擁護了德莫克拉西
（Democracy）和賽因斯（Science）兩位先生，纔犯了這幾條滔天大罪。要擁護
那德先生，便不得不反孔教，禮法，貞節，舊倫理，舊政治；要擁護那賽生生，
便不得反對國粹和舊文學。……」引自陳獨秀，〈《本誌罪案之答辯書》，《新
青年》卷6期1（1919年月15日），頁10。

較深入的討論，【24】現經化約後歸納為以下三點。第一，強調「經世致用」，強調「正德、利用、厚生」的儒家傳統，恆視抽象的思辨智性活動為「玩物喪志」；而看似與「正德」跟「經世」俱渺不相關的「為知識而知識」的智性活動，卻正是西方科學的淵藪。第二，張灝曾指出，西方文化之所以能成就民主政治的重要原因之一，乃緣於西人對人性中的陰暗面或「幽暗意識」的戒慎恐懼和克治省察，進而建立外在的制度加以限制之。【25】但是，在儒家的義理網絡中，人性與純粹至善的天理同質而等值，人性中並不存在任何的陰暗面或幽暗意識，甚至在西方文化中被視作陰暗面或幽暗意識的根源的私慾，在儒家看來也祇不過是人性在發用時的「過」或「不及」。由於對人性的光輝充滿了樂觀和信心，理學家們對私慾的化除，便全憑「復性」的內省修養功夫，而不思及建立外在的社會、政治和法律的機制，對私慾加以疏通、限制和調節。是以民主政制無法在傳統中國建立。第三，如眾所周知，無論是要建構民主法制，還是要從事科學研究，都必須憑藉理智，亦即必須運用時空觀念，必須服從主客、能所、因果、人我、同異、一多等思維規律的制約。然而，在儒學「與天地萬物為一體」的義理網絡中，又必須泯除主客、能所、因果、人我、同異、一多的分辨。正因為成聖成賢是儒者夢寐以求的終極目標，而「與天地萬物為一體」又是成聖的同義詞，如此一來，理智在儒者的修業進德中，根據新儒學大師熊十力的說法，便成了不僅毫無俾益，而且還極端有害，因而被視為必須首先予以「遮遣」（驅逐）、「超出」（超越）或「伏除」（清除）的對象。【26】在理性被「遮

【24】 參看翟志成，〈儒學資源的現代轉化——熊十力與胡適的分歧〉，頁179-181。

【25】 張灝，《幽暗意識與民主傳統》（台北：聯經，民78年），頁126。

【26】 熊十力說：「新論根本意思、在遮遣法相、而證會本體。超出知解、而深窮神化。伏除情識、而透悟本心。既悟本真、而後依真起妄、情識亦現。但悟後之識、依真起故、用能稱境而知、離於倒妄。斯與未悟之識、截然異性，故知妄法

遣」、「超出」或「伏除」了之後，要成就民主和科學又何異於緣木以求魚！

由於在儒學傳統中無法找到科學和民主的資源，中國的救亡志士便祇有求助於「傅會」或「外借」這兩大法寶。所謂「傅會」，乃今文學家的「長技」，無非是望文生意，把儒典中某些名詞比附西方觀念，並以此作為證據，進而把西方的科學和民主，說成是儒家故物，緣秦火之故在中國絕跡但卻流入西方另闢新天地……譚嗣同正是以儒家的「仁」比附泰西的「以太」，以「心力」比附「電力」，一時說以太是「仁之用」，一時又說聲、光、電、化是「仁之用」；【27】而康有為則從儒典的「大同」，引申為西方的「獨立」、「平等」、「民主」、「天賦人權」等觀念，【28】並推衍出中國必將「由君主而漸至立憲，由立憲而漸

亦真。」引自熊十力，《新唯識論》（臺北：廣文書局，民51年重印），卷下之二〈附錄〉，頁43b-44a。引文中的「法相」，所指的是「宇宙萬像或云宇宙」，「知解」所指的是知識與理解力，而「情識」所指的是「思想或知識與理智」。眾所周知，離開了理智，便不可能認識宇宙、觀察宇宙萬物，而知識、思想和理解力又都是理智的產物。根據熊十力的說法，證悟道德主體必須摒除理智，而成就民主與科學又必須憑藉理智。如此一來，道德主體與民主科學如果還不至於不能相容和不能並存的話，二者便必定是不能同時建立。

【27】譚嗣同著（湯志鈞、湯仁澤校注），《仁學》（台北：學生書局，1998年重印），頁9-13。

【28】康有為說：「故全世界人，欲去家界之累乎，在明男女平等，各有獨立之權始，此天予人之權也……」引自康有為，《大同書》（台北：龍田出版社，民68年重印），381頁；又說：「人人性善，堯舜亦不過性善，故堯舜與人人平等相同。此乃孟子明人人當自立，人人皆平等，乃太平大同世之極。」引自康有為，《孟子微》（台北：宏業書局，民65年重印），頁119；又說：「堯、舜為民主，為太平世，為人道之至，儒者舉以為極者也。」引自康有為，《孔子改制考》（北京：中華書局，1958年重印），頁283。

為共和」。【29】諸如此類的傅會之辭，有一些確實係由對西學的無知而產生的誤解，但更多的卻是出於有意的曲解。把泰西的舶來貨說成吾家故物，「以夷變夏」的疑慮自然也隨之一筆鉤銷，這一方面固然是傅會者因傳統的嚴重欠缺撼動了自己「中國中心論」的心防而亟需尋求情感上的慰藉，另一方面也確有安撫頑固減輕阻力的策略考量。在此「思想閉塞」而又「學問饑荒」的危亡關頭，「格義」式的誤解本無可避免，而「六經注我」的曲解，一時間也不無「烈山澤以闢新局」之功。【30】但總誤解和曲解而成的錯誤累積，時間稍長便一定會因穿幫而被棄如蔽履。這不僅僅是因為其立論之浮淺、混亂、游移、前後相攻局終必招致「自為矛盾衝突抵消以迄於滅盡」，【31】不僅僅是因為傅會者因學問與時俱進而「悔其少作」，【32】也不僅僅是因為信從者一旦覺察真相後便再難受騙上當，更重要的是因為傅會之說纔甫開新局，不旋踵便反過來限制了西方思想的輸入與傳播，轉成救亡志士必須清除的路障。梁啟超對今文學的猛烈抨擊正與此密切相關：

> 今之言保教者，取近世新學新理而緣附之，曰，某某孔子所已知也，某某孔子所曾言也。……然則非以此新學新理鑿然有當於吾心而從之也，不過以其暗合於我孔子而從之耳。是所愛者，仍在

【29】康有為，《論語注》（台北：宏業書局，民 65 年重印），頁 52。

【30】梁啟超在晚年對自己傅會西說曾作出甚多極深刻的自我批評，但他仍堅持說：「平心論之，以二十年思想界之閉塞萎靡，非用此種鹵莽疏闊手段不能烈山澤以闢新局；就此點論，梁啟超可謂新思想界之陳涉。」引自梁啟超，《清代學術概論》（臺北：里仁書局，民 84 年重印），頁 76。

【31】錢穆，《中國近三百年學術史》（臺北：商務印書局，1996 年臺 2 版），頁 763。

【32】梁啟超每憶及早年為今文經學前驅，常不免自慚形穢、悔疚交加，故謂「自三十以後，已絕口不談『偽經』，亦不甚談『改制』。」梁啟超，《清代學術概論》，頁 74。

孔子，非真理也。萬一索遍《四書》、《六經》而終無可比附者，則將明知為真理而亦不敢從矣。萬一比附者，有人剔之曰：孔子不如是，斯亦不敢不棄之矣。若是乎真理終不能餉遺我國民也。故吾所惡乎舞文賤儒，動以西學緣附中學者，以其名為開新，實則保守，煽思想界之奴性而茲益之也。【33】

除了「保守」「奴性」之外，梁啟超還痛斥今文家的傅會「最易導國民以不正確觀念」，「增其故見自滿之習，而障其擇善服從之明」。【34】一貫勇於以「今日之我」非難「昔日之我」的梁啟超【35】，在徹底究明了今文家傅會的弊端後，便公開對今文學展開清算。除了對自身應負的責任直認不諱之外，梁啟超甚至還不指名地公開斥罵了乃師康有為為「舞文賤儒」，此亦可見其對今文學的流毒憤恨之深。正因為梁氏本為今文學驍將，對舊時故壘之底蘊知之最深，他的反戈相向，便處處擊中了今文學派的要害。由於今文學之弊端是如此的顯明，故不待梁氏的攻

【33】引自梁啟超，《清代學術概論》，頁74-75。

【34】梁啟超說：「摭古書片詞單語以傅會今義，最易發生兩種流弊：一：倘印證之義，其表裏適相吻合，善已；若稍有牽合附會，則最易導國民以不正確之觀念，而緣『郢書燕說』以滋弊。例如，疇昔談立憲、談共和者，偶見經典中某字某句與立憲共和等字義略相近，輒摭拾以沾沾自喜，謂此制為我所固有；其實今世共和、立憲制度之為物，即泰西亦不過起於近百年，求諸彼古代之希臘、羅馬且不可得，遑論我國。而比附之言，傳播既廣，則能使多數人之眼光之思想，見局見縛於所比附之文句；以為所謂立憲、共和者不過如是，而不復追求其真意之所存。……二：勸人行此制，告之曰，吾先哲所嘗行也；勸人治此學，告之曰，吾先哲所嘗治也；其勢較易入，固也。然頻以此相詔，則人於先哲所未嘗行之制，輒疑其不可行；於先哲未嘗治之學，輒疑其不當治。無形之中，恆足以增其故見自滿之習，而障其擇善服從之明。」梁啟超，《清代學術概論》，頁75。

【35】「不惜以今日之我，難昔日之我。」乃梁啟超夫子自道之名句，國人亦以此知任公改過之勇。見梁啟超，《清代學術概論》，頁74。

翟志成　中國現代學術典範的建立：救亡思潮和胡適的《中國哲學史大綱》　153

訐，早在百日維新失敗之初便已經信用破產。梁啟超後來的批判，祇不過是為歷史作證，兼為今文學蓋棺定論而已。

今文學傅會的破滅，給風雨飄搖的中國中心主義，又帶來了重重的一擊。知識階級在真相大白之後，信心的破滅夾纏著上當受騙的憤怒和失落，都驅策著他們更加背離傳統而直接擁抱西方。梁啟超所謂：「吾雅不欲采擷隔牆桃李之繁葩，綴結於吾家杉松之老榦，而沾沾自鳴得意。吾誠愛桃李也，惟當思所以移植之，而何必使與杉松淆其名實者。」[36] 梁氏的話，正是時人心境的真實寫照。

（四）救亡者的前三代

「外借」派的活動幾乎與今文學的傅會同時展開。外借與傅會，雖各自有其不同的側重點，但由於都是為了救亡，有時卻又不妨一身兼具兩職。事實上，晚清今文學的祖師魏源、龔自珍等人，同時又是外借派的開山；而今文學的殿軍康有為以及後來反戈一擊的梁啟超，同時又是外借派的後勁。外借派從老祖宗「以夷制夷」的歷史經驗中，重新確立了「師夷之長技以制夷」的救亡指針[37]。既然「西夷」確有遠勝於中國的「長技」，而中國也唯有把「西夷」的「長技」學到手纔能制服「西夷」，外借派便奉行了一條「實用主義」的「拿來主義」路線——祇要「西夷」的「長技」，能使中國強能使中國富，便儘管拿來！[38] 這「長技」如果是「吾國故物」固然大佳，如果不是也無妨照樣錄用。此所謂「白刃在前，不顧流矢」，愈來愈嚴峻的危機及愈來愈強化的救亡急迫感，已

---

[36] 梁啟超，《清代學術概論》，頁 75。

[37] 魏源，〈《海國圖志》序〉，《魏源集》（北京：中華書局，1976），頁 207。

[38] Benjamin Schwartz, *In Search of Wealth and Power: Yen Fu and the West,* (Cambridge: Harvard University Press), pp.16-21。

沒有留下太多的時間和空間，讓中國知識階級去憂慮這到底是「以夏變夷」還是「以夷變夏」。既然陷中國於危亡的最根本原因，實緣於自己的「技不如人」，中國知識階級既要救亡，要保種，要使中國轉危為安，甚至反敗為勝，便必須低首降心，切切實實地把西洋優於自己的本領先學到手，然後再藉此與西洋抗衡。捨此之外，更無良策。無數的失敗和國恥所引發的無數次上下求索和反求諸己的結果，使得一代又一代的中國的救亡志士，一步又一步地走出了中國中心主義的僵化蝸殼。

然而，對於何者才是西洋真正優於中國的「長技」，幾乎每一代的救亡者都有不同的認定。第一代救亡者認為西洋優於中國的長技，僅僅在於她的船堅炮利，祇不過是些麤糙的器用；而中國所優於西洋者，厥為其精微的政治和道德主體。既然用是麤，體是精，用是末，體是本，為了政治和道德主體的捍衛與保存，中國當然應該在用的層面上吸納西洋的先進器械。於是便有了曾國藩、李鴻章、左宗棠等封疆大僚所倡導的洋務運動，以及兩湖總督張之洞「中體西用」的理論總結。【39】第二代救亡者卻從第一代救亡者挫敗的教訓中，重新溫習了一遍傳統的「體用」論。他們從「體用一源，顯微無間」、「即體即用，即用即體」的理論原則出發，堅持體用的不可分離性。他們認為，西洋的長技，不僅僅是她「船堅炮利」的「用」。更重要的，還是她那使其「用」之所以成為「用」的「體」。既然洋務派都相信用是麤，體是精，用是末，體是本，那麼，洋務運動的失敗，正在於其祇知引進西洋的用，而拒絕了西洋的體。這麼一來，不僅犯了「裂體用而為二」的大忌，而且還產生了取麤遺精，捨本逐末的惡果。【40】職是之故，第二代救亡者的苦心孤詣，端在於如何引進西方的政治體制，以改良和救濟中國的君主專制，

【39】張之洞，〈《勸學篇》序〉（台北：文海出版社，民56年），頁3-8。

【40】參見嚴復，〈救亡決論〉，收入王栻編，《嚴復集》（北京：中華書局，1986），冊1，《詩文》（上），頁40-54。

於是便有康有為、梁啟超等改良主義者的維新運動。第三代救亡者又在對第二代的失敗的反思中，再把「體用」論溫習了一遍。和第二代的前輩一樣，救亡的第三代同樣認為西洋的長技是其政治體制，但他們卻堅持著西體和中體的對抗性和不相容性。既然第二代的前輩強調牛有牛的體用，馬有馬的體用，牛用不可施諸馬體，馬用也不可施諸牛體，【41】然則，牛體又有何道理可混同於馬體？在他們看來，中體與西體，本是不可同冶於一爐的炭和冰；康梁維新運動的失敗，正在於他們把絕對不相容的西方民主政制和中國的君主專制強行扭合在一起。所謂「不破不立，不塞不流」，若要成功地把西洋的民主政體移植到中國來，其先決條件便唯有從根本上摧毀中國的君主政制，於是便有孫中山、黃興的共和革命。

即使從上述業經極度約化而顯得過分簡單和粗糙的救亡脈絡中，我們仍依稀可以窺見，前二代的救亡志士（「洋務」與「維新」）之所以不斷地由西學輸入不同的長技，其主觀目標正是為了捍衛中學。即令到了共和革命的第三代仍可作如是觀。因為，辛亥革命雖為了移植西方的民主政治而一舉摧毀了中國二千年的帝制，但革命者卻又或淺或深地都是中國文化道德的信仰者、擁護者或實踐者，故在某種程度上，辛亥革命可視作為了捍衛中國更廣更高的「道體」而摧毀了她的「政體」。但是，在運作層面上，前三代救亡者又必須不斷地刪削和裁剪中學，藉以為西學長技的移植騰出空間。前一代救亡者的挫敗，總會令中學難逃後一代

【41】嚴復說，「有牛之體，則有負重之用；有馬之體，則有致遠之用。未聞以牛為體，以馬為用者也。中西學之為異也，如其種人之面目然，不可強謂似也。故中學有中學之體用，西學有西學之體用，分之則並立，合之則兩亡。議者必欲合之而為一物，且一體而一用之，斯其文義違舛，固已名之不可言矣，烏望言之而可行乎？」引自嚴復，〈與《外交報》主人書〉，《嚴復集》，冊3，《書信》，頁558-559。

救亡者手術刀斧的窮追猛斬。眼前嚴重的內外危機大大強化了救亡的急迫感，救亡的急迫感反過來又極度誇張膨脹了本來已經十分嚴重的內外危機。【42】現實和想像的循環互動相交通感的結果，凝聚成一種「抓狂」型的集體恐懼和集體焦慮——似乎國不旋踵將亡，種不旋踵即滅；於是每一次變革都被認為是「僅此一次」的最後機會，每一次拼搏都被當成是「網破或魚死」的最後一擊！在這種社會心理之下，養成了中國知識階級思維上極端「不耐煩」的特質（character of impatience）。任何理性、穩健、循序漸進而又可能固本培元，但卻要需較長時間準備和經營的救亡方案，不是被譏笑為怯懦保守，便是被視作「迂闊而遠於事」的「緩不濟急」。【43】而強調「不破不立、先破後立」的破壞現狀，強調「速變、全變」的根本改造，以及強調「立竿見影」的即時功效，使社會的激進主義思潮有史以來第一次得以在中國的土地上「道成肉身」並逐漸形成氣候。在激進主義的颶風橫掃之下，昨日在救亡舞臺上的激進派，今日已蛻變成了保守派，而今日的激進分子到了明日又被後來者目為頑固保守……【44】中國由帝制而共和，以不到七十年的行色匆匆，飛快跑完了西方國家費了數百年纔能完成的歷史進程。

（五）胡適和第四代救亡者

然而，中華民國的成立並沒有帶來救亡的成功。和第三世界的許多國家一樣，從西方匆匆移入中國的共和政體，祇是徒有西洋的空洞形式

【42】Lucian W. Pye, *Politics, Personality, and Nation Building: Burma's Search for Identity* (New Haven & London: Yale University Press, 1966), p. xv.

【43】參看黃克武，《一個被放棄的選擇：梁啟超調適思想之研究》，臺北：中央研究院近代史研究所，民 83 年。

【44】李澤厚，《中國近代思想史論》（北京：人民出版社，1979），頁 429-430。

而無其實質內容。【45】共和政府並沒有帶來富強，甚至沒有帶來秩序和統一，而祇造成了皇綱解體之後的中央和地方的對立，以及全國各地的軍閥割據和軍閥混戰。而日本政府偏偏又趁火打劫，藉著中國的分裂和內亂強迫袁世凱接受「二十一條」喪權賣國的「亡國條款」。……在思想界和知識界看來，這不啻是預告著國旋亡而種將滅，神州大地因之再次敲響了救亡的警鐘。

以胡適和陳獨秀為首領的第四代救亡者把批判和鬥爭的矛頭，指向了以儒家為主體的整個中國傳統文化。和前三代的前輩一樣，胡適和第四代救亡者在更鬆寬的意義上，也應被視為傳統「體用論」的信奉者。儒家傳統中那一整套聯結內外、天人和體用的意識形態大系統，不僅外化成各種政治、社會和文化制度，同時也內化為思想制度，並以其「一元、整體、有機」的特性制約著幾乎所有中國人的思維模式。【46】胡適和第四代救亡者因身為中國人之故自然難逃此一思維方式的制約。當然，傳統的思維方式毫無疑問地可以變成批判和破壞傳統的思想利器，而胡適和第四代救亡者正是把這種「一元、整體、有機」的「體用」論，一變為全盤性反傳統的最可怕武器。從「體用一元」的觀點出發，胡適他們不僅把西洋的「全體大用」（亦即是把整個西方文化），都看成是西方的長技；而且還把整個中國文化（或者是中國的全體大用），視為與西方文化水火不相容。胡適等人堅信，前三代的救亡者之所以失敗，完全是因為未能全部地摧毀中國文化的用和體，因而也就無法整個地移入西方文化的體和用。順著這一思考邏輯，於是便不可避免地出現了全盤性地反傳統的五四運動。

【45】Lucian W. Pye, *Politics, Personality, and Nation Building: Burma's Search For Identity*, p. xv.

【46】詳見林毓生，《政治秩序與多元社會》（臺北：聯經，民78年），頁3-18，322-324，337-349。

新亞學報第二十二卷

其實，在五四運動之前，儒家傳統已屢次遭受到沉重的打擊，而最致命的打擊又有二次，一次是一九〇五年九月二日清廷的廢止科舉考試的詔書，另一次是一九一二年二月十二日清室的退位。中國的科舉制與王權制，本是儒家文化賴以託命的二條主根。前者保障了儒家經典在中國永遠的聖經地位，後者保障了儒家思想在中國永遠的國教地位。科舉廢使得儒書從凡中國讀書人所必讀的寶典，一變為可讀也可不讀的「閒書」。王權廢不僅使得儒家從此失去了在三教九流諸子百家中「獨尊」的專利權，而且還因「普遍王權」這最核心的政治樞紐的粉碎，而導致了儒學這一整套聯結了內外、天人和體用的價值、意義和技術的大系統，因無法再整合而失衡、失序，最後演成了總體的崩解(disintegration)。【47】儒學在失根兼解體之後，便祇能在中國大地上飄蕩流離，漸漸變成了馬克思筆下的「幽靈」，或余英時口中的「游魂」。【48】

由於實在無法為救亡圖存提供不可或缺的科學和民主這二大精神資源，儒學已經不知多少次讓求助的歷代救亡者傷心絕望。而每一次傷心、每一次絕望，都令更多的救亡志士愈來愈背離傳統而面向西方。科舉和王權的先後廢除又大大加促了中國知識階級的離心力。黎文蓀（Joseph R. Levenson）指出：當時中國的知識分子大都在理智上向西方尋求價值和意義，而祇有在為了安撫自己受傷的民族自尊心之際，才會轉向傳統文化尋求情感上的慰藉。【49】黎文蓀的觀察，在在表現了其不

【47】 Hao Chang, *Chinese Intellectuals in Crisis: Search for Order and Meaning, 1890-1911*(Berkeley: University of California Press, 1987), pp. 4-8. 並參考林毓生二零零三年四月三日在臺北中央研究院近代史研究所所作的學術報告〈中國近代歷史上的三個基本問題〉（未刊稿），頁2-6。

【48】 余英時，《現代儒學論》，頁161。

【49】 Joseph R. Levenson, *Confucian China and Its Modern Fate: The Problem of Intellectual Continuity* (Berkeley: University of California Press, 1958), pp. xiii-xix.

翟志成　中國現代學術典範的建立：救亡思潮和胡適的《中國哲學史大綱》　159

凡的睿智和敏銳的穿透力。但事物的發展往往不止一個面向。黎文蓀在作社會心理分析時，似乎忘記了社會心靈另一種可能的走向——人們在受辱甚深而又雪恥無力之時，為了減輕羞恥感和罪孽感的痛苦煎熬，往往會替自己找到一個委過、遷怒和任怨的替罪羊；而中國的傳統文化，在一方面既是因中國中心主義破滅而民族自尊心飽受傷害的知識人在情感上尋求安慰的寄託，同時在另一方面也是他們委過、遷怒和任怨的出氣桶。當然，這絲毫不意味著胡適和五四救亡志士對傳統文化的批判缺乏理性的成份。如果穿透過他們無數情緒性的激烈言辭，我們並不難找到一條理性和邏輯的主線在支撐著語言層面的運作——儘管此一主線因情緒的干擾而時斷時續和彎彎曲曲。並且，這也絲毫不意味著胡適和五四救亡者對傳統文化的批判缺乏正當性。傳統文化確有許許多多與民主和科學積不相容的因子，妨礙著中國現代國家建設（nation building）和現代科技發展——儘管她也絕非「全盤地」與中國的現代化建設水火不相容。【50】

　　在胡適和五四救亡者決定把鬥爭的炮口指向整個傳統文化之前，中國思想界呈現出一片異乎尋常的死寂。雖然一樣是危機深重國難當頭，但救亡運動卻因失去了鬥爭的目標而一籌莫展。因為，新式軍隊的洋槍洋炮已取代了綠營的大刀長矛，新式學堂的聲光電化教材已取代了私塾的四書五經，新政府的大總統也取代了王朝的真命天子……幾乎所有被認為是應負亡國滅種之責的軍事、教育和政治制度，都已經被打倒被改造完了。眼前已很難再找到甚麼有形的制度，可任亡國滅種之責，好讓志士們把它改造或把它打倒。由於救亡有心而濟世無術，志士們解甲歸田者有之，茹齋唸佛者有之，出家自殺者有之，腐化墮落自暴自棄縱情聲色於酒賭毒者更有之，而昔日思想界的明星如康有為、章太炎、嚴復、梁啟超諸人，也盡失其叱吒風雲呼風喚雨的架勢和風采。但「山雨

【50】參看翟志成，〈儒學資源的現代轉化——熊十力與胡適的分歧〉，頁181-186。

25

新亞學報第二十二卷

欲來」的沉悶低氣壓並沒有持續太久，袁世凱在一九一四年十二月二十三日的祀孔祭天，以及一年後他的稱帝，而不旋踵又發生了張勳的擁戴清室復辟，這三個環環緊扣的鬧劇使得救亡運動因有了新的打擊對象而死灰復燃；【51】以胡適和陳獨秀領導的中國第四期的救亡運動，也從「山重水複」一變為「柳暗花明」。在胡適和救亡第四代的眼中，祀孔與復辟的互為因果，已雄辯地證明了以孔丘為代表的儒家文化，和以袁世凱、張勳為代表的復辟勢力，都同是中國現代國家建設的死敵。為了救亡中國必須現代化，為了現代化中國必須全盤摧毀以儒家為主體的整個中國文化──一切有形的顯性制度固然要全部加以摧毀，一切無形的隱性制度當然更要全部加以摧毀。既然儒家有形的顯性制度已被救亡的前三代摧毀殆盡，摧毀儒家無形的隱性制度──包括世界觀、倫理、道德、禮儀、風俗、文學、藝術、生活方式和思想習慣等等──便成了五四救亡世代責無旁貸的歷史使命。

當胡適於一九一七年九月十日起在北京大學講授「中國哲學史」之

【51】在中國近代思想史中，袁世凱的祀孔、稱帝，尤其是張勳的擁清室復辟，是政治革命到文化革命的重要轉捩點。據周作人回憶，在張勳復辟之前，即如魯迅也不免認同許壽裳攻擊《新青年》的某些言論，而他本人也未曾站在《新青年》那一邊（周作人，《周作人回憶錄》，長沙：湖南人民出版社，1982，頁116）。他們兩兄弟乃至當時整個知識界的思想，都是受了張勳事件的刺激，「這才翻然改變過來」（《周作人回憶錄》，頁115-117）。考諸傅斯年、羅家倫、顧頡剛等人的思想轉向（見王雲，〈傅斯年與北京大學〉，收入山東聊城師範歷史系編，《傅斯年》（濟南：山東人民出版社，1991），頁91-101），以及激進的革新社團如少年中國學會、新潮雜誌社、北大哲學研究會、平民教育講演團的出現，激進的報刊雜誌如《每週評論》、《新潮》雜誌、《少年中國》月刊的創刊（見蕭超然等編，《北京大學校史，1898-1949》，上海：教育出版社，1981，頁52-55），全都發生在張勳事件之後。可見周作人的說法，完全符合歷史事實。

時，【52】由他和陳獨秀主導的文化革命，已從星星之火演成燎原之勢。以儒家為主體的中國文化已被徹底地「妖魔化」了。五四人士不僅把整個中國文化說成是中國現代化建設的最大障礙，而且還是現代文明的公敵，甚至是全人類的公敵。例如，魯迅就以文學形象思維的高度概括，借「狂人」之口，指控一整部中國的文化和歷史，翻來翻去便衹剩有血淋淋的「吃人」二個大字。【53】而錢玄同也曾公開宣示，凡漢文書籍，「無論那一部，打開一看，不到半頁，必有發昏做夢的話。」因為，它們的「千分之九百九十九」，宣揚的不是孔學「三綱五倫之奴隸道德」，就是道教「妖精鬼怪煉丹畫符的野蠻思想」。於是，錢氏大聲疾呼：「欲使中國不亡，欲使中國民族為二十世紀文明之民族，必以廢孔學，滅道教為根本之解決，而廢記載孔門學說及道教妖言之漢文，尤為根本解決之根本解決。」【54】必須指出，錢玄同的意見，絕非個人一時的過激之言，而是有著廣泛的社會心理基礎的。陳獨秀便以「中國文字，既難載新事新理，且為毒素思想之巢窟，廢之誠不足惜」，公開支持錢氏的主張。而素來以溫和穩健自命的胡適，居然對此也表示「我極贊成」。【55】

儒家文化既已失根解體在先，又被「妖魔化」在後，變為釜底游魂且又罪孽深重，自然無法抵擋新文化革命炮火雷霆萬鈞地連番轟擊。即令間有林紓、辜鴻銘等有限幾個衛道之士為之羽翼，但這些零星抵抗，遇到了胡適和陳獨秀高擎「文學革命軍」【56】的帥旗率領徒眾一擁而上，

【52】耿雲志《胡適年譜》（香港：中華書局，1986），頁47。

【53】魯迅，《狂人日記》，收入《魯迅全集》（上海：人民出版社，1973），冊1，頁277-291。

【54】見錢玄同，〈中國今後之文字問題〉，《新青年》，卷4期4（1918年4月15日），頁350-355。

【55】均見《新青年》卷4期4，頁356、357。

【56】陳獨秀說：「孔教問題，方喧呶於國中，此倫理道德革命之先聲也。文學革命

便無不棄甲曳兵而走。中國文化變得如此的不堪一擊：「孔家店」被四川「老英雄」吳虞用一隻手打倒，【57】《四書》《五經》被一齊丟棄入茅坑，「漢文」因一時無法取代之故，【58】雖暫時逃過了被「根本解體」之劫，但往昔對文言文和白話文的評價卻被一百八十度地根本顛覆或翻轉。由「都下引車賣漿之徒所操之語」【59】所寫成的白話文學作品，如《儒林外史》、《紅樓夢》、《金瓶梅》、元雜劇、明傳奇之類，都被胡適們盛譽為有創造性的「活文學」；而由騷人墨客士大夫以文言寫成的駢文、律詩、唐宋八家和桐城古文，則被醜詆為模倣和因襲的「死文學」。……【60】在「重新估定一切價值」（transvaluation of all values）的喧囂聲中，【61】被顛倒被翻轉的其實還遠不止是文言和白話高下評價，其中還包括了「以儒教為國教」、「以儒教為國家道德標準」、「傳統貞節」、「婚姻、教育、父子關係」……至於婦女的解放、國語的統一、文學的改良、舊劇的改革等等，尤其被胡適等五四英雄們大力提倡。【62】

之氣運，醞釀已非一日，其首舉義旗之急先鋒，則為吾友胡適。余甘冒全國學究之敵，高張『文學革命軍』大旗，以為吾友之聲援。旗上大書特書吾革命軍三大主義：曰，推倒雕琢的阿諛的貴族文學，建設平易抒情的國民文學；曰，推倒陳腐的鋪張的古典文學，建設新鮮的立誠的寫實文學；曰，推倒迂晦的艱澀的山林文學，建設明暸的通俗的社會文學。」引自陳獨秀，〈文學革命論〉，《新青年》卷2期6（1917年2月1日），頁1。

【57】 胡適極推重吳虞，曾譽之為「隻手打倒孔家店的老英雄」。

【58】 暫時不廢漢文的主要原因，是絕大部分救亡志士除了漢文外不諳其它文字，包括主張和贊成廢漢文的錢玄同和陳獨秀在內。

【59】 此乃林紓於一九一九年三月在《公言報》報上投書蔡元培醜詆白話文學之語，其原文是：「若盡廢古書，行用土語為文字，則都下引車賣漿之徒，所操之語，按之皆有文法……均可為教授矣。」見林紓，〈致蔡鶴卿書〉，《公言報》1919年3月18日原載，後收入蔡尚思主編，《中國現代思想史資料簡編》（杭州：浙江人民出版社，1982），卷1，頁492。

翟志成　中國現代學術典範的建立：救亡思潮和胡適的《中國哲學史大綱》　163

昔日一切顛撲不破的金科玉律都極有可能被顛破被翻轉、一切神聖不可侵犯的權威都極有可能被質疑被打倒。當然，在胡適等五四英雄心中，被顛破被翻轉被質疑被打倒的「一切」，其範圍僅侷限在「百不如人」又「罪孽深重」的中國文化或東方文化之內，[63]而不及於西洋文化。要顛

【60】胡適在晚年回憶道：「我本是個保守份子。只因為一連串幾項小意外事件的發生，才逐漸促使我了解中國文學史的要義和真諦；也使我逐漸認識到只有用白話寫的文學才是最好的文學和活文學。【這項認識】終於促使我在過去數十年一直站在開明的立場，甚至是激進的立場。……我的主要論點便是死文字不能產生活文學。我認為文言文在那時不止是半死，事實已全死了；雖然文言文中，尚有許多現時還在用的活字。文言文的文法，也是個死文字的文法。」引自唐德剛譯註，《胡適口述自傳》（臺北：傳記文學出版社，民70年），頁165。並參見胡適，《白話文學史－卷上》（台北：胡適紀念館，民63年再版），〈引子〉，頁1-7。

【61】見唐德剛譯註，《胡適口述自傳》，頁177。

【62】《胡適口述自傳》，頁177。

【63】胡適把整個東方文化認定為「懶惰不長進的文明」（《胡適文集》，北京：人民文學出版社，1998，冊3，頁431-434），並把「駢文，律詩，八股，小腳，太監，姨太太，五世同居的大家庭，貞節牌坊，地獄活現的監獄，廷杖，板子夾棍的法庭……」（胡適，〈信心與反省〉，《獨立評論》1934年6月，號103，頁4-5）作為中國文化的具體表徵。在這種「使我們抬不起頭來的文物制度」面前，胡適強調所有中國人都必須「低頭愧汗」，必須「閉門思過」，深切「反省」，「要誠心誠意的想，我們祖宗的罪孽深重，我們自己的罪孽深重」（前揭書，頁5），要老老實實承認我們的文化與西洋文化相較的「百不如人」──不僅整體不如人，就連部分也不如人；不僅在現代不如人，就連在古代也不如人。胡適說「……我們固有文化實在很貧乏的，談不到『太豐富』的夢話。近代的科學文化，工業文化，我們可以撇開不談，因為在那些方面，我們的貧乏未免太丟人了。我們且談老遠的過去時代罷。我們的周秦時代當然可以和希臘、羅馬相提比論，然而我們如果平心研究希臘、羅馬的文學、雕刻、科學、政治，單是這四項就不能不使我們的文化貧乏了。尤其是造形美術與算學的兩方面，我們真不能不

破要翻轉要質疑要打倒中國文化，當然不能不依據一套標準；而諸如啟蒙主義、科學主義、社會達爾文主義、實驗主義……等五花八門的西方的「主義」，都曾是胡適和五四反傳統主義者所依據的標準。

三、胡適和他的《中國哲史學大綱》

（一）學術批判

胡適在其晚年的回憶錄中，把這一場由他和陳獨秀倡導的文化革命，有時稱之為中國思想史上的「哥白尼革命」，【64】有時則稱之為「中國文藝復興運動」。【65】胡適把「中國文藝復興運動」的目的歸納為「研究問題」、「輸入學理」、「整理國故」和「再造文明」四大項。【66】在這四項目的當中，第四項「再造文明」祇不過是前三項「綜合起來的最後目的」，故毋庸討論；第一項「研究問題」，據胡適的解釋，其實不過是對中國文化的「一切」加以批判與質疑，我們也在上文討論過了。至於第二項「輸入學理」，據胡適自己解釋，「也就是從海外輸入新理論、新觀念和新學說。……這些新觀念、新理論之輸入，基本上為的是幫助解決我們今日所面臨的實際問題。」【67】最後剩下第三項「整理國

低頭愧汗。我們試想想，《幾何原本》的作者歐幾里得（Euclid）正和孟子先後同時；在那麼早的時代，二千多年前，我們的科學早已太落後了！（少年愛國的人何不試拿《墨子・經上篇》里的三五條幾何學界說來比較《幾何原本》？）從此以後，我們所有的，歐洲也都有；我們所沒有的，人家所獨有，人家都比我們強……」引自胡適，〈信心與反省〉，《獨立評論》，號103，頁4。

【64】《胡適口述自傳》，頁255。
【65】《胡適口述自傳》，頁209。
【66】《胡適口述自傳》，頁209。
【67】《胡適口述自傳》，頁177。

翟志成　中國現代學術典範的建立：救亡思潮和胡適的《中國哲學史大綱》　165

故」，還是用胡適自己的話，就是運用西方輸入的理論對「傳統的學術思想」「作有系統的嚴肅批判和改造」。【68】

從胡適的回憶我們可以清楚地看到，文化批判和學術批判，是胡適為救亡運動開闢的兩條戰線。要取得救亡的最後成功，僅僅在大眾文化的層面把傳統鬥倒批臭是絕對不夠的。因為，以《四書》《五經》為主體的中國學術思想，是中國文化價值和意義的根源；大眾文化的批判祇能壓制學術思想卻不能消滅學術思想，祇能剝去傳統的外皮卻不能剷除傳統的老根。就如同溪水退而溪石出，一俟文化批判的風潮一過，被壓制的學術思想便又會東山再起，繼續為業已分崩離析的各種傳統成分注入意義和價值，並使其再次凝聚成形，從而造成了傳統的復辟。要消滅傳統學術思想必須入室操戈，必須用另一套更先進、更高級、系統性更強的西方學術思想批判和清算傳統的學術思想，並以其核心觀念和義理系統置換之、取代之、改造之和吞併之——如同先在溪石中鑽孔，再置入炸藥雷管作核心引爆。祇有同時在文化批判和學術批判這兩條戰線上都取得決定性勝利之後，作為中國現代化最大障礙的中國傳統文化纔能被徹底地清算和改造，救亡纔能取得最後成功。

（二）杜威門下的革命旗手

由於從西方輸入的新理論，既是文化批判的判準，又是學術批判的判準，其揀擇便不能不格外小心謹慎；而胡適則從西方的思想武庫中，選取了自己老師杜威的實驗主義，作為其文化批判和學術批判的唯一判準及最高指導原則。【69】胡適在晚年憶及恩師，仍充滿了感激和孺慕之情。胡適說過：「我治中國思想與中國歷史的各種著作，都是圍繞著

【68】《胡適口述自傳》，頁178。

【69】關於胡適與杜威的交往及其受杜威影響，參看《胡適口述自傳》，頁85-98。

『方法』這一觀念打轉的。『方法』實在主宰了我四十多年來所有的著述。從基本上說,我這一點實在得益於杜威的影響。」【70】他又說過:「杜威對我一生的文化生命……有決定性的影響。」【71】既然杜威「決定」了胡適「一生的文化生命」,而「主宰」著胡適一生文化和學術活動的「方法」原來又是屬於杜威的,林毓生直指胡適的志業端在「中國的杜威化」(Deweyanization of China),【72】雖云語出驚人,但卻令人難以反駁。【73】

《中國哲學史大綱》是中國學術史上第一次用西方現代學術思想對傳統學術進行系統性的改造和清算,也是胡適把中國學術杜威化的最重要的一次實驗。我們知道,《中國哲學史大綱》主要是胡適以他在美國哥倫比亞大學時撰寫的英文博士論文("The Development of the Logical Method In Ancient China")為底本用中文改寫而成的,而胡適的論文導師正是杜威。如果我們把《中國哲學史大綱》和胡適的英文博士論文作一比較,便不難發現《中國哲學史大綱》因多了一些後來增補入的中文資料顯得內容更為豐滿之外,其結構與形式,尤其是處理原始材料的批判方法(the critical methods in the treatment of its source-materials),都和英文博士論文幾乎一模一樣。有關這一點,儘管胡適在《中國哲學史

【70】《胡適口述自傳》,頁94。

【71】《胡適口述自傳》,頁92。

【72】 Yu-Sheng Lin, *The Crisis of Chinese Consciousness: Radical Antitraditionalism in the May Fourth Era,* p. 93.

【73】 關於胡適的文化活動正是要把中國杜威化,乃係林毓生根據相關文獻,通過抽絲剝蠶繭的細密分疏所得出的堅實結論。林氏的結論對目下大陸學界的開始「尊胡」實為一重大「硬傷」。但儘管學界擁戴胡適的學者甚多,卻迄今未見有人站出來替胡適申辯。林毓生的論證,請參 Yu-Sheng Lin, *The Crisis of Chinese Consciousness: Radical Antitraditionalism in the May Fourth Era,* pp. 87-95.

大綱》出版時並無片語交代，【74】但在他的英文博士論文出版成書之時卻作出了清晰的補充說明。【75】

　　胡適和他的五四同志無不深受啟蒙思想和社會達爾文主義的影響。前者使他們崇拜理性，堅信理性能為人世間的一切問題提供唯一正確的解答方案，【76】而這種能解決人世間一切疑難雜症的唯一正確的萬靈丹又祇能在西方產生；後者使他們崇拜新興力量，堅信新事物總比舊事物進步，而青年又總能戰勝過老年。總而言之，前者令他們「崇洋輕中」，後者又讓他們「喜新厭舊」。這兩種根深蒂固的五四「意底牢結」（ideology）使胡適堅信美國是西方工業國家中最年輕的，因而又是世界上最先進和最發達的國家；而杜威的實驗主義是美國最新的，因而又是世界上最先進的和最好的哲學。把杜威主義引入中國，便成了一心向西方尋求救亡萬靈丹的胡適的唯一選項。胡適自小胸懷大志，在留學時便已開始為自己日後回國出任「國人導師」早作準

【74】以致讓蔡元培誤以為胡適在一年內寫成了一本新書，忍不住在書序中大加稱讚：「先生到北京大學教授中國哲學史，纔滿一年。此一年的短時期中，成了這一編《中國古代哲學史大綱》，可算是心靈手敏了。」見蔡元培，〈《中國古代哲學史大綱》序〉，收入胡適，《中國哲學史大綱》【上卷】（商務印書局，民36年重印），頁，2。

【75】Hu Shih (Suh Hu), *The Development of the Logical Method In Ancient China* (Shanghai: The Oriental Book Company, 1922), "A Note", p. 1. 該書出版之時，上距《中國哲學史大綱》的出版已有三年零八個月之遙。其書除了英文書名之外，尚有「先秦名學史」五個中文字，作為該英文書的中文書名。

【76】英國思想史大家柏林(Isaiah Berlin)對西方啟蒙理性的形成、影響和限制曾作出深入的分析。參看 Isaiah Berlin, "The Pursuit of the Ideal" and "The Counter-Enligtenment", in Isaiah Berlin, *The Proper Study of Mankind: An Anthology of Essays* (Edited by Henry Hardy & Roger Hausheer), New York: Farrar, Straus and Giroux, 1998, pp. 1-16,243-268.

備，【77】並不時流露出「捨我其誰」的干雲豪氣。這種一肩挑起天下興亡的宏大氣魄，在他一九一六年四月十三日填寫的〈沁園春〉的中得到最集中的反映。其詞云：

> 更不傷春，更不悲秋，以此誓詩。任花開也好，花飛也好；月圓固好，月缺何悲？我問之曰：從天而頌，孰與制天而用之？更安用，為蒼天歌哭，作彼奴為！
>
> 文學革命何疑！且準備搴旗作健兒。要前空千古，下開百世；收他腐臭，還我神奇。為大中華，造新文學，此業吾曹欲讓誰！詩材料，有簇新世界，供我驅馳。【78】

據胡適回憶，他在一九一五年暑假之中，亦即在行將開赴哥大之前，便已經「發憤讀盡杜威的著作，【並】做有詳細的英文提要」。【79】屈指算來，在他寫下此「誓詩」之日，已在杜威門下「立雪」了將近一年。所謂「一登龍門，身價百倍」，更何況又自以為從洋老師那裡學到了唯一正確的救亡絕對真理，難怪胡適斯時是如此的志比天高，大言炎炎，一心要當其「前空千古，下開百世」的「文學革命」的偉大旗手了。

（三）胡、杜思想的三大差異

在胡適的心目中，他自己當然是得盡杜威實驗主義的真傳；他大半

【77】胡適在一九一五年五月廿八日日記中寫道：「吾平生大過，在於求博而不務精。蓋吾返觀國勢，每以為今日祖國事事需人，吾不可不周知博覽，以為他日為國人導師之預備。……」引自《胡適日記全編》，冊2，頁158。

【78】引自《胡適日記全編》，冊2，頁372，唯對其中編者所加的某些標點符號稍有改動。

【79】胡適，〈《藏暉室劄記》自序〉，《藏暉室劄記》（上海：亞東圖書館，1936年），頁5。

輩子都在不遺餘力地宣傳鼓吹的「大膽的假設，小心的求證」這十字真言，正是從整個杜威哲學體系中提煉出來的嫡傳心印。有關這些，業經胡適自己不厭其煩不厭其詳地說過無數次，不僅使任何舉證都變成了「多此一舉」，而且還絕對的無聊。沒有人願意質疑胡適主觀認知的誠意，但胡適這絕對真誠的主觀認知，卻和客觀事實並非完全吻合。對於胡適思想和杜威實驗主義的根本歧異，時下學界已作出極深入和細緻的探究與分析。【80】為免枝蔓，本文祇能用最粗糙的線條，鉤勒其差異的三個最基本點。第一，任何思想家的思想，都是為了應付和解決該思想家所在的社會所衍生的各種問題而生，因而也必定受制於此一社會。正因如此，任何思想離開了制約它的社會，都不可避免地產生「踰淮橘枳」之變。印度佛教傳入中國，並沒有成為「在中國的」印度佛教，而是一變為「中國化的」印度佛教。德國的韋伯學說一傳入美國便變成了「美國化的」韋伯學說，而俄國的斯大林主義一傳入中國便變成了「中國化的」斯大林主義（或且叫做「毛澤東主義」）……此一思想史上的鐵律，至今仍不見有任何例外。杜威實驗主義要解決的是美國這一新興資本主義的工業社會所衍生的價值問題，胡適思想要解決的是中國這一由傳統向現代轉形社會所面對的生存問題。杜威的實驗主義透過胡適傳入中國的同時，已被胡適根據中國的具體國情作了必要的更動。換句話說，胡適思想並不是杜威實驗主義「在中國的」嫡傳心印，而祇是「中國化的」杜威實驗主義。當胡適在主觀上努力推行其「把中國杜威化」的文化革命的同時，他已經在實際上把杜威主義中國化了。是故胡適思想在中國的成功，杜威的實驗主義並不能獨居其功；胡適思想在中國的失敗，杜威的實驗主義也不能獨任其罪。中共在五十年代上半葉因清算胡適思想

【80】其中最突出的研究成果為楊貞德的博士論文，參見 Chen-te Yang, " Hu Shih, Pragmatism, and the Chinese Tradition" , PH.D Dissertation, University of Wisconsin-Madison,1993. 本文在討論胡適和杜威思想的主要差異時，多受楊文的啟發。

而對杜威的實驗主義大加撻伐，【81】正是緣於不明兩者間的分際，遂演成了唐吉阿德大戰風車。

第二，儘管杜威的實驗主義是作為黑格爾形上學的反動而另樹一幟，【82】但卻絲毫不能因此抹煞黑格爾的形上學對杜威思想的深刻影響。事實上，杜威終其一生仍未能完全擺脫黑格爾幽魂的糾纏。【83】並且，和西方主流的哲學系統一樣，杜威實驗主義的基石，是一整套系統性地研究知識的根源、性質、方法和限制的知識論（epistemology），而形式邏輯和心理學對實驗主義的建構尤其重要。【84】但是，胡適從其極狹隘的泛科學主義信仰出發，對一切形上學不僅毫無會心，毫無興趣，而且避之還唯恐不及；胡適對西方知識論的瞭解也僅停留在常識的層次，他對心理學並無研究，同時又不真懂形式邏輯，而僅有的只是一些片斷的邏輯常識。【85】正因如此，我們對胡適所謂未入杜門之前便已經

【81】中共在五十年代上半頁因清算胡適思想而批杜威實驗主義的文章多如恆河沙數，論者如有興趣一窺究竟，可先參看由北京三聯書店於一九五五年三月出版的批胡論文彙編《胡適思想批判》第一至第八輯。

【82】參考 William P. Montague, "The Story of American Realism", in Dagobert D. Runes（ed.）, *Twentieth Century Philosophy: Living Schools of Thought*（New York: Philosophical Library Inc., 1947）, pp. 418-448.

【83】詳見 Morton G. White, *The Origin of Dewey's Instrumentalism*（New York: Columbia University Press, 1943）, pp. 119-125.

【84】William James, Pragmatism: *And Four essays from the Meaning of Truth*（Cleveland and Yew York: The World Publishing Company,1969）, pp. 41-86.

【85】胡適的英文博士論文題為"*The Development of the Logical Method In Ancient China*"，出書時還特別添加了一個「先秦名學史」的中文書名。如果讀者一心以為可從中得到關於先秦「名學」或形式邏輯的知識的話，就一定會有受騙上當的感覺。該書在論及先秦「名家」包括公孫龍、惠施等中國邏輯學老祖宗的著作時，祇能用他極有限的邏輯常識，作其模糊影響的皮相之談，甚至在討論墨家的

翟志成 中國現代學術典範的建立：救亡思潮和胡適的《中國哲學史大綱》 171

「發憤讀盡杜威的著作，【並】做有詳細的英文提要」【86】的說法，一直存有著高度的懷疑。因為，胡適和哲學家杜威的學術背景、學術訓練和學術心態相差如此之遠，胡適又怎麼能在短短的一個暑期之內就全部讀完了——更不要說能全部讀懂了——杜威的書？

第三，杜威的實驗主義和胡適思想都強調對現實世界的改造，都強調科學在改造現實世界所扮演的重要角色，都強調行動者的修養、品格和其他主觀因素在改造現實世界所能發揮的重要作用。但杜威更強調科學內部的數學、邏輯結構和工具理性，更強調科技，更強調改造現實世界的客觀條件，更強調行動者的主觀努力和所取得的客觀效果之間的各種不一致的可能性。而胡適卻幾乎把改造現實世界的一切希望，寄託在改變行動者的品格及其世界觀等主體因素方面，故對杜威所強調的種種客觀條件，不是完全忽略，就是甚少措意。【87】這說明了即令胡適身為全盤性反傳統主義的領袖，在其最深層的思維模式中仍舊無法完全掙脫傳統的頑固制約。胡適這種以改造人的思想作為改造現實世界的最主要憑藉的構想，正是如假包換的「道德和文化的決定論」。這種習慣於把政治、經濟、社會等問題都化約為文化問題尤其是道德問題，並企圖藉

「三表法」時亦復如是。原來，胡書中的「名學」或「邏輯」，僅僅是指先秦各個學派的中心觀念（胡適稱為「為學方法」）而已，和形式邏輯毫不相干。金岳霖是中國第一位「西方的」專業哲學家，同時又是中國邏輯學的奠基者。他一貫瞧不起胡適之的中西「哲學」，尤其是胡適的邏輯造詣。在審查馮友蘭的《中國哲學史》時，他便乘機把胡適的《中國哲學史大綱》拿來作一番比較，藉以譏笑「西洋哲學與名學又非胡先生之所長，所以他在兼論中西學說的時候，就不免牽強附會。」見金岳霖〈審查報告二〉，收入馮友蘭，《中國哲學史》（重慶：商務印書局，1944 年重印），〈附錄二〉，頁1-8。

【86】 胡適，〈《藏暉室劄記》自序〉，頁5。

【87】 參見 Chen-te Yang, " Hu Shih, Pragmatism, and the Chinese Tradition", pp. 1-21.

文化力量尤其是道德力量以解決政治、經濟、社會等問題的一元論的思維方式，無論是好是壞，確實是中國行之已久的「國粹」。由於林毓生對這種「藉思想、文化以解決問題的方法」的傳統根源，已作出了十分精當和十分令人信服的分析，[88] 故於此毋庸再贅。

（四）「歷史方法」加「科學態度」

當然，胡適並不知道自己和杜威在思想上的至少有以上三種深刻歧異──至少，在目下能看到的所有材料中，我們還找不到任何證據，證實胡適在有生之年，便已覺察到自己的思想和杜威的實驗主義有任何斷裂。正因如此，這些歧異並不妨礙胡適真誠地以杜威的嫡傳弟子自居，更不妨礙胡適根據自己對杜威實驗主義的理解和中國救亡的需要，把杜威的實驗主義經過高度的化約（reduction）之後，建構為一套極其簡易但對中國知識界又極具吸引力的治學方法，並一心以為已吸盡了杜威哲學的一切精華。胡適這套提煉自杜威實驗主義的方法學又涵攝了內外二個層面，外層是「歷史方法」，內層是駕馭「歷史方法」的治學態度。所謂「歷史方法」，胡適又把它解釋成「祖孫方法」，亦即：

> 他從不把一個制度或學說看作一個孤立的東西，總把他看作一個中段：一頭是他所以發生的原因，一頭是他自己發生的效果；上頭有他的祖父，下面有他的子孫。捉住了這兩頭，他再也逃不出去了！這個方法應用，一方面是很忠厚寬恕的，因為他處處指出一個制度或學說所以發生的原因，指出他的歷史背景，故能了解他在歷史上佔的地位與價值，故不致有過分的苛責。一方面，這個方法又是最嚴厲的，最帶有革命性質的，因為他處處拿一個學

---

[88] 林毓生，《政治秩序與多元社會》（台北：聯經，1989），頁3-48，322-324,337-349。

說或制度所發生的結果來評判他本身的價值，故最公平，又最屬
害。這種方法是一切帶有評判（critical）精神的運動的一個重要
武器。【89】

至於方法學的內層，按胡適自已的說法，是所謂「實驗的方法」：

實驗的方法至少注重三件事：（一）從具體的事實與境地下手；
（二）一切學說理想，一切知識，都祇是待證的假設，並非天經地
義；（三）一切學說與理想都須用實行來試驗過；實踐是真理的
唯一試金石。第一件，──注意具體的境地，──使我們免去許
多無謂的假問題，省去許多無意義的爭論。第二件，──一切學
理都看作假設，──可以解放許多「古人的奴隸」。第三件，──
實驗，──可以限制那些上天下地的妄想冥思。【90】

如果說，胡適提倡從制度或學說發生的歷史原因及其產生的社會結果來
研究制度和學說，儘管對制度尤其是學說本身之所以引致演化的內在邏
輯嚴重忽略，仍不失為一種行之有效的從制度或學說的外緣條件研究其
演變的歷史外緣研究法。但從胡適的「實驗的方法」，我們卻發現了胡
適的分類並不夠精密。因為，其中的第（一）項和第（三）項，其實都
應劃入「歷史方法」的範疇。而僅餘下的第（二）項，卻祇不過是在宣
示一種研究者在進行研究時所應有的「正確態度」，根本就不是甚麼研
究方法。儘管胡適日後不斷地對這種懷疑一切的「正確態度」加以補
強，──例如，他在〈介紹我自己的思想〉一文中再次反覆強調：「一
切主義，一切學理，都該研究。但祇可認作一些假設的『待證的』見
解，不可認作天經地義的信條；祇可認作參考印證的材料，不可奉為金
科玉律的宗教；祇可用作啟發心思的工具，切不可作蒙蔽聰明，停止思

【89】引自胡適，〈杜威先生與中國〉，《胡適文選》（臺北：遠流出版公司，1986），
頁10。

【90】引自胡適，〈杜威先生與中國〉，《胡適文選》，頁10。

想的絕對真理。」【91】──但態度無論怎麼強調也祇不過是態度，還是
無法上升為方法。即令胡適把它昇華成「大膽的假設，小心的求證」這
十字真言，並冠以放諸四海而皆準的「科學方法」的美名，但它還祇是
一種態度而不是方法。因為，任何方法都是有實質內容的，而態度無論
如何「正確」，到頭來都是「空」的（空靈的或空虛的）。就邏輯學的
ABC而論，其外延無限大，其內容便無限小。胡適此一「科學方法」既
可應用到一切研究中而又能確當而有效，既有無限大的外延，便祇能有
無限小的內客。而無限小的內容就祇能是「空」。大約是終於覺察到自
己那種空無一物的「方法」不成其方法罷，胡適在其垂暮之年曾說過：
「科學本身祇是一個方法，一個態度，一種精神。」【92】此即等其方法與
態度精神為一物耶？抑以態度精神取代其方法耶？是耶非耶，恨不起適
之先生於紀念公園而叩之也！

由上可見，「歷史方法」纔真正是胡適治學的方法學，而「大膽的
假設，小心的求證」雖不是「科學方法」，但卻是主宰胡適「歷史方法」
的治學態度、精神或靈魂。杜威的實驗主義堅持以實踐的結果檢驗價
值，本來就存有對一切現實制度和學說的高度懷疑的傾向；而赫胥黎的
「存疑主義」（agnosticism），【93】又大大地強化了胡適方法學中的懷疑
精神。胡適說：

> 我的思想受兩個人的影響最大：一個是赫胥黎，一個是杜威先
> 生。赫胥黎教我怎樣懷疑，教我不信任一切沒有充分證據向東
> 西。杜威先生教我怎樣思想，教我處處顧到當前的問題，教我
> 把一切學說理想都看作待證的假設，教我處處顧到思想的

【91】 引自胡適，〈介紹我自己的思想〉，《胡適文選》，頁5-6。

【92】 胡適，《胡適手稿》（臺北：胡適紀念館，1970），集9，卷3，頁545。

【93】 Agnosticism中文本通譯為「不可知論」，「存疑主義」是胡適自造的特殊譯名。
見胡適，〈進化論與存疑主義〉，《胡適文選》，頁5。

結果。【94】

胡適雖宣稱他的懷疑精神是適用於「一切」對象的，但可能連胡適自己也未能覺察到，他所懷疑的「一切」祇是中國或東方文明的「一切」，而西方文化，尤其是杜威的學說，其實並不包括在他的「一切」之內。因為，他在還沒有研究過「一切」西方文化，並從中找到了「一切」都優於中國或東方文化的證據之前，便堅信中國必須「全盤西化」；他也從來沒有懷疑過杜威和杜威的學說，但卻並不妨礙他視杜威若神明，視杜威的實驗主義為「天經地義的信條」、「金科玉律的宗教」，以及「絕對真理」。本來，以懷疑一切的精神來評判中國文化的「一切」，已使「一切」中國文化盡失昔日的光彩與權威；而胡適的「歷史方法」，堅持以中國行將「亡國滅種」的現狀作為後果，去評判中國文化的「一切」，又使得「一切」中國文化不待「小心求證」，便祇剩下為人類文明作錯誤示範的「殷鑒」價值──如果不是全無價值的話。此一祇有作「殷鑒」價值的劣等文化，在「勝優敗劣、適者生存」的競爭世界，本來就不免要被淘汰，更兼此劣等文化又成了中國救亡大業的最大障礙，全盤棄之又何足惜！唯有全盤棄之，優等之西方文化始能有足夠的空間全盤移入中國，亦唯有如此中國與華族纔能得救！胡適的方法，既提煉自西方「最新」「最先進」的實驗主義，又冠「科學」之名，完全滿足了當時中國知識人趨新崇洋又崇拜科學的流行心理，兼之對全盤反傳統的正確性和必要性又有著如許雄辯的說服力，對傳統又有著如許可怕的破懷力，難怪成了胡適文化批判和學術批判的唯一利器。

（五）入室操戈

按照胡適的說法，他之所以要進行學術批判，是為了要「捉妖」和

【94】引自胡適，〈介紹我自己的思想〉，《胡適文選》，頁2。

「打鬼」，要把那些躲藏在傳統典籍尤其是儒家經典這些「爛紙堆」中的中國文化的妖魄鬼魂一個一個地收拾乾淨。他說：

> 我披肝瀝膽地奉告人們：只為了我十分相信「爛紙堆」裡有無數無數的老鬼，能吃人，能迷人，害人的厲害勝過柏斯德（Pasteur）發見的種種病菌。只為了我自己自信，雖然不能殺菌，卻頗能「捉妖」，「打鬼」。【95】

由此可見，胡適進行學術批判時的心態與目的，和他在進行文化批判時並無不同。但是，中國的學術界和大眾文化界雖則相通，卻畢竟分屬二個不同的領域。中國傳統社會向有「古來世運之明晦，人才之盛衰，其表在政，其裏在學」的說法，【96】而家家戶戶也供奉著「天地君親師」牌位；所有這些，都顯示出學問在國人心目中異乎尋常的崇高地位。胡適和陳獨秀領導的文學革命雖在文化批判中所向披靡摧枯拉朽，但一時間卻還撼動不了學術界。當時學界在文化革命大潮的壓逼之下，雖已山雨欲來，但卻緣於欠缺內部呼應的力量，氣壓變得異常沉悶。大學裏的學生雖有求新求變的強烈願望，卻因欠缺西方學術的常識而不知如何是好。大學文科所講授的功課，仍舊是義理、詞章、考據，幾乎和往昔毫無區別。【97】就連共和革命的戰士當上大學教授之後，也變得和傳統的老師宿儒一樣的尊古、頑固和保守。【98】如果胡適不能在學界打開局面，不僅救亡大業會因學術判批的缺席而未竟全功，而胡適在時人眼中，也祇不過是一個「不學而有術」的文人。他之所以推行白說文，也

【95】引自胡適，〈整理國故與『打鬼』——給浩徐先生信〉，《胡適書信集》，冊上，頁394。

【96】張之洞，〈《勸學篇》序〉（台北：文海出版社，民56年），頁4。

【97】馮友蘭，《三松堂自序》，頁200。

【98】例如黃侃曾參加過排滿革命，但當上北大教授之後，卻成了北大保守派的領袖，處處與胡適作對頭。

翟志成　中國現代學術典範的建立：救亡思潮和胡適的《中國哲學史大綱》　177

會被人譏笑為「以白話藏拙」。【99】一心要當「國人導師」和「旗手」的胡適對此是絕不甘心的。胡適在尚未歸國之前，便已接下了北大聘書，他在北大開課時，除了教授英國文學、英文修辭學之外，還偏要教「中國古代哲學」，就是決心針鋒相對，和學界的守舊勢力唱對臺戲。因為，以胡適這個「少年科第」的「洋博士」，竟敢在中國的最高學府開講最深奧最難懂的先秦古籍，這簡直是向中國舊學的最高權威登門叫陣，僅此一項便足夠讓人側目了。

　　憑藉著從西方帶回的絕對真理，胡適挑戰中國舊學最高權威確有一股初生之犢不畏虎的悍銳之氣。但為了鞏固新搶佔的灘頭陣地，胡適也格外地小心謹慎步步為營。就在這一新舊學術力量決戰的最關鍵時刻，胡適在美國完成的英文博士論文為胡適提供了最充足的彈藥和最大的助力。由於胡適的博士論文處理的正是中國古代哲學，是以胡適在編講義時祇需把英文論文譯成中文，從而省去了許多搜集資料和備課的時間。又由於他的博士論文從內容到形式都完全符合現代學術規範，是故他的中譯講稿，既是如何進行現代學術研究的典範，又是撰寫現代學術論文的示範，誠然讓當時企羨西學但又不知現代學術為何物的北大學生，既「駭得一堂中舌撟而不能下」，同時又眼界大開。當時的北大學生顧頡剛對自己和傅斯年從疑胡到信胡的轉變，有極生動鮮活的回憶：

　　　哲學系中講《中國哲學史》一課的，第一年是陳伯弢先生（漢

【99】蔡元培在答林紓函中，特別提到「北京大學教員中，善作白話文者，為胡適之、錢玄同、周啟孟諸君。公何以證知為非博極群書，非能作古文，而僅以白話文藏拙者？胡君家世漢學，其舊作古文，雖不多見，然即其所作《中國哲學史大綱》言之，其了解古書之眼光，不讓於清代乾嘉學者。……」（引自蔡元培，〈致《公言報》函並附答林南琴君函〉，一九一九年四月十一日《公言報》原載，後收入《中國現代思想史資料簡編》，卷1，頁434。）可見當時推行白話文者，正常有被頑固派譏笑「以白話藏拙」的困擾。

章）。他是一個極博洽的學者，供給我們無數材料，使得我們的眼光日益開拓，知道研究一種學問應該參考的書是多至不可計的。他從伏羲講起；講了一年，祇到得商朝的〈洪範〉。……第二年，改請胡適之先生來教。「他是一個美國新回來的留學生，如何能到北京大學裏來講中國的東西？」許多同學都這樣懷疑，我也未能免俗。他來了，他不管以前的課業，重編講義，辟頭一章是「中國哲學結胎的時代」，用《詩經》作時代的說明，丟開唐虞夏商，徑從周宣王以後講起。這一改把我們一班人充滿著三皇五帝的腦筋驟然作一個重大的打擊，駭得一堂中舌撟而不能下。許多同學都不以為然；祇因班中沒有激烈分子，還沒有鬧風潮。我聽了幾堂，聽出一個道理來了，對同學說，「他雖沒有伯弢先生讀書多，但在裁斷上是足以自立的。」那時傅孟真先生（斯年）正和我同住一間屋內，他是最敢放言高論的……我對他說：「胡先生講得的確不差，他有眼光，有膽量，有斷制，確是一個有能力的歷史家。他的議論處處合於我的理性，都是我想說而不知怎麼說纔好的……」他去旁聽了，也是滿意。從此之後，我們對於適之先生非常信服。【100】

而當年的北大學生馮友蘭則一直到了垂暮之年，仍充滿了感恩地談到胡適的哲學史課程是如何地引起他對西方的方法學的驚艷，讓他整個學術生命忽然開了竅，跳脫出傳統學術的羈拘，窺見了現代學術的新天地【101】。以西方現代學術的觀點講授中國哲學，很快就讓胡適在中國學術的最高殿堂中站穩了腳跟。二個月後，胡適便被提升為薪級最高的教授。【102】一年之後，胡適又把他在北大的哲學史講稿以《中國哲學史

【100】引自顧頡剛，《我與古史辨》（上海：文藝出版社，2001），頁40-41。

【101】參看馮友蘭，《三松堂自序》，收入《三松堂全集》（鄭州：河南人民出版社，1985），卷1，頁119-203。

大綱》（上冊）為名出版成書，向中國舊學的核心陣地擲出了一枚威力強大的集束手榴彈。

（六）終結傳統學術思想的「最後一刀」

撰寫《中國哲學史大綱》和後來的「整理國故」，是作為「學者」的胡適一生中主要的學術活動。在五四領袖中，祇有胡適一人能同時在文化批判和學術批判中都取得了輝煌戰績，也祇有胡適一人能自覺地把學術批判和文化批判，看成是救亡運動中相輔相成又缺一不可的兩條戰線。但胡適畢竟在西方第一流的學府中浸淫過多年，深知學術活動和大眾文化活動的分際，故在進行學術活動時，他不能不強調證據、強調「科學方法」、強調以理服人，不能不自覺地收斂和限制他在文化革命大批判時習慣採用的表達方式，尤其是情緒性的語言。有時，為了安撫自己被撕裂的民族自尊心所帶來的痛楚，或者為了欲取先予欲擒故縱的論述策略上的考量，胡適偶爾也會為傳統學術說上幾句好話。例如，他在《中國哲學史大綱》中，就曾用《莊子》比附「生物進化論」、【103】《墨子》比附「實驗主義」，【104】又把《墨辯》等同於「精密的知識論」，【105】他甚至說過：

【102】胡適在一九一七年十月二十五日致母函云：「適在上月所得薪俸為二百六十元，本月加至二百八十元，此為教授最高級之薪俸。適初入大學即得此數，不為不多矣。」《胡適書信選》，冊上，頁111。

【103】參見胡適，《中國哲學史大綱》，頁254。

【104】胡適說，「實驗主義（應用主義）——墨子的『應用主義』要把人的知識來應用，所以知與不知的分別，『非以其名也，以其取也。』這是墨子學說的精采。到了〈別墨〉也還保存了這個根本的觀念。……」引自胡適，《中國哲學史大綱》，頁197。

【105】胡適說：「知識論起於老子、孔子，到了『別墨』始有精密的知識論。」（引自胡適，《中國哲學史大綱》，頁191。）胡適甚至還說過：「《墨子》的〈經〉

我做這部哲學史的最大奢望，在於把各家的哲學融會貫通，要使他們各成有頭緒條理的學說。我所用的比較參證的材料，便是西洋的哲學。但是我雖用西洋哲學作參考資料，並不以為中國古代也有某種學說，便可以自誇自喜。做歷史的人，千萬不可存一毫主觀的成見。須知東西的學術思想的互相印證，互相發明，至多不過可以見得人類的官能心理大概相同，故遇著大同小異的境地時勢，便會產出大同小異的思想學派。東家所有，西家所無，祇因為時勢境地不同，西家未必不如東家，東家也不配誇耀於西家。何況東西所同有，誰也不配誇張自豪。……【106】

乍看之下，似乎胡適在撰寫《中國哲學史大綱》之時，心中已全無「一毫主觀的成見」，而一意用平等客觀的態度會通中西哲學思想。學界的擁胡派也極可能以胡適的這些話為證據，證明胡適至少在學術上並不是一個全盤性的反傳統主義者。祇不過，胡適這些說法，如果不全是違心之辭的話，至多也是些裝門面的修飾。要知道胡適心中的真實想法，最保險和最可靠的，還是聽一聽胡適對自己的信徒、對自己的戰友又是怎麼說。

　　在胡適的救亡策略中，學術批判和文化批判雖在具體做法有所不同，但二者之間不僅沒有矛盾，而且還是相輔相成缺一不可的。但胡適的策略並沒有得到五四反傳統戰士的普遍認同。在許多因受胡適和陳獨秀文學革命的感召投袂而起的青年徒眾眼中，胡適鑽「故紙堆」的癖好

上下、〈經說〉上下、〈大取〉、〈小取〉六篇，從魯勝以後，幾乎無人研究。到了近幾十年中，有些人懂得幾何算學了，方纔知道這幾篇裏有幾何算學的道理。後來有些人懂得印度的名學心理學了，方纔知道這幾篇裏又有名學知識論的道理。到了今日，這幾篇二千年來沒人過問的書，竟成中國古代第一部奇書了。」引自胡適，《中國哲學史大綱》，頁，31。

【106】引自胡適，《中國哲學史大綱》，頁31-32。

和他作為文化革命「戰士」的身份是互為鑿枘的。即使胡適的許多革命戰友如陳源、彭學沛等人，也對胡適「好古」的「考據癖」頗有微辭，認為是「退步」甚至「落伍」的「錯誤示範」。這也說明了為甚麼五四文學革命的另一「旗手」魯迅，會因自己對傳統文物在美學上情難自已的愉悅和眷戀，常懷抱著一股深沉的負疚和罪孽感，以為會因自己的錯誤示範而流毒青年。為了消除青年信徒和戰友們的誤解，胡適不得不常私下或公開替自己辯護。其中說得最清楚的文字，要首推在本文之始即被引用的〈整理國故與「打鬼」——給浩徐先生信〉。該信是自己人說給自己人聽的「交心」的話，故其真實性最高。在該信中，胡適對自己「整理國故」尤其是撰寫《中國哲學史大綱》的真正「目的與功用」，以及由此可得到的「好結果」，【107】作出了四點說明。

第一，建立全新的學術典範，並從此根本改變研究傳統學術的方向。據胡適在信中說：「但我自信，中國治哲學史，我是開山的人，這一件事要算是中國一件大幸事。這一部書的功用能使中國哲學史變色。以後無論國內國外研究這一門學問的人都躲不了這一部書的影響。凡不能用這種方法和態度的，我可以斷言，休想站得住。」【108】所謂「變色」，就是把中國學人在研究國學時的「好古」、「尊古」和「信古」的一貫心態，作一個一百八十度的根本扭轉，一變為懷疑傳統的一切，以「疑古」的新典範取代以往「信古」的舊典範。【109】

第二，由於中國古籍中仍躲藏著無數「能吃人，能迷人，害人」的

【107】 胡適，〈整理國故與『打鬼』——給浩徐先生信〉，《胡適書信集》，冊上，頁394。

【108】 引自胡適，〈整理國故與『打鬼』——給浩徐先生信〉，《胡適書信集》，冊上，頁395。

【109】 中國學術的典範，由以往的「信古」一變為胡適的「疑古」，再變為馮友蘭的「釋古」，請參看馮友蘭，《三松堂自序》，頁206-209。

妖魔鬼怪，故肅清古籍之餘毒的「捉妖」「打鬼」實為中國救亡大業的當務之急，甚至比十分要緊的「輸入新知識與新思想」還「更是要緊」。要捉妖打鬼必須找出這些妖魔鬼怪吃人迷人害人的證據，而這些證據又祇能在古籍中纔能找到。祇有找到堅實的證據，纔能「據款結案」。「據款結案」即是「打鬼」，打出原形即是「捉妖」。胡適不無自誇地告訴浩徐，他一到巴黎，便一頭鑽進「敦煌爛紙堆」裏尋找「據款結案」的證據，竟然一鑽便費了整十六天，終於把中國的先聖先賢如達摩、慧能、西天二十八祖的「原形」打了出來。【110】

第三，由於傳統典籍長期在國人心中佔有神聖崇高的地位，通過胡適的「科學方法」整理，並「重新估定一切價值」之後，可以把其「平常化」和「平庸化」。用胡適的原話，他之所以要整理國故尤其是撰寫《中國哲學史大綱》，就是「用精密的方法，考出古文化的真相；用明白曉暢的文字報告出來，叫有眼的都可以看見，有腦筋的都可以明白。這是化黑暗為光明，化神奇為臭腐，化玄妙為平常，化神聖為凡庸，」從而讓人們認清長期被吹噓得無限神奇玄妙的中國傳統哲學本來「不過如此」而已。【111】如此一來便「可以解放人心，可以保護人們不受鬼怪迷惑」。【112】

【110】胡適向浩徐說明了鑽爛紙堆和捉妖打鬼的關連之後，不無得意地誇耀道：「浩徐先生，你且道，明白清醒的胡適之卻為甚麼要鑽到爛紙堆裏去『白費勁兒』，為甚麼他到了巴黎不去參觀柏斯德研究所，卻在那敦煌爛紙堆裏混了十六天的功夫。」引自胡適，〈整理國故與『打鬼』——給浩徐先生信〉，《胡適書信集》，冊上，頁394。

【111】胡適，〈整理國故與『打鬼』——給浩徐先生信〉，《胡適書信集》，冊上，頁394-395。

【112】胡適，〈整理國故與『打鬼』——給浩徐先生信〉，《胡適書信集》，冊上，頁395。

翟志成　中國現代學術典範的建立：救亡思潮和胡適的《中國哲學史大綱》　183

第四，由於不經過嚴肅的學術批判便輕率地遽下「舊文化無用的結論」，並不能使老、中、青三代學術人都心悅誠服，是故還必須仰仗像胡適一類的「國故學者」親自下手，「用點真功夫，充分採用科學方法，把那幾千年的爛帳算清楚了，報告出來，叫人們知道儒是甚麼，墨是甚麼，道家與道教是甚麼，釋迦、達摩又是甚麼，理學是甚麼，駢文律詩是甚麼⋯⋯」【113】祇有在經過學術的批判和清算之後，傳統學術的反動真相纔能大白於天下，學人們纔會徹底與傳統學術思想決裂，纔會「一心一意地去尋求新知識和新道德」。【114】

胡適在給浩徐的公開信中，一再把他對傳統學術的批判和清算，稱之為終結中國文化的「最後一刀」。【115】如果他的「最後一刀」真能一舉奏功的話，他撰寫的《中國哲學史大綱》，便是「最後一刀」的連環追斬中最凌厲最凶猛最有殺傷力的第一刀。

（七）《中國哲學史大綱》的書寫策略及其成果

《中國哲學史大綱》（上冊）共分為十二篇，二十七章，都約十八萬言，探討了上溯自周靈王初年（公元前五七〇年），下限於秦一統天下（前二二一年）這三百五十年間的中國古代哲學史。該書除了以〈導論〉篇明宗，以〈中國哲學發生的時代〉篇破題，以〈古代哲學之終局〉篇結尾，其餘九篇，共考察了「老子」、「孔子」、「孔門弟子」、「墨

【113】 胡適，〈整理國故與『打鬼』──給浩徐先生信〉，《胡適書信集》，冊上，頁394。

【114】 胡適，〈整理國故與『打鬼』──給浩徐先生信〉，《胡適書信集》，冊上，頁393-394。

【115】 胡適，〈整理國故與『打鬼』──給浩徐先生信〉，《胡適書信集》，冊上，頁393-394。

子」、「楊朱」、「別墨」、「莊子」、「荀子以前的儒家」、「荀子」一共九個專題。因為胡適治學的關注點和學術訓練的側重面的不同，各個專題所顯示出來的功夫深淺也頗有差異。統而言之，該書是長於考證辨偽而拙於談名說理。這是緣於胡適對形上學毫無會心，對知識論也祇有常識性的瞭解，而他所接受的又基本上是考訂史料真偽的「狹義的」歷史家的訓練，兼之天生的「考據癖」，使他即使在研究中國哲學史或中國思想史的時候，也常不知不覺地把哲學史或思想史最核心的義理問題，轉換成了外緣性的考據問題，然後再用外緣的考據企圖解決——但其實是掩蓋——核心的義理問題。【116】即使在談名說理之時，胡書又以談「老子」和「莊子」最不相應，談「孔子」和「孔門弟子」最為膚淺，談「墨子」、「楊朱」和「別墨」最為混亂，但也最有吸引力和最受好評，【117】而以談「荀子以前的儒家」和「荀子」最好，但也最為讀者所忽略。【118】由於該書主要是以胡適的英文博士論文的中譯增補而成，故胡適曾一度想以其中文譯名《中國古代哲學史大綱》為該書書名，而蔡元培序該書時，其序文即為〈《中國古代哲學史大綱》序〉。【119】但胡適批判和清算中國傳統學術思想，又不甘心以先秦自限，故最後把該書

【116】余英時指出「胡適在學術上的興趣本在考證」，「胡適學術的起點和終點都是中國的考證學」，此乃真確不移的結論，余英時不愧是胡適的知音。余英時，《中國近代思想史上的胡適》，頁73。

【117】胡適對邏輯祇有一些最基本的常識，是故他在大談墨家和名家的邏輯時，常不免左右支絀，含糊其辭又自相矛盾，但由於中國當時正處在「學問饑荒」又銳意企新的轉折關頭，舉國學人都在大談邏輯，但又沒有人真懂邏輯，更沒有人在當時能指出胡適的錯謬不通之處。胡適的邏輯常識，在當時卻變成了「絕學」，故最受當時知識界的關注及稱許。

【118】古中國先秦哲學各流派中，胡適的心靈和荀子的認識心最為相契，但也因此講不出甚麼「非常可怪之論」，因其說法平淡而毫無新奇，故為當時讀者所忽。

【119】見蔡元培，〈《中國古代哲學史大綱》序〉，頁1。

書名定為《中國哲學史大綱》（上冊）。按照胡適原來的打算，該書的下冊在不久的將來便可補齊。但胡適因該書而「暴得大名」之後，實在外鶩太多，致令該書的下冊在胡適逝世之日仍未寫成，而胡適也因為該書祇有上而無下，成了學界保守分子眾口騰笑的「太監」。

胡適沿用於《中國哲學史大綱》的書寫策略，正是他提煉自杜威的「科學方法」；亦即以「懷疑一切」為其主導思想，以「歷史方法」或「祖孫方法」先尋找出先秦各學派發生的歷史原因，然後又從各學派所產生的社會後果來評判其本身的價值。北大校長蔡元培曾為該書作序，學界至今仍咸稱客觀公允。【120】在該書序文中，蔡元培除了稱道胡適一身兼通中國「漢學」和西洋「哲學史」，實為撰寫中國哲學史最佳人選之外，並以「證明的方法」、「扼要的手段」、「平等的眼光」和「系統的研究」，作為胡書的「四種特長」。【121】儘管蔡序寫得過為簡略，於胡適借該書作為終結傳統學術的「最後一刀」的真正用心亦不曾留意，但為了討論的聚焦起見，本文仍按照蔡序中標識的「四種特長」作為分析架構，以解剖胡書的書寫策略及其後果。

蔡序中的「證明的方法」和「系統的研究」都可統一於胡適的「歷史方法」中，成為胡書歷史敘述的前後兩個步驟。前者是對原始史料的整理、鑒別和審定，後者是探求先秦各學說發生的原因和產生的後果，再根據其結果來評判其價值。前者主要的工作是「考證」，後者的主要工作是「述學」。胡適強調，在「述學」之前，必須先搜集資料；資料搜集之後，又必須先經過「考證」這一步驟，以求取得可靠的史料。「史料若不可靠，所作的歷史便無信史的價值。」【122】因為，據胡適作進一

【120】參看馮友蘭，《三松堂自序》，頁199-200，以及余英時，《中國近代思想史上的胡適》，頁40-41。

【121】見蔡元培，〈《中國古代哲學史大綱》序〉，頁1-3。

【122】胡適，《中國哲學史大綱》，頁15。

步解釋，「哲學史最重學說的真相，先後的次序，和沿革的線索。若把
那些不可靠的材料信以為真，必致（一）失了各家學說的真相；（二）亂
了學說先後的次序；（三）亂了學派相承的系統。」【123】故審定史料的
考證工作，乃是史家第一步的「根本功夫」。【124】而要做到這第一步的
根本功夫，史家又必須從與史料相關連「史事」、「文字」、「文體」、
「思想」、「旁證」等五大方面一一用心查究。【125】在經過審定求得可
靠的史料之後，仍需通過「校勘」、「訓詁」和「貫通」三個步驟，對
審定的史料再加以整理。【126】祇有資料的收集、審定和整理這三個階段
都一一經過之後，纔有可能開始「述學」。

胡適的「考證」方法，其實是對清代乾嘉考據學的一次全面的總結和
綜合。不過，乾嘉大師們考據的目的是「通經明道」，而胡適考證的目的
最主要卻是「把一切不可信的史料全行除去」。【127】從絕對地「不信任一
切沒有充分證據的東西」的「科學精神」出發，胡適借用了乾嘉考據學辨
偽的某些方法，然後在分辨真偽的名義下，肆無忌憚地無限懷疑一切傳統
的經典，並把所有暫時無法百分之百地讓他完全釋疑的經典斥之為「偽」，
而一律加以擯棄。經過胡適「小心的求證」，在儒門五經中，胡適認為唯
一可信的只有最無哲學史料價值的《詩經》，全不可信的是《書經》和《禮
記》；【128】而先秦留下來的《老子》、《墨子》、《莊子》、《孟子》、
《荀子》、《韓非子》等典籍，則「差不多沒有一部是完全可靠」，【129】

【123】 胡適，《中國哲學史大綱》，頁16-17。

【124】 胡適，《中國哲學史大綱》，頁19。

【125】 胡適，《中國哲學史大綱》，頁20-24。

【126】 胡適，《中國哲學史大綱》，頁25-32。

【127】 胡適，《中國哲學史大綱》，頁32。

【128】 見 Hu Shih, *The Development of the Logical Method in Ancient China*, p.i.

【129】 胡適，《中國哲學史大綱》，頁12。

翟志成　中國現代學術典範的建立：救亡思潮和胡適的《中國哲學史大綱》　187

其中「《墨子》《荀子》兩部書裏，有很多後人雜湊偽造的文字，《莊子》一書大概十分之八九是假造的，《韓非子》也只有十分之一二可靠」。【130】此外，其它號稱先秦的典籍，據胡適斷定：「《管子》、《列子》、《晏子春秋》諸書，是後人雜湊成的。《關尹子》、《鶡冠子》、《商君書》，是後人偽造的。《鄧析子》也是假書。《尹文子》似乎是真書，但不無後人加入的材料。《公孫龍》有真有假，又多錯誤。」【131】由以上引述，可見胡適經過「考證」後的「定論」是：在號稱係先秦的典籍中，只有《詩經》完全可靠，餘者不是為後人「雜湊」，便是為後人「偽造」，因而均不完全可靠，有的甚至全不可靠。胡適又認為：凡是「不可靠」的材料，都只會導致各家學說失去真相，亂了先後次序和傳承系統，【132】不僅毫無價值，而且必須先行剔除。是以審定史料的真偽，便不能不在《中國哲學史大綱》中，耗去作者最大的心力和佔去全書最多的篇幅。而無限多樣和豐富的先秦百家哲學，亦在胡適砍伐之下，無不斷首折臂、七零八落；中國的文化精神，由是亦遭受極大的斲傷。胡適的疑古斧斤，正是要從根本上否定傳統的正當性和合法性，徹底淘空傳統賴以存在的物質基礎。【133】

　　所謂「系統的研究」亦即胡適的「述學」，其中又包括了「明變」、「求因」和「評判」三個步驟。按照胡適的說法，就是在「考證」之後，「還須把各家的學說，攏統研究一番，依時代的先後，看他們傳授的淵源、交互的影響，變遷的次序：這便叫做『明變』。然後研究各家學派

【130】 胡適，《中國哲學史大綱》，頁13。

【131】 胡適，《中國哲學史大綱》，頁13。

【132】 胡適，《中國哲學史大綱》，頁16。

【133】 對於反傳統主義者在學術批判名義下對傳統造成的嚴重破壞和傷害，徐復觀曾有極精警的概括，參看氏著，〈五十年來的中國學術文化〉，收入《中國思想史論集》（台北：學生書局，1974），頁251-256。

53

頁 33 - 201

興廢沿革變遷的原故：這便叫做『求因』。然後用完全中立的眼光，歷史的觀念，一一尋求各家學說的效果影響，再用這種種影響效果來批評各家學說的價值；這便叫做『評判』。」【134】甚麼「完全中立的眼光」，甚麼「歷史的觀念」，說得何等冠冕堂皇，但以實衡之，胡適在《中國哲學史大綱》中，處處以實驗主義為是，以中學為非，全書彌漫著的現代人對古人的鄙薄和傲慢，並以一種高居臨下的態度對古人評頭論足。他對孔門「仁義內在」「善由己出」，人道與天道相通貫的內聖之學，在心靈上全不相應，故對孔子及其學說時加譏刺。例如他以子虛烏有的所謂「誅少正卯」案，坐實孔子「壓制言論自由」；【135】並訕笑孔子的正名學說「很幼稚」，孔子的《春秋》一書「有許多自相矛盾的書法」，其「餘毒」所被，「就使中國只有主觀的歷史，沒有客觀的歷史」；【136】以及責備孔子只會教人讀書，影響所及，使中國幾千年的教育，「造成一國的『書生』廢物」。【137】所有這些，都顯示了胡適對孔學欠缺了「瞭解之同情」，因而對孔學的精神難以理解，當然也就更不能欣賞。並且，胡適的心靈，是處處以效用來決定價值的實驗主義心靈，對於講求無用之用、不生之生、無為而無不為的莊學精神，原是鑿枘難通。由於欠缺「瞭解之同情」，胡適便完全無法理解莊學的玄思和睿智，他把「完全被動的天然的生物進化論」、「破壞的懷疑主義」、「極端的守舊主義」等一大堆帽子扣到周莊的頭上，【138】斥責莊學「重的可以養成一種阿諛依違、苟且媚世的無恥小人；輕的也會造成一種不關社會痛癢、不問民生痛苦、樂天安命、聽其自然的廢

【134】 胡適，《中國哲學史大綱》，頁32-33。

【135】 胡適，《中國哲學史大綱》，頁72-75。

【136】 胡適，《中國哲學史大綱》，頁103-105。

【137】 胡適，《中國哲學史大綱》，頁109-110。

【138】 胡適，《中國哲學史大綱》，頁265、268、274。

物」；【139】並斷言「若依莊子的話……其實可使社會國家世界的制度習慣思想永遠沒有進步，永遠沒有革新改良的希望」。【140】胡適對莊學之完全無法理解和絕對不能欣賞，本是情理之常，不足深責。但問題是胡適對自己無法理解和不能欣賞的學說偏要妄加非議，以致使自己的批評不是流於膚廓皮相，便是成了誣枉曲斷。

所謂「扼要的手段」，就是把中國哲學「從老子孔子講起」，把三皇五帝文王周公等「一半神話、一半政史」全部刪去，事實上等於一刀把中國五千多年的文明史砍掉了三千年，對神明華冑的歷史自豪感和民族自尊心都是一次巨額的貶值；而所謂「平等的眼光」，卻是把孔子等同於諸子，把儒學等同於百家，事實上等於把聖人「常人化」，把聖經「平庸化」，對漢朝以來便一直處在「獨尊」高位的儒學不啻是一次最大的貶斥。如果這還不算大膽妄為的話，胡適在《中國哲學史大綱》中，以自己的話為正文，用大字頂格寫下來，而引用先聖先賢諸子百家的話，則一律用小字低一格寫下來，和中國以往的學術行規完全相反。在傳統學者眼中，這種做法，正表明了該書作者以己為主，以古人為役，把自己安放在至高無上的「判教」席位，而把一切古人及其學說都當成是任意月旦編排指揮消遣的芻狗！【141】更目中無人的是，胡書居然在使用白話文的同時又引入了新式的標點符號，不僅把「都下引車販漿之徒所操之語」，【142】延進了洙泗絃歌之地，而且還頗有暗指上庠通經飽學之士不通白話文句讀之嫌疑。

但無論如何，胡適《中國哲學史大綱》的出現，對當時幾乎所有的

【139】 胡適，《中國哲學史大綱》，頁277。

【140】 胡適，《中國哲學史大綱》，頁279。

【141】 胡適，〈整理國故與『打鬼』——給浩徐先生信〉，《胡適書信集》，冊上，頁394。

【142】 林紓，〈致蔡鶴卿書〉，《中國現代思想史資料簡編》，卷1，頁492。

中國讀者，都是一次難忘的「震撼教育」。許多對傳統治學方法早已懷疑和不滿的讀者，在被胡書的震撼教育「駭得舌撟而不能下」之餘，也從此解放了思想，開拓了新視野，完成了由傳統向現代學術的轉型。故胡書對他們而言，不啻是一次西方方法學的盛宴，一次現代學術的啟蒙，一聲震聾發聵破迷成悟的獅子吼。【143】無論是從今日多元開放的社會思想或者是包容對立與差異的學術思想來看，洋溢在胡適《中國哲學史大綱》中的泛科學主義、進步主義和西方中心主義是何等的幼稚、膚淺和武斷，以及其全盤性反傳統主義又是何等的數典忘祖乃至荒謬絕倫，但該書卻能在中國學術由傳統向現代轉型的最關鍵時刻，至少在以下三個方面，為中國學術轉型的成功起了最關鍵的作用。

第一，傳統學術的「崇古、尊古和信古」思想，讓傳統學者習慣於把先聖先賢及其著述作為崇拜對象而收攝入自己的心內，而現代學術則要求研究者把一切研究對象推出心外，以質疑之、詰問之和批判之。傳統學術思想以古人為主，以自己為役，以古人有尊，以自己為卑；而現代學術則以自己為主，以古人為役，以自已為尊，以古人為卑。故傳統學術貴「忘我」，學者把自已的一切發見都歸功於古人，而自己祇不過是「代聖立言」；而現代學術則貴「有我」，學者所至可寶貴者乃係自己的不同於古人「獨特見解」，以及自己的見解如何地超越古人和優於古人，所爭者係「為我立言」。如果中國學人不能從學術心態上完成由傳統到現代的轉型，中國的現代學術是根本不可能產生的。胡書中強烈的疑古思想和奴視古人的優越感，不管如何偏頗，畢竟是現代學術精神的一種誇張的呈現。這種精神對於中國知識人的思想從傳統學術的桎梏中獲得解放，以及從「信古」心理到「疑古」心理的轉換，起著一種啟示和典型的重要作用。

【143】 參見顧頡剛，《我與古史辨》，頁40-41，以及馮友蘭，《三松堂自序》，頁119-203。

第二，現代學術十分強調述學的整全性和系統性，而在「代聖立言」的思想指導下，中國傳統學人慣於用注疏的形式來呈現自己的研究成果。這種治學方式，便祇能使自己的研究被分割肢解成無數的碎片，散落在傳統的典籍中，便如同一地碎錢，缺乏一條繩索貫穿，總令人難以從中窺見其治學的宗旨和述學的系統。胡書中「求因」，「明變」和「評判」的歷史概述，便如同一條貫穿散錢的繩索，讓當時的讀者找到了把自己散亂零碎的知識和學問作系統性概述和安排的方法。

第三，清代考據學的文字、音韻、訓詁、校讎、辨偽等學問，按照清儒「通經明道」的指導原則，原祇不過是「通經明道」前的準備功夫，是低層次的「抬轎子」的學問，而不是高層次的「坐轎子」的學問。由於清儒缺乏系統性的述學功夫，纔使得這些「抬轎子」的學問變附庸為大國。但無論如何，「抬轎子」的學問還是不會變為「坐轎子」的學問。胡書十分成功地把考據與述學合而為一，一方面使得低層次的傳統學問和高層次的現代學問，因再也無可分割之故因而也再無高低級之分，另一方面也教會了一輩子祇會抬轎子的人如何坐上現代學術的轎子。

（八）天時地利人和

孟子把天時、地利、人和看作決定戰爭勝負的三個重要因素，而在此三大因素之中，又是「天時不如地利，地利不如人和」。[144] 如果我們把「天時」看作時機的成熟，「地利」看作環境的有利，「人和」看作民心的擁戴，此三大因素，便不僅僅決定了戰爭的勝負，而且還決定了幾乎一切人謀之事的成敗。此三大因素，落實到每一具體的事功中，便很難說此項「不如」彼項──誰更根本更重要必須針對每一具體的事

---

[144]《孟子．公孫丑章句下》，朱熹，《四書集注》（臺北：世界書局，民52年重印），頁50。

功作出具體的分析。但我們可以斷言，如果三大因素皆無，事情便定難奏功；如果三大因素俱備，事情的成功便有了十足的保證。胡適的《中國哲學史大綱》出現之日，真可謂天時、地利、人和一時俱備。

關於胡適《中國哲學史大綱》的出現正合符「天時」的問題，余英時在〈《中國哲學史大綱》與史學革命〉一文中，認為自從道光、咸豐以降，清儒考證學的典範，亦即通過從文字、音韻、訓詁以究明周公、孔子和孟子在六經中所蘊藏的「道」的一整套信仰、價值和技術系統，已經因不符合典範的期待的變異現象的不斷出現而導致了「技術崩潰」。由「技術崩潰」引起的愈來愈深刻的內部危機，已迫使中國學界另外尋求新典範以代替舊典範。這種「典範轉移」的內在要求到了五四前夕已是「一觸即發」，而胡適恰好就在此一「關鍵性時刻」出版了他的《中國哲學史大綱》。由於胡適從治學之始即對考證學情有獨鍾，且在留美期間又師承了杜威實驗主義的方法學並獲得了十分豐富的西學常識，因而能在該書中，把「舊學」和「新知」結合得恰到好處，使其既繼承了清代考證學的流風，又要在整體上比清代考證學更精密、更嚴格和更系統化，故而能全面比考證學高出了一個層次。正因為該書為學界提供的另一套信仰、價值和技術的新系統足以取代原來的舊系統，該書成功地創造了學術的新典範並完成了「典範轉移」。【145】余英時還特別強調了胡適之所以能取得「看起來毫不費力而且很快」的「成功」，乃緣於中西學術思想「『裏應外合』的雙重便利」，並且在《中國哲學史大綱》出版的前夕，「一切『概念的範疇』（conceptual categories）都已事先準備齊全了」。【146】

余英時借用孔恩（Thomas Kuhn）關於「典範」（paradigms）的學說，以闡明胡適的《中國哲學史大綱》在考證學革命和史學革命中所負起的

【145】余英時，《中國近代思想史上的胡適》，頁19-21，52，77-89。

【146】余英時，《中國近代思想史上的胡適》，頁90。

「典範轉移」的巨大作用。儘管余氏的借用，和孔恩的原意恐非完全吻合，[147]但卻能在鉤勒胡書之所以能取得空前成功的思想史內緣線索方面，產生了提綱挈領綱舉而目張的神奇妙用。善於從思想史的內緣條件以究明學術和思想的轉變，本來就是余英時治學最鮮明的特色之一，也是余氏對中國史學研究的重大貢獻。余英時強調清儒考證學因「技術崩潰」而逼出「典範轉移」的內在要求，強調胡適《中國哲學史大綱》的「中國考據學傳統的遠源」，強調其「承舊遠過於創新」，強調西方實驗主義和科學方法對胡書的成功而言都祇不過是些「不是決定性的因素」的「緣助」或外緣，[148]正是他一貫的本色當行。當然，余英時在另一篇重要長文（〈中國近代思想史上的胡適〉）中，[149]也論及胡書成功的一些外緣因素。祇不過，這些外緣因素，例如「思想革命」和「新思潮」的衝擊、「經世致用」與「改造世界」的要求，尤其是解答「中學和西學的異同及其相互關係問題」，似乎已取代了清代考據學的「技術崩潰」，變成了胡書成功的「決定性的因素」了[150]。

---

[147] 余英時曾承認他借用孔恩的「典範」說來解釋胡適所倡導的「思想革命」「當然不能密合孔恩的原意」，但他卻堅持用之以解釋胡適所倡導的「史學革命」「仍然是很適用的」。參看余英時，《中國近代思想史上的胡適》，頁20之注釋第16。但是，孔恩的「典範」乃係專門剋就自然科學和理論科學而言，而史學畢竟屬於人文學科的範疇，故余氏的借用，能否完全「密合孔恩的原意」，仍不無疑問。關於孔恩的典範學說，請參看 Thomas Kuhn, *The Structure of Scientific Revolution,* Chicago: The University of Chicago Press, 1970. 以及 Thomas Kuhn, *The Essential Tension, Selected Studies in Scientific Tradition and Change,* The University of Chicago Press, 1977.

[148] 余英時，《中國近代思想史上的胡適》，頁88-90。

[149] 該文原為余英時為胡頌平編寫的《胡適之先生年譜長編初稿》所撰寫的長序，後收入余英時，《中國近代思想史上的胡適》，頁1-75。

[150] 參看余英時，《中國近代思想史上的胡適》，頁10-20，27-37，54-61。

其實,「決定性的因素」到底是內緣還是外緣,必須針對具體的事件作出具體的分析,本難一概而論。內緣因素當然是極其根本、極其重要的,但這並不能排除在某些事件之中,外緣因素反而要比內緣因素來得更為根本,也更為重要。並且,在更多的時候,促成學術和思想的變化,往往是各種內緣因素和外緣因素的「合力」。換句話說,任何一種因素,都是「有之不必然,無之必不然」的。所謂「有之不必然」,是指任何一種內緣和外緣,都不能單獨決定學術和思想非如此改變不可,因而都不是「決定性的因素」。所謂「無之必不然」,是指倘若缺少了其中任何一種內緣和外緣,學術和思想縱然也會改變,但卻會變成另一種樣子。因而任何一種內緣和外緣,又都是「決定性的因素」。基於此一考量,我們便把胡書的成功,視為各種內緣因素和外緣因素的「合力」的結果,而不再追究「決定性的因素」到底是甚麼。

如果不是道、咸以來的救亡大潮一波又一波的持續沖刷浸蝕,至此已使得相當一部分的中國知識人根本背棄自己的傳統,而轉向西方文化尋求人生和學術的價值和意義,胡適的《中國哲學史》的出現及其即時取得的空前成功是不可想像的。陳獨秀曾十分敏銳和十分正確地指出,「適之等若在三十年前提倡白話文,只需章行嚴一篇文章便得煙消灰滅。」[151] 所謂「來得早不如來得巧」,《中國哲學史大綱》出版之日,中國學界對完全接受西方學術思想為最高指導原則的心理纔剛剛成熟,但又還未完全爛熟。如果胡書在時機爛熟之時纔出版,便會變為老生常談,斷無開創一代風氣的首功。如果胡書在時機尚未成熟之時便出版,[152] 自然不免「煙消灰滅」。正由於機緣巧合,《中國哲學史大綱》

---

[151] 陳獨秀,〈《科學與人生觀》序〉,附注二〈答適之〉,收入張君勱、丁文江等著,《科學與人生觀》(濟南:山東人民出版社,1997 年重印),頁 31。

[152] 此乃為了論辯的開展而提出的純粹假設性的問題。事實上,以胡適善於自我保存的個性,此事絕無發生之可能。

行將成書之日，任憑學問比章行嚴淵博得太多的陳漢章在北大講堂上公開譏諷的其「不通」，【153】任憑學殖比章行嚴深厚得太多的黃侃在北大逢開講必先痛加撻伐，【154】任憑詞章與章行嚴同樣高妙的林紓在報上投書北大校長兼以匿名文章攻訐，【155】任憑某些北大學生訕笑「胡適膽大

【153】據馮友蘭回憶：「到了一九一七年，胡適到北大來了。我們那時已經是三年級了。胡適給一年級講中國哲學史，發的講義稱為《中國古代哲學史大綱》。給我們三年級講中國哲學史的那位教授，拿著胡適的一份講義，在我們的課堂上，笑不可仰。他說：『我說胡適不通，果然就是不通，祇看他的講義的名稱，就知道他不通。哲學史本來就是哲學的大綱，說中國哲學史大綱，豈不成了大綱的大綱了嗎？』」（馮友蘭，《三松堂自序》，頁187。）查馮友蘭在北大讀三年級時教該級中國哲學史的教授，便是被人稱之為「兩腳書櫃」的前清舉人陳漢章。據羅家倫說此人讀書極多，記憶又極強，「《十三經注疏》中三禮的白文和注疏，他都能個個字背出。」見羅家倫，〈北京大學與五四運動〉，收入王世儒、聞笛編，《我與北大——「老北大」話北大》（北京：北京大學出版社，1998），頁305。

【154】黃侃為章太炎掌門大弟子，其於義理、詞章、文字、音韻、訓詁、考據無所不精，在北大極受學生擁戴。據曾上過黃侃課的楊亮功說：「黃季剛先生……抨擊白話文不遺餘力，每次上課必須對白話文痛罵一番，纔開始上課。五十分鐘上課時間，大約有三十分鐘要用在罵白話文上。他罵的對象為胡適之、沈尹默、錢玄同幾位先生。」羅家倫在上課時也常聽到黃侃在罵胡適。他說：「黃季剛則天天詩【使】酒謾罵……他有時在課堂中大聲說：『胡適之說做白話文痛快……金聖嘆說過世界上最痛之事，莫過於殺頭，世界上最快的事，莫過於飲酒。胡適之如果要痛快，可以去喝了酒再仰起頸子來給人砍掉。』均引自王世儒、聞笛編，《我與北大——「老北大」話北大》，頁，237，304-305。

【155】均見林紓，〈致蔡鶴卿書〉暨匿名文章〈請看北京學界思潮變遷之近狀〉，該匿名文章最末云：「唯陳、胡等對於新文學之提倡，不第舊文學一筆抹摋，而且絕對的菲棄舊道德，毀斥倫常，詆排孔孟，並且有主張廢國語而以法西斯文

面厚」，【156】胡適和他的《中國哲學史大綱》不但屹立不倒，而所有的譏諷撻伐攻訐訕笑適足以替胡適和胡書作了免費宣傳。君不見在陳漢章譏諷胡適「不通」之後，反而使陳門高弟馮友蘭注意到運用西方方法學處理中國哲學材料，實有「點鐵成金」的無邊法力，因而琵琶別抱，追隨胡適學習能「點石成金」的「那個手指頭」；【157】君不見在黃侃使酒罵胡之後，反而把自己座下最得意的兩大傳燈弟子都罵入了胡門。【158】一個是後來把胡適的疑古思想發揚光大的顧頡剛，另一個是成了胡適頭號「捍衛戰士」的傅斯年【159】。而林紓在施放完明槍暗箭之後，卻引來了蔡元培義正詞嚴的公開駁斥，反而辱由自取。【160】更多的北大學生在某些同窗訕胡之後，投入「膽大臉厚」的胡適麾下，創辦了《新潮》雜誌，密配合陳、胡的《新青年》雜誌，共同向傳統學術文化展開更凶猛的轟擊。【161】

字為國語之議。其鹵莽滅裂，實亦太過。頃林琴南氏有致蔡子民一書，洋洋千言，於學界前途，深致悲憫。」林書與該文原載於一九一九年三月十八日《公言報》，後收入《中國現代思想史資料簡編》，卷1，頁490-495。

【156】馮友蘭，《三松堂自序》，頁202。

【157】馮友蘭，《三松堂自序》，頁202-203。

【158】參見顧頡剛，《我與古史辨》（上海：文藝出版社，2001），頁40-41。

【159】胡適在一九五〇年十二月二十日獲知傅斯年死訊，極其哀傷，在同日日記中寫道：「國中今日何處能得這樣一個天才最高的人！他對我始終最忠實，最愛護。他的中國學問根柢比我高深得多多，但他寫信給我，總自稱『學生斯年』，三十年如一日。」第二天胡適發一英文電報給傅夫人俞大綵，" In Mengchen's passing, China lost her most gifted patriot and I, my best friend, critic, and defender......" 均引自曹伯言整理，《胡適日記全編》（1950-1962），冊8，頁85-86。

【160】蔡元培，〈致《公言報》函並附答林南琴君函〉，《中國現代思想史資料簡編》，卷1，頁431-435。

【161】傅斯年，〈《新潮》之回顧與前瞻〉，收入王世儒、聞笛編，《我與北大——「老北大」話北大》，頁，293-300。

翟志成　中國現代學術典範的建立：救亡思潮和胡適的《中國哲學史大綱》　197

《中國哲學史大綱》的空前成功，使胡適第一次擁有了雄厚的學術資本，而胡適在新文化運動中的赫赫聲名，又使得胡適的學術資本以幾何級數飛速升值，而水漲船高的學術地位又大大鞏固了他在大眾文化中原本就十分崇高的領袖地位。學術和文化兩地的左右逢源互為利多，使胡適在最短的時間之內，從學術界處於邊緣地位的新丁，一變為全國學界的國子監祭酒，而原來在北大穩居學術主流和核心地位太炎門下弟子，不是被胡適收編，就是被排擠至學術邊緣。不僅學界的新銳爭相奔走其門，希望得到胡適的品題或加持；就連平日目無餘子又氣焰熏天的莊學大師劉文典，在胡適面前又變得何等的謙虛和恭順，他那些諛詞如湧肉麻兮兮的致胡適書函，如果不是收入《劉文典全集》，又有誰會相信真出於這位莊學大師之手。【162】

四、餘論

祇不過，到了今時今日，胡適的《中國哲學史大綱》已鮮為人所知。事實上，除了以研究胡適或者以研究中國當代學術史為業的少數專家學者之外，學界已幾乎沒有幾個人會有興趣去翻閱這本曾經讓胡適「暴得大名」的「少作」。作為一部研究中國哲學史的專著，《中國哲學史大綱》早已失效兼過時。對於中國哲學或中國哲學史的研究，該書已經沒有多少借鑑和參考上的價值。換句話說，該書已經沒有了「學術上」的意義，而祇剩下了「學術史上」的意義。就如同一部被放置在博物館

【162】劉文典致胡適函有謂「你是弟所最敬愛的朋友，弟的學業上深深受你的益處。近年薄有虛名，也全是出於你的『說項』，拙作的出版，更是你極力幫忙、極力獎進的結果。所以弟之對於你，祇有敬愛和感謝，決不會有別的……」諸如此類的諛詞，在劉致胡函真是俯拾俱是。引自《劉文典全集》，〈書信輯存〉，冊3，頁812-813。

裡陳列的老爺車，《中國哲學史大綱》在今日的功用，並不是為了供人使用，而祇是為了供人憑弔——如果還有人憑弔的話。《中國哲學史大綱》的影響力是非常巨大的，但它的生命力也是相對短暫的。正所謂「其興也驟焉、其亡也忽焉」，名人和名著走馬燈般的星起星沉潮上潮落，乃至「你方唱罷我登場」，本來就是中國社會由傳統向現代轉型時期思想史上最為突出的現象之一。【163】「大江東去，浪淘盡千古風流人物」。既然胡適的前輩康有為、章太炎、譚嗣同、梁啟超、嚴復等鉅子及其巨著無一能逃過歷史潮流的大浪淘沙，胡適的《中國哲學史大綱》又豈能有所例外！

以歷史經驗衡之，胡適於一九二七年二月七日在致浩徐信中關於自己的《中國哲學史大綱》「以後」必將如何如何的種種預言，已經完全落空。事實上，在胡適充滿自信的預言發表後還不到四年，馮友蘭的《中國哲學史》（上冊）便已正式出版；【164】而馮書的纔一出現，學界便公

【163】李澤厚曾以梁啟超為例，說明清末民初名人和名著影響力的驟起旋落：「中國近代思想的一個重要特徵，是因為社會變動的迅速，它必須在極短的時間內走完西方資產階級思想幾百年來發展的全程。從溫和的自由主義到激進的革命民主主義，從啟蒙到社會主義，都是一個十分急速短暫的行程。它是那樣神速變遷和錯綜複雜，以致一方面根本不能有足夠的時間和條件來醞釀成熟一些較完整深刻的思想體系；另一方面人們也常常是早晨剛從梁啟超式的資產階級思想的洗禮，而晚上卻不得不完全傾倒在反對梁啟超的激進的革命思想中去了。」引自李澤厚，《中國近代思想史論》（北京：人民出版社，1979），頁429-430。筆者並不認同李澤厚的階級分析法及其給梁啟超貼上的政治標籤，但卻不能不佩服他對時勢觀察的敏銳和精準。

【164】馮友蘭的《中國哲學史》上冊在一九二九年成書，一九三〇年八月十五日撰成該書〈自序〉，一九三一年二月該書作為「清華大學叢書」之一由上海神州國光社正式出版，上距胡適的〈整理國故與「打鬼」——給浩徐先生信〉的發表之日仍不足四年。參見蔡仲德，《馮友蘭先生年譜初編》（鄭州：河南人民出版

認無論從方法到態度、從內容到形式、或且是從部分到全體,馮書都要勝過胡書不止一籌。【165】職是之故,胡適的《中國哲學史大綱》,早在馮友蘭的《中國哲學史》正式出版之日,便已因過時失效而變成了「歷史」。由於胡適是馮友蘭初治中國哲學史的啟蒙老師,而胡適的《中國哲學史大綱》又曾是馮友蘭學習擬模的聖經,【166】但馮友蘭在窺盡胡適之堂奧底蘊之後,居然入室操戈,拔趙幟、易漢幟,以「釋古」的典範取消了胡適「疑古」的典範。【167】原來,在馮書成書之時,中國的東北已淪於日人之手,而華北也危在旦夕,全國上下同仇敵愾,民族主義空前高潮,傳統文化已成了凝聚全民族抵抗外侮的精神資源。胡適所謂欲救國保種必須全盤毀滅傳統文化的說教,已變成違逆眾人之耳的聒噪;而胡書對傳統的否定,也已變得不合時宜。故打著為華夏招魂的馮書能乘機取而代之。本來,在西方學術界,學生在學成之後,總得別出心裁另起爐竈,力求在學問上質疑、挑戰、甚至推翻自己老師的學說。規行距步墨守師教於師言無所不悅者,即使在老師的眼中,也是既愚且笨兼沒出息的學生。馮友蘭之超越胡適,以及馮書之推翻並取代胡書,此之謂順天應人,亦所謂後來居上與推陳出新,在西方學界便如同日月經天江河行地一般的理所當然。但一心嚮往「全盤西化」的胡適說到底還是一個中國人,這種被西方學者視之為天經地義之事,落到胡適頭上便完全改變了性質。被推翻被超越之後挑激起來的痛楚失落懊惱和妒忌,以

社,1994),頁80、83、102-103,以及齊家瑩編,《清華人文學科年譜》(北京:清華大學出版社,1999),頁97。

【165】參看陳寅恪為馮書撰寫的〈審查報告一〉,以及金岳霖為馮書撰寫的〈審查報告二〉,均收入馮友蘭,《中國哲學史》,【附錄一】,頁1-4,【附錄二】,頁1-8。

【166】馮友蘭,《三松堂自序》,頁119-203。

【167】馮友蘭,《三松堂自序》,頁206-209。

及隨之而來的不情願不甘心再加上不服氣，在胡適心中鬱結成一團終生難解的憤憤不平之氣。日後胡適祇要逮到機會，總不忘記對馮友蘭的《中國哲學史》及馮友蘭本人極盡其抹煞、醜詆、排擠、打壓、乃至人身攻擊之能事，簡直是「逢馮必反」。胡適長時期對馮友蘭那種近乎非理性的尖酸刻薄，和他一貫以溫良恭儉讓待人接物的開明紳士形象，構成了如許巨大的反差。這不僅使胡適的研究者咸感困惑，恐怕就連胡適自己亦難以說清楚講明白。筆者擬在另一篇題為〈師不必賢於弟子——馮友蘭 vs.胡適〉的論文中，將剖析馮友蘭的《中國哲學史》何以能推翻並取代胡適的《中國哲學史大綱》的各種內外因緣，以及胡書被馮書取代後，胡適是以何種手段對馮友蘭加以打壓，而馮友蘭又是以何種方式對胡適展開反制，以了結當代學術史上一段公案，於此不贅。

拙文於二〇〇三年五月二十二日在中央研究院近代史研究所學術討論會上發表時，承蒙楊翠華博士、陳永發博士、黃克武博士、呂芳上博士、林能士教授、沈松僑教授賜予寶貴意見，潘光哲博士曾校讀初稿一過，許文堂博士校讀再稿後，建議把拙文題目更改為現名。他山之玉，可以攻錯，迷津接引，惠我實多。耑此鄭重申謝。

福建在國史上地位的分析

李金強*

    地處我國東南的福建，以宋元、明清海上及中西交通的發展，以及南宋朱熹（1130-1200）閩學的開創，取得國史上「海洋中國」及「文化中國」典範省份之譽稱。[1] 及至鴉片戰爭（1839-1842）後，福州、廈門為開五口通商中之二口，自是中西文化交匯，省民大量移植海外，得以吸採西方工商業體制及其文明，促成福建沿海地區的現代化。[2] 及至1979年，中國宣佈改革與對外開放，並將福建及廣東兩省列為發展對外經濟的試點。其中福建一省，1980年於廈門開設湖里加工區而成為閩、粵沿海經濟特區之一；1985年又於福州成立馬尾經濟技術開發區；此後相繼開放閩南泉州、漳州等縣市，是為閩南三角經濟開放區的出現；繼而又於福、廈兩市開設台商投資區和保護區；福建因而成為外來投資發展經濟的核心地區。而福建遂透過市場化及外資出口導向工業，迅速發展成為全國經濟高度成長地區之一。[3] 福建由是成為二十一世

---

* 本所碩士（1977），現任香港浸會大學歷史系副教授。

[1] 李金強：〈導論——福建區域研究述略〉，《清代福建史論》（香港：香港教育圖書公司，1996），頁1-5，21-23；並參林金水、謝必震編：《福建對外文化交流史》（福州：福建教育出版社，1997），頁1-15。

[2] 李國祁：《中國現代化區域研究——閩浙台地區1860-1916》（台北：中央研究院近代史研究所，1982），頁602-624；張仲禮主編：《東南沿海城市與中國近代化》（上海：上海人民出版社，1996），頁126-227。

[3] 胡序威等編：《閩東南地區經濟和人口空間集聚與擴散研究》（香港中文大學香港亞太研究所，1997），頁24-25；關於福建開放後經濟高度成長的原因及其面臨挑戰的分析，可參Toyojiro Maruya, "An Economic Overview" in Y.M. Yeung and

紀前夕中外視聽聚焦之地。而福建研究即在此一西力東漸及經濟發展的背景下，引致中外學者對其歷史、文化及現況的關注，進行研究，有關成果不斷增加，日見豐碩。

綜觀福建研究，起自20世紀之初，由本省學者於地方修志，以及革命黨人編寫鄉土史作為反滿獨立的宣傳，遂帶動福建研究的勃興。此後在民國新史學影響下，本省學者逐漸發展出對福建文化史、社會經濟史及海外貿易史三方面的研究；福建研究，由是確立。及至1949年新中國成立後，以福州及廈門為中心的本省學者，上繼民國研究成果，尤重社會經濟史的研究，其中以廈門大學名史家傅衣凌的貢獻最大，促進福建社會經濟史研究的蓬勃發展。此外，本省學者繼續編纂史料，而研究方向亦漸由古代史轉向近現代史。【4】

而更值得注意者為省外學者，包括香港、日本、荷蘭、美國等地學者對於福建研究的關注。【5】及至近日，人類學及社會科學學者，亦相

David K.Y. Chu eds., *Fujian: A Coastal Province in Transition and Transformation* (Hong Kong: The Chinese University Press, 2000), pp. 170-190；又1979至1995年間福建平均經濟增長率為13.8%，相對於全國的9.8%。

【4】李金強，同前註，頁17-21；其中本省政協編刊的文史資料對於近現代史研究提供不少新資料，有關福建各級文史資料出版分類索引，可參《福建省各級政協文史資料諮詢指南》（福州：福建省政協文史資料委員會，1994）一書。又福建省學者的研究成果，可參林道周、張學惠編：《福建社會科學研究概覽》（北京：團結出版社，1993），頁264-288。

【5】二次大戰後，由於區域研究的勃興，促成海外學者對福建史的研究大增，有關成果，可參李金強，同前註，頁6-9。香港學者的成果，包括中文大學歷史系蘇基朗對唐宋泉州、宋元閩南區域經濟的研究；浸會大學歷史系李金強對清代福州、福建辛亥革命史研究；博士研究生周子峰對民國福建軍閥、20世紀上半葉廈門城市發展的研究。荷蘭及日本學者的研究，參林金水、謝必震：〈餘論：福建學者在國外與國外學者對福建的研究〉，《福建對外交流史》，同前註，頁479-485。

繼投身福建研究，並從編纂福建研究的論文書目入手，為海外首出的福建研究索引。【6】其次為出版有關福建過去與現在發展及變遷的專書。【7】至此，福建研究，堪稱琳瑯滿目，粲然大備，而福建的歷史發展及當代變遷，亦在中外學者接近一個世紀的不斷研究下，其圖像日見明晰，福建在國史上的地位亦漸見明確。

本文藉此利用中外學者對於福建史的研究，綜合論述辛亥革命以前福建發展及演變的特徵，從而說明福建省民參予締造國史的條件與貢獻，為福建省在國史上的歷史地位提供線索。

地理與歷史交織中的福建

福建省位於中國東南隅，背山面海，自成一區。其北、西、南三面，由於武夷山系延綿橫亙千里，故分別隔山與浙、贛、粵三省相鄰，形成一獨特的政治經濟區域。北、西兩面依賴山嶺陸路與浙贛往還，南面則藉汀江（韓江）水運，與粵省相通。至於東面則臨海，與台灣遙遙相對，由於位於我國弧形海岸線凸出部份，自古即為東北亞及東南亞航運貿易必經之地，沿海貿易發達，歷來即為我國著名港市之所在，其中以宋元時期泉州港的崛興與繁榮，最為著稱。【8】

【6】陳志明、張小軍編：《福建暨閩南研究選輯》（香港中文大學香港亞太研究所，1999），該書收錄中英文論文書目2,000餘種，共分四類，包括福建研究的綜合性論著、閩南（廈門、泉州、漳州）研究、福建其它地區的研究，以及福建和閩南研究的英文文獻。

【7】 Brian Hook ed., *Fujian － Gateway to Taiwan* (Hong Kong: Oxford University Press, 1996). 全書包括歷史與文化、政府與政治、地理與自然資源、人力資源及經濟挑戰五章。Y.M. Yeung and David K.Y. Chu eds., op.cit., 全書除由編者楊汝萬撰寫導言外，邀請中外學者，分別從政治透視、經濟發展、都市及區域變遷，各部門改進等四方面合撰20篇論文，為一本關於福建從過去到現在科際整合研究的專書。

地理條件為人文化成的大前提，福建亦不例外。就其氣候而言，適處溫熱帶相交之處，頻臨太平洋，遂受海洋氣團影響，形成典型的亞熱帶海洋性季風氣候。全省大體夏季長而熱，冬季短而涼，熱力資源豐富，霜凍威脅較輕，此即方志所謂：「閩居東南溫燥之地，大抵多熱少寒。」【9】大部份地區平均氣溫在17℃至22℃之間，雨量充沛，年平均降水量為1,100至1,200毫米，雨量分佈西北多於東南，內陸多於沿海，降水量充足。氣候溫暖濕潤，十分適合農作物之生長，糧食作物年可兩熟到三熟，經濟作物栽植良多，如荔枝、龍眼、甘蔗、茶、杉、竹等。清季郭柏蒼（1815-1890）著有《閩產錄異》一書，詳記福建物產1,400餘種，物資堪稱富饒。【10】

就其地形而言，多山谷而少平地，西北高而東南低，降至海岸，地勢漸見平坦，有如梯級遞降，計山地、丘陵佔全省土地面積90%；而河谷平原僅佔10%；故此素有「東南山國」（Mountain Country of the Southeast）之稱。此一地形上的特徵，主要由於南嶺山脈，自廣東斜趨東北，抵達福建，形成兩系「西南－東北」走向之縱列山脈所導致。首列為「閩西北大山帶」——即「武夷山脈系統」，為本省主幹山脈，全長530公里，包括綿延於福建、廣東、江西及浙江四省交界的武夷山，彬嶺、仙霞嶺，並由仙霞嶺分支轉向東南，下走福寧，形成太姥山，為全省地勢最高之處，海拔高度平均在1,000米以上。次列為閩中大山帶——

【8】王益崖：《中國地理》（台北：正中書局，1957），下冊，頁361-362。李東華：《泉州與我國中古的海上交通》（台北：學生書局，1986），頁12-31。

【9】張琦：《建寧府志》（1693）（南平地區地方志編纂委員會，1993），卷3，頁27；又參卷14，頁217，「閩粵之地，多燠少寒，草木隆冬不凋」。

【10】郭柏蒼、胡楓澤校點：《閩產錄異》（1886）（長沙岳麓書社，1986，重刊）一書。陳及霖：《福建經濟地理》（福州：福建科學技術出版社，1984），頁15-18；盛敘功：《福建省一瞥》（上海：商務印書館，1927），頁6-7；《福建自然地理》（福州：福建人民出版社，1987），頁72-74。

即「戴雲山系統」，由北向南縱列本省中部，全長約580公里，並被閩江及九龍江切割分成三段，包括北段鷲峰山、中段戴雲山（或稱佛嶺山脈）及南段博平山（或稱龍岩山脈）。上述兩列山脈，分出無數支脈，延伸至海岸附近，每每形成半島突出，江灣深入的曲折海岸線，狀如鋸齒，長達3,051公里，佔全國海岸線總長16.6%。蘊育出不少"口小腹大"的優良海港，統計全省大小港灣合計125個。奠定福建面向海洋發展的歷史命運，從而建立其「閩海雄風」的海國形象。[11]

本省共有五條主要河流，包括閩江、木蘭溪、晉江、九龍江及汀江，大多發源於仙霞嶺及武夷山，多為險灘急流之山溪型河流，依隨地勢，蜿蜒東流出海；其上、中游流域割切中部山脈而下，彼此垂直相交，形成起伏相間之峽灣及河谷盆地，如汀江河谷即為具體例子；而下游出海，流向所經之處，沖積而成沿海平原，包括福州平原（面積490平方公里）、興化平原（460平方公里）、泉州平原（345平方公里）及漳州平原（566平方公里），為全省之精華地區。[12]（參圖一）

福建省山河交錯之自然地理，使其形成了內陸山地及沿海平原截然不同的地理區劃。兩者分劃之界線，學者曾以荔枝栽培等溫線，即由福安縣南至福州水口，再至永定縣南部作為界線，線北為山區，線南為沿海區，大抵福建西北及西南部為前者，而東南部則為後者。[13]就政區而言，以明代為例，閩北山區乃指建寧、延平、邵武，及汀州，所謂「上四府」者；

---

[11] 羅懸棠：《中國近世輿地圖說》（廣東教忠學堂，1909）六冊，卷十六，福建，頁2-3。陳及霖，同前注，頁1-2；何綿山：《閩文化概論》（北京大學出版社，1996）。
   Richard's Comprehensive Geography (Shanghai: Tu'se Wei Press, 1908), p. 219.

[12] 蔣君章：《福建情勢之研究》（台北：中央文物供應社，1957），頁7。大野恭平：《南方支那》（台北：南方社，1913），頁214。

[13] 洪沼、鄭學檬：〈宋代福建沿海地區及農業經濟發展〉，《中國社會經濟史研究》，4期（1985），頁35。

而東南沿海地區則指福州、興化、漳州、泉州所謂「下四府」者。【14】

就歷史發展而言，自漢晉以降，隨著中原漢族遷移，進入閩江上游、閩北山區首先開發。而沿海地區亦於東漢時建置東冶（今福州），得以進行海上交通與貿易，與山區同步發展。及至兩宋，山區人口迅速增長，農業興盛，其中經濟作物茶、林、竹、木，大量栽植，促成山區農、手工業的發展，最為特色。下至明清而更盛，以武夷茶產銷最為著稱。而更值得注意者為南宋時朱熹集閩北理學諸家流派的大成，開創閩學一脈，使山區成為其時福建全省文化的明燈，並於我國學術、文化領域中大放異彩。原來閩北山區為中原衣冠南移之走廊地帶。北方士族精英大多移居於此，使閩北山區一時之間成為人文薈萃之地。兼且當地經濟迅速發展，印刷業發達（建陽麻沙版書），為閩北學術發展，提供有利條件。隨著北宋濂、洛、關三派理學南傳當地，其中將樂楊時（1053-1135），崇安游酢（1053-1123）先後至河南拜程顥、程頤為師，「立雪程門」，使二程之學得以「吾道南矣」，實為北方理學入閩的關鍵。其中楊時一傳沙縣羅從彥（1072-1134），二傳至劍南李桐（1093-1163），再傳至朱熹，而朱熹早年又師從父輩劉勉之（1092-1149），劉子翬（1101-1147）及胡憲，二劉一胡皆習二程伊洛之學，遂以二程為本，吸納周敦頤及張載之學，集北宋理學大成而開創閩學，自成一派，並借助書院之教育網絡傳播閩學，此後代有傳人，如南宋黃幹（1152-1221），真德秀（1178-1235）；元朝熊禾（1247-1312），陳普（1253-1325），黃鎮成（1286-1351），吳海（1322-1387）；明代陳真晟（1411-1473），蔡清（1452-1508），林希元（1482-1507）及黃道周（1585-1646）；清代則以李光地（1642-1718）、藍鼎元等最為著稱，其中宋末至明中葉最為盛況。元仁宗且詔定朱熹之《四書集注》為科舉考本，明清沿替，朱子一脈，遂成為官學，此即國家學術之正統，閩學於中國學術文化

【14】《古今圖書集成》（台北：文星書店，重印本），18冊，卷1031，福建統部，頁393。

史遂居顯赫之地位。而沿海地區則憑海上貿易與漁鹽之利，促進經濟的繁榮發展，其中五代王審知建國號閩，經營福州及晉江流域，發展至宋代，號稱沃土，促成沿海地區經濟繁富，下開宋元泉州遠洋貿易之騰飛，而得以號稱為世界大港。至明清再有漳州以私人海上貿易見稱於中外。【15】

綜觀福建山區與沿海地區的兩元發展型態，大抵至近世，山區人口較疏，以農業及手工業為主，貿易及交通，以內地為對象，與沿邊浙、贛、粵三省關係最為密切；而沿海人口較密，農業精耕細作，工商業發達，都市化明顯，貿易與交通，則以國外為主，故海外貿易發達，經濟蓬勃。【16】山區漸見不如沿海。至今福建東南沿海地區仍為福建發展最為迅速的地區。【17】

【15】福建山區與沿海地區經濟發展史，可參鄭學檬：〈代序：福建歷史上經濟發展的若干問題〉，《福建經濟發展簡史》（廈門大學出版社，1989），頁1-17。山區與沿海文化地帶形成與發展，可參林栢：〈從化外之地到兩個文化帶的相繼發育——宋代以前福建文化地域格局的演變〉，〈兩宋時期福建文化地域格局的多元發展態勢〉，《中國歷史地理論叢》，16卷1輯（2001），頁35-45；16卷3輯（2001），頁88-96。關於朱熹閩學在中國學術文化史的發展及其重要地位，近人論之甚詳，可參高令印、陳其芳：《福建朱子學》（福州：福建人民出版社，1986）一書。並參高令印：〈朱熹與福建文化〉《國際朱子學會議論文集》（台北：中央研究院中國文哲研究所籌備處，1993），上冊，頁21-41；〈閩學在中國文化史上的作用〉，《朱熹與中國文化》（上海：學林出版社，1989），頁60-70；何綿山：《閩文化概論》（北京大學出版社，1996），頁15-23；徐曉望編：《福建思想文化史綱》（福建教育出版社，1996）頁102-126。

【16】Evelyn S. Rawski, *Agricultural Change and the Peasant Economy of South China*, (Cambridge: Harvard University Press, 1972), p.67, 146-147.

【17】胡序威等主編：《閩東南地區經濟和人口空間集聚與擴散研究》，同前註，頁17-58。1979年改革與開放後，閩東南沿海地區經濟迅速發展，城鎮密集，其GDP佔全省75.5%。

本省山區及沿海雖然具有區域差異及各自發展特色，然而並非完全相對地孤立，主要原因乃本省各大河流起了聯繫及交通作用。

原來上述各河之主流多成東西流向，而支流則分別為南北流向，流域散佈極廣，水流量充足者均為河運之要道，如閩江、汀江等，形成本省傳統交通以水運為主的特色。[18] 而河流、水流量不足者，其沿河河岸亦有陸行路線給予輔助，構成本省四通八達之水陸交通網絡，根據近人研究，此一交通網絡之修建，始於唐代元和時期（806-820A.D.），至清代，大抵為水陸驛站所經之地。直至民國時期，福建新式公路線之開闢，仍然依循此一傳統時期之水陸交通系統而修建。故此，本省於一九五六年鷹廈鐵路尚未修建及沿海輪船航運尚未發達之前，上述河運及陸運交通，對於本省社會經濟之發展，具有重要意義。[19]

此外，全省重要城鎮之分佈，主要亦集中於此一水陸交通網絡之樞紐地帶，如閩江之延平（南平）及省會福州，晉江之泉州、九龍江之漳州及其海口廈門等，傳統中國城市與河流密切關係的特徵，於本省表露無遺。

福建山區及沿海地區雖云依賴河道得以互相維繫，然而由於西部及中部兩大山系的高拔，兼且河流較為短促，上航不易，故自古以來，由沿海向內陸發展，困難重重，幸而沿海多優良港灣，而山區又擁有廣大的森林，不乏造船材料而得以發展海上交通，無形中為山多地少的省民提供了出海謀生的機會，開闢生路。[20] 其次，本省山地密佈，平原耕

---

[18] *Decennial Report, Foochow, 1882-1891*, p. 413.

[19] 陳衍德：〈唐代福建的經濟開發〉，《福建論壇》，5 期（1987），頁 45-46；闕名：〈驛站路程〉，《小方壺齋輿地叢鈔再補編》（台北：廣文書局，1964，重刊本），（四），第一帙，頁 4。李金強：〈清代福州交通述論〉，《區域研究——清代福建史論》，頁 25-32；蔣君章，同前注，頁 8。

[20] 成田節男：〈宋元時代の泉州の發達と廣東の衰微〉，《歷史學研究》，6 卷 7 號（1936），頁 4-9。李東華：〈海上交通與古代福建地區的發展〉，《中國海洋發展史論文集》（台北：中央研究院三民主義研究所，1986），頁 59-74。辛

地不足，隨著中原人口的不斷流入，自宋代以降，已成為全國人口稠密地區之一，出現人口壓力，北宋元豐三年（1080）福建人口祇204萬多，至南宋嘉定16年（1223）人口增至323萬多，時人均耕地約為3.3畝。[21] 此後即成為全國缺糧省份之一，食米不足自給，[22]省民除了注意墾荒、圍田，或改良農業，或栽培經濟作物；進而遠離家鄉，捨本逐末，從事航海貿易及其它謀生活動。[23]其中以航海貿易，尤為閩南省民所好，此即何喬遠所謂：「閩地狹窄……唯有販海一路是其生業。」[24]故本省沿海地

士成：〈西漢時期閩越社會經濟的探索〉，《中國社會經濟史研究》，2期（1985），頁3-4。西漢閩越族已在武夷山伐木造船，為閩省「航海遺產」的開創者。鄭學檬、魏洪沼：〈論宋代福建山區經濟的發展〉，《農業考古》，1期（1986），指出宋代山區木材豐富，提供造船材料。

[21] 陳景盛：《福建歷代人口論考》（福州：福建人民出版社，1991），頁7，11-12，273。

[22] 南宋缺米，參全漢昇：〈南宋稻米的生產與運銷〉，《中央研究院歷史語言研究所集刊》，10本（1948），頁414-415，430-431。明代福建缺米，參林麗月：〈晚明福建的食米不足問題〉，《國立台灣師範大學歷史學報》，15期（1987），頁161-190；清代福建食米不足，參 Wang Yeh-chien, " Food Supply in Eighteenth Century Fukien" , *Late Imperial China,* vol. 7, no. 2 (1986), pp. 80-108。民國時期，福建每年缺米150萬市擔，參鄭潤昌：〈非常時期福建糧食統制方案〉，《福建經濟研究》（福建省政府秘書處統計室，1940），上冊，頁210。

[23] 傅宗文：〈宋代福建科舉盛況試析〉，《福建論壇》3期（1988），頁47-52，宋代福建由於衣食不足，轉而從事海貿、技藝、出仕、出家（佛道）等。又參林麗月：〈閩南士紳與嘉靖年間的海上走私貿易〉，《國立台灣師範大學歷史學報》，8期（1980），頁93-95。李國祁：〈由閩浙區域研究看清代解決人口壓力的重要方法——栽培經濟作物〉，《食貨月刊》，4卷10期（1975），頁421-441。

[24] 何喬遠：〈開洋海議〉（1630），載於〈明清福建社會經濟史料〉，《中國社會經濟史研究》，2期（1988），頁111。See Ng Chin-keung, *Trade & Society: The*

區，港市密佈，如福州、泉州、漳州、廈門相繼興起，【25】海商、海盜、海軍及海外華僑成為本省社會的顯著群體，【26】而福建「海洋中國」的歷史形象亦由此而生。故此，福建省除屬安土重遷的農業社會外，尚有販海遠航的商業社會特質，從而產生兼具保守與開明的文化特性。

東南沿海巨區週期中的福建

福建的開發，乃由中原漢族士民南下移墾逐漸形成。先秦時期的福建原為「斷髮紋身」的土著──閩越族棲息聚居之地。至秦始皇（221-210BC）

Amoy Network on the China Coast 1683-1735 (Singapore University Press, 1983), pp. 4-5, 13-41。吳氏對於閩南從事海外貿易的社會經濟原因，認為乃推力與拉力（Push-pull）使然，即農村匱乏的推力與營商牟利的拉力所導致。

【25】胡寄馨：〈明代福建對外貿易港研究〉，《福建對外貿易史》（福州：福建省研究院社會科學研究所，1948），頁21-60；莊為機：〈福建海港史概述〉，《海上集》（廈門大學出版社，1996），頁439-456。對於福建沿海港市之興衰作了扼要的說明。

【26】福建海商參 Wang Gungwu, "Merchants without Empire: the Hokkien Sojourning Communities", in James D. Tracy, *The Rise of Merchants Empires: Long-distance Trader in the Early Modern World, 1350-1750* (Cambridge University Press, 1990), pp. 400-421；又參斯波義信：〈宋代における福建商人の活動とその社會經濟的背景〉，《和田博士古稀紀念東洋史論叢》（東京，1960），頁494-498；傅衣凌：〈明代福建海商〉，《明清時代商人及商業資本》（北京：人民出版社，1956）。海盜參張中訓：〈嘉靖年間閩浙海盜組織研究〉，《中國海洋發展史論集》（台北：中央研究院三民主義研究所，1986），頁161-198。海軍則參高熔：〈閩系海軍的形成發展衰落史話〉，《福州文史資料選輯》，7集（1987），頁113-158。華僑則參溫廣益：〈福建華僑出國的歷史和原因探析〉，《中國社會經濟史研究》，2期（1984），頁75-89。

平閩越後，始設置閩中郡，隨著秦末天下大亂，閩越土著建立「閩越國」而自立。至漢武帝（140-87BC）始平閩越，虛其地而最終立冶縣（後稱東冶）設治，列入帝國版圖。此後漢族相繼遷移入閩，聚族而居，形成福建以血緣為紐帶的宗族社會。就其遷移歷程而言，溯自西晉永嘉（308-313）末年，中原喪亂，士民南遷者眾，遂有「八姓入閩」之說。至唐初陳政、陳元光父子率軍入閩，開發漳州，而獲「開漳聖王」之美譽。唐末五代，天下再亂，河南固始王潮、王審知兄弟組織鄉兵，佔據全閩，獨立建國，是為五代十之閩國。福建歷經中原亂世，士民三次南渡，終於完成開發。由此可見，一部福建開發史，即為一部福建移民史，而福建省民亦由此遺傳其先祖對外移殖的歷史性格，此即其成為我國著名僑鄉的歷史根源。[27]

　　而開發後的福建，隨即由於沿海地區經濟起飛，帶動福建進入國史上的「黃金時代」，使福建的歷史地位耀眼奪目。此一方面以美國人類學家施堅納（G. William Skinner）論之最切。[28]

　　施氏以研究中國農村集鎮及都市理論著稱。利用都市地理學的中地理論（Central Place Theory）闡釋傳統中國社會具有一由集鎮以至城市層級空間分佈與結構的規律模式。並透過以城市為核心的區域經濟史研究，勾劃出中國具有九個巨區（Macro-region），包括西北、華北、長江

【27】李金強：〈福州沿革略述〉，《中山季刊》，2期（1983），頁50；陳支平：《近500年來福建的家族社會與文化》（上海：三聯書店，1991），頁1-15；並參 Hans Bielenstein, " The Chinese Colonization of Fukien until the End of Tang," in *Studia Serica Bernhard Karlgren Dedicata* (Copenhagen: Ejnar Munksgaard, 1959), pp. 98-111.

【28】G. William Skinner, " The Structure of Chinese History" ,*Journal of Asian Studies*, vol. XLIV, no.2 (1985), pp. 275-279; 又參王銘銘：《逝去的繁榮：一座老城的歷史人類學考察》（杭州：浙江人民出版社，1999），頁36-43；王氏借 Skinner 的理論探討泉州盛衰。

上游、中游、下游、嶺南、東南沿海、雲貴和滿州等。每一巨區均符合中國自然地理條件，區內出現核心（Core）和邊緣（Periphery）地帶。核心地帶乃位於河谷盆地（drainage basins），人口、耕地密集和具有明顯的水陸交通優勢及商業化現象，並出現不同層級的城市群，反之則為邊緣地帶。進而指出中國歷史發展與變化，可從各區核心地帶基於王朝政策，區內自然地理條件，交通運輸及氣候變化等因素，導致出現區域經濟週期的產生而得悉，此乃有異於傳統國史強調的王朝治亂週期說。施氏認為巨區經濟的週期性，乃研究國史的新取徑（approach），深值吾人關注。【29】

就此而論，東南巨區的核心地帶為閩江下游、九龍江、晉江下游、韓江下游、甌江、靈江下游；整個巨區內各城鎮的層級貿易圈自然運作形成四大副區（subregions），並具有各自的中心城市，包括：

（1）閩江流域──副區區域城市（regional city）為福州、延平府（治），其下之大城（Greater city）為建寧府，浦城及福安等；分別構成副區次一級的地方城市（Local City）之貿易系統，以下各副區情況亦與此相同。

（2）九龍江、晉江流域──副區區域城市為廈門，其下大城為泉州及漳州。

（3）韓江流域──副區區域城市為潮州府，其下大城為汀州府、嘉應州及海豐。

（4）甌江、靈江流域──以溫州府為副區區域城市，其下大城市為處州府及台州府。

上述各副區城市，其中以福建省的福州、泉州及漳州，自唐宋至近代，先後躍升成為東南巨區的區域都會（Regional Metropolis），發揮著

【29】 G. William Skinner, ibid., 溫振華：〈施堅雅之中國社會研究〉，《民國以來國史研究的回顧與展望論文集》（台北：台灣大學歷史系，1991），中冊，頁1095-1112；又參李洵、趙毅：〈施堅雅教授中國城市史研究評介〉，王旭等譯：《中國封建晚期城市研究──施堅雅模式》（吉林教育出版社，1991），頁1-13。

東南都會的作用，而東南巨區的經濟週期亦由上述福建省三港市起決定性作用。【30】其中泉州與漳州分別於唐宋及明清之際，憑藉海洋貿易的發展，促進該區經濟的繁盛。從而導致泉州及漳州兩週期的出現。

（一）泉州週期（12-14世紀）：唐宋之際，中國經濟重心南移。安史亂後（755-763），中原人口大量移入東南沿海地區，該區人口迅速增長。以福建為例，宋初（十世紀下半葉），該省戶口為467,815戶，為唐元和時（806-820）的六倍多，人力資源因而充足，導致唐宋時期，相繼開發山區，修築梯田；沿海地區則興修水利，根據統計宋代福建興修水利402次，居全國之首；圍海造田，使宋代福建墾田數量，比五代閩國時增加1.8倍，兼且注意農耕技術，精耕細作及辛勤勞動，從而建立本省之農、手工業基礎，擁有豐富物資，為其後福建港市興起及商業發展，提供所需資源。【31】

上述福建經濟興盛之背景，首先由號稱「東閩盛府，百貨所聚」的行政中心福州，以海舶貿易之利，興起於北宋時期。【32】其次，自九世

【30】G. William Skinner, " Mobility Strategies in Late Imperial China: A Regional Systems Analysis," in Carel A. Smith, *Regional Analysis, vol. 1, Economic Systems* (New York: Academic Press, 1976), pp. 328-336.

【31】日比野丈夫：〈唐宋時代に於ける福建の開發〉，《東洋史研究》，4卷3期（1939），頁187-213。北山康夫：〈唐宋時代に於ける福建省の開發に關する考察〉，《史林》24卷3號（1939），頁581-590。記述唐宋福建水利及圍田之工程。唐宋時代福建經濟發展的研究，可參陳衍德：〈唐代福建的經濟開發〉，同前註，頁42-47。王曾瑜：〈宋朝福建路經濟文化的發展〉，《中國古代史論叢》，第九輯（1985），頁151-163；洪沼、鄭學檬：〈宋代福建沿海地區農業經濟的發展〉，《中國社會經濟史研究》，4期（1985），頁34-44；又〈論宋代福建山區經濟的發展〉，同前註，頁27-37。

【32】《古今圖書集成》（台北：文星書店，重印本），18，職方典，福州雜錄，卷1044，頁495。福州港之興起，乃與唐末王審知經營有關，參林光衡：〈甘棠港辨析〉，《福建論壇》，3期（1985），頁59-62。

紀起與阿拉伯人進行海上貿易之泉州，至1087年成立市舶司，開放對外貿易，日漸凌駕福州及廣州，終於成為宋元時期中國對外第一貿易港，帶動了本區經濟的全盛發展，此即「泉州週期」之出現。自十二世紀至十四世紀末，歷時二百五十多年，其時泉州海外貿易以轉口兼出口方式，不斷擴張，並以南宋時瓷業外銷最具代表。促進本區農、手工業的生產增加，農作物商業化及區內貿易市場的迅速發展。【33】全閩經濟得以繁榮，並刺激文化發展，南宋陳必復說：「今世言衣冠文物之盛，必稱七閩」。以科舉為例，據統計，唐代福建省進士只有58人，至宋代進士人數為28,900餘人，福建佔宋代進士總數之1/5，居全國之首。宋代福建人出任宰輔共18人，居全國第三位。北宋新黨人物如蔡襄、曾公亮等均為閩人，其它學術、文藝、科學、商業，均人材輩出，故宋元兩代實為福建於國史上之「黃金時代」。【34】

【33】 泉州港興起及發展，參 Wang Gungwu, " The Naihai Trade: A Study of the Early History of Chinese Trade in the South Sea," *Journal of the Malayan Branch of the Royal Asiatic Society,* vol. XXXI, no. 182, 1958, pp. 88-89. 王氏指出五代留從效經營泉州奠定「泉州時代」之來臨，關於泉州於宋元時期脫穎而出，凌駕福州、廣州、明州等港市的討論，可參成田節男：〈宋元時代の泉州の發達と廣東の衰微〉，同前註；周中堅：〈宋代泉州港地位的三次演變及其繁榮〉，《泉州文史》，6、7期（1982），頁119-124。經濟發展可參 Billy Kee-long So, *Prosperity, Region, & Institutions in Maritime China: The South Fukien Pattern, 946-1368* (Cambridge: Harvard University Press, 2002), pp. 50-86; Hugh Clark：〈唐宋時期泉州港對於當地農業轉為商業化的影響〉，《泉州文史》，9期（1986），頁159-166。又宋元泉州興起，其相連之港口群，尚包括南關港、石井港及后渚港等，參傅宗文：〈宋代泉州港的崛起與港口分佈〉，《廈門大學學報》（哲社版），增刊號（1985），頁82-96。

【34】 許在全：〈試論宋代福建人才的崛起〉，《福建師範大學學報》（哲社版），3期（1981），頁98-103；林拓：〈兩宋時期福建文化地域格局的多元發展態勢〉，

至十四世紀，泉州由於外族（色目人）的十年叛亂（1357-1366），受到嚴重破壞，倭寇在沿海的騷擾，明太祖實施「海禁政策」及泉州港淤塞等因素，海洋貿易遂告萎縮，區內市場縮減，而「泉州週期」的盛況，亦宣告結束。【35】

（二）漳州週期（16-17世紀）：唐宋時期東南沿海地區及山區經濟之開發，以至商品經濟之發達，雖然於十四世紀下半葉受到政治波動之影響，然各區域間，經濟活動，並未中斷，隨著十五世紀國內農工生產的進步，商品經濟不斷擴大，至十六世紀初，西班牙、葡萄牙、荷蘭，先後東來，終於形成亞、歐、美全球性的貿易體系，從而刺激十六世紀中葉福建沿海地區海洋貿易的迅速增長，使福建地區再度出現經濟繁榮局面。【36】

自十四世紀末，明政府對外採行海禁政策，嚴禁中外民間貿易活

同前註，頁87。又參 John Chaffee（賈志揚）：《宋代科舉》（台北：東大圖書公司，1995），頁194-201，219-221，據賈氏的研究，宋代地方志記錄進士28,933名，然全國實授進士為39,605名，而福建進士在地方志名錄為7,144名，約佔全國24.6%。

【35】關於泉州之沒落，事實上於宋、元之交（十二、十三世紀期間）由於海寇猖獗，官吏苛徵不法，宗室欺壓及地方經濟危機已曾一度衰落，參Billy So, op.cit., pp. 122-126. 至十四世紀已是二度中衰，衰落原因之綜合分析，可參沈玉冰：〈明清泉州港海外交通貿易衰落原因初探〉，《泉州文史》，4期（1980），頁27-36。至於元末外族動亂原因，可參莊為璣：〈元末外族叛亂與泉州港的衰落〉，《泉州文史》，頁19-26。朱維幹：《福建史綱》（福建教育出版社，1985），上冊，頁471-488。至於泉州港因晉江泥沙沈積、地殼上升、江道變淺而沒落的地理因素，參李仲均：〈晉江海岸變遷與泉州港的衰落〉，《海交史研究》，1期（1985），頁21-25。

【36】G. William Skinner, "The Structure of Chinese History," op.cit., pp. 276-279. 傅衣凌：〈中國傳統社會：多元的結構〉，3期（1988），頁5。全漢昇：《明清經濟史研究》（台北：聯經出版事業公司，1989），頁3-13，17-27，33-43。

動，只許進行官方舉辦的「朝貢貿易」，福州遂為中琉朝貢貿易之港口，論者以為由此保持福建海洋貿易的傳統，而下開十六世紀漳州月港對外貿易之興盛。[37] 月港自正統、景泰年間（1436-1456）已成為福建南部著名走私貿易港口，私商貿易發達。至成、弘之際（1465-1505），已有"小蘇杭"之美譽。1567 年，明政府解除海禁，於月港成立"洋市"，准販東西洋，從此成為對外開放的合法貿易港，進入全盛時期。[38] 漳、泉海商積極地活躍於沿海省份、日本及東南亞一帶；又與西班牙、葡萄牙、荷蘭、日本等國商人及東南亞土著從事多邊貿易。其中對西班牙人進行福建與呂宋間「絲、銀貿易」，最為重要，為明季經濟史上的頭等大事。[39] 漳州月港海外貿易的擴張，從1570 年至1620 年，實際上主宰了中國的對外貿易，[40] 從而出現了「漳州週期」。

月港海外貿易的發展，促進福建及東南巨區經濟之成長，據Evelyn

---

[37] 張彬村：〈晚明福建的海外貿易與地方經濟發展〉，《國史釋論——陶希聖先生九秩榮慶祝壽論文集》（台北，食貨出版社，1987），上冊，頁204-205。

[38] 明代漳州港海外貿易發展，以明人張燮（1574-1640）之記述最詳，參張燮、謝方點校：《東西洋考》（1617）（北京，中華書局，1981）一書。又陳自強：〈論明代漳州港的歷史地位〉，《海交史研究》，5 期（1983），頁90-97，林仁川：《明末清初私人海上貿易》（上海，華東師範大學，1987），頁142-153。

[39] 傅衣凌：《明清時代商人及商業資本》，同前註，頁107-129。全漢昇：〈明季中國與菲律賓間的貿易〉，〈明清間美洲白銀的輸入中國〉，《香港中文大學中國文化研究所學報》，1 卷（1968），頁27-44；2 卷 1 期（1969），頁59-74；又〈自明季至清中葉西屬美洲的中國絲貨貿易〉，《中國經濟史論叢》（香港，新亞研究所，1972），第一冊，頁451-473。西方學者對於美洲白銀流入中國之研究成果，可參Frederic E. Wakeman Jr., " China and the Seventh-Century Crisis,"*Late Imperial China,* vol. 7, no. 1 (1986), pp. 2-5. 其中以 William S. Atwell 之研究最為重要。

[40] Chang Pin-tsun, " Chinese Maritime Trade: The Case of Sixteenth Century, Fu-Chien (Fukien)" (PhD thesis, Princeton University, 1983), pp. 261-290.

S. Rawski研究海洋貿易對漳州經濟的影響，指出包括促成漳州府農村定期市集的急增，據其統計1491年為11個，至1628年已增至65個。其次外來生產原料及技術導致時鐘、絲織、煉銀等產品改良及出現奢侈工業之新產品。其三，農業新品種輸入，如花生、煙草、蕃薯、玉米等的輸入，引至農業生產多元化、專業化及商業化。此即何炳棣所說的「第二次糧食生產革命」。【41】此外，亦促進閩浙贛山區之農、手工業發展，及商品經濟繁榮，各山區相繼出現商人集團，如福建永定、建寧商人，江西的安遠、瑞金商人，以及浙江的鉛山龍游等商人，影響東南沿海地區的經濟成長。時福建海貿主要商品為紡織品及陶瓷，皆來自江、浙及江西，無形中亦間接促進該等地區產業之發達。【42】由上所述，可知漳州海洋貿易對於福建沿海及山區，與東南地區之經濟發展，均起明顯之作用。

此外，泉漳地區經濟之繁榮，亦影響該區的社會思想及文化之發展。其時閩南人大量經商或移民海外，使封閉式的閩南社會發生相當變化，【43】如社會風氣亦日趨侈靡，及傾向牟利；自由及平等思想的開始萌芽，如原籍泉州之思想家李贄（1527-1602）之著述，流露出功利思想

【41】 Evelyn S. Rawski, *Agricultural Change and the Peasant Economy of South China,* op. cit., pp. 68-88; Ho Ping-ti, " The Introduction of American Food Plants into China," *American Anthropologist,* vol. 57, no. 2 (1955), pp. 191-201; 明清福建農村市場的激增，尚可參陳鏗：〈明清福建農村市場試探〉，《中國社會經濟史研究》，4期（1980），陳氏指出福建墟市由明弘治年間186個增至清乾隆時的700餘個。

【42】 關於閩浙贛山區經濟的繁榮及商人集團出現，參林仁川：《明末清初私人海上貿易》，頁367-371。傅衣凌：〈明代浙江龍游商人零拾〉，《明清社會經濟史論文集》（北京，人民出版社，1982），頁179-186。又徐曉望：〈明清閩浙贛邊區山區經濟發展的新趨勢〉，同前註，頁193-226。張彬村：〈晚明福建的海外貿易與地方經濟發展〉，頁208-212.

【43】Ng Chin-keong, " A Study on the Peasant Society of South Fukien," *Nanyang University Journal,* vol. VI (1992), pp. 189-213.

及平等觀念，即為一典型之代表。就科舉考試而言，隨著經濟的繁榮，漳州於福建省考中進士的百分比亦由1513年－1541年之3%躍升至1549年－1601年之22%，即由全省之第四位升上第二位。【44】

然而漳州月港其後因1620年西、葡兩國的不時侵擾及破壞，加上明末清初的戰亂，其中以鄭成功據台抗清，及清廷實施遷界的海禁政策，影響最大，此即清初顧炎武（1613-1682）所謂：「泉漳二郡……自紅夷肆掠，洋舡不通，海禁日嚴，民生憔悴」，【45】兼且月港港道淤塞，終於難逃沒落命運，【46】福建及東南沿海之社會及經濟，再次陷入困境。

由此觀之，國史上福建憑藉福州、泉州、漳州三港之相繼興起，從而取得海洋貿易的領導地位，成為「海洋中國」的典範。明末清初的漳州，雖然沒落，然而鄰近廈門迅即興起。自1683年清政府開放海禁，廈門遂由明清交替時，以鄭芝龍及鄭成功為首之走私劫掠及反清之「造反基地」（rebel base），搖身轉變成為海洋貿易之中心，憑藉對南洋及本國沿海之貿易（「台運」為主），成為福建著名港市，取代泉、漳昔日地位，尤以乾隆時期（1736-1795）海上貿易最為興盛。至鴉片戰爭後，更與省會福州同屬通商口岸，開放互市，日趨興旺。【47】

【44】Evelyn S. Rawski, *Agricultural Change and the Peasant Economy of South China*, op. cit., p. 89.

【45】顧炎武：《天下郡國利病書》（台北：商務印書館，1981，重刊），第26冊，福建。

【46】林仁川：〈明末清初私人海上貿易〉，同前註，頁151-153。又陳自強等：〈明代漳州月港研究學術討論會續述〉，《福建論壇》，6期（1982），頁96-97。林汀水：〈九龍江下游的圍墾與影響〉，《中國社會經濟史研究》，4期（1984），頁84-86。

【47】周凱：〈廈門志〉(1839)，（台北：台灣銀行，1961，重印本），一冊，卷二，頁15-17；二冊，卷五，177-178，180。傅衣凌：〈清代前期廈門洋行考〉，《福建對外貿易史研究》，頁41-46。Ng Chin-Keong, *Trade and Society: The Amoy*

李金強　福建在國史上地位的分析　　219

福建現代化的前哨——福州與廈門

鴉片戰爭後，福州與廈門同為通商口岸，西方傳教士、政、商人士相繼入閩，並以福州、廈門為其據點。外人群集二港，以福州城外南台島及廈門島外鼓浪嶼為居留之地，相繼興建使館、洋行、工廠、教堂、學校、醫院，西方文化由是進入本區，促成福、廈及沿海地區的現代化。【48】

福州，古為「閩中郡」，至725A.D.始稱福州。【49】自漢代以來，一直為福建省之政治、經濟及文化中心，並為全省水陸交通樞紐及國防海口。【50】清代為福建之省會，閩浙總督、福建巡撫、布政使、按察使、學政及福州將軍，均駐紮於本地。省級文武高官，多官並置，分寄治權，使其互相監督與牽制，藉此收中央控制地方之效，督撫權力由是備受限制。【51】

福州背山面海，東、西、北三面皆為連綿山脈，獨南面臨江出海，距海凡34哩。並與外輪停泊處羅星塔（馬尾）相距9哩，東與台灣北部淡水遙遙相對，居於香港及上海兩大國際港之中點，面積約300

Network on the China Coast 1683-1735, op.cit., pp. 84-88。並參陳國棟：〈清代中葉廈門的海上貿易，1727-1833〉，《中國海洋發展史論文集》（台北：中央研究院中山人文社會科學研究所，1991），頁61-97。

【48】李金強：〈從福建海關十年報告（Decennial Reports）觀察清季福建社會之變化〉，《區域研究：清代福建史論》，同前註，頁148-158。

【49】《福州府志》（1754）（台北：成文出版社，1967，重印），卷二，頁39-40。

【50】李金強：〈清代福州之研究〉（新亞研究所碩士論文，1977），頁1-30，205-207；又參鄭訓忠：〈福州城市性質初探〉，《福建師範大學學報》（哲社版），4期（1981），頁2-3。

【51】《清史稿》（北京：中華書局，1976），卷70，地理志，福建，頁2242。羅爾綱：《湘軍新志》（長沙：商務印書館，1939），頁232-237。

平方哩，範圍包括福州城、南台島及福州邊地（城之北、東、西及沿閩江兩岸之平地），福州城與南台島為源遠流長之閩江，迂迴而分隔，中間尚有中洲，由萬壽及江南兩橋連接相通。【52】由於福州為閩江出口，故成為上游延平、建寧，邵武及其鄰近興化四府之物資集散地。【53】全城人口約為35萬。【54】

福州自從1844年10月開市以來，南台島遂成為外國人居留區。外人住宅、領事館、醫院、學校、教堂俱樂部、跑馬場、打球場，皆集中於此。【55】時西教士、西商紛紛東來，就西教而言，自1847年後，英美教會包括公理會、美以美會及聖公會相繼以福州為宣教之目標，【56】除建立教堂外，還興辦不少新式教育事業及福利事業；【57】西商則於1853

【52】H. B. Morse, *The Trade & Administration of the Chinese Empire* (1910)（台北：成文出版社，1966），頁248。*Guide to China* (The Japanese Government Railways, 1924), p. 315. 林觀得：〈福州經濟地理述略〉，《地學雜誌》，2期（1933），頁157-160。楊文洵：《中國地理新誌》（1935），頁187。

【53】林榮向：〈福建省之經濟地理〉，《方志月刊》，6卷9期（1933），頁1。戴一峰：〈近代閩江航運業初探〉，《中國社會經濟史研究》，3期（1986），頁105-106。

【54】李國祁：《中國現代化的區域研究——閩浙台1860-1916》，同前註，頁458-460，內引《侯官縣鄉土志》及《閩縣鄉土志》統計，得出福州市人口（包括城區及附郭地區）僅有35萬人。

【55】《籌辦夷務始末》（道光朝），卷64，頁416-429，卷73，頁39a-40a；又F. O. 17/64, *Confidential,* Vol. 55, To Henry Pottenger, April 6, 1843, pp. 214-216。鄭拔駕：《福州旅行指南》（上海：商務印書館，1934），頁226-227。

【56】E. C. Carlson, *The Foochow Missionary 1847-1880* (Cambridge: Harvard University Press, 1974), p. 4.

【57】李國祁：《中國現代化的區域研究——閩浙台地區》，頁138，141。並參張仲禮主編：《東南沿海城市與中國近代化》，同前註，頁164-171。

年大舉東來，原因乃太平天國之亂發生，江楚茶販不前，武夷茶未能輸出上海、廣州出售，美商旗昌洋行（Russel & Co.）起用華籍雇員於武夷茶區進行「內地收購」。【58】從此福州憑藉茶貿而繁盛。直至1883年才告沉寂。【59】上述西力東漸，無形中加速福州一地中外文化思想交流。此外，左宗棠（1812-1885）於1866年，開辦福州船廠及船政學堂，學效西方造船工業、科技及海軍教育，【60】使本區成為全國工業現代化的首屈地區，其時全省的新式工業主要集中於福州及廈門兩地，而福州之國營、民營及外資工廠合計約有87間，佔全省之72.5%，其中國營、民營以製茶、製糖及織布業為主，前者與福州茶貿之發展有關，後者則為左宗棠於1885年試辦糖廠；以及閩浙總督卡寶第（1824-1892）於1888年提倡利用洋紗從事機織有關。至於外資，則有船舶修造、磚茶廠、製冰廠等。【61】由此可見，福州實為近代中國得開風氣之先的都市，觀之清末維新份子中，福州人才輩出，並非偶然，其中尤以嚴復（1853-1921）、林旭（1875-1898）、黃乃裳（1849-1924）倡導變法，最為著稱。此外，尚有陳衍（1856-1937）、陳寶琛（1848-1935）、沈瑜慶（1858-

---

【58】Hao Yen-ping, *The Comparador in Nineteenth Century China: Bridge between East & West* (Cambridge: Harvard University Press, 1971), pp. 75-83。陳慈玉：〈近代黎明期福建茶之生產與貿易構造〉（上），《食貨月刊》，復刊6卷9期（1976），頁527-529。

【59】陳慈玉：《近代中國茶業的發展與世界市場》（台北：中央研究院經濟研究所，1982），頁27-32。

【60】張玉法：〈福州船廠之開創及其初期發展〉，《中央研究院近代史研究所集刊》，2期（1971），頁177-205。包遵彭：《清季海軍教育史》（台北：國防研究所，1968），頁1-73。參林慶元：《福建船政局史稿》（福州：福建人民出版社，1981）一書。

【61】李國祁，同前註，頁300-306。並參羅肇前：《福建近代產業史》（廈門大學出版社，2002），頁12-44。*Decennial Report, Foochow 1882-91,* p. 423.

1918）、陳璧（1852-1928）、林紓（1852-1924），均為清季翹楚之士，尤以嚴復最為傑出，出身海軍，從事翻譯，引進震爍古今的達爾文主義及馬漢（A.T. Mahan, 1840-1914）海權論，對清季思想界及海軍界影響至鉅，難怪福州士紳被譽為如同星辰閃爍於夜空。[62]

由於福州得開風氣之先，新式教育事業及報刊在本區陸續興辦，因而成為福建才智之士嚮慕之地，優秀智識份子，相繼集中福州，透過新教育的接受，報刊輿論的影響，在西力衝擊下，主張改革及革命，福州由是風起雲湧，並成為本省現代化的前哨。[63]

廈門別稱鷺島，以其地形如白鷺，或謂乃白鷺棲息之地。於宋代始見於史籍，前此無可考，宋時為嘉禾嶼，以島上盛產一莖數穗的嘉禾而得名。元時立千戶所，明為中左所，成為軍事據點。1387年，太祖派江夏侯周德興經略福建，1394年建廈門城，為廈門一名之始源。[64]至清代，廈門原為泉州府同安縣「里」級行政單位，位置低微，然由於外貿日漸繁盛，兼且地處海口，為閩南海防要衝之地；遙控台灣，地位顯見重要，故清廷先後委派地方大吏駐紮該處，「武則水師提督五營弁兵守之，文則移興泉永道，泉防同知駐焉。」[65]多官並置，使其相互制衡

---

[62] 李國祁，同前註，頁221-225。李金強：〈嚴復與清季海軍現代化〉，〈基督教改革者——黃乃裳與清季改革運動〉，《書生報國——中國近代變革思想之源起》（福州：福建出版社，2001），頁80-125。又參《陳寶琛與近代中國社會》（福州：陳寶琛教育基金籌委會，1997）一書。

[63] Lee Kam Keung, " Revolution in Treaty Ports: Fujian's Revolutionary Movement in the Late Qing Period 1895-1911" (PhD Thesis, Australian, National University, 1992), pp. 55-152.

[64] 周凱：《廈門志》，同前註，一冊，卷二，頁15-17；二冊，卷五，頁177-178，180；又參顏亞玉：〈廈門名稱沿革小考〉，《廈門城六百年》（廈門：鷺江出版社，1996），頁80-87。

[65] 周凱：《廈門志》，同前註，一冊，頁1。

李金強　福建在國史上地位的分析　　223

與監督，並肆應廈門彈丸一地繁劇之行政事務。【66】

　　廈門為福建省南部之港市，地居香港、上海二港之間。東扼台灣，並為泉、漳之門戶。廈門乃由廈門島及鼓浪嶼兩島所組成，四面臨海，全島東西長11.5公里，南北長13.5公里，略呈圓形，面積為109平方公里。而鼓浪嶼面積則為1.7平方公里，兩島相距約7、8百米。其間之海道，水深超過10米以上，每日海潮潮差達5至6米，為商船停泊之主港，在兩島之外，四週群島星羅棋佈，包括金門，烈嶼，大、小擔，星嶼、浯嶼等，構成天然之屏藩，廈門港灣之優良，於此可見，此其能成為近代國際港市之先天條件。【67】此外，廈門以閩南二府——泉州、漳州及閩西汀州府、永春、龍岩二直隸州為其腹地，該區物資、華僑均集散於此，因而成為經濟貿易航運之中心。【68】至於廈門人口，由於居民流動性甚大，難有準確數字，根據近人研究，於廿世紀初，廈門人口約在廿萬以上。【69】

　　自鴉片戰爭後，廈門於1842年11月2日開埠，與福州同屬通商口岸，時廈門對外互市之地處於該島西南面「十三路頭」，並於1861年成立英租界。60年代後，外人日漸移居環境優美的鼓浪嶼，不斷經營，遂成為廈門市政的模範區。至1902年，由於日本及列強壓迫下，最終成為

【66】 Ng Chin-keong, *Trade and Society: The Amoy Network on the China Coast, 1683-1735,* op. cit., pp. 61-67.

【67】 張月娥：〈廈門志略〉，《地理雜誌》，4卷6期（1931），頁1。孔立：《廈門史話》（上海人民出版社，1979），頁1。又參王爾敏：〈廈門開關之港埠區劃〉，《食貨月刊》，復刊4卷6期（1974），頁3。廈門港灣分內港與外港，內港即廈門與鼓浪嶼所夾之海道，至於外港則以大擔及浯嶼二島為入口門戶，而與內港相接。

【68】 廈門出口貨額與入口之比較，參《中興日報》，1908年8月22日，5版。林榮向：〈福建省之經濟地理〉，同前註，頁1。李亦園，吳春熙：《閩南》（台北：海外文庫，1957），頁29-33。

【69】 李國祁，同前註，頁456-458。

公共租界。（附圖二）【70】時西教、西商雲集。就西教而言，美國歸正會、英國倫敦會及長老會，先後至廈門宣教，並於1892年成立廈門聯合教會，為三大教派的聯合傳教團體。相繼興辦新式學校、醫院，藉此吸納信徒，為閩南地區培訓不少具有現代化智識的社會菁英。【71】就西商而言，英、美、德、日等國先後成立洋行，其中以英國洋行最盛。至1896年，多達30餘間，主要從事出入口貿易及金融業等。隨即透過近代輪船交通及電報通訊科技，取得與國內外的直接聯繫，形成「廈門經濟網絡」，導致近代廈門以貿易及移民發展的兩大方向。【72】就前者而言，廈門對外貿易，以茶、糖輸出，盛極一時。【73】就後者而言，出現「苦力貿易」，帶動移民，原來閩南一帶，地狹人稠，山多田少，人口壓力極大，自明清以來，泉漳蟻民已經時常東移台灣，南下南洋，覓地謀生。【74】及至廈門開港，英商James Tait鑑於英屬西印度群島、古巴、秘魯及澳洲等地勞工短缺，藉機取得上述各地的委任領事地位，以「商人

【70】王爾敏：〈廈門開關之港埠區劃〉，同前註，頁6。李金強：〈從福建海關十年報告（Decennial Reports）觀察清季福建社會之變遷〉，同前註，頁151-154。〈廈門的租界〉，《廈門文史資料》，16輯（1990），頁1-72。

【71】姜嘉榮：〈清季閩南基督教會研究〉（香港浸會大學歷史系碩士論文，2000），頁55-116。

【72】〈廈門的洋行與買辦〉，《福建文史資料》，第五輯（1981），頁145-159；關於廈門經濟網絡之形成，參周子峰：〈近代通商口岸研究：以廈門城市發展為個案之考察（1900-1937）〉（香港浸會大學歷史系博士論文，2003），頁85-94。

【73】C.A.V. Bowra, "Amoy", M. Arnald Wright and H.A. Carwight eds., *Twenty Century Impression of Hong Kong, Shanghai and Other Treaty Ports of China* (Lloyd's Greater Britain Publishing Co. Ltd., 1980), pp. 819-820。又胡剛：〈二十世紀閩南蔗糖業的衰落及其原因探析〉，《廈門大學學報》（哲社版），2期（1988），頁96。

【74】蘇鑫鴻：〈明清時期閩南人口的海路外流〉，《中國社會經濟史研究》，4期（1987），頁47。莊吉發：〈清初閩粵人口壓迫與偷渡台灣〉，《大陸雜誌》，

領事制」（Merchant Consulship System），自廈門輸出華工至上述各地，計自1847至1853年間，先後由廈門輸出勞工8,281名，廈門遂成為著名的「苦力貿易」港口。[75] 自1876至1898年間由廈門前赴東南亞各地的華工估計達1,368,823人，[76] 以1900至1912年為例，經廈門而出口之移民，每年平均數目約達十萬。[77] 近代閩南華僑社會由此形成，而廈門亦成為閩南華僑聚散之地。

就其新式工業而言，廈門即有民營及外資工廠20間，約佔全省17%，包括船舶修造、鴉片、火油、製冰、罐頭、玻璃、鐵鍋、瓷器、電力等廠。其中民營工廠，以僑資為主，據林金枝估計，自1871至1949年間，廈門一地佔全省華僑投資總額62.88%。1858年英人在廈設立廈門船塢（Amoy Dock Company），為福建省第一家近代企業，[78] 其後各種新式工業中，以罐頭及製糖業最為突出，前者有瑞記棧罐頭廠（1893），及陶化大同罐頭廠（1908，僑資）的成立，產品以銷售南洋為主，利潤甚厚。後者則有僑商郭禎祥兄弟於同安、漳州開設「華祥製糖

60卷1期（1980），頁25-33。林仁川、王蒲華：〈清代福建人口向台灣的流動〉，《歷史研究》，2期（1983），頁130-141。溫廣益：〈福建華僑出國的歷史和原因分析〉，《中國社會經濟史研究》，2期（1984），頁79-83。

[75] Yen Ching-huang, *Coolies and Mandarins: China's Protection of Overseas Chinese During the Late Ch'ing Period 1851-1911* (Singapore University Press, 1985), pp. 41-52.

[76] 彭家禮：〈十九世紀西方侵略對中國勞工的擄掠〉，見陳翰笙主編：《華工出國史料匯編》，第四輯，頁246-251。

[77] 李國祁，同前註，頁457。

[78] 參林金枝：《近代福建華僑投資企業的發生與發展》（福州：福建人民出版社，1983），頁79-81。徐曉望：〈論近代福建經濟演變的趨勢──兼論近代福建經濟落後的原因〉，《福建論壇》，2期（1990），頁39。林慶元編：《福建近代經濟史》（福州：福建教育出版社，2001），頁134-144，161-164。

廠」(1909），以機器製糖，謀求挽回利權，台灣巨紳林爾嘉（菽莊）開辦「廣福種植公司」，附設糖廠於同安縣，上述糖廠所製砂糖，由廈門出口，每年數額達 20 萬元。【79】

廈門即在西方工商業與文化之入傳，及與海外華僑之密切關係下，成為本省除福州以外另一現代化的前哨。

隨著十九世紀下半葉清政府對外的不斷失敗，身處海外的閩南華僑，目睹祖國落後，國勢一落千丈，感於桑梓之情，海外華人民族主義由是而生。【80】其言行遂轉向改革與革命，其中較著者如星馬的邱菽園（1871-1941）、林文慶（1896-1957）倡導維新改革，【81】同屬星馬的陳楚楠（1844-1971）、鄭螺生（1870-?）、吳世榮（1875-?）及緬甸的莊銀安（1855-1938）等南洋一帶的閩僑，漸趨激烈，成為海外反滿的革命力量，並在1900年後回國推動廈門及閩南地區的革命運動。【82】

及至庚子拳變、八國聯軍之役後，清廷大受創傷，面對列強的不斷侵迫，以至革命黨人星星燎原之火，遂奮起倡行新政改革，謀求富強，維繫政權，是為清季十年之新政改革（1901-1911）。其時福建即在中央

【79】李國祁，同前註，頁303。*Decennial Report, Amoy, 1902-1911*, p. 109。林金枝等：《近代華僑投資國內企業史資料選輯》（福州：福建人民出版社，1985），頁95-118。王蓮茂、莊景輝編譯：〈1908年泉州社會調查資料輯錄〉，《泉州文史資料》，15輯（1983），頁182。

【80】李金強：〈從祖國到南洋：清季黃乃裳革命思想之源起〉，中國史學會編：《辛亥革命與20世紀的中國》（北京：中央文獻出版社），下冊，頁2051-2056。

【81】李元瑾：《東西文的撞擊與新華知識份子的三種回應》（新加坡國立大學中文系，2001），頁81-132。

【82】Yen Ching Huang, *The Overseas Chinese and the 1911 Revolution* (Oxford University Press, 1976), pp. 36-60；王民：〈二十世福建革命黨形成的問題考〉，《福建論壇》，2期（1990），頁42。

指令下，由閩浙總督許應騤（任期1898-1903）、李興銳（任期1903-1905）及松壽（任期1907-1911）規劃下，並在地方士紳如陳寶琛、林炳章等人的支持下，於閩省推動新政改革。包括教育方面，興學堂、廢科舉、派遊學，其中以福州小學教育興辦最為成功。軍事方面，由湘系霆軍名將孫開華之子道仁（1867-?），編練及建立具有步兵、馬兵、砲兵、工兵及輜重兵多元兵種的第十鎮新軍；採用西式編制及槍炮裝備，合軍官455名、士兵6,788名。政治方面，建立行政、立法、司法三權並立的地方政府。行政則調整、強化總督及司、道官員職能，專業分工；立法則立一民選省議會——諮議局，並完成上級省會、首縣及下級城鎮鄉的地方自治組織；而司法則於福、廈兩市開設三級審判法庭的司法體系。而財經方面，委任地方財經專業官員，完成地方財政預算，並於福、廈兩地成立商會，推動地方經濟建設。至此，西方體制遂得以移殖本省，而以福、廈兩地新政的建設最多。【83】二十世紀福建之現代化亦由此打下良好的基礎。

結　論

　　福建省為我國華南地區重要省份之一。秦漢之交，早已設官分治，及至東晉五胡亂華，殘唐五代亂世，中土漢民相繼南移，中原衣冠，由是披揚八閩。福建背山面海，山河交錯，地兼山區及沿海平原，即在省

【83】李金強：〈興學育才——清季福州新教育發展述論1866-1911〉，《香港中國近代史學會會刊》，8期（1996），頁17-21；〈清代軍制之演變——以福建為個案之考查〉，《區域研究——清代福建史論》，同前註，頁71-86；〈辛亥革命時期福建地方政制之改革〉（「辛亥革命、孫中山與21世紀中國」學術研討會，2001），頁3-10；Lee Kam-Keung, "Revolution in Treaty Ports", op.cit., pp. 75-83. 關於廈門商會的新近研究，可參周子峰：〈辛亥革命時期的廈門商務總會1904-1913〉，《辛亥革命史叢刊》，11輯（2002），頁240-279。

民辛勤墾殖下，開創出閩北山區與東南沿海地區的經濟、文化兩元地帶。其中閩北山區至南宋季世，出產朱熹之閩學，錢穆譽之為「集孔子以下學術思想之大成」，由是取得傳統中國學術的正統地位，福建於國史文化領域，大受矚目。【84】

而該省另一重要表現，乃由於山多地少，耕地不足，卻因東臨大海，沿海遍佈港灣，省民遂本移殖冒險精神。起而以海為田，從事海洋發展，漢唐之交，福州即以船舶通航之利，而成為南方新興港市。其後宋元、明清交替之際，泉州、漳州，相繼崛興，而以泉州最為突出，與阿拉伯海上交通與貿易，從而成為世界貿易大港，蜚聲中外。此即施堅雅借泉州及漳州週期作為東南巨區盛衰指標之因由。

及至清末，西力東漸，福州、廈門同為通商口岸，此後，隨著西方政教之入植，省民相繼流移海外，福建、廈門兩口作為現代化的前哨，並在本省海外僑民回饋祖國的推動下，使清季民國的福建，發生改革與革命運動，加速本省之現代化及社會轉型，下開20世紀70年代後閩東南沿海地區的經濟起飛，促成21世紀中國再興的願景。就此而論，民國時名史家雷海宗於抗日戰爭時期，曾預言福建與廣東的海上活動，將為中國文化開啟新運。【85】雷氏之言，堪稱具有先見，而21世紀中國之再興，即由原鄉於閩、粵的港、台地區及我國沿海省份所帶動。【86】由此觀之，福建即以「文化中國」的儒學正統、「海洋中國」的海貿開拓及「現代化中國」的創新體制三項歷史業績，從而得於國史上取得一席之地位。

【84】錢穆：《朱子新學案》（台北：三民書局，1971）1冊，頁1；馮友蘭：〈朱熹在中國歷史上的地位〉，《朱熹與中國文化》，同前注，頁6-7。

【85】雷海宗：〈中國文化的兩週〉，《中國文化與中國的兵》（長沙：岳麓書社，1989，重印），頁146。

【86】李金強：〈盛世之再臨──從治亂週期觀察當代中國的動向〉，《香港浸會大學史學集刊》，1輯（1999），頁114-121。

圖一　福建省地圖

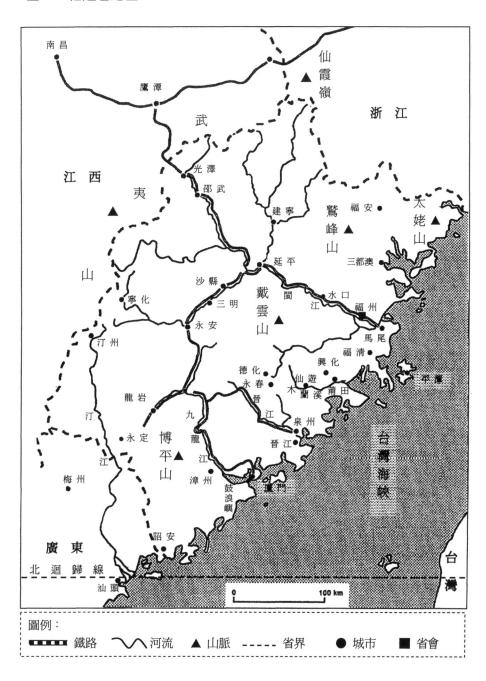

圖二 鼓浪嶼公共租界

(出處：周子峰：〈近代通商口岸研究：以廈門城市發展為個案之考察（1900-1937）〉
（香港浸會大學歷史系博士論文，2003），頁75。

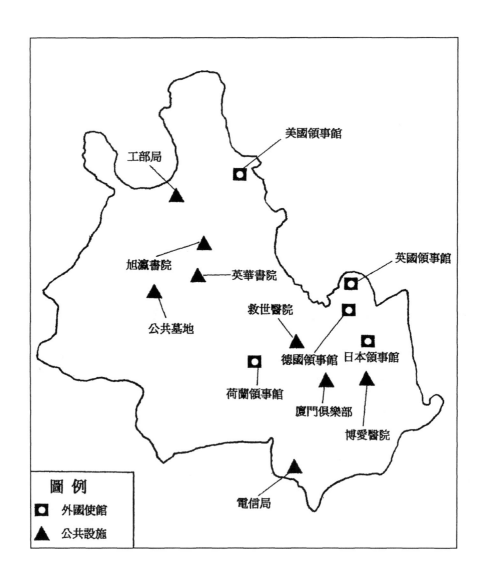

司馬氏篡魏軍政憑藉考

張偉國*

引言

曹魏齊王芳嘉平元年春正月，魏太傅司馬懿誅大將軍曹爽，控制了魏國的朝政，奠定司馬氏篡魏建立晉朝的基礎。司馬懿究竟憑甚麼奪得政權呢？有學者認為司馬氏欺曹魏皇室孤兒寡婦，恣行篡奪[1]。也有學者認為是司馬懿聯同當時的世家大族（士族），壓倒「贅閹遺醜」出身的曹氏[2]。這些說法都有其論據，但曹魏時期的士族不止司馬氏一

---

*本所碩士（1978），香港公開大學助理教授。

[1] 其說可以清人趙翼為代表，趙氏《廿二史劄記》卷七〈魏晉禪代不同〉條（王樹民校證，點校本，北京：中華書局，1984，上冊，148頁）謂「司馬氏則當文帝、明帝國勢方隆之日，猝遇幼主嗣位，得竊威權，……司馬氏惟恃挾天子以肆其奸……」云云。趙氏從道德角度斥責司馬氏為竊奪威權的奸臣，沒有探討其權力背景。

[2] 范文瀾是這種說法的代表，范氏認為：「魏朝的政權是士族政權。……東漢時期外戚、宦官、官僚（士族）三個集團的爭鬥，到了魏才確實肯定了士族是最後勝利者。……司馬懿出身高級士族，……晉朝的成立，說明以司馬氏為首的士族最後推倒原來不是士族的曹氏朝廷，使士族制度得到更進一步的鞏固。」（范文瀾《中國通史簡編》修訂本，第二編，216－217頁，北京：人民出版社，1965）王仲犖列出司馬氏的婚媾關係：「司馬氏的姻戚都是當時世家大族，如司馬懿妻母河內山氏，是山濤的祖姑母；懿長子司馬師繼娶泰山羊氏，是羊祜的姊姊；懿次子司馬昭娶東海王氏，王氏祖王朗、父王肅，都是當時數一數二的經學世家；懿女婿京兆杜預等，也都是名宦之後。比起曹氏父子出自『贅閹遺醜』，曹操妻

家，司馬懿為何能脫穎而出，取得曹魏軍政大權？歷來史家鮮有論及。司馬氏在取代曹魏過程中如何在魏國的體制下逐步建立勢力，終至全面控制政權的具體運作，仍有探討補充之處。愚見以為司馬懿利用了曹操、曹丕父子為鞏固君主專制而定立的軍事制度，在曹魏皇帝能力不足的情況下，乘機擴大和鞏固了權力，進一步控制政權，誅殺同居輔政地位的魏宗室曹爽，平定揚州刺史王淩、鎮東大將軍毌丘儉、征東大將軍諸葛誕（俱鎮守壽春）先後三次起兵對抗，肅清了政治對手，為篡魏建晉營造了充足條件。然而司馬氏為了鞏固政權，也確立了委任同姓子弟鎮守各名都要邑的制度，卻造成了日後八王之亂的背景。茲論述如後。

壹

魏武帝曹操憑其過人之才幹謀略及強大的軍事力量，在征滅中原群雄，統一北方的過程中，一切軍政大權，全由自己操縱。曹操初起兵時，已設有中軍，為曹操之直轄部隊。曹操同鄉沛國史渙曾任中軍校尉：

> 少任俠，有雄氣，太祖初起，以客從，行中軍校尉，從征伐，常監諸將，見親信。【3】

卞后出自倡家，曹丕妻郭后本銅鞮侯家女奴，曹叡妻毛后父典虞車工來（按：《三國志》魏書五明悼毛皇后傳，謂毛后父嘉「本典虞車工，卒暴富貴」云云。王氏誤以「卒」為「來」，且誤置「典虞車工」之後，實不詞，應更正），貴賤美醜，在當時世家大族看來，真是相去天淵。」（見王氏《魏晉南北朝史》上冊134－135頁，上海人民出版社，1979）顯示司馬氏與一些中原士族透過聯姻，形成政治集團。

【3】《三國志》魏書卷九夏侯惇傳注引《魏書》，270頁，北京：中華書局點校本（以下各正史同）。

後來擴充中軍為魏國禁衛軍，設"領軍將軍"及"護軍將軍"統率禁衛。
《宋書》卷四十百官志是記述魏晉至劉宋期間的官制沿革的第一手資料，
對"領軍將軍"及"護軍將軍"有如下記述：

> 領軍將軍，一人，掌內軍。……魏武為丞相，相府自置領軍，非
> 漢官也。文帝即魏王位，魏始置領軍，主五校、中壘、武衛三
> 營。【4】

> 護軍將軍，一人。……魏武為相，以韓浩為護軍，史奐為領軍，
> 非漢官也。建安十二年，改護軍為中護軍，領軍為中領軍，置長
> 史、司馬。魏初因置護軍，主選武官，隸領軍，晉世則不隸
> 也。……【5】

清人洪飴孫據諸正史資料，輯成《三國職官表》一書，對中領軍及中護
軍官職之建立及演變有如下概述：

> 中領軍一人（晉志、宋志、通典），第三品，掌禁兵（夏侯惇
> 傳）。主五校、中壘、武衛、三營（晉、宋志，通典）。建安四
> 年，太祖丞相府自置領軍（晉志），故漢北軍中候之官也（《北堂
> 書鈔》引《魏略》。晉志：「建安十二年改領軍為中領軍」，與
> 此異）。資重者為領軍將軍，資輕者為中領軍。（按：括弧內是
> 洪氏原注，後同）【6】

又云：

> 中護軍一人（晉、宋志，通典），第四品，掌禁兵（夏侯惇傳），
> 總統諸將，任主武官選舉（夏侯玄傳注引《魏略》，晉志）。太
> 祖為漢丞相時，置護軍，建安十二年，改為中護軍（夏侯惇傳注
> 引《魏書》韓浩傳，晉、宋志），資重者為護軍將軍，資輕者為

【4】《宋書》卷四十百官志下，1247頁。

【5】同上。

【6】洪飴孫《三國職官表》卷中，上海商務印書館，民國二十六年。

中護軍。【7】

中領軍轄下的五校，是屯騎校尉（掌宿衛兵），步兵校尉（掌宿衛兵），越騎校尉（掌宿衛兵），長水校尉（掌宿衛兵），射聲校尉（掌宿衛兵），都是戍衛皇宮的部隊。加上武衛將軍（主禁旅，太祖時為武衛中郎將，文帝時改將軍），是皇帝的近身侍衛長，曹操虎將許褚即曾任此職【8】；又有中壘將軍（掌宿衛兵），城門校尉（掌洛陽城門十二所）。中領軍（領軍將軍）實際上是首都及宮廷衛戍部隊的司令官，也是主管武官選拔、升遷的部門首長，其地位重要自不待言，在魏晉及南朝，中領軍（領軍將軍）有能力左右政局。

曹魏皇室為了鞏固對禁衛的控制，任命親信為中領軍（領軍將軍），直至司馬懿奪權為止，之前的歷任中領軍（領軍將軍），有曹休、曹真、夏侯尚、陳群、朱鑠、衛臻、夏侯獻、薛悌、荀霬、桓範、許允、蔣濟、曹羲（曹爽弟）等【9】，或為皇室懿親，或為皇帝親信。

為了加強拱衛首都洛陽，曹丕建魏後，在黃初二年改長安、譙、許昌、鄴、洛陽為五都，五都之間稱為「中都之地」，即魏國核心地區，鼓勵人民內徙【10】。五都之中，除譙為曹氏故鄉，形勢稍次之外，許昌是漢獻帝所居，亦是魏國東南方面對吳國的政治、軍事中心。據《三國志》魏書二十八鄧艾傳，艾謂：「昔破黃巾，因為屯田，積穀于許都以制四方」【11】。而許昌附近多稻田，為曹魏中央政府糧食供應中心之一，曹丕在位時，連年行幸許昌【12】，其重要性可知。鄴城為曹操號令天下

【7】同上。

【8】《三國志》魏書卷十八許褚傳，543 頁。

【9】參考萬斯同《歷代史表》卷七《魏將相大臣年表》「領軍將軍護軍將軍」項，清嘉慶九年浙江刻本。

【10】見《三國志》魏書卷二魏文帝紀注引魚豢《魏略》，77 頁。

【11】《三國志》魏書卷二十八鄧艾傳，775 頁。

所在，亦為黃河以北、太行山以東地區的政治經濟核心，魏王公貴人亦多居鄴。長安為關中重鎮，魏國對蜀漢的前線中樞，曾為秦漢帝都，地位重要自不待言。而這些受命鎮守一方的重臣，往往兼領征、鎮等將軍名號，掌握地方軍政大權。委以鎮守之任者，則非皇帝親信莫屬。

對於出征在外的軍隊，曹操亦控制甚嚴，往往派遣親信為護軍，或稱為「督」某將領，以監督諸將。《三國志》夏侯淵傳載：

> 太祖征孫權還，使淵督諸將擊廬江叛者雷緒，緒破，又行征西護軍，督徐晃擊太原賊。[13]

> （建安）十七年，太祖乃還鄴，以淵行護軍將軍，督朱靈、路招等屯長安。[14]

> 漢中平，以淵行都護將軍，督張郃、徐晃等平巴郡。[15]

又曹休傳稱：

> 帝（指文帝曹丕）征孫權，以休為征東大將軍，假黃鉞，督張遼等及諸州郡二十餘軍。[16]

上述「護軍」、「護軍將軍」、「都護將軍」、或「督某某軍」，最初只是臨時委派性質，由於是直接受命於曹操，代曹操發佈及執行軍令，但也可因應情況需要，授權諸將便宜行事，所以權力極大。例如《三國志》夏侯淵傳，記夏侯淵在關中督師征馬超時，超奔漢中，還圍祁

---

[12] 《三國志》魏書卷二文帝紀，黃初三年春正月庚午，行幸許昌宮，79頁；四年九月甲辰，行幸許昌宮，83頁；五年七月，行東巡，幸許昌宮，84頁；六年三月，行幸召陵，通討虜渠，乙巳，還許昌宮，84頁；七年正月，將幸許昌，許昌城南門無故自崩，帝心惡之，遂不入，86頁。

[13] 《三國志》魏書卷九夏侯淵傳，270頁。

[14] 同上，270頁。

[15] 同上，272頁。

[16] 《三國志》魏書卷九曹休傳，279頁。

山，淵部將姜敘等急求救，當時「諸將議者欲須太祖節度」，淵以事急，親率張部往救。[17]

由此可見，一般情況下，諸將未得曹操指示，雖遇危急，亦不敢妄動，而督師者可負全責。又《三國志》記述魏大將張遼、樂進、李典等將七千餘人屯合肥，曹操留函與護軍薛悌，署函邊曰：「賊至乃發」，孫權圍合肥，發函，教曰：「若孫權至者，張、李將軍出戰，樂將軍守護軍，勿得與戰。」[18]則曹操儼若親在軍中指揮，可知護軍作用之一斑。

魏武執政末年，這種君主派遣特使監督軍事的形式，以後逐漸發展為固定制度，設立都督，負責監督各州郡軍政，鎮撫名都重鎮，略如近世之軍區司令。魏文帝時，都督制度已確立。例如曹休於魏文帝時為征東大將軍，假黃鉞，督張遼等及諸州郡二十餘軍，其後拜揚州牧[19]；曹真於魏文帝時為鎮西將軍，假節，都督雍、涼州諸軍事。[20]

《宋書》記載魏晉南朝都督制之演變云：「督十軍二十軍者，始號都督。文帝黃初三年，始置都督諸州軍事，領刺史。」又《三國會要》卷十云：「太祖為丞相時有督軍，後有都督，黃初三年始置都督諸州軍事，領刺史」[21]，領刺史，即兼理民政。為方便統領軍隊，各州都督往往加將軍銜，名號有四征（征東、征南、征西、征北，下同）、四鎮、四安、四平，因都督的資歷而異，《三國會要》卷十職官下有四征、四鎮、四安、四平將軍條目，其四征管轄地區及屯駐治所如下：

征東──統青、兗、徐、揚四州，屯揚州（即壽春）

---

[17]《三國志》魏書九夏侯淵傳，271 頁。

[18]《三國志》魏書卷十七張遼傳，518 - 519 頁。

[19]《三國志》魏書卷九曹休傳，279 頁。

[20]《三國志》魏書卷九曹真傳，281 頁。

[21] 楊晨《三國要會》卷十，清江蘇局本。

征南——統荊、豫二州，或但督荊州，屯新野【22】

征西——統雍、梁二州，屯長安

征北——統幽、冀、并三州，或督河北，屯薊（今北京市）【23】。

四征將軍祿二千石，第二品，武帝時置，黃初中，位次三公，資深者為大將軍。鎮東、鎮南、鎮西、鎮北四鎮將軍位次四征，所統與四征同，資歷淺者多先拜四鎮，然後以功轉升四征。凡四鎮、四征將軍必加都督諸州軍事，領所治州刺史，成為坐鎮一方的的軍民二政長官，具有軍區主管兼任地方行政長官的性質。

其他重要地方軍事任務，亦多加都督、持節。例如杜畿於建安中遷護羌校尉使持節領西平太守【24】；溫恢亦於黃初中以涼州刺史持節領護羌校尉【25】；吳質於黃初初年拜北中郎將、使持節督幽并諸軍事，治信都【26】。

由於皇帝需倚仗都督鎮撫地方，所以大多授以專殺特權，特權有三等級，即「使持節」、「持節」、「假節」，茲分述如下：

使持節——得殺二千石（即郡太守）以下

持節——得殺無官位人，有軍事則與使持節同

假節——唯有軍事得殺犯軍令者

這類軍事任命，擁有相當實權，成為魏國之方面大員，至明帝以後，已逐漸固定。茲根據嚴歸田師《中國地方行政制度史》上編卷中所考定魏國都督區情況，略述如下：

（一）雍涼都督——治長安，以備蜀，魏初置都督雍涼州諸軍事一

【22】《三國志》魏書卷二十七王昶傳，749頁。

【23】《三國志》魏書卷十六杜畿附子恕傳，505頁。

【24】《三國志》魏書卷十六杜畿傳，494頁。

【25】《三國志》魏書卷十五溫恢傳，479頁。

【26】《三國志》魏書卷二十一吳質傳注，609頁。

人（多以征西或鎮西將軍任）。曹真、司馬懿、趙儼、夏侯玄、郭淮、陳泰、司馬望相繼為之。甘露以後，曾分為關中、隴右兩都督區。

（二）荊豫都督——初治宛（今河南南陽），以備吳、蜀；正始中，移治新野（在今湖北省）。魏初，曹仁曾都督荊揚益州諸軍事；夏侯尚為都督南方諸軍事領益州刺史。後司馬懿、夏侯儒、王昶曾任此職。甘露以後，分荊州（治新野）、江北（治襄陽）及豫州（治許昌）三都督區。

（三）揚州都督——治壽春（今安徽壽縣），以備吳。魏初置揚州都督（多以征東或鎮東將軍任）。曹休、滿寵、王淩、諸葛誕、毋丘儉、王基、石苞相繼為之。甘露以後，分為揚州（治壽春）及淮北（治下邳）二都督區。

（四）青徐都督——治下邳（今江蘇北部宿遷縣）。夏侯楙、桓範、胡質、胡遵、石苞相繼為之。甘露以後，分為青州、徐州二都督區。

（五）河北都督——初治信都（今河北冀縣），後治薊（今北京市），以備胡（指烏桓人），兼領冀州、幽州、并州（多以征北、鎮北將軍任）。吳質、呂昭、程喜、陳本、劉靖、許允、何曾、王乂相繼為之。【27】

其中「雍涼」、「荊豫」、「揚州」、「河北」四區，即魏初四征或四鎮將軍的轄區。可知各地都督區是由朝廷特委的征、鎮將軍，逐漸制度化而建立的軍區。因此《通鑑》晉紀咸寧五年，引傅咸上書說：

舊都督有四，今并監軍，乃盈於十。【28】

【27】嚴耕望《中國地方行政制度史》上編卷中魏晉南北朝地方行政制度上冊，25-27頁，台北：中央研究院歷史語言研究所，1963。

【28】原文引自《晉書》卷四十七傅玄附子咸傳，1324頁。

胡三省注稱：

> 魏初置都督諸軍，東南以備吳，西以備蜀，北以備胡，隨其資望輕重而加以征、鎮、安、平之號，有四而已。其後有都督鄴城守諸軍，都督秦涼雍諸軍，都督梁益諸軍，都督荊州諸軍，都督揚州諸軍，都督徐州諸軍，都督淮北諸軍，都督豫州諸軍，都督幽州諸軍，凡十，其資輕者為監軍。【29】

胡氏扼要而明白地概述曹魏地方軍區成立及其後析置的情形。十都督是魏末晉初時編制，司馬懿奪得政權時，魏國只有前述的五大都督區而已。

糧食之供應，尤其是軍糧，為曹魏政府命脈所繫。建安元年，曹操迎接漢獻帝，挾天子不久，即實施屯田。《三國志》魏書卷一武帝紀載建安元年：「是歲，用棗祗、韓浩等議，始興屯田。」注引《魏書》云：「公（指曹操）曰：『夫定國之術，在於強兵足食，秦人以急農兼天下，孝武以屯田定西域，此先代之良式也。』是歲，乃募民屯田許下，得穀百萬斛。於是州郡例置田官，所在積穀。征伐四方，無運糧之勞，遂兼滅群賊，克平天下。」【30】魏國屯田情形近代史家撰文討論的甚眾，此處不論述，但打算特別提出：能控制屯田者，即足以操縱魏之政權，尤其能控制許昌附近之屯田，作用更大。

曹魏朝廷之最高決策權，武、文、明三帝，俱由君主掌握。自東漢以來，三公位尊權輕，只是「坐朝論道」之大臣，九卿則為執行皇帝政令機構之長官；尚書省為掌決策大權，因此有「天下樞要，皆在尚書」【31】的說法，大司農李固且明確指出：「陛下之有尚書，猶天之有北斗也，斗為天喉舌，尚書亦為陛下喉舌。」【32】延至魏代，尚書省逐

【29】《通鑑》卷八十，2559頁，北京：中華書局點校本。

【30】《三國志》魏書卷一武帝紀，14頁。

【31】東漢章帝時韋彪語，見《後漢書》卷二十六韋彪傳，918頁。

【32】東漢順帝時李固上書語，見《後漢書》卷六十三李固傳，2076頁。

漸喪失輔助皇帝制定政策之地位，淪為執行皇帝政令之機構。三公九卿之政治實權更加削弱，《三國志》謂：「魏初，三公無事，又希與朝政。」[33]楊阜於明帝時為少府，召御府吏問後宮人數（按：少府為九卿之一，主管宮廷人員及開支，故楊阜有此問），吏守舊令，對曰：「禁密，不得宣露。」[34]少府已不能過問後宮人數，其權力之低於此可見。《三國要會》云：

> 魏氏重內職，八座尚書同六卿。[35]

所謂八座，即尚書省之尚書令，左、右僕射，及吏部、左民、客曹、五兵、度支五曹尚書。《三國志》有一例，反映尚書權力之下降：

> （明帝）車駕嘗卒（猝也）至尚書門，矯跪問帝曰：「陛下欲何之？」帝曰：「欲案行文書耳！」矯曰：「此自臣職分，非陛下所宜臨也。若臣不稱其職，則請就黜退。陛下宜還。」帝慚，回車而反。[36]

魏明帝忽然到尚書省說要翻閱文件，陳矯雖然擋了駕，但尚書省地位已經低下，不受皇帝尊重是顯而易見的。前文所謂「內職」，即較接近宮廷的近臣，現據《三國會要》概述如後：

> 魏武始置秘書令丞，典尚書奏事。文帝改秘書令為中書令，又置監，並掌機密，謂之中書省。若密詔下州郡及邊將，不由尚書。又置通事郎，掌詔草，次黃門郎。黃門郎已署事過，通事乃署名。已署，奉以入，為帝省讀，書可。[37]

魏文帝曹丕時，軍政機要決策，已歸中書監、令掌握。魏明帝即位之後

---

[33]《三國志》魏書卷二十四崔林傳，685 頁。

[34]《三國志》魏書卷二十五楊阜傳，706 頁。

[35]《三國要會》卷九引《齊職儀》。

[36]《三國志》魏書卷二十二陳矯傳，644 頁。

[37]《三國會要》引自《通典》，《唐六典》。

更「政自己出」【38】，因而中書監、令地位更見重要。

綜合上述資料，可以得知，要控制曹魏之政權，必須掌握下面四要素：

一、控制中央禁軍，即據中領軍、中護軍職位。

二、控制重要地方軍鎮。

三、控制洛陽附近的屯田地區、尤其是許昌、鄴城，掌握朝廷及軍隊之糧食供應命脈。

四、控制魏朝廷官僚機構的決策中樞——中書監、令職位。

司馬懿以一介士人出身，終於奪得魏國政權，除了得到士族支持，更因為他逐步控制了上述四項支配大權的決定性因素。

貳

司馬懿，河內郡溫縣（今河南省北部溫縣）人，出身官宦世家，史稱他「少有奇節，聰明多大略，博學洽聞，伏膺儒教，漢末大亂，常慨然有憂天下心」【39】。曹操初聞其名，闢舉他出仕，他起初不願屈節曹氏，推病不出。曹操迫得緊，終於就範，「於是使與太子游處」。這位太子便是曹丕，即魏文帝；奠定了他日後權位日高的基礎。據《晉書》宣帝紀，司馬懿任職太子中庶子時：

> 每與大謀，輒有奇策，為太子所信重，與陳群、吳質、朱鑠號曰四友。【40】

這四個人，成為曹丕篡漢之後朝廷上的核心人物，四人都封列侯，位居顯要，掌握軍政大權。

【38】《三國志》魏書卷三明帝紀注引東晉人孫盛語：「聞之長老，魏明帝天姿秀出（中略），政自己出」。

【39】《晉書》卷一宣帝紀，1頁。

【40】《晉書》卷一宣帝紀，2頁。

吳質——為北中郎將，統河北軍事【41】。時人稱：「吳中郎將，上
所親重，國之貴臣也，仗節統事，州郡莫不奉牋致
敬。」【42】

朱鑠——為中領軍。【43】

陳群——為尚書僕射，加侍中；徙尚書令。後領中領軍。後遷為鎮
軍大將軍，領中護軍，錄尚書事【44】。

司馬懿——為尚書，頃之，轉督軍，御史中丞。黃初二年，督軍官
罷，遷侍中，尚書右僕射。黃初五年，留鎮許昌，轉撫
軍，假節，領兵五千，加給事中，錄尚書事。【45】

曹丕此舉，顯然是要提拔東宮親信僚屬，掌管關鍵性職務，以鞏固
皇帝權力。他對魏武帝舊臣，仍重加安撫，如曹仁拜車騎將軍，都督荊
揚益三州諸軍事（鎮襄陽）；曹洪為衛將軍，遷驃騎將軍；曹休為領軍
將軍，遷鎮南將軍，假節，都督諸將軍，又遷征東將軍領揚州刺史；曹
真為鎮西將軍，假節，都督雍涼諸軍事；仍然寄以方面軍事重任，掌管
許昌、河北、襄陽、壽春、長安等地軍鎮。希望新舊大臣能和衷共濟。

「四友」之中，朱鑠性急，恃貴幸得罪舊臣；吳質「怙威肆行」，亦
為舊臣所不滿【46】。陳群、司馬懿則以才幹受魏文帝特別提拔，為皇帝
及舊臣共同接受的人物，且二人出自名門望族，社會地位崇高。司馬懿
得此機緣儕身魏國政治上層，亦借此機緣，發揮其政治才幹。司馬懿未
受重用時，曾向曹操進言：

【41】《三國志》魏書卷二十一吳質傳，607頁。

【42】《三國志》魏書卷二十四崔林傳，引述涿郡太守王雄語，679頁。

【43】同上注引《吳質別傳》，609頁。

【44】《三國志》魏書卷二十二陳群傳，635頁。

【45】《晉書》卷一宣帝紀，4頁。

【46】俱見《三國志》魏書卷二十一吳質傳注引《吳質別傳》，609頁。

昔箕子陳謀，以食為首，今天下不耕者蓋二十餘萬，非經國遠籌也。雖戎甲未卷，自宜且耕且守。【47】

史稱「魏武納之」，於是務農積穀，國用豐贍。曹操曾因潁川（許昌屬潁川郡）屯田逼近吳國，時受威脅，欲徒之，司馬懿曾上言阻止，使「諸亡者悉復業」。可知司馬懿從政之初，已重視執行屯田政策。魏文帝黃初五年司馬懿奉命留鎮許昌，便能「內鎮百姓，外供軍資」【48】。許昌本身已經是「積穀於許，以制四方」的屯田中心。

司馬懿為太尉時，重用義陽郡人鄧艾。鄧艾是農業專才，《三國志》鄧艾傳稱：

少孤，（中略）徒汝南，為農民養犢，年十二，隨母至潁川。（中略）為稻田守叢草吏，（中略）每見高山大澤，輒規度指畫軍營處所，時人多笑焉。後為典農綱紀，上計吏，因使見太尉司馬宣王，宣王奇之，辟之為椽，遷尚書郎。時欲廣田畜穀，為滅賊資，使艾行陳、項以東至壽春。【49】

鄧艾向司馬懿建議：「宜開河渠，可以引水澆溉，大積軍糧，又通運漕之道。」深受司馬懿信用。鄧艾曾撰〈濟河論〉講述其主張。他又以為：「昔破黃巾，因為屯田，積穀於許都以制四方。今三隅已定，事在淮南，每大軍征舉，運兵過半，功費巨益，一以為大役。陳蔡之間，上下良田，可省許昌左右諸稻田，並水東下。令淮北屯二萬人，淮南屯三萬人，十二分休，常有四萬人，且田且守。水豐常收三倍於西，計除眾費，歲完五百萬斛以為軍資。六七年間，可積三千萬斛於淮上，此則十萬之眾五年食也。」【50】其計劃司馬懿全部推行。《三國志》鄧艾傳稱：

【47】《晉書》卷一宣帝紀，2頁。

【48】同上，4頁。

【49】《三國志》魏書卷二十八鄧艾傳，775頁。

【50】同上，775-776頁。

「正始二年，乃開廣漕渠。每東南有事，大興軍眾，泛舟而下，達於江淮，資食有儲而無水害，艾所建也。」使司馬懿有效掌握淮南屯田。其後司馬懿鎮守關中，亦興屯田，由是關中軍國有餘【51】。可見司馬懿特別重視屯田，使軍實充足，得軍民擁戴。

黃初七年，魏文帝曹丕病重，詔中軍大將軍曹真，鎮軍大將軍陳群，征東大將軍曹休，撫軍大將軍司馬懿並受遺詔輔嗣主【52】。當時嗣主魏明帝曹叡已二十二歲，當然可以自行決事，但當時三國鼎立，朝政以軍事優先，曹真為宗室宿將，曾久鎮關中，甚有威望；曹休鎮守揚州對吳前線；陳群領禁軍，並為行政官僚之長；司馬懿鎮許昌，拱衛洛陽以南；均為朝廷安危所繫的重臣，曹丕委以輔助少主，有賴四人之穩固朝廷之意。但明帝「政自己出」，不希望元老重臣留在京師，於是曹真、曹休、司馬懿俱離京出鎮，已無「輔政」之實。

魏明帝太和二年，曹休死；五年，曹真死；青龍四年十二月，陳群死。魏文帝親信吳質，雖未參與輔政，亦於太和初死。司馬懿於是成為朝廷實力派中最有威望者。太和元年六月，司馬懿屯於宛，加督荊、豫二州諸軍事，直至太和四年，移鎮長安與曹真抗蜀。太和五年，蜀漢丞相諸葛亮北伐，時曹真已死，司馬懿受委都督雍涼二州諸軍事，直至青龍四年。於是司馬懿在許昌及荊豫、雍涼二大都督區均建下了基礎。司馬懿在荊豫的下任是夏侯儒，儒怯懦，正始二年，吳將朱然圍樊城，儒以兵少不敢進，月餘，司馬懿到，乃俱進【53】。夏侯儒的下任為王昶，昶是文帝東宮舊僚，曾為洛陽典農，斫開荒萊，勤勸百姓，墾田特多，昶都督荊豫時，廣農墾殖，倉穀盈積【54】，對司馬懿的奪權，並無異

【51】見《晉書》卷二十六食貨志，785-786 頁。

【52】見《三國志》魏書卷二文帝紀，86 頁。

【53】見《三國志》魏書卷十五張既傳注引《魏略》，477 頁。

【54】見《三國志》魏書卷二十七王昶傳，749 頁。

議。司馬懿在雍涼的下任，是老臣趙儼，趙儼魏初曾為河東太守、典農中郎將，又為大司馬（曹真）軍師，轉度支中郎將，遷尚書，從征吳，為征東軍師，入為大司農。趙儼的資歷顯示他擅於理財，特別是長於處置軍糧。趙儼繼司馬懿監雍涼諸軍事時已老疾，上任時「忘持其常所服藥」【55】，正始四年，老疾求還。趙儼的下任是夏侯玄，玄是曹爽之姑子，夏侯淵侄孫，假節都督雍涼州諸軍事時，與曹爽共與駱谷之役，時人譏之，可見威望差司馬懿甚遠。司馬懿在南方的荊豫及西方的雍涼兩個都督區建立了相當勢力，是肯定的。

魏明帝景初二年正月，詔太尉司馬懿帥眾討遼東公孫淵，「敕郡守、典農以下皆往會焉。」【56】薊為北道重鎮，公孫淵平後，明帝遣使者勞軍於薊，至此司馬懿之聲望及於河北之冀、幽、并都督區。鎮北將軍、領冀州刺史呂昭，與司馬懿關係密切，其子呂巽，曾任司馬懿相國掾【57】。魏明帝景初末年，司馬懿勢力，已及於荊豫、雍涼、河北三都督區，又能控制許昌屯田，明帝適於此時病危，史稱明帝忍死以待司馬懿，魏明帝之所以必得司馬懿應允，完成其托孤之願，然後瞑目，實有上述原因。

明帝太和中，散騎黃門侍郎杜畿上疏分析當時魏國形勢云：

> 今大魏奄有十州之地，而承喪亂之弊，計其戶口不如往昔一州之民。……今荊、揚、青、徐、幽、并、雍、涼緣邊諸州皆有兵

【55】見《三國志》魏書二十三趙儼傳注，671 頁。

【56】《晉書》卷一宣帝紀，10 頁。

【57】《三國志》魏書卷十六杜畿附子恕傳注引《世語》曰：「昭字子展，東平人。長子巽，字長悌，為相國掾，有於司馬文王」，500 頁；又《三國志》魏書卷二十一嵇康傳注引《魏氏春秋》曰：「初，康與東平呂昭子巽及巽弟安親善，會巽淫安妻徐氏，而誣安不孝囚之。安引康為證，康義不負心，保明其事，安亦至烈，有濟世志力。鍾會勸大將軍因此除之，遂殺康及安。」606 頁；又引干寶說法云：「呂安兄巽善於鍾會，巽為相國掾，俱有寵於司馬文王。」607 頁。

矣，其所恃內充府庫外制四夷者，惟兗、豫、司、冀而已……【58】
「其所恃內充府庫外制四夷者，惟兗、豫、司、冀而已」一語值得留意，
當時司馬懿在豫、冀二州，已有巨大影響力。加上邊防重鎮雍州，朝中
其他大臣的實力，已難與司馬懿匹敵。

三

魏明帝臨死，因太子曹芳年方十歲，必須由大臣輔政。明帝原意
以燕王宇為大將軍、使領軍將軍夏侯獻、武衛將軍曹爽、屯兵校尉曹
肇、驍騎校尉秦朗等輔政【59】。這五個人全是宗室貴族，也是禁軍將
領，可見明帝最初只考慮由禁軍擁戴新君，未慮及朝中大臣和地方軍
鎮。其後中書監劉放、中書令孫資入見，之後明帝罷燕王宇。據稱當
時燕王宇「擁兵南面」，十分跋扈【60】，所擁的當然是禁兵。劉孫二
人久居中書監、令之位，是皇帝決策的輔助者，亦是官僚集團的代
表，已如前述，二人「久專權寵」，「於時號為專任，判斷機密，政

【58】《三國志》魏書卷十六杜畿附子恕傳引恕所上疏，499頁。

【59】《三國志》魏書卷三明帝紀注引《漢晉春秋》，113頁。

【60】《三國志》魏書卷九曹真附子爽傳引《漢晉春秋》曰：「劉放垂泣對明帝云：『燕
王擁兵南面，不聽臣等入(中略)。今皇太子幼弱，未能統政，(中略)外內壅隔，社
稷危殆，而己不知，此臣等所以痛心也。』」，113頁。又魏書卷二十武文世王公
傳燕王宇傳云：「明帝疾篤，拜宇為大將軍，屬以後事。受署四日，宇深固讓，
帝意亦變，遂免宇官。」582頁。據此可知燕王宇已治事四日，因劉、孫進言而
免官。上述史料可反映明帝病重時，明帝左右之近臣不願禁衛將領權力坐大，趁
明帝尚清醒之際，說服明帝更改輔政人選。劉、孫最強的理據應是太子曹芳原非
明帝親子，倘由皇族出身且統領禁軍之燕王宇輔政，隨時有奪位可能。但史籍未
有明確記述，不能作實。

張偉國　司馬氏篡魏軍政憑藉考　　247

事無不綜」[61]。劉、孫希望新君繼位後仍能操控朝政，不願燕王宇憑禁軍實力侵奪其權力，且燕王是皇室宗親，擁兵輔政，對少主不利。明帝病危之際詔資曰：「圖萬年後計，莫過使親人廣據職勢，兵任又重」云云。孫資答明帝，謂：

> 親臣貴戚，雖當勢握兵，宜使輕重素定。若諸侯典兵，力均行平，寵齊愛等，則不相為服，不相為服，則意有異同。至於重大之任，能有所維綱者，宜以聖恩簡擇，（中略）漸殊其威重，使相鎮固，於事為善。[62]

又說：

> 又所簡擇，當得陛下所信，誠非愚臣所能識別。[63]

這番說話，正反映出曹魏中央政權，未曾建立出一套完善的選用人才制度，君主獨攬大權，皇帝向大臣個別施恩，大臣個別為皇帝效命。皇帝以控制禁軍及地方軍鎮為鞏固中央的手段，所以必須任用親信擔當這些重要位置，但將領權力過大，又易生危險。而皇族不需君主加恩已有崇高地位，所以皇族擁禁軍輔政，對君主更加危險。因此孫資反對燕王宇輔政。魏明帝又聽信孫資的陳述，防範大臣權力過大，「不相為服」，必須由君主「漸殊其威重」，即不同大臣施以不同程度的恩典，使每位大臣感到皇上對自己特別厚待，竭盡忠誠，大臣之間亦爭取皇帝的特殊恩典而互相制衡。明帝最後改變原意，取消燕王宇輔政，以曹爽代宇，並詔司馬懿參與輔政，顯然已感覺到若由皇族出身的禁軍統帥輔政，等於置少主於險地，於是聽從劉放、孫資意見，更改輔政組合。劉、孫拉攏司馬懿或有欲借地方軍鎮之力牽制首都禁軍的用意，而司馬懿資歷威望，可以服人。於是明帝身後由曹爽、司馬懿、劉放、孫資輔政的人事

【61】《三國志》魏書卷十四劉放傳注裴松之按語，461 頁。

【62】《三國志》魏書卷十四劉放傳附孫資傳注引《孫資別傳》，460-461 頁。

【63】同上。

格局形成。

曹爽能成為輔政大臣，除了是禁軍將領外，最主要因為他是故大將軍曹真之子，是曹魏開國宗室功臣的「腑肺遺緒」。爽弟曹羲曾向皇帝陳述家世云：

> 亡父曹真，奉事三朝，入備冢宰，出為上將。先帝以臣腑肺遺緒，獎飭拔擢，典禁兵者。【64】

這正道出了曹爽能擔當輔政重任的憑藉。曹真久鎮關中，在地方軍事上應有相當影響力，對於出鎮關中的司馬懿來說，曹爽實有制衡作用。曹爽任命夏侯玄代替趙儼都督雍涼，便是好例子。

自齊王芳正始元年至十年，以掌握禁兵的大將軍曹爽為首的朝中貴族勢力，以太傅司馬懿為首的地方軍鎮勢力，加上中書監劉放、中書令孫資為首的官僚，三派輔政大臣，互相明爭暗鬥，爭權奪勢。三派互相拉攏利害相關者，設法在對方勢力範圍內插入自己的人員，傾軋不遺餘力。

曹爽既憑禁軍勢力輔政，拜大將軍、假黃鉞、都督中外諸軍事、錄尚書事，後又加侍中，改封武安侯，賜劍履上殿，入朝不趨，贊拜不名，集軍政大權於一身。司馬懿雖然參與輔政，官拜太傅、大司馬，在朝中卻無實權。曹爽引用親信佔據重要中樞位置：

> 乃以（何）晏、（鄧）颺、（丁）謐為尚書，晏典選舉，（畢）軌司隸校尉，（李）勝河南尹，諸事希復由宣王，宣王遂稱疾避爽。【65】

地方軍鎮，曹爽亦盡量以親信取代，例如以夏侯玄都督雍涼；以毌丘儉為幽州刺史、加度遼將軍、使持節、護烏桓校尉，遷左將軍、假節、監

【64】《三國志》魏書卷七曹真傳附子爽傳注引《魏書》，錄載爽使弟曹羲代上表，283頁。

【65】同上曹爽傳正文，284頁。

豫州諸軍事，領豫州刺史，轉鎮南將軍，又遷鎮東、都督揚州；以諸葛誕為揚州刺史等。儉、誕俱與曹爽、夏侯玄親近。《三國志》諸葛誕傳注引《世語》云：

> 是時，當世俊士散騎常侍夏侯玄，尚書諸葛誕、鄧颺之徒，共相題表，以玄、疇四人為四聰，誕、備八人為八達，中書監劉放子熙，孫資子密，吏部尚書臻子烈三人，咸不及比。以父居勢位，容之為三豫，凡十五人。帝（指司馬懿）以構長浮華，皆免官廢錮。【66】

曹爽又以李勝為荊州刺史，荊州為司馬懿發源之地，時都督荊豫者為王昶，昶是司馬懿在東宮任職時的同僚，可知曹爽有意逐步派親信取代司馬氏之人。

禁軍是曹爽權力基礎，禁軍重要將領之中，不少是曹爽親屬：爽弟曹羲為中領軍（代原領軍將軍蔣濟），曹訓武衛將軍，曹彥散騎常侍；畢軌於正始中入為中護軍，轉侍中尚書，遷司隸校尉。俱據高級將領之位。因此司馬懿討伐曹爽的罪狀時稱：

> 破壞諸營，盡據禁兵，群官要職，皆置所親；殿中宿衛，歷世舊人，皆復斥出，欲置新人以樹私計。【67】

觀此可知曹爽確以掌握禁軍為其專政的權力基礎。

為了控制軍糧，曹爽亦曾分割洛陽、野王典農部桑田數百頃，及壞湯沐地以為產業【68】，這成為曹氏兄弟日後的罪狀【69】。其實曹爽分割屯田是為了分薄司馬氏的實力。曹爽親信畢軌，其父畢子禮曾為典農校尉，丑丘儉更曾任洛陽典農，都曾有處理屯田的經歷。儉嘗上疏云：

【66】《三國志》魏書卷二十八諸葛誕傳注引《世語》，769頁。

【67】《三國志》魏書卷七曹真傳附子爽傳，286頁。

【68】據《晉書》卷二文帝紀，當時司馬懿次子司馬昭為洛陽典農中郎將。

【69】《三國志》魏書卷七曹真傳附子爽傳，284頁。

「臣愚以為天下所急除者二賊（指吳及蜀漢），所急務者衣食。」【70】曹爽及司馬懿都盡力爭取控制屯田。

司馬懿方面，豈能坐待失勢，他一方面暗中鞏固在地方軍鎮的力量，又安插親信子弟在禁軍，並與曹魏舊臣聯繫，對抗曹爽等新進。豫州刺史王淩與司馬朗（懿兄）及賈逵（懿姻親）友善，正始初，為征東將軍、假節、都督揚州諸軍事【71】；以老將郭淮協助曹爽所派的雍涼都督夏侯玄以作牽制，而懿子司馬昭亦曾為夏侯玄副將【72】。誅曹爽後，司馬懿馬上以郭淮代替夏侯玄都督雍涼。

中央禁軍方面，則以其子司馬師為中護軍，牽制曹爽弟中領軍曹羲。司馬師任中護軍時，「為選用之法，舉不越功，吏無私焉。」【73】中護軍主管武官的任命和升遷，司馬氏顯然是要籠絡中下級軍官，與曹爽一黨控制高級將領職位，手法有異。司馬氏子弟在禁軍中任職者頗多，懿子司馬駿於正始中嘗為屯騎校尉，是其中一例【74】。

朝廷官僚機構，在曹爽、司馬懿共同輔政之初，中書監孫資、中書令劉放實握有政柄，雖然各有加銜，領監、令如故。到正始七年，兩人以年老遜位。其實孫、劉二人之遜位，與不滿曹爽改革有關，有史料云：

> 大將軍曹爽專事，多變易舊章，資歎曰：「吾累世蒙寵，加以豫聞屬託，今縱不能匡弼時事，可以坐受素餐之祿邪？」遂固稱疾。【75】

【70】《三國志》魏書卷二十八毌丘儉傳，761 頁。

【71】《三國志》魏書卷二十八王淩傳，758 頁。

【72】《三國志》魏書卷二十六郭淮傳，735 頁。

【73】《晉書》卷二景帝紀，25 頁。

【74】《晉書》卷三十八宣五王傳扶風王駿，1124 頁。

【75】《三國志》魏書卷十四劉放傳附孫資傳注引資別傳，461 頁。

由此可以窺知曹爽曾以改革為名，奪中書監令掌機密的權力，使原本「號為專任」【76】的中書監令變成閑職，劉、孫不滿「坐受素餐之祿」而引退。司馬氏誅曹爽之後，馬上恢復以孫資為侍中、領中書令，加以籠絡。

綜合上述論證，條列曹爽、司馬懿於爭奪政權時各自的憑藉如下：

曹爽方面：

（一）控制禁軍，尤其是安排兄弟親信為禁軍高級將領；

（二）安插親信取代司馬懿有影響力之地方軍鎮，如以夏侯玄都督雍涼，毌丘儉先後為幽州刺史、監豫州軍事等。又毌丘儉、諸葛誕先後都督揚州，而揚州為司馬氏勢力所未及的地方。

（三）將中書監令掌機密之權收回。孫資、劉放的後任，史書無徵，但曹爽親信鄧颺曾任中書侍郎，何晏曾典選舉。

（四）爭取洛陽附近屯田的控制權。

司馬懿方面：

（一）安插子弟於禁軍，以司馬師為中護軍，負責武官選舉、升遷，拉攏禁軍之中下級軍官。

（二）委任親信故舊制衡曹爽所任命之地方軍鎮。

（三）仍然控制許昌附近主要屯田區（據鄧艾傳可知）。

（四）司馬懿兄司馬孚，在中書及尚書省有相當影響力，當時任尚書令。

司馬懿採取守勢，暗中部署，在曹爽的勢力範圍內，安插己方人員，靜待時機。

【76】見《三國志》魏書卷十四蔣濟傳，452頁。

肆

魏齊王芳正始十年（後改嘉平元年）正月，司馬懿以時機成熟，趁曹爽兄弟隨皇帝掃墓時，「部勒兵馬，先據武庫，遂出屯洛水梁橋」，發動政變於首都洛陽【77】。政變頗為順利，曹爽願意交出政權，但其中有一段插曲。當時大司農（管理全國財政之長官）桓範勸曹爽與皇帝往許昌，招外兵，為曹氏兄弟所拒【78】。其原因史書無徵，愚見以為司馬懿在許昌久，其勢力必甚大，且一定早有佈置，曹爽、桓範等，雖挾天子，又有大司農印章，但未必能據許昌與司馬懿對抗。

司馬氏既獨攬政權，即實行種種部署，以鞏固勢力。禁軍領袖「中領軍」一職，司馬懿誅曹爽後，以王觀暫代，「據爽弟羲營」【79】，王觀曾為尚書、河南尹、少府，曾嚴治曹爽材官（軍士之一種）不法之事，史稱「爽等奢放，多有干求，憚觀守法」，後轉為太僕，以太僕行中領軍。可見王觀是司馬懿親附者，且曾與曹爽有衝突。王觀的下任是司馬昭，司馬懿之子，以安東將軍兼【80】；司馬昭之後是王肅，王肅是曹操開國功臣王朗之子，曹爽專政時，反對曹爽最力，支持司馬氏，稱曹爽所重用的文士何晏、鄧颺等為「弘恭、石顯（漢元帝時專權之宦官）之屬」【81】；王肅之下任為司馬望，亦是司馬懿之子，《晉書》謂望「進封順陽侯，徵拜衛將軍，領中領軍，典禁兵」【82】。「中護軍」一職，則先後為司馬師、司馬望、司馬炎（即後來之晉武帝，司馬昭之子）、賈充

【77】《三國志》魏書卷七曹真傳附子爽傳，286頁。

【78】同上。

【79】《三國志》魏書卷二十四王觀傳，694頁。

【80】《晉書》卷二文帝紀，33頁。

【81】《三國志》魏書卷十三王朗傳附子肅傳，418頁。

【82】《晉書》卷三十七宗室安平獻王孚附子義陽成王望傳，1086頁。

（司馬氏姻親）等，絕不假手外人。禁軍將領，亦多司馬氏子弟，如司馬炎曾為中壘將軍；司馬駿曾為屯騎校尉；司馬攸、司馬駿曾為步兵校尉；各見《晉書》本傳【83】。

地方重要軍鎮都督，亦多委任司馬氏子弟，尤以鎮守關中（長安）、河北（鄴城）、許昌三地最重要。據《晉書・宗室傳》，景元二年司馬懿弟恂子司馬遂「督鄴城守諸軍事・北中郎將」【84】。魏嘉平四年春正月，司馬師繼司馬懿為大將軍加侍中，持節，都督中外諸軍事，錄尚書事。當時：

> 諸葛誕、毌丘儉、王昶、陳泰、胡遵都督四方，王基、州泰、鄧艾、石苞典州郡。【85】

據此可知，都督之中有曹爽舊人如諸葛誕、毌丘儉，亦有魏文帝、明帝舊臣如陳泰（陳群之子）。司馬懿父子為安地方軍鎮之心，不敢貿然更易。但不久即委任司馬昭為安東將軍、持節，鎮許昌【86】。其後鎮守許昌者，至晉朝建立之後，亦甚少委任外人。魏甘露元年，以司馬望為征西將軍・都督雍涼，代替陳群之子陳泰。鄴城不但是河北重鎮，且「魏王公悉錄置鄴」【87】，都督河北、鄴城守有監視曹氏皇族的特殊任務，因此亦多委任司馬氏子弟。懿子司馬伷「早有才望，起家為寧朔將軍，監守鄴城，有綏懷之望」【88】。後轉監兗州軍事，改由司馬遂監守鄴城【89】。

【83】《晉書》卷三武帝紀，49頁；卷三十八宣五王扶風王駿傳，1124頁；同上文六王齊王攸傳，1130頁；卷四十賈充傳，1165頁。

【84】《晉書》卷三十七宗室濟南惠王遂傳，1101頁。

【85】《晉書》卷二景帝紀，26頁。

【86】《晉書》卷二文帝紀，33頁。

【87】《通鑑》卷七十六魏紀八高貴鄉公正元元年胡注，2418頁。

【88】《晉書》卷三十八宣五王琅邪王伷傳，1121頁。

【89】《晉書》卷三十七宗室濟南惠王遂傳，1101頁。

直至司馬氏篡位前夕，魏國軍鎮之中，最少有四人為司馬氏宗室：

許昌——安東大將軍、都督淮北諸軍事、豫州刺史、東牟侯司馬
駿。

長安——鎮西將軍、都督雍涼諸軍事、祁陽伯司馬亮。

鄴城——督鄴城守諸軍事、北中郎將、武城鄉侯司馬遂。

兗州——征虜將軍、假節、監兗州諸軍事、兗州刺史、南皮伯司馬
伷。

由此可見，司馬氏篡魏之前，在地方軍鎮之控制權方面，是經過長久的
部署，使宗室子弟坐鎮拱衛京師洛陽之各樞紐要衝，控制軍糧運輸。真
正面對吳、蜀、胡等邊疆前線地帶，則從原有之大都督區分割出來，別
置都督，如隴右、荊州、揚州、河北、幽州、并州等，各遙受長安、許
昌、鄴城之軍鎮都督支配。這就是《晉書‧傅咸傳》所說「舊都督有四，
今并監軍，乃盈於十」的含義。於是有「石函之制，非親親不得都督
關中」之事，其用意在「磐石之宗，天下服其強」，作為篡魏的基礎。

朝廷官僚方面，司馬氏引用高門大族，以取得當時門第的向心，此
點前人論之者甚多，不在此贅述。

伍

魏晉之際，司馬氏雖然操縱首都禁軍，及地方主要軍鎮；但以壽春
為中心之揚州淮南都督，仍先後三次起兵抗拒司馬氏：

第一次：魏嘉平元年九月，太尉、假節鉞、都督揚州諸軍事（屯壽春）
王淩，與外甥兗州刺史（屯平及阿）令狐愚，欲迎立楚王
彪，都許昌，發兵反。司馬懿將中軍乘水道討淩，旋平。

第二次：魏正元二年正月，鎮東大將軍毌丘儉、揚州刺史文欽舉兵
反，矯太后令移檄郡國，遣使於吳請救。司馬師遣諸葛誕
督豫州軍向壽春，胡遵督青徐軍出譙宋之間，自屯汝陽，

不久平定。

第三次：甘露二年五月，征東大將軍諸葛誕反，召會諸將，自出攻揚州刺史樂綝，殺之。歛淮南及淮北郡縣屯田口十餘萬官兵，揚州新附勝兵者四五萬人，聚穀足一年食，閉壽春城自守。吳遣將來應，司馬昭遣王基、陳騫、石苞、州泰等攻之，不久亦平之。

三次起兵均告失敗，然而以壽春為中心之淮南軍鎮，實洛陽司馬氏政權身旁之大患可知。淮南之抗拒司馬氏，除毌丘儉、諸葛誕曾受曹爽重用之外，尚有其他原因。

淮南為曹魏對吳國作戰之前線，魏初以宗室大將鎮守。曹休於文帝、明帝時久鎮揚州，孫資曾對明帝說：「陛下即阼，猶有曹休內外之望，賴遭日月，御勒不傾。」[90]可反映曹氏在揚州之勢力深厚。反觀司馬懿，雖歷任諸鎮，但從未涉足揚州。王淩繼曹休都督揚州，因為他是曹休部將，「仍徙為揚、豫州刺史，咸得軍民之歡心。」[91]由他繼曹休都督揚州，明顯是借其曹氏舊部的淵源安撫揚州軍心。他在曹爽司馬懿共同輔政期間，因「與司馬朗（懿兄）、賈逵（司馬懿親信）友善」[92]，得到司馬懿的暫時籠絡。但王淩不甘於臣附司馬懿，起兵反抗。

毌丘儉在司馬氏討平王淩叛變之後，受委都督揚州。儉與曹爽親信夏侯玄、李豐等厚善，而當時的揚州刺史文欽，是曹爽同鄉[93]。司馬氏這樣安排，顯然是由於揚州的曹氏勢力仍然雄厚，仍需借二人安撫淮南人心。而儉的出身，與司馬懿也有淵源。儉傳云：「青龍中，帝（指魏明帝）圖遠遼東，以儉有幹策，徙為幽州刺史，加度遼將軍，使持

【90】《三國志》魏書卷十四劉放傳注引《孫資別傳》，460頁。

【91】《三國志》魏書卷二十八王淩傳，757頁。

【92】同上，758頁。

【93】俱見《三國志》魏書卷二十八毌丘儉傳，763頁。

節，護烏丸校尉，率幽州軍至襄平，屯遼隧。（中略）明年，帝遣太尉司馬宣王統中軍及儉等眾數萬討（公孫）淵。」【94】知毌丘儉曾隸屬司馬懿指揮，所以司馬懿委以重任，但毌丘儉始終是曹氏舊臣，對於司馬氏獨攬軍政大權，並不順服，及至都督曹氏勢力仍然深厚的揚州，有機會與地方勢力結合，起兵討伐司馬氏。毌丘儉與文欽起兵時，數司馬師罪狀，其中幾條有意刺激曹氏舊部屬軍人之心，例如：

> 懿（中略）奉事以來十有五載，始欲歸政，按行武庫，詔問禁兵，不得妄出。
>
> 近者許允當為鎮北，以廚錢給賜，而師（司馬師）舉奏加辟（罪也）。雖云流徙，道路餓殞，天下聞之，莫不哀傷。
>
> 三方之守，一朝闕廢，多選精兵，以自營衛。五營領兵，闕而不補，多載器杖，充聚本營。
>
> 多休守兵，以占高第，以空虛四表，欲擅彊勢，以逞奸心。募取屯田，加其後賞，阻兵安忍，壞亂舊法。【95】

毌丘儉揭發司馬氏削弱曹氏舊部擴充直系軍隊，欲以激起親曹氏兵將護衛皇室之心。隨毌丘儉起兵者，有安豐護軍鄭翼、盧江護軍呂宣、太守張休、淮南太守丁尊、督守合肥護軍王休等。他們宣稱：「各以累世受恩，千載風塵，思盡驅命，以完全社稷安主為效。」【96】表明以曹氏舊部身份效忠曹魏皇室作為號召。

司馬師討平毌丘儉叛變之後，委任諸葛誕為鎮東大將軍、儀同三司，都督揚州。諸葛誕與曹爽親信夏侯玄、鄧颺等相善，曹爽輔政時，出任揚州刺史。其後先後助司馬氏平定王淩、毌丘儉。司馬昭因誕「久在淮南」，所以委以安撫揚州軍人的重任【97】。司馬昭曾派親信

【94】同上，762頁。

【95】俱見《三國志》儉傳注，763-765頁。

【96】同上，764頁。

【97】《三國志》魏書卷二十八諸葛誕傳，770頁。

賈充至壽春，觀察諸葛誕。賈充回報：「誕再在揚州，有威名，民望所歸。」【98】然而諸葛誕身為曹魏舊臣，而助司馬氏，不受親魏軍人擁護。司馬懿又派樂琳為揚州刺史，制衡諸葛誕。樂琳，曹操舊將樂進之子【99】，樂進曾與張遼、李典等屯兵合肥甚久，琳藉乃父威望，在軍中頗有影響，不服諸葛誕。誕曾上表指斥樂琳云：

> 臣受國重任，統兵在東，揚州刺史樂琳專詐，說臣與吳交通，又言被詔當代臣位，無狀日久。【100】

以打擊樂琳。及諸葛誕察覺司馬氏對己有疑心之後，聯吳反叛。不久被司馬氏平定。

淮南之揚州軍鎮，能與中央作對，主要原因除曹魏舊勢力強大外，揚州與首都吳國建業為鄰，魏朝廷需要鞏固揚州軍民之心，抗拒吳人入侵，時人指出「吳寇因之，則淮南非國家之有，譙、沛、汝、豫危而不安」【101】。揚州人心動搖，吳國則有機可乘，曹魏執政者不得不小心安撫揚州軍民。這也是司馬氏不敢輕於徹底正面消除揚州地方勢力的原因。先後三次反叛，正好反映揚州軍人與司馬氏的緊張關係。司馬氏在未有絕對把握控制揚州局勢之前，亦不敢率爾篡魏。

淮南實力的基礎，主要是屯田，也就是控制軍糧。淮南屯田，興於鄧艾，艾於齊王芳正始二年開始，《三國志》鄧艾傳云：「正始二年，乃開漕渠，每東南有事，大軍興眾，泛舟而下，達於江淮，資食有儲而無水害，艾所建也。」鄧艾計劃：「令淮北屯二萬人，淮南屯三萬人，十二分休，常有四萬人，且田且守。水豐常收三倍於西。（中略）六七年間，可積三千萬斛於淮上，此則十萬之眾五年食也。以此乘吳，無往

【98】《三國志》魏書卷二十八諸葛誕傳注引《世語》，770-771 頁。

【99】見《三國志》魏書卷十七樂進傳，521 頁。

【100】《三國志》魏書卷二十八諸葛誕傳注引《魏末傳》，771 頁。

【101】《三國志》魏書卷二十七王基傳記王基語，753 頁。

已不克矣。」【102】，前文已提及。倘若以此抗拒中央，亦足以使朝廷震慄。然而淮南揚州之三次反叛均不能成功，在於地方偏處一隅，他方並無呼應，加上謀主無遠見，而吳人採自保政策，不敢全力支持，司馬氏坐鎮許昌，得以從容平定。

淮南先後三次起兵討伐司馬氏，都因領導者欠缺全盤策略，調度失當，被司馬氏擊敗。揚州的擁護曹氏皇室勢力因之削弱，吳國曾乘勢進犯也無功而退。司馬氏得以在淮南建立影響力。

司馬氏平諸葛誕之後，以鎮南將軍、都督豫州軍事、豫州刺史王基行鎮東將軍、都督揚豫諸軍事，後轉為征東將軍‧都督揚州諸軍事。王基為平定諸葛誕主將，初為王淩所賞識，後為司馬懿所辟，出仕【103】。大將軍曹爽派王基為安豐太守（安豐郡在今安徽、河南兩省交界，淮水以南，壽春之西），《三國志》稱王基治績：「為政清嚴，有威惠，明設防備，敵（指吳）不敢犯。」【104】曹爽失勢，王基因為曾為爽官屬，隨例罷。後來復用為抗吳將領，又平毌丘儉有功。司馬昭委王基以都督揚州之任，正因為他具有這樣的複雜背景。然而王基不是司馬氏完全信賴的人，不久，司馬昭趁王基父喪，立刻改派親信石苞（晉名臣石崇之父）為鎮東將軍、假節，代王基都督揚州諸軍事【105】。石苞早年曾販鐵於鄴市，出身低微，為司馬師所賞識，用為中護軍司馬（司馬師為中護軍），司馬師曾讚他「雖細行不足，而有經國才略」【106】。後歷任地方軍鎮。諸葛誕反時，以監青州諸軍事，擊誕。壽春平，助王基鎮守揚州。石苞是司馬氏一手提拔的官員，可知司馬昭著意在揚州安插親信。

【102】《三國志》魏書卷二十八鄧艾傳，775 頁。

【103】《三國志》魏書卷二十七王基傳，750 頁。

【104】同上，751 頁。

【105】見《晉書》卷三十三石苞傳，1001 頁。

【106】同上。

石苞代王基治揚州，為司馬氏穩定東南方，《晉書》云：

> 自諸葛誕破滅，苞便鎮撫淮南，士馬強盛，邊境多務。苞既勤庶事，又以威德服物。

又說：

> 苞在位稱為忠勤，帝（指晉武帝）每委任焉。【107】

石苞曾為鄴典農中郎將，與鄧艾友善，替司馬氏鎮守易生離心之揚州，自然以控制屯田為首要政務。《晉書》石苞傳記載，苞曾上表云：「州郡農桑未有賞罰之制，宜遣據屬循行，皆當均土宜，舉其殿最，然後黜陟焉。」有助於安定地方。於是司馬氏始能穩定淮南政局。司馬炎篡位時，石苞曾表態，說：「基業如此，而以人臣終乎？」一力表態擁護，一改揚州與司馬氏對抗的傳統。司馬氏於是得以全面鞏固中原，具備代魏之形勢。

六

司馬炎既篡魏，奪得政權，其治國政策，仍以鞏固皇室為重。皇帝直接控制禁軍，又以親信為主持決策之官僚，並多與聯姻，對於重要軍鎮，則以宗室諸王都督軍事，甚少假手外姓。於是中央政府為世族所包攬，奢侈之風大盛，奉迎苟且，無所不為。至惠帝庸愚，不能親理政務，武帝臨終時，即安排皇太后父親楊駿領禁兵輔政，又恐楊氏之權力過大，以王佑為北軍中候，典禁兵以制衡楊駿。又遣惠帝母弟秦王柬都督關中；楚王瑋都督荊州；汝南王亮都督豫州，鎮許昌；趙王倫督鄴城守軍事等，欲屏藩中央。殊不知各地軍鎮有擁兵奪權之欲，竟伏下日後八王之亂的悲劇。

【107】同上，1002頁。

景印香港新亞研究所《新亞學報》（第一至三十卷）

二十五史編纂時間緩速比較研究
——附清史稿

黃兆強*

按：中國史學史、史籍介紹等書多有記述、考論各正史之撰著時日者；以下所述，即嘗參取各成說。為避免文煩，不盡註明出處。以各正史編纂時間為主軸予以論述並作比較者，迄今未見。本文最大的貢獻或在於此。

一、 撰文緣起

二十六史（以下概指二十五本正史及《清史稿》）中，除《清史稿》外，其餘皆為官方頒布之正史。研究中國史的學者，幾乎沒有不讀過這些史書或其中的部份史書的。然而，廿六史中，何者編纂時間最長、何者最短，以至何者較長、何者較短，並不是每位治中國史的學人，都能夠馬上回應得來的。其他不以中國史為專業的史家，以至一般常人，那更不必說了。筆者治中國史學史有年，嘗認定纂修於明初的《元史》，係諸史中成書時間最短者；然年前讀徐誥《廿五史論綱》，月前讀傅玉璋、傅正《明清史學史》，則獲悉學者或有他種說法。【1】這觸發了筆者予以研究的衝動；欲藉此一解心中的疑惑。若研究成果更有助他人參

---

*本所碩士（1979），現任東吳大學歷史學系教授、系主任。

【1】徐書云：「……其撰《宋書》於齊永明五年奉敕，次年二月即告成，不及一年。古來修史之速，未有若此者。」（上海：世界書局，1947年），頁91-92。按徐書1973年於台灣世界書局出版時改稱《廿五史述要》。傅書則批評錢大昕的說

考，當被問及廿六史編纂時間長短緩速之差異時，不至瞠目結舌，無言以對，那撰寫本文的另一目的，便算達到了。

以下擬分三節。首節按朝代順序論述各該正史之編纂時間，次節依成書緩速表列各書，第三節為一結論。

二、 廿六史編纂時間論述

（一）司馬遷《史記》一三〇卷

《史記・太史公自序》：「卒三歲而遷為太史公，紬史記石室金匱之書。五年而當太初元年。……意在斯乎！意在斯乎！小子何敢讓焉。……於是論次其文。」按《史記・索隱》所引《博物志》認為司馬遷為太史令，時年二十八。按：實當作三十八。【2】五年後之太初元年（西元前一〇四年），【3】司馬遷「何敢讓焉」，於是論次其文，從事撰著《史記》，時年為四十二（參《史記・正義》）。【4】至於成書於何時，

法，認為成書最速者係沈約的《宋書》及脫脫等人所撰之《遼史》，而不是錢大昕所說的《元史》。傳說見所著《明清史學史》（合肥：安徽大學出版社，2003年）頁10。

【2】三十八，誤作二十八，乃版本之訛。參吉春，《司馬遷年譜新編》（西安：三秦出版社，1989年），頁66。又鄭鶴聲及王國維亦明確指出「當作三十八」。鄭鶴聲，《司馬遷年譜》（臺北：國史研究室，1973年），頁61-62；王國維，〈太史公行年考〉（節錄），王國維等，《司馬遷—其人及其書》（臺北：長安出版社，1985年），頁203-204。

【3】太初元年倒溯五年，乃元封三年（西元前一〇八年）。趙翼《廿二史劄記》，卷一，〈司馬遷作史年歲〉條云：「……五年為太初元年，則初為太史令時乃元封二年也。」按：當作三年為是。參王國維、鄭鶴聲及吉春，上揭各書。

【4】《廿二史劄記》〈司馬遷作史年歲〉條云：「是遷為太史令，即編纂史事。」筆者以為史遷既自云擔任太史令後，於太初元年始「論次其文」，則其前之五年，雖

一般皆認為書成於征和二年（西元前九十一年），史公年五十五。[5] 本此，則撰著時間前後凡十四年。若從當太史令時算起，則多四年；若從二十歲出遊考察算起，則前後凡三十五、六年。或以為任安死後，史公尚未亡，必更有刪訂改削之功。[6] 杜維運由是認為史公耗四十年的歲月始修成是書。[7]

（二）班固《漢書》一百卷

《漢書》前後凡經四人之手始成書，即班彪、班固、固妹昭及馬續是也。班彪續《史記》而成後傳數十篇。[8] 班昭及馬續皆嘗續補班固之所撰。然而，四人中，自以班固撰史之份量為最大。其撰史之起迄年，見《後漢書・班彪傳》以下文字：「固自永平中始受詔，潛精積思二十餘年，至建初中乃成。當世甚重其書，學者莫不諷誦焉。」按：永平元

已為太史令，但應並未著手編纂史事；因此，視為蒐集整理資料之階段似較妥。當然，史公蒐集史料之始年應更早，其二十歲南遊江淮時已進行史蹟考察，蒐集資料了。杜維運先生即由元封三年史公時年三十八歲逆溯至史公二十歲，而云：「早在十七、八年前的年輕時代，這一工作已經開始了。」杜維運，《中國史學史》第一冊（臺北：三民書局，1993年），頁166。

[5] 上揭鄭鶴聲書（頁94）及吉春書（頁87）皆持此說，然並未作詳細之說明。按：史公嘗於任安坐罪將死之前，即征和二年撰〈報任少卿書〉（收入《昭明文選》，卷四十一）。〈書〉末前數語談及撰著《史記》事甚具體，可知其書當成於當年或之前，今姑視為當年。可並參趙翼，前揭書，〈司馬遷作史年歲〉條；鄭鶴聲書，頁94；吉春書，頁87。

[6] 趙翼，上揭書，〈司馬遷作史年歲〉。按：史公之卒年，王國維認為絕不可考。參王氏，上揭書，頁209。

[7] 杜維運，上揭書，頁171。

[8] 《後漢書》卷四十上，〈班彪傳〉。王充，《論衡》，卷十三〈超奇篇〉以為「續太史公書百篇以上。」劉知幾《史通・古今正史》以為「作後傳六十五篇」。

年（西元五十八年）至建初八年（即建初最後一年，西元八十三年），前後共二十六年，惟上引〈班彪傳〉不云永平初，亦不云建初末，而言永平中、建初中，可知《漢書》之始撰年不始於永平元年，成書亦應不在建初末年。永平前後共十八年，建初僅八年，即共二十六年。若各以半數算，以符合所謂「永平中」、「建初中」，則只有十三年。然而，這明顯不符合〈班彪傳〉所云「二十餘年」之數。按：班固嘗以改作國史（即《漢書》）而下獄，固弟超乃馳詣闕上書營救。其事在永平五年。【9】換言之，《漢書》之始撰年，最晚不過永平五年。據上，成書年既不云建初末，則書成不在八年可知。然為符合上引〈班彪傳〉「二十餘年」之數，則成書年似不得早於建初七年。總言之，班固撰《漢書》，其始年不晚於永平五年；其終年，蓋在建初七年或充其量稍前一、二年，即共用約二十三年的時間始成《漢書》。【10】然而，《後漢書・列女傳・班昭傳》云：「八表及〈天文志〉，未及竟而卒。」〈班固傳〉：「及竇憲敗，固先坐免官，……及竇氏賓客皆逮考，兢因此捕繫固，遂死獄中，時年六十一。」據《後漢書・竇憲傳》，憲敗於和帝永元四年（公元九十二年）。然則班固即死於是年。據上揭〈班昭傳〉，是年班固卒而仍未成書，若由此倒溯至永平五年（西元六十二年）則班固撰《漢書》，前後不少於三十一年。若遵從陳漢章永平元年為始撰年之說，則前後共三十五年始成書。若從父死，【11】固潛精研思算起，則又多四

【9】參《後漢書》〈班彪傳〉及〈班超傳〉。

【10】陳漢章，《綴學堂初稿》卷二，〈馬班作史年歲考〉云：「永平元年奏記說東平王蒼，即以是年續父業。」（轉引自鄭鶴聲，《班固年譜》（上海：商務印書館，1929年，頁33。）按：〈班彪傳〉描述固嘗事東平王蒼。然而，其中不曾談及修《漢書》事。陳漢章以為「即以是年續父業」，不知何所據。鄭譜〈建初七年〉條同意陳漢章之說法，認為書成於建初七年。（鄭書，頁65-66）。

【11】〈班彪傳〉：「建武三十年，年五十二，卒官。」

年，即共三十九年。然而，〈班固傳〉既云：「……至建初中乃成，當世甚重其書，學者莫不諷誦焉。」則其書應已撰就。本乎此，〈班昭傳〉所云「八表及〈天文志〉未及竟而卒」，蓋指未及完全定稿而已，非謂班固全未撰述八表及〈天文志〉也。班昭及馬續固嘗有續補之作，然未知耗時多寡，今不予考論。

綜上所述，班固撰著《漢書》耗時約二十三年左右。

（三）范曄、司馬彪《後漢書》一二○卷

今通行本《後漢書》，紀、傳部分九十卷，作者為范曄；志三十卷，作者為司馬彪。茲先言紀、傳成書所須時日。《宋書·范曄傳》：「元嘉九年（西元四三二年）冬……不得志，乃刪眾家後漢書為一家之作。」是《後漢書》始撰於元嘉九年。又本傳記載元嘉二十二年（西元四四五年）范曄以參與彭城王劉義康逆謀事而伏誅，【12】曄時年四十八。其時《後漢書》尚未完全撰就，【13】是以，縱使從元嘉九年算至元嘉二十二年為止，前後共需時十四年。【14】

【12】《宋書》，卷六十九，〈范曄傳〉。清代以來，不少學者曾為范曄翻案，王鳴盛、李慈銘及陳澧即其例。彼等說法，分別見《十七史商榷》，卷六一，〈范蔚宗以謀反誅〉條；《越縵堂讀書記》，卷三，〈歷史·後漢書〉條中「同治丙寅（1866）七月二十二日之記載」；《東塾集》，附錄，〈申范〉條。然據〈范曄傳〉所載范氏之供辭，其知情不舉之罪恐怕是無所抵賴的。

【13】范曄卒前嘗撰〈獄中與諸甥姪書〉（收入《文選》），其中云：「……又欲因事就卷內發論，以正一代得失，意復未果。」是可知其《後漢書》尚未完全撰就。

【14】杜維運先生則有另一種說法；認為元嘉十七年以後，范曄忙於軍政要務，必無暇撰寫，故撰寫《後漢書》之時間，不超過十年。說見上揭《中國史學史》，第二冊，頁111。又；范書本含〈志〉，是范曄託謝儼撰寫的；然范敗後，謝恐其事累己，故所成者悉臈以覆車。事詳《後漢書·皇后紀（下）》近卷末處，注引沈約〈謝儼傳〉。按：《四庫全書總目·後漢書提要》，「謝儼」作「謝瞻」；

至於今本《後漢書》中〈志〉的部份，則原為晉司馬彪《續漢書》中所有，梁劉昭嘗為之作注。宋人以范書之紀、傳與之合刊，此即成今本《後漢書》。據《晉書‧司馬彪傳》，《續漢書》含紀、傳、志，凡八十篇。【15】今本《後漢書》中之八志，蓋八十篇中之八篇。《續漢書》撰著年份不詳。據《晉書》本傳，始撰年係在泰始中（西元二六六～二七五年）。司馬彪卒於惠帝末年（統治期西元二九〇～三〇六年）。其撰寫年代，姑從二七〇年算至三〇六年，即共三十七年。三十七年撰書八十篇，志佔八篇（即十分之一），故〈志〉部分之成書時間，姑算作三、四年。【16】三、四年加上范曄之十四年（詳前），今本《後漢書》之成書時間約為十七、八年。

（四）陳壽《三國志》六十五卷

據《華陽國志》卷十一〈後賢志‧陳壽傳〉，《三國志》始撰於晉平吳，天下復歸一統之後。換言之，即始撰年最早不過太康元年（西元二八〇年），其時壽年四十八。【17】至於成書於何時，史未有明說。今所見者，或作「數年」，或作「歷時近十年」，又或作「約經十年」而成書。【18】然均未明言何所據而有是說。《晉書》本傳載：「夏侯湛時

誤。參趙志漢、林劍鳴，〈范曄〉，陳清泉等編，《中國史學家評傳》（中州古籍出版社，1985 年），頁 208，注 36。

【15】《隋書‧經籍志》〈續漢書〉條作八十三卷。

【16】江淹嘗云：「修史之難，無出於志。」《通志‧總序》引錄是語後解釋謂：「誠以志者，憲章之所繫，非老於典故不能為也。」今以志與紀、傳修纂時間平均計算，姑取其便而已，以實際情況不詳也。按：《續漢書》之志亦有所本，彪於〈五行志序〉及〈律曆志論〉已分別指出「續前志」、「倣續前志」。故視為三、四年可以撰就〈志〉八篇，應是合理的考量。

【17】壽卒於元康七年（西元二九七年），時年六十五。參《晉書》本傳。以此逆溯之，可知太康元年，壽年為四十八。

著《魏書》，見壽所作，便壞已書而罷。」據《晉書》卷五十五，〈夏侯湛傳〉，湛卒於元康初，年四十九。按：元康乃惠帝號，共九年（西元二九一年～二九九年）。作「元康初」，可知其卒年非元年，蓋為二、三年。換言之，夏侯湛見壽所作，最晚不過元康二、三年。綜上所述，壽成書之時間，其上限不早於太康元年，其下限不晚於元康二、三年。換言之，即最長需時十三、四年；最短恐亦需時三、五年。【19】今取其折中，姑定為七、八年。

（五）房玄齡等《晉書》一三〇卷

《晉書》係房玄齡等人奉敕撰。前人多據《舊唐書·房玄齡傳》而認為其始撰年係貞觀十八年，【20】完成年為貞觀二十年。【21】余嘉錫《四

【18】此三種說法，分別見楊耀坤、伍野春，《陳壽、裴松之評傳》（南京：南京大學出版社，1998 年），頁49；陶懋炳，《中國古代史學史略》（長沙：湖南人民出版社，1987 年），頁131；瞿林東，《中國史學史綱》（臺北：五南圖書出版公司，2002 年），頁242。

【19】《三國志》中《魏志》及《吳志》部份，陳壽皆有成書可供參考。如王沈，《魏書》四十四卷、魚豢，《魏略》五十卷、韋曜，《吳書》五十五卷是也。獨《蜀志》部份，前人未有成書。然而，陳壽土生土長於蜀地凡三十年，且嘗任官，故蜀國歷史絕不陌生，三、五年間撰成六十五卷之《三國志》，非不可能也。

【20】大陸中華書局版《晉書》據《舊唐書·太宗紀（下）》改作「十七年」，然仍不免錯誤。

【21】蒲起龍，《史通通釋》卷十二，〈古今正史·貞觀纂錄〉條即主其說。余嘉錫，《四庫提要辨證》卷三，〈史部一·晉書〉條已辨其妄。然而，鄧之誠《中華二千年史》、金毓黻《中國史學史》、柴德賡《史籍舉要》、李宗鄴《中國歷史要籍介紹》、朱杰勤《中國古代史學史》以及1980 年版《辭海·晉書》條仍持其說。參張大可、彭久松，〈《晉書》〉，收入倉修良，《中國史學名著評介》第一冊，頁406。

庫提要辨證・晉書》條據《唐會要》卷六十三〈修前代史〉條及《唐大詔令集》卷八十一〈修晉書詔〉條末注「貞觀二十年閏三月」而指出《晉書》之始撰年為貞觀二十年。又《策府元龜》卷五五六，〈國史部・采撰二・房玄齡為司空〉條所載下詔修史時間亦同。至於修成時間，上引〈修前代史〉條及〈國史部・采撰二〉條並載《晉書》修成後，「賜皇太子及新羅使者各一部」。考新羅使者來朝時間，係貞觀二十二年十二月。【22】可知《晉書》於二十二年十二月前必已修妥。《舊唐書・太宗紀（下）》載房玄齡薨於二十二年秋七月。故事，王朝所修之前代史，例以官位最高且在世者領銜奏上。可知《晉書》必定成於二十二年七月前，是修史時間前後共三年（其實不多於兩年半）。【23】其中宣、武二帝紀及〈陸機傳〉、〈王羲之傳〉之論贊係太宗親撰，帝王參與正史之編纂，乃自太宗始。【24】

（六）沈約《宋書》一百卷

《廿二史劄記》卷九〈宋書多徐爰舊本〉條云：「沈約於齊永明五年（西元四八七年）奉敕撰《宋書》，次年二月即告成，共〈紀〉、〈志〉、

【22】參《舊唐書・太宗紀》；《資治通鑑》卷一九九。

【23】修史時間如是迅速，原因有二：一、有十九種前人著作供參考。據金毓黻所考，前人晉書計有二十三家，唐初可考者十九家。參氏著，上揭書，頁70-71。二、從監修算起，修史者共二十三人（含唐太宗）。參考《唐會要》卷六十三，〈史館上〉；《史略》卷二，〈唐御撰晉書〉條。修史人眾多，且有前書可據，故不出三年即可成書。

【24】其實，《晉書》之前，帝王已參與史書編撰工作。惜其書不傳。《宋書・自序》稱何承天、山謙之、蘇寶生及徐爰之《宋書》，宋孝武帝嘗撰臧質等人之傳記。又《梁書・武帝紀（下）》「史臣曰」之前載武帝「又造《通史》，躬製贊序，凡六百卷。」

〈列傳〉一百卷，古來修史之速未有若此者。」筆者向認定明初所修之《元史》成書最速，故趙翼所云不免啟人疑竇。《宋書》末卷（一百卷）〈自序〉載：「（永明）五年春，又被敕撰《宋書》，六年二月畢功。……〈本紀〉、〈列傳〉，繕寫已畢，合志表【25】七十卷，臣今謹奏呈。所撰諸志，須成續上。」據此，則一年左右修畢者，實僅得紀、傳七十卷而已，志尚未撰就。然而，廿六史中，以私人纂修言，一年時間即成七十卷之紀、傳，亦可謂至速者也。八志三十卷，不知成於何時。然書中嘗避齊明帝、梁武帝及其父等人之名諱，可知成書時間當在齊明帝稱帝（西元四九四年），甚至在梁武帝即位（西元五〇二年）以後。【26】若從永明五年（西元四八七年）奉敕撰書算起，迄梁武帝即位，已屆十六年。筆者以為沈約既以一年時間即成七十卷之紀、傳，則三十卷之志，恐不出一年便可撰就，即前後二年即可成全書。其因避諱而改易者，乃後來之事，非前後需十多年始撰就也。【27】沈約卒於天監十二年（西元五一三年），故無論如何，成書最晚不過是年。若從永明五年算起，則

【25】「志表」二字為衍文。參《十七史商榷》，卷五十三〈沈約宋書〉條。《冊府元龜》卷五六一，〈國史部・自序〉，〈梁沈約字休文〉條，「志表」作「七帙」。據此，作「志表」者誤，且《宋書》無表。又沈〈自序〉亦明言所撰諸志，須成始得續上也。

【26】參大陸中華書局版（1974）《宋書・出版說明》，頁2。

【27】沈約成書速捷，以有舊本可據也。參《宋書・自序》及《廿二史劄記》卷九〈宋書多徐爰舊本〉條。有以沈約個人極勤勞而認定此為《宋書》成書速捷之另一原因。黃寶權即持此說。說見倉修良，上揭書，第一冊，頁276；何茲全、趙儷生等，《中國古代史學人物（上）》（臺北：國文天地雜誌社，1989年）第一冊，頁73。按：黃氏所據者乃《梁書》卷十三，本傳，沈約以下的自述：「百日數旬，革帶常應移孔；以手握臂，率計月小半分。」然而，此自述者乃建武以後事，此上距永明六年撰就《宋書》紀、傳部分，至少相隔七年。沈約或向來勤勞，然黃氏所引沈之自述不足以為證。

二十七年耳。

（七）蕭子顯《南齊書》五十九卷【28】

《史通·古今正史》云：「梁天監中，太尉錄事蕭子顯啟撰齊史。書成，表奏之，詔付秘閣。」按：天監共十八年（西元五○二年～五一九年）。天監元年，子顯僅十四歲；【29】其不可能始撰《齊書》於是年明甚。大抵最早之始撰年應在天監中晚期，即子顯二十二、三歲至三十一歲（天監最後一年，子顯三十一歲）之間。據《梁書》本傳，子顯啟撰齊史之前，已成《後漢書》一百卷。人之時間精力有限，故子顯啟撰《齊書》，似應在天監末年。今姑定為三十歲前後。成書時間不詳。據《梁書》本傳述事之先後順序來看，《齊書》撰就詔付秘閣之後，子顯又啟撰高祖集及《普通北伐記》。按：梁武帝普通七年（西元五二六年）嘗發兵伐北魏，《普通北伐記》即記載其事者也。由此可知，《齊書》之成，必在普通七年之前。普通七年，子顯時年三十八。綜上所述，子顯

【28】按：《南齊書》本作《齊書》，《梁書》、《南史》〈蕭子顯傳〉及《隋書·經籍志》、《舊唐書·經籍志》、《新唐書·藝文志》可以為證。曾鞏《南齊書·目錄序》始作《南齊書》，蓋以別於李百藥之《北齊書》而有是稱。至於卷數，則上揭〈蕭子顯傳〉及〈隋志〉、《新唐書·藝文志》，均作六十卷；《舊唐書·經籍志》及〈目錄序〉則作五十九卷。〈目錄序〉並細述該書含「八紀、十一志、四十列傳，合五十九篇」。按：《史通·古今正史篇》已作五十九篇，所開列紀、志、列傳之數，與〈目錄序〉全同。那到底是五十九卷（篇）抑六十卷？《史通》之另一文〈序例篇〉云：「沈宋之志序，蕭齊之序錄，雖皆以序為名，其實例也。」上引〈古今正史篇〉所開列之五十九篇不含〈序錄〉，可知今所云之〈序錄〉明在五十九篇之外，合之則正好是六十篇。此篇蓋知幾撰《史通》時已亡佚，知幾亦僅悉其篇名而已。

【29】《梁書》本傳載子顯卒於大同三年（西元五三七年），時年四十九。大同三年逆溯四十九年，為齊永明七年（西元四八九年）。是年下距天監元年，得十四年。

撰《齊書》蓋在三十歲至三十八歲之間，換言之，修撰時間不多於八、九年。子顯幼聰慧；後又好學，工屬文。【30】六十卷之《齊書》恐不必八、九年始撰就，且前人相關著作頗多，【31】《齊書》之成，想需時二、三年即可。

（八）姚思廉《梁書》五十六卷、《陳書》三十六卷

廿四史中，以父子世業而成書者不少。《史記》、《漢書》、《梁書》、《陳書》、《北齊書》、《南史》、《北史》是也。今茲所述者為梁、陳書，作者係姚察父子。姚察在陳時即嘗修二史。【32】陳滅入隋，開皇九年，詔授秘書丞，別敕成梁、陳二史。【33】是奉敕修二史，當從開皇九年（西元五八九年）算起。然二史未撰就而察卒，臨終乃令思廉續成其志。思廉上表陳父遺言，有詔許續成之。【34】然表上於何時，詔下於何日，則不悉也。逮唐武德五年十二月二十六日，有詔令大理卿崔善為、中書舍人孔紹安及太子洗馬蕭德言修梁史；秘書監竇璉、給事中歐陽詢及秦王文學姚思廉修陳史。【35】然梁、陳二史，乃至同時下詔纂修之魏、周、隋、齊四史（即共六史），歷數年，竟不能就而罷。【36】貞觀三年，太宗乃令時為著作郎之姚思廉修梁、陳史。【37】據兩唐書本傳，時為秘書監之魏徵亦參與其事。按魏徵為梁、陳、齊、

【30】參《梁書》本傳。

【31】參《廿二史劄記》，卷九，〈齊書舊本〉條。

【32】《舊唐書》卷七十三；《新唐書》卷一〇二，〈姚思廉傳〉。

【33】《陳書》卷二十七，本傳。

【34】同註【32】。

【35】《唐會要》卷六三，〈修前代史〉條；《舊唐書》卷七十三，〈令狐德棻傳〉。

【36】同上註。

【37】《舊唐書》，〈令狐德棻傳〉。

周、隋五代史之監修官，就梁、陳二史來說，嘗撰本紀部份及《陳書·皇后傳》後面之史論。【38】僅就二史之「正文」而言，思廉恐係太宗下詔令修史之唯一執筆者。貞觀十年正月二十日，房玄齡等上所修成之五代史，內含梁、陳二史。【39】

若從貞觀三年太宗下詔修史，算至貞觀十年史成奏上為止，則梁、陳二史纂修時間為前後八年。【40】陶懋炳云：據史籍記載，思廉奉敕修二史，始於貞觀二年，較其他撰者早一年。又云：貞觀九年，已成二史。杜維運亦云，二史修成於貞觀九年。【41】然二氏皆未明言據何等史籍而云然。就成書於貞觀九年而論，筆者以為雖或無史料佐證，然當可以意得之。蓋貞觀十年正月二十日即奏上五代史，則書成於九年可知矣。果爾，則二史纂修時間為前後七年。【42】

（九）魏收《魏書》一三〇卷（若不分子卷，則一一四卷）

號為「穢史」【43】的《魏書》，從正式下詔修書算起至書成奏上止，

【38】參大陸書局版《梁書》、《陳書》之〈出版說明〉。

【39】《唐會要·修前代史》條。本條所開列之修纂者計有房玄齡、魏徵、姚思廉等共八人；雖未明言梁、陳二史為姚思廉所修，但據上引〈令狐德棻傳〉及〈姚思廉傳〉，則知思廉係太宗下詔修二史後，「正文」部份之唯一修撰者。

【40】《史通·古今正史》云：「皇家貞觀初……彌歷九載，方始畢功」，恐誤算一年。

【41】倉修良，上揭書，第一冊，頁342；杜維運，上揭書，第二冊，頁206。

【42】如上所云，開皇九年（西元五八九年），思廉父察已奉敕纂修二史。開皇九年迄貞觀九年（西元六三五年），前後共四十七年。若連同其前姚察私纂之年月並算，則更不止此數。按：《梁書》多出察手，紀、傳論贊多有「陳吏部尚書姚察曰」可證。反之，《陳書》論贊，除兩卷作「陳吏部尚書姚察曰」外，餘皆作「史臣曰」，可知《陳書》多出思廉手無疑。

【43】據《北齊書·魏收傳》，書出，眾口喧然，號為穢史。《史通·古今正史篇》尤深惡其書。逮邵晉涵《南江文鈔·魏書提要》、凌廷堪《魏書音義》及《四庫全

僅四年而已。但魏收奉敕修《魏書》前嘗兩次修國史（即魏史），故修書時日長短，須細述之始得其究竟。魏收第一次奉敕典起居注，並修國史，乃在北魏節閔帝為帝之時（西元五三一年），收時年二十六。【44】第二次奉敕修國史之時日不詳，蓋在武定二年（西元五四四年）前不久。【45】北齊建立的第二年，即文宣帝天保二年（西元五五一年），復詔魏收修魏史。這可以說是第三次詔收修史。但這三次修史，似乎並沒有若何具體成果。朝廷察悉其事，乃於天保「四年（西元五五三年），除魏尹，故優以祿力，專在史閣，不知郡事。……以成《魏書》。辨定名稱，隨條甄舉，又搜採亡遺，綴續後事，備一代史籍，表而上聞之。勒成一代大典，凡十二紀、九十二列傳，合一百一十卷。五年三月奏上之。……十一月，復奏十志，……凡二十卷，續於紀傳，合一百三十卷。」【46】可見第一、二次修史，甚至北齊建立後天保二年正式下詔修前代史，都沒有具體成果。天保四年，魏收不知郡事，專在史閣，始得全幅精神貫注下來，翌年乃得竟其前功。由此來說，收修《魏書》之時日，前後僅兩年。【47】所以能夠迅速成書，以所憑藉之史料及前人相關

書・魏書提要》面世，世人始改觀焉。近人如周一良、孫同勛皆嘗為魏收辯護。周文見《燕京學報》第十八期，1935 年 12 月；孫文見《幼獅學報》第四卷，第一、二期，1971 年 10 月。余嘉錫，《四庫提要辨證・史部一》亦嘗論辨其事，所言中肯而有據。筆者以為以「穢史」稱之，恐或過當，然魏收肆情曲筆，書非實錄，殆可斷言。

【44】《北齊書》，本傳。

【45】本傳記述收「修國史」後，隨即述說孝靜帝武定二年如何如何，由此可推知收第二次奉敕修國史當在武定二年前不久。

【46】《北齊書》，本傳。

【47】據本傳，除收外，尚有通直常侍房延祐、司空司馬辛元植、國子博士刁柔、裴昂之、尚書郎高孝幹等人，共同修史，但不能由此認定因修史者眾多，故成書速。蓋此等「史官」皆魏收一手延攬之人；非乏史才，即不堪編輯，甚至左道求

著作眾多故也。此前人已有所述論，【48】今不贅。

《魏書》最引起史家注意者，厥為被稱作「穢史」一事。其次，書成後，文宣帝竟命撰著人魏收與被記述者之諸家子孫共加討論其內容！再者，孝昭帝及武成帝竟先後分別下詔魏收更加研審《魏書》。收奉召後，不得不予以改正／改易。【49】後主武平四年（西元五八〇年）又嘗下詔修改《魏書》，時魏收已卒。【50】《魏書》修成，二十年間竟連續獲四帝之"睠顧"，或令其更加研審，或令與當事者共加討論，其事可謂空前絕後，故特予指出如上。

（十）李百藥《北齊書》五十卷【51】

本書係李德林父子所撰。始撰年份不詳。按：魏收嘗與德林共相討論國史起元斷限問題，【52】據《北齊書》卷四十二〈陽休之傳〉，知事在武平中。又《隋書》載武平三年（西元五七二年），詔德林修國史。【53】而所謂國史即北齊史也。因此，《北齊書》之始撰年，可從武

進者亦有之，蓋收恐所引史官凌逼欺壓，因此「唯取學流先相依附者」。可知這批史官只是掛名，為魏收背書之人而已。修史工作，實魏收一人獨自進行。

【48】陳連慶把《魏書》的取材分成十二類，可知所據史料相當多。見倉修良，上揭書，第一冊，頁310-313。

【49】各事皆見本傳。

【50】參《北史》卷八，〈齊本紀下〉，武平四年五月條。此條所謂「詔史官更撰《魏書》」，據高似孫《史略》，卷二，〈後魏書〉條所引《三國典略》，可知乃係命中書監陽休之裁正《魏書》。

【51】據《廿二史考異》卷三十一〈北齊書·神武帝紀〉條所載，《北齊書》原文，今僅存十八卷。然大陸中華書局版《北齊書·點校後記》則認為卷五十亦非原文。依此，《北齊書》原文，今僅存十七卷。今本《北齊書》大抵以《北史》及唐人史鈔補其缺。參《北齊書·點校後記》。

【52】《隋書》卷四十二〈李德林傳〉。

平三年算起，蓋五十卷之書，德林在齊撰就者已過半。（子百藥在唐時所續不過三分之一耳。【54】）逮開皇初，德林「奉詔續撰，增多齊史三十八篇，以上送官，藏之密府。」【55】惟全書尚未畢功而德林卒。【56】唐武德五年，詔裴矩、祖孝孫、魏徵修齊史，然「綿歷數載，竟不就而罷。」【57】貞觀三年，太宗詔修梁、陳、齊、周、隋五代史。十年正月書成奏上。【58】十年正月已上奏其書，則書成蓋在前一年，即貞觀九年（西元六三五年）無疑。德林之卒年，史無明文記載，惟《隋書》本傳載開皇十年，德林任湖州刺史，轉懷州刺史；年餘，卒於官，時年六十一。據此，德林之卒，蓋在開皇十一年（西元五九一年）或十二年（西元五九二年）。打從武平三年（西元五七二年）修國史起算至本年，則德林修《齊書》前後共二十年左右。惟二十年又可細分為兩階段：一為武平三年後若干年；一為隋開皇初年至開皇十一、十二年。兩階段所需確實年月不詳，今姑視作十年。蓋十年成三十八篇之書當綽綽有餘。其子百藥於貞觀三年奉敕承續父書，至貞觀九年書成，共演為五十卷，【59】則前後需時為七年。然則德林父子成書之總時日為前後共十七年左右。【60】

【53】同上註。

【54】《史通・古今正史篇》云：「李在齊預修國史，創紀傳書二十七卷。」

【55】同上註。三十八篇，蓋三十八卷。

【56】《隋書》，本傳。

【57】《唐會要》卷六十三〈修前代史〉條。

【58】同上註。

【59】參註【56】；《舊唐書》卷七十三〈令狐德棻傳〉；《史通・古今正史》。

【60】按：李百藥撰《北齊書》所據之前人成書而唐初猶存者，有以下數種：崔子發《齊記》三十卷（參《隋書・經籍二》）、杜台卿《齊記》二十卷（《隋書》本傳）、王劭編年體《齊志》二十卷、紀傳體《齊書》一百卷（均見《隋書》本傳）、不標撰人之《北齊記》二十卷（參兩唐志）、祖珽（祖孝徵）《黃初傳天錄》（述載

（十一）令狐德棻《周書》五十卷

　　唐初史家自以魏徵最為知名，此以其史論最為人豔稱樂道而有以致之。竊以為其諫諍上之表現，更足以助長其聲價，此則非關乎學術。然而，就實際從事史書之纂修或相關之文化事業來說，最有貢獻者，恐莫如令狐德棻。據《舊唐書》卷七十三，本傳，舉凡預撰《藝文類聚》、建議購募遺書、建議修五代史、總知類會諸史、主編《周書》、預修《晉書》、監修國史及《五代史志》，纂修《實錄》、《氏族志》，並審訂《南北史》等等，真可謂「國家凡有修撰，無不參預」。【61】

　　德棻纂修《周書》，始於武德五年（西元六二二年）高祖下詔修六代史（梁、陳、魏、齊、周、隋）之時。【62】德棻外，受詔修史者尚有侍中陳叔達及太史令庾儉。然其事「綿歷數載，竟不就而罷。」【63】七年後的貞觀三年（西元六二九年），太宗再下詔修五代史。【64】時仍為秘書丞的令狐德棻與秘書郎岑文本負責纂修五代史中的《周書》；德棻又奏引殿中侍御史崔仁師佐修其書。岑、崔二人皆有史才，《周書》之史論，且多出自文本之手。【65】貞觀十年正月，房玄齡等奏上五代史。【66】

　　獻武帝（即神武帝高歡）起居事，見《史通‧古今正史》）、陸元規《文宣皇帝實錄》（見《史通‧古今正史》）等。

【61】然而，德棻史學上的貢獻和成就，直至最近始獲得應有的關注。參瞿林東，〈令狐德棻和唐初史學〉，《人文雜誌》，1982年，第1期；陳清泉等主編《中國史學家評傳（上）》（中州古籍出版社，1985年），頁386-403；有關審正《南北史》方面，參李延壽，《北史》卷一百，〈序傳〉。

【62】按：高祖所以下詔修史，實緣乎德棻之建議，其時為武德四年。參《唐會要》卷六十三〈修前代史〉條。

【63】同上註。

【64】原擬修六代史，以魏史有魏收、魏澹兩家，已詳備，遂不復修。參《舊唐書‧令狐德棻傳》。

十年正月已奏上，可知貞觀九年諸史已撰就。是《周書》之纂修，前後耗時七年。

《周書》可參稽的前人“製成品”很少，這與《北齊書》、《魏書》之多有舊籍、成書可倚仗憑藉，其情況可謂大不同。劉知幾云：「宇文周史，大統年有秘書丞柳虯兼領著作，直辭正色，事有可稱。至隋開皇中秘書監牛弘追撰《周紀》十有八篇，略敘紀綱，仍皆牴忤。」【67】柳虯書到底有多少篇幅，以至是否可作為德棻等人修稽之資，史無明文。至於牛弘書，則只有十八篇，且「仍皆牴忤」，德棻可以資取者，恐怕亦是十分有限。然則，《周書》幾乎可說是“無中生有”的創始性的著作了。尚有一點必須指出，《周書》雖成於三人之手，但如上所述，岑文本只撰史論，崔仁師則係德棻之助手，難怪趙翼指出說「《周書》乃其一手所成」了。【68】

（十二）魏徵等《隋書》八十五卷

唐初所修五代史，唯《隋書》成於眾人之手，其餘如《梁書》、《陳書》、《北齊書》，皆父子世業，《周書》大體上由令狐德棻一人獨成之（詳見上文所論）。至於《隋書》，或題為魏徵等撰；或其中紀傳部份題魏徵等撰，部份分題長孫無忌等撰。【69】總之，《隋書》應該是第一部成於眾人之手的官修正史。武德五年高祖下詔修六代史，《隋書》如同他史，皆「綿歷數載，竟不就而罷。」貞觀三年，太宗復下詔纂

【65】參《舊唐書》卷七十〈岑文本傳〉；卷七十四〈崔仁師傳〉。

【66】《唐會要》卷六十三〈修前代史〉條。

【67】《史通・古今正史》。

【68】趙翼，《陔餘叢考》，卷七，〈周書〉條。

【69】宋天聖二年《隋書》刊本紀傳部份及志部份即分題撰人。參倉修良，上揭書，第一冊，頁389。

修。魏徵受詔總加撰定《隋書》，其中序論皆出其手。【70】此外，顏師古、孔穎達、許敬宗、李延壽、敬播等人並預其役。【71】貞觀九年，《隋書》五十五卷撰就。【72】是以修書時間前後共七年。惟志部份尚未動筆。貞觀十五年（西元六四一年），于志寧、李淳風、韋安仁、李延壽等奉命續修史志。【73】十七年，褚遂良又奉敕參預其事。【74】永徽元年（西元六五〇年），令狐德棻奉命監修，【75】逮永徽三年，改由長孫無忌監修。【76】顯慶元年（西元六五六年）書成，共十志，

【70】《舊唐書》卷七十一，本傳。

【71】顏、孔修《隋書》事，見《史通・古今正史》；又《舊唐書》，卷七十三，〈孔穎達傳〉亦及穎達修史事；許敬宗修《隋書》，見《舊唐書》卷八十二，本傳，又見卷七十一，〈魏徵傳〉；李延壽，見《北史・序傳》；敬播，見《舊唐書》卷一八九（上），本傳。此外，《新唐書》卷五十八，〈藝文二〉〈隋書八十五卷、志三十卷〉條下註明尚有韋安化（「化」當作「仁」）及趙弘智等人。按：韋氏不知何許人；其參預修《隋書》事，未悉其詳。趙弘智，《舊唐書》卷一八八有傳，但僅籠統云：「預修六代史」。

【72】據《唐會要》卷六十三〈修前代史〉條，書成奏上乃在貞觀十年正月。因此成書當在前一年，即貞觀九年無疑。

【73】見《隋書》（大陸中華書局版），〈出版說明〉。數人修志事之見於《舊唐書》者，情況如下：李淳風見於卷七十九，本傳；于志寧見於卷七十八，本傳，惟其中僅籠統云：「……監修國史」；韋安仁（《新唐書》卷五十八〈藝文二〉?作「韋安化」）事，兩唐書皆闕；李延壽，見卷七十三，本傳。又《新唐書・藝文二》，〈志三十卷〉條下，尚有「趙弘智」一人，惟《舊唐書》卷一八八，本傳僅云：「預修六代史」。

【74】《北史・序傳》云：「十七年，尚書右僕射褚遂良時以諫議大夫奉敕修隋書十志。」以尚書右僕射修史，遂良蓋為監修。

【75】《舊唐書》卷七十三，本傳。

【76】《隋書・出版說明》。

三十卷。【77】十志附入《隋書》，蓋以隋為五代最後一王朝也；然其內容實涉五代。故俗呼為《五代史志》。【78】綜上文，貞觀十五年始撰十志，書成於顯慶元年，前後共十六年。若連同紀、傳部份耗時七年，則八十五卷之《隋書》，成書時間前後共二十三年。

（十三）李延壽《南史》八十卷、《北史》一百卷

李延壽【79】於唐初追終其父大師之遺志，完成《南、北史》。至於

【77】《唐會要・修前代史》條；《舊唐書》〈高宗紀（下）〉顯慶元年條。

【78】《史通・古今正史》；陳振孫，《直齋書錄題解》卷四，〈隋書八十五卷〉條。然而，此十志早擬作為《隋書》之一部份，恐修書時已然，蓋參與修撰者之一李延壽《北史・序傳》已有「《隋書》十志」之記載。此外，十志置諸《隋書》內，據尹達所考，實與「以隋為鑑」之思想分不開。按：魏徵最重視以史為鑑之精神。所主編之《隋書》，其序、論七十多首（詳上揭《中國史學家評傳（上）》，頁355），充滿以隋為鑑、取鑑資治、取鑑於亡國、以史資治、居安思危的思想。此等史論實與其政論思想相一貫。其史論旨在資當世之治。魏徵政論，概見兩唐書本傳、《貞觀政要》等書。上揭尹達之意見，見所著《中國史學發展史》（臺北：天山出版社）上冊，頁153。

【79】李延壽生卒年，兩唐書不載，《舊唐書》本傳：「……延壽嘗撰《太宗政典》三十卷表上之，歷遷符璽郎，兼修國史。尋卒。調露中，高宗嘗觀其所撰《政典》，嘆美久之。」據此，則延壽必卒於調露之前。按：調露為高宗年號，僅得一年（西元六七九年）。高宗觀覽《太宗政典》之時間與《政典》書成之時間，恐相距不遠。高宗觀書於調露，則延壽之卒，當在其前之儀鳳年間。上揭《廿五史論綱》，頁134，即作「卒在儀鳳之末」。此應該可信；惟又云：「約六十七歲」，則不知何所據！楊耀坤根據梁廷燦《歷代名人生卒年表》，認為延壽生於開皇中，卒於儀鳳中，年約八十餘。楊文收入上揭《中國史學家評傳（上）》，頁302-320。今確實可知者為延壽父李大師卒於貞觀二年，時年五十九。延壽係大師第四子。（參《北史・序傳》）大師生延壽，恐至少三十歲。貞觀二年為五

大師撰史之動機，延壽《北史・序傳》嘗予以揭露。【80】大師撰史前後約四年。卒時尚未撰就，以為沒齒之恨。【81】此遺憾不久即獲得彌補。大師去世之翌年，即貞觀三年，其子延壽在顏師古、孔穎達手下纂修《隋書》。乃於編輯之暇，晝夜抄錄五代史事之相關記載。【82】貞觀五年，丁母憂去職。此時抄錄的工作恐怕停頓下來。三年後服闋，乃以前所抄錄者編次之。【83】自此迄貞觀十七年，以修《晉書》及《隋書》十志之便，延壽又得以勘究、披尋記載南、北朝史事的典冊。綜上所述，貞觀三年迄十七年，延壽修《南、北史》的工作，大抵以抄錄前人之成書（含貞觀十年已撰就之五代史）為主；編次連綴的工作，雖時在進行，但進展緩慢。【84】但即以這種修史的準備工作（抄錄）而言，已耗時十五年（貞觀三年至十七年）。【85】顯慶四年（西元六五九年），延

十九歲，則三十歲乃當開皇十九年（開皇最後一年為二十年）。故云延壽生於開皇中，當合理。其逝世在儀鳳年間，上文已有所論述。

【80】〈序傳〉云：「大師少有著述之志，常以宋、齊、梁、陳、魏、齊、周、隋，南北分隔，南書謂北為索虜，北書指南為島夷。又各以其本國周悉，書別國並不能備，亦往往失實。常欲改正。」

【81】大師編撰《南北史》，始於王世充、竇建德被平服而大師以譴徙配西會州，後又召至河西之時。其時為武德四年。自此迄武德六年再遣返西會州時，以閒居無事，大師大抵均在披閱修史方面之相關資料。但遭遣返後，著述計畫恐不得不終止。武德九年中會赦迄貞觀二年五月去世，在接近兩年的歲月裡，大師重新繼續進行修史的計畫。是大師修《南、北史》，前後耗時約四年。參《北史・序傳》。

【82】《北史・序傳》，有關顏、孔及延壽修纂《隋書》事，詳上文。

【83】何時服闋，史無明文。姑從常例，視為三年可也，即二十七個月。

【84】上揭〈序文〉。

【85】見〈序傳〉。然〈序傳〉又明確記載云：「私為抄錄，一十六年」，何以有一年之差異？按：自貞觀三年算至貞觀十七年為十五年。或貞觀十八年編次連綴之同時，抄錄仍在進行，故〈序傳〉作十五年。

壽奏上《南北史》。自貞觀十八年（西元六四四年）抄錄工作告一段落算至顯慶四年，剛好十六年。此十六年之修史工作，蓋在於編次連綴（含刪補）宋、齊、梁、陳、魏、齊、周、隋八代史。當然，延壽亦嘗參稽比勘八代史以外的其他雜史。就《南、北史》之纂修來說，編次連綴的工作好比修撰。因此，延壽於〈序傳〉中乃云：「始末修撰，凡十六載。」由此來說，若從抄錄的工序算起，則延壽修史時間先後凡三十一年，若連同其父之四年合算，則凡三十五年。【86】

（十四）劉昫等【87】《舊唐書》【88】兩百卷【89】

本書之始撰及書成奏上之年月，分別為後晉高祖天福六年（西元九

【86】以所見之各種史學史、史學名著評介等書來說，皆云延壽修史所用之時間為十六年。此緣未細讀〈序傳〉而致誤。〈序傳〉一云：「始末修撰，凡十六年」，再云：「私為抄錄，凡十六年。」可知其為二事也，即共為三十二年。然抄錄階段之末年即修撰工作之始年（屬同一年），故應算作一年。是以筆者即以三十一年視之。並參瞿林東，〈李延壽—願將史筆寫一統〉，收入《中國古代史學人物（上）》（臺北：國文天地雜誌社，1989年）頁132。瞿氏即分作兩階段，各十六年算；可為先得我心。

【87】今通行本《舊唐書》皆作劉昫等撰。據兩《五代史》本傳，劉昫並未參與纂修事。以書成時為宰臣，按例宰臣領銜監修史書，故得列名耳。《舊五代史》卷八十四〈少帝紀〉云：「監修國史劉昫、史官張昭遠（史文原作張昭，避後漢高祖劉知遠諱也。今回改）等以新修《唐書》紀、志、列傳並目錄凡二百三卷上之。」此記載比較得其實情。其實，修史之初，宰臣趙瑩最為有功。（見《舊五代史》卷八十九，本傳）。其後尚有桑維翰亦嘗任監修之責。《舊五代史》卷八十九〈桑維翰傳〉僅載維翰「監修國史」。然據謝保成所考，維翰顯然負責前代史《唐書》之監修。（見所著〈劉昫〉一文，收入《中國史學家評傳》，頁458-474）是《舊唐書》之監修，前後共三人。其中趙瑩最有貢獻；桑維翰貢獻不詳，恐亦無具體作為；劉昫則純以成書時為宰臣，故得獨領銜。修史之人，據《五代會要》

四一年）二月及出帝開運二年（西元九四五年）六月，前後共五年。【90】
成書可謂極速捷。然而，其前蒐集資料之時間則相當長。梁繼唐而興。
早在龍德元年（西元九二一年），梁末帝已允從史館之奏，許家傳、章
疏等編錄送納朝廷。後唐明宗天成元年（西元九二六年）九月，又命人
往成都徵求唐朝實錄。又長興二年（西元九三一年）五月又許搜訪唐宣
宗以來野史以備編修。再者，長興三年（西元九三二年）十一月，史館復
上奏購募野史等資料。明宗亦從之。【91】是蒐集資料之階段，前後凡十二
年。本書所以能夠迅速撰就，其前之長期捃摭資料當為一主因。此外，本
書又多本實錄國史原文，不必多加剪裁整飭，此又為另一原因。【92】再

卷十八〈前代史〉條，計有張昭遠、賈緯、趙熙、鄭受益、李為光、呂琦、尹
拙、王伸等。此外，尚有崔梲一人。崔修史事，見《舊五代史》卷四十二〈晉明
宗紀〉；卷九十三，本傳則僅云：「直史館」。此外，又見《宋史》卷二六三，
〈張昭傳〉。

【88】《舊唐書》因避石敬瑭嫌名之諱，原不作《唐書》，更不作《舊唐書》。參《日
知錄》卷二十六〈舊唐書〉條之註文。據《五代會要》，〈修前代史〉條，本作
《李氏書》；《史略》卷二〈劉昫唐書〉條則作《李氏紀志列傳》。後不必避石
敬瑭之諱，故作《唐書》。及歐、宋《唐書》出，為作區別，故分別以《舊唐
書》、《新唐書》稱之。

【89】本書卷數，歷來記載不一。今作兩百卷，乃據大陸中華書局版《舊唐書》。清
武英殿本亦然。

【90】《五代會要・修前代史》。

【91】以上四事，分別見《舊五代史》兩帝紀相關年月下的記載。

【92】《舊唐書》之"基本史料"，趙翼已清楚指出本乎實錄、國史。見《廿二史劄記》
卷十六〈舊唐書前半全用實錄國史舊本〉條；《陔餘叢考》卷十〈舊唐書多國史
原文〉條。當然，尚有其他資料為據。詳參吳楓，〈舊唐書與新唐書〉，《中國
史學名著評介》，頁553-556。大陸中華書局版，《舊唐書・出版說明》，頁11，
亦稍及本書資料之來源，可並參。

者，後晉統治者，以至修史諸人之各有其政治意圖以修史，恐亦係促成本書迅速撰就之另一原因。【93】

（十五）歐陽修、宋祁《新唐書》【94】二二五卷

本書題為歐陽修、宋祁所撰，此固然，惟參預其事者，前後又不止二人。故事，官修史書，書成奏上，惟列官最高者一人。歐公以為宋祁於列傳部分，功深日久，不得掩其名奪其功。於是紀、志、表部份，則書其名；列傳部份則書宋祁名。【95】歐公稱頌宋祁「功深日久」，是確然有據的。【96】至於參預其役之其他成員（含監修官），所知者計有：賈昌朝、丁度、劉沆、王堯臣、張方平、余靖、曾公亮、趙師民、何中立、宋敏求、范鎮、楊察、趙?、王疇、呂夏卿、劉羲叟、梅堯臣等，連同歐、宋二人，即共十九人。【97】其中，自以歐、宋二人貢獻最大。此

【93】詳參張孟倫，《中國史學史》（蘭州：甘肅人民出版社，1986年），下冊，頁93-96。

【94】《新唐書》原作《唐書》。然成書於南宋之《郡齋讀書志》、《直齋書錄解題》，甚至北宋吳縝之《糾謬》，已作《新唐書》，可知《新唐書》一名，宋時已流行。惟今存南京刻本、明監本及汲古閣十七史本，仍作《唐書》，可知兩書名又同時並行。清武英殿本則作《新唐書》。《新唐書》一名遂為定名，並沿用至今。

【95】《歐陽文忠公集》，附錄〈先公事蹟〉。

【96】宋敏求《春明退朝錄（下）》載賈魏公（賈昌期）慶曆四年（西元一〇四四年）建議修《唐書》。翌年，宋景文（宋祁）即參與其事。嘉祐五年（西元一〇六〇年）書成。曾公亮〈進唐書表〉即指出凡十七年而撰就。宋祁始終預其役，故歐公以「功深日久」稱之。歐公《歐陽文忠公集・表奏書啟四六集》卷二〈辭轉禮部侍郎劄子〉亦逕稱宋祁修《唐書》凡十七年。

【97】參《續資治通鑑長編》卷一五五〈仁宗慶曆五年五月己未〉條；卷一五六，〈慶曆五年閏五月庚子〉條；上揭宋敏求書；上揭〈進唐書表〉。此外，被荐修史者，尚有邵必一人，惟邵氏以為史出眾手，非是，而辭卻之。錢大昕〈修唐書史

外，當以范鎮、王疇、呂夏卿、劉羲叟及宋敏求次之。【98】

本書之修撰，緣乎慶曆四年賈昌朝之建議。翌年五月仁宗即降詔修書。受詔修史眾人中，以宋祁最為著力用功。【99】惟其書延宕十年而未成。【100】仁宗遂於至和元年八月詔歐公修纂之。【101】歐公乃主持紀、志、表之撰著，並負責通讀全稿；列傳方面，仍委諸宋祁。【102】經過七年的努力，於嘉祐五年，《唐書》遂底於成。自慶曆四年下詔算起，前後凡十七年。若自翌年正式修史算起，則前後凡十六年。

（十六）薛居正等《舊五代史》【103】一五〇卷

本書原題為「宋門下侍郎參知政事監修國史薛居正等撰」。除居正

臣表〉按提舉官、刊修官及編修官三欄分別開列參與者各人姓名及以何官充任修史事，頗便參看。該表收入《嘉定錢大昕全集》（南京：江蘇古籍出版社，1997），第四冊。

【98】參上揭〈辭轉禮部侍郎劄子〉；上揭〈進唐書表〉。

【99】宋祁知亳州，嘗以史稿自隨；知益州時，公務再煩忙，仍不忘修史；又嘗於前任監修謝世後，疏請朝廷依例命宰臣續任。可知宋祁於修《唐書》事，最為盡力用心。參《長編》卷一七〇〈仁宗皇祐三年三月乙卯〉條；《宋史》本傳；《玉海》卷四十六；《景文集》卷四十八〈西州猥稿系題〉；卷二十九〈乞宰相監修唐書疏〉。

【100】仁宗至和元年（西元一〇五四年）七月甲子詔宋祁、范鎮等速上所修《唐書》。事見《長編》卷一七六。慶曆五年（西元一〇四五年）受詔至今剛好是十年。

【101】〈盧陵歐陽文忠公年譜〉，見《歐陽文忠公文集》卷首。

【102】歐公負責紀、志、表，宋公則負責列傳之撰著，相關記載見《歐陽文忠公集・附錄・先公事蹟》；《郡齋讀書志》卷二上〈正史類〉；《直齋書錄題解》卷四〈正史類〉；《玉海》四十六〈嘉祐新唐書〉條。又：據高似孫，《史略》卷二〈皇宋修唐書〉條，宋祁「亦曾自作紀、志」。

【103】《舊五代史》原稱《五代史》或《梁唐晉漢周書》。熙寧五年（西元一〇七二年）

黃兆強　二十五史編纂時間緩速比較研究 —— 附清史稿　285

外，修史者尚有：盧多遜、扈蒙、張澹、李昉、劉兼、李穆、李九齡七人。【104】

　　本書始撰於宋太祖建國後第十四年，即開寶六年（西元九七三年）。【105】時天下尚未一統，國家尚未大定，太祖降詔修書，以史為鑑，並藉以示褒貶的意圖是相當明顯的。【106】當然，吾人不能否認太祖對文化建設事業之本身亦相當關注。在下詔修《五代史》以前，早在建國後的第二年，即建隆二年，王溥等於該年正月便上《唐會要》一百卷，太祖即詔藏史館，並賜物示恩；同年八月，又修成《周世宗實錄》四十卷；乾德元年七月，王溥又上《五代會要》三十卷；二年正月並敕趙普監修國史。【107】這種種表現，似乎都可證明宋太祖本身相當關切並鼓勵文化事業；其修史不是純然基於政治目的或政治意圖的考量而已。其實，太祖「好讀書」、「重儒者」（《宋史・太祖紀三》）。其關注修書事業，當與此不無關係。

　　開寶七年閏十月，《舊五代史》纂修完成並奏上。【108】打從前一年

_____

　　歐陽修私撰《五代史記》刊刻問世。後人為作區別，遂稱前者為《舊五代史》，
　　歐史為《新五代史》。原只稱《五代史》，參《宋大詔令集》卷一五〇〈修五
　　代史詔〉條；《長編》卷一四〈太祖開寶六年四月二十五日戊申詔〉條。稱作
　　《梁唐晉漢周書》，參大陸中華書局版《舊五代史・出版說明》。

【104】見《郡齋讀書後志》卷一〈正史類・五代史一百五十卷〉條；《玉海》卷四十
　　六〈五代史、五代史記〉條引《中興書目》。

【105】見《宋大詔令集》卷一五〇〈開寶六年四月戊申・修五代史詔〉條；《長編》卷
　　一四；《宋史》卷三〈太祖紀〉。

【106】太祖所下的修史詔可為佐證：「唐季以來，興亡相繼，非青編之所紀，使後世
　　以何觀？近屬亂離，未遑纂集。將使垂楷模於百代，必須正褒貶於一時。……」
　　見《宋大詔令集》卷一五〇〈修五代史〉條。

【107】分別見《長編》卷二、卷二、卷四、卷五相關條目。

【108】《長編》卷一五〈開寶七年閏十月甲子〉條。

新亞學報第二十二卷

四月受詔始撰，迄今前後凡二十個月而書成。所以如是速成，主要原因
是：一、逕以五代各朝實錄及范質《五代通錄》為基本史料轉錄而成
書。【109】二、史官「尚多逮事五代，見聞較近。」【110】三、太祖本人重
視修史。【111】

歐陽修《新五代史》刊刻流行後，薛史遂與之並行於世。逮金章宗
泰和七年（西元一二〇七年），詔學官止用歐史，薛史遂微。元、明以
來，傳本漸就湮沒，逮乾隆下詔修《四庫全書》，邵晉涵乃就《永樂大
典》中輯其條目、予以整齊彙編，薛史遂得以重見天日。【112】

（十七）歐陽修《新五代史》【113】七十四卷

本書始撰年，未能確知。惟據歐陽修撰於寶元元年（西元一〇三八
年）〈答李淑內翰書〉，【114】可推知本書大抵係歐陽修於景祐元年（西
元一〇三四年），時年二十八在京師擔任館閣校勘，因「不能自閒，輒

【109】 參《廿二史劄記》卷二一〈薛史全採各朝實錄〉條；《四庫提要》卷四六〈舊
五代史條〉。又早於十年前已成書之《五代會要》，恐亦係主要參考之對象。

【110】《四庫提要‧舊五代史》。

【111】本書纂修過程中，雖未見太祖予以關注之相關記載，但書成奏上，太祖即予閱
覽，並於翌日對其中之史事做出評論，此正可佐證太祖本來便重視該書之纂
修。事見《長編》卷十五。

【112】《四庫提要‧舊五代史》。金章宗詔學官止用歐史，見《金史》卷十二〈章宗紀〉。

【113】《新五代史》，據南宋所撰之書籍，如《通志‧藝文略‧正史》、《玉海‧五代
史記》引《中興書目》及《郡齋讀書志‧正史類》，均作《五代史記》，（《宋
史‧歐陽修傳》亦作《五代史記》），可知《五代史記》當為本名，後人或稱《新
五代史記》，或簡稱《新五代史》。參徐誥，上揭書，頁203。稱作《新五代
史》者，蓋以區別於薛書也。

【114】收入《歐陽修全集》（北京：中華書局，二〇〇一年），卷六十九，頁1004。

欲妄作」的時候開始撰寫的。此外，歐陽修撰於景祐三年（西元一〇三
六年）〈與尹師魯第二書〉【115】云：「前歲作《十國志》」。「前歲」無
確指，惟大抵指該年之前一、二年。然則作《十國志》當在景祐元年左
右。《十國志》乃《新五代史》初稿的一部份。【116】據上述兩〈書〉，
《新五代史》當始撰於景祐元年前後無疑。至於何時成書，則未有定論。
皇祐五年（西元一〇五三年）歐公嘗去函梅聖俞論及其事。函云：「閒
中不曾作文字，祇整頓了《五代史》，成七十四卷……此小簡立焚，勿
漏史成之語。」【117】然則成書於皇祐五年，應不必致疑。惟至和元年
（西元一〇四五年），歐公〈與澠池徐宰無黨書〉云：「《五代史》，昨
見曾子固議，今卻重頭改換，未有了期。」【118】是本來已成之書，後因
曾鞏之建議而須重做了。重做的工作又何時完工？嘉祐五年（西元一〇
六〇年）歐公嘗撰〈免進五代史狀〉上奏仁宗。〈狀〉云：「（《五代史》）
銓次未成，昨自還朝，便蒙差在《唐書》局，因之無暇更及私書，是致
全然未成次第。欲候得外任差遣，庶因公事之暇，漸次整緝成書，仍復
精加考定，方敢投進。冀於文治之朝，不為多士所誚。」【119】〈狀〉中所
謂「全然未成次第」、「銓次未成」，筆者以為只是自謙語，恐「為多
士所誚」而故意說的退讓話。然而，無論如何，《新五代史》雖經重做，
但未能讓作者歐公本身滿意是可以斷言的，否則歐公便不必上該
〈狀〉，乞請免進其書了。該書何時完工，史無明文。歐公卒於熙寧五年
（西元一〇七二年）八月甲申，卒後三日，詔令歐陽修家上其所撰《五代

【115】同上註，頁1000。

【116】參上揭《中國史學家評傳·歐陽修》（中），頁478-479。此《評傳》又指出尹
　　　師魯嘗參與《新五代史》的編纂工作。見頁479。

【117】同註【114】，頁2455-2456。

【118】同註【114】，頁2473。

【119】同註【114】，頁1706。

史》。【120】卒後始令上書，則該書殆至歐公卒時恐仍未能全然定稿也。

大致上，吾人可說，《新五代史》之始撰年約為景祐元年（西元一〇三四年），初稿成於二十年後的皇祐五年（西元一〇五三年）。後屢作屢修，迄歐公卒（西元一〇七二年）而仍未能定稿。然則前後耗時近四十年。

（十八）脫脫等《遼史》一六〇卷、《金史》一三五卷、《宋史》四九六卷

以都總裁脫脫為首而纂修的遼、金、宋三史，始修於至正三年（西元一三四三年）。完成時間則三史不盡相同。茲先說《遼史》。

遼朝倣中原體制，嘗修起居注、日曆、實錄等。以實錄而言，先後凡纂修四次。最後一次由耶律儼主其事，趙翼以為「當遼之世，國史惟此本號為完書。」【121】金朝建立，所修之《遼史》便以此為基礎。有金一代纂修《遼史》凡兩次，最後一次經陳大任手而完成，後人乃有「陳大任《遼史》」之稱。

元朝繼興，世祖於中統二年（西元一二六一年）即嘗從王鶚之建議，下詔修遼、金二史。【122】惜事未成。四年後的至元元年（西元一二六五年），王鶚又再建議，世祖復從其議。然事亦未付諸實行。延祐、天曆間又數度詔修而未竟。（參《廿二史劄記》卷二十三，〈宋遼金三史〉條。）其事延宕八十餘載，逮順帝至正三年（西元一三四三年）三月，以修宋、遼、金三史之義例獲得解決，【123】乃命脫脫等人纂修三

【120】參《宋史》卷一五〈神宗紀二〉，熙寧五年八月甲申條（按：甲申係八日）；《宋會要輯稿·崇儒》（鄭州：河南大學出版社，2000）〈崇儒五·獻書升秩·熙寧五年〉條：「五年八月十一日詔潁州令歐陽修家上修所撰《五代史》。」

【121】《廿二史劄記》卷二十七〈遼史〉條。詳參上揭書《中國史學名著評介》，第二卷，頁153-154。

【122】《元史》卷四，〈世祖紀一〉。

【123】「三國各與正統，各繫其年號，議者遂息。」（語見《庚申外史》卷上），即宋、遼、金不必互相統屬，義例問題遂獲得解決。

史。起同年四月迄四年三月，《遼史》經過前後十三個月的努力便大功告成。【124】所以速成之原因，以上揭耶律儼書及陳大任書俱在故也。【125】纂修官廉惠山海牙、王沂、徐昺及陳繹曾（俱見中華書局版《遼史》附錄〈修史官員〉表）稍加整齊排比便得成書。

至於《金史》之纂修，其一再延宕之原因，亦正如《遼史》。及至正三年三月〈修三史詔〉下，【126】《金史》便開始纂修。【127】翌年十一月，阿魯圖上〈進金史表〉。（時脫脫已去相位，繼任者為阿魯圖）此標誌著《金史》纂修完成。然則前後凡二十一個月而成書。【128】《金史》所以速成，以所據之底本及史料本自豐厚故也。金朝實錄、王鶚《金史》、劉祁《歸潛志》及元好問的相關著作皆係元修《金史》的最佳底本。【129】底本既完善，則據以整齊加工便成佳構。《金史》為三史中之最優者，正以此故。【130】

【124】 至正三年四月至四年三月，乃據脫脫〈進遼史表〉（收入大陸中華書局版《遼史》）。《遼史·出版說明》等文獻謂《遼史》十一個月成書。按：至正四年有閏二月，故其成書，縱使首尾兩個月只算作一個月，至少亦有十二個月。

【125】 參《廿二史劄記》卷二十七，〈遼史〉條。

【126】〈修三史詔〉，附見於大陸中華書局版《遼史》全書之末。

【127】 據〈修三史詔〉，三年三月二十八日，順帝進一步聽取脫脫等人的奏議之後始下詔修三史，故三史之修，其最早之日期應不早於同年四月。〈進金史表〉未明言《金史》始撰於何月，然〈進遼史表〉則明言《遼史》始撰於三年四月，故《金史》之始撰疑正同。

【128】至正三年四月算至年末，凡九個月。至正四年有閏二月，故正月至十一月，凡十二個月。即前後共二十一個月。

【129】《廿二史劄記》卷二十七，〈金史〉條；《金史》卷一二六，〈元好問傳〉。

【130】據大陸中華書局版《金史》附錄〈修史官員〉表，脫脫乃為都總裁，阿魯圖則為領三史事。阿魯圖既為現職宰相，故領銜表上《金史》。按：三史中，僅《遼史》成書時，脫脫仍居相位。然而，歷來皆以脫脫等人撰三史者，蓋脫脫既解

正史中篇幅最大的《宋史》，其始撰年月與遼金二史同。即始於至正三年四月。【131】經過兩年多的時間，在五年十月便完成。【132】換言之，即須時約三十二個月而已。成書所以速捷，實與所據史料充裕及國史完備有絕大的關係。《宋史》多據國史原本稍為排次而成文，趙翼嘗暢論之。【133】至於修史的動機，〈修三史詔〉有如下的記載：「……這三國為聖朝所取制度、典章、治亂、興亡之由，恐因歲久散失，合遴選文臣，分史置局，纂修成書，以見祖宗盛德得天下遼、金、宋三國之由，垂鑑後世，做一代盛典。」分析這段文字，可知悉為了保存既有的典章制度並藉以資鑑，是修史的動機所在。蒙元雖以外族入主中國，然治亂興亡的歷史往蹟被視為鑑戒之資，則與漢族政權無異也。

（十九）宋濂、王褘【134】《元史》二百一十卷

《元史》纂修於明洪武初年。朱元璋得天下半年後便下詔纂修《元

決了三史義例問題，又解決修史經費問題；貢獻至大，三史由是皆署其名。參上揭《中國史學名著評介》，第二冊，頁166-167。《金史·修史官員》表開列總裁官八人，其一為歐陽玄；纂修官則為六人。各人中，似歐陽玄之貢獻最大。參《元史》卷一八二，本傳。

【131】順帝至正三年三月下〈修三史詔〉；三史之修輯乃始於同年四月。詳參上註127。《宋史》篇幅最大的原因有二：各正史中，除《史記》記載上下數千年之歷史時段外，餘則以《宋史》記載兩宋逾三百年的歷史時段為最長。年代長，則史事多。此外，《宋史》乃據宋代起居注、日曆、時政記及國史等典冊而成書。此等典籍，宋代最為繁富。《宋史》據以成書，宜乎篇幅遠在他史之上。《宋史》所根據史料，參上揭書，《中國史學名著評介》，第二冊，頁193-195。

【132】未悉《宋史》成書之確切日期。阿魯圖等上〈進宋史表〉之日期係至正五年十月二十一日。《宋史》成書蓋稍前於是。

【133】《廿二史劄記》卷二十三〈宋史多國史原本〉條。

【134】王褘，或作王禕。何冠彪嘗作考證；以為作「褘」為是，今從之。何冠彪，〈王

史》，筆者以為朱氏藉修史以收文宣之效，向天下明示其為天命攸歸的唯一真命天子的意圖是很明顯的。【135】《元史》分兩個階段完工。第一階段的起迄時日為：洪武二年二月丙寅至同年八月癸酉，共一八八天。所以不克繼續，原因是元末代皇帝（元順帝）無實錄，故撰史作業暫停。俟遣使臣往各地蒐採完備之後，撰史作業始得再度展開。此即第二階段，其起迄時日為：洪武三年二月乙丑至同年七月丁亥，共一四三天。兩階段共三三一天。【136】《元史》是這三百多天內在修史局纂修完成的，然而，兩階段間的一七一天，修史工作不得視為全然停頓，蓋其為使臣出外蒐採資料之時段，顧工作場所不在史局，修撰工作暫停耳。若連同一併計算，則整個修史作業便須時五〇二天。

（二十）柯劭忞《新元史》二五七卷

明初修成之《元史》問題叢多，明清兩代不少學人或予以糾謬或更撰新史。【137】清末民初人柯劭忞可謂這方面的殿軍。民國八年（西元一九一九年）教育部呈請時為大總統之徐世昌，特頒明令列入正史。徐世昌從之，並親為之撰序一首。【138】徐序提到柯氏「……參互考訂，殫十

裨二題〉，何冠彪，《明清人物與著述》（香港：香港教育圖書公司，1996年），頁1-8。

【135】詳參黃兆強，〈元史纂修若干問題辨析〉，《東吳歷史學報》，創刊號，1995年，頁157-164。

【136】宋濂，〈元史‧目錄後記〉，收入大陸中華書局版《元史》附錄；詳參註135，頁153-157。

【137】筆者嘗論述明清兩代學人這方面的努力，較重要之專著計有《清人元史學探研》（台北：稻鄉出版社，二〇〇〇年）；〈明人元史學編年研究〉，《東吳歷史學報》，第九期，二〇〇三年，頁95-144。

【138】大總統令、教育部呈文及徐世昌序，均附見《元史二種‧新元史》（上海：古籍出版社，1989年）一書內。

餘年之精力」而始成書。可知《新元史》始撰於民元前。然確切始撰年份及所謂「十餘年」到底多少年,則未悉其詳。又徐序中提到柯氏「既入翰林,假館中所貯永樂大典讀之,則裨於元史者,鈔為巨帙,固知其有著書之志矣。」按:柯氏成進士於光緒丙戌年(西元一八八六年)。其入翰林亦應在同一年。然則以蒐集元代史料來說,其事即始於一八八六年。一八八六年至民國九年(西元一九二〇年)書成列為正史,前後共三十五年。【139】嗣後,《新元史》又有所修改。改定本出版於一九三〇年,此即退耕堂庚午重訂本。惟此本只略加修改初刻本而已,基本內容無大異。【140】《新元史》固有其價值,然從史料立場論,則遜於宋濂、王禕之《元史》。

(二十一)張廷玉等《明史》三三六卷(含目錄四卷)

正史中纂修時間最長的是《明史》,前後共九十五年始成書。該書分數階段完成。清廷入關翌年,即順治二年(西元一六四五年)便下詔修《明史》。該年五月,命大學士馮銓、李建泰、范文程、剛林、祁充格為總裁,開設《明史》館。【141】然而,順治一朝,《明史》館的成就只在於蒐羅史料。而所謂蒐羅史料,其實只是保存宮中固有的明代實錄而已。馮銓任總裁多年,其成績只不過是依《通鑑》體史書寫得明史稿數帙。【142】

康熙四年(西元一六六五年)八月,聖祖下詔,嚴厲督促禮部行文

【139】 書成於一九二〇年,乃據上揭《元史二種・新元史・出版說明》。

【140】 詳參上揭《中國史學名著評介》,第三卷,頁402。

【141】《清世祖實錄》卷十六,〈順治二年五月癸未〉條。

【142】 楊椿〈再上明鑑綱目總裁書〉,載《孟鄰堂文鈔》卷二。參喬治忠,《清朝官方史學研究》(台北:文津出版社,1994年),頁178-179。

【142】《聖祖實錄》卷十六,〈康熙四年八月己巳〉條。

內外各衙門，著從速查送明代事跡及各種相關檔案。【143】這個徵集史料的活動，會修《世祖實錄》而罷止。按：《世祖實錄》初修於康熙六年七月，【144】由此可知明代史料的徵集活動亦止於是月。總言之，從順治二年迄康熙六年，前後共二十三年，《明史》館的工作只在於蒐集史料；纂修工作尚未開始。康熙十八年三月開博學鴻儒科考試，中式者共五十人，均被安排「俱著纂修《明史》。」【145】同年五月，「命內閣學士徐元文為《明史》監修總裁官，掌院學士葉方靄、右庶子張玉書為總裁官。」【146】四年半之後，即康熙二十二年十一月，《明史》各纂修官已撰成大部分初稿。康熙三十年，徐元文逝世，但因為得到萬斯同的協助，在病逝前已勒成四百一十六卷本的史稿。繼任者王鴻緒仍聘請萬斯同於官邸繼續刪訂史稿。康熙四十一年史稿於稍加更正之後，便進呈御覽。次年發還部份史稿；修訂工作繼續進行。萬氏卒於康熙四十一年，王鴻緒則於四十八年解職還鄉。年前史稿進呈御覽，迄今已七年，然《明史》館未能再修訂出一部成稿。由此可知，康熙四十一年萬斯同所訂正者，其後雖歷經七年，然並無大幅度之更動。據上所述，《明史》的纂修工作，最重要的時期是康熙十八年至四十八年，即約三十年。康熙四十八年鴻緒免職回籍時，竟將明史稿中列傳部份全數攜歸。此一行為反映出《明史》館的修史工作及相關業務已然廢弛，否則何得無人過問！【147】史館工作雖停擺，但鴻緒本人的修訂工作卻加緊進行，康熙五十三年乃進呈《明史列傳稿》二〇八卷。清廷著存放於《明史》館。五十四年，鴻緒又將《明史》本紀、志、表諸稿，連同略加修改之上年進呈之列傳，彙成一部完整的明史稿，計三百一十卷。清世宗登極，採取

【144】同註【138】。

【145】《聖祖實錄》卷八十，〈康熙十八年三月甲子〉條。

【146】同上註，〈康熙十八年五月乙未〉條。

【147】詳參喬治忠，上揭書，頁183-189。

一系列整頓國務的措施。鴻緒乃於雍正元年六月進呈《明史稿》。同年七月世宗下詔重新組建明史館。雍正十三年十二月，全書告成。今所成者，可說是以王稿為基礎而增刪修訂完成的。乾隆四年（西元一七三九年）七月全書刊刻完竣，連目錄共三三六卷。【148】

綜上所述，《明史》之撰，前後歷時九十五載（西元一六四五年至一七三九年），然其中康熙六年七月至十八年五月，約十二年，其間《明史》館之工作基本上已廢弛停頓。換言之，《明史》館正式修史之工作（不含刻書之三年半），其進行時間約八十年，其中以康熙十八年至四十八年最有具體成效。又值得一提的是，《明史》刊刻之後，高宗又嘗下詔予以修改。其事始於乾隆四十年【149】，終於乾隆五十四年史臣恭校上為止。【150】

（二十二）趙爾巽等《清史稿》五三六卷

清社既屋，民國肇建。三年春，國務院呈請設清史館，時任大總統之袁世凱乃聘請清遺老趙爾巽任清史館館長，負責修史。【151】嗣後，先後參與其事者凡一百多人。【152】經十四年努力，民國十六年史稿已大致完成。纂修過程可細分為三時期：第一期始民國三年至六年（西元一九一四至一九一七年），為創始混亂時期，然經費充裕；第二期始民國六

【148】同上註。身為總裁的張廷玉乾隆四年七月二十五日嘗上明史表。〈表〉中稍及《明史》纂修過程。〈表〉附見大陸中華書局版《明史》。喬治忠對清廷纂修《明史》的經過嘗作深入的論述。本節大體上根據喬氏的論說。喬文見上揭書，頁177-196。

【149】參《高宗實錄》卷八十三〈乾隆四十年五月甲子〉條。

【150】參《四庫全書》本《明史》提要。

【151】參朱師轍，《清史述聞》（台北：樂天出版社，1971年），頁2。

【152】張爾田嘗開列清史館館員名錄，同上註，頁284-295。

年至十五年（西元一九一七年至一九二六年），修史比前期漸有頭緒，然經費竭蹶，館員日散，館務時停時續。第三期始民國十五年至十六年（西元一九二六年至一九二七年），館員素質較整齊，經費得軍閥資助，修史事乃得賡續。惟此時（民國十六年）趙爾巽以年齒遲暮為由，恐不克待全稿撰定；於是召集館人會議後，乃決定先行付梓。此事委袁金凱總理并發行，金梁任校對。同年秋，爾巽病故，柯劭忞以總纂身份兼代館長。民國十七年（西元一九二八年）《清史稿》印刷完竣，共印一千一百部。【153】是本書由民國三年始修至民國十七年印製畢發行時止，前後共歷十五年。【154】

【153】必須一述的是金梁所任之職只是負責校對書稿，然其人私心自用，竟偷將撰人文稿增改，復將卷首職名任意開列，又私作校刻記，竊稱總閱。及被發現時，所印製完成者已有四百部運往東北，館中僅存七百部。館人乃對存書做了一些抽換。以兩者有別，時人遂稱前者為關外本，後者為關內本。關外本內容後又有所改動，是為關外二次本。詳參朱師轍，上揭書，頁79-80；上揭《中國史學家評傳》，下冊，頁1126-1133。

【154】《清史稿》雖經纂修十多年，然實為未成之書。以政治觀點之不符民國之要求，一九二九年故宮博物院《清史稿》審查委員會呈請南京國民政府嚴禁發行，更不必說列為正史了。其實，該書之學術水平亦有問題。參上揭《中國史學家評傳》，下冊，頁1132-1144。

三、廿六史成書所需時間一覽表【155】

排序【156】	書名	卷數	作者	編纂動機／原委	成書所需時間	備註
1	元史	210	宋濂、王禕等	奉敕撰	331 天	若連同兩個階段開局修史之間的蒐集史料的時間合算，則為 502 天。
2	遼史	160	脫脫等	奉敕撰	13 個月	
3	舊五代史	150	薛居正等	奉敕撰	20 個月	
4	金史	135	脫脫等	奉敕撰	21 個月	
5	魏書	130	魏收	奉敕撰	不多於 2 年	此僅計算魏收悉力撰史所用的時間。
6	宋書	100	沈約	奉敕撰	約 2 年	七十卷紀、傳約一年即成書；三十卷志想必不必耗時一年，今姑作一年算。
7	晉書	130	房玄齡等	奉敕撰	不多於 2 年半	
8	宋史	496	脫脫等	奉敕撰	32 個月	

【155】本表乃據各史成書時間長短依順序予以開列；以成書時間短者起首。

【156】此排序僅供參考，以考量因素眾多，難獲定論故也。參下節〈結論〉之論述。

【157】梁天監中，「蕭子顯啟撰《齊史》。書成，表奏之，詔付秘閣。」（語見《史通・古今正史》）今未見梁武帝下詔同意所請之詔書。然子顯既嘗上奏啟撰《齊史》；書成後，又獲「詔付秘閣」，則梁武帝必曾下詔同意所請。是以今概以「奉敕撰」視之。

9	南齊書	59	蕭子顯	奉敕撰【157】	約2、3年	最多不出8、9年
10	舊唐書	200	劉昫等	奉敕撰	5年	若蒐集資料時間合算，則為17年。
11	梁書 陳書	56 36	姚察、姚思廉父子	奉敕撰	約7年	七年成兩書，故平均三年半成一書。然而，若從開皇九年姚察奉敕算起，則成書時間遠不止七年。
	周書	50	令狐德棻	奉敕撰	約7年	
12	三國志	65	陳壽		約7、8年	最長需時13、14年，最短恐不少於3、4年。今取其折衷。
13	史記	130	司馬遷	繼父志、倣孔子撰《春秋》	約14年	若從出遊考察蒐集資料算起，則需時35、36年。書成至卒前可能作的修改合算，則更不止此數。
14	清史稿	536	趙爾巽等	奉總統令撰	15年	

37

15	南史 北史	80 100	李延壽	繼父李大師遺志	16年	十六年成兩書，故平均八年成一書。然而，若從抄錄前人成書（八代史）算起，則前後31年。若其前李大師修史時間亦一併合算，則需35年。
16	新唐書	225	歐陽修、宋祁等	奉敕撰	17年	歐公修史時間為7年，宋祁則始終參預其事。又：若從下詔後翌年始正式修史算起，則修史時間為16年。
16	北齊書	50	李德林、李百藥父子	奉敕撰	約17年	李百藥唐初奉敕撰本書僅需時約7年。然本書大部份為李德林所撰；耗時約10年。故共約17年。
17	後漢書	120	范曄、司馬彪	范曄從政不得志而撰	不少於17年	范氏所撰紀、傳記部份需時14年。司馬彪部份（本係《續漢書·志》）視作3、4年。

18	新元史	257	柯劭忞	不滿《元史》	十數年	若含蒐集資料階段，則為35年。撰成後之修改時間如一併合算，則為45年。
19	隋書	85	魏徵等	奉敕撰	23年	
20	漢書	100	班固等	續父書	約23年	若固父彪、固妹昭及馬續修史時間合算，則遠不止23年。
21	新五代史	74	歐陽修	不滿意薛史	近40年	此40年乃含重頭改換之重寫時間合算。
22	明史	336	張廷玉等	奉敕撰	50多年	若連同蒐集、抄錄史料的23年合算，則約80年。此外，史館修史工作基本上已廢弛停頓的十二年（康熙六年至十八年）及刻書時間三年多如一併計算，則共為95年。全書刊刻後，高宗乾隆四十年之後又嘗數度下詔修改。若修改時間合算，則又不止95年。

四、 結論

中國是個史學大國，這是毫無疑問的。有累世不斷的史籍，亦有多方發展的史體。【158】多方發展的史體中，至少從撰寫於七世紀的《隋書·經籍志》以還，紀傳體的正史便永遠居於目錄書中史部的首位。至於累世不斷的史籍，當中自然以紀傳體正史最有代表性，蓋自兩千年前司馬遷撰就太史公書以來，可以說無代無紀傳體史書的著作，就正統王朝本身來說，除清朝外，每一王朝至少有一部紀傳體正史記述其歷史發展。紀傳體正史於各體史書中所以永遠屬於首要地位，想可從上述說明中得其梗概。

廿六史【159】為治國史者所經常參稽取給的重要基石。然而，其編纂修撰時間何者較長，何者較短，則不甚了了。筆者本文即以此為主軸作一論述，並依修史時間長短作一排比。此概見上文。然而，上節〈廿六史成書所需時間一覽表〉中各史的成書時間，尤其排序先後，僅供參考，不為定論。原因是修史的時間如何算，實不免見仁見智。如撰寫前的準備時間或書成後的修改時間，算或不算，其結果便會有很大的出入。

大體來說，筆者上表只比較各史修撰時所用的時間。至於其他方面所耗用的時間，則不作比較；而僅於備註欄中稍作說明。譬如修史前蒐集史料所花的時間便不作比較，因為這方面很不好比較。以司馬遷為例，其出遊考察、作口訪，乃至筆錄，當然對日後修史有正面的貢獻，可視為撰史的準備階段。然而二十年出遊考察，又非純粹為日後修史而

【158】魏應麟標舉六義以論述中國史學的特質與價值，其中首要二義便是這兩項。見所著《中國史學史》（上海：商務印書館，一九四一年），第一章。

【159】按：《清史稿》未被官方承認為正史，故正史只有廿五部，而「廿五史」一名便成一專有名詞。今為行文方便，姑納入《清史稿》而概以「廿六史」稱呼之。

成行，如二十年一併算進來，似嫌過當。且自另一角度視之，實貶低史公之撰史能力。十四年修成五十二萬六千五百字的史書，今反要三十多年始成書，豈非小看了他！《新元史》情況亦正同，今不細表。

再者，書成刊刻後再予修改的時間，筆者亦不予計算比較。如《新元史》書成刊刻於民國九年，十年後又再修改重刻；《明史》書成出版於乾隆四年，三十多年後又改版重刻。此中的十年、三十年筆者皆不予計算。主要原因是這些修改，就史學求真方面來說，皆無關宏旨，史書原貌不以此而有大更動。然而，歐陽修《新五代史》之修改時間，筆者則予以計算。這是因為歐公嘗謂書成後因曾鞏議而「重頭改換」其製作。既大幅更動重寫，所花時間固宜納入一併計算。

再需要指出的是，上表修史時間多寡的比較排序，只是一實然情況的開列，絕不是說成書速者即為佳構，成書緩者即為劣品。其實，各史情況差異極大。就「起跑點」來說，至少有兩項懸殊。一為修史人數多寡不同，再者所據史料或前人舊作豐厚亦不一。成書後篇幅相差亦極大，更不要說質素了。一人成書者，或父子世業成書者，人少力拙，理論上來說，耗時應較長。然而，其實不盡然。如沈約《宋書》、姚察父子《梁書》、《陳書》等等耗時皆不長。前者惟二年，後者亦不過七年。人多成書者，如《元史》及《明史》兩書即是。然前者三三一天成書，後者五十多年（或算至九十五年）始成書。可見修史人數多寡與成書快慢亦無絕對必然關係。至於篇幅多者，如《宋史》四九六卷，成書時間不足三年。篇幅少者，如《周書》僅五十卷，然成書時間凡七載；《北齊書》亦僅五十卷，惟成書時間更長至十七年。可見篇幅多寡與成書緩速亦無必然關係。素質高者，莫如前四史，然各史成書所需時間豈多於《明史》，此又可見時間長短與素質高低亦無必然關係。

綜上所述，時間長短、修史人數多寡、篇幅大小，均與成書緩速無必然關係。筆者以為成書緩速與否，實與修史者是否積極（如魏收）、是否具備史才（如司馬遷、陳壽、蕭子顯）及是否認真（如歐陽修撰《新

五代史》)有莫大關係。積極者成書速；認真者成書緩；具備史才者成書速，惟史公例外，蓋記述上下數千年史事，且體例為新創，故成書較慢。除上述修史者個人主觀因素外，客觀因素亦有大影響。其中之一為皇帝是否積極推動／干預修史。《元史》成書最為速捷與朱元璋因政治考量而大力干預有絕對關係。再者，是否有實錄、國史，甚至前人舊作可憑，亦有相當關係，如《宋書》、《南齊書》、《魏書》及《舊唐書》成書速捷即其例。當然此亦不可一概而論，如《明史》雖有實錄可為憑藉，但無助其書速成即為一反例。

本文之撰，原只想獲悉各史成書時間長短緩速後，作一順序排列而已。不意發現撰史時間緩速長短，竟與上述主、客觀因素有各種必然或概然之關係。此不得不謂一意外的收穫。

＊本文發表於2003.06.13-14東吳大學歷史學系舉辦之「第四屆史學與文獻學學術研討會」會議上。承蒙講評人台灣大學榮譽教授王德毅先生稱許并給予不少寶貴意見，拙文賴以改正，謹此致謝。

海上絲路與環球貿易
——以十六至十八世紀中國海外貿易為案例

李木妙*

一、前 言

本文所作的研究，在討論新航路發現後十六至十八世紀（即明清之際）海上絲綢之路——中國對外海上貿易的發展概況，並試圖從貿易的縱切面時間發展歷程中，探索其由點到面，由面而體，最後促使環球性貿易體系的形成。

基於篇幅與時間的限制，本文僅以十六至十八世紀中西之間的貿易關係為研究案例約略作說明。文中討論的範圍：就時間而言，始自明武宗正德八（1513）年，葡萄牙人喬治・阿爾瓦瑞斯（Jorge Alvares）自馬六甲（Malacca）啟航來華，作為本文研究的上限；而終於清高宗乾隆五十八（1793）年英國正式派馬戛爾尼（George Lord Macartney, 1737-1806）使華，要求通商傳教止，為本文的研究下限，上、下限前後共約280年。期間約略可劃分為「官方朝貢貿易衰落階段」、「民間自由貿易發展階段」、「海禁實施期間貿易階段」、「沿海多口限制貿易階段」和「廣州獨口集中貿易階段」等五個歷史發展階段。

就空間而言，主要以中國沿海港口，如浙江的寧波、杭州、雙嶼、舟山岑港，福建的廈門、泉州，漳州的月港，晉江的安平，廣東的廣州、南澳、澳門，台灣的澎湖、大員、淡水等貿易據點。是時與中國直接通商的包括東北亞、東南亞、西亞及東非、西歐與美洲等四大層面；而各地區亦發展域內貿易，間接貿易網更遍及全球，由是構成一個環球

---

*本所碩士（1985）、博士（1990），現為本所副教授。

性的貿易體系，並連結各區域而成世界性的市場。

本文主要分為五個部份：首部份為前言，重點在說明研究的對象及範圍；次部份側重分析十六至十八世紀對外海上貿易的國內、國際的歷史背景；第三部份在對十六至十八世紀中國海外貿易縱切面的時間發展，劃分為五階段加以概述；第四部份扼述十六至十八世紀中國海外貿易促使環球性貿易體系的形成和對中外交通、文化科技交流、各國社會經濟的發展及政治危機等影響略加析述；最後為結論，對明清之際中國海外貿易在當時世界經濟史上的地位與貢獻作初步的評詁，並總結全文。

二、明清之際海外貿易的時代背景

明清之際，即自十六至十八世紀，中國對外海上貿易的產生與發展，有其一定的國際時代背景和本國的歷史條件，茲分述如下：

（一）國際背景方面

十六至十八世紀的中國海外貿易發展，在國際背景方面，主要可追述自十五世紀後期以來，歐洲（特別是西歐）不斷地向外探險及航海，諸如東、西新航路與地理的大「發現」[1]、各國對貿易的需要及西歐殖民地者的相繼東來。然而前者，有其宗教上和經濟上的動機，同時也有地理知識和航海技術等方面的憑藉。

1. 東西航路與地理上大發現

除了宗教、經濟[2]的動機之外，使東西新航路與地理大「發現」成為可能的憑藉，則是地理知識與航海技術的進步。十五世紀末至十六世

---

[1]「發現」（discovery）一詞，英文的解釋是「使世人知道」，中文解釋，古稱「通」，如「張騫通西域」。

[2] 宗教上在擴展基督教勢力，尋找基督教約翰王國共同對抗穆斯林信徒的進攻；經濟方面在尋找黃金、發展東方貿易。

紀初,歐人連續不斷的向外探險、航海:諸如1488年葡萄牙人狄亞士(Bartolomew Diaz)發現南非「好望角」(Cape of Good Hope)[3]、1492年代表西班牙的哥倫布(Christopher Columbus, 1446-1506)向西遠航美洲新大陸、1497年葡人達·伽瑪(Vasco da Gama, 1469-1524)發現東通往印度的新航路;1522年西班牙人斐迪南·麥哲倫(Ferdinand Magellan, 1480-1521)及其隨員向西航行橫渡大西洋、太平洋、印度洋,再繞過南非返回西班牙,完成人類史上首次的環球航行。上述連串的東、西新航道與美洲新大陸之「發現」,除了為西歐海外擴張及殖民事業奠立基礎之外,更重要的意義則是打通東、西環球的貿易新航路,促使爾後歐、亞、非、美洲等世界各地市場連結而成為一體[4]。

2. 歐洲各國對貿易的需要

歐洲的土地肥沃、礦產豐富,各種生活的資料均不虞缺乏;但其面積畢竟有限,某些高價值的貨物自古即仰賴外地輸入,特別是從中國、印度和東南亞輸入食品、藥材及日常用品等[5]。及至十五世紀後期,西歐隨著「商品經濟」(Manufacture Economics)的發展,使傳統自給自足的「自然經濟」(Natural Economics)為之解體,資本主義(Capitalism)生產方式萌發崛起,而封建制度(Feudalism)逐漸走向崩潰,手工業與商業日漸發達,自有拓展海外市場的需要,其中尤以葡萄牙、西班牙、荷蘭等國為甚,而英國亦不例外。可是商品、貨幣經濟發展的結果,西歐各國急需大量的貴金屬作為支付手段,故渴望發展東方的海外市場,並獲取黃金;同時自十字軍東征以後,歐洲與東方的商業貿易不斷擴大,但1452年土耳其帝國的崛起與東羅馬帝國的滅亡,東西交通隨著君士坦丁堡的陷落而中斷,歐人積極尋找東航新道,發展與東方的貿易更

【3】 王曾才《西洋近世史》(台北:正中書局,民國68年),頁13-14。

【4】 李木妙《明清之際海外貿易史研究》(香港:新亞研究所講義,1995年),頁11-12。

【5】 同【3】註,頁8。

形迫切，而中國更是其通商的重要對象【6】。

3. 西方殖民勢力東來

在十六、十七世紀「西方東漸的第一波」【7】中，歐洲各國以葡萄牙東來最早，其勢力自印度向東伸展至馬六甲甚至中國的澳門，所以十六世紀前半為葡萄牙活躍的時代；十六世紀後半西班牙亦從美洲向西跨越太平洋，將其勢力伸至遠東的菲律賓。十六世紀末期，葡、西兩國的海上勢力逐漸衰落，尤其是英國於1588年擊潰西班牙的無敵艦隊之後，荷蘭、英國海上勢力逐漸崛起，並侵蝕葡、西兩國的勢力圈而漸漸東進；最初，荷英聯合對付西班牙，十七世紀上半為荷蘭海上稱霸時代，勢力薄弱的英國無法與之抗衡，遂從東亞和東南亞撤退，而致力於印度貿易，同時也關閉在日本平戶的商館【8】。直至十七世紀下半，英國海上霸權建立，逐漸取替荷蘭人的地位，英國的東印度公司致力發展對華貿易；清乾隆廿三（1864）年，英東印度公司才獲得中國官方的許可，在廣州設立商館。

（二）國內背景方面

明清之際，中國海外貿易的發展有其國內的歷史基礎：其一、明中葉以後商品經濟的發達，尤其是農業、手工業的迅速發展，為海外貿易

【6】同【4】註，頁14。

【7】在十六、七世紀歐洲勢力擴張的第一波時，西歐各國只能奪取較未開化的美洲大陸與亞洲若干重點，及一些東南亞的島嶼，作為殖民地以外，對於已經具有本身的農業文明國家如中國、日本、越南、暹羅、緬甸、印度、波斯等地卻尚未給予很大的衝擊；由於在十九世紀「西力東漸第二波」，改變了整個世界的局面，所以人們往往認為十六、七世紀西力的東漸改變了整個亞洲的局面。

【8】張彬村〈十六至十八世紀華人在東亞水域的貿易優勢〉，《中國海洋發展史論文集》三（台北：中央研究院三民主義研究所，民國77年12月），頁354。

提供發展的物質基礎；其二、當時中國發達的造船工藝與成熟的航海技術，則為海外貿易提供發展的技術前提；與此同時，明、清兩朝對外的海貿政策，亦深刻地影響海外貿易。

4. 明清商品經濟的蓬勃

明代中葉以後，由於商品經濟的發展，農民受利潤的吸引，而按照市場需要安排農業生產的傾向日益明顯，經濟作物的種植在部份地區的農業經濟中越來越佔重要的位置[9]。一般糧食作物的種植，主要有稻、麥、栗、梁、黍、菽等多種穀類；某些本來可以自給的區域，由於手工業的發展、非農業人口的劇增，或經濟作物種植面積的不斷擴大，使本地生產糧食不能滿足需求，因而每年需從外地輸入大量糧食[10]。此外，為滿足衣著生產的經濟作物，如蠶絲、桑樹、棉、麻、苧、茶、甘蔗、蔬果、煙草，還有染料藍靛、紅花等，這些均為市場需要或供應手工業的原料來源，而為當時的海外貿易提供堅實的商品交換基礎[11]。另方面，棉紡、絲織、陶瓷、冶鐵、造紙、製糖、釀酒、榨油和漆器等各個手工業行業，於生產技術上不斷改進，加上大量勞力的投入，進行大規模商品的生產，產量自必劇增，除供應本國市場的需要之外，更有開闢海外新市場的必要[12]。

5. 明、清兩朝的海貿政策

中國對外的海上貿易，自唐朝以來頗為活躍；宋、元時期，中外海上貿易空前繁盛。到了明代海外貿易頗有走下坡的趨勢，然其對貿易形

---

[9] 曾玲：〈試論明清福建手工業發展的自然與人文環境〉，《中國社會經濟史研究》1992 第二期，頁62。

[10] 同[4] 註，頁24。

[11] 同上註。

[12] 前揭書，頁38。

式有二：一為明廷與諸藩屬間所進行的官方「朝貢貿易」，二為本國商販與海外諸國所進行的民間「自由貿易」；前者為政府所認可，後者則為政府所不容。可是兩者的發展亦為明朝自建政以來施行的「海禁政策」所影響[13]。明代前期實行了約近二百年的海禁政策，期間明廷不擇手段地取締和打擊貿易，後期開放僅約六十年左右。

滿清入關，對於外國來華貿易，均沿襲明代以朝貢貿易方式來處理，同時實施海禁政策。康熙廿三（1684）年，清廷鑒於台灣的軍事威脅消失，便宣告正式解除海禁政策；次年，清廷又宣布在松江、寧波、泉州、廣州，並分別設立江、浙、閩、粵四海關，專責處理對外貿易和徵收關稅等事宜[14]。五十六（1717）年清廷為斷絕南洋與內地串通聲氣，又下達「南洋貿易禁令」，直至雍正七年（1727）年十年南洋禁航始解除；乾隆廿二（1757）年清廷因洪任輝案英商擅闖寧波定海後，乃先後撤消松江、寧波和泉州三港海關，並斷然推行「廣州獨口通商」貿易政策，直至中英鴉片戰爭（1840）爆發。

6. 造船業與航海技術的發達

中國是一個疆土、海域遼闊的陸海國家，海岸線長達1,800餘公里，擁有許多優良港灣，為遠洋航海貿易提供優越的天然地理環境[15]。而遠洋航海貿易事業的發展，則有賴於造船技術的進步、航線的開闢、地理和天文航海等知識的增長。中國舟船的發展始自殷商而具有三千年悠久歷史。至明代，繼承前朝海外貿易和國內水運發展的基礎，不論於海上航線的開闢，或國內漕運（特別是南糧北運）的經營，均有所發展，造船能力更是有增無減；北起松花江，東至黃河邊緣、南至廣東沿海，造船工場遍佈全國，其中尤以江浙、湖廣、閩粵等省最為發達。成祖時鄭和七下西洋，先後28年歷30多國，越洋跨洲，聯艫巨舶多達208艘的

---

[13] 黎惠賢：《明中葉海外貿易政策》（香港：香港大學碩士論文，1985年），頁1。

[14] 李士禎：《撫粵政略》卷一，「議復粵東增豁稅餉疏」。

空前盛況，更足見明朝前期的造船能力。

開拓遠洋貿易，不但需要堅固的船舶，而且還需豐富的航海經驗與高超的駕駛技術；否則，無法安全地抵達既定目的地而完成遠距離貿易的任務。遠洋的航行，多在十月至翌年春正東北信風盛行的冬季，而返航則多在五至八月西南信風盛行的夏天。在駛風技術上，宋人已能透過操縱帆索變換船帆角度的辦法，同時配合尾舵與披水板，創造駛風七面，重視潮流順逆、潮汐漲退對航速的影響。古代航海者主要透過對地文[16]與天文[17]等觀測來定位、導航，而以前者為主，後者為輔，並配合牽星術與羅盤的使用。為了航海的安全，古人通過觀察天文狀況，來判別陰晴、晦黑、雨雪、虹霧、風雷等現象，並把積累的經驗匯編成佔驗天時的歌訣，供航海者作為觀察憑藉與參考；其中風暴、佔霧最受重視的天氣預測，其他風、雨、陰、晴等氣象，均影響出海遠航海外貿易的安全，不容忽視。

三、明清之際海外貿易的發展歷程

明清之際（1513-1793年），論者以為是我國海上貿易的轉捩時期：於此以前，係以官方的「朝貢貿易」為主體；從此以後，則民間的「自由貿易」迅速發展，及後更成為我國海上對外貿易的主體。[18]然而當時我國對外的海上貿易，若從縱切面的時間發展歷程方面考察，約略可分為以下五個發展階段：

---

[15] 金秋鵬：《中國古代的造船和航海》（北京：中國青年出版社，1985年11月），頁3。

[16] 考慮更數、針數、山形水勢、澳嶼深淺、礁石沙泥，海底泥沙嗅味、海域水色及魚鳥生物等因素來作綜合粉析，確定船舶的航行位置。

[17] 日間據太陽出沒的方向來定東、西，黑夜則以北極星恒在北方來確定方位。

[18] 參看林仁川：〈明代私人海上貿易的性質和影響〉，《中國古代史論叢》1981年第二輯，頁57。

（一）「官方朝貢貿易」衰落階段（1513-1566）

本階段始於明武宗正德八（1513）年，葡萄牙人喬治‧阿瓦瑞斯（Jorge Alvares）自馬六甲（Malacca）首航來華，[19]而迄於明世宗嘉靖四十五（1566）年明廷正式宣布有限度開放海禁前夕為止，前後共約五十四年。本期的對外海上貿易形式，主要仍屬明代前期（1638-1566）的「朝貢貿易」體系。所謂「朝貢貿易」，即是以皇室為中心、由明廷官方直接控制下的對外貿易制度。其目的在於通過對各朝貢國不等價賞賜式「貿易」的經濟手段，來達到「羈縻」番邦屬國、防止侵擾邊境的睦鄰外交策略；同時，在國內亦可造成一種「萬邦來朝」、「四夷威服」繁盛景象的政治效果。亦有學者認為朝貢貿易的主要目的，在於保證海禁的順利進行，把海外貿易置於官方的嚴格控制之下。[20]

1. 官方朝貢貿易的衰落

自英宗正統至武宗正德（1436-1521）近八十六年間，明朝海外的貿易發展，就官方朝貢貿易來說則日呈衰象，而民間走私貿易則日趨活躍；即使世宗嘉靖年間（1522-1566）再度厲行「海禁」加強壓抑民間走私貿易，亦無法挽救官方朝貢貿易的頹勢。然而促使朝貢貿易日漸衰落有複雜的時代背景，但究其原因約有四方面：

第一、 隨著明朝國勢由盛轉衰、君主魄力遜於前代、廷臣有所非議及經驗幹才相繼辭世，加上官工業逐漸趨向衰落[21]，致使下西洋失卻

---

[19] 據葡國立圖書館檔案中，1514年1月6日滿剌加葡督向國王報告謂：前一（1513）年有四艘船來自中國，則可推斷正德八（1513）年已有葡人證實喬治‧阿爾瓦瑞德（Jorge Alvares）偕其子及隨行書記來華貿易。

[20] 參看李金明：〈論明代對外朝貢貿易的內容與實質〉，《海交史研究》1988年第1期，頁178。

[21] 陳詩啟：〈明代的官手工業及其演變〉，《歷史教學》1962年第10期，頁12-15。

雄厚的經濟基礎。

第二、「薄來厚往」的官方朝貢貿易，不講經濟效益、又少受市場規律節制，對當時社會、經濟的發展造成不少負擔，而這些危害亦加速其衰落的內因所在。

第三、成、宣以後民間非法走私貿易益盛，沿海官、商顆同出海貿易【22】；另隨明朝國勢的衰落，藩屬列國入貢銳減，卻有不少海外各國來華通商的私舶。【23】

第四、自正德以後，西歐殖民帝國相繼東侵，動搖了中國和諸國原先所建立宗主與蕃屬的從屬關係，使傳統「朝貢關係」的海外貿易，因之無法維持【24】。

嘉靖年間，開放海禁似大勢所趨，「西草灣之役」葡商船在廣東再度被逐和日貢使於寧波「爭貢事件」，又直接促成嘉靖初年趨於開放的海禁政策「逆轉」的原因所在；礙於明朝的厲行海禁，正常貢市似難以恢復，遂促使合法貿易轉為非法走私。

2. 民間走私的活躍

自嘉靖初年再度厲行海禁以後，民間走私貿易突轉猖獗；東南沿海所在通番，卻以閩、浙為甚。當時走私貿易活動性質則有所轉變，於此以前，沿海客商及貧民多為生計所迫冒禁出海貿易，豪門巨室參加者既少，亦尚不敢公然出入。而本階段的民間私販則可分為兩類：其一有閩、浙大姓貴家操持主使，私梟舶主依託勢要、土豪勾結上層勢力，溝通官府、挾制有司，包庇窩藏，公然進出海上；其二係閩、浙、粵等沿

【22】 張維華：《明代海外貿易簡論》（上海：上海人民出版社，1956年12月），頁34-36。

【23】 前揭書，頁36-37。

【24】 同上書，頁41-42。

海地區貧民與桀驁者下屬勢力結顆行販、糾黨入番。【25】

　　嘉靖二（1523）年葡萄人被逐出廣東海岸後，當局隨即禁止廣州開放對外貿易，同時閩、浙兩市舶司亦因海疆不靖而罷置。葡萄牙和東南亞等國的商船紛紛北移海禁不嚴、不徵稅餉的閩、浙沿海地區，與當地居民、海商進行非法的走私貿易活動。【26】葡人在浙江走私活動主要集中寧波附近的海域，尤以雙嶼港作為黑市貿易的基地【27】。自嘉靖五年至廿七（1526-1548）年，葡人、倭人活躍於雙嶼、大茅；可惜後因彼此貿易債務糾紛而產生不少積怨，並釀成仇殺、劫掠等事件【28】，終於引起中國官府的關注而出兵加以剿擊，乃有嘉靖廿七（1548）年七月，都御使朱紈遣將分兵自閩、浙，水、陸兩面夾攻，搗毀雙嶼的事件。

　　葡人被逐出定海的雙嶼後，便群趨南下福建漳州的月港【29】、同安的浯嶼（即金門島）、詔安的走馬溪等處貿易。不久，明軍追蹤而至，雙方再度爆發衝突。稍前，都御史朱紈受命綏靖閩、浙，嚴禁互市，遂使停留漳、泉一帶的走私葡商陷入困境，他們因此無以獲利，遂於嘉靖廿六（1547）年相率入寇漳州的月港、浯嶼，卻受到副使柯喬、都司盧鏜的反擊而被迫撤離。【30】及後，海道副使姚翔鳳受賄，任由葡人來閩通商。【31】次年，明軍嚴密監視沿海邊防，防止葡商取得任何大量的商

【25】陳文石：〈明嘉靖年間浙福沿海寇亂與私販貿易的關係〉，《歷史語言研究所集刊》第三十六本，頁383-384。

【26】鄧　鍾：《籌海重編》卷十。

【27】鄭舜功：《日本神鑑》卷六，「窮河話海」，海市條。

【28】雙嶼島葡督裴利亞（Bilial）之子琉斯洛特・貝留拉（Laucerot Pereyra）曾襲擊附近西邊通村，劫掠十多農戶，擄走農婦，並殺死十餘人的血案。

【29】林子昇：《由中國載籍探討明朝與馬六甲及葡萄牙之關係》（香港：香港大學中文系碩士論文，1966年），頁216-217。

【30】參看《漳州府志》卷十二，「雜志・兵亂」條，頁216。

【31】參看《明世宗實錄》卷三百三十四，嘉靖二十七年三月條。

李木妙 海上絲路與環球貿易——以十六至十八世紀中國海外貿易為案例 313

品和糧食的補給。為了作出報復，葡人在中國同伙的引導下襲擊福建的
詔安，結果在走馬溪被徹底打跨。【32】其實，閩境中、葡再起衝突除為
雙嶼事件的延續之外，由於錢債糾紛而演成報復性劫殺亦係重要原因。
【33】但葡人某些不法舉措和暴力行為，乃催化雙方關係進一步惡化，並挑
起彼此衝突的最大關鍵所在。

　　明廷雖於嘉靖卅一（1552）年恢復海禁，既無效果，更使以後盜亂
日益猖獗，終於釀成倭寇之禍【34】；東南沿海私商、海盜、倭寇內外勾
結相與為亂，攻城掠邑、劫庫縱囚、殺人焚舍，負海數千里告警，江、
浙、閩、粵等東南各省被蹂躪達三十餘（1532-1566）年【35】。然而倭寇
之中，有些本來就是純以劫掠為生的海盜，有的卻是由海商轉而為盜。
在眾多的海盜商人之中，尤以徐海、王直最為突出，不過前者僅以劫掠為
利、仇殺洩恨，而後者雖亦為憤恨所激，其最終目的乃在要脅官府，開港
通市。王直自蹈海行商，為舶主稱霸海上，到公開叛亂，實為由私商轉變
為海盜挺而走險的典型例子；其活動情形、轉變經過，不僅為大多數海商
蛻變為海盜的代表，亦可說是明嘉靖年間寇亂的基本原因所在。【36】

　　嘉靖十四（1535）年，廣東市舶司由高州電白遷至香山濠鏡（即澳
門），不久葡人藉賄賂混入澳門（Macao）貿易。【37】嘉靖廿八（1549）

【32】 Tien-tse CHANG, *cit. op.*, pp.122-124.（譯文見方豪《中西交通史》第三冊，
　　頁 253 。）

【33】 同上註。

【34】 據鄭樑生於《明代中日關係研究》中解釋：所謂「倭寇」，乃指從韓國之高麗朝
　　至李朝，我國之元代至明代，由朝鮮半島至中國沿海之間肆虐的海寇集團而言。
　　倭寇一詞，並非日方稱呼，而是被中國人或韓國人意識為日本人之海盜集團的總
　　稱。

【35】 參看陳文石：前揭書，頁375。

【36】 前揭書，頁399。

【37】 參看《明史》卷三百二十五，外國傳六，佛郎機條。

年「走馬溪之役」，葡人被逐出閩海，殘餘南逃浪白澳。次年，海禁鬆弛，葡人趁機於澳門公開活動，除在岸上搭蓬貿易之外，更藉口「借地晾晒」，圖謀長留久居。【38】嘉靖卅二（1553）年，葡人透過周秀鸞以每年銀千兩代價賄賂海道副使汪柏，奏准明廷允許葡人納稅進入澳門貿易。【39】自此以後，葡人歲輸課稅（舶餉）26,000兩，得以順利盤據澳門。嘉靖卅六（1557）年，葡人正式租用澳門，成為葡人在遠東的貿易基地，亦為幾世紀以來歐人在華的立足點。【40】嘉靖卅九（1560）年，出現澳葡政府雛形；而四（1564）年後，葡人居澳才正式獲得明廷官吏的許可，當時居澳葡人約有900人。【41】近半個世紀中，葡萄牙人在浙、閩、粵沿海與華商進行非法走私貿易，卻一直受阻於明廷的海禁與執防的水師，直到嘉靖卅六（1557）年入據澳門，總算在東南中國找到一個「家」；此後，澳門便穩定迅速地發展成為國際（或中葡）貿易中心。【42】

（二）民間「自由貿易」發展階段（1567-1643）

本期主要始自明穆宗隆慶元（1567）年，明廷局部地開放海禁，使長久以來的走私貿易取得公開合法地位，於是民間自由貿易經過明神宗萬曆（1573-1620）、明光宗泰昌（1260）、明熹宗天啟（1621-1627）歷朝的蓬勃發展而推向高峰；相對地，官方的海外「朝貢貿易」雖無明令取消，則處於幾乎完全停止狀態。本期終於明思宗崇禎十六（1643）年明朝崩潰為止，前後共約七十七年之久。

【38】 郭棐：萬曆《廣東通志》卷六十九，「澳門」。

【39】 參看黃文寬〈關於澳門史的考訂〉，《嶺南文史》1983 第一期。

【40】 查愛・諾埃爾：《葡萄牙史》（香港：商務印書館，1979 年），頁171 。

【41】 F. C. Danvers, *The Portuguese in India* 載：1563（嘉靖四十二）年澳門約有葡人 900 人，至 1621（天啟元）年已增至 1,000 人。

【42】 Tien-tse CHANG, *cit. op..* p.89

1. 隆慶至崇禎年間局部開放海禁的背景

明自建立至嘉靖末年，一直實行海禁政策。武宗正德年間，廣東以「不拘年分，至即抽貨」之法實施後，外舶再度雲集，雖未達於完全開放的境地，但此未嘗為中外貿易由「非貢不得行商」進入「自由貿易」的一個轉捩。可惜剛開放，卻發生葡萄牙商船強行貿易、侵擾閩浙沿海，及日本貢使互爭真偽而釀成彼此仇殺、焚掠寧紹事件，明廷遂於嘉靖年間再度厲行海禁，嚴重影響當時中外的關係。

然而對於民間走私貿易的發展，不僅無法遏止，反而加劇寇亂，一直至嘉靖末年，倭患初步控制以後，廷臣鑒於海禁乃促成寇亂的癥結所在，遂有開禁主張。因而促成隆慶改元局部地開放海禁的原委，這可從國內、外發展局勢，特別是國內政治、經濟、地理、財政與金融等方面來考察。

首先就國內方面而言，由於國內商品經濟的發展，市場與人民生活的需要，民間海外貿易早已發展成為一股自然經濟趨勢，因此決非一般人為的法令所能強制禁抑。這又可從經濟發展、地理環境、政治措施和財政金融等因素分析：

第一、經濟發展方面：明中葉以後，由於農業朝商品化發展[43]、官府手工業的式微與民間手工藝業的興起，使沿海各地出現一些較具規模的工場作坊，其大量的手工業產品，除供應本地市場之外，更有尋找海外新市場的迫切需要。[44]

第二、地理環境方面：東南沿海各省，因受地理環境所局限，居民多依海為生，除下海捕魚、販鹽之外無以為生者，惟有冒禁下海，從事非法的海上走私貿易，發展民間海外貿易實屬必要。

第三、政治措施方面：嘉靖中葉以後，東南地方私販、海盜、倭寇相與為亂。追究肇因，實導源於私販猖獗；而私販發生，則由於官方貢

【43】 參看《皇明法世錄》卷七十五，「閩海」條。

【44】 李木妙：前揭書，第二章第二節，頁 22-36。

舶制度和海禁政策施行【45】。隆慶改元以前車可鑒，接納奏議解除海禁，使民間走私貿易合法化。

第四、財政金融等方面：明中葉以後，朝政敗壞，民亂、流寇更迭出現；內憂、外患交替，連年興兵，致使明廷國庫空虛，除搜括民財、添收賦稅（如遼餉、剿餉、練餉）之外，只有發展海外貿易，增加國庫收入，以解決當前財政危機。【46】

其次就國際方面言，隨著十五世紀末至十六世紀初東、西新航路和地理大發現以後，西歐的葡、西、荷、英等國殖民勢力相繼東來，在印度洋、太平洋上互相角逐，並進行激烈的貿易競爭。【47】當時西歐殖民地列強瓜分南洋的局勢：大體上葡人勢力在西，以印度半島沿岸為主；荷蘭勢力在南，以爪哇島為主；而英人勢力則初進東方。由是可見，十六世紀初至十七世紀前期，南洋各地相繼淪入西歐殖民列強的控制之下，中國與南洋各國的藩屬關係因此遭受破壞，朝貢貿易制度亦因之崩解；西方殖民地者更以南洋各地的物產與中國貿易，中國需要海外產品由來已久，不得不與他們進行貿易。在這種國際變局下，明廷不得不重新調整對外的貿易關係，改變以往的做法，局部地開放海禁。【48】

2. 隆慶至崇禎宗年間的局部開放海禁

隆慶元（1567）年，明廷才正式局部開放海禁，這固然係導致海寇自海商轉化的關鍵因素，而由來已久的民間走私貿易亦因而獲得合法地位。但明廷仍通過種種的禁制、苛例，對民間海外貿易活動繼續加以限制，冀將其發展置於政府能力的控制範圍以內，達致「抑寇息盜」的治安目的，其措施包括三方面：首先，嚴禁通販日本及帶違禁品出洋貿

【45】陳文石：前揭書，頁375。

【46】張維華：《明代海外貿易簡論》，頁47。

【47】李木妙：前揭書，第二章第一節三，頁14-18。

【48】張維華：前揭書，頁47-48。

易；其次，確立「船由、商引」制度，前者在限制出洋商船的數量及其貿易的範圍，而後者則在斷絕違禁私販的根源；再者，明廷為方便監控，把民間海外貿易進出船隻集中於福建海澄的月港。【49】

當時海商到海外貿易，「先是發舶在南詔之梅嶺，後以盜者梗阻，改道海澄。」【50】然而，明廷選擇福建海澄的月港作為當時開禁的口岸，主要原因有三：

（一）**地理因素**：海澄月港位於貫通漳州平原的九龍江下游江海匯合處，當局局部開放海澄月港一隅，完全出於必要時實施港口封鎖而續行海禁作好部署。

（二）**歷史因素**：福建海澄的月港從來便是當地民間非法走私黑點，地方當局面對海寇商人層出不窮的情況，在屢禁無效之餘，惟有承認既成的事實。

（三）**政治因素**：月港成立靖海館（1551）後不久改為海防館（1563）；【51】不斷地改進行政、加強海防，使更有效地監控民間海外貿易活動，而為局部開放創設條件。

3. 隆慶至崇禎年間局部開放下的民間貿易

隆慶局部開放，使官方的朝貢貿易名存實亡，而華商迅即湧向海外市場。大抵從前朝貢貿易番舶主要靠「勘合」為憑，當時民間貿易華船則主要依「船引」為證；大概在隆慶元（1567）年開禁的同時發給船引，因而「易私販而為公販」，民間私商出洋貿易於是獲得官府的批准，所以「船引」成為制度，該是明代局部開禁的標誌。【52】當時中國海外貿

【49】李木妙：前揭書，第三章第二節，頁101-102。

【50】張燮：《東西洋考》卷七，「餉稅考」頁132。

【51】方文圖：〈略談月港的興衰〉，載《廈門日報》1982年10月17日。

【52】黃盛璋：〈明代後期海禁開放後海外貿易若干問題〉《海交史研究》1988年第1期，頁155-156。

易網雖廣涉世界各地，但華舶直接由福建海澄月港出發往來貿易地區，主要為東南亞的各個商港，諸如「交阯、柬埔寨、暹羅以西今馬來半島、蘇門答臘、爪哇、小巽他群島，以至於印度、波斯、阿拉伯為西洋，今日本、菲律賓、加里曼丹、摩鹿加群島為東洋。」[53]據統計，由福建出海的華商先後到過東、西洋凡43個國家或地區貿易，其中以與呂宋的貿易為最。

船引制度由簡變繁，數量亦自少增多、貿易地區也由不定而至固定，最初僅呈請納錢，所領的船引約有五十份，萬曆三（1575）年增加到一百份，原來定其地而未限其船，[54]後漸有定制；萬曆十四（1586）年四月，明廷批准由福建往販東、西洋的商船和限額44艘；[55]至萬曆十七（1589）年中丞周寀建議每年航行東、西兩洋的商船數量和航行地點，均加以明確的規定，即：東洋44隻、西洋44隻，總計東、西洋共88隻商船的限額[56]。此限額，往往未能滿足申請者的需求，經歷年的調整，「後以引數有限，而私販者多，增到二百一十引」[57]，據崇禎三（1629）年說：「出海商船約達千計」[58]。

原則上，民間私舶沒有「由引」便不許出洋，但他們往往通過行賄

【53】向達校注：《兩種海道針經》，頁7。

【54】張燮：《東西洋考》卷七，「餉稅考」頁132。

【55】參看：《神明宗實錄》卷二一〇，萬曆十七年四月丙申條。

【56】東洋四十四隻中，呂宋六隻，屋同、沙瑤、玳瑁、宿務、文萊、南旺、大港、呐嗶嘽，以上各二隻，磨籠央、筆架山、密雁、中邦、以寧、麻里呂、米六合、高藥、武運、福河倫、岸塘、呂蓬，以上各一隻；西洋四十四隻中，下港、暹羅、舊港、交阯，以上各四隻，柬埔寨、丁機宜、順塔、占城，以上各三隻，麻六甲、順化，以上各二隻，大泥、島丁礁林、新洲、啞齊、交留吧、思吉港、文林郎、彭亨、廣南、吧哪、彭西寧、陸坤，以上各一隻。

【57】顧炎武：《天下郡國利病書》卷九三，「洋稅」三。

【58】參看《明崇禎長編》卷四十一。

太監市舶，取得額外由引；至於那些沒有由引而私自出洋的海商，相信為數更多。另方面，按照當時明規，不准海商前赴日本貿易；但海商既被允許出洋貿易，他們在海外的貿易活動就極難再受控制了，於是他們往往啟航先向南遠行，再掉頭駛往日本，原因係「販日之利，倍於呂宋。」[59]而日本的長崎是個重要的通商地點；隆慶解禁，赴日貿易華商便急劇增加，據統計，萬曆卅七（1609）年有10艘華舶開往薩摩，萬曆四十（1612）年上半，「明朝商船和從呂宋返航的日本商船共二十六艘。」[60]萬曆四十二（1614）年開赴長崎的明商船有60隻，天啟五（1625）年多達90隻；崇禎八至十七（1634-1643）年間，華舶駛入長崎港平均每年57艘。[61]

隆慶局部開放，除了為促使「寇轉為商」而達致消弭寇亂之外，則徵收商稅以增加國庫收入亦是主要目的，因此開禁海澄月港當局向出入海商徵收餉稅。稅餉徵收內容包括引稅、水餉、陸餉和加增餉等四項，而「海防館」乃至「督餉館」對於稅餉的徵收，僅限於福建海澄月港的華商出洋貿易；至於外商來華貿易則多集中在廣東的廣州與澳門，而對當時的外舶管理則統歸「廣州市舶司」負責。在廣州，對入口的外商採用實物「抽分制」，先是十分抽三，後改十分抽二；隆慶開禁後（1571年），因外商報貨不實而改為折銀「丈抽制」（以船隻的大小來確定稅額），規定東洋船為四等，西洋船為九等，後因外商要求，而量減抽三分。[62]

但比廣州遲一年施行折銀「丈抽法」的海澄地方，則只依丈量船長徵收稅銀，而不測船載重收稅，徵稅標準與手續較為簡便。在福建的海

【59】梁方仲：〈明代的國際貿易與銀的輸入〉，載《中國社會經濟史集刊》第六卷第三期，頁267-324。

【60】木宮泰彥：《日中文化交流史》，頁618、622、726、664。

【61】山脅悌二郎：《長崎的唐人貿易》，頁10。

【62】梁廷枏：《粵海關志》卷二十二，載「康熙二十四年監督伊爾格圖奏」。

澄向出洋商船徵收船舶費和舖商徵收貨物進口稅，而廣東的廣州則向來
華貿易的外商船舶徵收出口貨物稅，澳門市舶司僅徵收外商等進口貨物
稅和船舶停泊費。萬曆六（1578）年，在澳門的葡商被允許赴廣州購華
貨，次年即被當局要求繳交貨物出口稅。[63] 後來葡人逃避徵稅，崇禎
四（1631）年被當局禁止進入廣州；十（1631）年澳葡遣使要求重返廣
州貿易，但不得要領；[64] 他們仍被局限澳門一地通商，以便當局定期
徵稅。

（三）禁海實施期間貿易階段（1644-1683）

　　本期主要始自清世祖順治元（1644）年，滿清入關後，由於忙於政
權的建立及內戰，暫時無暇顧及海外貿易；對於外商來華通商，則沿襲
前代而以「朝貢貿易」的慣例處理。對於沿海華商出洋貿易雖未明文禁
止，可是隨著滿清政權在中國大陸統治的確立，為迫使明鄭反清復明勢
力的屈服，而在順治十二（1655）、十三（1656）年、康熙元（1662）年、
四（1665）年及十四（1675）年先後五次頒布禁海令，並於順治十七（1660）
年、康熙十一（1672）年、十七（1678）年三次下達遷界令。除稍早的
短暫時間外，在滿清厲行海禁、遷界的年代，不僅無法揭止中國東南沿
海民間走私貿易，反而助長明鄭以金、廈，及稍後擴展至台灣為據點，
壟斷當時中國沿海的對外貿易，直至康熙廿二（1683）年清軍攻陷台灣
為止，按照明清政權的轉換作為分期上的方便，則計自清初以後近約四
十年。

1. 滿清入關初期的海外貿易概況

　　崇禎十七（1644）年明亡，在東南沿海抗清的南明諸王，一開始便
重視海外貿易的收入，藉以養兵持政。當時在福州唐王任事的鄭芝龍，

---

[63] CHANG Tien-tse, *cit. op.,* p. 102.

[64] ChANG Tien-tse, *cit. op.,* p. 132.

李木妙　海上絲路與環球貿易——以十六至十八世紀中國海外貿易為案例　321

以及紹興魯王的周崔芝、黃孝卿、鄭彩等均曾先後派人通販日本【65】；而日本的幕府願意與鄭龍芝所推奉的福州唐王貿易往來，郤不願意與周崔芝等所推奉的紹興魯王通商往來【66】。

隆武二年（1645）年六月，清軍南進，福王兵敗被俘，鄭芝龍降清。對日貿易據點舟山群島，便在魯王部屬周崔芝、黃斌卿的手裡，越次（1647）年周氏再度派林高赴日求援通商【67】；同年六月，黃斌卿亦遣弟黃孝卿到日本通商請援【68】。向日本求援終不得要領，而通商往來則順暢無阻。另當時對日貿易的金、廈兩島，則落在魯封建國公鄭彩（鄭成功從兄）之手，他亦常派人赴日乞助貿易。鄭氏雖控制了魯王屬下的對外貿易，「以商舶富」【69】；永曆四（1649）年五月，魯王兵敗福寧，鄭彩竟「棄監國，走三沙」【70】，以便保存對外貿易基地，從而達到通洋之利。

當時東南沿海的局勢，舉凡對外貿易的港口或海島，均被各系群雄所佔據，尤其是魯王的屬下，僅有安平一港為鄭成功所擁有。爾後，鄭成功攻下南澳【71】，並通商日本。為了取得更多的財政收入，支付龐大的軍、政經費，永曆五（1650）年秋他終於攻佔廈門，並派人購買日貨，販賣於呂宋、交趾、暹羅等南洋諸國，這既可謀取海外貿易厚利，又可取得糧食及軍需補給。自此，「成功以海外彈丸之地，養兵十餘

【65】木宮泰彥：《中日交通史》（陳捷譯本）下冊，頁316-317；又周廷寀《東南紀事》卷十，「周催芝傳」。

【66】韓振華：〈再論鄭成功與海外的貿易關係〉，《中國社會經濟史研究》1982年第三期，頁34。

【67】林春勝、林信篤編：《華夷變態》（上冊）卷一，頁13-15。

【68】參看《海外慟哭記》。

【69】周廷寀：《東南紀事》卷六，「鄭遵謙傳」。

【70】左尹非人氏：《魯春秋》，「魯王監國四（1648）年」條。

【71】連橫：《台灣通史》卷二，「建國紀」。

萬。」【72】滿清政權雖屢下禁令，可是與明鄭往來的海商，仍然絡繹不絕，其勢力終能從發達的海外貿易中茁壯起來。十七世紀中葉，廈門在鄭氏的經營下，已成為當時中國對日本及東南亞等地的國際貿易中心，外國物產亦經由輸入中國內陸。原先的荷領地台灣與明鄭廈門之間貿易，亦隨著永曆七（1652）年郭懷義在台反荷事件的失敗而有所變化，鄭氏此後開始限制和減少由廈門開往台灣的貿易船隻；導致此後三年（1653-1655）間，荷領台灣對外貿易頓然不振。【73】

再說，順治四（1647）年清兵入關，適值先前至此與南明進行朝貢貿易的琉球、呂宋、安南等國的貢舶滯留仍未歸國，各國貢使被清軍俘擄遣送北京。世祖乘機著令他們返國轉告國王：滿清政權已統有中原，各國亦該按慣例定期來華朝貢。他分別給琉球、呂宋、安南三國發出敕諭【74】，可見新立的滿清政權仍然承襲明代朝貢貿易的辦法，來處理各國來華通商。不久清兵入粵，清廷即向來粵通商的安南、暹羅等國宣稱，只要能「傾心向化」，稱臣入貢，則將如朝鮮等國般看待，貢使且可由特定的路線入京進貢【75】。事實上，順治十（1653）年以前未曾有其他國家，經由海道向滿清政權進貢。

2. 禁海實施期間的海外貿易發展

十七世紀初葉，正值明亡清興之際，中國皇朝上的政治轉換，對於當時中外海上貿易有著重大的影響。是故由順治入關至康熙奪取台灣近四十（1644-1683）年，前有南明諸王的抗清活動，繼有吳、耿、尚三藩的叛變，後有鄭成功的反清復明民族運動；北自山東、南至廣東沿海的

【72】 郁永河：《海上紀略》，「偽鄭遺事」「偽鄭紀事」，《裨海紀遊》台灣文獻叢刊第 44 種（台北：台灣銀行，民國 48 年）。

【73】 W. Campbell, *Formosa under the Dutch,* p. 461-462.

【74】 參看《清世祖實錄》卷三十二，頁18。

【75】 前揭書，卷三十三，頁10上。

李木妙　海上絲路與環球貿易——以十六至十八世紀中國海外貿易為案例　323

居民，均與活躍於東海上的「國姓爺」商船來往【76】。清兵雖克服陸上的敵人，但對盤據東南海上的明鄭反清勢力卻無能為力，惟有實行消極、被動的海禁政策與「堅壁清野」的遷界防禦措施對付。【77】

滿清對明鄭實施的海禁政策收效不大，東南沿海的居民依然如故地與鄭氏貿易往來。當時經鄭氏允許下海通商的船隻，仍然往來絡繹不絕於東、西洋，尤其是對日本的貿易，更是鄭氏從海外貿易中獲得最多財政收入的一個主要區域。可是，滿清自順治十三（1656））、十八（1661）年頒布遷界令不允寸板下海之後，不僅未能扼殺鄭氏所經營的海外貿易，反而促使獨得海外貿易的利益。【78】

然而對當時明鄭的海外貿易構成嚴重威脅者，則是佔據台灣的荷蘭人；是故荷蘭人不僅企圖透過與廣州進行直接貿易，欲攫取中國生絲出口的壟斷權，而且在台灣的附近海域肆行劫掠中國商船【79】，亦使明鄭的海外貿易蒙受巨大的損失【80】。因而引起明鄭的極度不滿，遂下令停止與台灣荷蘭人的貿易【81】。荷蘭人曾多次遣使赴粵要求通商，但不得要領而歸【82】，惟有派何斌赴廈門與鄭氏談判；台荷與明鄭關係改善，自此雙方貿易再度活躍起來，順治十五（1658）年彼此貿易額亦大幅增長。及後明鄭北伐不利，荷蘭人便在其轄區蠻橫對待明鄭商船及華僑，

【76】江日昇：《台灣外紀》卷一至十一。

【77】張德昌：前揭書，頁99。

【78】郁永河：前揭書。

【79】W. Bontake, *Memorable Description of the East Indian Voyage, 1618-1625*, Introduction by Geyi, pp. 14-15.

【80】W. Campbell, *Formosa under the Dutch*, p. 55.

【81】楊英：《從征實錄》，頁87。

【82】John Nieuholf, *The Embassy of Peter de Goyer and Jacob de Keyzer, from the Dutch East Indians Company to the Emperor of China in 1655, IA General Collection of the Best and Most Interesting Voyages and Travels in all parts of the World, vol. VI*, p. 235.

再度迫使明鄭斷絕與台荷的往來；行走東南亞的華船往往被荷蘭人趁機掠劫，嚴重威脅華商的航海安全；因而促使明鄭決心抗擊「荷夷」，並驅逐出中國的神聖領土台灣。

3. 遷界令實施後的海外貿易

清廷為了阻止沿海居民接濟鄭氏，屢下禁海令，同時採取剿撫兼施的手段對付明鄭，全然未能奏效，便實施「堅壁清野」的海禁政策「遷界令」，企圖藉著全面經濟封鎖，使明鄭困以待斃。順治十八（1661）年，清廷正式頒行遷界令，施行範圍似未遍及整個沿海地區，而以福建沿海為主、廣東次之、江浙則僅有少數地區施行[83]。然而當時的海外貿易，大致可分為以下三方面：

（1）明鄭方面對外的海上貿易

遷界之後，金、廈兩島對外貿易無人接濟，明鄭遂有驅逐荷夷收復台灣的決心。同年三月，明鄭出兵攻克澎湖，旋即登陸台灣，遣回荷蘭人，從此悉心經營台灣為抗清復明的民族復興基地，並拓展對外海上貿易。明鄭經營海外貿易的方法，主要採取「陸路五行（金、木、水、火、土）、海道五商（仁、義、禮、智、信）」的組織，分別設於杭州與廈門及其附近各地的公營商業機構[84]。而海、陸十大商行是以分工合作的程序：即先由「金、木、水、火、土」等陸地五行領取公款，採購絲貨、各地土產，把這些購進貨物分別交付「仁、義、禮、智、信」等海道五商後，再向國庫結帳，並提取下次採購款項；當海道五商接受貨物後，便裝運上船，等待商船出洋銷售貨物返航，才與國庫結算；此外，亦有商人領取明鄭資本後獨立營運。[85]

---

[83] 浦廉一：「清初邊界考」（賴永祥譯），《台灣文獻》第六卷第四期，頁110，111。

[84] 南樓：〈台灣鄭氏五商之研究〉，《台灣鄭成功研究論文選》，頁196-197。

[85] 前揭書，頁199。

李木妙　海上絲路與環球貿易——以十六至十八世紀中國海外貿易為案例　325

鄭經時代，在大陸抗清軍事雖失利，卻未放棄海上貿易，仍沿襲五大商組織的公營貿易法【86】，積極發展東、西洋間的海外貿易，並經常派遣商船赴日本、東南亞各地貿易，包括日本、琉球、呂宋、蘇祿、文萊、美洛居、交留吧、交趾、東京、廣南、柬埔寨、暹羅、大泥、柔佛、滿剌加等地。然而在東、西洋貿易中，明鄭始終較偏重東洋的日本；原因係南洋貿易受西方殖民勢力的控制，而日本需要中國物資供應，更與鄭氏家族有特殊歷史關係【87】。自康熙九（1670）年起，英國東印度公司擬以廈門、台灣作發展大陸與日本的貿易跳板，開始與明鄭發生通商關係；及後隨著軍事情勢的逆轉，英商相繼關閉廈門及台灣商館。康熙廿二（1683）年六月後台灣淪陷，鄭克塽降清，明朔遂亡，英商與台灣商務亦就此停頓。【88】

（2）三藩等方面的對外海上貿易

清初平西王吳三桂、平南王尚可喜，靖南王耿精忠等分別在沿、粵、閩等地各自擁兵割據，他們為增加財政收入，厚殖軍事實力，均允許勢力範圍內商人參予國內、外貿易，充當藩府商人，或藉繳交貨物稅、港口出入許可證稅等方式，即可在藩領範圍內獲得自由通商。

在滿清政權的統轄區，有不少中小海商採取偷渡、賄賂方式從事走

【86】賴永祥：〈台灣鄭氏與英國的通商貿易史〉，《台灣文獻》第16卷第2期，頁18。

【87】鄭氏始祖鄭隱石宋時到日本可井落戶，鄭芝龍的母舅黃程是澳門的牙商；明天啟三（1623）年，鄭芝龍為黃程帶貨赴日經商，並在平戶娶日本士細川氏，次年生下鄭成功；此後亦經常往來，明末鄭芝龍降清，鄭成功繼續抗爭，為支付龐大軍費，乃積極發展對日貿易，及取得日本軍械補給，鄭經時代對日經貿關係依然密切。

【88】張茭：《鄭經鄭克塽記事》，頁129，轉引自陳春生〈明鄭時代台灣與英國之商務關係〉（下），《東方雜誌》復刊第十一卷第十二期，頁43。

23

私貿易。據說禁海期間浙江海商攜帶鉅額絲貨,循小路走私出海【89】;有時海商經營出口貿易,採用賄賂方式【90】。當然在明鄭或三藩控制區的海商亦同樣有類似情形,如明鄭海商通過代理商牙行,採購大陸產品;招覽客商之前,多由鄭氏控制區台灣、普陀山抵達浙、閩、粵等對岸【91】,或經由陸路五商處招集客船、貨物。所在地所有海商作好出航准備後,再利用賄賂手段、或取得藩王的海上通行證、或偽裝成獵船或漁船等方式出海貿易。

至於海外華商的貿易方式主要可從兩方面來考察:在東洋方面,由於日本實施鎖國,嚴禁日商出洋貿易,所以只有華舶航日;華商到達長崎多遵照當地貿易法規,接受出入境手續檢查、商品估價,並於限期內完成買賣後歸航【92】。在南洋方面,以暹羅為例,一般僑商深為王室所倚重,暹羅王把王室商業委託僑商經營。因此在中日、中暹的國際貿易活動中,僑商扮演中間經紀人的重要角色,據記載:太(大)泥、六崑、滿剌加、潘旦(萬丹)等地並不直接與日本貿易,而是由若干華商從中代理貿易【93】。由此推知國內海商赴南洋各地,大概是直接與僑商進行買賣。

(四)沿海多口「限制貿易」階段(1684-1756)

清代前期康熙廿三(1684)年開海以後,至乾隆廿一(1756)年七十三年間,為「沿海多口限制貿易階段」(1684-1756)。本階段始於康熙

【89】參看「刑部等衙門尚書覺羅雅布□等殘題本」,《明清史料》丁編,第三本,頁258。

【90】郁永河:前揭書,頁146。

【91】參看《華夷變態》補遺2(東京:東洋文庫,1959年),頁3,002。

【92】木宮泰彥:《中日交通史》(陳捷譯),頁346-356。

【93】西川求李齊輯:《增補華夷通商考》卷三(收編於小野重忠編《萬國渡海年代記》,雙林社,1942年),頁132-143。

廿三（1684）年，清廷正式廢除海禁和開展界遷後，又宣布江南的松江，浙江的寧波、福建的泉州及廣東的廣州為對外的貿易港口，並分別設立江海關、浙海關、閩海關和粵海關，專門管理海外貿易的職責；而終於乾隆廿二（1757）年清廷因「洪任輝事件」英人擅闖寧波定海以後，乃先後撤銷松江、寧波、泉州三港海關，只允許夷船受泊廣州一口貿易為止，前後約73年左右，其中又以康熙五十六（1717）實施南洋禁航令為分水嶺，可分為前、後兩期。

（1）前半期，1684-1716

　　滿清政權入主中原以後，為了斷絕鄭成功等反清勢力與中國大陸的聯繫，乃沿襲明代的海禁政策，兩者共同基於政權的安全考慮。所不同的是：明代實施海禁之目的，除維護傳統的朝貢貿易之外，主要在於防止倭寇的外來侵擾，海禁推行與明朝的存亡相始終；而清朝的海禁主要係對付國內的反清勢力，特別稍後台灣的明鄭，同時執行的遷界令則在於使海禁的實施更徹底，這些均具戰時體制的臨時措施【94】。然而在短短廿八（1656-1683）年中，清廷先後重申海禁五次、下達遷界令三次，使「濱海數千里，無復人煙」【95】，僅廣東八郡，死者以數十萬計【96】，福建廢棄民田達20,000餘頃，減徵正供200,000兩，以致「賦稅日缺，國用不足」【97】，反映清初禁海遷界不但嚴重破壞東南沿海一帶的生產力，而且直接影響清初社會經濟的恢復與發展。及至康熙廿二（1683）年六、七月清軍相繼攻陷台灣以後，翌（1684）年十一月，正式揭開解禁

【94】 李金明：前揭書，頁63。

【95】 參看夏琳《海紀輯要》。卷二，明朔永曆廿八條，頁44。

【96】 屈大均：《廣東新語》卷二，「地理.遷海」條。

【97】 范承謨：「條陳閩省利害疏」，載《皇朝經世文編》卷84，「兵政十五.海防中」條。

開海貿易的新頁。

康熙為解除海禁，先後派人員分赴浙、閩、粵等省展界，並宣布廢除直隸、魯、江、浙、閩、粵各省原先制定的海禁處分條例，准許五百石以上的船隻出海貿易。事實上，康熙年間清廷開海貿易的原因主要有五：

一、**政治形勢的改變**：康熙廿二（1683）年六、七月攻克台、澎，明鄭政權從此消逝，結束長期兩岸對峙，滿清政權威脅解除，東南沿海各省基本上穩定。

二、**遷海罪責的推卸**：歷時28年遷界殘酷現實，使東南沿海生產與經濟遭受嚴重破壞，為穩定民心，使百姓得以展界返鄉安居，為其禁海遷界開脫罪責[98]。

三、**國計民生的考慮**：閩、粵山多田少，人多，居民依海撈魚、貿易謀生；而清初多次海禁與遷界，使各省田荒、賦稅無徵，惟有開放海禁以廣百姓民生[99]。

四、**財政金融的需要**：滿清政權為鎮壓反清勢力，沿海重兵布防，兵餉浩大，各省負擔加重；開海貿易，即可徵稅養兵，餘可上繳，更可解決銀荒問題[100]。

五、**廷臣疆吏的輿論**：台灣明鄭政權的歸附，朝臣疆吏紛紛請求重開海上貿易。就這樣，在群臣的輿論催促下，康熙衡量得失遂決定開放海禁貿易。

為了適應開放海禁貿易的新形勢，清廷首先制定一系列的具體政策和規章，同時採取必要的行政措施，創設通海貿易的海關。康熙廿四（1685）年分別在江南、浙江、福建、廣東四省設置海關，史稱「四榷

---

[98] 張維華：前揭書，頁65-66。

[99] 參看《康熙起居注》第一冊，康熙十九年八月十八日條。

[100] 參看《清聖祖實錄》卷91，康熙十九年七月庚申條。

關」，為專門管理四個港口的海外貿易與徵收關稅的事務。康熙緊接著在決定開海設關之後，又親自欽定了一系列有關關稅問題的具體規定，極有利於當時國內、外的經濟發展與交流。對外貿易方面，他亦採取一些積極的措施，廿五（1686）年二月，粵海關宣布，對當時停泊在廣東的29艘洋船，首批按照減稅辦法處理，並著為律令；各船洋商等均歡欣鼓舞，「乘風歸國」【101】。他再規定：江、浙、閩、粵四海關應按劃一稅率和計稅法辦事，外國船隻在四海關中之一關繳交入口稅，其他三關不得再重覆徵稅。【102】可見當時頒行的關稅政策，比較著眼於惠商和有利於開拓海外的貿易。

康熙廿三（1684）年，海禁結束，海上貿易開始，次年隨即停止澳門的陸路貿易（1679-1684年）【103】，而東南沿海各省的商船再度遍及日本、東、西洋等處，海上貿易盛況空前；於是「商船交於四省，偏於占城、暹羅、真臘、滿剌加、渤泥、荷蘭、呂宋、日本、蘇祿、琉球諸國。」【104】飽受海禁、遷界之苦的東南沿海「積貧之民」，乘機相率搭販洋商船出國，各種商船多載人民往國外，又開始清代商民持續出國浪潮。清廷對於出洋貿易的船隻仍存有戒心，所以對海上貿易雖解禁，卻採取各種的限制措施。

在康熙看來，海上貿易雖能帶來經濟利益，卻決不可因之讓它帶來政治上的麻煩【105】，對於政權安全的考慮遠在經濟利益的考慮之上。因此清廷嚴限海上貿易的進行，並漸形成一套嚴密規制，對於從事海上貿易的商船規格、出洋地點、進出口手續及保甲制度等均有所規定。然

【101】前揭書。

【102】同上註。

【103】李士禎：「請除市舶澳門旱路稅銀疏」，《撫粵政略》卷2，頁42。

【104】姜辰英：「海防篇」，《中外地輿圖說集成》卷93。

【105】參看《清聖祖實錄》卷115。

而，海上貿易一經開放，決非清廷一紙禁令所能限制得了的；雖規定五百石以下小船方可出洋，實際上卻是販洋船隻紛紛出洋，所謂「無分大小，絡繹而發」【106】。清廷種種限制，使當時的海貿船舶難作遠洋航行，不過開放海禁，准許民商出洋貿易，海外貿易還是急速地發展起來。

期間清廷曾與葡萄牙、法國、荷蘭等西歐各國保持貿易往來，僅在康熙廿五（1686）年二月，停泊於廣東海域的西洋船隻便有29艘之多。明顯地，開海後外國來華的商船漸多，其裝載的貨物品種亦相應發生了重大的變化，「往日多載珍奇，今係日用雜品。」【107】當時，由於開海而導致入口商船及其裝載貨物量激增，來貨品種則從專供奢侈消費的用物，轉移到以一般社會日常用品為主，甚至一時性地出現出洋帶貨擁滯，航運利潤下降的情況。

康熙晚年在開海政策上曾出現倒退的現象，他從五十五（1716）年開始，相繼頒布了禁止華商把出海船隻賣給外國、禁止商船的水手超額、禁止海員出海多帶糧食、禁止超額為船上安全配備的防衛武器等；還明確規定保留商船赴東洋貿易，西洋（此指歐洲）船則聽其自來，卻嚴禁與南洋通商【108】。可見，康熙限制西洋、禁絕南洋、仍通東洋的外貿政策昭彰若揭。

在康熙廿三至五十五（1684-1716）年近卅四年間，中、外海舶貿易的口岸多在浙江的寧波（附近舟山）、福建的廈門、廣東的廣州及外港澳門等處【109】。在這段時期內，葡萄牙商人仍集中在澳門貿易，而英國商人先前來華要求通商備受澳葡的從中作梗中傷，數十年後再度來華貿易則專注於廣州口岸通商。海禁解除後，浙江的寧波、福建的廈門雖相

【106】參看施琅「論開海禁疏」，《清經世文編》卷33，海防上。

【107】參看《戶科史書》，康熙廿五年二月。

【108】前揭書，卷271。

【109】張昌德：前揭書，頁118。

李木妙　海上絲路與環球貿易——以十六至十八世紀中國海外貿易為案例　331

繼設關通商，可是荷、英商人在該地方的貿易並不如意；因為一切無成文法規可循，官員貪污賄行幾乎令他們無法從事正常買賣，其中陋規重重、關稅不依則例徵收[110]。所以他們在寧波買的貨物有時往往比在廣州買的還要貴出10%至30%。至於推銷歐洲貨物方面，除了鉛（Lead）以外[111]，所有毛織品、呢絨等商品均無市場；運來的大批紡織品好幾年仍堆積貨倉，無人問津，不過勉強售出一部分，均由華商轉運至廣州來賣。他們自以為寒冷的地方較易出售毛織品，卻沒想到那裡無用洋貨的風氣和習尚，數十年在華的貿易經驗與事實告訴他們愈北愈無銷路，妄想在中國銷行歐洲紡織品及呢絨實在困難重重。

（2）後半期，1717-1756

隨著海外貿易的發展，出洋貿易商船的增多，附搭出洋謀生的人數亦不斷增加。大量百姓移居海外，當然引起滿清當局的恐懼與不安，康熙更擔心：「海外有呂宋、噶喇吧等處，常留漢人，自明代以來有之，此即海賊之藪。」[112]甚至對閩、粵沿海及台灣一帶從事海運活動的人深表疑慮。由是可知，康熙朝禁止南洋貿易的目的，並非要切斷與南洋的貿易關係，而是擔心歸僑返國搞顛覆，與國內反清勢力串謀危害滿清政權的統治，因此不准他們回國。再由雍正的批諭，透露出康熙所擔憂的是呂宋、巴城等地聚集的華僑與國內反清組織勾結，猶如當年明鄭在海外建立抗清據點，凝聚反清復明的力量[113]；因此實行南洋禁航令，不但隔絕南洋與內地互相的聯繫，而且可防國人大批移殖南洋、藉此消除該等地方聚集的華僑而成為反清的心腹大患。

---

[110] 張昌德：前揭書，頁119。

[111] H. B. Morse, *The Chronicles of the East India Company Trading to China, 1926. Vol. I,* pp. 94-95, 114.

[112] 參看《清聖祖實錄》卷270。

[113] 同上註。

康熙五十六（1717）年三月，兵部會同陛見來京的廣東將軍管源忠、閩浙總督覺羅滿保、兩廣總督楊琳，正式宣布禁止南洋貿易的諭令：商船照樣東洋貿易外，不准往南洋呂宋、噶喇吧等處貿易（安南亦例外），違禁者嚴拏治罪，外國夾板船照舊准來華貿易【114】。但南洋禁航令頒布後，亦有不少赴南洋貿易商人懾於禁令而紛紛搭外國商船歸國【115】，據不完全的統計，自康熙五十六至五十九（1717-1720）年，僅閩、浙兩省赴南洋回籍的人就將近 2,000 名【116】。如此看來，南洋禁航令似乎僅禁中國商船赴南洋，而不禁南洋的商船來華，否則當地歸僑很難搭洋船返國。

南洋禁航令的實施，為清代海外貿易政策的一個重要轉變，與以前不同的是：在康熙五十六（1717）年以前，清廷主要僅限止海上貿易，從總體上規定百姓不得私自出海貿易；而南洋禁航令則主要針對商民出國，即局限中國商船、商民不准赴南洋，並限令從前留在南洋的商民歸國，外國商船依舊可來中國通商，中國商船到安南、日本及澳葡商船赴南洋貿易，則不在禁例。其實，康熙實行南洋禁航令亦遭到不少地方官的反對，如雍正二（1724）年藍鼎元歷數南洋禁航的弊端和開禁的好處【117】，他認為南洋禁航後，諸益盡失，百害叢生；台灣知府沈起元，亦以為南洋各國無可能危害及中國沿海【118】。雍正四（1726）年三月，閩撫毛文銓曾奏開福建南洋之禁；次年，閩督高其倬向雍正上疏，奏請允福建商船赴南洋貿易【119】，於是清廷實施逾十年的南洋禁航令（1717-1727）正式解除，同年廣州效尤，雍正七（1729）年浙江亦得准商船開

【114】 參看《清聖祖實錄》卷 277。

【115】 參看《清世宗實錄》卷 58。

【116】 李金明：前揭書，頁 68。

【117】 藍鼎元：「論南洋事宜書」，《鹿洲初集》卷 3。

【118】 沈起元：「治台灣私議」，《清經世文編》卷 84。

【119】 參看《清朝文獻通考》卷 33，「市糴」。

李木妙 海上絲路與環球貿易——以十六至十八世紀中國海外貿易為案例 333

往南洋，至是全面恢復對外海上貿易；惟不准華僑歸國卻繼續生效，直至光緒十九（1893）年清廷才廢止。

康熙五十六至雍正五（1717-1726）年十餘年間的南洋禁航，對當時社會、經濟等方面的影響很大。第一、打擊與東南亞的貿易：康熙禁航南洋雖非切斷與南洋的貿易關係，但既頒禁令，則商船不能任意往返，這對當時中國與東南亞之間的海上貿易發展，無疑是個沉重的打擊。第二、阻礙華人出國與歸國：在南洋禁航之前，商民出國並不怎麼受限制；而禁航令主要是針對海上貿易商，禁止中國商船赴南洋，以杜絕百姓搭船到那裡，亦限制國內居民與海外華僑的聯繫。第三、影響國家的財政收入：據報告：閩省海關查自康熙五十六（1717）年禁航以前，監督每年徵收銀兩倍於定額，任滿之日無不滿載而歸，禁航以後所收徵銀大不如前。【120】可見十年南洋禁航肯定嚴重地影響當時海關的稅收。第四、破壞沿海與南洋經濟：南洋禁航以後，中國「百貨不通，民生日蹙」【121】使沿海閩、粵等各省的社會、經濟，遭受嚴重破壞。另亦因中國禁航，華舶能否駛往巴城，茶葉輸入量減、增，左右當地茶價暴升、暴跌，足見當時海禁對東南亞地區的貿易影響直接。

清初繼荷蘭人再次叩開貿易之後，英國的貿易亦由台灣、廈門遷移廣州，並在廣州建立商館（1715），法國的「中國貿易公司」繼之（1728），不久丹麥（1731）、瑞典（1732）及普魯士（1762）等國也聞風而至【122】。然而當時葡萄牙人在東方的勢力已完全衰落，荷蘭人亦開始走下坡，代之而起的則是英國。自從康熙五十五（1716）年起到乾隆廿四（1759）年止，外國商船特別是英國東印度公司屬下的商船，除了

【120】參看「福建巡撫毛文銓奏摺」，《雍正四年十月十二日》，見《文獻叢編》第17輯。

【121】同【117】註。

【122】H. B. Morse, *International Relations of the Chinese Empire Vol. I.* 又張德昌：「清代鴉片戰爭前之中西沿海通商」，《清華學報》第十卷第一期，頁121。

雍正十二（1734）年、十三年赴廈門，以及乾隆廿一（1756）、二、三年各有一艘赴寧波以外，均赴廣州貿易【123】。這時候，來廣州從事貿易活動的商船有荷蘭、法國、瑞典、丹麥、普魯士等，但以英國居各國之首。據統計，48年間歐洲各國來廣州貿易的商船約403艘，平均每年8.4艘；其中英國商船約有196艘，佔總數的48.6%，平均每年約4.1艘。換言之，前來廣州貿易的各國商船中，約近半數為英國商船【124】。

（五）廣州獨口「集中貿易」階段（1757-1793）

本期始自乾隆廿二（1757）年起，清廷相繼關閉位於江南松江的江海關、浙江寧波的浙海關、福建泉州的閩海關，而只限定廣東廣州的粵海關為當時全國對外通商的唯一口岸；直至中英鴉片戰爭（1840年）爆發，清廷戰敗被迫簽訂「南京條約」，並開放沿海的上海、寧波、福州、廈門和廣州五處為通商口岸。不過基於研究時限與篇幅，本文研究的下限，則暫以乾隆五十八（1793）年英國正式派遣馬戛爾尼（George Load Macartney）使華，交涉中、英通商與外交關係為止，前後共約37年；中國對外貿易關係的特徵，從此由原來的「沿海多口通商」轉變為「廣州獨口貿易」階段，亦有稱為「廣州體系時期」（Canton System Days, 1757-1842）【125】，它標誌著清代的閉關自守，為近代中國帶來深遠的影響。

1. 洪任輝案的始末

自海禁開後，葡、法、荷、英等國相繼在廣州設立商館，海外貿易發展重新活躍起來，廣州亦因此成為當時中西貿易的最大商埠。自康熙

【123】 張昌德：前揭書，頁121。

【124】 梁廷枏：《粵海關志》卷24，「市舶」條；H. B. Morse, *The Chronicles of the East India Company Tradeng to China, 1635-1834.* Vol. I,II,III,V.

【125】 彭澤益：〈清代廣州體系時期中外商人之間的競爭〉，《歷史研究》第五期，頁131。

五十五（1716）年至雍正二十三（1758）年止，英國商船除雍正十二、十三年赴廈門，以及乾隆二十一、二十二、二十三年赴寧波以外，均集中在廣州貿易。其後英國等商船再度試航寧波貿易，主要原因有三方面：第一、避開粵海關苛索，迫使廣州稅收下降[126]；第二、開拓中國新市場，推銷英國毛織品[127]；第三、另尋找通商口岸，謀取更優厚的利潤[128]。基於上述理由，英國東印度公司自乾隆二十（1755）年起數度派遣商船，北上閩浙沿海、試航寧波，企圖促使滿清當局能夠改善對外貿易關係，因此導致乾隆二十四（1759）年「洪任輝案」的發生。

乾隆二十（1755）年，英東印度公司鑒於廣州貿易受到限制，於是派遣哈利生（Samuel Harrison）赴浙江的寧波試行貿易，任命洪任輝（James Flint, 17??-1762）隨行任通事；他們一行於乾隆十九（1754）年正月自英國啟程，六月抵達廣東的澳門，翌年三月下旬攜帶貨物分批向浙海進發。四月下旬抵達浙江定海貿易，得到當地官吏熱誠的招待[129]。當時英國商船到寧波貿易，顯然比廣州少繳一些稅，因此本著該次試航貿易的成功經驗，英東印度公司於廿一、廿二年均派船再度赴寧波貿易，因而逐年減少派船到廣州，隨著外國商船的逐年遞減，粵海關入口稅收遞減亦為意料中事。

英國商船連續赴浙，並攜帶大量武器，引起滿清當局的警惕，他們深恐外國商船日益增多，最後可能使寧波變成第二個澳門[130]；為了防微杜漸，乾隆諭令浙粵督撫籌議辦法，加以取締。後經閩浙和兩廣督臣協商，地方當局決定加稅，使來浙外商無利可圖。同年十一月，宣布嚴

---

[126] 張德昌：前揭書，頁130。

[127] H. B. Morse, *cit. op.,* Vol. I, p. 109

[128] 張德昌：前揭書，頁133。

[129] 參看〈乾隆朝外洋通商案〉，《史料旬刊》第10期（乾隆二十年五月），頁353-354。

[130] 梁廷枏：《粵海關志》卷8，稅則一，頁18。

禁洋船赴浙而僅限在粵進行貿易，嗣後通知英商和由浙歸粵商人洪任輝等，英商表面上雖接受清政府的諭令，暗中仍未停止抵制廣州貿易和北航寧波的貿易活動。

乾隆廿四（1759）年五月洪任輝乘「成功號」（Success）從廣州赴寧波，抵達定海四礁洋時卻遭外洋汛把總謝恩的攔截【131】，定海鎮總兵羅英笏得知後，立即派人勸告洪任輝「仍回廣東貿易，不得在此停泊。」並遣中營守備陳兆龍轉護送返粵，途中洪任輝將擬好詞呈託陳氏轉達朝廷。【132】六月初，洪氏駕船駛出定海南韭山後，並非返粵而是揚帆繼續北上天津告狀；清廷受理控訴，洪氏控訴粵海關及商行七項罪狀：一、任意加稅，二、勒索外商，三、不還商欠，四、苛刻日用，五、往來需索，六、勒補平頭，七、保商貽累【133】。呈詞表面上揭發廣州海關的種種惡習積弊，而隱含文字背後的，則是要求清政府改善粵海關、開放口岸貿易。

乾隆皇帝接到大臣奏折和洪氏詞呈後，認為：「事涉外夷，關係國體，務須徹底根究，以彰天朝憲典」【134】；隨即召集軍機大臣商議此案，並命給事中朝銓帶洪任輝從天津馳赴廣州，會同福州將軍新柱與兩廣總督李侍堯審訊本案。結果粵海關監督李永標被判「失察罪」，被革職和沒收家產，而家人及粵海關各色役吏亦分別被判罰。英東印度公司企圖卻未能得逞，廣州行商依然保留，海關制度幾無變化，外商仍未被允許進入內地，閩、浙沿海嚴禁貿易，清廷對外通商的門關閉更緊，關閉寧波港的決心更堅定、限令廣州一口通商的政策更強化，一直維持到中英「鴉片戰爭」爆發，清廷被迫開放五口通商後才自行廢除。乾隆廿六（1761）年，英東印度公司董事會派人攜信，要求釋放洪任輝改善通

【131】 參看《硃批奏折. 外交類》第 36 號（北京：中國第一歷史檔案館）。

【132】 前揭書。

【133】 前揭書。

【134】 參看《清乾隆朝實錄》卷 589，頁 8,046。

李木妙　海上絲路與環球貿易──以十六至十八世紀中國海外貿易為案例　337

商事宜[135]，可是這些要求均被駁回，次年十一月洪任輝期滿釋放。[136]

2. 廣州獨口貿易的形成

乾隆廿四（1759）年，洪任輝事件使乾隆帝察覺貿易事小、海防事大，如任由外商隨處貿易，日久居留外人必增多，則海疆、民俗將大受影響，他因而下令禁止英商等赴寧波貿易，同時亦加強對廣州一口通商的貿易限制。康熙二十二（1683）年滿清政權攻陷台灣收歸版圖後，廷臣疆吏議論開放海禁，翌年乃相繼置江海（松江）、浙海（寧波）、閩海（泉州）、粵海（廣州）四關；可是到了乾隆二十二（1757）年，清廷卻先後撤消江海關、浙海關和閩海關，僅限令以廣州的粵海關為唯一的合法通商口岸。然而追尋其原因，主要有以下幾點：

一、**地理因素**：廣州位於中國南端的珠江三角州北部邊緣，靠近東南地區，海上交通便利，與西方各國經營東方貿易的南洋一帶接近，且遠離帝都而無受外夷威脅的壓力，得到朝廷的容忍而應許為對外的貿易港。[137]

二、**歷史因素**：廣州歷經秦漢、南宋而為中國最大外貿港，元代雖因泉州崛起，而退居次位，但仍保持繁榮；明代廣州外貿再度復興，[138]清季多口通商階段（1684-1756），它又為主要對外通商口岸，為乾隆廿二年獨口貿易的歷史條件。

---

[135] 諸如取消1,950兩禮規銀6%進口稅以及海關徵收全部貨款的2%，又要求准許自行納稅而不必通過保商代繳；同時要求海關監督應傾聽大班代表的意見，他們可直接向總督提出控告等。

[136] H. B. Morse, *cit. op.,* Vol. I, p. 299.

[137] 黃乃隆：〈清代對外貿易的發展〉《文史學報》第五期（台中：中興大學歷史系，民國64年5月），頁117。

[138] 黃啟臣〈明代廣州的海外貿易〉，《1989年廣州市地方學會學術研討會論文》，頁1。

三、**宗教因素**：自從明末利瑪竇來華，天主教在內地的傳播迅速，而由此衍生嚴重社會問題，如禁教徒祭祖、祀孔所引起中西禮儀文化、風俗的爭執，均使當局關注與擔憂；尤其乾隆初年，清廷恐天主教在華傳播最終引起動亂。【139】

四、**社經因素**：瀕海的地緣關係與悠久的海外貿易傳統，使廣東沿海居民賴海維生或多赴海外各地經商，但一旦關閉廣州口岸，則不可避免地帶來「以商無貨，以農無產」【140】的嚴重效果，而動搖滿清政權的經濟基礎。

五、**國際因素**：清廷關閉三關獨留一口，乾隆以為在照顧西歐各國利益的同時，亦蘊藏著「懷柔遠人，四方歸之」【141】的目的，企圖透過懷柔、羈縻的手段，而達到與葡萄牙、荷蘭、英國、法國等國相安無事。

六、**政治因素**：滿清以異族入主中原，遭到漢人在全國各地的反抗，後聽聞南洋有前明苗裔，更感不安，深恐漢人出海與南洋華僑及外國勢力聯合，在海外建立反清復明基地；因此，乾隆中葉清廷實行閉關獨口的政策，正是基於國家穩定與政權安全考慮。

自從乾隆廿三（1757）年清廷實施「廣州獨口貿易」政策後，廣州成為中國國際貿易的唯一互市口岸，各國的商船只限赴廣州通商，不能停泊其他港口，廣州因而在對外貿易中處於壟斷的地位；此後，外國對廣東的貿易逐漸興盛起來，這可從外國商船（包括英國、美國、法國、荷蘭、普魯士、瑞典、丹麥、西班牙等國）歷年進入廣州增加的數目可見一斑，其中尤以英國為甚。據統計，乾隆廿四（1759）年後歐美各國

【139】 陳春聲記錄：〈美國衛思韓教授談明末清初廣州的對外貿易問題〉，《廣東社會科學》1985 年第 7 期，頁 106。

【140】 參看蔡新《緝齊文集》卷四。

【141】 王之春：《國朝通商始末記》「譚敘」，頁 3。

李木妙　海上絲路與環球貿易——以十六至十八世紀中國海外貿易為案例　339

外商赴廣州的貿易中，英商逐漸居於首位；當時荷蘭、法國、丹麥、瑞典、普魯士等其他各國的輸華總值不及英商的一半，自中國出口的亦沒有一個國家能超過英國。

3. 英使馬戛爾尼的使華

自明萬曆廿八（1600）年，英東印度公司（EIC）在倫敦正式成立，籌劃經營東方的貿易，但至崇禎十（1637）年英國商船始抵粵，期間曾在台灣、廈門設立商館，與明鄭發展貿易關係。及至十八世紀下半，英國產業革命的同時，在英東印度公司的積極經營下，英國在東南亞和中國的貿易已超過葡萄牙、荷蘭等國而躍居首位。十八世紀至該世紀末，中英貿易總額增長20倍[142]，因此英商便企圖與中國建立正式的外交關係，藉以改善和增進彼此的通商關係，再擴大對華貿易。然而當時英商面對中國海關官員貪贓枉法、苛稅雜捐和嚴格限制措施等種種貿易障礙深感不滿，而有乾隆廿三（1757）年「洪任輝事件」的發生，結果使英商相信私人對話途徑的絕望，非由政府派遣使臣正式談判不可。[143]同時，為了開拓中國龐大的市場，英廷接受英東印度公司的請求，任命前英駐俄大使馬戛爾尼勳爵（George Macartney, 1737-1806）於乾隆五十八（1793）年使華[144]，代表英王向中國的乾隆皇帝祝壽為名，企圖透過外交手段達成中、英通商關係的改善[145]。可惜，卻因覲見禮儀問題而發生歧見，英使堅持拒絕向乾隆帝行「三跪九叩」大禮，而致英使團的任務歸於完全失敗的境地。[146]雖然是次英使透過和平的外交途徑所提七

---

[142] 張伊與：〈英國為什麼先後向中國派出馬戛爾尼使團和阿美德使？〉，《中外關係三百題》，頁196。

[143] 王曾才：〈馬戛爾尼中國之行〉，《歷史月刊》第六十六期，頁39。

[144] H. B. Morse, *cit. op.,* Vol. I, pp. 154-171.

[145] H. B. Morse, *cit. op.,* Vol. I, p. 214.

[146] 王曾才：〈馬戛爾尼使團評說〉，《屈萬里先生七秩榮慶論文集》，頁284。

項要求【147】未能如願以償，即使嘉慶廿一（1816）年阿美士德（William Pitt, Lord Amherst）再次使華，仍要求派使駐華擴大貿易等要求被拒絕，而使馬氏用武力迫使中國就範的想法加強落實；到了道光十四（1834）年，英國駐華商務總監律勞卑（William John, Lord Napier）便率直地向倫敦提出向中國開戰的動議，此後英廷決意採取武力打開中國的門戶，而且步步加緊對華的作戰部署，英國遂於道光二十（1840）年，藉著禁煙事件挑起「鴉片戰爭」（Opium War, 1839-1841），中國戰敗被迫割地、賠款、開埠、道歉求和，並簽訂屈辱的不平等《南京條約》（1842），因而揭開近代中國的序幕。

四、中國海外貿易與環球經濟及其影響

十六至十八世紀（即明清之際），中國的海外貿易是世界歷史上具有劃時代意義的經濟活動。中、外貿易隨著十五世紀末，新大陸的發現與海上東航路的開闢而擴大，當時中、西商品交流與航海貿易的利潤，直接加速西歐資本主義的原始累積；在雙方貿易發展的過程中，除加強了東西的航海交通之外，還不斷地突破民族的界限和區域的藩籬，而使不少國家被捲入國際性的環球經濟體系中，並產生連鎖的反應，更有助於中國與海外世界市場的互相滲透與互相影響的歷史進程，加速中、外文化的交流及對十七世紀世界性的「普遍危機」（General Crisis）產生一定的衝激作用。

【147】馬氏書面提出七項要求：一、准許英國派員駐京、管理本國商務；二、容許英商在舟山、寧波、天津諸港通商；三、按俄羅斯例，允許英商於京師設商館，以便貯貨買賣；四、允在舟山附近租借一處，為英方存放貨物、居留；五、准於廣州附近租借一處，並允寄居澳門商人自由出入；六、取消澳門與廣州間轉口稅，或減至1782年稅率，准英商按中國規定稅率繳稅，不應額外另繳；七、允許商人在通商地傳教。

（一）加強中外航海的交通

明清時期，中國與海外諸國的海上交通，不但較從前頻繁，而且交往範圍亦空前地拓展；特別是隨著海上交通擴大，中國的絲貨、瓷器和茶葉等商品亦大量出口，使得「海上絲綢之路」不斷延伸與擴展。傳統通過南洋、印度洋上的海上航線，在十五世紀初，隨著明朝鄭和七下西洋的艦隊及與各國頻繁的交往而確立起來，並把中國的絲綢等物產直接帶到東南亞、印度半島、波斯灣沿岸、亞拉伯半島和東非諸國；【148】此時，歐洲除自身的發展之外，積極謀求向海外發展，而盛產絲綢、瓷器的中國，出產胡椒、香料的南洋群島等東方世界正是其發展的重要目標。【149】十五世紀末年，葡萄牙人才對非洲沿岸進行探險和殖民，他們藉此為據點，開闢一條沿西非海岸通往東方的海上新航線，以避開由穆斯林回教徒所控制的地中海——紅海——印度洋之間的傳統航道。此後，葡萄牙人以印度半島的古里（Calicut）南面的柯欽（Cochin）為基地，相繼佔領印度果亞（Gao）、馬來半島的馬六甲（Malacca），而於明正德八（1513）年抵達華南的廣東海域，嘉靖卅六（1557）年又竊據中國的澳門（Mucao）；【150】這樣，傳統經由中國南海，從印度洋穿越紅海、地中海的「海上絲綢之路」，便由葡萄牙商人藉著與東方的貿易關係，把東、西方間海上交通直接通過中國南海——印度洋——大西洋（即中國的澳門——印度的果亞——葡萄牙的里斯本）緊密地連接起來。【151】

在東部的海外航線方面，自明初以來便有日本至浙江寧波、琉球至

【148】陳炎：〈略論海上絲綢之路〉，《歷史研究》1982年第3期，頁170-177。

【149】張維華：《明清之際中西關係簡史》（濟南：齊魯書社，1987年），頁1。

【150】全師漢昇：《明清經濟史研究》（台北：聯經出版事業公司，民國77年），頁3。

【151】陳尚勝：「明清時期海上絲綢之路與世界市場」，《海交史研究》1993年第1期，頁28。

福建泉州兩條官方規定的貢道，十五世紀中葉日商曾開闢一條從日本四國島的坊津橫渡至中國浙江的寧波之航線，而十六世紀華商又開闢由中國的福建經琉球往日本的中、日、琉海上交通新航路（即中國福建的漳州月港——琉球的那霸——日本的長崎），如此新舊中、日航線使華日貿易往來更方便頻繁起來。【152】中國東南的海上航線，主要由福建及廣東分別到菲律賓的航道。原來當十五世紀末葡萄牙人沿非洲海岸向東探險的同時，位於伊利亞半島南端的西班牙人則循大西洋向西探索，因而發現美洲新大陸，並繼續向西推進橫跨太平洋，來到遠東的菲律賓群島；明嘉靖四十四（1565）年西班牙人入據宿霧，五年後佔領呂宋島正式從事菲律賓的殖民統治，與此同時開闢一條從歐洲經美洲至遠東的貿易新航線（即西班牙的塞維爾——美洲的阿卡普爾科——菲律賓的馬尼拉），並與華商開闢的中、菲航路連結（見文後附圖）。該條航路由福建的漳州月港經台灣海峽，穿越巴士海峽而到呂宋島的馬尼拉（Manila）或蘇祿群島等地，另一條則從廣東的澳門抵達此間；當時中國的絲貨、瓷器等物品，正是通過這條航道由「大帆船」（Galleon）輸往美洲新大陸再轉運歐洲舊大陸。【153】

由是可見，隨著十五世紀末地理的大發現與新航路的開闢，而使明清之際「海上絲綢之路」有了巨大的發展；它把中國與歐洲、東方和西方聯繫起來，中國的絲綢、瓷器、茶葉及日常用品等源源不斷地循此越洋運往歐洲，而美洲的白銀等商品則經不同的渠道輸入中國，因此東、西頻繁的海上貿易往來，亦明顯地加強了中、外的航海交通。

（二）促使世界性市場的形成

十五世紀末至十六世紀初，伴隨著地理大發現與東航路的開闢而使

【152】 同上註，28-29頁。

【153】 全師漢昇：前揭書，頁18-27。

商業生產相應的變化，這對近世歐洲封建體制的解體和資本主義的形成，均起了積極的促進作用，並為當時的工、農業生產帶來生機。可是自十六世紀中葉以來，在「價格革命」（Price Revolution）衝擊下，歐洲的經濟陷於蕭條的困境，物價急劇上漲，各種商品極為匱乏，西歐的殖民勢力相繼企圖通過對各殖民地的掠奪來抒緩歐洲的經濟危機，但開發殖民地卻需要大量的日常生活用品和工業產品，當時西方各國又無力供應，遂掀起爭購中國商品的熱潮，因而使中國市場和世界市場緊密連結起來。【154】十六、七世紀的歐洲大陸由於政局不穩、戰爭的蹂躪與物價的波動，生產力處於相對的停滯或緩慢的發展狀態；相對地，十六至十八世紀間中國雖有明清政權交替及政經的短暫調整，社會生產力仍處於上升的階段，對外商業活動突破朝貢和鄰邦狹小的市場，而成為正在逐漸形成的世界市場組成部分。【155】就中國與歐洲的生產狀況而言，不少外國學者在進行比較研究之後認為，在西歐工業革命取得成效以前，中國不但不落後於西方，而且在某些方面還佔有一定的優勢。誠如美國學者艾維四說：「在絲產、紡織、染色和瓷器製造等方面，明代中國所建立的技術水準，要比世界其它絕大多數地區人民遙遙領先。」【156】

　　東西方生產發展水平的差距，還可以通過商品在國際市場上的競爭表現出來，特別是銷售的範圍與商品的價格。以下將若干中國商品與歐洲同類商品的價格作一比較：首先，以絲織品為例，中國生絲色澤艷亮、各類絲綢價格便宜，織造技術更非同時期歐洲人望塵所及；就價錢而言，在墨西哥的中國絲貨僅為西班牙同類產品的1/3，在秘魯

【154】張鎧：〈晚明市場與世界市場〉，《中國史研究》1988 年第 3 期，頁 3。

【155】沈定平：〈從國際市場的商品競爭看明清之際的生產發展水平〉，《中國史研究》1988 年第 3 期，頁 16-18。

【156】艾維四：〈明史與世界史〉，《十六至十八世紀之中國與歐洲》學術研討會，香港中文大學主辦，1987 年 3 月。

大約為1/9，【157】在東南亞中國絲貨不及荷蘭的1/3，【158】在歐洲中國絲貨約為當地同類產品的1/3至1/4左右，【159】可見中國絲綢價廉物美，在當時的世界市場亨有聲譽並具有競爭的優勢。其次，就棉織品為例，明代棉花種植已在全國推廣，有充裕的原料來源，加上中國的棉織業吸收外來的技術長處，同時又借鑒絲織業的經驗，故在明清之際，其發展令人矚目，產品質、量均遠超印支、南洋諸國，而且棉布價格低廉，除日本、東南亞的傳統市場之外，中國棉布更遠銷美洲、歐洲和非洲等地；【160】在工業革命取得顯著成績之前，中國棉織品不管在銷量、質量、價格，或銷售區域來看，在世界市場上均頗具競爭力，決不是處於初創階段的歐洲特別是英國棉織業所能抗衡。再者，以鐵製品來說，明代已用焦炭煉鐵代替宋時用煤煉鐵，歐洲人要遲至十八世紀才把握；東南亞歷來是中國生鐵、鐵器的傳統市場，每年從廣州、廈門開出的商船，均載有大量的生鐵、鐵鍋、鐵釘、鐵板、鐵刀等製品赴蘇祿、棉蘭姥島、爪哇等地，且價格相當當地的一半；【161】正由於技術上的優勢與價格低廉，明代生鐵及製品在世界市場上同樣表現強勁的競爭力，於菲島中國鐵釘售價僅為西班牙的四分之一，【162】美洲的秘魯總督鑒於歐洲

【157】 See *The early Colonial Trade and Transport in Mexico and Pure* (California, 1954). pp. 117-118, 121-122.

【158】 J. C. Van Leur, *Indonesian Trade and Society Essays Asian Social and Economic History* (The Hague: W. van Hoeve Publishers Ltd., 1955). p. 218.

【159】 參看《利瑪竇中國札記》（北京：中華書局，1983年），頁13-14。

【160】 Kristof Glamann, *Dutch-Asiatic Trade, 1620-1740* (The Hague: Martinus Nijhoff, 1958),.p.21; *British Trade and China openning, 1800-1842* (Cambri/ge: Cambrige University Press, 1951), p.1.

【161】 巴素：《東南亞之華僑》下冊，頁905-907；轉引自沈著〈從國際市場的商品競爭看明清之際的生產發展水平〉，《中國史研究》1988年第3期，頁21。

【162】 Blair & Robertson, *The Philippines Islands, Vol. VII*, p. 88-89.

鐵昂貴，亦特遣船赴菲島購買中國生鐵。最後，以陶瓷製品為例，明清之際製陶技術的發展，係同「為了開辟海外輸出的道路，促成了大量的生產」聯結起來，[163] 而技術上的優勢和產量的急劇增長，便可底於市場價格出售；如十七世紀初，陶瓷在日本的價格約為廣州的二、三倍，同時運銷印度果亞華瓷的利潤為投資的100% 至200% ，又如康熙十五（1776）年每百件陶瓷器皿，在廈門值一元，運菲島、蘇祿售價二元，正由於華瓷相當世界市場的1/2 、1/3 或1/4 ，所以它在開辟市場上極具潛力；十七世紀後，華瓷大量輸入歐洲成為普通家庭的日常用品，而且在技術上直接推動了歐洲陶瓷工業的興起。

總之，在工業革命前夕，歐洲仍處於相對停滯和緩慢發展狀態，中國不少實用的商品諸如絲織品、棉織品、鐵製品、瓷器、工藝品及農產品等，無論在數量、質量和售價來看，在當時的中國市場中均具有強勁的競爭力；那麼，很自然地明清之際價廉物美的大量中國商品湧入日本、東南亞諸國，透過菲島推向美洲新大陸，藉著葡、西、荷、英、法、美等西方列國的商人販運歐洲，而日本、美洲等各地的白銀貴金屬、物產亦透過不同的渠道輸入中國。這樣中國商品便成為國際貿易的紐帶，通過海上與各國的經濟交流，促成世界性市場的形成。

（三）深刻影響中外社會經濟

明清之際，中國的海外貿易有促進中、外互通有無、互濟盈缺的物資調節功能，加強彼此的經濟依賴，進而改善各地人民的日常生活；這對於當時及以後中、外社會、經濟等，均產生深刻的影響作用。

首先，在經濟方面：中國商品尤其是絲綢、陶瓷、茶葉、鐵器、工藝及日常用品等供給規模空前的海外市場，透過跨國長途販運除交換各國的土產之外，更特別側重換回白銀貴金屬，因為它體小值大，且為當

【163】木村康一：〈中國制陶技術〉，《天工開物研究文集》，頁149。

時中國的流通貨幣；就以中國與西屬菲島的貿易為例，華商載去的多是絲貨、軍需品、糧食及其他生活必需品，他們返國時卻載回不少的西屬美洲白銀及少量菲島的土產，【164】誠如張燮說：「東洋呂宋，地無他產，夷人悉用銀錢易貨，故歸船除銀錢外，無他攜來，即有貨亦無幾。」【165】然而巨額的利潤刺激中國海外貿易的迅速發展，直接促進東南沿海地區外向型經濟成份的出現與增長。某些地區的農民往往根據海外市場的需要來從事經濟性農作的生產，如閩、浙產茶之外，閩、台、粵一帶多種植甘蔗，「磨以煮糖，泛海售。」【166】清季粵人「惟知貪財重利，將土地多種龍眼、甘蔗、煙草、青靛之屬，以致民富而米少。」【167】又閩省「漳、泉一帶，芝蔗煮汁造糖，獲利頗多……又有殷實民人，自置商船往洋貿易，生計頗廣，原不專賴農田。」【168】反映沿海某些地區為了生產外銷的經濟作物，而減少農產。同時一些與海外貿易有關的手工業，如江浙蘇、杭、湖州一帶的絲織業，松江府一帶的棉紡業，江西景德鎮、廣東佛山鎮、福建德化等地的陶瓷，廣東南海佛山的鐵器等的發展，均深受海外貿易的影響。手工業中曾出現不少利用本國原料，專門製造適合外銷的出口商品，如廈門出口的絲邊番襪，漳州生產的洋錦，均專供出口呂宋；出口暹羅的商品名單中，甚至有鋪路石條、怪獸和佛像等石雕；華商且根據日人的喜愛菊花圖案的碗、竹圖案的香爐，而訂造這些產品行銷日本；【169】曾根據歐人的圖樣設計要求，燒造陶瓷行銷荷蘭、英國等歐洲國家。又有不少工業產品係利用進口原料進行加工，然後再

【164】 Blair & Robertson, *The Philippines Islands, Vol. III*, p.180-181.

【165】 張燮：《東西洋考》卷七，「稅餉考」，頁132。

【166】 陳懋仁：《泉南雜志》（叢書集成本）。

【167】 參看《文獻叢編》第十七輯，「常賚奏折」，雍正五年閏月十三日。

【168】 參看《宮中檔乾隆朝奏折》第十輯，頁772。

【169】 陳希育：《中國帆船與海外貿易》，頁265。

出口，如把進口的棉花加工成棉布，再出口到東南亞；從日本進口銅，加工成器皿或鑄成銅錢，自東南亞輸入錫製成錫箔，從暹羅進口紅木、烏木製成傢具後，再運銷東南亞各地。[170]明清中國商品經濟以明顯的優勢，對世界市場的形成與發展有著舉足輕重的作用，而物美價廉的中國商品則構成對西方商品的嚴重挑戰。在南美洲，中國商品的競爭造成西班牙貨物的嚴重滯銷；十七世紀初，後者的商品銷售量已減少一半以上，有的西班牙商船往返美洲竟收不回成本；[171]即使在歐洲本土，亦感到中國商品的壓力，中國絲織品「以它低廉的售價，獨具特色的藝術和裝飾上的魅力，對歐洲市場同樣構成一種挑戰。」[172]

其次，在財政方面：當然海外貿易使明清國庫的收入大大增加，明代後期尤其是隆慶開放海禁以後，朝廷在月港設置海防館（嘉靖四十二年由靖海館改稱，萬曆廿一年再改為督餉館），專責向進貢出口商舶徵收引稅、水餉、陸餉和加增稅等稅項，及至清初又正式確立江、浙、閩、粵四海關，具有近代型態的海關制度才遂漸形成；隆慶六（1572）年福建漳州月港「開設舶稅，僅數千金」，萬曆四（1576）年「餉溢額至萬金」，十一（1583）年「累增至二萬餘」，廿二（1594）年「餉驟溢至二萬九千金有奇」[173]，此後每年商稅約在20,000至30,000兩左右。事實上，當時閩省兵餉約273,890餘兩實用289,600餘兩，仍欠15,170兩則由月港商稅收入來補充。同樣地，菲島商稅收入亦是西班牙殖民地當局維持軍、政等開支的來源，可見海外貿易的稅收對地方財政的重要。據統計，馬尼拉海關由華貨所徵收的關稅，1586-1590年間平均每年

---

[170] Jennifer W. Cushman, *Fields from the Sea: Chinese Junk Trade with Siam During the Late Eighteenth and Early Nineteenth Centuries*, pp. 121-123

[171] Blair &Robertson, *The Philippines Islands, Vol. 27*, pp. 198-201.

[172] Hudson, *Europe and China* (London, 1931), pp. 274-284.

[173] 參看張燮：《東西洋考》卷七，「稅餉考」，頁133。

為4,909西元，1611-1615年增至64,482西元，約為二十餘年前的13倍以上，其後華貨入口稅雖有下降，卻較1586-1590年為高[174]，藉此亦可推想當時華貨在菲迅速擴展。明鄭政權盤據閩、台，抗清的龐大軍事支出，多依賴海外貿易及對中、外海商徵收的稅餉；康熙廿三（1684）年，清廷宣布解除海禁，並相繼設立江、浙、閩、粵四海關，對海外貿易的出入口商品實行徵稅，乾隆卅二（1767）年度四海關實盈餘稅收高達1,005,358兩，[175]其中粵海關的稅收位居榜首。儘管清朝關稅收入經常波動，可是總趨勢呈現上升狀態，自乾隆末年起，它每年稅收通常在百萬兩以上；而關稅收入部分留作海關本身管理費用，部分交給內務部，其餘均上繳中央戶部，可見關稅對國家財政的重要，難怪仁宗曾坦率地指出：「關稅為國用攸關。」[176]

再者，在社會方面：中國海外貿易的發展，顯然使中、西等各方均受其利。中國農產品、手工業產品在海外擴展銷路的結果，推動國內區域性的經濟發展，促進明代中葉以後江、浙、閩、粵等東南地區湧現大批經濟性新市鎮，特別是蘇南、浙江杭嘉湖地區，如震澤縣在嘉靖以後擁有震澤、平望、盛澤、黎里四鎮和縣市、雙楊、嚴基、檀丘，梅堰等市，[177]萬曆時江蘇的吳縣便有十市七鎮，[178]此外常熟有五鎮四市、嘉定有六鎮九市、太倉有四鎮十市、長洲有四鎮四市、昆山有五鎮四市，江蘇的松江、浙江的湖州，嘉興同樣有不少市鎮的出現、這些市鎮多為棉紡，絲織的重要產區，且提供大量海外貿易出口商品；同時又使

---

[174] Pierre Chaunu, Les Philippines et Ie Pacifique des Iberiques,Paris,1960, pp. 200-205.

[175] 參看《宮中檔乾隆朝奏折》第廿七輯，頁583；第卅一輯，頁62,224。

[176] 參看《清續文獻通考》卷廿九。

[177] 參看乾隆《震澤縣志》卷四；乾隆《吳江縣志》卷四；《盛湖志補》卷一，「沿革」。

[178] 參看弘治《吳江縣志》卷二，「市鎮」；正德《姑蘇志》卷十八；乾隆《震澤縣志》卷四。

李木妙　海上絲路與環球貿易——以十六至十八世紀中國海外貿易為案例　349

國內的工、農業者均能為國外市場而生產，各個行業需僱佣大批工人，商人則為國外的貿易而服務，無形中增加了不少的就業機會，從而有助於國內過剩人口生計問題的解決。【179】

　　另方面，又如透過大帆船貿易自西屬菲島揮抵墨西哥的中國絲貨，其中生絲多半在該地加工織造，然後輸往秘魯出售，據明崇禎十（1637）年的記載，在墨西哥以中國生絲作原料來加工織造的，便有14,000餘人因此獲得就業機會；【180】與此同時，由於中國絲貨源源輸入美洲並充斥於墨西哥及秘魯的市場，售價比西班牙便宜，一如西國商人指出：在美洲殖民地市場上，東方貨物（以中國絲綢為主）的激烈競爭，將要摧毀母國的工業，而白銀的輸往東方則耗竭輸回西國的來源，又有些言論甚至把西國杼機的停織、工人的失業，歸咎於中國的廉價絲綢的競爭。【181】明隆慶開禁准販東西洋後，閩、粵商人赴呂宋、蘇祿、暹羅、北大年、雅加達、萬丹、占卑、亞齊、巨港和馬辰等地貿易，其中不少海商、押運人員等留居當地；又明清交替之際，滿清厲行海禁、遷界不許民間私自出海貿易，亦有相當華人乘搭商船出洋謀生散居各地，他們之中有商人、醫生、裁縫、鞋匠、木匠、冶鐵匠、泥水匠、油漆匠，搬運工人等，【182】在當地社會從事各行各業，對南洋地區的經濟開發貢獻不少。

【179】參看全師漢昇：〈明季中國與菲律賓間的貿易〉，《中國經濟史論叢》第一冊，頁433。

【180】Juan Grau y. Monfalcon, "Informatory Memorial Addressed to the King" (Madrid, 1687), in *Phio Isls, Vol.27*, pp.199,201-208; 轉引自全師漢昇：〈自明季至清中葉西屬美洲的中國絲貨貿易〉，《中國經濟史論叢》第一冊，頁466。

【181】E. G. Bourne, *Discovery, Conquest, and Early History of the Philippine Islands* (Clebeland,1907), p.62; Conredo Benitez, "Philippine Commerce of Long Ago," in Zoilo M. Gallang(ed.), *Encyclopedia of the Philippines*(Manila,1950), Vol. V, pp. 46-47.

【182】陳學文：《明清社會經濟史研究》（台北：稻禾出版社，民國80年），頁301。

華人僑居南洋一帶，與當地居民共同生活，互通婚姻，以呂宋為例，據張燮說：「利其近，且成聚故」，「華人既多詣呂宋，往往久住不歸，名為壓冬，聚居澗內為生活，漸至數萬，間有削髮長子孫者。」[183] 這樣保持密切的血緣關係，增進彼此友誼，也改進民族的素質，當地社會的風俗、日常服飾用具亦或多或少地受到影響。通過中國商品的傳播，中國文明甚至影響到歐洲人的生活習尚，中國商品中所積淀的文明因素激發了歐洲人的追求，粗俗器物開始鄙棄，權貴世家室內不擺設中國漆器、屏風、各式白銅燭台，以及雕花鏤空的傢具，不能誇稱富貴和高雅，婦女沙龍聚會，必身穿中國絲綢、手搖中國摺扇，出門定要高擎中國折傘遮日，瓷器普及百姓人家，飲茶漸成社會風尚，可見影響深刻與廣泛。[184] 其他負面的影響如明代中葉因海禁政策的實施，而有倭寇侵擾中國東南沿海；西方殖民勢力的東來，要求合法的通商未果，而冒險違禁地從事沿海走私貿易，出現的商業糾紛無法仲裁，而有暴力仇殺、海上劫掠等報復性犯罪行為，構成沿海種種社會治安問題，嘉靖廿七（1548）年四月浙江寧波「雙嶼事件」，便是在這一背景下產生。

最後，作物引進方面：透過海外貿易的渠道和華商、僑商的傳播作用，使不少歐美的農作物傳入中國種植，其中尤以美洲糧食、經濟作物如蕃薯、煙草、玉米、木薯、藍靛、落花生、甕菜、豆類和各類瓜果新品種等，不少均由呂宋或巴達維亞循東南海道引入中國。第一、糧食作物以番薯、玉米為主：首先以旋花科草本蔓生性植物番薯（Ipomoea batatas、Sweet Potato，又稱甘薯、地瓜、紅薯、金薯、朱薯、山芋）為例，它原產美洲的秘魯、厄瓜多爾、墨西哥一帶，十六世紀初西班牙已普遍種植，以後很快傳遍整個歐洲；明嘉靖四十四（1565）年後，西班牙把番薯攜至呂宋的馬尼拉和摩鹿加島，再從這些地方傳播至亞

---

[183] 參看張燮：《東西洋考》卷五，「東洋列國考」（呂宋），頁89。

[184] 張鎧：前揭書，頁10。

李木妙 海上絲路與環球貿易──以十六至十八世紀中國海外貿易為案例 351

洲大陸。【185】由陸路傳入中國的雲南,明神宗萬曆年間(1573-1620)海路循三途傳入中國東南沿海:其一、萬曆十(1582)年番薯分別由陳益、林懷蘭從安南帶回故鄉廣東的東莞、電白縣,【186】但傳播不廣,影響不大;其二、萬曆十二、三(1584-1585)年,由「溫陵洋舶」經南澳島傳入福建的泉州,「初種於漳郡,漸及泉州、漸及莆田,近則長樂、福清皆種之。」【187】其三、萬曆廿一(1593)年,閩商陳振龍把番薯從呂宋攜返福州,經試種後推廣全省,並播種蘇、浙、台、蜀、贛、鄂、湘、桂、滇、黔、秦、皖、魯、豫、冀等省,為傳播最廣、影響最深的我國耐旱、高產引進雜糧作物。【188】

番薯由多條途徑引進中國,粵、閩差不多同時引進,粵省分別由東莞、電白自安南引進,閩省則分別從福州、泉州、漳州自呂宋引進,然而不論何種途徑引入,均係海商起媒界作用,同時番薯由粵、閩傳入以後,並迅速向內地各省推廣【189】。其次,就玉米(Zea mays,又稱玉蜀黍,包谷)而言,它亦原產於南美洲的秘魯和中美洲的墨西哥,自明弘

【185】 公宗鑒:〈甘薯傳播史〉,《泉州市志通訊》1992年第1,頁55。

【186】 參看光緒《電白縣志》卷三十,「雜錄」;又《鳳岡陳氏族譜》卷七,「家傳.素納公小傳」;轉引自楊寶霖〈我國引進番薯最早之人和引進番薯最早之地〉,《農業考古》1982年第二期。

【187】 何喬遠:《閩書》卷150,「番薯頌」;又周亮工:《閩小記》,「番薯」、「朱蕷疏」。

【188】 陳樹平:〈玉米和番薯在中國傳播情況研究〉,《中國社會科學》1980年第三期。

【189】 參看《風岡陳氏族譜》卷七;光緒《電白縣志》卷三十,「主雜錄」;龔顯曾《亦圓脞牘》卷六;陳世元《金薯傳習錄》卷上;徐啟光《甘藷疏序》;康熙《台灣府志》卷七;雍正《四川通志》卷卅八;萬國鼎《五谷史話》;乾隆《威海衛志》卷四;乾隆《魯山縣志》卷一;乾隆《商南縣志》卷五;徐棟《牧令書輯要》卷三;乾隆《開泰縣志》冬部;梁鵾等《台灣農家要覽》(上)。

治五（1492）年哥倫布發現新大陸後，先後傳入呂宋及東南亞各地；十六世紀中葉，經由中國海商輾轉自菲島引進粵省的惠州和閩省的泉州等地，【190】由於閩、粵糧作以種植水稻為主，且番薯亦已作為雜糧被廣泛推廣種植，因此玉米播種較為緩慢，最初僅在沿海地區試種，明萬曆年間才逐漸引入浙江、安徽、江西、湖南、陝西等內陸地區試種，至清代玉米已在全國各省普遍種植。耐旱、抗災能力強、產量高的糧作番薯、玉米等的引進，不但改變我國明清之際農作物的結構，而且解決部份民食問題，更可以騰出更多的水田種植其他經濟作物，從而擴大經濟作物的種植面積，促進棉花、煙草、甘蔗和落花生等經濟作物的發展。【191】第二、經濟作物如煙草、落花生為主：煙草又名淡巴菰、原產呂宋，萬曆年間由福建漳，泉海商自菲島經海道引入漳州月港後，很快傳播閩、粵；【192】天啟二（1622）年已流布廣西、貴州等西南地區，【193】不久又傳布北方各省，到了清朝就傳播更廣，吸煙者更多，後來朝廷雖明諭示嚴禁，可惜煙草種植日益擴大，傳布迅速，在明末清初之際已成為中國主要的經濟作物之一。落花生又名長生果，在明代中葉從外地引入福建，萬曆年間又由福建傳播浙江；此外，出產東南亞的芒果、苦瓜、洋茶等作物，均於明清之際由商舶相繼引進中國種植。

【190】史學界一般認為，玉米傳入中國的路線亦有三：一是由西班牙傳入麥加，再由中亞細亞陸路傳入中國西北地區；二是由歐洲傳入印度、緬甸，再經陸路傳入中國西南地區；三是由美洲傳至菲島，再經海路引進中國東南沿海地區。除西北、西南陸路傳入中國說外，不少學者如何炳棣、萬國鼎、陳述平等均同時主張玉米由東南循海道引進中國的說法，本文僅略介紹後者。

【191】林仁川：《明末清初海上私人貿易》，頁378-379。

【192】參看談遷《柊林雜俎》，中集。

【193】同上註。

五、結　論

　　明代我國海外貿易主要以官方控制的朝貢貿易為主，但由於歷次的對外用兵，軍費支出浩繁，國家財政每況愈下，而「薄往厚來」為原則的朝貢貿易更對當時「府藏虛竭」的財政造成不少負擔；進入明中葉以後，商品經濟顯著發展，農業中各種經濟作物大量種植，手工業部門日漸增多，生產規模不斷擴大，客觀地需要開拓海外市場；何況商人、地主和失去土地的農民，以及販海為生的沿海居民，或為利誘或為生計所迫，不惜違法犯禁地從事走私貿易，並形成一股強大力量衝擊官方控制下的朝貢貿易；再者，正德後以葡萄牙為首的西方殖民勢力相繼東來，使東方的局勢大變，此時大明國勢日益的衰落，既無力保護海外屬國受到外來的侵略，又未能調解諸藩屬間的紛爭，於是明帝國威信盡失，而以中國傳統「朝貢關係」的海外貿易因之無法維持。

　　官方的朝貢貿易逐漸衰落，代之而起的則是以各種追逐利潤為目標的民間走私貿易。明正德五（1510）年，廣州當局允許暹羅非貢舶進口貿易的破例，未嘗為中外貿易由「非貢不得行商」進入「自由貿易」的一個轉變契機；隆慶年間，局部開放福建漳州，准販東、西洋，更標誌著傳統的官方朝貢貿易制度，向新型的民間海外貿易形式轉變，直至清代前期。然則，明清之際我國民間海外貿易直接、間接涉及的區域頗廣，東起朝鮮、日本，中經琉球、台灣，南下菲律賓群島、蘇祿群島、南洋群島、中南半島，由西太平洋伸展至印度洋的印度半島、亞拉伯半島，西達大西洋的西歐各國；另方面，由閩、粵至菲島，再由東伸展延至美洲新大陸的太平洋航線，同時亦連結大西洋彼岸的西歐，形成一個環球的貿易網絡，有助中外世界市場的互相滲透，加速國際經濟、科技、文化的交流，亦對當時「普遍危機」造成一定的衝擊。事實上，明中葉以後，中國對外貿易的區域由日本轉移至東南亞，而與西方殖民勢力爭奪南洋群島、中南半島等國的市場。

就明清之際的海外貿易來說，東南亞既是中國市場與世界市場的交匯地帶，又是中國商品銷售於歐洲及拉丁美洲的中繼站，於新的世界市場形成及其發展過程中，曾起過特殊重要的作用。溯源自地理及東航路發現以後，國際的貿易格局大為改觀，它不但使歐洲傳統的內陸江河和沿海商業，發展成為遠屆大西洋、印度洋、和太平洋的世界性貿易，更突破歷來孤立而又同時發展的四個航海貿易區的界限，把波羅的海北海、地中海、印度洋和西太平洋等貿易區域貫串起來，連結成為統一的國際市場。可是當時歐洲的生產力，無法滿足突然擴大的國際市場對於商品日益增長的需求，加以東南亞與歐洲距離遙遠，物質補給十分困難。西方殖民勢力不得不轉向東方，尋找新的供應貨源。隨著歐人武裝貿易的推進，長期以來活躍於各個貿易圈的不少商群，陸續消聲匿跡或淪為次要海商群；惟獨華商在東亞水域裡始終扮演著主要海商群的角色，直至十八世紀末歐洲人在東亞的海上貿易仍居於次要地位。雖然西方列強憑藉武力在東南亞確立殖民統治，但他們在經濟上還沒有牢固地控制殖民地市場和開發當地資源的力量；而中國卻以雄厚的經濟實力和在東南亞地區的傳統影響，不失時機地推進商貿，出乎意料之外，西方列強在該地區的殖民活動不是削弱而是助長了中國商業貿易的發展，不是阻止而是擴大了中國移民的機會。

論者以為是時中國與東南亞的貿易關係呈現以下三個特徵：一、中國是東南亞地區生活必需品的重要供給地，品類眾多的華貨中，棉布大量輸入呂宋、爪哇等地，瓷器更遍銷東南亞；正由於中國商品源源不斷地湧進東南亞市場，加以中國移民的居間作用，使這種商業貿易活動延伸到東南亞的僻遠村落。二、東南亞成為中國了解世界市場的窗口，這主要透過華商和海外移民的溝通信息，一方面大量出口西方人所喜愛的中國商品，另一方面適時地調整工藝結構，開始生產並輸出仿制的歐洲產品。三、東南亞的特殊地位係促使當時中國與東南亞海上貿易特別繁榮的因素，如由菲島馬尼拉轉運中國商品，交換美洲的白銀；而巴城

則轉運中國的茶葉和瓷器等往歐洲；由是可見東南亞實際上是個雙向的轉運站，即中國商品通過它大量流向歐洲和美洲，而歐美的白銀等亦透過它輸入中國[194]。然而華商能長期地在東南亞水域掌握優勢，主要因素：歐亞兩洲不平衡的市場需求、中國市場的封閉性、華人在東南亞水域的散置綱、以及大規模經營的不經濟（Diseconomies of Scale）；不平衡市場需求決定歐洲必須倚賴亞洲和中國的生產，中國市場的封閉性使本國海商長期享受這個市場的獨佔利潤，華人的散置網為中國海商創造了外部經濟環境（External Economies），歐洲人大規模的經營因受制於當時商業結構而不能發揮效率[195]。

總之，明中葉以後，官方的朝貢貿易逐漸衰落，民間的自由貿易代之而興起；明清政權交替之際，明鄭壟斷東南沿海的對外貿易。康熙開海，設置江、浙、閩、粵四海關，實行有限度對外貿易；雍正洪案以後，清廷關閉江、浙、閩三海關，僅限廣州獨口對外貿易。當時中國的海外貿易雖越洋跨洲，而貿易區域則由日本轉移至東南亞，與西方殖民勢力爭奪南洋市場，可惜明清政府昧於國際局勢，未能扮演積極的角色，正確地執行有效開放政策，適時支援民間開拓海外市場，反而處處設防嚴禁，妨礙民間自由貿易的發展，加以當時中國海外貿易遭遇資金不足、苛重稅收和海盜活動的危害等等，這種種的困難和挫折，終使中國的航海貿易勢力為西方的航海貿易勢力所壓倒。

---

[194] 沈定平：〈論十六至十八世紀中國與東南亞的貿易關係〉，《學術研究》1987年第 3 期，頁 54-59。

[195] 張彬村：〈十六至十八世紀華人在東南亞水域的貿易優勢〉，《中國海洋史研究論文集》（三），頁 345-368。

十六至十八世紀環球貿易航線圖

近三百年嶺南十家詞選析

韋金滿*

（甲）、緒論

　　詞起於唐，盛於兩宋，寢衰於元明，而復興於有清一代。究其原委，乃時會所趨，風起雲湧，朱（竹垞）陳（迦陵）導其流，沈（雄）厲（鶚）振其波，二張（惠言、琦）周（介存）譚（復堂）尊其體，王（半塘）文（廷式）鄭（文焯）朱（彊邨）續其緒，於是名家輩出，蔚成風氣。據葉恭綽之統計，有清一代二百六十八年中，[1]順治朝，約得一百八十八人；康熙朝，約得一百十七人；雍正朝，約得三十六人；乾隆朝，約得三百六十二人；嘉慶朝，約得三百二十八人；道光朝，約得四百四十人；咸豐朝，約得二百零二人；同治朝，約得一百十人；光緒朝，約得一百七十八人；宣統朝，約得一百三十二人。[2]此僅就詞集見於世者而言，其散見各選本者不計在內，然則，有清一代詞人，不可不謂之極盛，洵足媲美於兩宋者也。

　　海寧陳乃乾彙刻《清名家詞》一百三十四卷，選清初李雯至民清之交王國維等百家，籍屬嶺南者，僅收陳澧一家，佔全部百分之一，[3]

---

* 本所博士（1986），現任香港浸會大學中文系副教授，本所兼任教授。

[1] 清世祖順治（1644-1661）、聖祖康熙（1662-1722）、世宗雍正（1723-1735）、高宗乾隆（1736-1795）、仁宗嘉慶（1796-1802）、宣宗道光（1821-1850）、文宗咸豐（1851-1861）、穆宗同治（1862-1874）、 德宗光緒（1875-1908）、溥儀宣統（1909-1911），合計10朝268年。

[2] 詳見葉恭綽《全清詞鈔》。香港中華書局出版，1975年3月第1版。

[3] 詳見陳乃乾《清名家詞》。上海開明書店印行，1936年。

豈嶺南名家詞人，其數止此？況自民國以來，學者論清詞者，亦多不選嶺南詞人。譬如梁令嫻《藝蘅館詞選》，選錄清朝及近人詞（吳偉業至梁啟超）共六十三家，其籍屬嶺南者，僅陳澧、葉英華、潘博、麥孟華、梁啟超等五家，約佔全部十分之一；【4】又龍榆生《近三百年名家詞選》，由屈大均至呂碧城等清代詞人共五十九家，其籍屬嶺南者，亦止收屈大均、陳澧、汪兆鏞、陳洵、梁啟超、易孺六家，亦佔全部十分之一而已。【5】至如劉大杰《中國文學發達史》論清詞，亦但舉納蘭容若（滿洲人）、王士禎（山東人）、毛奇齡（浙江人）、彭孫遹（浙江人）、陳維崧（江蘇人）、朱彝尊（浙江人）、厲鶚（浙江人）、項鴻祚（浙江人）、張惠言（江蘇人）、周濟（江蘇人）、蔣春霖（江蘇人）、譚獻（浙江人）、王鵬運（廣西人）、文廷式（江西人）、鄭文焯（奉天人）、朱孝臧（浙江人）等十六家。【6】他如近人賀光中《論清詞》一書，亦以為清代諸詞家，舉其卓然自立，著作影響當時，聲名洋溢後世者，僅陳維崧、朱彝尊、納蘭性德、厲鶚、張惠言、周濟、項鴻祚、蔣春霖、王鵬運、鄭文焯、朱祖謀（孝臧）、況周頤（廣西人）、王國維（浙江人）等十三人，無一而是嶺南人。【7】葉嘉瑩《清詞選講》一書，由李雯至況周頤凡十講，亦無一籍屬嶺南人。【8】至若廖從雲《歷代詞評》一書，第五章論清詞，由納蘭性德至朱祖謀凡三十人，亦無一籍屬嶺南人。【9】豈有清一代之嶺南詞人，其風格與地位，皆不足以論列之

【4】詳見梁令嫻《藝蘅館詞選》。廣東人民出版社出版，1981年12月第1版。

【5】詳見龍榆生《近三百年名家詞選》。香港中華書局出版，1979年7月第1版。

【6】詳見劉大杰《中國文學發達史》。台灣中華書局出版，中華民國五十三年九月第八版。

【7】詳見賀光中《論清詞》。星加坡東方學會出版，中華民國四十七年四月初版。

【8】詳見葉嘉瑩《清詞選講》。台灣三民書局出版，中華民國八十五年八月初版。

【9】詳見廖從雲《歷代詞評》。台灣商務印書館出版，中華民國六十七年六月初版。

乎？抑口之於味，未必同嗜歟？

　　竊考夫清代初年，嶺南詞人即有屈大均陳恭尹諸家之興起，尤以屈氏之《騷屑詞》，當時詞壇如朱竹垞輩皆盛稱之。【10】翁山而後，繼之者亦復不少。據近人惠來方乃斌輯《全清詞》所載一千四百七十一家，其籍屬嶺南者，多達一百七十五家，約佔全集百分之十二；【11】南海余祖明輯《近代粵詞蒐逸》一書，自汪芙生沈伯眉葉蘭臺三家之後，除先賢已有詞集行世或詞人見在者不錄外，亦有八十三家，詞四百闋。【12】由此可知清代之嶺南詞人，為數不少矣。茲就所知，參以方余二書，爰錄清代之嶺南詞人，表明如下：

朝　代	姓名	字號	籍貫	詞　　集	姓名	字號	籍貫	詞　　集
世祖順治	屈大均	翁山	番禺	騷屑詞	陳恭尹	獨漉	順德	獨漉堂詞集
聖祖康熙	吳而達	康侯	東莞	破夢草詞	李繼燕	參里	東莞	摘花亭詞
	趙泰來	梅皋	新會	絮香閣詞鈔	陳衍虞	伯宗	海陽	蓮山詞集
世宗雍正	鄭達	豐麓	香山	怡心亭詞	盧作樑	秋蓼	東莞	陟山堂詞
高宗乾隆	劉鶴鳴	禹甸	香山	松崖詩詞集	張錦芳	粲夫	順德	逃虛閣詩餘
仁宗嘉慶	方昌歧	仰文	惠來	普陀山房詞	吳榮光	伯榮	南海	筠清詩詞鈔
	梁信芳	孚萬	番禺	桐花館詞鈔	張維屏	南山	番禺	玉香亭詞
	黃培芳	子實	香山	水龍吟稿	吳蘭修	石華	嘉應	桐華閣詞
	譚敬昭	子晉	陽春	聽雲樓詞鈔	黃位清	春帆	番禺	松風閣詞鈔
	倪濟遠	孟杭	南海	茶嵋舍詞				
宣宗道光	鮑俊	逸卿	中山	倚霞閣詞鈔	黃德峻	星崧	高要	樵香閣詞鈔

【10】朱孝臧題屈氏詞集云：「湘真老，斷代殿朱明。不信明珠生海嶠，江南哀怨總難平。愁絕庾蘭成。」並以屈氏冠諸所舉清名家之首，可見推挹之至。

【11】詳見方乃斌《千家詞續編・全清詞》。香港聯藝印刷有限公司出版，中華民國六十三年十月。

【12】詳見余祖明《近代粵詞蒐逸》。中華民國五十九年。

時期	姓名	字號	籍貫	詞集	姓名	字號	籍貫	詞集
	儀克中	墨農	番禺	劍光樓詞集	陳其錕	棠溪	番禺	月波樓琴詞
	林聯桂	辛山	吳川	見星廬詞集	葉英華	蓮裳	番禺	花影吹笙詞
	陳澧	蘭甫	番禺	憶江南館詞	汪瑔	芙生	番禺	隨山館詞
	譚瑩	玉生	南海	辛亨花館詞				
文宗咸豐	沈世良	伯眉	番禺	楞華室詞鈔	葉衍蘭	蘭臺	番禺	秋夢盦詞鈔
	方挺芳	荔生	惠來	荔紅詞	張孝端	蘭士	番禺	香雪巢詞鈔
穆宗同治	石德芬	星巢	番禺	縐春詞	許鍭	青皋	番禺	冬榮館詞
	徐灝	子遠	番禺	攦雲閣詞	何振	秋瀚	番禺	紅豆山房詞
	朱啟連	棣垞	番禺	棣垞詞	沈澤棠	芷鄰	番禺	懺菴詞鈔
	陳洵	述叔	新會	海綃詞	汪兆銓	莘伯	番禺	惺默齋詞
	汪兆鏞	憬吾	番禺	雨屋深鐙詞				
德宗光緒	張德瀛	采珊	番禺	耕煙詞	梁鼎芬	節盦	番禺	款紅樓詞
	江逢辰	孝通	惠陽	孤桐詞	梁啟超	卓如	新會	飲冰室詞鈔
	易孺	大厂	鶴山	大厂詞稿	汪兆銘	精衛	番禺	雙照樓詞
	張學華	漢三	番禺	闇齋詞	曾習經	剛甫	揭陽	蟄菴詞
	陳昭常	簡持	新會	棟花風館詞	陳慶森	菶喈	番禺	百尺樓詞稿
	麥孟華	孺博	順德	蛻庵詞	徐鑄	巨卿	番禺	香雪堂稿
	吳桂丹	秋舫	高要	悅花詞	劉瀚棻	俊庵	東莞	花雨樓詞草
	潘飛聲	蘭史	番禺	飲瓊漿室詞	廖仲愷	/	惠陽	雙清詞草
	梁啟勳	仲策	新會	海波詞	方士敦	蓮士	惠來	蓮村詩詞集
	黃炳韜	笛樓	新會	希古堂詞存	許之衡	守白	番禺	守白詞
	李綺青	漢真	惠陽	聽風聽水詞	溫肅	毅夫	順德	檗菴詞
	楊玉銜	鐵夫	香山	雙樹居詞	廖恩燾	鳳舒	惠陽	懺庵詞
	葉恭綽	玉甫	番禺	遐菴詞	胡漢民	展堂	番禺	不匱室詞
	詹安泰	祝南	饒平	旡盦詞				
溥儀宣統	吳肇鍾	唯庵	三水	白鶴草堂詞	朱子範	澹園	番禺	擷秀廬詞鈔

杜直畬	席儒	三水	夢滄詩詞鈔	歐陽詔	笑杏	順德	聽蟬吟室詞
黃金祐	聲伯	梅縣	老梅詞稿	黎國廉	季裴	南海	玉蕊樓詞
張逸	純初	南海	筆花草堂詞	張錫麟	務洪	番禺	榘園詞鈔
梁廣照	長明	南海	柳齋詞	黃榮康	祝蕖	三水	繫劍詞
林家濬	/	惠來	劍泉詩餘	楊其光	崙西	番禺	花笑樓詞
蔡守	哲夫	順德	寒瓊詞	吳筱	君懋	潮安	蕉聲詞
劉景堂	伯端	番禺	心影詞	黃棣華	偉伯	順德	負暄山館詞鈔
李景康	鳳坡	南海	百壺山館詞	林鶴年	樸山	惠來	鶴廬詞
曾傳轺	雲甸	新會	玉夢庵樂府	林汝珩	碧城	南海	碧城樂府
陳守誼		潮安	冰谷詞稿				

　　從上表推知，嶺南詞人結集行世者約九十一家，計為：順治朝得二家，康熙朝得六家，雍正朝得二家，乾隆朝得二家，嘉慶朝得九家，道光朝得九家，咸豐朝得四家，同治朝得九家，光緒朝得二十七家，宣統朝得二十一家。且詞人僅見於選本或詩集後附刻數闋並無別集單行者，亦一一不計在內。

　　清張德瀛《詞徵》卷六載洪稚存於同時詞人七十五家，輒以八字評騭，其中籍屬嶺南者凡十一家，佔全部百份之十五。其言曰：「吳荷屋（榮光）詞如穹谷谽谺，飛泉濺響；張南山（維屏）詞中如中郎瓶史，徧陳諸製；黃香石（培芳）詞如淨几明窗，儘堪容膝；吳石華（蘭修）詞如靈和新柳，三眠三起；黃春帆（位清）詞如蘄王奮戰，箭瘢滿身；倪秋槎（海遠）詞如女郎踏青，時聞嬌喘；鮑逸卿（俊）詞如桓豁鸜鵒，鼽鼻作音；黃琴山（景崧）詞如天半晴虹，蜿蜒有態；儀墨農（克中）詞如中郎八分，波磔取勢；陳棠谿（其錕）詞如五色仙蝶，迎風善舞；葉蓮裳（英華）詞如王家蠟鳳，慧心獨造。」[13] 又此七十五家中，若張皋文、惲子居、謝章鋌、項蓮生、王鵬運、譚復堂等，均為當時名家，而吳荷屋等十一家與之齊舉並稱，則其風格地位之高，庶可推想矣。此

外，光緒丁未之秋，梁鼎芬與汪兆銓過菊坡精舍時，適值雁來紅盛放，乃首唱作詞題詠，其後王存善、楊銳、朱啟連、陶邵學、葉衍蘭、徐鑄、文廷式、汪兆鏞、易順鼎、石德芬、陳慶森等，相繼和作，輯成《雁來紅圖卷》。此十三家中，嶺南詞人居其七，可見嶺南詞學，不待廣西之王半塘況夔笙出而始盛也。

今人黃華表先生嘗撰〈清季廣東詞人七家小傳〉，七家者：吳蘭修、陳澧、葉衍蘭、沈世良、陳洵、汪瑔、文廷式是也。黃先生謂此七人詞之風格造詣，直逼沈厲王朱諸家，實足以代表嶺南詞人而無媿色。【14】故本文乃參照黃先生所記，並加汪兆鏞、易孺、梁鼎芬及梁啟超等合共十家，附以鄙見，各舉其詞二三闋簡析之，冀能了解其風格特色。

（乙）、析論

（一）吳蘭修

吳蘭修（1789-1839），字石華，嘉應（今梅縣）人。清嘉慶十三年（1808）舉人。家富藏書，於學無不窺。著作等身，兼精算學，尤擅倚聲之學。李佳謂其詞，「多清新可愛」。【15】陸以湉亦評其《桐花閣詞》，「清空婉約，情味俱勝，可稱嶺南詞家巨擘」。【16】有《荔村吟草》、《桐

【13】引見唐圭璋《詞話叢編》第十二冊，頁4200-4203。台北廣文書局有限公司出版，中華民國五十六年五月初版。

【14】案：文廷式原籍江西萍鄉，非嶺南人。

【15】語見李佳《左庵詞話》。引自陳永正注《嶺南歷代詞選》。頁145。廣東人民出版社出版，1987年5月第1版。

【16】語見陸以湉《冷廬雜識》。引自陳永正注《嶺南歷代詞選》。頁145。廣東人民出版社出版，1987年5月第1版。

花閣詞鈔》五卷，傳於世。錄三首：

青天碧海溶溶夜。樓閣明如畫。闌干過盡劃釵痕。猶戀紫薇花底
笑聲溫。　　一番痴語花前拜。香繞氤氳界。生生世世有情天。
但願人長雙影月長圓。　　〈虞美人〉

此首跌蕩而婉，綺麗而不縟，恍若西子毛嬙，極有天然韻致，與秦少游
〈鵲橋仙・纖雲弄巧〉詠七夕不遑多讓者也。[17]

閒庭葉落無人掃，淒涼一丸明月。竹碎廊虛，桐疏院靜，誤是三
分殘雪。柔腸寸折。問世界紅樓，幾人淒絕。踏影空簷，欲將心
與瘦梅說。　　良宵如許寂寂。只銀牆隔處，都似天末。恁到圓
期，那曾相照，二十九回同缺。瓊簫冷咽。又一曲涼洲，倚闌吹
徹。只恐明朝，短絲添鬢髮。　　〈臺城路〉

此首婉約清空，纏綿深至，往復不窮，論者以為深得白石玉田之趣。宜
乎洪稚存評其詞如「靈和新柳，三眠三起」者矣。[18]

十年贏得愁何用。紅豆生生，誤作多情種。病到海棠春忍送。膽
瓶自折殘枝供。　　相思別後何曾空。瘦盡桐花鳳。雙鬟漸疏釵
漸重。孤鐙莫煮宵來夢。　　〈黃金縷〉

此首題曰寄內，詠盡別後相思之苦，但用語清而且麗，華而不艷，頗近
晏殊〈浣溪沙・一曲新詞酒一杯〉之妙。[19]

---

[17] 秦少游〈鵲橋仙〉詞云：「纖雲弄巧，飛星傳恨，銀漢迢迢暗度。金風玉露一
相逢，便勝卻人間無數。　　柔情似水，佳期如夢，忍顧鵲橋歸路？兩情若是久
長時，又豈在朝朝暮暮！」

[18] 引見唐圭璋《詞話叢編》第十二冊，頁4201。台北廣文書局有限公司出版，中
華民國五十六年五月初版。

[19] 晏殊〈浣溪沙〉詞云：「一曲新詞酒一杯。去年天氣舊亭臺。夕陽西下幾時回？
無可奈何花落去，似曾相識燕歸來。小園香徑獨徘徊。」

（二）陳澧

陳澧（1810-1882），字蘭甫，號東塾，廣東番禺人。清道光十二年壬辰（1832）舉人，六應會試，不售，官河源縣學訓導。少好為詩，及長棄去。泛覽群籍，凡天文、地理、樂律、算術、古文、駢體文、書法及填詞等，無不精究。先後主講廣州學海堂及菊坡精舍，從學者甚眾，人稱「東塾先生」。所著《東塾叢書》，風行於世。有《憶江南館詞》一卷，凡二十五首，譚獻云：「填詞有陳蘭甫先生，文儒蔚起，導揚正聲。」[20]又云：「蘭甫先生，孫卿、仲舒之流，文而又儒，粹然大師，不廢藻詠。填詞朗詣，洋洋乎會於《風》、《雅》，乃使綺靡、奮厲兩宗，廢然知反。」[21]更嘗以沈伯眉葉衍蘭與王半塘況夔笙並稱，蘭甫驂靳其間，殊無愧色。冒廣生嘗云：「粵中詞人，三家之先，推嘉應吳石華學博（蘭修），番禺陳蘭甫京卿（澧）。學博之詞，詞人之詞；京卿之詞，則學人之詞也。」[22]朱孝臧〈望江南〉詞亦云：「甄詩格，凌沈幾家參。若舉經儒長短句，巋然高館憶江南。綽有雅音涵。」[23]張爾田更謂：「一代之詞，于我清聲家外，獨右陳蘭甫。」[24]推崇可云備至。錄二首：

> 芳樹啼鴂，野花團蝶，嫩晴剛引吟筇。訪故王臺榭，依約樵蹤。
> 零落當年黃屋，都分付、蠻雨蠻風。添惆悵，望花城一片，海氣

【20】語見譚獻《復堂詞話》。

【21】語見譚獻《篋中詞》二。

【22】語見冒鶴亭《小三吾亭詞話》卷二。轉載自《冒鶴亭詞曲論文集》，頁21。上海古籍出版社，1992年8月第1版。

【23】引見〈雜題我朝諸名家詞集後〉。轉載自陳永正注《嶺南歷代詞選》。頁192。廣東人民出版社出版，1987年5月第1版。

【24】語見張爾田〈吳眉孫詞集序〉。轉引自陳永正注《嶺南歷代詞選》。頁192。廣東人民出版社出版，1987年5月第1版。

冥濛。　　　青山向人笑，笑淘盡潮聲，誰是英雄。只幾堆新壘，鳥散雲空。休說樓船下瀨，傷心見、斷鏃苔封。還依舊、攀枝亂開，萬點春紅。　　　〈鳳凰臺上憶吹簫〉

此首題曰「越王臺春望」，全依李清照「香冷金猊，被翻紅浪」一詞填之，[25] 深見賞於許青皋、黃蓉石諸人。細觀此詞格律精嚴，措詞純雅，自是高境，置之白石集中，實無可分辨，又非張茗柯所可比者。

空庭雨積。漸染成淺黛，延緣牆隙。正是池塘，春草生時，難辨兩般顏色。閉門深掩無人到，已滿地、翠煙如織。又暗添、幾縷蝸涎，裊裊篆紋猶溼。　　　應誤迴闌倚遍，怕行近滑入，穿花雙屧。似淡還濃，漠漠平鋪，只道綠槐陰密。晚來幽恨知多少，訝看到，斜陽成碧。謝樹頭、吹落嫣紅，點點破伊岑寂。　　〈綠意〉

此首詠苔痕，洵為體物入微，與王碧山〈齊天樂・一襟餘恨宮魂斷〉詠蟬一首，蘭甫此詞足可亂真也。[26] 質言之，蘭甫之詞，氣體高遠，雖屬樊榭張茗柯不能範圍，蓋以其學邃，其識博，其性情正故也。

（三）葉衍蘭

　　葉衍蘭（1823-1897），字蘭臺，號南雪，先世浙江餘姚人，曾祖謙亭遊粵久，遂落籍番禺。清咸豐六年（1856）進士，工詩，善書畫，精

【25】李清照〈鳳凰台上憶吹簫〉詞云：「香冷金猊，被翻紅浪，起來慵自梳頭。任寶奩塵滿，日上簾鉤。生怕離懷別苦，多少事欲說還休。新來瘦，非干病酒，不是悲秋。　　休休。這回去也，千萬徧陽關，也則難留。念武陵人遠，煙鎖秦樓。惟有樓前流水，應念我、終日凝眸。凝眸處，從今又添一段新愁。」

【26】王沂孫〈齊天樂〉詞云：「一襟餘恨宮魂斷，年年翠陰庭樹。乍咽涼柯，還移暗葉，重把離愁深訴。西窗過雨，怪瑤珮流空，玉箏調柱。鏡暗妝殘，為誰嬌鬢尚如許。　　銅仙鉛淚似洗，歎移盤去遠，難貯零露。病翼驚秋，枯形閱世，消得斜陽幾度。餘音更苦。甚獨抱清商，頓成淒楚。漫想薰風，柳絲千萬縷。」

研金石考據之學，又擅倚聲。本不甚措意於詩，故嘗謂弟子冒廣生云：「他日有國朝之詩綜者，存吾一鱗一爪即已足矣。」其父葉英華蓮裳先生有《花影吹笙詞》、《小遊仙詞》，時人許為「大雅之遺音，南宋之正軌」。蘭臺既稟承家學，又得陳蘭甫為之師，故自其少時即與沈伯眉、汪芙生輩相唱和，嘗選己作《秋夢盦詞》與沈伯眉《楞華室詞》、汪芙生《隨山館詞》，合刻曰《粵東三家詞》。【27】譚獻謂其詞：「綺密隱秀，南宋正宗。」【28】冒廣生亦稱：「《秋夢盦詞》，刻意夢窗，而得玉田之神。」【29】蓋可想見其於花間用工之深，詞風頗近白石夢窗，與同時詞家宗尚朱孝臧厲樊榭者，實有異曲同工之妙也。錄二首：

> 水風吹落冷霓裳，海山誰譜琴天趣。江湖載酒，頻年飄泊，京華羈旅。絕代銷魂，鞦韆花影，獨吟愁句。想銀河滌筆，萬紅香沁，白雲在、春深處。　　綠皺池波幾許。寫幽恨，相思情緒。秋蘭一朵，孤芳遙寄，楚騷煙語。邀逐蘋洲，淒涼夜月，舊盟鷗鷺。問何時倚醉，更闌剪燭，話西窗雨。　〈水龍吟〉

此首自「想銀河滌筆」以下數句，不惟意境雋逸，抑且造語清新，恰似史邦卿〈綺羅香・做冷欺花〉詠春雨一詞者也。【30】

【27】參見冒鶴亭《小三吾亭詞話》卷一。轉載自《冒鶴亭詞曲論文集》，頁15。上海古籍出版社，1992年8月第1版。

【28】語見譚獻《篋中詞》。

【29】語見冒鶴亭《小三吾亭詞話》卷一。轉載自《冒鶴亭詞曲論文集》，頁16。上海古籍出版社，1992年8月第1版。

【30】史邦卿〈綺羅香〉詞云：「做冷欺花，將煙困柳，千里偷催春暮。盡日冥迷，愁裏欲飛還住。驚粉重，蝶宿西園，喜泥潤，燕歸南浦。最妨他、佳約風流，鈿車不到杜陵路。　　沈沈江上望極，還被春潮晚急，難尋官渡。隱約遙峰，和淚謝娘眉嫵。臨斷岸，新綠生時，是落紅，帶愁流處。記當日、門掩梨花，剪燈深夜語。」

冶魂銷盡，悵紅樓銷恨，殢春無影。渾不記、綺夢歡塵，有宵語翠篝，曉妝鸞鏡。幾度清歌，便換了樽前芳訊。剩湘簾一桁，麝粉香殘，鴨篆煙冷。　　秋懷頓成薄倖。歡情隨月蝕，人替花病。灑別淚，猶漬青衫，縱駕軺重調，鳳簫慵整。玉砌苔窩，尚留得，襪羅纖印。料飄蓬，瘦蛾廛損，畫闌獨凭。　　〈解連環〉

此首下筆綿麗，直可與吳文英〈夜合花·柳暝河橋〉詠春感之神韻相近，【31】是即衍蘭刻意夢窗而得其神者也。

（四）汪瑔

汪瑔（1828-1891），字玉泉，一字芙生，號谷庵，原籍浙江山陰，因久居粵，復為粵督幕府二十餘年，故寄籍番禺。所著詩文詞集雜筆之屬，均已刊行，詞集名《隨山館詞》，凡一卷。與葉衍蘭、沈世良並稱「粵東三家」。風格頗似厲樊榭。沈世良謂其詞：「氣體超潔，邀月能語，遏雲不流，似黃鶴樓中玉笛。」【32】錄二首：

三月春深，一帆客到，酒邊愁聽琵琶。正臨江小閣，糝一片楊花。算回首、旅亭別後，短衣長鋏，多少年華。剩相逢，無恙青衫，依舊天涯。　　鄉關似夢，怕烏衣、難認人家。便北戶笙吹，南壔簫鼓，都換悲笳。舊事不堪重省，尊前看、醉墨欹斜。忍憑闌東望，蒼茫落日昏鴉。　　〈揚州慢〉

【31】吳文英〈夜合花〉詞云：「柳暝河橋，鶯晴臺苑，短策頻惹春香。當時夜泊，溫柔便入深鄉。詞韻窄，酒杯長。剪燭花壺箭催忙。共追游處，凌波翠陌，連棹橫塘。　　十年一夢凄涼。似西湖燕去，吳館巢荒。重來萬感，依前喚酒銀釭。溪雨急，岸花狂。趁殘鴉飛過蒼茫。故人樓上，憑誰指與，芳草斜陽。」

【32】引見冒鶴亭《小三吾亭詞話》卷一。轉載自《冒鶴亭詞曲論文集》，頁21。上海古籍出版社，1992年8月第1版。

竊考芙生中年，久客揚州，侘傺旡聊，故其為詞，率多悱惻淒愴之情，掩抑低徊之感。即如是詞，借暮春與友久別重逢，直抒個人身世之感，年華虛度之嘆。

> 未覺餘寒歛。迷濛處，不分花影濃淡。簾紋似水，煙痕似夢，作成銷黯。斜陽戶露牆匡，又漠漠微雲半掩。問藏春、何處樓臺，移春幾處闌檻。　　新來病酒年華，薰爐況味，無限淒感。裌衣換了，香篝炧後，勝情都減。無端鳳紙相思，剩襟上、紅冰點點。怕等閒、過卻燒燈，東風荏苒。　　〈宴清都〉

此首亦詠春感，不惟氣體超潔，抑且婉秀妍潤，觀其風格，極似厲鶚〈百字令·秋光今夜〉【33】及〈憶舊游·溯溪流雲去〉諸詞，【34】誠佳品也。

（五）沈世良

沈世良（1823-1860），字伯眉，其先原為浙江山陰人，後其祖與公皆累官於粵，始寄籍為番禺人。伯眉熟精南史，能文工詩，尤善填詞。咸豐間為學海堂學長，選授韶州訓導，未赴任而卒。有詞集曰《小摩圍閣詞鈔》二卷及《楞華室詞鈔》二卷，傳於世。冒鶴亭稱其「詩規撫

【33】厲鶚〈百字令〉詞云：「秋光今夜，向桐江、為寫當年高躅。風露皆非人世有，自從船頭吹竹。萬籟生山，一星在水，鶴夢疑重續。欸音遙去，西岩漁父初宿。
心憶汐社沉埋，清狂不見，使我形容獨。寂寂冷螢三四點，穿破前灣茅屋。林淨藏煙，峰危限月，帆影搖空綠。隨流飄蕩，白雲還臥深谷。」

【34】厲鶚〈憶舊遊〉詞云：「溯溪流雲去，樹約風來，山剪秋眉。一片尋秋意，是涼花載雪，人在蘆漪。楚天舊愁多少，飄作鬢邊絲。正浦漵蒼茫，閑隨野色，行到禪扉。　　忘機。悄無語，坐雁底焚香，蛩外弦詩。又送蕭蕭響，盡平沙霜信，吹上僧衣。憑高一聲彈指，天地入斜暉。已隔斷塵喧，門前弄月漁艇歸。」

山谷，詞則繼響《山中白雲》也。」【35】又曰：「詩及駢散文、詞，色色皆似樊榭。義山而後，此為第一好記室也。」【36】實則以余觀之，伯眉詩才沈麗，直逼義山，其詞則合玉田夢窗為一人者也。錄二首：

> 城笳吹恨起，西風向晚，猶帶別聲。捩帆煙浦外，斷柳荒蘆，寂寞趁江程。簾鈎落日，甚如今、也戀長亭。拋卻了，淡黃庭院，雅影暮零星。　　消凝。漁天市散，縴路沙橫。正關河霜迴，還又是，寒欺酒薄，夢借茶醒。新來漸飽江湖味，喚沙鷗，閒說生平。九月上，蒿螺一抹浮青。　　〈渡江雲〉

此首寫旅情離思，清空騷雅，直逼張玉田〈高陽臺‧接葉巢鶯〉詠西湖春感一首。【37】

> 錦波直。單舸輕衫颺碧。平橋外，無限柳條，鏡水梳春蘸愁色。離情渺水國，悵江南舊客。重來問，蛛網小門，花落薦紅早盈尺。　　荒苔沒行跡。況燕去人非，塵滿歌席，銅鞮誰唱猩脣食。但恨繞箏柱，淚紫羅帕，夢程迢遞附雁驛。高樓認西北。
>
> 酸惻。怨懷積。記麝簟香深，鸞帳春寂。仙源路杳情何極。空對燭呼酒，攏船邀笛。沈思眉暈，曉鏡裏，翠暗滴。　〈蘭陵王〉

此首乃和周邦彥「柳陰直」詠柳一詞，【38】但運意深遠，用筆幽邃，不

【35】語見冒鶴亭《小三吾亭詞話》卷一。轉載自《冒鶴亭詞曲論文集》，頁18。上海古籍出版社，1992年8月第1版。

【36】全上註。頁19。

【37】張炎〈高陽臺〉詞云：「接葉巢鶯，平波捲絮，斷橋斜日歸船。能幾番遊，看花又是明年。東風且伴薔薇住，到薔薇、春已堪憐。更淒然，萬綠西泠，一抹荒煙。　　當年燕子知何處？但苔深韋曲，草暗斜川。見說新愁，如今也到鷗邊。無心再續笙歌夢，掩重門、淺醉閑眠。莫開簾，怕見飛花，怕聽啼鵑。」

【38】周邦彥〈蘭陵王〉詞云：「柳陰直。煙裏絲絲弄碧。隋堤上，曾見幾番，拂水飄綿送行色。登臨望故國，誰識京華倦客？長亭路，年去歲來，應折柔條過千

惟形態近乎夢窗，聲情亦宛然畢肖，誠可與南宋名家並駕齊驅矣。

（六）梁鼎芬

梁鼎芬（1859-1920），字星海，一字伯烈，號節庵，廣東番禺人。光緒六年（一八八〇年）進士，後改庶吉士，授翰林院編修，官至湖北按察使。著有《欸紅樓詞》一卷。錢仲聯評其詞：「吐語幽窈，芳蘭竟體。」【39】竊考清季詞人，率多追摹南宋，力為長調。惟鼎芬為詞，獨擅小令。以婉曲之筆，寫芳馨悱惻之情，意在言外，格韵俱佳者也。錄兩首：

> 片雲吹墜游仙景。涼風一池初定。秋意蕭疏，花枝眷戀，別有幽懷誰省？斜陽正永。看水際盈盈，素衣齊整。絕笑蓮娃，歌聲亂落到烟艇。　　詞人酒夢乍醒。愛芳華未歇，攜手相贈。夜月微明，寒霜細下，珍重今番光景。紅香自領。任漂沒江潭，不曾淒冷。只是相思，淚痕苔滿徑。　　〈臺城路〉

此詞乃作者於光緒十一年（一八八五）與姚樨甫及文廷式往南河泡（即北京南河沿泡子河）賞荷有感而作，時作者將離京也。張伯駒評曰：「作者去國情懷，可與〈出都留別〉詩相印證。」【40】細閱是詞，誠以婉曲之筆，寫芳馨悱惻之情，意在言外，格韵俱佳之例證也。

> 又是闌干惆悵處。酒醉初醒，醒後還重醉。此意問花嬌不語。日斜腸斷橫塘路。　　多感詞人心太苦。儂自摧殘，豈被西風誤。

尺。　　閑尋舊蹤跡。又酒趁哀絃，燈照離席。梨花榆火催寒食。愁一箭風快，半篙波暖，回頭迢遞便數驛。望人在天北。　　悽惻。恨堆積。漸別浦縈迴，津堠岑寂。斜陽冉冉春無極。念月榭攜手，露橋聞笛。沈思前事，似夢裏，淚暗滴。」

【39】語見錢仲聯《近百年詞壇點將錄》。引自朱庸齋選陳永正注《嶺南歷代詞選》，頁286。廣東人民出版社出版，1987年5月第1版。

【40】語見張伯駒《清詞選》。引自朱庸齋選陳永正注《嶺南歷代詞選》，頁288。廣東人民出版社出版，1987年5月第1版。

昨夜月明今夜雨，浮生那得長如故。　〈蝶戀花〉

此詞乃作者題荷花畫幅之作。據云：光緒十一年（一八八五），梁鼎芬疏劾李鴻章不報，旋又追論劾奏，議降五級調用。【41】乃借荷花以寫幽潔之情，用意頗與上首〈臺城路〉相近。

（七）汪兆鏞

汪兆鏞（1861-1939），字伯序，號憬吾，晚號清溪漁隱覺道人，廣東番禺人。省齋其父，穀菴其從父，兆銓其從兄也。光緒十五年（一八八九）舉於鄉，兩應禮部試，不售，遂南歸，閉門撰述。嘗受業陳蘭甫門下，著有《雨屋深鐙詞》。大抵其詞致力姜、辛，自抒懷抱。錄二首：

隱林梢半角，危榭荒臺，蹋碎涼煙。無限蒼茫意，恰泠泠虛籟，飛到吟邊。晚風暗吹雙鬢，秋影不堪憐。念津鼓敲寒，郵鐙煮夢，銷損華年。　　留連。感今古，問法曲南薰，遺響誰傳？膡平蕪殘照，添數絲衰柳，搖落山川。恨觸天涯情緒，淒咽答幽蟬。休更計明宵，疏篷凍雨人獨眠。　〈憶舊游〉

是詞下字運意，清空騷雅，頗與姜白石（長亭怨慢·漸吹盡枝頭香絮）一詞神似。【42】

【41】郭則澐《十朝詩乘》云：「梁節庵官翰林，抗章劾李合肥十可殺，坐鐫五級調用。〈出都留別〉詩云：『淒然諸子賦臨歧。折盡秋亭楊柳枝。此日舳艫猶在眼，今生犬馬竟無期。白雲迢遞心先往，黃鵠飛騫世豈知？蘭佩荷衣好將息，思量正是負恩時。』芳菲悱惻，一時傳誦。」轉引自朱庸齋選陳永正注《嶺南歷代詞選》，頁288。廣東人民出版社出版，1987年5月第1版。

【42】姜夔〈長亭怨慢〉詞云：「漸吹盡枝頭香絮。是處人家，綠深門戶。遠浦縈迴，暮帆零亂向何許。閱人多矣，誰得似長亭樹。樹若有情時，不會得青青如此。
日暮。望高城不見，只見亂山無數。韋郎去也，怎忘得玉環分付。第一是早早歸來，怕紅萼無人為主。算空有并刀，難剪離愁千縷。」

雨暗煙昏。故園何處，花落成茵。幾日離愁，閒拋笛譜，嬾拂箏
塵。　　儘教燕去鶯瞋。休忘卻、棟風舊因。夢裏還尋，愁邊獨
寫，忍說殘春？　　　〈柳梢青〉

此首詠暮春，有欲言不盡之意，亦與張玉田〈月下笛‧萬里孤雲〉一首
之風韻相近，[43] 置之《山中白雲詞》中，洵不遑多讓也。

（八）陳洵

陳洵（1871-1942），字述叔，號海綃翁，廣東新會人。少有才思，
游江右十餘年，晚年教授廣州中山大學。著《海綃詞》，朱孝臧甚加推
許，嘗稱新會陳述叔、臨桂況夔笙為「並世兩雄，無與抗手。」更題其
詞曰：「雕蟲手，千古亦才難。新拜海南為上將，試要臨桂角中原。來
者孰登壇？」[44] 則可見述叔詞為時人推許之至矣。余觀夫《海綃詞》，
神骨俱靜，善用逆筆，騰挪有致，真能法乳清真，火傳夢窗者也。錄三
首：

歌紈恨輕易染，嘆清尊未洗。醉魂醒，吹入江風，洞簫凝望無
際。鏡華潤，流塵暗澀，驚鷥冉冉仙衣委。想霓裳天上，如今散
落人世。　　往日旗亭，載酒俊侶，為深情慣繫。第一是愁極桓
伊，曲中拋盡鉛淚。睨崦嵫，香蘭繡筆，伴櫻唱，春嬌紅蕊。向
良宵燭底牽縈，夢魂奇麗。　　芳韶草綠，素約茸紅，燕識舊遊

---

[43] 張炎〈月下笛〉詞云：「萬里孤雲，清遊漸遠，故人何處。寒窗夢裏，猶記
經行舊時路。連昌約略無多柳，第一是、難聽夜雨。謾驚回淒悄，相看燭
影，擁衾誰語。　　張緒。歸何暮。半零落依依，斷橋鷗鷺。天涯倦旅，此
時心事良苦。只愁重洒西州淚，問杜曲、人家在否。恐翠袖、正天寒，猶倚
梅花那樹。」

[44] 轉引自朱庸齋選陳永正注《嶺南歷代詞選》，頁329。廣東人民出版社出版，
1987年5月第1版。

里。憑細語，南陌燈倦，夜雨人去，屬引鄰牆，笛聲淒異。西風又怨，離鴻分後，黃罏陳跡，山河感對。芒芒滿眼浮生事。當時記得，無端艷冶，消磨歲華，暖回鴛綺。　　閒情纇璧，綺語泥犁，道懺除尚未。漫幾度鶯邊花外，泥寫無題，錦段須酬，玉璫誰寄。真知者少，相憐合計，雙煙罏倚。桐纛冷，更同心松柏休輕比。江湖縱有肩舟，似此星辰，故鄉信美。　　〈鶯啼序〉

此首據云述叔喜聽歌者雪娘曲，旋雪娘隨人他適，述叔為之惻然而作此詞。全首雖迭用代字，惟詞情婉約，用筆深邃，鋪敘縝密，真能得夢窗「殘寒正欺病酒」一首之旨。【45】

人生重九且為歡。除酒欲何言。佳辰慣是閒居覺，悠然想、今古無端。幾處登臨多事，吾廬俯仰常寬。　　菊花全不厭衰顏。一歲一回看。白頭親友垂垂盡，尊前問、心素應難。敗壁哀蛩休訴，雁聲無限江山。　　〈風入松〉

此首詠重九，葉恭綽評為「沈厚轉為高渾，此境最不易到」，【46】可謂知言。

一自彩雲歸去後，碧城相望銷凝。冷煙寒食小旗亭。良辰美景，

【45】吳文英〈鶯啼序〉詞云：「橫塘棹穿艷錦，引鴛鴦弄水。斷霞晚、笑折花歸，紺紗低護燈蘂。潤玉瘦冰輕倦浴，斜拖鳳股盤雲墜。聽銀牀聲細梧桐，漸攪涼思。　　窗隙流光，過如迅羽。訴空梁燕子。誤驚起風竹敲門，故人還又不至。記琅玕新詩細搯，早陳跡香痕纖指。怕因循、羅扇恩疏，又生秋意。　　西湖舊日，畫舸頻移，歎幾縈夢寐。霞珮冷、疊瀾不定，麝靄飛雨。乍濕蛟綃，暗盛紅淚。練單夜共，波心宿處。瓊簫吹月霓裳舞。向明朝未覺花容悴。嫣香易落，回頭淡碧消煙，鏡空畫羅屏裏。　　殘蟬度曲，唱徹西園，也感紅怨翠。念省慣、吳宮幽憩。暗柳追涼，曉岸參斜，露零漚起。絲縈寸藕，留連歡事。桃笙平展湘浪影，有昭華穠李冰相倚。如今鬢點淒霜，半篋秋詞，恨盈蠹紙。」

【46】語見《廣篋中詞》。

依約有平生。　　正是風花如夢裡，王郎絕句知名。雙鬢未必眼
常青。且休懷舊，懷舊不勝情。　　〈臨江仙〉

此首極少用代詞，力避質實，故能自在流轉，又殆得吳夢窗〈唐多令・
何處合成愁〉詠惜別一首之神髓也。【47】

（九）梁啟超

梁啟超（1873-1929），字卓如，號任公，別署飲冰室主人。廣東新
會人。光緒間，從其師康有為鼓吹變法，世稱「康梁」。主編上海《時
務報》，並主講於長沙時務學堂。戊戌政變後，流亡日本。辛亥革命後
回國，一任財政總長，旋復漫游歐陸。晚年主講清華大學研究院，一意
著述。有《飲冰室全集》附詞一卷，行於世。錄兩首：

拍醉雙玉斗，慷慨一何多。滿腔都是血淚，无處著悲歌。三百年
來王氣，滿目山河依舊，人事竟如何？百戶尚牛酒，四塞已干
戈。　　千金劍，萬言策，兩蹉跎。醉中呵壁自語，醒後一滂沱。
不恨年華去也，只恐少年心事，強半為銷磨。願替眾生病，稽首
禮維摩。　　〈水調歌頭〉

此詞作於中日甲午之戰。作者目睹朝廷腐敗，無力抗敵，一腔幽憤，發
而為詞。全詞使事用典，筆力雄健，音節激昂，直抒胸臆，令人感慨繫
之矣。

聽徹宵殘雨，正帘外、曉寒衣薄。莫道春歸，便濃春池閣，已自
蕭索。問歲華深淺，惝惝桃葉，在舊時闌角。繁紅鬥盡無人覺。
待解尋芳，東風已惡。歡期未分零落。尚曲墙扶繞，頻動春酌。
　　情懷如昨。只休休莫莫。似水流年，底成飄泊？故枝猶綴殘

【47】吳文英〈唐多令〉詞云：「何處合成愁？離人心上秋。縱芭蕉、不雨也颼颼。
都道晚涼天氣好，有明月、怕登樓。　　年事夢中休。花空煙水流。燕辭歸，客
尚淹留。垂柳不縈裙帶住，謾長是、繫行舟。」

蕚。又蜂銜燕蹴，乍欺怯弱。愁對汝、自扃深閣。却不奈、一陣
輕飆無賴，送敲垂幕。感啼鳥、未拋前約。向花間、道不如歸
去，怕人瘦削。　　〈六醜〉

此詞以「傷春」為題，實寓家國之深憂。全首委婉曲折，沉鬱頓挫，深
得周邦彥〈六醜・正單衣試酒〉一詞之神味也。【48】

（十）易孺

易孺（1874-1941），原名廷熹，字季復，後更名孺，號大厂，又號韋
齋，廣東鶴山人。早歲肄業廣雅書院，為陳蘭甫再傳弟子。中年游學日
本，習師範，旋從楊文會學佛。工詩、詞、書、畫，尤精篆刻。歷任北
京高等師範學校、上海音樂院教授。有《大厂詞稿》行於世。葉恭綽論其
詞，評為「審音琢句，取徑艱澀。」【49】龍榆生亦云：「孺填詞務為
生澀，愛取周、吳諸僻調，一一依其四聲虛實而強填之，用心至苦。」【50】
試觀其集中自謂「百澀詞心不要通」，【51】可想見其填詞務為生澀之處者
矣。惟其遺製《和玉田詞》一卷，則又漸趨疏雋，逼近玉田。錄二首：

一葉輿圖，慘換了、幾分顏色。誰忍問、二陵風雨，六朝城闕。
雨粟哭從倉頡後，散花妙近維摩側。咽不成高指念奴嬌，聲聲

【48】周邦彥〈六醜〉詞云：「正單衣試酒，悵客裏、光陰虛擲。願春暫留。春歸如
過翼，一去無跡。為問花何在？夜來風雨，葬楚宮傾國。釵鈿墮處遺香澤，亂點
桃蹊，輕翻柳陌。多情為誰追惜？但蜂媒蝶使，時叩窗隔。　東園岑寂，漸蒙
籠暗碧。靜繞珍叢底，成嘆息。長條故惹行客，似牽衣待話，別情無極。殘英
小，強簪巾幘。終不似、一朵釵頭顫裊，向人欹側。漂流處，莫趁潮汐。恐斷
紅，尚有相思字，何由見得！」

【49】語見《廣篋中詞》。

【50】語見《近三百年名家詞選》。頁209。香港中華書局出版，1979年7月第1版。

【51】仝上註。

歌。　　　塵根斷，無生滅。山河在，離言說。膓倉皇辭廟，報君
以血。蜀道鵑魂環珮雨，胡沙馬背琵琶月。莽乾坤、今日竟如
何？同傾缺。　　〈滿江紅〉

霜中楓冷猶紅舞。樵笛憑誰譜？不求老屋得三間。讓與枯僧和餓
占名山。　　　幽蘭自爾能心素。休作傾城顧。水清拈取一枝
看。忍向春風為伴卷簾寒。　　〈虞美人〉

前一首詞情愴傷，而多用代字，頗似吳文英〈霜花腴·翠微路窄〉一
詞；【52】後一首疏快圓融，用字爽朗，則又與張玉田〈虞美人·修眉刷
翠春痕聚〉一首無異，【53】此可想見大厂詞，宗尚南宋詞家者也。

（丙）、結論

　　總而言之，廣東詞人，自南宋已啟其端。潘飛聲《粵詞雅》輯嶺
南宋六家詞。六家者：崔菊坡（番禺人）、劉叔安（南海人）、李文
溪（番禺人）、趙秋曉（東莞人）、陳景元（東莞人）、葛如晦（番禺
人）。【54】按飛聲此記，尚有遺漏。南宋時，嶺南尚有一詞家，其詞名

【52】吳文英〈霜花腴〉詞云：「翠微路窄，醉晚風、憑誰為整攲冠。霜飽花腴，燭
消人瘦，秋光做也都難。病懷強寬。恨雁聲偏落歌前。記年時、舊宿淒涼，暮煙
秋雨野橋寒。　　妝靨鬢英爭艷，度清商一曲，暗墜金蟬。芳節多陰，蘭情稀
會，晴輝稱拂吟牋。更移畫船。引珮環邀下嬋娟。算明朝、未了重陽，紫萸應耐
看。」

【53】張炎〈虞美人〉詞云：「修眉刷翠春痕聚。難剪愁來處。斷絲無力綰韶華。也
學落紅流水到天涯。　　那回錯認章臺下。卻是陽關也。待將新恨趁楊花。不識
相思一點在誰家。」

【54】引見唐圭璋《詞話叢編》第十二冊，頁 4445- 4458。台北廣文書局有限公司出
版，中華民國五十六年五月初版。

在葛如晦李文溪之間，此即以專寫〈沁園春〉一調出名之陳人傑是也。人傑字經國，號龜峰，潮州海陽人，著《龜峰集》。詞尚蘇辛，亦大家也。【55】潘氏尚有遺輯，則吾今探討近三百年之嶺南詞人，遺漏庶亦難免。況夫近三百年之嶺南詞人可論述者，實不止上述十家，譬如廖恩燾之《懺庵詞》，朱彊村盛推之，謂為「驚才絕艷，寫海外奇景，為依聲家別開世界」；潘飛聲之《宜雅齋詞》，夏敬觀推譽為「在子野耆卿納蘭公子之間」；至若葉恭綽之《遐庵詞》，夏氏亦以為「蘇詞豪而不縱，清麗而非穠麗，是士大夫之詞，遐庵之詞極近此派」。他如楊玉銜之《抱香詞》及《雙樹居詞》，陳遺石題有「彊村衣缽晚年強」之句，則可想見其能傳朱孝臧之學，是亦大家也。況乎本文所選詞人作品，亦一鱗一斑而已。譬如：陳澧之〈水龍吟·是誰前度登高〉、〈甘州·漸斜陽淡淡下平堤〉；梁鼎芬之〈菩薩蠻·無端橫海天風疾〉、〈少年遊·碧苔如夢酒醒時〉；梁啟超之〈金縷曲·瀚海飄流燕〉、〈暗香·東風正惡〉及易孺〈霜花腴·怨潮暮咽〉等詞，亦佳品也，惜以篇幅所限，時間倉促，皆未能一一詳述。然則，簡陋之議，妄作之誚，固知不能免也！庶期大雅君子，幸有以指正者矣！

【55】引見唐圭璋《全宋詞》合訂本，頁3077。台北古新書局出版，中華民國六十四年元月初版。

景印香港新亞研究所《新亞學報》（第一至三十卷）

杜佑《通典》的經世本質

鄧國光[*]

敘引

《通典》：經世的經學（「經世經學」）

治亂興衰、分合強弱，組成了中國歷史進程一種脈衝式圖譜的狀態。在如斯狀態的歷史長河裏，儒學一直發揮著起衰救弊的積極力量，以仁政王道調節著腐蝕歷史和文化的衰朽力量。本乎仁政王道的崇高理想來調節歷史方向的努力和實踐，稱之為「經世」。儒家之為經世之學，是天賦之義，目的是實踐王道仁政，務令天下蒼生各遂其生生之所。生是天地的大德，即是天德。天德流行，所有生命處於最暢順、飽滿的狀態。儒家經學的經世，乃在乎參天地、贊化育，使天德之流行無闕。天德流行體現天道，儒家經世就是參贊天道，這是儒家視為理所當然的神聖責任。因此，儘管現實歷史進程遇到很多意料之外的障礙，但儒家依然努力不懈，尋求調整或解決的方法，以期長治久安，並進入治平的大同境界。大同即大通，在大通的境界中，百姓各遂其生，而皆謂我自然。經世的終極意義，端在於此。以經世為祈向的儒家經學，是謂「經世經學」。

經學是傳統學術的主脈。孔子解讀殷、周傳世的官學文獻《易》、《書》、《詩》等典籍，借以轉化為義理之學，以建立仁政王道的實踐理據，並視這些理據為萬世不易的常經大法。戰國以後，這批被儒門賦予特殊意義的文獻，遂提昇為「經」。但經不是儒家的專有，《易》、

---

[*] 本所碩士（1987），澳門大學中文系副教授。

《書》、《詩》乃共享的傳世作品,各家各派均可傳習,墨家也動必稱引《詩》、《書》,惟獨儒家能在這批傳世同享的文獻開出至公無私的仁道理念,永為萬世所共遵循。兩漢,研治「經」的問題是為經學,成為儒家專門之學。「經」既以孔子賦予仁政王道的恆存意義為核心,則經學所研治的問題,亦圍繞著這中心而展開。由此,經學所開出的經世,固然是針對當世問題,但追求的是超越當世的恆存意義,而不是現世政權的幫閑附庸。經學蘊含的超越性,體現在孔子素王的觀念上。素王的地位遠高出俗世的統治者,代表最終的善的典範。正基於這稟賦,經學以導引時代發展的經世為向導,是本然之義。訓讀經典的方法,諸如考據、訓詁,都不是經學的最終目的。本文所論的經學,是從最終義立說。

選擇杜佑(735-812)及其所編撰的《通典》,作為儒家經學的經世典範,實具有深刻的意義。就杜佑本身的個體生命說,他處身於詭譎變幻的中唐時代,在出處進退之間始終保存身份,即使在貴極之際,依然保持素志,心中有守,榮辱貴賤皆不足累其情,這堪稱是小我生命的大通。只要對比東漢的班固即可了然(與班固比較,是基於杜佑和《漢書》的關係)。班固善責古人,屈原和司馬遷之下場悲慘,班固引為明哲保身之鑒。但結果仍是慘遭忌者殘害,不能善終,這是個體生命的夭折不通暢。至於杜佑,不但榮終,而且惠及整個長安萬年縣的杜氏家族,符合〈大學〉「修身、齊家」的起碼要求。至於「治國、平天下」的經世,杜佑以三十六年光景撰作的《通典》二百卷,「實采群言,徵諸人事,將施有政」[1],以立言來實現這目的。清高宗在所撰〈《通典》序〉說:

觀其分門起例,由食貨以訖邊防,先養而後教,先禮而後刑,設

---

[1] 杜佑《通典》卷一敘言,見王文錦、王文興、劉俊文、徐庭雲、謝方第先生的點校本。北京:中華書局,一九八八年。正文頁一。拙文徵引,俱用此本,下不再贅,但注頁碼。又徵引但取文辭,標點則不相襲,以後其他典籍的徵引,例皆同此。

官以治民，安內以馭外，本末次弟，具有條理，亦恢恢乎經國之良模矣。《書》曰：「學於古訓乃有獲。」為國家者，立綱陳紀，斟酌古今，將期與治同道而不泥其跡。則是書實考鏡所必資，豈以供博覽而已哉！爰揭之以告讀是書者。【2】

清高宗以盛世英明有為之君盛稱《通典》立言宗旨，以欽佩的態度揭示其書的經世意義，則《通典》於千載之後乾隆盛世的經營所起積極的作用，是毋庸置疑的。杜佑在唐德宗貞元十年（794）呈上的〈進《通典》表〉強調儒家三不朽之義，以立言自期，「見志後學，由是往哲，遞相祖述，將施有政，用乂邦家」【3】，透過文辭撰述，薪火相傳，實現治平的偉大目標。清高宗對《通典》的由衷稱頌，表明杜佑的期盼，在歷史長流之中，所帶來的精神感召力量和回響，意義不下於現世的功業。經世是長遠的事業，縱使在有生之年未能實現王道的理想，尚祈盼後來者努力不懈。這種對來者寄予重望的精神，正是孔子所說「焉知來者不如今」的達觀態度，而儒家精神所以成為中國文化史上積極建設的力量，實緣於樂觀的盼望。杜佑《通典》之受乾隆敬重，說明儒者的樂觀並沒有落空。

杜佑撰《通典》以經世，乃屬通經致用的「經世經學」著作，理應歸入儒學類。《新唐書·藝文志》把杜佑節略《通典》裏面的《理道要訣》十卷放入雜家類，已經不妥當，而宋元書目對《通典》著錄的歸類，更隱沒了《通典》經學經世的特點。《崇文總目》和《新唐書·藝文志》歸《通典》為「類書類」【4】，與《北堂書鈔》、《藝文類聚》、《初學記》同列；晁公武《郡齋讀書志》和鄭樵《通志》承

【2】 前揭書「附錄一」之〈御製重刻通典序〉。頁五五一三。

【3】 前揭書卷首頁一。

【4】 《崇文總目》卷三。《中國歷代書目叢刊》本，北京：現代出版社影印本。一九八七年。頁一零四。《新唐書》卷五十九〈藝文志〉（三）。北京：中華書局。一九七五年。頁一五六三。

舊未變【5】。陳振孫《直齋書錄解題》及馬端臨《文獻通考》則檔次於「典故類」【6】。兩類雖有別，但不離舊文匯錄的層次，未足以體現《通典》「施於有政」的撰述意圖。迨至清代，經乾隆的揚譽，《四庫》館臣遂欄入史部「政書類」之首【7】，《提要》稱頌《通典》「元元本本，皆為有用之實學，非徒資記問者可比」，又謂「尤頗有補於經訓」【8】，呼應清高宗的御序。《通典》在《四庫》的地位顯然高於宋、元目錄，幾乎列入經部。於二十世紀，《通典》則已成為史學的經典，為歷史研究所必備。鄭鶴聲《杜佑年譜》序稱杜佑為政治家，運用歷史應付現實，是「以政治家而兼史學家」【9】，而視之為中國首部「典章制度通史」【10】，基本上已成為學術界的共識【11】。從「類書」而「典故」，再提為「政書」而「典制通史」至「百科全書」，諸種類屬的變化，顯示出不同時代的認識和評價，隨著時間的推移而深化和提昇。錢穆《經學大要》強調《通典》是通經致用的「活經學」，謂：

現在一般講經學，只懂文字訓詁，不懂要講考據。考據學甚麼？

【5】 見晁公武《郡齋讀書志》卷十四。孫猛校證本。上海：上海古籍出版社，一九九零年。頁六五三。又鄭樵《通志》卷六十九〈藝文〉七。北京：中華書局影印「萬有文庫」本，一九八七年。頁八一四。

【6】 陳振孫《直齋書錄解題》卷五。上海：上海古籍出版社，一九八七年。頁一六零。

【7】 見《四庫全書總目》卷八十。北京：中華書局影印本。一九六五年。頁六九三。

【8】 見前揭書，頁六九四。

【9】 鄭鶴聲《杜佑年譜》。上海：商務印書館，一九三四年。頁三。

【10】 見《通典》卷首王文錦先生敘言。頁五。

【11】 如金毓黻、錢穆、李宗桐、劉節、張舜徽、瞿林東等先生有關中國史學史的論著。其他先生的論著亦不離「典制」的觀念範圍。石亮全先生編撰的《通典——典制的百科全書》(瀋陽：春風文藝出版社，一九九二年)，屬導讀性質，抬舉《通典》為「百科全書」，地位又有異於專史了。

鄧國光　杜佑《通典》的經世本質　　　383

一要學「人物」，一要學「典故」，典章制度。講歷史要講人物，
要懂典章制度，這兩項是最重要的。講典章制度，講得最好的是
杜佑《通典》。【12】

錢先生視《通典》為考據典章制度的範本，是漢、唐經世致用的「活經
學」的楷模。置《通典》於「經學」視界之中論定其價值，無疑是錢先
生的學術卓識。但「經學」之途只限於「訓詁」和「考據」，又未可盡
經學經世之所以然。杜佑著《通典》，意亦不在「考據」；清高宗說的
「豈徒供博覽而已哉」，欲彰明杜佑「興治同道而不泥其跡」。錢先生不
免「泥其跡」，「考據」實難以盡表治平之道的義理內涵。至於李宗桐
《中國史學史》列《通典》為典制專門史【13】，謂「典章制度，總稱為禮」。
李先生所立的義項，雖有典據，但《通典》是否也可稱為「禮典」，頗
堪商榷。若李先生推前一步，能夠指出禮是經學經世的結構性設計的
話，則《通典》的特質便講活了。然李先生既判定《通典》為專史，先
設的框架已表明「泥其跡」的必然結果。值得一表的，是許凌雲《中
國儒學史·隋唐卷》，置杜佑於中唐儒學背景之中，討論其「經世思
想」【14】，儘管在論述上仍鎖限於「史學思想」，但為杜佑提供儒學史上
一席位，於學術思想史論著上得到專章地位，亦是邁出一步【15】。

【12】見錢穆《經學大要》第十七講。台北：素書樓文教基金會。二零零零年。頁三
　　一零。按：是書乃錢賓四先生於一九七四至七五年間，在台北中國文化學院的講
　　課錄音整理稿。

【13】李宗桐《中國史學史》第八章「專門史」第一節「典制史」。台北：華岡出版
　　有限公司，一九七九年。頁一三九。

【14】許凌雲《中國儒學史·隋唐卷》第四章「中唐《春秋》新學和經世學術」第三節
　　「杜佑的經世思想」。廣州：廣東教育出版社，一九九八年。頁一八零至一八九。

【15】張躍《唐代後期儒學》（上海：上海人民出版社。一九九四年。）於開、寶以後
　　思想體會極深，亦未有觸及杜佑的儒學精神。葛兆光《中國思想史》（第二卷）

有關杜佑《通典》的經世思想，幾乎全在史學界中開展討論[16]，儒門中人則鮮有齒及。「經世」原來就是經學的靈魂。《通典》經世思想也是人所共知的事實，而且經過史學研究者長期研究而確定不移。然而，當前經學或思想史著述，對《通典》的經學性質並沒有足夠的重視，無疑是二十世紀學風轉移的自然折射。踏進新世紀，學術研究亦應沿著自身理路前進，實事求是。經學既是漢、唐、明、清的學術主流，偉大的人物和著述離不開主流經學的精神浸潤；杜佑《通典》之為經世

（上海：復旦大學出版社。二零零一年）第五節「重建國家權威與思想秩序：八至九世紀之間思想史的再認識」（頁一一一至一四零），就朝政興衰引發的救亡精神把握德宗、順宗、憲宗的復興思潮，論述踏實有據，是當代人文學科之中跨科際研究路向的成功範例。其中小注涉及杜佑超越劉秩的分封主張，而強調建立國家秩序。（頁一一七。注2文）正文提及杜佑解《管子》，是「儒家權威失墜」，而另尋邊緣性材料補充應用。（見一二零至一二一）儘管解釋尚有商榷餘地，但杜佑這部入錄於《舊唐書·藝文志·法家類》的《管氏指略》二卷（頁一五三二），向來是思想史研究的盲點，葛先生能首先拈出，可見其書為真切讀書的成果，迥異乎當前流行的口耳相襲的浮議。葛先生小注也提及杜佑關心邊患（頁一二一。注1文）。上舉三項都點到即止，葛先生於杜佑是深有研究，所撰〈杜佑與中唐史學〉，發表於一九八一年第一期《史學史研究》，正因為局限在史學的範疇，儘管已拈出杜佑三項有關經世的具體內容，卻無法彰顯《通典》的特殊意義。

[16] 參考《二十世紀唐研究》（北京：中國社會科學院出版社。二零零二年。）「文化卷」第六章「史學與地理」之五「《唐六典》與《通典》」（頁七一六至七一八）。此外，張榮芳〈從《通典》看杜佑的史學〉（《史原》一九七九年十二月，台灣大學歷史研究所編，頁五三至八九），及曾一民〈唐兩《通》之撰作及其關係〉（載《中西史學史研討會論文集（第二屆）》，台北：中興大學歷史系編，一九八七年。頁七七至九九）。張先生從「民生經濟為首」、「選才設職為綱」、「禮樂教化為化」、「安內攘外為輔」四方面構建杜佑「經世史學」的內容。曾先生則特別強調《通典》和劉秩《政典》的承傳關係，說明《通典》經世精神的來源。

之書，用意顯著，若不存簡慢儒學的時代偏見，能重新正視中華學術的端莊面貌，則《通典》之為通經致用的「經學經世」的典範，應該在中國經學史或思想史獲得地位。正視《通典》經學經世的意義，更有助突顯「經世經學」的本質，於廿一世紀中華人文精神的重塑、轉化儒學於長治久安的建設，都具有積極的啟發意義。

本論

建皇極：《通典》與〈洪範〉八政

《通典》卷一杜佑自敘全書布局安排的取義，謂：

> 夫理道之先在乎行教化，教化之本在乎足衣食。《易》稱聚人曰財；〈洪範〉八政，一曰食，二曰貨；《管子》曰：「倉廩實知禮節，衣食足知榮辱。」夫子曰：「既富而教。」斯之謂矣。
>
> 夫行教化在乎設職官，設職官在乎審官才，審官才在乎精選舉；制禮以端其俗，立樂以和其心。此先哲王致治之大方也。故職官設然後興禮樂焉，教化墮然後用刑罰焉；列州郡俾分領焉，置邊防過戎敵焉。是以食貨為之首十二卷，選舉次之六卷，職官又次之二十二卷，禮又次之百卷，樂又次之七卷，刑又次之十四卷，邊防末之十六卷。或覽者庶知篇第之旨也。[17]

序文說明全書架構所反映的理路，體現聖王致治的成功經驗，以「教化」為輻湊中心，妥善安排和運用經濟、教育、法律、行政、軍事的策略，全局經營，實現民生設建為基礎的教化政治的理想局面。以上門類的先後，錢穆認為「是杜佑一番極大的政治理論所在」[18]。

---

[17]《通典》卷一。頁一。

[18] 錢穆《中國史學名著》（修訂本）「杜佑《通典》（下）」。台北：素書樓文教基金會，二零零一年。頁一九七。

錢先生未說明這「極大的政治理論」的根源，這套政治的施政架構又是從何而來的呢？《舊唐書‧杜佑傳》及《東坡志林》，均強調杜佑承襲劉秩的《政典》[19]，加以增益成帙。《政典》已佚，其詳不可得知，但據《舊唐書》的敘述，《政典》是「取《周禮》六官所職」，跟同時唐玄宗詔令修撰的《唐六典》，構意無別，也是依仿《周禮》的行政職權的描述。所謂「六典」，《新唐書‧藝文志》謂：

開元十年，起居舍人陸堅被詔集賢院脩《六典》；玄宗手寫六條，曰：理典、教典、禮典、政典、刑典、事典。[20]

但唐玄宗所御定的六條，朝臣無法依御旨如期完成。劉秩為表現身手才學，私撰唐玄宗六條中的「政典」，書成受到好評。玄宗宰臣編《六典》，唯有步趨《政典》草草成書，跟原來構思全異，只描述職官內容，「六典」徒具虛名[21]，是典型名實不符的敷衍文字。但以御旨頒行，於是《唐六典》行，而《政典》可廢。《政典》既是《六典》的原型，《舊唐書‧杜佑傳》敘述杜佑取材，便只需交代《政典》，而不必贅及《唐六典》了。因此，今日完整保存的《唐六典》三十卷，亦是三十五卷的《政典》的大概面貌。《政典》以官職描述為特色，充其量只歸入《通典》

【19】《舊唐書》卷一百四十七〈杜佑傳〉載：「初開元末，劉秩採經史百家之言，取《周禮》六官所職，撰分門書三十五卷，號曰《政典》，大為時賢稱賞，房琯以為才過劉更生。佑得其書，尋味厥旨，以為條目未盡，因而廣之，加以《開元禮》、《樂》，書成二百卷，號曰《通典》。貞元十七年，自淮南使人詣闕獻之。」（頁三九八二）《東坡志林》卷四謂「《通典》雖杜佑集，然類源出於劉秩」（北京：中華書局。一九八一年。頁九二）。

【20】《新唐書》卷五十八〈藝文志〉（二）。北京：中華書局。一九七五年。頁一四七七。

【21】詳《唐六典》陳仲夫先生的卷首「簡介」。北京：中華書局。一九九二年。頁二。

的「職官典」範圍，與《通典》體大思精的規模實不可同日而語。劉秩
《政典》對杜佑的影響，實不能過份誇大，蘇軾斷言「源出於劉秩」。未
免誤導【22】。

既然《通典》非依襲《政典》，則《通典》的結構又是否杜佑獨創
的呢？范文瀾《中國通史》和瞿林東《杜佑評傳》均強調《通典》源於
「歷代正史書志並有所發展」【23】，其中不列律歷、天文、五行、祥瑞、
輿服而新增選舉、兵、邊防等門類，這是出於「徵諸人事」的宗旨【24】。
於正史之中追尋《通典》的文獻淵源，亦言之成理。然杜佑撰作《通典》
意不在考史，正史書志只可以說是資料的重要來源，但《通典》門類之
間的有機組合，是作為教化天下的張本，史志並不足以提供這種精神上
啟導力量。柴德賡《史籍舉要》則認為杜佑置食貨為首，「是前史從來
沒的」【25】，突出這種安排的獨創性。但這觀點是以正史書志的先後安排
而言，《通典》既不是正史，與正史較量，實在不甚恰當。事實上，杜
佑以致治為念，儒者是以蒼生得其所生為最重要的考慮，是否獨創體
制，並非問題的核心。把《通典》局限於史部，亦只能夠從史部著述的
角度追尋經世思想的淵源，這根本不對應！若恢復《通典》「經世經學」
的位置，問題便迎刃而解了。

杜佑在《通典》卷首敘言說：「〈洪範〉八政，一曰食，二曰貨。」
已交代思想淵源所在。《尚書‧洪範》的「九疇」，是經學經世的基礎
觀念。於經學思想發展歷史上，《周易》和〈洪範〉是極重要的啟動源
頭。杜佑敘首引《周易》，再引〈洪範〉，是典型的經學思維。「九疇」

【22】 王鳴盛《十七史商榷》卷九十「杜佑作《通典》」條便以嘲諷的語氣，譏刺杜佑
采撮《大唐開元禮》和陰用《政典》而隱沒其書，謂「此書之成，亦可云易也」。

【23】 見《杜佑評傳》。南寧：廣西教育出版社。一九九六年。頁八十。

【24】 前揭書。頁八十一。

【25】 柴德賡《史籍舉要》。北京：北京出版社，二零零二年。頁二八五。

為九類致治大法，其意義極重大，所以用「洪範」一詞來形容，洪範即大法的意思。〈洪範〉云「天乃錫禹洪範九疇」【26】，說明是夏禹傳下來的大法，具絕對的權威地位。九疇的第三項是八政。八政為「一曰食，二曰貨，三曰祀，四曰司空，五曰司徒，六曰司寇，七曰賓，八曰師」【27】。孔穎達《正義》疏釋說：

> 八政者，人主施政教於民，有八事也。一曰食，教民使勤農業也；二曰貨，教民使求資用也；三曰祀，教民使敬鬼神也；四曰司空之官，主空土以居民也；五曰司徒之官，教眾民以禮義也；六曰司寇之官，詰治民之姦盜也；七曰賓，教民以禮待賓客、相往來也；八曰師，立師防寇賊，以安保民也。

> 八政如此次者，人不食則死，食於人最急，故「食」為先也；有食又須衣貨為人之用，故「貨」為二也；所以得食貨，乃是明靈祐之人，人當敬事鬼神，故「祀」為三也；足衣食、祭鬼神，必當有所安居，司空主居民，故「司空」為四也；雖有所安居，非禮義不立，司徒教以禮義，故「司徒」為五也；雖有禮義之教，而無刑殺之法，則彊弱相陵，司寇主姦盜，故「司寇」為六也；民不往來，則無相親之好，故「賓」為七也；寇賊為害，則民不安居，故「師」為八也。此用於民緩急而為次也。

> 食、貨、祀、賓、師指事為之名，三卿舉官為名者，三官所主事多，各以一事為名，則所掌不盡，故舉官名以見義。【28】

以上孔穎達對八政序次的解讀，通達明晰，說明八政以生民緩急先後的細緻考慮，周詳地布置施政的措施和綱領。杜佑《通典》布局的思路，

【26】孔穎達《尚書正義》卷十二。北京：北京大學正體字點校本，二零零二年。頁三五三。

【27】前揭書。頁三六一。

鄧國光　杜佑《通典》的經世本質　　389

對照孔《疏》的內容，基本理路無異，但對其中部份門類及席次有所調整，於體現「教化」為核心的王道仁政構想便更為完整。李翰〈《通典》序〉提到《通典》「凡有八門」，強調《通典》的撰述意旨說：

> 今《通典》之作，昭昭乎其警學者之群迷歟！以為君子致用，在乎經邦，經邦在乎立事，立事在乎師古，師古在乎隨時。必參今古之宜，窮始終之要，始可以度其古，終可以行於今；問而辨之，端如貫珠；筆而行之，審如中鵠。夫然，故施於文學，可為通儒；施於政事，可建皇極。【29】

建皇極是〈洪範〉的核心，本「皇建其極」一語。建皇極是立大中的君德，是歷朝經世之學的祈嚮。宋司馬光撰《通鑑》，摯友邵雍於洛陽「安樂窩」之中著《皇極經世》，輔車相依，以導人君致治。〈洪範〉「皇極」意義之鉅，現代大儒馬一浮〈洪範約義〉謂「斯名之立，所以顯大法之本原、聖人之妙用」【30】。李翰以建皇極期許《通典》，而敘及《通典》八門，已表明《通典》立意根本於〈洪範〉的八政。但杜佑後在〈進《通典》表〉謂立九門，這不只是門類的分合問題，把「刑」析分為「兵」和「刑法」兩門，基本上還是八類範疇。八政是九疇之一，建皇極乃九疇的中心。九疇八政的經世事業，杜佑有意在《通典》的綱領中顯示嚮往的期盼，而李翰是杜佑摯友，深知其意，因而特表「建皇極」的崇高目標。

　　杜佑本於〈洪範〉八政而有所調整，又是否有悖經違古之嫌呢？其實經學向來不墨守成說。孔穎達疏解八政，便批評鄭玄和王肅傅會《周禮》職官和八政的關係，指出〈洪範〉和《周禮》的基本差別，八政是「主以教民」，而《周禮》是「掌王家之事」，所以「非復施民之政，何

【28】前揭書。頁三六一至三六二。

【29】《通典》卷首，頁二。

【30】馬一浮〈洪範約義〉之「別釋皇極」，見《馬一浮集》，杭州：浙江古籍及浙江教育出版社，一九九六年。第一冊，頁三六九。

以謂之政乎!」【31】兩者趨向不同,鄭、王完全混淆不清。而向來有所謂「《疏》不破《注》」,《疏》指孔穎達疏,《注》指鄭玄注。在這極重要的八政問題上,孔穎達完全未維護鄭《注》,但耳食之學肆虐,簡慢孔《疏》,以為真的有「《疏》不破《注》」,未有正視孔穎達在解讀過程中所發揮的創見,便盲目抹殺。事實上,孔《疏》對唐、宋思想影響是極深刻的,杜佑《通典》的內在紋理,便明顯烙上孔《疏》的印記。劉秩《政典》和御旨修撰的《唐六典》,以《周禮》傅會朝政,正陷入鄭玄及王肅的錯誤思路。杜佑受到了孔穎達的啟發,一方面避免傅會《周禮》,同時對權威傳注採批判接受的理性態度。如果苛責杜佑變古,則孔穎達亦罪無可恕。《通典》批判鄭玄、王肅並不罕見,尤其是〈禮典〉有關喪禮的祥禮【32】,便很突出。

杜佑對〈洪範〉「八政」孔穎達《正義》的描述又是如何消化調整的呢?不妨把兩者比照並觀。《通典》首「食貨典」凡十二卷,涵攝八政的「食」和「貨」。次「選舉典」凡六卷,「職官典」凡二十二卷,將八政之五的「司徒之官」的內涵擴大,以切時宜。「選舉典」在選士,「職官典」分職,兩者關係密不可分。〈洪範〉八政之三的「祀」和第七的「賓」,杜佑則納放在「禮典」一百卷之中,再循鄭玄五禮的綱目統攝禮的全體。八政之四的「司空之官」,杜佑以「州郡典」十四卷敘述有關土地建制。而八政之六的「司寇之官」,《通典》以「兵典」十五卷和「刑法典」八卷論列。至於八政末的「師」,在《通典》中為「邊防典」十六卷。《通典》的「樂典」七卷,是杜佑開出而不在「八政」之內。為清眉目,以圖表對照如下:

【31】《尚書正義》卷十二。頁三六二。

【32】《通典》卷八十七〈禮典〉四十七「凶禮」九。頁二三八六。

〈洪範〉八政		《通典》九典	
一	食	食貨典	①
二	貨		
三	祀	禮　典	④
七	賓		
四	司空之官	州郡典	⑧
五	司徒之官	選舉典	②
		職官典	③
六	司寇之官	兵　典	⑥
		刑法典	⑦
八	師	邊防典	⑨
		樂　典	⑤

　　上表充份顯示杜佑盡攝皇極大法的八政，再進一步增益「樂典」，
和「禮典」相輔。杜佑認為「制禮以端其俗，立樂以和其心，此先哲王
致治之大方也」【33】，於「樂典」序又謂：「樂也者，聖人之所樂，可以
善人心焉」【34】，樂教深入人心，影響最為徹底，亦起和諧社會的作
用，杜佑所以在「樂典」序強調說：

　　　　古者因樂以著教，其感人深。乃移風俗。將欲閑其邪，正其頹，
　　　　惟樂而已矣。【35】

樂可以淨化人心，也可以振奮民情，足以改變風俗。杜佑如此重視樂
教，實補救過硬的〈洪範〉八政。《禮記・樂記》便說：

　　　　禮節民心，樂和民聲。政以行之，刑以防之。禮、樂、刑、政，

【33】前揭書，卷一。頁一。

【34】前揭書，卷一四一「樂典」一。頁三五八七。

【35】前注。頁三五八八。

四達而不悖，則王道備矣。【36】

杜佑說「立樂以和其心」，正本《禮記》立說；而以樂「移風俗」，則是孔子之意【37】。增益「樂典」，是儒家民本精神的表現。

至於杜佑把「詰治民之姦盜」的第六政「司寇之官」的職事，析分為「兵典」和「刑法典」；其中原因，杜佑於《通典》序引自注交代云：「大刑用甲兵，十五卷；其次五刑，八卷。」【38】兵典和刑法典俱屬「刑」，前者大刑，以應世變；後者五刑，立制之常法。特別設立應變的大刑「兵典」，乃緣於東漢以來，「王綱解紐，主權外分，藩翰既崇，問鼎輕重，無代無之」的慘痛歷史和現實；安史亂後藩鎮割據的局面，已經是德宗朝面對的最大政治危機。杜佑主「兵典」樹大刑，顯示對藩鎮地方割據採取強硬的態度。「兵典」特別強調「兵術」，以戰例充實《孫子兵法》十三篇，是出於「以直伐曲、以順討逆」的維護天子地位及保證華夏統一而行使大刑的需要，是王道權變的非常考慮。以兵為大刑，其實也是漢以來儒學的基本認識。《漢書・刑法志》謂：

> 聖人因天秩而制五禮，因天討而作五刑。大刑用甲兵，其次用斧鉞；中刑用刀鋸，其次用鑽鑿；薄刑用鞭朴。大者陳諸原野，小者致之市朝，其所繇來者上矣。【39】

杜佑於「兵典」及「刑法典」的總序同時交代這「大刑用甲兵」的文獻

【36】《禮記正義》卷三十七〈樂記〉。北京：北京大學正體字點校本，二零零二年。頁一二六四。

【37】《漢書・藝文志》引孔子云：「移風易俗，莫善於樂。」見前揭書。頁一二五零。

【38】《通典》卷一。頁一。

【39】王先謙《漢書補注》卷廿三。北京：中華書局影虛受堂刊本，一九八三年。頁四九四。

來源，然而古來望文生義者比比皆是，誤會「兵典」為軍事制度的專志，用制度史的要求批評杜佑失當，幾乎眾口一辭。【40】而杜佑主張以大刑維護天子政權完整的經世意圖，也因為望文生義的誤會而隱沒了。把八政中的司寇之職擴充為兵、刑，實在是儒家面對大時代轉變的應變措置。

杜佑以經學經世，《通典》取義於〈洪範〉八政，立皇極、樹王道為心，則「樂典」的補入，「兵典」大刑的強調，無疑是撫順時代現實和儒家王道仁政的祈向的逆拗。

餘論

淨化與調整

撰作政書的風氣流行於中唐，《通典》則是典範之作。政書撰作的風尚顯示唐代士人熾烈的用世熱情，與漢代士子假借經典營構宏偉的經學殿堂以議政輔君的澎湃、激情相呼應。漢、唐的隆盛及其飽滿的時代精神，實有賴士人真摯的經世抱負來支撐。一個明顯的事實是，唐初《漢書》成為顯學，甚至產生「《漢書》學」。《新唐書・儒學傳》載唐高宗永徽年間，「是時《漢書》學大興，其章章者若劉伯莊、秦景通兄弟、劉訥言，皆名家」【41】。士人愛讀《漢書》，和經世精神的孕育有甚麼內在的關係呢？錢穆晚年的講學，透進這一層，極有啟發意義。錢氏說：「到唐朝人出來，不需要學《五經》了，只要讀《漢書》、《後漢書》，種種典章制度都在裏面。」又謂：「唐朝人的經學是跟著漢朝人來的活經學。」並強調《貞觀政要》和《通典》「這兩部書就是活經

【40】如瞿林東《杜佑評傳》強調「兵志」是「破例」，「編纂上的一個缺陷」（頁八十八）。瞿先生於杜佑深有研究，尚不免有如此誤會，其他可知。

【41】《新唐書》卷一九八。頁五六五六。

學」【42】；錢穆「活經學」原來就是經世致用之學的意思。漢儒轉化《五經》，發展成用世的經學，這套經學經世的大體面目保留在《漢書》之中；因此，熟讀《漢書》已可把握漢儒經學的要義和特質。唐人好《漢書》，《漢書》成學，則漢儒經世之學便以《漢書》為中介傳達至唐人，唐人亦從《漢書》之中直接領受經學的精神。《舊唐書》把《漢書》學流行的事實放在〈儒林傳〉中敘述，其實已帶出兩者關係密切的訊息。至於錢先生謂唐人不需學《五經》，語焉不詳，實難索解，想是堂上錄音移過紙面時出現問題。經學在唐代的地位大不如前，但經世致用的經學本質依然不減。《漢書》無疑是漢、唐經世精神承續的紐帶之一。

《通典》和《漢書》之間的關係，不是在文字上表現出來，在正論中以兵為大刑已見一斑。西漢儒學環繞著災異和五德終始的觀念開展，這種觀念的來源錯綜複雜，但《尚書‧洪範》為重要的淵源，是無可置疑的事實【43】，〈洪範〉五行之學更是漢、晉經學的顯學。杜佑有取於〈洪範〉八政，也有取於《漢書》，但卻擯棄所有關乎〈洪範〉「庶徵」的天人感應內容。以天人感應為核心的讖緯之學，在《通典》中不留任何痕

【42】見錢穆《經學大要》第十七講。頁三一一至三一二。

【43】有關《尚書》學在漢代政治的實際影響，李偉泰《兩漢尚書學及其對當時政治的影響》（台北：台灣大學文史叢刊，一九七六年）。是書為李君碩士論文，從施政、官制和法律三方面受《尚書》影響的情況討論，但卻忽略了《漢書》大批以〈洪範〉為理論基礎的議禮論政之文，以及發揮〈洪範〉「初一曰五行」的「洪範五行學」於漢代政治思想的重要性。見小遺大，世風使然。劉起釪《尚書學史》（北京：中華書局。一九八九年）三、四、五凡三章論兩漢《尚書》的傳授和流傳，乃文獻學的探索，與陳夢家《尚書通論》（增訂本。北京：中華書局。一九八五年）和蔣善國《尚書綜述》（上海：上海古籍出版社，一九八六年），共同提供進一步深入探索的學術資源。就以上諸家的研究，〈洪範〉和災異之學的親密關係，是共同肯定的。

跡。漢人所尚的術數之學,以及章句餖飣之學,杜佑於〈《通典》序〉中明確表示厭棄。可見杜佑於經學,既能入之而有得,也可出之而不惑,以民生考慮為篩孔,理性地過濾巫術性的雜質,完全以人事及政策的運用來解決時代的危機。稍後韓愈亦步趨理性的思路。事實上,唐代流行的佛、道二家,已凌駕於儒門之上。杜佑雖沒有專文表示對此二家的態度,但在《通典》之中仍透露了這種護持儒學經世實踐上的純粹的心態。《通典》〈邊防序〉杜佑自注有二句說:

> 唯釋氏一家論天地日月,怪誕不可知。【44】

對佛教的觀念明顯表示不滿。於「食貨典」中,載:

> 武太后太和朝,太平公主、武三思、悖逆庶人,恣情奢縱,造罔極寺、太平觀、香山寺、昭成寺,遂成農功虛費,府庫空竭矣。【45】

批評武后佞佛縱道的耗費,又近乎韓愈〈原道〉的精神。對於道教,《通典》「禮典」的「吉禮」山川之祀的小注,提及玄宗時炙手可熱的道士司馬承禎,謂:

> 初,開元九年十二月,天台道士司馬承禎言:「今五岳神祠,是山林之神也,非正真之神也。五岳皆有洞府,有上請真人降任其職,山川風雨陰陽氣序,是所理焉。冠冕服章,佐從神仙,皆有名數。請別立齋祠之所。」上奇其說,因敕五岳,各置真君祠一所。【46】

雖直敘其事,但一筆「上奇其說」,已經表示疏離的情緒,起碼視道教洞天為奇說。最直接顯示杜佑對迷信的批評態度,是「禮典」「凶禮」的「喪禮雜制」條之末,插入了唐初呂才批評世俗迷信的論文,

---

【44】《通典》卷一八五「邊防(一)」。頁四九七九。

【45】前揭書卷七。頁一四九。

【46】前揭書卷四十六。頁一二八三。

並交代緣起云：

> 初，貞觀中，呂才為太常博士，與諸陰陽學者十餘人，撰陰陽書凡五十三卷，並舊書行者三十七卷，詔頒下之。才病其有穿鑿拘忌者。故著論曰。【47】

所謂陰陽學，是指相地的風水堪輿之學。杜佑一字不漏迻錄呂才對風水迷信的批評，並親自加「按」說：

> 斯論甚精當，以之為勸戒，故附於斯。【48】

綜合以上言論，杜佑不奉佛亦不崇道，一切稍涉神祕內容的事物均在有意摒除之列。就此看來，杜佑可稱得上純儒。

另一方面，《通典》也顯示一種兼容並蓄的氣魄。「食貨典」大量徵引《管子》，而「兵典」則是《孫子兵法》的義疏，未因其非孔門之學而摒棄。事實上，《管子》和《孫子》都是實學，杜佑志在經世，大凡和民有益於治道的學問都囊括其中，自是必然之義，況二書俱先秦正大之學，非邊緣小道【49】。理財與用兵亦不是儒家專長，杜佑欲實現建皇極的王道，兼容《管子》和《孫子》是必然而明智的抉擇；顯示杜佑在經學經世的大前提下，充份運用傳世的學術資源，設計一套集大成式的仁政實施藍圖。杜佑這項工程，充份顯露經學的「開放」性質。《通典》既有意淨化一切怪異神祕的原素，即使是與經學緣生的天人感應的休咎之徵，亦棄之如弊履，更何況是釋、道、堪輿！於孔子所曾頌揚的管仲，杜佑對載錄管仲言行和主張的《管子》，正視和肯定；孔子批評不教民戰驅而就之死地的殘忍行為，杜佑於是在「兵典」中以戰例充實《孫子》，蘊含了王者教民而戰的仁政立場。汲取《管子》和《孫子》，無疑強化了《通典》的經世效用。此消彼長，儒家經世之學的實質內容

【47】前揭書卷一零五。頁二七四七。

【48】前揭書卷一零五。頁二七五三。

【49】見前注【15】。

經過《通典》的「新陳代謝」作用，已完整進入理性的人間世界，以實在的政策運用來實現立皇極的王道。再者，〈洪範〉八政中緊次食和貨之後的「祀」，實先秦「國之大事，唯祀與戎」的遺留，杜佑循漢、晉經學家的思路，把「祀」納入以人事為依歸的五禮系統，化解原始和神祕的因素。在佛、道佔據整個思想領域的中唐時代，杜佑《通典》的經世經學，堪稱是儒學自我調整和更生的努力和實踐，於文化史上的地位，足以和韓愈共駕媲美。

回復《通典》經學經世的原來位置，中國儒學史頓現精彩，顯示儒家力挽狂瀾的毅力和意志。杜佑三十六年的堅持，絕非兒嬉。《通典》具備經學的本質，而為經世經學的鉅著，是無可置疑的事實。《通典》乃實學，清高宗高度評價《通典》，是清乾隆年代重視實學的精神契合。「窮則變，變則通，通則久」，《通典》的通義實有取於此。於極度不安的大時代環境中，以實學尋求通變之道，旋幹乾坤，納時代軌轍於皇極至正的大道上，盡顯生生之德的莊嚴和偉大。雖然，知其不可而為之，不免悲慘，但儒學精彩之處亦在於此。《通典》講通，二十一世紀更應是「通」的時代，尤其在九一一悲劇之後，不同類型文化之間的通，即互相同情諒解更為切要。願天下以生生之德為念，則大通可期。

景印香港新亞研究所《新亞學報》（第一至三十卷）

論新詩人兼作舊體詩的原因

朱少璋*

關於新詩人從事舊體詩的各種活動——作為現代文學史上一個特殊的文學現象，該如何作出合理的解釋？今人朱文華在《風騷餘韻論》中——一部研究中國現代文學背景下的舊體詩的專著；其中提到五四以來，仍有人堅持寫舊體詩，不那麼值得驚詫，但朱氏對新文學家的舊體詩活動卻感到有點「驚詫」，朱文華認為：

> 在文學革命者的陣營中，甚至是作為五四第一批著名的白話新詩人中，也有人首先反顧舊體詩……【1】

下文接著就以沈尹默（1883-1971）、王統照（1897-1957）、胡適（1891-1962）、郭沫若（郭開貞，1892-1978）、俞平伯（俞銘衡，1900-1990）、魯迅（周樹人，1881-1936）等新詩人為例，說明這批詩人在詩歌創作活動上的前後不一致的情況。

朱氏把「堅持寫舊體詩的人」跟「反顧舊體詩」的情況截然區別為二；其實兩種情況是一個問題的兩面，不是截然一刀切的文學現象。二者的共通點在於：同是在現代文學背景下持續創作舊體詩；而二者小異之處只在於：作者有否創作過新詩（或以新詩人姿態出現）。只是新詩人的情況在表面現象上顯得有點特殊，用朱氏之用語是「『反顧』舊體詩」，沒參予過新詩創作活動的人寫舊體詩，就是「『堅持』寫舊體詩」；「反顧」一詞抹殺了詩歌創作活動是可以多元而平行發展的事實，新舊詩之興替，不是極端的勢不兩立、此消彼長，它們同時存在於現代文學背

---

* 本所碩士（1990），現任香港浸會大學語文中心導師。

【1】 見《風騷餘韻論》（上海：復旦大學出版社，1998）頁79

景之下，因應不同作家、不同時勢而有所顯隱，因此，新詩人寫舊體詩是「持續」的活動，不是「反顧」的活動。至於那些沒有寫過新詩的人也不是「堅持」寫舊體詩，而同樣是「持續」寫舊體詩而已。

既然兩者的性質如此相近，那麼，發掘新詩人持續從事舊體詩活動的深層原因，就十分有意義了，因為新詩人從事舊體詩活動是一個具代表性而典型的例子，[2] 追尋箇中原因，就能同時了解整個現代詩歌背景下「亦新亦舊」的現象。

（一）基本因素

1. 新詩人與舊體詩之密切關係

（1）新詩人的舊學背景及古典文學之研究

A. 舊學背景

現代新詩人生於舊年代，又或者是新舊交替的時期，舊文學對他們影響至深，縱然後來他們接提倡新文學，但對於所習舊學，由於植根極深，始終是他們學養之基礎，也是他們成為文學家的重要養料之一，而古典詩詞，正是傳統舊學的重要一環，現代作家在這種氣氛的薰陶下，濡染乃深，對其日後的文學創作路向，有著隱性但又富決定性的影響，以下列述一些新詩人的舊學背景為例：

---

[2] 研究對象須符合下述三項條件——生於1949年以前及在1917-1949年間具體、積極從事新詩創作的作家而同時創作舊體詩的詩人；除符合上述各項條件外，尚參考《中國現代詩歌史》及《中國新詩大辭典》二書。

[3] 詳參陳萬雄《新文化運動前的陳獨秀》（香港：中文大學出版社，1982）頁3-7第一章第二節「新舊教育」

朱少璋　論新詩人兼作舊體詩的原因　401

陳獨秀（1880-1942）十二、三歲前已讀了四書五經和《左傳》等書，又讀《昭明文選》，十七歲中秀才，他雖然痛絕科舉、厭惡八股，但舊學根柢還是相當深厚的。【3】

劉大白（1880-1932）六歲時已熟讀唐詩，能誦其中名句佳章，九歲學作舊體詩，十八歲已作舊體詩詞二百餘首。【4】

沈尹默四歲入家塾讀書，啟蒙先生是老秀才，因而令沈氏極愛詩歌，十四歲誦讀李、杜之詩。【5】

周作人（1885-1967）雖稱為「學無專門」，但他幼讀私塾，古文學根柢紮得很深，與魯迅不相上下。【6】

劉半農（劉復，1891-1934）舊學也很有造詣，如《新文學作家列傳》中就說他「舊學深邃，運用文字的技巧特別靈活，舊文學眾體無一不精」。【7】

胡適八歲時讀其父〈學為人詩〉，九歲背誦《朱子小學》，十一歲開始讀《通鑑》。【8】

郭沫若五歲已白天讀經，晚上讀詩，所讀如《千家詩》、《詩品》之類，受到了嚴格的舊學訓練和古典詩歌的薰陶，初步掌握了用舊體詩來狀物抒情的能力。【9】在八、九歲時已能以「妙對」驚塾師，【10】可見他

【4】詳參蕭斌如：〈劉大白生平著作年表〉，載《中國現代作家選集——劉大白》（香港：三聯書店，1994）頁 277-288

【5】詳參〈沈尹默年表〉，載《胡適、劉半農、劉大白、沈尹默詩歌欣賞》（南寧：廣西教育出版社，1989）頁 272-279

【6】詳參趙聰著：《新文學作家列傳》（台北：時報文化出版事業，1980）頁110；又「學無專門」係周氏〈周作人自述〉中語，引自《周作人詩全編箋注》（上海：學林出版社，1995）附錄頁 425

【7】見趙聰：《新文學作家列傳》（台北：時報出版社，1980）頁 283

【8】詳參胡頌平著：《胡適先生生平年譜簡編》（台北：大陸雜誌社，1971）頁 2

古典詩詞的根柢是不弱的。

康白情（1896-1945）在《草兒》的自序中說其父「小時候先以詩教教我」，復在《河上集》的序中說：「余幼耽詩教」，可見康氏自少即習舊體詩，而且令他印象深刻。【11】

王統照九歲開始讀經史古文，又習詩詞，十歲已學寫五言詩，十六歲喜讀唐詩，暑假中手抄溫李詩遺本。【12】

朱自清（朱自華，1898-1948）六歲習古文詩詞，十六歲作〈哭漁父〉長歌。【13】

田漢（1898-1968）早年受他舅父易象的影響很深，易氏是南社詩人，這使田氏在古體詩詞上打下深厚的根礎。【14】又廖沫沙（1907-1990）在〈暴風飆風總不移〉一文中，談到田氏青少年時期便作了詩詞歌賦的能手，在長沙師範學校上學時，以擅寫詩詞而名聞全校。【15】

【9】詳參黃侯興著：《郭沫若——青春型的詩人》（濟南：山東人民出版社，1994）頁29-30

【10】詳參周續端：〈郭沫若妙對驚塾師〉，《大公報》（香港）1998年5月13日

【11】所引康氏話語見《草兒》（上海：亞東圖書，1922）頁2、《河上集》（上海：亞東圖書館，1924）頁1

【12】詳參劉增人、馮光廉：〈王統照年譜簡編〉，載《王統照文集》（濟南：山東人民出版社，1982）第六卷，頁600

【13】詳參姜建、吳為公編：《朱自清年譜》（合肥：安徽教育出版社，1996）頁3、9，又〈哭漁父〉一詩已佚。

【14】引自田海男寫於《田漢詩選》（北京：人民文學出版社，1982）頁359的後記，田海男為田漢之子；易象，字枚丞，號梅僧，湖南長沙人，駐籍南社，其名見〈南社社友姓氏錄〉，鄭逸梅：《南社叢談》（上海：人民出版社，1981）頁580；田文云「易象（字梅園）」，未詳何據。

【15】廖文為《田漢詩選》之序文，引文詳見該書頁3；又長沙師範學校之事，係廖氏轉述陳子展的話。

聞一多（聞家驊，1899-1946）六歲即接受傳統教育，讀《四書》、《爾雅》等書，十五歲入清華留美預備學校，見清華學校重英文、輕國文，因他受古典文化薰陶，乃主動發起「課餘補習會」，自任副會長。十八歲開始創作、發表舊體詩。【16】

冰心（謝婉瑩，1900-1999）九歲開始熱愛詩，學對對子，看詩韻，父親和朋友開詩社的時候，也跟著旁聽，能賦詩。【17】

俞平伯書香世代，為樸學大師俞樾（1821-1906）之曾孫，幼承庭訓。

饒孟侃（1902-1967）十一歲學賦詩，獲塾師讚許。【18】

汪靜之（1902-　）在1913至1922年間讀古書。十二歲學作舊體詩。【19】

朱湘（1904-1933）父為前清翰林，朱湘六歲時入私塾，教師為清代舉人，朱氏主要讀《龍文鞭影》、《詩經》及《史記》等古書。【20】

馮至（馮承植，1905-1993）在中學階段讀《古文觀止》、《古文釋義》。【21】

【16】詳參劉烜：〈聞一多年譜〉，《中國現代作家選集——聞一多》（香港：三聯書店，1996）頁224-226

【17】詳參〈冰心生平著作年表簡編〉，卓如編：《冰心全集》（福州：海峽文藝出版社，1994）第八集，頁4

【18】見王錦厚、陳麗莉編：《饒孟侃詩文集》（成都：四川大學出版社，1997）頁104〈詠池荷〉作者自注部分

【19】引自汪靜之：〈汪靜之和愛情詩〉，汪靜之：《六美緣》（北京：十月文藝出版社，1996）附錄，頁249

【20】詳參〈朱湘年表〉，《中國現代作家選集——朱湘》（香港：三聯書店，1983）頁234

【21】詳參周棉著：《馮至傳》（江蘇：文藝出版社，1993）頁23；馮氏曾說，他在中國古典文學方面沒有受過系統的訓練，但接觸古典文學還是比較早的——前揭書頁14

臧克家（1905- ）生長在一個文化家庭，少兒時代已能背誦古詩，家人結詩社、賽詩，在這氣氛下，臧克家深受影響，唸大學時他是聞一多的學生，聞氏給他講歷代詩選，這令臧氏更愛古典詩歌。【22】

施蟄存（1905- ）則自小熟讀《白香詞譜》、《草堂詩餘》等書，又喜讀劇曲。【23】

何其芳（何永芳，1912-1977）在十四歲時已讀《昭明文選》、《賦學正鵠》、《唐宋詩醇》，何氏謂愛好詩歌就是從這時開始。【24】

從以上的資料看來，大可印證于友發、吳三元在〈新文學舊體詩漫評〉一文中所說的情況是合符事實的，文中說：

> 五四新時期，白話新詩破土而出。它的倡導者們雖然曾猛烈地抨擊過舊體詩，但是他們卻無論如何也無法否認自己傳統詩歌的血緣關係……然而如魯迅、郭沫若、胡適、劉半農、劉大白等這些開拓者，毫無例外地都受過舊體詩的薰陶與訓練，有的還是精於此道的翻天聖手。【25】

按本節所引錄的資料看來，我們更可在引文所談的範圍內再進一步擴大引伸：除了新詩「倡導者」如此，就連「後繼者」也多如此；他們不單受舊體詩薰陶，也受中國古典文學的薰陶。今人羅孚說：

> 不少新文學家都有多少舊的根柢，因此很容易就具備了寫舊體詩

【22】詳參臧克家：〈自道甘苦學舊詩〉，《臧克家舊體詩稿》（武漢：武漢出版社，2000）附錄，頁219

【23】詳參施蟄存：〈我的第一本書〉，《賣糖書話》（長沙：湖南人民出版社，1997）頁24

【24】詳參尹在勤：《何其芳評傳》（成都：四川人民出版社，1980）頁9，資料乃尹氏引自何其芳〈寫詩的經過〉。

【25】引自于友發、吳三元編注：《新文學舊體詩選注》（濟南：山東教育出版社，1987）頁272，原文為書中「代跋」。

詞的條件。【26】

他們面對新文學潮流，在響應、投入之餘，卻不曾割斷這文學之根源，至使在他們的詩歌創作活動中，出現了亦新亦舊的近乎矛盾但又合理的情況。

B. 古典文學研究

新詩人具舊學背景，部分還持續研究中國古典文學，卓然成家，足證他們對古典傳統文學興趣極濃，而且學有專精，在鑽研之餘，附以創作，如劉大白在1928年出版《舊詩新話》，由上海開明書店出版。1929年7月出版《白屋說詩》，上海大江書舖出版，書內分為「說毛詩」及「雜說」兩類。劉半農在1926年校點《香奩集》，並倩沈尹默作序。【27】1934年6月劉氏為編寫《四聲新譜》，到內蒙一帶搜集有關語音材料。汪靜之在1928年出版《李杜研究》，由商務印書館出版，都是興趣與能力的表現。本節將考察一下部分新詩人的古典文學研究成就，以論證他們對古典文學認識之深，是有能力、有資格和有動機從事舊體詩創作活動的。

鑒於新詩人的古典文學研究成果、專著類別頗多，一一枚舉會過於繁瑣，本節考察集中在古典文學研究範疇中的中國古典詩歌研究專題，擷採其要者而列，並非窮舉；並採用「古典詩歌研究」之廣義，包括騷體、賦體及樂府民歌之研究；【28】考察也包括新詩人對中國古典詩人、詩派之研究成果。茲摘舉其要者表列如下：

【26】羅孚：〈當代舊體詩和文學史〉，《明報月刊》1998年9月號

【27】〈沈尹默年表〉互見，載《胡適、劉半農、劉大白、沈尹默詩歌欣賞》

【28】賈傳棠、張長法、許樹棣、徐式甯編：《中國古代文學辭典》（北京：文心出版社，1987）頁417，「詩歌」辭條云：「中國詩歌有悠久的歷史和豐富的遺產，如《詩經》、《楚辭》、《漢樂府》等。」又本節不擬對新詩人有關「詞」的研究作出考察，以免混淆本論文之討論焦點，如論著為詩詞合論則在例外。

作　者	研究論著
劉大白	《舊詩新話》 《白屋說詩》 《中詩外形律詳說》 〈讀楚辭例和楚辭文藝雜論〉 〈中國詩篇的分步〉
魯　迅	《稽康集校》 《摩羅詩力說》 《漢文學史綱要》（是書有〈《詩》與《書》〉、〈屈原與宋玉〉、〈漢宮之楚聲〉） 〈魏晉風度及文章與藥及酒之關係〉
劉半農	《香奩集》（是書為韓偓詩集）
胡　適	《胡適精選歷代句》 《白話文學史》（是書三分之二是談詩的發展）
郭沫若	《李白與杜甫》 《屈原研究》 《屈原賦今譯》 《卷耳集》（是書為《詩經》〈卷耳〉之今譯） 《讀《隨園詩話》札記》
王統照	〈談詩小記〉12則
宗白華	〈唐人詩歌中所表現的民族精神〉 〈中國詩畫中所表現的空間意識〉 〈《詩經》和中國古代說簡論〉
朱自清	《李賀年譜》 《詩言志辨》 《古詩歌箋釋三種》

8

	《古逸歌謠雜說》
	《詩名著箋》
	《古詩十九首釋》
	《十四家詩鈔》
	《宋五家詩鈔》
	《中國歌謠》
	〈陶淵明年譜中之問題〉
	〈王安石〈明妃曲〉〉
聞一多	《天問疏證》
	《離騷解詁》
	《天問釋天》
	《楚辭校補》
	《敦煌舊鈔本楚辭音殘卷跋》
	《怎樣讀〈九歌〉》
	《九歌解詁》
	《詩經聲訓》
	《詩經詞類》
	《詩經雜記》
	《詩風辨體》
	《風詩中的代語》
	《比興》
	《說興》
	《說風》
	《詩經長編》（佚）
	《唐詩雜論》
	《聞一多選唐詩一千首》

	《全唐詩辨正》
	《唐詩大系》
	《少陵先生年譜會箋》
	《岑嘉州繫年考證》
	《神話與詩》
俞平伯	《讀詩札記》
	《唐宋詩詞選釋》
	〈古詩〈明月何皎皎〉辨〉
	〈漫談〈孔雀東南飛〉古詩的藝術技巧〉
汪靜之	《李杜研究》
馮　至	《杜甫傳》
施蟄存	《唐詩百話》
	《燕子龕詩》（是書為詩僧蘇曼殊詩集）
何其芳	〈屈原和他的作品〉
	〈論民歌〉

　　上表所列，可見部分具舊學背景的新詩人，在古典詩歌的研究上，也有一定的成績，這些研究成果，不少已成為該研究範疇的重要著作，產生一定的影響，備受學術界重視，可見他們在研究中國古典詩歌方面的能力。個別新詩人的古典文學研究就，已有論者作具體評論和肯定，茲摘其要者分述如下：

　　范寧在〈魯迅在中國古典文學研究上的貢獻〉一文中，說魯迅的研究特點在於：

> 注意到文學創作和政治、宗教、社會各階層人士生活關係，文學流派的產生和演變，和文學現象的某些規律探求。【29】

【29】范文載《文學遺產》第3期（1981），頁12-19

對後來的研究者有很大的啟示作用。潘德延在〈魯迅論《詩經》〉一文中，就指出魯迅的《漢文學史綱要》中討論有關《詩經》的產生年代、《詩經》的性質、作品的藝術性和歷代詩傳的課題，態度是科學而客觀的。【30】

劉揚忠在〈胡適古典詩學成就與偏失〉一文中，對胡氏有以下的評論：

> 他（胡適，筆者）的古典詩詞的觀點和研究成果，不但在本世紀二三十年代曾風靡一時，而且至今仍有一定的影響。【31】

可見胡氏在這方面的貢獻了。

夏傳才在〈試論郭沫若對《詩經》研究的貢獻〉一文中，指出郭氏肯定了《詩經》作為中國古代社會史的重要資料，是研究《詩經》的重大突破。【32】

李少雍在〈朱自清先生古典文學研究的貢獻〉一文中，談到朱氏的箋注功夫，說他：

> 或採用成說，或斷以己意，無不擇別精審、詮解詳確，表現出高卓的識見和深邃的探究。【33】

文中還列舉了朱氏在七絕、風調二者關係的卓見，又指出朱氏對詩人生平研究的重視。

【30】潘文載《魯迅研究月刊》第7期（1933）；有關魯迅在古典文學研究的成就，尚可參考張亞新：〈魯迅與建安文學〉，《廣西大學學報》第1期（1982）、王瑤：〈魯迅對於中國文學遺產的態度和他所受中國古典文學的影響〉，載《關於中國古典文學問題》（上海：上海古典文學出版社，1956）頁1-36

【31】劉文見《中國古典文學學術史研究》（烏魯木齊：新疆人民出版社，1997）頁154-169，引文在第159頁

【32】夏文見《文學評論》第6期（1982），頁36-45

【33】李文載《文學遺產》第1期（1991），頁108-117

夏傳才在〈聞一多對《詩經》研究的貢獻〉一文中，就總結了聞氏在《詩經》研究上的貢獻，譽聞氏為「現代《詩經》研究大師」，並從聞氏對《詩經》的總論、始創《詩經》新訓詁學、用民俗學方法以研究《詩經》三方面，肯定聞氏在這領域的貢獻是重大的。【34】袁謇正在〈聞一多《楚辭》研究的基本層面〉一文中，說聞氏在《楚辭》研究方面「辛勤耕耘，歷時最長，收穫最大」。【35】謝楚發在〈聞一多的唐詩研究方法試探〉一文中，說聞氏的唐詩研究成果為：

> 其研究方法似一盞街燈，引導讀者，尤其是古典文學的研究方法
> 亟待改善的當前，更具有某種啟迪，甚至是示範的意義。【36】

陳鐵民在〈略談聞一多唐詩研究的啟示〉一文中，也肯定聞氏在唐詩研究的地位與貢獻。【37】

鄧紹基在〈略談俞平伯先生對古典文學研究的貢獻〉中，說俞氏為「五四以來的著名作家和古典文學研究家」。【38】

鄧紹基在〈何其芳同志對我國古典文學研究的貢獻〉一文中，談到有關何氏的研究成就時，就提及他的〈屈原和他的作品〉。【39】

若從論著本身學術價值的角度去看，也可以看到新詩人的文學論著在研究領域的地位，喬默主編的《中國二十世紀文學研究論著提要》一書，【40】選錄二十世紀以來文學研究論著1200種，入選標準是要求論著

【34】夏文載《齊魯學刊》第3期（1983），頁70-75

【35】袁文載《武漢大學學報》第4期（1986），頁70-75

【36】謝文載《江漢論壇》第6期（1986），頁56-60

【37】陳文見董乃斌、薛天緯、石昌渝主編：《中國古典文學學術史研究》（烏魯木齊：新疆出版社，1997）頁170-174

【38】鄧文載《文學評論》第1期（1991），頁5-14

【39】鄧文載《文學遺產》第4期（1987），頁108-117

【40】喬默主編：《中國二十世紀文學研究論著提要》（北京：北京大學出版社，1994）

具「學術性」、「歷史性」、「學術價值」及「影響成就」；【41】書中就選錄了胡適的《白話文學史》、《胡適古典文學集》；朱自清的《朱自清古典文學論文集》、《詩言志辨》、《中國歌謠》；俞平伯的《論詩詞曲雜著》；郭沫若的《屈原研究》、《李白與杜甫》；【42】聞一多的《天問疏證》、《唐詩雜論》、《詩與神話》；魯迅的《漢文學史綱要》；馮至的《杜甫傳》；汪靜之的《李杜研究》；何其芳的〈論民歌〉；足證他們的古典詩歌研究是頗有份量的。

（2）新詩人的專業與工作背景

新詩人從事舊詩活動，與其專業或工作背景有關，以本研究的研究對象為例，其專業或工作背景就有值得注意之處，以下先作一統覽，再作分析：【43】

【41】原書「凡例」中第一點用「收錄」一詞，但第二點則說明「入選」的標準，因此該書工作是「選錄」。

【42】郭氏《李白與杜甫》一書，重點在「揚李抑杜」，歷來對該書的評價有很大的分歧，如《中國二十世紀文學研究論著提要》引傅庚生之言：「我們以為應該給予郭著充份的肯定」（頁129）；而王學泰：〈20世紀文化變遷中的杜甫研究〉則持不同意見：「郭沫若先生評論杜甫的目的之一，就是要否定他的人民詩人的稱號和古今詩人第一的地位，這也是沒有什麼意義的。」詳參《中國古典文學學術史研究》，頁424

【43】資料主要由黃邦君、鄒建軍編著：《中國新詩大辭典》（長春：時代文藝出版社，1988）整理而成

作　者	專業工作摘要
陳獨秀	北京大學文科學長
劉大白	復旦大學中文系主任
魯　迅	北京大學、北京師範大學任教、中山大學文學系主任
沈尹默	北京大學教授
周作人	北京大學、北京女子師範大學、燕京大學教授
李大釗	北京大學經濟學教授、圖書館主任
劉半農	北京大學國文系教授
胡　適	北京大學教授
郭沫若	中山大學文學院長
陳衡哲	北京大學、南京東南大學、四川大學任教
康白情	不詳
蕭　三	延安文協主任、中國文聯委員
徐志摩	北京大學、清華大學、平民大學教授
王統照	暨南大學、山東大學中文系教授
成仿吾	廣州大學教授、山東大學校長
宗白華	南京東南大學、北京大學教授
朱自清	清華大學中文系教授
田　漢	政務院文教委員、文化部戲曲改革部部長
聞一多	南京國立第四中山大學、武漢大學教授、青島大學文學院長兼國文系主任
俞平伯	清華大學、北京大學教授
冰　心	燕京大學、清華大學女子文理學院教授
應修人	上海中共中央軍委
蔣光慈	上海大學教授
饒孟侃	復旦大學、暨南大學、西南聯合大學、四川大學、中國人民大學、北京外交學院教授

14

胡　風	復旦大學教授
汪靜之	復旦大學、杭州大學教授
馮雪峰	上海文化工作委員會書記、人民文學出版社社長兼總編輯
朱　湘	安徽大學外文系主任
馮　至	西南聯合大學外文系、北京大學西語系教授
臧克家	華北大學研究員、《詩刊》主編
樓適夷	人民文學出版社副社長兼副總編輯
施蟄存	華東師範大學教授
徐　訏	香港浸會學院文學院長兼中文系主任
何其芳	魯藝文學系主任、中國人民大學文學研究所主任、中國社會科學院文學所副所長及所長
金克木	武漢大學、北京大學教授

從上表不難看到一個總傾向，就是新詩人的工作性質十分相近，主要是文教界的為主，而當中，絕大部分在大學任教或在大學部門做行政工作。

縱然新詩人不全是任職於大學的中文部，但鑑於大學是高級學府，大都具文化氣息，教職員大都是受過教育的知識分子，以當時的清華大學為例，楊振聲（1890-1956）在〈為追悼朱自清先生講到中國文學系〉一文中，就回憶了1928年的「清華片段」，很能道出當時的大學的概括情況：

> 那時清華的風氣與現在大不相同，國文是最不時髦的一系……教國文的是滿清科舉出身的老先生們……[44]

結合本章「（1）Ａ節」論及新詩人的舊學背景，可以推論這批具舊學背景的新詩人，在文化氣息濃厚、學術研究自由的大學機構工作，對保持新詩人固有的「舊學」興趣有著一定的幫助，新詩人的舊學背景，在大

【44】轉引自《朱自清年譜》頁80

學中會得到欣賞和認同，【45】加上交往的圈子都是文化人、知識分子，這直接令他們更有理由、也更自然地保留「舊學」色彩；結合本章「（1）B節」所論及部分新詩人的舊學研究成果，可推論他們在「大學」——這個有利的環境下，新詩人確保持了對中國古典文學的研究、甚或是創作的興趣；這情況在部分任教中國文學的新詩人身上，影響尤為明顯而直接，最典型的例子是朱自清，他在1926年入清華大學任教古典詩詞，因要了解、領略古詩創作的具體情況，他開始寫舊詩詞，曾擬作漢魏六朝五言古詩，還請南社詩人黃節（1873-1935）過目。【46】朱氏的弟子余冠英（1906- ）回憶道：

> 那時他（朱自清，筆者）偶然做做舊詩，學杜甫，也填小詞，近花間派，都很精工，他自謙說這些不過是練習之作，不見得人。【47】

盡管各新詩人的動機也許不盡相同，但在接近的職業背景下，像朱自清那樣「偶然做做舊詩」的情況當不少，事實上，大學確是有利於舊體詩創作的地方。

（3）新詩人在詩歌創作上的習慣

詩人掌握了舊體詩的創作方法後，加上閱讀和應用，便很容易形成一種表達上的習慣，新詩人也不見得一面倒地運用新詩作為表情達意的唯一媒體，這批新詩人，說清楚一點是「懂寫舊體詩的新詩人」；當遇到某種要表達的感情時，他們在各種文學體裁中選擇以「詩」作為媒

【45】 胡適在北大任教時，國學大師黃侃就謔稱胡氏為「黃蝴蝶」，以譏諷胡氏的新文學作品不倫不類，由這具體事例看來，當時的大學裏，舊文學風氣還是很濃厚的。

【46】 詳參《朱自清年譜》頁70

【47】 見《朱自清年譜》頁73

體，而在「詩」中又可選擇採用「新體」還是「舊體」，這其實是基於詩人選擇如何配合「題材」和「形式」，並非如朱文華《風騷餘韻論》中所說的「民族文化傳統的惰性影響」和「狹隘的民族文化心理的積澱」。【48】

對一個掌握舊體詩的創作方法，而又能運用自如、自由地表情達意的詩人來說，其實是無必要在新舊之間取捨的，只是懂寫舊體詩的新詩人能兼二者的創作方法，因此才會按不同題材、不同場合、不同對象而有所取捨；個中的取捨是往往是合適與否的取捨，而不是新與舊的取捨。周作人在〈做舊詩〉一文中說：「做舊詩實在是能不能的問題，並不是該不該的問題」，【49】那麼，「能」作舊體詩的新詩人，如周作人，就「能」新舊兼作，在新文學期間持續這「習慣」了。又如朱自清說：

> 舊詩的表達不及新詩的明朗，但它含蓄，有些思想不願明講，用舊詩表達更為方便。【50】

可見新詩人在遇到「有些思想」時，會為該「思想」找合適的表達方式，在詩而言，可以是新舊體的選擇，也可以是律絕的選擇，也可能是十四行體和豆腐乾體的選擇，是詩人按過往創作經驗而總結得來的「專業判斷」。

復如胡適說：「舊詩詞的鬼影仍舊時時出現在許多『半途出家』的新詩人的詩歌裏」，【51】雖然說得較負面，但也道出了五四新詩人多具

【48】詳參該書頁63，朱文華在伸述這看法時，以柳亞子的話為論據，以圖論證舊體詩不易擺脫的事實。其實柳亞子不會作新詩，他支持新詩很大程度上是精神上的支持；所言未能作準。

【49】載《晨報副刊》1922 年 3 月 26 日

【50】原句出自朱氏學生馮鍾芸：〈佩弦先生的教導〉，轉引自陳孝全：《朱自清先生的藝術世界》（福州：福建教育出版社，1995）頁84

【51】見吳奔星、李興華編選：《胡適詩話》（成都：四川文藝出版社，1991）頁427，原文係汪靜之《蕙的風》的序文。

「半途出家」的特性，這特性也是新詩人創作舊體詩的內在原因。

大量創作舊體詩的新詩人郭沫若，就曾為自己創作舊體詩的現象作出解釋，他說：

> 進入中年以後，我每每作一些舊體詩，這倒不是出於骸骨的迷
> 戀，而是當詩的浪潮在我心中衝擊的時候，我苦於找不到適合的
> 形式把意境表現出來。【52】

郭氏之「解釋」，對同時期的新詩人而言，不無代表性。

臧克家在〈新詩舊詩我都愛〉中，就討論到詩之新舊二體，由於運用的形式和語言文字的不同，在表現方面各有長短；【53】也不是一筆抹煞舊體詩價值的。

（二）舊體詩具存在的條件

今人劉納在《嬗變——辛亥革命時期至五四時期的中國文學》中談到舊體詩在現代文學背景下的情況：

> 作為民族精神傳統的重要部分，古典詩文所表達的人生意趣、感
> 情方式和審美意向仍是現代中國人精神生活必不可少的內容，古
> 老文化的深厚積澱早已滲透於每一個個體生命的骨血中，因而在
> 五四以後，新詩創作中可以看到「古典詩歌原型在現代復活」，
> 舊體詩的寫作也依然具有持續性和廣泛性。【54】

這是從較抽象的文化角度去解釋新文學時期的舊體詩現象，以下將從兩方面具體探討舊體詩的存在優勢，第一方面是論述舊體詩在本身形式上

【52】見郭沫若：《新潮》（北京：中國文聯出版社，1992）後敘，頁6

【53】見吳嘉編：《克家論詩》（北京:文化藝術出版社，1985）頁100

【54】劉納：《嬗變——辛亥革命時期至五四時期的中國文學》（北京：中國社會科學
　　出版社，1998）頁245

所存在的優勢，第二方面是論述舊體詩在新文學時期存在的契機，茲分述如下：

（1）舊體詩在形式上的優勢

朱文華在《風騷餘韻論》中，就探討到舊體詩這形式本身存在著藝術誘惑力，他從音樂美和形式美二者解釋了「誘惑力」之所在；【55】舊體詩能充份發揮中國文字之聲、形之美，確是其存在之一大優勢。

王統照在《救亡日報》上發表〈南北〉一詩時，所附的說明中，一方面說寫舊體詩是絕路，而且難有收穫，但一方面又不得不承認舊體詩的優點，王氏說：

> 舊詩限於格律，不易自由抒發情感，固然是「骸骨」了。但講文字的節約與聲韻的調諧，卻自有它多少年來的形式的鍛鍊。【56】

又在〈東北雜詩〉的跋中說：「舊體詩有現成格律，借以紀感，圖省氣力。」【57】與王氏的意見相類的，廢名（馮文炳，1901-1967）在《談新詩》中，就以新詩為例，說明舊體詩在音樂上的優勢，他說：

> 有一派做新詩的人專門主觀上去求詩的音樂，他們不知道新詩的音樂性從新詩的性質上就是有限制的。中國的詩本來有舊詩，民間還有歌謠，這兩個東西的長處在新詩裏都不能有。

他又以康白情為例，認為康氏有「蘇辛一派的才情，這一派詩人還是適宜於舊詩」，理由是「舊詩文字的音樂性能夠限制才情，將氾濫的東西範圍成一個形式。」【58】清楚道出舊體詩在形式上的長處。

【55】詳參《風騷餘韻論》頁64-71

【56】轉引自姚素英編注：《王統照詩詞解析》（長春：吉林文史出版社，1999）頁10-11

【57】轉引自姚素英編注：《王統照詩詞解析》頁29，原文是王氏在《文匯報》上發表詩作時的「自跋」。

【58】廢名：《談新詩》（北京：人民文學出版社，1984）頁110

夏征農在〈我國的古體詩詞會消亡嗎〉一文中，就扼要地提到舊體詩的優點在於：文字精煉、節奏明快、音韻和諧、琅琅上口；認為古典詩詞有生存的理由。【59】

郭魂在〈香港舊體詩會斷代嗎〉一文中，認為舊體詩的生命力在於這藝術形式，是在無數創作與實踐中形成的，足以表達詩人的心聲愛恨。【60】

胡守仁在〈從中國詩的歷史看舊體詩的發展前途〉一文中，凸顯出舊體詩因平仄方面有一定規律，所以適於吟詠，和諧可聽，總結「這就是它的強大生命力所在」。【61】

綜合上列各家所言，舊體詩在形式本身上的優點有四：字句精煉、音節和諧、結構整齊、宜於抒情。因而又派生出易記、易誦、易感的優勢。康白情雖提倡寫新詩，認為是勢所必然的事，但也不得不承認：

舊詩底好處，或者音調鏗鏘，或者對仗工整，或者詞華穠麗，或
者字眼兒精巧，在全美底一面，也自有其不可否認底價值。【62】

張國風在《傳統的困窘——中國古典詩歌的本體論詮釋》一書中，對古典詩的本體形式作出了詳細而客觀的分析，書中就談到了漢字與中國古典詩歌的特殊關係，張氏說：

中國的古典詩歌比散文、小說和戲曲更多地受到漢字自身特點的
約制。【63】

【59】詳參《中華詩詞年鑑》（上海：學林出版社，1992）頁240

【60】詳參《鑪峰文藝》第2期（2000年5月）頁83-92

【61】胡文載《江西師範大學學報》第4期（1987）

【62】康白情：〈新詩底我見〉，沙似鵬編著：《中國文論選——現代卷》上冊（江
蘇：文藝出版社，1996）頁149

【63】張國風：《傳統的困窘——中國古典詩歌的本體論詮釋》（北京：商務印書館，
1999）頁59

又說：

> 漢字的特點在很大程度上決定了中國的詩歌的節奏形式、表現手
> 法，在很大程度上影響和約制了中國古典詩歌的美學追求。[64]

這些看似是「束縛」的漢字因素，在詩與音樂分離後，作用變得正面而
積極，張氏繼續分析：

> 近體詩的成立，表明詩歌利用漢字天然的音樂因素（韻腳、平
> 仄，原注）來保持和加強節奏感。[65]

張氏認為古典詩歌能盡享漢字音節上的好處外，還可以構成形式上
的美，他續說：「漢字是單音詞、方塊字，排列起來非常整齊。」[66]這
種「非常整齊」的排列，張氏稱之為「齊言體」，齊言是一種束縛，不
利於敘事或議論，而抒情則受齊言帶來的束縛最少，得益最大。[67]

張氏也同時分析了齊言體能成為中國詩歌主流的原因，他以表現出
最頑強生命力的五言、七言為例，說明原因有兩個：其一是便於記憶，
四言因「文繁意少」，過份濃縮，是以代之以五言、七言；其二是為了
漢語中單音詞與雙音詞之組合，詩句以奇數最有利，因此六言、八言的
作品不多，而五言、七言獨盛。誠如馮至在〈新詩的形式問題〉中，就
談到：

> 像五言和七言的形成，以及他們普遍的流行，絕不是偶然的，它
> 們是跟漢語的詞匯和句法結構分不開的。[68]

綜合張氏的分析，可見舊體詩在本身形式上，因與漢字的特點結合，成

---

[64] 同上注

[65] 前揭書頁60

[66] 前揭書頁63，作者還用了對偶為例子作說明，但鑑於對偶是修辭手法之一，在
文中引用討論恐會偏離本研究的焦點。

[67] 前揭書頁64-65

[68] 見馮至：《詩與遺產》（北京：作家出版社，1963）頁144

為一種特別有利於抒情、易於記憶、結構整齊和簡煉的特有文學體裁；這些特點完全使舊體詩立於不被新文學淘汰之有利位置，【69】反觀五四時期的新詩，尚在未成熟的階段，這新的文學載體未能完全滿足詩人在運用、表達上的要求（最低限度在易記、結構整齊兩項上均未能滿足詩人的要求），在可選擇的情況下，兼擅舊體詩創作的新詩人，就很自然地為配合某些題材而採用舊體了。【70】

陳岑在〈瓶無新舊酒必芳醇〉中，就總結了舊體詩的存在理由與價值：

> 中國舊體詩詞的藝術生命力，很像一株長青不凋的長青樹……中國新詩從五四崛起已盛行半個世紀了；而舊體詩詞也仍然自開其花、新花不盡……【71】

陳氏在文中以「現代文學史和社會生活的事實」去說明舊體詩詞的創造力仍然十分旺盛，其中就舉出了新文學家寫舊詩的情況來：

> 五四新文學運動的先驅，如魯迅、郭沫若、茅盾等人，並沒有棄絕這門詩藝，他們都寫出了許多舊體詩詞的名篇。【72】

【69】有關舊體詩在現代文學中是否式微，論者有不同的見解，持正面態度的除本文所引列者外，尚有朱雲達：〈格律詩果真會衰亡嗎〉，《江南詩詞》第 4 期（1987）、林庚：〈漫談中國古典詩歌的藝術借鑑〉，《社會科學戰線》第 4 期（1985）；持反面態度者有西諦：〈新與舊〉，《文學週報》136 期（1924）、陳曉華：〈三說新詩與舊詩〉，《昆明師院學報》第 1 期（1981）、劉東：〈古體詩生命力管〉，《昆明師院學報》第 1 期（1981）

【70】1925 年 4 月《晨報副刊》發表蔣鑑璋的文章，其中云：「中國的舊詩並沒有破產，我們依然要去研究，中國的新詩到了現在，仍然是沒有成熟。」與本節的結論基本相同，蔣文之所以重要，是該文的意見直接反映了當時的詩壇情況。蔣文轉引自毛大風輯錄：《百年詩壇紀事》（杭州：錢塘詩社，1997）頁 67

【71】陳岑：〈瓶無新舊酒必芳醇〉，《福建文學》第 2 期（1986），頁 68-69

【72】同上

陳氏之言，正道出了舊體詩在現代文學中仍然運作、產生效用的事實。

（2）舊體詩在實用上的優勢

舊體詩固然是文藝作品，以文藝成份為主，但卻附帶著應用性質，從前的人以詩代柬，就是發揮舊體詩的「實用」作用。五四以來，舊體詩仍保留著其「實用」的有利條件，至使新詩人樂於採用這形式以達到某種實用目的；而社會上大都接受、認同舊體詩的實用性質，如劉大白回憶在1921年碰到一位十年前的詩友，一定要劉氏做舊體詩留念，劉氏說已兩年沒有寫舊體詩了，但詩友說：「不行！我們如此相逢，難得的，總得幹！」劉氏便做了兩首七律。[73]可見在文友間的應酬上，舊體詩在當時是「首選」，也似乎是理所當然的詩人活動。

金克木（1912-2000）就嘗試分析「為什麼新詩沒有代替而且不能代替舊體詩」的原因，其中之一是舊體詩有其「傳統」，金氏解釋道：

> 這個傳統文體就是《文選》裏的游覽、行旅、贈答、公宴、祖餞（送行，原注）以及喜喪慶吊之類的應酬之作……寫應酬詩，舊詩有傳統，很方便，新詩不容易寫。[74]

金氏用這個理由，企圖同時解釋作為新詩開創者之一的郭沫若晚年寫了不少舊體詩的原因；這其實也是金氏兼寫新體舊體的原因。金氏又說：

> 舊體詩有規律可尋寫來方便。新體詩用不斷變化的口語又無固定格律，要寫應酬和打油詩就難得多了。[75]

胡適也認為，律詩原來是最容易做的「玩意兒」，還說「用來做應酬朋友的詩，再方便也沒有了」。[76]

---

[73] 見《白屋遺詩》（北京：書目文獻出版社，1984）頁77，原文係採自劉氏的日記。

[74] 引自金克木：〈《銀翹》、《剪雲》〉，《末班車》（北京：中央編譯出版社，1996），頁145

[75] 同上，頁147

[76] 《胡適詩話》頁232

新亞學報第二十二卷

如從廣義而言，幾乎所有詩的內容類別，都多少帶點「實用」性，如記游、送別、悼亡、和韻、詩束、題畫、題序、論詩等，加上如朱文華在《風騷餘韻論》中所說的男女相戀借舊體詩的隱晦特質以傳遞情感信息、政治上表態等作用，【77】則舊體詩的「實用」涵蓋面極大，相對而言，其生存空間也更大。

如從狹義而言，把「實用」的焦點集中在較典型的類別上作考察，結論會更具體清晰；以下試從題贈、詩束、題畫、題序四類說明舊體詩在現代文學背景下的「實用作用」：

A. 題贈

詩的各種類別中，以「題贈」、「奉和」是最典型的「實用」類別，以下在研究對象中取樣作考察，選擇以「於古詩雖工而不常作，偶有所感，也都隨錄隨失【78】的魯迅為考察對象，他既工詩而不常作，而所作的均是「有所感」；毫無疑問，詩人的寫詩動機一定是「抒情」的，但有否附帶「實用」性呢？從「題贈」、「奉和」這兩個實用角度出發，考察魯迅的舊體詩，得如下情況：【79】

【77】《風騷餘韻論》頁73-74

【78】轉引自鄭子瑜編：《魯迅詩話》（香港：大公書局，1952）頁15，原文是許廣平的話，引文首句原有主詞「先生」，筆者刪去以接上文。

【79】據周振甫編注：《魯迅詩全編》（杭州：浙江文藝出版社，1991）整理而成，魯迅詩無題詩甚多，表中係以原作首句為副題，以清眉目。

朱少璋　論新詩人兼作舊體詩的原因　　423

數量	詩題	題贈對象
3	〈別諸弟三首〉庚子	周氏兄弟
3	〈別諸弟三首〉辛丑	周氏兄弟
4	〈惜花四律〉	藏春園主人
1	〈自題小像〉	許壽裳
1	〈題贈馮蕙熹〉	馮蕙熹
1	〈贈烏其山〉	內山完造
1	〈送OE君攜蘭歸國〉	小原榮次郎
1	〈贈日木歌人〉	升屋治三郎
1	〈無題‧大野多鉤棘〉	片山松藻
1	〈湘靈歌〉	片山松元
2	〈無題‧大江日夜向東流、雨花台邊埋斷戟〉	宮崎龍介、柳原燁子
1	〈送增田涉君歸國〉	增田涉
1	〈無題‧血沃中原肥草〉	高良富子
1	〈贈蓬子〉	姚蓬子
1	〈一二八戰後作〉	山本初之
1	〈自嘲〉	柳亞子
2	〈教授雜詠四首〉一、二	錢玄同、趙景深
1	〈所聞〉	內山夫人
2	〈無題‧故鄉黯黯鎖玄雲、皓齒吳娃唱柳枝〉	濱之士、坪井
1	〈無題‧洞庭木落楚天高〉	郁達夫
1	〈答客誚〉	郁達夫
1	〈二十二年元旦〉	內山完造
1	〈贈畫師〉	望月玉成
1	〈題《吶喊》〉	山縣初男
1	〈題《彷徨》〉	山縣初男
1	〈悼楊銓〉	坪井
1	〈題三義塔〉	西村真琴

1	〈無題・禹域多飛將〉	黃萍蓀
1	〈悼丁君〉	陶軒
2	〈贈人二首〉	森本清八
1	〈無題・一枝清采妥湘靈〉	土屋文明
1	〈無題・煙水尋常事〉	黃振球
1	〈阻郁達夫移家杭州〉	王映霞
1	〈報載患腦炎戲作〉	臺靜農
1	〈無題・萬家墨面沒蒿萊〉	新居格
1	〈秋夜有感〉	張梓生
1	〈題《芥子園畫譜三集》贈許廣平〉	許廣平
1	〈亥年殘秋有作〉	許壽裳

　　魯迅舊體詩總數68首，而按上表統計所得，題贈奉和佔49首，佔總數72%，【80】可見新詩人在「應用」舊體詩方面，是十分普遍的。

　　應作補充說明的是，「題贈」一類除本身除文藝性質及實用性質外，尚帶有藝術性質。詩人題詩贈人，對方接收的是文字，這文字既是「詩」，又可以是「書法」、「墨寶」，而以書法題贈者，絕大多數題寫舊體詩，其中如劉大白，他對自作的一首七絕〈風雲〉頗為滿意，於是他「後來給人家寫條幅，常常寫這首詩」。【81】又張鐵錚回憶俞平伯在1978年為他寫書法條幅，有自作詞〈風入松〉，還有小條幅多件，都是寫俞氏自作的舊體詩。【82】臧克家在〈冰心同志，祝你健康〉一文中，回憶1977年冰心在他的多次催促下送他一件條幅，他憶述冰心很少用毛

【80】魯迅詩贈日本人特多，詳參孫席珍：〈魯迅贈日本友人詩〉，《新文學史料》第2期（1979）

【81】參考劉大白：〈風雲〉，《中國現代作家選集——劉大白》，頁194

【82】張鐵錚：〈因俞平伯去世而想起的幾件事〉，《大成》第205期（1973年5月），張文附刊俞氏手跡一件，用毛筆抄在花箋上，署款下有鈐印。

筆寫字，此次卻是用毛筆寫，還抄了一首自作的「舊詞」，可見舊體詩詞與書法的特殊關係了。[83] 在本論文的研究對象中，沈尹默是著名書法家，考察他的書法作品的內容，以作證明；以下以《二十世紀書法經典——沈尹默卷》中著錄沈氏的84件書法作品為考察焦點。[84]

詩詞類	對聯類	語錄類	臨摹及其他
70件（詩47、詞23）	6件	1件	7件

在70件詩詞類的書法作品中，詩軸佔47件，內容全是舊體詩；其中有沈氏自作舊體詩作品5件（包括4件立軸、1件扇面），共抄寫了9首作品。由此可見，舊體詩在符合「實用」的有利條件外，還因著與書法藝術上的密切關係，在「題贈」這實用目的上再加添了若干優勢，當可合理地推想：舊體詩在新詩人的詩歌創作領域中，確有一定的生存空間。

B. 詩柬

以詩代柬也是傳統詩人常常採用的表達方式，詩柬言簡意賅，而且較為優雅，是詩人在交往上極為實用的形式，如陳獨秀在1942年以詩代信柬，致信歐陽竟無（1872-1943），[85] 函商借觀歐陽氏珍藏的武榮碑帖，詩柬中寫自己蕭然瓶缽，臥病山中無所事事，心中無物足戀，唯獨

---

[83] 全文見《臧克家抒情散文選》（長沙：湖南文藝出版社，1988）頁242-246

[84] 馬保杰主編：《二十世紀書法經典——沈尹默卷》（石家莊：河北教育出版社、廣州：廣東教育出版社，1996），選取此書作考察材料之原因，誠如書的出版前言所云，此書以書法家的代表作為緯，又著意反映書法家一生創作實踐。

[85] 關於此詩本事及題贈對象，有不同說法，可詳參鄭超麟：〈朱蘊山與陳獨秀的一首詩〉，《史事與回憶——鄭超麟晚年文選》（香港：天地圖書公司，1998）第三卷，頁264-265

想看看武榮碑帖：

> 貫休入蜀唯瓶缽，臥病山中生事微。歲暮家家足豚鴨，老饞獨羨
> 武榮碑。【86】

詩柬中主題明確，又耐人尋味，暗示了作者清高而不同俗流的品格。

劉大白的詩柬有〈病中簡夢庵〉五首及〈簡夢庵〉二首，【87】都是作者在病中以詩代信，抒發心情之作，其中有「有志著書須閉戶，傳人原不在人間」之句，帶點牢騷味；又云「著書乖夙約，當世乏微文」，亦病中慨嘆之詞，又云「狂還有我能相諒，病到無人敢與交」，道出與對方的深厚交情。

沈尹默的詩柬有〈秋日雨中寄師愚〉，【88】既表達思念之情，亦寄寓再見故人的期望，詩的內容扣緊詩題的「秋」字，可謂秋意滿紙：

> 幽花寂寂媚蒼苔。涼雨蕭疏秋更哀。江水何心流夢遠，岳雲無意
> 撥愁開。故人天際飛鴻疾，消息南中遞雁來。漸近中秋又重九，
> 可能松菊共清醅。

另一首寄友人的詩柬，意境頗與相近，題為〈歲暮感懷寄江海故人〉：

> 出門竟安往？牢落且登台。叔世迫陽景，寒天憂廢材。長安無米
> 乞，江海少書來。何日春花發，相期共酒杯。【89】

詩中深盼故人書來，以慰作者目下的苦況，實在是把友情放在最重要的地位。

周作人的詩柬有〈春日坐雨有懷予季並柬豫才大兄〉三首，【90】是

【86】見任建樹、靳樹鵬、李岳山編注：《陳獨秀詩集》（長春：時代文藝出版社，1995 頁 209

【87】見《白屋遺詩》頁 32-33

【88】見《沈尹默詩詞集》（北京：書目文獻出版社，1982）頁 25

【89】見《沈尹默詩詞集》頁 26

【90】見《周作人詩全編箋注》頁 318

作者以詩代柬寄給魯迅的作品，詩云：

> 杜鵑聲裏雨如絲。春意闌珊薄暮時。客裏懷人倍惆悵，一枝棠棣寄相思。
>
> 錦城雖樂未為家。楚尾吳頭莫漫誇。煙柳白門寒食近，故園冷落雀梅花。
>
> 通天風樹春田社，滿地櫻花小石川。勝跡何時容欣賞，舉杯同醉晚風前。

是借詩柬以懷人之作品，表達出作者對兄長的懷念與渴望相聚的心情。

胡適的詩柬，有寫於1917年的〈寄經農文伯〉，【91】詩中說人在異域，佳景當前，奈不能與好友共賞：

> 日斜橡葉非常艷，雪後松林格外青。可惜京城諸好友，不能同我此時情。

詩柬中既交代了自己目下的景況，又表達出對故友的懷念。

康白情的詩柬有寫於1919年的〈寄家〉及寫於1922年的〈答田漢〉，【92】〈寄家〉一首，作者在序中說：「予鞅掌國事，疏作家信者逾半年……實則余晨夕憶家」，故而以詩代柬，向家人表達思念之情，詩中云：「愛得國來國亦棄，更從何處認他鄉」，說出作者目下的矛盾心情，又：「啜羹惟覺蓮心苦，涉世空誇鶴脛長」，句中「蓮」、「憐」二字雙關，含蓄地表達出思鄉之情。

徐志摩（徐章垿，1896-1931）的詩柬有寫於1931年的〈答叔魯先生〉，【93】含蓄地以男女間的愛情糾葛，暗示徐志摩不願在派系林立的文壇上引起妒意，寫得傳神有力：

> 隱處西樓已半春。綢繆未許有情人。非關木石無恩意，為恐東廂

【91】見《胡適詩存》頁158

【92】分別見《河上集》卷五，頁1、卷六，頁7

【93】見顧永棣編注：《徐志摩詩全集》（上海：學林出版社，2001）頁367

滿醋瓶。

末句尤為風趣、精警，應為點題之筆。【94】

王統照的詩柬作品有寫於1953年的〈寄示東嶁先生〉，【95】是作者在病中寫給好友的，詩柬中交代自己的病況和老年景況：

榴花照眼密槐陰。一病因循入夏深。心力日遲由氣弱，鬢絲年往任霜侵。江南梅雨兼旬往，海畔金針再度尋。一室虛白聊止止，紉蘭辟芷覓騷心。

末句言病中猶讀《楚辭》，【96】似有人老而壯心未已之意，對國家民族，還是十分關心的。

俞平伯的詩柬作品有寫於1979年的〈以五四憶往詩再稿呈葉聖陶兄感賦一詩〉云：

歪詩一再煩兄看，事在吾人識面前。未覺驚心成老大，還教蘭菊共芳妍。【97】

寫得明白如話；寫於1982年的〈柬聖陶〉也寫得十分直接：

兄曾瞻弘一，我未識曼殊。藝苑雙國士，空門復何如。【98】

詩意明確，而首二句對偶，尤見匠心。

饒孟侃的詩柬有寫於1965年的〈代柬〉五律，詩柬中提及約遊的心願：

體健鄰頑石，心安得自然。眼勞猶握管，責效每忘年。花發思前約，鶯飛近暑天。至期當結伴，退谷訪游仙。

【94】此詩本事詳參陳子善：〈徐志摩佚詩與佚簡重光〉，見《文人事》（杭州：浙江文藝出版社，1998）頁113-122

【95】見《王統照文集》卷四，頁425-426

【96】見上注，詩末作者原注：「……余在病中亦讀《楚辭》一過。」

【97】見樂齊、孫玉蓉編：《俞平伯詩全編》（杭州：浙江文藝出版社，1992）頁531

【98】同上，頁547

詩中包含了一般書柬的內容，寫來既實用又具文藝氣息，屬對自然，流暢而達意。

臧克家的詩柬有寫於1974年的〈答友人問病並預邀賞菊〉，[99] 其中把問病和預約二事，用一首七絕來表達，十分切題而精簡：

> 河山信美氣宏瑰，況是金風送爽來。病後莫愁身未健，黃花有情待人開。

充份體現了以詩為柬的特色：精簡、實用而具詩意。

C. 題畫：

詩人多與藝術家有交往，時有題贈，單就題畫這傳統而實用的形式，就有不少詩人樂於採用，而事實上，藝術界都未能普遍接受用新詩題畫，因此，舊體詩在題畫這文藝活動上，就有很大的生存空間，如陳獨秀的題畫詩有寫於1903年的〈題西鄉南洲遊獵圖〉，[100] 詩乃借題畫以明志：「男兒立身唯一劍，不知事敗與功成」。而寫於1906年的〈曼殊上人作葬花圖贈以蟄君為題一絕〉則純為對圖意的描繪：

> 羅襪玉階前。東風楊柳煙。攜鋤何所事，雙燕語便便。[101]

另有在1935年作的〈題劉海栗作古松圖〉為四言六句古體。[102]

劉大白的題畫詩寫得很好，其中的〈題畫扇〉七絕，[103] 尤有絃外音，其中的「不出他人掌握中」、「到頭畢竟讓秋風」句，都語帶雙關。又有〈水村第五圖次芷畦先生自題六絕原韻〉，[104] 其中云「羞作出山

---

[99] 見《臧克家舊體詩稿》頁20

[100] 見《陳獨秀詩集》頁40

[101] 見《陳獨秀詩集》頁51

[102] 見《陳獨秀詩集》頁187

[103] 見《白屋遺詩》頁49

[104] 見《白屋遺詩》頁68

泉水去，從來清濁本殊科」（其一）、「漫感興亡說宋明」（其二）、「小隱分湖堪避世，陸沉何事向長安」（其三）、「煙水茫茫託遁思，季真摩詰好追隨」（其四）、「畫中詩更詩中畫，直接頻伽第五圖」（其六），都包含了寄意、懷舊、感觸。周芷畦（?-1933）以〈水村第五圖〉廣徵題詠，一時名人雅士，題詠幾遍，為藝壇佳話。【105】

沈尹默是著名的書法家，交遊不乏書畫大家，題畫酬對，自是不免，但基於作者「不因酬答損篇章」的原則，【106】現在能看到沈氏的題畫詩確是少之又少，詩集內僅存〈題曼殊畫冊〉（七絕二首）和〈題靈峰補梅圖〉（五律一首）。【107】曼殊（蘇戩，1884-1918）是沈氏的好友，因而題其畫冊，有「何堪重把詩僧眼，來認江湖畫裏人」之句，毫無酬酢俗味。另一首則是作者一向關心靈峰寺的興廢，前有〈題靈峰寺補梅庵〉之作，【108】以五古長詩追敘靈峰寺補梅之經過，後始題圖，有「我愛周居士，垂垂百樹新」之句，對那位周姓居士的補梅雅行，予以推崇。

周作人在1960年的〈知堂雜詩抄·前序〉的附記中曾說過：

> ……（〈老虎橋雜詩〉）第六分係題畫詩九十四首，多應需之作，今悉從刪削。【109】

看來是不大滿意自己的題畫應酬之作，現在能保留下來的題畫詩共有四

【105】有關〈水村第五圖〉本事，詳參鄭逸梅：《南社叢談》，頁203-204，其中有載：「……最初錢德鈞居此，趙雪松為繪水村圖，魏禹平繼之成第二圖……至郭頻伽作第四圖……芷畦又請孫彥齊、陳菊如各繪一圖，為水村第五圖，廣徵題詠。」劉氏駐籍南社，或因此關係而參與題詠。

【106】語出〈自寫〉，全詩見《沈尹默詩詞集》頁78

【107】見《沈尹默詩詞集》頁35、46

【108】見《沈尹默詩詞集》頁43-45

【109】見《周作人詩全編箋注》頁2

十一題、五十九首;以五絕居多,其中不乏佳作,如寫於1947年〈籬邊
菊花〉:

持醪嘆靡由,秋華浸盈把。陶令不歸來,寂寞東籬下。【110】

寫得雅意盎然。又如寫於1948年的〈月下遊魚圖〉二首,【111】都寫得不
落俗套:

千里共明月,世事有榮衰。江湖固足樂,寧忘濡沫時。

魚不識月圓,月豈知魚樂。相對兩相忘,達生庶可託。

詩意中蘊含濃厚的道家思想,都寫得很脫俗。

胡適的題畫詩有寫於1930年的〈題龔含真先生畫冊〉、寫於1931
年的〈題陸小曼畫山水〉及寫於1934年的〈題陳明菴畫〈仿石田山水
卷〉〉。【112】〈題龔含真先生畫冊〉一詩,在題畫之餘,寄寓了作者對人
生的看法:

辛卯十一月,畫與我同年。今我鬢初斑,此畫尚新鮮。人生易衰

老,述作可久存。手澤永保守,賴有賢子孫。

詩中所言之「述作」顯不是單指藝術,而是泛指文學、學術、藝術等述
作,人生有限而述作具永恆價值,表現了作者「立言」的決心,也說明
了作者作視「述作」的價值,很切合作者的學者身分。

郭沫若為書法家,應別人要求而題圖的作品不少,如寫於1926年的
〈題劉海粟山水畫〉、寫於1936年的〈題淵明沽酒圖〉(傅抱石(1904-
1965)畫)、寫於1937年的〈題山水畫小幀〉、寫於1941年的〈題〈畫
雲台山記圖卷〉〉(傅抱石畫)等作品,【113】所題者多為名人作品;〈題

【110】見《周作人詩全編箋注》頁248

【111】見《周作人詩全編箋注》頁262

【112】見《胡適詩存》頁315、317、337

【113】見王繼權、姚國華、徐培均編注:《郭沫若舊體詩詞繫年注釋》(哈爾濱:黑龍
江人民出版社,1982)上冊,頁169、178、202、310

山水畫小幀〉則是作者借畫中安逸意境而抒發個人在亂離中的感慨，是頗具匠心的題畫之作：

> 小隱堪宜此，山居即是詩。禪心來達岫，逸興對疏籬。有酒還當醉，無魚不足悲。天倫常樂敘，回首羨康時。

把畫中景物看成亂世的烏托邦，道出了作者對平淡生活的嚮往、對家人的懷念。郭氏題畫有時用散句、對句、雜言或新詩，但都以舊體詩為主，以下據《郭沫若題畫詩存》為例，[114] 在書中收錄的87件作品中，郭氏有91首（截）題畫作品，以下用表列方式說明郭氏題畫中舊體詩的比例：

四言（各體）	五言（各體）	七言（各體）	白話/新詩	其他
2	28	31	18	12

按上表所示，齊言式舊體題畫詩共61首，佔總數67%之強，而白話或新詩類則只佔19.8%，郭氏以舊體詩題畫的傾向，極為鮮明。

王統照的題畫作品有〈題榮寶齋木刻〈農品圖〉贈王獻唐先生〉、〈題畫桃花〉、〈題王獻唐先生畫紅梅扇面〉。[115]〈題畫桃花〉二首，巧妙地說出桃花「默默無言自可人」的紙上丰姿：「為獲天香尺幅裏，恁他風雨不驚春」、「寫入丹青風露裏，一枝香是武陵春」，都是貼切的形容。

朱自清的題畫作品有寫於1940年的〈題白石山翁〈墨志樓刊經

【114】郭平英主編：《郭沫若題畫詩存》（太原：山西教育出版社，1997），本文採用此書，係因為郭平英是郭沫若之子，對其父題畫作品甚為熟悉；而此書係以原件製版印行，在未能大量觀讀原件的情況下，此書是較接近一手材料的專著，也是現在能看到有關這方面題材的唯一專著。

【115】見《王統照文集》卷四，頁438、479、538

圖〉〉、〈題白石山翁為墨志樓主作〈萬里歸帆圖〉〉、〈題所藏〈李晨嵐沅陵圖〉殘卷〉。【116】

俞平伯的題畫詩有〈題湖秋月圖〉、〈題沈三白畫絕句〉、〈紅樓縹緲歌——為人題《石頭記》人物圖〉、〈題〈吾廬延秋圖〉殘稿〉、〈題章元善兄藏顧鶴逸贈霜根老伯山水畫十二幅冊頁〉、〈為人戲題〈富貴耄耋圖〉〉,【117】其中的〈紅樓縹緲歌——為人題《石頭記》人物圖〉古詩,由於作者是紅學專家,因此寫得特別具深度,詩的最後四句云:

補天虛願恨悠悠。磨滅流傳總未酬。畢竟書成還是否,敢將此意問曹侯。

對《石頭記》的成書、續書問題,提出疑問,自然也是借題發問的手法。

饒孟侃的題畫詩有寫於1942年的〈題畫〉、寫於1962年的〈題花間戲逐圖〉、寫於1965年的〈題周汝昌所繪雪芹小影〉,【118】〈題周汝昌繪曹雪芹小影〉,寫得特別傳神:

影豈隨形滅,人終賴事傳。圖成往跡活,斗室接先賢。

表達了作者對人生事業的看法,特別著重文藝事功,也可以留名後世。

臧克家的題畫詩有寫於1984年的〈題武松打虎圖〉,【119】詩中借題圖反映了作者痛惡社會上「惡」的一面:

呼嘯一聲草木驚。從此岡上少人蹤。英雄意氣鐵拳動,不許人間惡虎行。

鮮明地表現出作者對正義的擁護。

【116】見朱喬森編:《朱自清全集》(南京:江蘇教育出版社,1990)卷五,頁245、246、334

【117】見《俞平伯詩全編》頁352、364、467、485、492、533

【118】見《饒孟侃詩文集》頁59、66、103

【119】見《臧克家舊體詩稿》頁107

D. 題序：

詩人在交往中時有贈序應酬之作，以詩題序的例子頗多，陳獨秀的題序詩有寫於1907的〈曼殊上人述梵文典成且將次西遊命題數語爰奉一什丁未夏五〉，【120】是給蘇曼殊新著《梵文典》的題序，【121】詩中總結了曼殊新著的成就和貢獻：

> 千年絕學從今起，願罄全功利有情。羅典文章曾再世，悉曇天語竟銷聲……

詩末並表達了對曼殊的敬仰：「本願不隨春夢去，雪山深處見先生」。

魯迅的題序詩，都是應友人之請而作，如1933年的〈題《吶喊》〉和〈題《彷徨》〉二首，【122】便是應日本友人之請，在自己作品上題詩留念，難得的是作者的題序詩沒有應酬味道，相反是直抒胸臆之作：

> 弄文罹文網，抗世遺世情。積毀可銷骨，空留紙上聲。
>
> 寂寞新文苑，平安舊戰場。兩間餘一卒，荷戟獨彷徨。

表現出作者在創作路上的堅毅志向，同時表達了作者在創作中的彷徨心情。

沈尹默的題序詩有〈題劉三黃葉樓〉、〈題兒島星江所著《支那文學史》〉及〈題《鴨涯草堂詩集》並序〉。【123】劉三（1878-1938）與沈氏同為南社社員，亦同為名書法家，惺惺相惜，題劉三的黃葉樓，是出於友情。題《支那文學史》七絕八首，一方面讚揚此書體大思精，一方面又發出「太息神州才士盡，一編高價出瀛洲」之嘆。在題《鴨涯草堂詩集》的四首七絕中，除了欣賞詩作「新詩一卷味醰醰」外，更寫出沈氏對詩人的看法：「彭澤悠然少陵拙，從來真摯是詩人」。

【120】見《陳獨秀詩集》頁54

【121】曼殊的《梵文典》本擬在日本印行，但始終未有出版。

【122】見《魯迅詩全編》頁157、161

【123】見《沈尹默詩詞集》頁47、79-80、80-81

朱少璋　論新詩人兼作舊體詩的原因　　　　　435

　　周作人的題序詩有〈題《俠女奴》原本〉十首，【124】是書乃作者節
譯《天方夜譚》之作，作者在卷首自題詩十首為序，十首作品大致上概
括了書中女角的行誼、品格及故事大綱，《天方夜譚》乃外國文學，而
作者節譯後，加上題詩，則又具濃厚的中國本土色彩，如第十首云：

　　　　行蹤隱約似神龍。紅線而今已絕蹤。多少神州冠帶客，負恩愧此
　　　　女英雄。

詩中典故出自唐傳奇，借紅線盜盒的本事喻俠女，可謂恰如其份，中西
合璧，妙出天然。

　　胡適的題序詩有寫於1938年的〈鈔新六遺書三篇題此詩〉，【125】胡
適的好友徐新六遇空難身亡，【126】作者整理故人的書信，重鈔整輯，在
哀傷之餘，在卷首寫了首詩：

　　　　三書不厭十回讀，今日重鈔淚滿巾。眼力最高心最細，如今何處
　　　　有斯人。

是借題序以懷故人的作品。

　　郭沫若的題序詩有寫於1942年的〈題吳碧柳手稿〉，【127】吳碧柳即
白屋詩人吳芳吉（1896-1932），作者在吳氏的手稿上題上詩序留念，因
「幸有侯芭在，玄文次第傳」而感欣慰。

　　王統照的題序作品有〈題自著《除夜》小說後〉和〈題自著《過後》
小說後〉，【128】題《除夜》一詩云「欲將人世魑魅影，寫入毫端愧應難」，

【124】見《周作人詩全編箋注》頁321-322

【125】見《胡適詩存》頁365

【126】徐新六遇空難事，可參看作者寫於1938年9月8日的〈追哭徐新六〉的前言；
　　　見《胡適詩存》頁364

【127】見《郭沫若舊體詩詞繫年注釋》上冊，頁400

【128】見《王統照文集》卷四，頁471，《除夜》已失傳，《過後》是作者的早期作
　　　品，用文言文寫成。

說明作品以反映人性為主題。題《過後》一首云「文章乖命封侯悔，給悟功名兩誤人」，道出千古文人的悲哀。

成仿吾的題序作品有寫於1982年的〈為湖北省博物館所編《董必武傳》題詩〉，【129】表現出作者對黨中前賢先驅的仰慕及讚賞：

　　楚天風雨紀先驅。備嘗艱苦憶良模。對黨忠誠與坦率，同儕敬佩共歡呼。

詩中句句切合傳記的主題，但略嫌太直太露，未夠含蓄蘊藉。

朱自清的題序詩有〈為人題印譜選存〉，【130】作者把詩和印的理融合起來，組合頗為巧妙：

　　使轉縱橫意有無。能於寸石見真吾。若將鐵筆論詩法，此是君家摘句圖。

詩中「見真吾」三字，作者認為是藝術的要點所在，刻印要以此為宗，作詩也應以流露表達個性為宗。

俞平伯的題序詩有寫於1928年的〈題《燕知草》〉、寫於1978年的〈王湜華逖朱佩弦先生《敝帚集》囑題〉、寫於1979年的〈題新刊《何其芳詩稿》〉，【131】其中題朱自清的《敝帚集》（舊體詩集──筆者）有「萍踪南北追隨際，酬唱新詩更舊詩」，一方面說出俞、朱二人的交往，另一方面道出二人在詩歌創作上兼擅新舊。

馮至的題序作品有寫1981年的〈自題旅遊雜記〉，【132】作者多次外遊，足跡遍及歐洲各國，異地風光雖好，而作者卻心繫中國，題詩云：

　　漫記東歐又北歐。卅年歲月似輕拋。神州正值風光好，莫負陽春與素秋。

───────────────────

【129】 見《成仿吾文集》（濟南：山東大學，1985）頁415

【130】 見《朱自清全集》卷五，頁313

【131】 見《俞平伯詩全編》頁358 、527 、532

【132】 見《馮至選集》（成都：四川文藝出版社，1985）卷一頁247

主題明確，道出作者遊學的心情。

臧克家的題序作品有寫於1983年的〈題《中州今古》〉、1984年的〈題《中國旅遊報》〉和〈題《農民日報‧文化園》〉，【133】三首都是切題之作，如〈題《中國旅遊報》〉：

勝跡千年在，容顏已更新。登臨人不倦，山水向人親。

很能道出該報的風格和宗旨，符合了題序作品的基本要求。

金克木的題序作品有寫於1980年的〈題小說《曹雪芹》上冊三首〉和寫於1983年的〈自題《印度古詩選》〉。【134】

綜合上述所見，舊體詩無論在形式操控上還是遣詞的操控上，都給予新詩人莫大的方便，題贈、詩束、題書及題序各項，均屬「應用」性質，對於嫻熟於舊體詩創作的新詩人，願意利用最熟悉而最能操控的舊體詩作「應用」工具，是完全可以理解的；當然，新詩作品中也有若干是具「應用」色彩的，如劉半農〈題小蕙周歲日造象〉、周作人的〈尋路的人——贈徐玉諾君〉、朱自清的〈送韓伯畫往俄國〉，但新詩人畢竟傾向利用舊體以滿足「應用」上的需要；早在1918年，陳獨秀在〈答易宗夔〉中，就提出過「應用」之文和「美術」之文的二分概念，【135】這顯然是所有文學體裁均要考慮的重點問題。文學不可能完全脫離「應用」或「美術」。以「美術」為文學的本質，這是無可置疑的，所不同者是以「應用」為目的呢？還是以「美術」為目的呢？這目的上的分別就衍生出不同文學觀，朱文華在《風騷餘韻論》中，就明確地指出「在五四以來，詩歌作為純文學的藝術式樣的，主要還是白話新詩體」的現象，【136】新詩人都把新體詩視作「純文學」，是有跡可尋的，如宗白

【133】見《臧克家舊體詩稿》頁96、111、113

【134】見《挂劍空壟》（北京：三聯書店，1999）頁241、242

【135】陳文見《新青年》第五卷第四號（1918年10月15日）

【136】《風騷餘韻論》頁76

華在〈新詩略談〉中，就談到「要做出或寫出新體詩」，必須顧及音節和詞句的構造，還要注意詩人的感想情緒，他認為新體詩是「表現出空間時間中極複雜繁富的『美』」。【137】五四時期的新詩人，其新詩作品都有純藝術的傾向，這大概是由於詩人對新體詩有著藝術上的憧憬，在實踐創作上都較傾向以「美」為目的，而利用本已嫻熟的舊體以滿足「應用」上的目的和要求。

（三）「各體並存」的詩學主張

自詩體解放以來，舊體詩並沒有離開過詩壇，它始終是現代文學中的一個重要組成部分，舊體詩的活動得以繼續，完全是由於「各體並存」的理念所至。如果把新體和舊體看成是一條演進的直線，那麼自1917年以後，就該只有新詩活動才是，但事實上，新體和舊體是詩體的兩道分流，本文把這個文學現象稱為「各體並存」，原因是新體中可細分為十四行體、格律體、自由體等，而舊體中又可細分為古風、近體、樂府等；「各體並存」的文學現象裏，可能有分主流與非主流，但絕對不是「一有一絕無」的極端淘汰，錢玄同（1887-1939）在給胡適的信中就談到這問題，錢氏說：

> 今後當以白話詩為正體……其他古體之詩及詞、曲，偶一為之，固無不可，然不可以為韻文之正宗。【138】

錢氏就是從主流與非主流的方法去處理「各體並存」的矛盾，因此他認為「仿古創新，均無不可」。【139】胡適也有類似的「並存」概念，胡氏

【137】《中國少年》第一卷第八期（1920年）

【138】錢玄同：〈答胡適之〉，《中國新文學大系——建設理論集》（上海：良友圖書公司，1935）頁88-89

【139】錢玄同：〈寄胡適之〉，《中國新文學大系——建設理論集》頁82

說：

> 然亦不必排斥固有之詩詞曲諸體，要各隨所好，各相題而擇體可矣。【140】

完全是尊重各體的客觀存在，也尊重作家的個人選擇和決定；他提到的「相題擇體」，就道出了不少新詩人兼作舊體詩的原因。

康白情則明確指出：文學上的甚麼主義，新詩是不必有的；他舉例道：「和古典的不相容，不用說了」，並認為詩人做詩，應照自己所好的做去，「不必拘於一格」；這「格」的意義當然包括不同詩體，康氏還說：「要做舊詩，就要嚴守格律」；【141】這看法純然是跟他本人的詩歌創作活動一致的。

有必要說明的是，劉半農的〈我的文學改良觀〉，【142】刊於1917年的《新青年》上，向來被認定為文學革命發難期的一篇理論文章，其宗旨不只在「破舊」而且在「立新」，劉氏的文章中，就提到「增多詩體、破壞舊韻，重造新韻」的主張，好些論者誤以為劉氏主張完全淘汰舊體詩，如《中國現代詩論40家》中，談到劉氏這篇文章時，著眼點就放在劉文中的「詩律愈嚴，詩體愈少，則詩的精神所受的束縛愈甚，詩學絕無發達之望」，【143】這其實是沒有全面地解讀劉氏的主張，劉氏確認為「詩律愈嚴，詩體愈少」，因此，他極力主張舊體詩中的「律詩、排律當然廢除」，而其餘詩律較寬的舊有詩體如：「絕詩古風樂府」三者，尚有保留餘地；在這一點上，今人吳奔星在〈劉半農在中國新詩史上的歷史地位〉中，就把劉氏此語解讀為：

> （劉半農，筆者）把中國的律詩、排律，放在世界文學的範圍內考

【140】 胡適：〈答錢玄同〉，《中國新文學大系——建設理論集》頁87

【141】 康白情：〈新詩底我見〉，《中國文論選——現代卷》上冊，頁158-159

【142】 劉半農：〈我的文學改良觀〉，《中國新文學大系——建設理論集》頁70

【143】 潘頌德編：《中國現代詩論40家》（重慶：重慶出版社，1991）頁52

察，得出「當然廢除」律詩的結論。至於絕句、古風、樂府三種詩體，戒律較寬，他雖未公開主張廢除，卻也認為不足以「供新文學上之詩學發揮之地」。從而提出增多詩體的主張。他在破舊的基礎上，提出了立新的主張。【144】

不錯，劉氏確認為絕句、古風、樂府詩體未足以供新文學之借鑑使用，但可以在此基礎上，增多自造詩體、輸入他種詩體及別增無韻之詩，即劉氏所云：「豈無五言七言之外，更造他種詩體之本領耶？」可見他並非全盤否定舊體詩，只是否定律詩和排律而已。劉氏在〈《國外民歌譯》自序〉中，就很清楚的說過：

> ⋯⋯（劉氏自謂，筆者）不愛杜甫而愛李白；不愛李義山而愛李長吉；愛詩不愛詞⋯⋯愛古體詩及近體絕詩不愛律詩，尤其不愛排律，以為讀一首三十韻排律，勝如小病一場。【145】

這段話結合劉氏的主張而言，很明顯，劉半農的「增多詩體」主張，是要在部分詩律較寬的舊體（如古體或近體中的絕句）外，再增加別的詩體。

周作人則認為禁止別人做舊詩是無效的，還說：「有才力能做舊詩的人，我以為也可以自由去做。」【146】這也可以說是周氏兼作舊體的主要原因了。

廢名在1935年的〈新詩問答〉中談到當時的新詩人對舊體詩的看法：

> 並不是從一個打倒舊詩的觀念出發的⋯⋯等到他們稍稍接觸中國的詩的文學的時候，他們覺得那很好。他們不以為新詩是舊詩的進步，新詩也只是一種詩。

【144】吳文載《新文學史料》第3期（1984）

【145】引自《半農雜文》第二集（上海：良友公司，1935）頁12

【146】周作人：〈做舊詩〉，《晨報副刊》1922年3月26日

並認為這態度正確，還說這是新詩觀念的的進步。【147】可以清楚看到，新詩人確把新詩或舊體詩看成是各體中之一種，其中似無價值判斷。廢名還主張：

> 總而言之，我以為中國的詩的文學，到宋詞為止，內容總有變化，其體裁也剛剛適應其內容，那一些詩人所做的詩都應該算是「新詩」，而那些新詩我想總稱之曰「舊詩」。【148】

那就是從時間的相對角度去看新舊體的問題，結論也是新體與舊體並無價值判斷在其中。

舊體詩被新詩人接受為詩體的一種，不管是主流還是非主流，正宗還是非正宗，這種「各體並存」的觀念，已為舊體詩在現代文學中找到了存在空間和價值；今人常文昌在《中國現代詩論要略》中，評臧克家為「主張以新詩為主的新舊詩並存」的詩人，【149】臧氏在〈新詩舊詩我都愛〉一文中，以郭沫若為例，說他寫了很多新詩，也發表了不少優美的舊詩，臧氏說這是「新詩、舊詩由對立而變為統一」，【150】他還在〈學詩紀程〉中，記述了自己學寫舊體詩的一些經驗：

> ……學寫舊體詩，自〈憶向陽〉開始。為甚麼要用舊詩的形式寫？這是因為：我覺得有些場景，有些情況，用新詩來表現，會令人覺得平凡乏味。用舊體詩的形式表現新的戰鬥生活，是有困難的。【151】

臧克家持平地道出了新體舊體在不同情況下所產生的文學作用，感情和題材要有適當的載體，或新或舊，只考慮其合適與否而已。

【147】馮文炳：〈新詩問答〉，《談新詩》（北京：人民文學出版社，1984）頁226

【148】馮文炳：〈新詩問答〉，《談新詩》頁230

【149】常文昌：《中國現代詩論要略》（蘭州：蘭州大學出版社，1991）頁175

【150】《克家論詩》頁99

【151】臧克家：《學詩斷想》（成都：四川人民文學出版社，1979）頁184

1945年，柳亞子、郭沫若、田漢等合組「革命詩社」，其〈徵詩啟〉中就正面肯定舊體詩的價值，對形式之新舊採取兼容的態度，其中有云：

> ……舊酒新醅，何爭形式？唐風宋體，各有優長。只期傳統騷情，無緣再濫。卻幸感時憂憤，有力同抒……【152】

實在可視為現代舊體詩的價值宣言，新詩人郭沫若和田漢在啟事上聯署，無疑是認同詩社的主張的。

郭沫若曾對「前方將士多有寫作舊詩的傾向」作出回應（約為1943年），他認為「這種風度的養成是值得重視的」，但又說舊詩要做到「通人」的地步是很難的，因此建議把寫舊體詩作為「雅緻的消遣」的形式續繼存在。【153】到了1962年，郭氏進一步肯定舊體詩在現代詩歌史上的地位，他說：

> 把五七言詩、詞、曲，習慣稱為舊詩詞；把五四以來的詩則稱新詩，是否妥當？為什麼專從形式上分新舊？五七言既還有生命嘛，怎麼說它是舊？……不能單從形式上來分新舊，而且也不必分新舊，而要看它寫得好不好。【154】

指出了不拘新舊形式，最重要的是詩的素質。戴望舒(1905-1950)在〈詩論〉一文中，列舉了寫詩的十七點重點，其中第十一點即為：

> 舊的古典的應用是無可反對的，在它給予我們一個新情緒的時候。【155】

【152】 見龔濟民：〈革命詩社及其徵詩啟事〉，《新文學史料》第3期（1985）；此啟聯署者有柳亞子、郭沫若、熊瑾玎、張西曼、田漢及林北麗。

【153】 吳奔星、徐放鳴選編：《沫若詩話》（成都:四川人民出版社，1984）頁239

【154】《沫若詩話》頁438

【155】 戴望舒：〈詩論〉，王運熙主編：《中國文論選——現代卷》（南京：江蘇文藝出版社，1996）中冊，頁199

在接受舊體之同時，指出「思想」上的「新」才是最重要。其實，不單新詩人抱如此觀點，連舊詩人也有非常接近的看法，如南社詩人姚鵷雛（1892-1954），【156】在1919年——新詩運動開展的初期就提出過：

> 詩做的究竟好不好，不管是新體詩還是舊體詩，重要的是本質，而不是形式。

也是著重一首詩的內容素質多於重視其形式。姚氏又說：

> 等到新思想學術漸漸地遍及灌輸到國人的腦子裏，那時，新詩不求新而自新，陳腐的舊詩不必排斥而自廢，而那些內容好的經得起咀嚼的舊詩，相信依然會「不廢江河萬古流」的。【157】

姚氏主張順其自然，無須強分新舊。今人楊本海在〈略談詩歌的百花齊放與發展道路〉就認為文體的發生和消亡，不能下命令去禁止，又不能據一部分人的喜愛與否去作出取捨的決定。因此楊氏認為要「允許各種文體和式樣並存」，楊氏指出：

> 五四以來，我國詩壇上一直存在著兩種片面觀點。一種是站在舊詩詞的維護者一邊，無視新詩的創作和所取得的成就，以己之長傲視別人之短，反映出保守的觀點。另一種是站在新詩的捍衛者一邊，無視我國古典詩歌所取得的藝術成就，一概加以排斥，以己之新傲視別人之舊……【158】

結合本節所論證，除了楊氏文中指出的「兩種片面觀點」外，五四以來的詩壇，還有一種不片面的「各體並存」的觀點存在，這持平的觀點不止直接影響當時的詩壇，使新詩人的舊體詩活動得以繼續，同時淡化了

【156】姚氏為南社著名詩人，其《恬養簃詩》共五卷，凡1300首詩，同社詩人林庚白譽其詩「骨重神寒，為人傳誦；南社諸子，無多抗手」；見邵迎武：《南社人物吟評》（北京：社會科學文獻出版社，1994）頁233-234

【157】姚鵷雛：〈也談新詩和舊體詩〉，《晶報》85號（1919）

【158】楊本海：〈略談詩歌的百花齊放與發展道路〉，《昆明師院學報》第4期（1980）

新詩人從事舊體詩活動的矛盾色彩；這觀點更影響了後來的人，使人們對詩體解放以來的舊體詩活動抱著「兼容」或「寬容」的態度，今人劉振婭〈《當代詩詞》創作的幾點看法〉就提到：

> 新詩、舊體詩，本來就是詩壇上的兩支勁旅，如同同一家庭中的兄弟，形式不同而已，各有獨到之處。【159】

明顯是以「各有獨到之處」去接納現代文學中的舊體詩。又如邵燕祥（1933- ）在〈關於今人寫舊體詩〉一文中也說：

> 有些同志反對寫新詩的人寫舊體詩，目為投降。我以為不必這麼絕對，只要寫的是詩，而是表現了時代精神，又有作者個人風格的詩，那麼新詩固然好，舊體詩也應該歡迎。【160】

邵氏所言的「絕對」態度，在五四時期確誠然存在，但相對於「各體並存」的觀點來看，最低限度，本論文的研究對象——現代新詩人，對舊體詩的態度明顯是「各體並存」的，他們的詩論和舊體詩活動，就是最有力的證明。

（三）新詩未能滿足詩人要求

（1）新詩人對新詩的批判

由於舊體詩在客觀上具存在的條件，即使新文學運動開展了，舊體詩仍是中國現代文學的一部分，是不能抹煞，也不容忽視的文學現象。舊體詩能在新詩人的創作活動中佔一席位，除了上節所論，因其本身形式上的優勢外；更重要的、更具決定性的因素，應該是新詩人對新詩的批判。

新詩的發展自五四以來，發展較慢，在用語、形式或詩的節奏等問

【159】劉振婭：〈《當代詩詞》創作的幾點看法〉，《當代詩詞》第 13 期（1987）

【160】邵燕祥：〈關於今人寫舊體詩〉，《中華詩詞年鑑》頁 224

題上，都處於摸索階段，不少文學評論家，對新詩的發展不無負面的看法，在三十至四十年代對新詩作出批評的論者均有相近的結論，如世奎在〈談到詩〉中總結五四以來的新詩發展：

> 誰也不會不覺得詩在現今的中國文壇早已失掉了它的正統的地位而屈為附庸了。【161】

指出新詩的地位低落。夏明在〈漫說新詩〉中，也談到文學解放運動開展了六十年，而新詩的發展總還是「那末寥落地」。【162】丁丁在〈新詩的過去與今後〉一文中，雖然積極堅信新詩有前途，但也不得不承認，新詩在新文學運動開展的第二個十年開始，確已「跌入了黑暗期。」【163】

由上列言論可見，新詩的發展確不如理想，如果從文學的「消長」角度去分析，則詩壇上新詩未「長」，舊體詩仍未「消」；箇中原因，如穆木天（1900-1971）在給郭沫若的信中，就批評了胡適，信中說：

> 中國的新詩的運動，我以為胡適是最大的罪人。胡適說：作詩須得如作文。那是他的大錯。【164】

明確指出新詩在發展初期已是不健全，路向不正確，這當然會影響日後的發展進度；以下試以新詩人的言論出發，看他們對新詩的負面看法：

朱自清在〈新詩雜話〉中，也提到他對某些新詩派及作詩態度的不滿，朱氏說：

> 但是白話的傳統太貧乏，舊詩的傳統太頑固，自由詩派的語言大抵熟套多而創作少（聞一多先生在甚麼地方說新詩的比喻太平

【161】世奎：〈談到詩〉，洪球編：《現代詩歌論文選》（香港：波文書局，1975）頁109

【162】夏明：〈漫說新詩〉，《現代詩歌論文選》頁180

【163】丁丁：〈新詩的過去與今後〉，《現代詩歌論文選》頁243

【164】穆木天：〈談詩——寄郭沫若的一封信〉，《中國文論選——現代卷》上冊，頁457

凡，正是此意，原注），境界也只是男女和愁嘆，差不多千篇一
律，詠男女自然和舊詩不同，可是大家都泛泛著筆，也就成了套
子。【165】

　　新詩要打破舊體詩的習用熟套，但到頭來不少新詩人自蹈舊轍，朱
氏談到不少新詩人「泛泛著筆」，也更就是點出了新詩的致命傷。

　　陳獨秀在1934年，新文學運動開展了十餘年之時，對白話詩、新詩
作了一番總結，他的見解幾乎是完全否定新詩的發展，他提出兩個新詩
發展不健全的現象，其一是：

　　現在有些人，把一篇散文，用短句列成一行一行的就說這是詩，
　　這把詩看得太簡單了，可笑之至【166】。

這完全是跟朱自清的看法不謀而合，不少新詩人對新詩的形式、表達手
法沒有深刻的反省、了解不深，部分新詩人又隨意著筆，把新詩看得過
份簡單，於是出現作品淫濫的情況，令新詩的發展步伐停滯不前。陳氏
又提出另一個新詩展上的重要問題，他說：

　　現在看起來白話詩還不能證明它已建立起來，可以取古體詩而代
　　之。我看了許多新詩，還沒有看到優秀的作品，能使人誦吟不厭
　　的。【167】

這無疑是說，作為新詩的重要表達工具——白話，根本未能配合新詩的
發展要求，白話系統未趨成熟，更遑論帶動新詩的發展了。

　　俞平伯也曾分析「新詩何以社會上不能容納」的現象，他提出第一
個原因跟陳氏不謀而合：「中國現行的白話，不是做詩的絕對好的工

【165】朱自清：〈新詩雜話〉，《中國文論選——現代卷》中冊，頁513，原文署名
　　「佩弦」。

【166】原文為濮清泉訪問陳氏的回憶文章，轉引自鄭學稼：《陳獨秀傳》（台北：時報
　　文化出版，1990）下冊頁967-968

【167】同上注

具」，俞氏補充說：「所以實際上雖認現行白話為很適宜的工具，在理想上卻很不能滿足。」【168】道出了新詩發展在理論與實踐上的矛盾。

此外，節奏韻律的問題，也影響了新詩的發展，如新詩的用韻問題，劉半農提出的解決方案是：「以土音押韻、以京音為準、撰一定譜，行之於世」【169】，顯然是未定之論。詩的節奏問題就更大了，何其芳在〈關於寫詩和讀詩〉（1953）中，談到五言詩三頓、七言詩四頓，並認為這是「構成中國古代的詩的節奏的一個很重要的因素」，接著何氏批評說：

> 我們今天有許多自由詩寫得和分行排列的散文一樣，沒有鮮明的
> 節奏，那是不對的。【170】

在節奏上，新詩不受約束，也就往而不返，出現「分行散文」的怪現象，這現象幾乎是把「詩」的特質完全摧毀，變成了詩沒有獨立而典型的形式與特質。饒孟侃在〈新詩的音節〉中，也指出了新詩在音節上的弱點，他說：

> 你看新詩雖然已經有了好幾年的生命，但在音節上並沒有多大的
> 貢獻……但是一般的寫詩的還是在專門講求字面上的堆砌，對於
> 音節並沒有相當的自覺，相當的注意。【171】

這無疑是新詩在總體發展上要面對而又未能解決的重點問題。新詩本身的發展問題，結果導致了新詩人不能堅持創作，誠如今人孫紹振所言：

> 一度生氣勃勃的《雪朝》的作者們，很快就發現他們的新詩創作

【168】俞平伯：〈社會上對於新詩的各種心理觀〉，胡適編：《五四新文學論戰集彙編》（台北：長歌出版社，1976）頁251

【169】劉半農：〈我的文學改良觀〉，《中國新文學大系——建設理論集》頁69

【170】何其芳：〈關於寫詩和讀詩〉，馬二、羅君策編選：《中國現代文學家選集——何其芳》（香港：三聯書店，1994）頁208-209

【171】饒孟侃：〈新詩的音節〉，《中國文論選——現代卷》上冊，頁484

堅持不下去了。朱自清、周作人、俞平伯、徐玉諾、郭紹虞、劉
延陵、鄭振鐸很快就脫離了新詩戰線。【172】

由此可見，新詩無論在表達工具上、作家態度上、節奏韻律上，均
見缺陷；表達工具不足以滿足「詩」在創作的要求、部分作家寫作態度
草率，未能認真思考新詩之為新詩的存在因素、節奏韻律的問題未能有
典型而具體的範例──一切都顯得不成熟而隨意，結果是導至沒有太多
成熟而優秀的新詩作品，郭沫若也曾說：「我的白話詩有一大半是應時
應景的分行散文，我自己都不滿意」；【173】這樣一來，比對一下舊體詩
的情況，舊體詩在表達工具上佔盡了優勢，節奏韻律方面更是積累了豐
碩而寶貴的創作經驗和範例，這對不少新詩人來說無疑是一種吸引，這
就容易形成一種在「選擇表達（詩體）形式」上的大體傾向，今人於可
訓就曾說過：

胡適、錢玄同、劉半農，大都有較深的舊體詩詞的功底，深知舊
體詩詞的利弊。【174】

既然深知箇中利弊，當然會形諸創作活動之中。誠如廢名認為「初期做
新詩的人後來不做新詩」的原因是：

這是他們的忠實，也是他們的明智，他們是很懂得舊詩的，他們
再也沒有新詩「熱」，他們從實際觀察的結果以為未必有一個東
西可以叫做「新詩」。【175】

廢名提到新詩人「是很懂舊詩的」，在新詩的熱潮中，詩人在新體與舊
體的比較中，就發現舊體詩並非一無是處，而是大有保留、運用之價
值，新詩人的種種舊體詩活動，背後原因即在此。今人江岳浪在〈詩與

【172】孫紹振：〈新詩的民族傳統和外國影響問題〉，《新文學論叢》第7期（1981）

【173】見《沫若詩話》頁393

【174】於可訓：《新詩體藝術論》（武昌：武漢大學出版社，1995）頁14

【175】馮文炳：〈新詩問答〉，《談新詩》（北京：人民文學出版社，1984）頁226

歌詠及前途〉中就比較了新詩與舊體詩在諷誦時的優劣，岳氏在文中引用
魯迅批評新詩「大概是眼看的」、「唱不來，就記不住，記不住就不能在
人們的腦子裏將舊詩擠出上了它的位子」的說法，再加以演繹，岳氏說：

> 舊詩有律的雖則它受到許多不能任意的困難，但是朗誦方面非常
> 有味，這是當然的，又越有了朗誦的東西，越可使人記熟，新詩
> 這樣沉寂不能流進大眾裏面去。【176】

舊體詩就在這對比中，凸顯了本身的在優勢，同時在新人的創作活動中
佔一席位；臧克家在〈自道甘苦學舊詩〉中認為：

> 新詩在時代與現實生活方面，容量大，開拓力強，但失之散漫，
> 不耐咀嚼。古典詩歌，精美含蓄，字少而味多……有些境界，用
> 新詩寫出來淡而無味，如果出之以舊體，可能成為精品。【177】

把新和舊體詩的特質作了鮮明的比較。卞之琳（1910- 2000）就曾評論某
些新詩人的詩歌創作成就，例如他評胡適為：

> 實際上沒有多少詩人氣質，寫舊詩還有點像樣，寫新詩就詩味索
> 然。

又評沈尹默和俞平伯：

> 他們寫舊詩詞，是卓然老手，寫白話新詩，就不免稚氣。原因
> 是：存心想突破舊詩詞而突破不了，對西方詩的精神實質又沒有
> 能掌握和用以借鑒。

卞氏認為新詩要到郭沫若時才像「新詩」，但他同時承認郭沫若「寫舊
詩也很有修養」；【178】這大概可看作是新詩人的創作專長，而舊體詩也
就順理成章地成為新詩人詩歌創作活動的重要部分。

【176】江岳浪：〈詩與歌詠及前途〉，洪球編：《現代詩歌論文選》頁92-93，魯迅評
新詩之言論自岳文中引出。

【177】見《臧克家舊體詩稿》（增訂版）附錄，頁220

【178】卞之琳：〈新詩和西方詩〉，《詩探索》第4期（1981），頁168-193

（2）新詩在形式建立上的問題

新詩在新文學運動開展以來，是起步最先，但成熟最遲的，新詩人在創作時，大都在嘗試和摸索，對新詩的形式、句法、用韻、用字、意境等要點，都沒有系統地建立起理論架構，也沒有明確的認識，詩人林庚（1910-　）在1948年——新文學運動的最後十年；寫了〈再論新詩的形式〉，文中總結了新詩在詩壇上三十年的發展，林氏說：

> 今日的新詩則在短短的三十年裏，要完成一件歷史的工作，因此顧此失彼，手忙腳亂，乃是不可避免的情形。【179】

林氏在1994年接受訪問，對於新詩的發展遠遠落後於散文、小說與戲劇的事實，他明確地指出主因在於新詩在「詩化」的程序上尚未能滿足詩人的要求，格律也未趨成熟；林氏說：

> 一些原來新詩壇的闖將也轉而寫舊詩了。新詩沒能取代五七言舊體詩，就證明它詩化的程度還不夠，建設的過程還未完成。我們需為新詩探索出新的格律，新詩才能發展。【180】

新詩要取代舊體詩在文壇上的地位，要面對的問實在不少，而眾多的問題中，尤以新詩形式的建立最為重要，也實在是新詩在漢詩的因革過程中能否站得住腳的主要據點，只是新詩在這問題上未能建立起來，以至在「詩化」（林庚語）進程上發展不佳。

新詩的形式問題未有得到圓滿的解決。新文學運動初期，可以說是擺脫舊體詩的時期，在詩的新形式的建立上，眾詩人都未能掌握到新的表達形式，都在摸索，而且很明顯的要處處跟舊體詩不同（縱然很多早期新詩人都不能完全擺脫舊體的影響），於是有以西方詩體移植到中國

【179】 林文原載《文學雜志》卷三第三期（1948年8月），本文轉引自林庚：《新詩格律與語言的詩化》（北京：經濟日報出版社，2000）頁37-43，引文在頁38；

【180】〈林庚先生訪談錄〉，《新詩格律與語言的詩化》頁166-167

詩壇的做法，不少新詩人模仿起西方詩的形式，詩人左衝右突，企圖找到新詩在形式上的出路；要證明新文學時期的新詩在形式上的問題，就該參考當時人的看法，這樣較能直接、有力而鮮明地重現當時的情況，比如吳世昌（1908-1986）在1936年發表的〈新詩和舊詩〉一文，就客觀而詳盡地討論到關於新詩在形式上所遇到的問題，吳氏說：

> 形式問題……因為新詩根本還只有短的歷史，不客氣點說根本還沒有十分形成，同時又有許多乖巧的人卻正要利用這一點來文飾他們的短處；所以這方面的理論，在將來看是多餘的，在此刻卻還是必要的。[181]

關於新詩形式建立的問題，不少詩論家都極為注意，梁宗岱（1903-1983）在〈新的底紛岐路口〉中說：「只有形式能夠保存精神底經營，因為只有形式能夠抵抗時間的侵蝕」；[182]梁氏在1932年寫給徐志摩的信中，就鮮明地道出對形式規範的反省與肯定：

> 我從前是極端反對打破了舊鐐銬又自制新鐐銬的，現在卻兩樣了。我想，鐐銬也是一樁好事……尤其是你自己情願帶上，你能在鐐銬內自由活動。[183]

此外，朱光潛（1897-1986）在1941年的〈給一位寫新詩的青年朋友〉一文中，已明確指出「如果我們有新內容，就必須創造新形式」，又說：「詩的生存理由是文藝上內容和形式的不可分性」，可惜新詩在形式上未能建立起來，朱氏接著指出：

---

[181] 吳文原載《大公報》（天津）1936年2月23日，本文轉引自吳世昌著、吳令華編：《詩詞論叢》（北京：北京出版社，2000）頁318-329，引文在頁319

[182] 〈新詩的紛歧路口〉，梁宗岱：《詩與真、詩與真二集》（北京：外國文學出版社，1984）頁170，原文寫於1935年；吳世昌：〈新詩和舊體詩〉一文中曾引用梁氏此文，但文題作〈新詩的十字路口〉。

[183] 〈論詩〉，《詩與真、詩與真二集》頁35-36

新詩比舊詩難作，因就在舊詩有七律、五古、浪淘沙之類固定模
型可利用，一首不甚高明的舊體詩縱然沒有它所應有的個性，卻
仍有凡詩的共同性，仍有一個音樂的架子，讀起來還是很順口，
新詩的固定模型還未成立，而一般新詩作者在技巧上缺乏訓練，
又不能使每一首詩現出顯著的音節上的個性，結果是散漫蕪雜，
毫無形式可言。【184】

在1948年，在〈現代中國文學〉一文中，就談到新詩在形式上向西方學
習的問題，同時談及新詩在「形式問題」上出現的問題，朱氏說：

新詩不但放棄了文言，也放棄了舊詩的一切形式。在這方面西方
文學的影響最為顯著。不過對於西詩不完全不正確的認識產生
了一些畸形的發展……新詩尚未踏上康莊大道，舊形式破壞
了，新形式還未成立。任何人的心血來潮，奮筆直書，即自以
為詩。【185】

新形式未能確立，早期新詩的詩歌活動就以探索和試驗為主，創作意識
相應地降低，在必須抒發感受之時，那些諳熟舊體創作的新詩人，就會
很自然而直接地採用舊體，因為舊體在形式上已極為成熟和規範，詩人
順手拈來，毋須在探討新形式上再花心思。至於新詩的形式是否可以汲
取自西方詩的形式呢？朱光潛在1956年發表的〈新詩從舊詩能學些什
麼〉一文中，道出了當時詩壇尚在形式的混亂時期，朱氏說：

我們的新詩在五四時代基本上是從外國詩(特別是英國詩，原注)
借來音律形式的，這種形式在我們人民中間就沒有「根」。從五
四以來，新詩人也感覺得形式的重要，但是各自摸索，人言人
殊，至今我們的新詩還沒有找到一些公認的合理的形式，詩壇上

【184】〈給一位寫新詩的青年朋友〉，《大公報》[桂林]1941年4月18日第14期，後收
入1943年出版的《詩論》中，作為附錄。

【185】〈現代中國文學〉，《文學雜志》二卷八期（1948）

> 仍然存在著無政府的狀態。【186】

綜觀梁、朱二人的詩論見解，可見詩的形式是極其重要的，而在這關鍵問題上，新詩實在未能圓滿解決；【187】除非新詩人的創作目的是刻意為著探索新詩的形式，【188】但事實上，詩人創作大都是為了表情達意，抒發個人感受，在新詩形式尚未確立的當時，舊體詩還是有相當大的吸引力，原因就如周棄子（1912- ）在〈說詩贅語〉中云：「問題在於『新』的始終沒有建立起來，因而『舊』的也就無法淘汰」，【189】當時的新詩人，面對未淘汰的舊體，在其本身又很能掌握舊體詩形式的同時，就不免會「重操故業」了，艾青（1910-1996）在《詩論》中說：

> 我有幾個朋友，原來是寫新詩的，後來寫舊詩了。我問他們為甚麼不寫新詩？他們都說：新詩難寫。【190】

新詩人說的「難」，很大程度是針對「形式」而言的。

【186】〈新詩從舊詩中能學得些什麼〉，《光明日報》1956 年 11 月 24 日

【187】本節引用梁宗岱及朱光潛的詩論見解，主要原因是梁氏的《詩與真、詩與真二集》和朱氏的《詩論》均為五四以來的重要論詩著作，誠如璧華在《梁宗岱選集》（香港：香港文學研究社，1979）的前言中指出：梁氏的詩論對象是創作和文藝，而朱氏詩論對象是理論和學問。二人的詩著都極有代表性，因此本節引述二家對新詩形式的見解，以資全面。

【188】早期的新詩人中，如胡適的《嘗試集》就是刻意為新詩在形式、語言上作初步嘗試；又如馮至引入西方的十四行體，都利用「創作」去探索新詩在形式上的種種可能，但很難想象這是詩人創作詩歌的唯一動機。

【189】〈說詩贅語〉，周棄子：《未埋庵短書》（台北：文星書店，1964）頁96，原文作於1957年。

【190】艾青：《詩論》（北京：人民文學出版社，1995）頁186，題為〈與詩歌愛好者談詩〉，原書乃結集艾青自三十年代至八十年代的詩歌理論；本文引錄部分係艾青在八十年代的言論。

結論：

新詩人的舊學背景及其古典詩歌研究就，顯示了他們對舊體詩創作或研究，是有興趣、有能力的，這使他們兼作新舊二體的情況得到合理的解釋，舊學背景為這批新詩人培養了創作和欣賞舊體詩的興趣和能力，而新詩人在舊體詩研究上的具體成就，也證明了他們對舊體詩的了解是深刻的，綜合而觀之，這批新詩人從事的舊體詩歌活動，是十分合理的。

此外，舊體詩在形式上、作用上，都佔優勢，新詩人在創作中總結出「各體並存」的詩學主張，令舊體詩歌在現代文學背景下有生存空間，相對於當時的新詩發展，在形式建立上尚未如人意，新詩人在嘗試創作新詩之餘，並沒有放棄傳統形式。

餘論：

新詩人受抗日戰事的影響，以舊體詩抒發憂國之心情；加上部分繫獄的新詩人，也採用舊體詩抒發己意、或作政治表態，使舊體詩在現代詩壇上找到了發展、延續的空間；可見除了上文所述基本而直接的文學因素外，其間尚有時代、個人、政治等間接因素，結合了必然和偶然的因素，遂使舊體詩不單沒有淡出現代詩壇，相反是凝聚了一股特殊的創作力量。此外，魯迅、周作人及俞平伯的個別作品，在詩壇上引起關注，具體情況是引起和作和討論；現代新詩人創作舊體詩的波瀾，自五四以來時有起伏，自1934年周作人〈五十自壽詩〉起，1937年繼之以郭沫若等人步韻和〈無題〉（慣於長夜）一律，復由俞氏在世紀末的九〇年代以〈重圓花燭歌〉掀起另一題詠高潮，令舊體詩在現代以至當代詩壇上有著鮮明而正面的標記，標記著新詩人在舊體詩歌創作上的矚目程度和受關注程度，在這種特殊的優良環境下，舊體詩就更顯示出其生命力

與吸引力。還應注意的是，1957年1月《詩刊》在北京創刊，創刊號上發表了毛澤東（1893-1976）的詩詞作品十八首，《詩刊》還同時發表了毛氏寫給臧克家及刊物同人的一封信，這封短信就掀起了一連串的舊體詩活動，該信交代了毛氏歷來不願發表舊體詩的原因是「怕謬種流傳，貽誤青年；再則詩味不多，沒有甚麼特色」，還提出了他對舊體詩「消極而接納」的特殊態度，信中云：

> 詩當然應以新詩為主體，舊詩可以寫一些，但是不宜在青年中提倡，因為這種體裁束縛思想，又不易學。【191】

毛氏以新詩為主流，而舊體詩則可以「寫一些」，只是不宜向青少年提倡。這其實道出了不少新文學家的心聲——自作舊體，不作提倡。毛氏沒有正面肯定舊體詩的創作活動，只是從側面為舊體詩在詩壇上找一個存在角落。

【191】毛氏在《詩刊》上發表詩詞，在《百年詩壇紀事》中有記載，足見此舉在現代舊詩壇上的意義。又毛氏之信件，詳參《詩刊》第1期（1957）。

景印香港新亞研究所《新亞學報》（第一至三十卷）

明太祖朝貢貿易體制的建構與挫折

鄭永常*

一、前言

關於明太祖朝貢貿易體制的專題研究文章似不多見，但涉及明初朝貢貿易或中外關係的專書論文卻是不少。[1] 但是一般論者並未充分的利用史料作更深層的基礎研究，而是表面而籠統地分析明太祖因實行海禁，對朝貢國頒發勘合，實施朝貢貿易制度。但是洪武年間(1368-1398)很多相關的問題仍然弄不明白；例如市舶司的廢設原因及時間，又如冊

---

* 本所博士（1991），現任國立成功大學歷史系教授。

[1] 例如張維華寫於1955-6的《明代海外貿易簡論》收入張維華，《晚學齋論文集》（濟南：齊魯書社出版，1986）、王賡武，〈明初與東南亞的關係－背景論述〉收入王賡武著，姚楠編《東南亞與華人－王賡武教授論文選集》（北京：中國友誼出版公司，1987）同見 Fairbank, John King edited, *The Chinese World Order: Traditional China's Foreign Relations,*(Cambridge: Massachusetts, 1968), pp. 34-62 、鄭樑生，〈明朝海禁與日本的關係〉收入《漢學研究》，1－1，1983、曹永和，〈試論明太祖的海洋交通政策〉收入《中國海洋發展史論文集》，第一輯，台北：中央研究院三民主義研究所，1984、李金明，《明代海外貿易史》（北京：中國社會科學出版社，1990）、陳尚勝，「懷夷」與「抑商」：明代海洋力量興衰研究》（濟南：山東人民出版社，1997）。此外涉及朝貢體系研究的專書有；濱下武志著，朱蔭貴等譯《近代中國的國際契機：朝貢貿易體系與亞洲經濟圈》（北京：中國社會科學出版社，1999）、高偉濃，《走向近世的中國與「朝貢」國關係》（恩平：廣東高等教育出版社，1993）等兩書，不過都是以清朝為探討對象，明朝或略而不談。

封三佛齊的使團被爪哇屠殺的事件、又如勘合文冊給與的對象、又如洪武中葉後南海被分割為兩大勢力等等。如果這些問題不解決，很容易使讀者誤會明朝的朝貢貿易體制在洪武年間便已成功的建立起來。

明太祖實施海禁，不但把中國海商出國或歸國的通路堵塞了，又把朝貢與貿易掛鉤，形成朝貢貿易一體化的政策，並頒發勘合為憑證企圖建立一套由中國操縱的朝貢貿易制度，即與中國建立宗藩關係的國家才可來華貿易，因而引起連串爭議事件。明太祖推動的朝貢貿易政策，甚致引發南海海域國際秩序的瓦解。本章的研究重點是考察明太祖為何推動朝貢貿易一體化，並針對明太祖在建構朝貢貿易一體化過程中所引起的政治效應，特別是南海區域霸權採取的相應行動來挑戰明太祖的外交政策，最後導致明太祖的朝貢貿易體制瀕臨崩潰；從而觀察洪武年間東亞海域的國際形勢及國際秩序的對立關係。

二、明朝建國初期與海外國家的關係

吳元年（1367）十一月，當大將軍湯和攻下浙江慶元城，而方國珍率部屬來歸，【2】朱元璋勢力已到達浙東沿海區域，十二月下令「置市舶提舉司，以浙東按察使陳寧等為提舉。」【3】湯和大軍順勢南下福建，洪武元年（1368）二月漳州城降，而廖永忠乘勝率海軍由海道取廣州，三月何真率官屬降明，【4】至此，長江以南沿海全部底定。不過，這一年的五月，昌國州蘭秀山民聚眾入象山縣「執縣官，劫民居。」【5】當時

【2】夏原吉監修，《明太祖實錄》（京都：中文出版社，據中央研究院歷史語言研究所民國 51 年刊本縮編，1984），卷 27，頁 410、428。

【3】夏原吉監修，《明太祖實錄》，卷 28 下，頁 474。

【4】夏原吉監修，《明太祖實錄》，卷 31，頁 542。

【5】夏原吉監修，《明太祖實錄》，卷 32，頁 559。

又有「倭寇出沒海島中，乘間輒傅岸剽掠，沿海居民患苦之」。【6】由此可見，明初開國沿海潛在一些不穩定因素，這將影響明太祖的海洋政策。

洪武元年（1368）八月，明軍克定北京，元順帝北走之後，朱元璋的政權才算確立正統地位。同年十二月，明太祖隨即派使者出使高麗，詔諭中國已經改朝換代「號曰大明，建元洪武，惟四夷未報，故遣使報王知。」又遣使諭安南「已承正統，方與遠邇相安，共享太平之福。惟爾四夷君長、酋紳等，遐邇未聞，故茲詔示。」【7】洪武二年（1369）正月，又遣使「以即位詔諭日本、占城、爪哇、西洋諸國。」【8】顯見，明

【6】 張廷玉撰，《明史》（北京：中華書局，1984），卷130，頁3832。

【7】 夏原吉監修，《明太祖實錄》，卷37，頁749-751。

【8】 夏原吉監修，《明太祖實錄》，卷38，頁775。按：當明朝使者正在途中時，占城使者便來朝貢。因此明太祖再遣吳用、顏宗魯、楊載等出使占城、爪哇、日本等國，並頒賜國書以說明中國的情況，由此可見明太祖的積極作風。明太祖寫給占城國王阿荅阿者的璽書說：「今年二月四日，虎都蠻奉虎象至，王之誠意，朕已具悉。然虎都蠻未至，朕之使已在途矣。朕之遣使，正欲報王知之。曩者，我中國為胡人竊據百年，遂使夷狄布滿四方，廢我中國之彝倫。朕是以起兵討之，垂二十年，芟夷既平。朕主中國，天下方安，恐四夷未知，故遣使以報諸國。不期王之使者先至，誠意至篤，朕甚嘉焉。今以大統曆一本，織金綺段紗羅四十匹，專人送使者歸，且諭王以道。王能奉若天道，使占城之人安於生業，王亦永保祿位，福及子孫，上帝寔鑑臨之，王其勉，圖勿怠。虎都蠻及從者，亦賜文綺紗羅有差。」

在寫給爪哇國王的璽書說：「中國正統，胡人竊據百有餘年，綱常既墜，冠履倒置。朕是以起兵討之，垂二十年，海內悉定。朕奉天命已主中國，恐遐邇未聞，故專使報王知之。使者已行，聞王國人捏只某丁，前奉使于元，還至福建而元亡，因來居京師。朕念其久離爪哇，必深懷念，今復遣人送還，頒去大統曆一本。王其知正朔所在，必能奉若天道，俾爪哇之民安於生理，王亦永保祿位，福

太祖企盼外邦蕃國快來朝貢，以奠定大明在國際間的天朝地位。值得注意的是，明太祖在寫給占城國王和爪哇國王的國書中特別提及「安於生業」或「安於生理」一語，意思是安於貿易買賣。但是對於日本則有點惡言相向的說：「詔書到日，如臣，奉表來庭；不臣，則修兵自固。永安境土，以應天休，如必為寇盜，朕當命舟師，揚帆諸島，捕絕其徒，直抵其國，縛其王。」這是因為倭寇一再騷擾山東等沿海，而明太祖認為倭寇問題日本國王要負責，因此兩國的關係一開始有些緊張。

明太祖當然知道來朝貢的國家其目的是與中國做「生理」，他也了解倭寇也是為「生理」而來。明太祖在立國前一年便在太倉置市舶司，可說很早便關注到海外貿易的問題。對於海外貿易，他早期的想法是開放的，這可從洪武二年（1369）五月任命蔡哲為福建行中書省參政時的訓示中得知，當時仍未有海禁的觀念。他諭示說：「福建地瀕大海，民物富庶，番舶往來私交者眾，往時官吏多為利（誘），陷於罪戾。今命卿往，必堅所守，毋蹈其過。」【9】洪武二年（1369），占城、安南、高麗入貢，正式展開明朝與海外國家的朝貢關係。【10】

及子孫，其勉圖之毋怠。」

在寫給日本國王的璽書則說：「上帝好生，惡不仁者。向者，我中國自趙宋失馭，北夷入而據之，播胡俗以腥羶中土，華風不競，凡百有心，孰不興憤。自辛卯以來，中原擾擾，彼倭來寇山東，不過乘胡元之衰耳。朕本中國之舊家，恥前王之辱，興師振旅，掃蕩胡番，宵衣旰食，垂二十年。自去歲以來，殄絕北夷，以主中國，惟四夷未報。間者，山東來奏：倭兵數寇海邊，生離人妻子，損傷物命，故修書特報正統之事，兼諭倭兵越海之由。詔書到日，如臣，奉表來庭；不臣，則修兵自固。永安境土，以應天休，如必為寇盜，朕當命舟師，揚帆諸島，捕絕其徒，直抵其國，縛其王，豈不代天伐不仁者哉，惟王圖之。」參見前揭書，頁785-787。

【9】 夏原吉監修，《明太祖實錄》，卷42，頁832。

【10】 張廷玉撰，《明史》，卷2，頁23。

洪武二年九月，明朝便制定了具體而微的「蕃王朝貢禮」，也許明太祖想著四夷來王的盛會。雖然禮部官員明確的告訴他「宋朝奉貢者四十餘國，皆止遣使入貢，惟蕃王未嘗親入朝」的事實。不過，禮部亦提及「（元）世祖至元元年（1264），敕高麗國王植，令修世見之禮，六月，植來朝上都。」[11] 明太祖當然希望來朝者都是真誠的歸附中國，但是他也明白蕃國遣使朝貢，離不開貿易的效益，所以在「蕃王朝貢禮」中特別提及「若附至蕃貨，欲與中國貿易者，官抽六分給價以償之，仍除其稅。」[12] 由此可見，朝貢與貿易的關係已有所規定。

市舶司便負責與朝貢有關的貿易，如《明史》所載：「海外諸國入貢，許附載方物與中國貿易，因設市舶司，置提舉官以領之。所以通夷情，抑姦商，俾法禁有所施，因以消其釁隙也。」[13] 明太祖初定天下，便於直隸太倉州的黃渡鎮設市舶司；內設「有提舉一人、副提舉二人、其屬吏目二人、驛丞一人。後以海夷狡詐無常，迫近京師或行窺伺，遂罷不設。」[14] 太倉市舶司是在洪武三年（1370）二月被撤銷後，明太祖規定「凡番舶至太倉者，令軍衛有司同封籍，其數送赴京師。」[15] 明太祖似乎是因「海夷狡詐無常」而罷太倉市舶司的。總之，番舶貿易問題已引起明太祖的關注。

但是，市舶司的功能是十分明顯的。「國初設官市舶，正以通華夷之情，遷有無之貨。如西邊茶市，北邊馬市亦然。觀其官以市舶為名，

【11】按：關於蕃王來朝行禮的禮儀及程序等等，禮部用了五千餘字的條文，具體而微的規範及紀錄下來，使日後有所依循。其中提及蕃國國內的禮儀等，詳參夏原吉監修，《明太祖實錄》，卷45，頁884-903。

【12】夏原吉監修，《明太祖實錄》，卷45，頁903。

【13】張廷玉撰，《明史》，卷81，頁1980。

【14】沈德符撰，《萬曆野獲編》（北京：文化藝術出版社，1998），卷12，頁338。

【15】夏原吉監修，《明太祖實錄》，卷49，頁969。

意可知矣。」【16】，如果把朝貢貨物全歸軍衛封籍運送朝廷，即所有利權便被朝廷壟斷，而海外貿易便不可能。這個做法應是一時之策，不會長久的。沒有資料明確顯示明太祖在那一年復設市舶司，並擴張為寧波、泉州、廣州三地。《明史·市舶》籠統的說：「洪武初，設於太倉黃渡，尋罷。復設於寧波、泉州、廣州。寧波通日本；泉州通琉球；廣州通占城、暹羅、西洋諸國。」【17】不過，可以確定的是，洪武四年（1374）七月之前，占城國的朝貢船曾到福建貿易。明太祖曾諭福建行省：「占城海舶貨物，皆免其征，以示懷柔。」【18】也許可以這樣理解，當洪武三年罷撤太倉市舶司後，除了朝貢方物被封籍上京外，附舶蕃貨又回到宋元的貿易港泉州互市。這情況朝廷顯然是知道的，也是合法的，而且對海舶和蕃貨都要抽分。明太祖下令免徵占城船貨，是一項個別的特殊恩惠，也由此推知，當時寧波、泉州、廣州市舶司仍未成立，因為如果已設有廣州市舶司的話，占城海舶就不可能到泉州貿易。所以，當時朝貢與貿易仍未嚴格掛鉤，番舶仍可以自由貿易。

　　明太祖對於朝貢關係表現出高度的興趣，最初是從山川祭祀開始。洪武二年（1369），明朝建山川壇於正陽門外的天地壇之西，合祀諸神時，除了國境內大小山川外，也把朝貢國安南、高麗、占城諸國山川納入。【19】顯見，明太祖視朝貢行為是一種實在的關係。洪武三年（1370）正月，明太祖遣使往安南、高麗、占城祀其國山川，並命令「各國圖其山川，及摹譯其碑碣、圖籍付使者。使還，所至諸國，皆勒石紀其事。」【20】明太祖對朝貢國的要求具有實質意義。

【16】鄭曉撰，《今言》（北京：中華書局，1984），卷4，頁176。

【17】張廷玉撰，《明史》，卷81，頁1980。

【18】夏原吉監修，《明太祖實錄》，卷67，頁1261。

【19】張廷玉撰，《明史》，卷49，頁1279-1280。

【20】夏原吉監修，《明太祖實錄》，卷48，頁954-955。

事實上，明太祖的外交政策並不順利。當時高麗、安南、占城等已稱臣入貢，而日本對明朝則有所疑慮，不願回應朝貢之事。可是，倭寇卻出沒沿海騷擾，明太祖對於這種現象顯得有些不耐煩，他再次遣使警告日本，並表示將建造巨舟對付「逆天道，不自安分，時來寇擾」的外夷小邦。【21】由此觀之，倭寇困擾著明太祖的對外政策。事實上，自明開國以來「倭寇出沒海島中，乘間輒傅岸剽掠，沿海居民患苦之。帝數遣使齎詔書諭日本國王，又數絕日本貢使，然竟不得倭人要領……帝深以為慮。」【22】東海的日本不明確的態度，使明太祖對沿海完全放心不下。相反的在南海，經過明朝使者的努力外交，南海國家已有所回應。

洪武二年，太祖曾遣使以即位詔諭爪哇，可是爪哇並沒有回應。洪武三年六月，明太祖以平定沙漠，再頒詔爪哇，特別提及：「元君已沒，獲其孫買的里八剌，封為崇禮侯。朕倣前代帝王，治理天下，惟欲中外人民，各安其所。又慮諸蕃僻在遠方，未悉朕意，故遣使者往諭，咸使聞知。」【23】爪哇國王昔里八達剌蒲（Raia Sanagara/Hayan Wuruk）已確定元朝滅亡後，才在同年九月派遣使者，奉金葉表文及方物前來中國朝貢。

而與爪哇有密切關係的三佛齊、浡泥（渤泥）仍未來中國朝貢。明太祖在洪武三年八月便分別派遣使者招諭三佛齊、浡泥，還有真臘國。出使浡泥的是御史張敬之和福建行省都事沈秩，他們自泉州航海，經過半年抵闍婆（爪哇），又踰月才到達浡泥。當時國王馬合謨沙傲慢不為禮，經沈秩切責一番，才願下座拜受詔書。由此可見，浡泥當時並未把明朝視為天朝，原因是他的宗主國是爪哇。國王以浡泥剛為蘇祿所侵，頗為衰耗貧困，推辭三年後才入貢，國王因懼怕爪哇的責難及追究，總

【21】夏原吉監修，《明太祖實錄》，卷50，頁987-988。

【22】張廷玉撰，《明史》，卷130，頁3832。

【23】張廷玉撰，《明史》，卷324，頁8402。

是敷衍了事。明使者沈秩曉以大義說：「闍婆久稱臣奉貢，爾畏闍婆，反不畏天朝邪？」浡泥才遣使從張敬之、沈秩等奉表入貢。洪武四年（1371）八月浡泥第一次遣使向明朝入貢，【24】也是洪武朝唯一的一次。其後相信受爪哇所阻沒有再來。

洪武四年（1371）九月，三佛齊國王馬哈剌扎八剌卜，派遣使臣玉的力馬罕、亦里牙思等奉金表來中國朝貢。三佛齊的入貢跟浡泥一樣是明朝主動出訪的結果「趙述等使其國，告以即位建元，平定朔漠之意。至是，述還，其國遣使隨述入貢。」【25】當時，隨貢舶來做生理的海舶，仍然進入太倉及泉州港貿易。戶部曾就此事向明太祖請示說：「高麗、三佛齊入貢，其高麗海舶至太倉，三佛齊海舶至泉州海口，並請征其貨。」明太祖下詔「勿征」。【26】由此可見，當時的朝貢貿易仍未規範化，太倉市舶司裁撤後貿易仍可進行，目的是吸引海外國家前來朝貢。

這一年的九月，暹羅國王恭烈昭昆牙亦遣使臣昭晏孤蠻等，隨明使者呂宗俊入貢。【27】同年十月，日本亦遣使者僧祖來「進表箋、貢馬及方物。」又送回被倭寇所虜的男女七十餘口。【28】而真臘國的使臣奈亦吉郎，在同年的十一月抵達中國奉表入貢。【29】明朝開國後，經過四年

【24】張廷玉撰，《明史》，卷325，頁8411-8412；夏原吉監修，《明太祖實錄》，卷67，頁1264。

【25】夏原吉監修，《明太祖實錄》，卷68，頁1274。

【26】夏原吉監修，《明太祖實錄》，卷68，頁1279；並見張廷玉撰，《明史》，卷324，頁8406。洪武四年「戶部言其（指三佛齊）貨舶至泉州，宜徵稅，命勿徵。」

【27】夏原吉監修，《明太祖實錄》，卷68，頁1278。

【28】夏原吉監修，《明太祖實錄》，卷68，頁1280。

【29】夏原吉監修，《明太祖實錄》，卷69，頁1287。當時東南亞朝貢國第一次帶來的貢物詳參屈大均撰，《廣東新語》（北京：中華書局，1985），卷15，〈諸番貢物〉，頁429-430。

鄭永常　明太祖朝貢貿易體制的建構與挫折　　465

的外交努力，使者四出，至此才得到海外國家的承認，願意前來朝貢。
這些國家包括高麗、日本、安南、占城、爪哇、浡泥、三佛齊、暹羅、
真臘及西洋瑣里等國。【30】也就是說，從東北亞到東南亞，沿海國家都
與明朝中國建立了朝貢式的外交關係。明太祖大概也覺得明朝的天朝地
位已確立下來。他語重心長的宣佈明朝的「不征」政策，目的是去除蕃
國的疑慮。洪武四年（1371）九月，他在奉天門對省府臺臣諭示：

> 海外蠻夷之國，有為患於中國者，不可不討；不為中國患者，不
> 可輕自興兵。古人有言：地廣非久安之計，民勞乃易亂之源。如
> 隋煬帝，妄興師旅，征討琉球，殺害夷人，焚其宮室，俘虜男女
> 數千人。得其地，不足以供給；得其民，不足以使令。徒慕虛
> 名，自弊中土，載諸史冊，為後世譏。朕以諸蠻夷小國，阻山越
> 海，僻在一隅，彼不為中國患者，朕決不伐之。惟西北胡戎，世
> 為中國患，不可不謹備之耳。卿等當記所言，知朕此意。【31】

明太祖這一宣佈確定了明代海外政策的原則，這一原則也寫進了《祖
訓》，成為國家大法，不能隨意變更。據《大明會典》所載不征諸夷，
包括有朝鮮、日本、大小琉球、安南、真臘、暹羅、占城、蘇門答臘、
西洋、爪哇、彭亨、百花、三佛齊、浡泥凡十五國。」【32】

【30】張廷玉撰，《明史》，卷2，頁25-26。

【31】夏原吉監修，《明太祖實錄》，卷68，頁1277-1278；並見《明太祖寶訓》（台
　　北：中央研究院歷史語言研究所，1984），卷6，頁485。

【32】申時行重修，《大明會典》（台北：新文豐出版公司，1976），卷105，頁1585。
　　按：大小琉球據《大明會典》所記：「大琉球朝貢不時，王子及陪臣之子階入太
　　學讀書，禮待甚厚。小琉球國不通往來，不曾朝貢。」（卷105，頁1587）可見，
　　小琉球應指台灣；百花或即百花園，其地在爪哇西部。參陳佳榮等編，《古代南
　　海地名匯釋》（北京：中華書局，1986），頁313-314。又西洋泛指印度與阿拉
　　伯等地的國家。

9

三、明太祖面對朝貢與貿易的挑戰

洪武初年，朝貢與貿易仍然是寬鬆的，雖然明太祖禁止人民出海貿易，但是前來朝貢的國家隨來貿易是被允許的，這情況跟元代情況相去不遠。洪武四年（1371）七月以前，貿易港口仍未規範化，所以占城、三佛齊的船可到福建泉州貿易，因為如果三市舶司已經確立的話，占城、三佛齊應只能在廣州貿易。洪武四年的下半年開始出現一些變化，我們必須經過細心觀察及推敲才能掌握住明太祖的對朝貢與貿易的思路。倭寇一直是明太祖放心不下的問題，也因為倭寇問題使中日兩國關係一度緊張，日本遣使入貢及送回被倭寇所虜男女，才化解對抗的危機。但是倭寇並非日本所能隨意控制的，自明立國以來，沿海一直受倭寇的干擾，特別是江南沿岸本就是張士誠、方國珍的大本營及對外貿易基地。明太祖當然知道倭寇出沒為的是生理，如果能封鎖隔絕，應是對倭寇的極大打擊。

明太祖在洪武四年十二月命令「靖海侯吳禎籍方國珍所部；溫、台、慶元三府軍士及蘭秀山，無田糧之民凡十一萬餘人，隸各衛為軍。且禁沿海民私出海。時方國珍及張士誠餘口多竄島嶼間，勾倭為寇。」[33] 這十一萬「無田糧」人民，相信大都從事海外貿易活動，現在被安置為軍戶，又禁沿海居民出海，杜絕接濟，這對打擊倭寇活動是有效的。但是，私自出海貿易的情況時有發生，明太祖指責有失職守的海防軍衛說：「朕以海運可通外邦，故嘗禁其往來。近聞福建興化衛指揮李興、李春私遣人出海行賈，則海濱軍衛豈無知彼所為者乎。苟不禁戒，則人皆惑利而陷于刑憲矣。」[34] 這份走私報告是在同年十二月送

---

[33] 張廷玉撰，《明史》，卷91，頁2243；夏原吉監修，《明太祖實錄》，卷70，頁1300。

[34] 夏原吉監修，《明太祖實錄》，卷70，頁1307。

到皇帝處，明太祖對於沿海的走私活動越來越關注。

明初的海禁與倭寇關係密切，在強調海禁外，又加強了防倭措施。「洪武五年（1372），始令浙江、福建造舟防倭。」[35] 洪武六年（1373）又加強防倭的戰略；「增置多櫓快船，無事則巡徼，遇寇以大船薄戰，快船逐之……每春以舟師出海，分路防倭，迄秋乃還。」[36] 明太祖對日本的不信任越來越強烈。記得洪武二年楊載出使日本交涉倭寇事，明太祖警告日本「如必為寇盜，朕當命舟師揚帆諸島，捕絕其徒，直抵其國，縛其王。」[37] 結果，懷良親王怒殺明使五人，拘囚正使楊載、吳文華二人三個月，始放歸。[38] 雖然洪武四年懷良遣使入貢，但是明太祖已知道日本政局曖昧不明的狀況，他弄不明白究竟誰是真正的交涉對象。他想從旁去了解這位常來騷擾的惡鄰居，招諭琉球入貢就是順理成章的事。

奇怪的是明太祖開國，使者四出招來，但是獨缺琉球。這並非他忘記有琉球國，而是他把琉球視為警惕的座右銘。他在「不征」政策中特別提及「如隋煬帝，妄興師旅，征討琉球……自弊中土，載諸史冊，為後世譏。」可是，因為日本政局不明，倭寇侵擾不斷，明朝有意拉攏琉球以作制衡。而明朝與琉球的外交關係正式揭開首頁，並很快進入了親密的階段。洪武五年（1372）春正月，明太祖派遣楊載持詔諭琉球國，詔曰：

> 昔帝王之治天下，凡日月所照，無有遠邇，一視同仁……朕……
> 為臣民推戴，即皇帝位，定有天下，之號曰大明，建元洪武。是
> 用遣使外夷，播告朕意，使者所至，蠻夷酋長，稱臣入貢。惟爾

---

[35] 申時行重修，《大明會典》，卷105，頁1586。

[36] 張廷玉撰，《明史》，卷91，頁2243。

[37] 夏原吉監修，《明太祖實錄》，卷39，頁787。

[38] 參張聲振著，《中日關係史》（長春：吉林文史出版社，1986），頁209。

> 琉球，在中國東南，遠處海外，未及報知，茲特遣使往諭，俾其
> 知之。【39】

這一年年底，琉球入貢。【40】當時呂宋也來朝貢了。據《明史》所載；呂宋是在洪武五年正月，遣使偕瑣里諸國來貢。【41】值得留意的是，呂宋不是直接前來，而是坐西洋瑣里船來朝貢。也許是海禁的效應，中國船不能出海，做貿易的便要想辦法前來。西洋瑣里位於南印度，他的海船先到東南亞做買賣，然後才轉到中國朝貢。

海禁使倭寇的侵擾行為越來越激烈，洪武五年七月，倭人寇掠「福州之福寧縣，前後殺掠居民三百五十餘人，焚燒廬舍千餘家，劫取官糧二百五十石。」【42】而明州衛指揮僉事張億，率兵討倭寇時，中流矢而殉職。為了對付倭寇的侵擾，明太祖已不寄望日本的合作，加強自我防禦已進入日程。洪武五年七月，他詔諭「浙江、福建瀕海九衛，造海舟六百六十艘，以禦倭寇……嘗聞倭寇所至，人民一空，較之造船之費，何啻千百，若船成備禦有具，瀕海之民，可以樂業。所謂因民之所利而利之又何怨？但有司之禁不得不嚴。」【43】

由於禁人民出海，朝貢與貿易一體化就成為必然的趨勢。蕃國借朝貢之名行貿易之實是可以理解的，特別是朝廷的「厚往薄來」政策，使朝貢者趨之若鶩，不分時節，但求以朝貢之名前來，使明太祖不勝其煩。如《廣東新語》所說的：「一貢則其舶來往三度。」【44】這種事也反

【39】 夏原吉監修，《明太祖實錄》，卷71，頁1314、1317。

【40】 張廷玉撰，《明史》，卷2，頁28。

【41】 張廷玉撰，《明史》，卷323，頁8370。

【42】 夏原吉監修，《明太祖實錄》，卷75，頁1393。

【43】 夏原吉監修，《明太祖實錄》，卷75，頁1390-1391。

【44】 參屈大均撰，《廣東新語》（北京：中華書局，1985），卷15，〈諸番貢物〉，頁429-430。

映在高麗的使團上。洪武五年十月，明太祖對高麗「貢獻煩數」感到懊惱，曾就此事特別派遣使者前往告誡。結果，高麗國王又派出使者姜仁裕等來謝恩，「貢馬十七匹，并錦囊、弓矢、金鞍及人參等物。」可是，較早時前來賀正旦的高麗使者金湑等仍在南京，距正旦尚有二個月，明太祖下令他們都先行回國。並就此事向中書省臣表達了對朝貢的看法說：

> 夫古者諸侯之於天子，比年一小聘，三年一大聘，若九州之外，
> 蕃邦遠國，則惟世見而已，其所貢獻亦無過侈之物。今高麗去中
> 國稍近，人知經史，文物禮樂略似中國，非他邦之比。宜令遵三
> 年一聘之禮，或比年一來，所貢方物止以所產之布十匹足矣，毋
> 令過多。中書其以朕意諭之占城、安南、西洋瑣里、爪哇、渤
> 尼、三佛齊、暹羅斛、真臘等國。新附遠邦，凡來朝者，亦明告
> 以朕意。【45】

從高麗朝貢頻頻的事件中，明太祖對於朝貢制度又有了新的認知。他正摸索出一些可行的規範來。在他的認知裏，高麗與中國為鄰，又效華風，可行「三年一聘之禮」，或「比年一來」即每年可來朝貢一次。而文中所提及的蕃國中，除安南符合每年一貢外，其他都應是三年一貢。這裏明太祖沒有提及日本，可見中日關係的不和，明太祖也沒有提及琉球，原因當時明朝與琉球仍未正式建立外交關係。他開始限制貢品數量，毋令過多。這完全是貿易問題，頻來朝貢或是藉口入貢，都是貿易的問題。貿易問題開始困擾洪武皇帝，他甚至為了高麗使者的一點詐欺向高麗國王提出指責：

> 王之貢馬，其數五十四，使云道亡者二，而至京如數……王之使
> 者，越風濤之險，以奉貢獻，而又挾私以行詐，此果以小事大之
> 禮乎？然此小事，朕非欲較短長，恐行人失辭，嫁禍於王，故明

【45】夏原吉監修，《明太祖實錄》，卷76，頁1400-1401。

言之。若果王之指使，則宜修德改行，以保國家，毋為浮詭之
計。【46】

由此看來，朝貢問題已引起明太祖重新思考其中的意義。這一年來朝貢
的國家都被諭示三年一貢。【47】

三年一貢是否有效執行，從下面的個案中也許得到一些啟示。洪武
七年（1374）三月，有自稱暹羅斛國人宣稱該國使臣去年八月，海舶經
過烏諸洋時，遭風破壞舟海船，其後漂至海南達本處，被地方官司收
獲，船上漂餘的貨物有蘇木、降香、兜羅、綿等物，準備來朝貢。當明
太祖看見省臣的奏本後，立即指出這位使者的言詞不可信，「其無表
狀，詭言舟覆，而方物乃有存者，疑必番商也，命卻之。」【48】就因此
事，他重新再次諭示三年一貢的規範。他詔諭中書及禮部謂：

高麗稍近中國，頗有文物，禮樂與他番異，是以命依三年一聘之
禮。彼若欲每世一見，亦從其意。其他遠國，如占城、安南、西
洋瑣里、爪哇、浡尼、三佛齊、暹羅斛、真臘等處新附國土，入
貢既頻，勞費太甚，朕不欲也。今遵古典而行，不必頻煩，其移
文使諸國知之。【49】

可見，明太祖對於蕃邦遠國，已沒有即立初期那麼熱情，如他們能遵守
古典儀禮「三年一貢」或甚至是「每世一見」就更好了。也許，明太祖
對於朝貢過程中的花費已不能接受。洪武七年（1374）六月，日本入貢
但沒有帶來表文，這就引起明太祖的不滿。他敕諭中書省謂：

向者國王良懷，奉表來貢，朕以為日本正君，所以遣使往答其
意。豈意使者至，彼拘留二載，今年五月去舟纔還……今日本蔑

【46】 夏原吉監修，《明太祖實錄》，卷85，頁1518-19。

【47】 夏原吉監修，《明太祖實錄》，卷2，頁28。

【48】 夏原吉監修，《明太祖實錄》，卷88，1564。

【49】 夏原吉監修，《明太祖實錄》，卷88，1564-1565。

棄禮法，慢我使臣，亂自內作，其能久乎？爾中書其移書諭以朕
意，使其改過自新，轉禍為福，亦我中國撫外夷，以禮導人心以
善之道也。

當時，日本蕃臣九州南部志布志的島津氏久等，亦同時遣使入貢。明太
祖以「氏久等無本國之命，而私入貢，仍命卻之。」【50】由此可見，明朝
與日本的朝貢關係跟本無法確實的建立，因為日本正處於南北朝(1335-
1392）的戰國時代。

為甚麼明太祖在洪武七年（1374）九月辛未（九日），忽然下令裁
撤「福建泉州、浙江明州、廣東廣州，三市舶司」【51】一事？就是到了今
天，仍然沒有直接史料可供參考。關於洪武年間市舶司的設立或裁撤的
時間，因資料不明確而十分難以掌握，《明史》的紀錄是：「吳元年置
市舶提舉司，洪武三年罷太倉黃渡市舶司。七年罷福建之泉州、浙江之
明州、廣東之廣州三市舶司。永樂元年復置，設官如洪武初制，尋命內
臣提督之。」【52】據上一節對市舶的考察，有理由相信洪武三年二月裁
撤太倉後，蕃國仍到太倉，甚至是泉州做貿易。當時，除了占城在泉州
貿易，其他朝貢國亦是如此。如洪武四年九月丁丑，《明太祖實錄》紀
錄了「高麗、三佛齊入貢。其高麗海舶至太倉，三佛齊海舶至泉州海

【50】 夏原吉監修，《明太祖實錄》，卷90，頁1581-1582。

【51】 夏原吉監修，《明太祖實錄》，卷93，頁1620-1621。

【52】 張廷玉撰，《明史》，卷75，頁1848。按《萬曆野獲編》所記「洪武七年，又
設於浙江之寧波府，廣東之廣州府。其體制一同太倉。」(參見《萬曆野獲編》，
卷12，頁317-318。）本文以《明太祖實錄》及《明史》為是，即洪武七年裁撤
後，直至永樂元年八月，明成祖「以海外番國朝貢之使附帶物貨，前來交易者，
須有官專至之。遂命吏部依洪武初制，於浙江、福建、廣東設市舶提舉司。」
參見楊士奇等撰，《明太宗實錄》(京都：中文出版社，據中央研究院歷史語言
研究所民國51年刊本縮編，1984），卷22，頁409。

口，並請征其貨，詔勿征。」【53】可見，當時已形成一種不成文的規範，即南海來的番舶到泉州，北來的番舶到太倉。雖然市舶司裁撤，但是管理仍由地方官負責，戶部要求徵稅即反映當時的貿易頻繁的事實。

值得留意的是，洪武五年年底琉球已應詔入貢，【54】而呂宋也隨西洋瑣里來朝貢。也就是說來太倉或泉州貿易的番舶越來越多，罷市舶司後便沒有專門部門來管理番舶的貿易，相信問題一定很多，重設市舶司是必然的考慮。有理由認為，洪武六年（1373）明太祖再度答應重開市舶，而太倉市舶司移至浙江明州（即寧波）、另增設福建泉州市舶司及廣東廣州市舶司。並作了較大規模的改革，規定「寧波通日本，泉州通琉球，廣州通占城、暹羅、西洋諸國。」【55】這種分區的市舶管理，在洪武六年便已正常運轉，下述事件可以提供很好的證明。

洪武七年（1374）八月《明太祖實錄》紀載：占城國王貢使，去年秋入貢完畢後，正要離開中國。明太祖忽然想起「其獲賊之功未賞。近其使還，可遣人以物追賜之。於是遣宣使金璿賫上尊酒及金織、文綺、紗羅二十四匹，馳至廣州，付其使陽寶摩訶八的悅文旦，歸賜其國王。」【56】由此可見，在洪武六年時，占城使者的入貢路線已改由廣州起程，朝貢完後回至廣州出航回國，跟從前直接到太倉或泉州不同。值得留意的是這一年，明太祖規定高麗使節「今後不要海裏來」。【57】也就是說高麗使節只能從陸路入貢，因為新的海關制度已經確立。所以，可以肯定的說，最遲在洪武六年（1373）夏季，寧波、泉州、廣州三市

【53】夏原吉監修，《明太祖實錄》，卷68，頁1279。

【54】夏原吉監修，《明太祖實錄》，卷78，頁1423。

【55】張廷玉撰，《明史》，卷57，頁1980。

【56】夏原吉監修，《明太祖實錄》，卷93，頁1607-8。

【57】參陳尚勝，〈明初海防與鄭和下西洋〉，收入《南開學報》（哲社版），1985年5期，頁4。

舶司已經設立。到了洪武七年（1374）八月明太祖派宣使金睿前往廣州時，仍沒有任何跡象顯示明太祖打算裁撤三市舶司，但是，一個月之後他忽然作如此的決定。這麼一罷，直至明成祖上台，即永樂元年（1403）三市舶司才重新得以設立，當時已相隔了四十年。

明太祖沒有留下任何蜘絲馬跡，讓後人追尋裁撤三市舶司的決定，此段歷史至今仍然是一團迷霧。筆者以為奉命南下廣州的中書省宣使金璿是重要的關係人，他奉敕諭將明太祖賞賜占城國王的禮物轉交占城使者帶回，相信他在一個月內便完成任務回到南京，並報告了有關廣州市舶司的所見所聞。明太祖對於海外貿易原本就不感興趣，甚至是厭惡，這可從洪武三年罷太倉市舶的決定中得知。當時他的理由就是海夷狡詐無常，其實就是指外夷藉朝貢從事貿易的不安本份的行為；「舊例貢舶三艘至粵，使者捧金葉表入京朝貢，其舶市物還國；次年，三舶復至迎敕，又市物還國……一貢則其舶來往三度。」【58】況且在貿易過程中，往往會出現官吏貪污、貿易糾紛、衝突或風氣敗壞的行為，市舶司設在邊陲的廣州，情況相信會更寬鬆放縱。

《大明會典》紀錄了《祖訓》一段話說：「自占城以下，蘇門答剌、西洋、爪哇、彭亨、百花、三佛齊、浡泥諸國來朝時，內帶行商，多行譎詐，故沮之。自洪武八年（1375），沮至洪武十二年（1379），方乃得止。」【59】也就是說，自洪武七年罷市舶司後，要經過長達五年的防堵政策，才成功遏止番舶來貿易。明太祖下令防阻的是藉朝貢前來貿易的商舶，貢舶則仍受歡迎。有理由相信，宣使金璿回京後，報告了在廣州市舶司的所見所聞，有關較早時「諸國來朝時，內帶行商，多行譎詐」的情況依然存在，可能更為惡化。明太祖再不能忍受這種不良的風氣，

【58】參屈大均撰，《廣東新語》（北京：中華書局，1985），卷15，〈諸番貢物〉，頁429-430。

【59】申時行重修，《大明會典》，卷105，頁1590。

因此，斷然下令裁撤三市舶司，把朝貢方物完全由軍衛封籍運送京師以杜絕不良行為。

罷市舶司一年後，洪武八年（1375）二月，禮部尚書牛諒進言：「京都既罷祭天下山川，其外國山川，亦非天子所當親祀。」[60]明太祖接受建議下令「外夷山川，附祭于各省山川之次……如廣西則宜附祭安南、占城、真臘、暹羅、鎖里；廣東則宜附祭三佛齊、爪哇；福建則宜附祭日本、琉球、渤泥；遼東則宜附祭高麗。」[61]明太祖竟把朝貢國的山川附祭於各省，顯示他視外夷為一附庸。這一年明太祖還規定了「頒詔諸蕃及蕃國迎接儀」條文，這是一項極為隆重而繁文縟節的儀式。即當明朝使者抵達該國，先派人知會頒詔使到達的消息，蕃國即於「國門外公館設幄結綵，設龍亭於正中，備金鼓儀仗，鼓樂伺候迎引。又於城內街巷結綵，王宮內設闕庭於殿上，正中設香案，於前設使者位，於香案之東開讀，案位於蕃王殿陛之東，北設蕃王拜位，於殿庭中北向。」一切擺設就象徵著主從關係。蕃王親自率領「國中眾官、耆老，出迎于國門外。王具冕服，眾官具朝服，行五拜，禮訖。王及眾官人等儀仗，鼓樂前行，導引詔書，至宮中。」這一過程就好像迎接一實在的權威。接下來是使者往龍亭捧詔書宣讀，「蕃王及眾官以下皆俯伏；興，樂作，四拜；樂止，鞠躬、舞蹈、山（高）呼萬歲者三；樂作，復四拜；樂止，禮畢。」[62]整套中國式的繁文縟節竟搬到蕃國土地上上演，其

【60】張廷玉撰，《明史》，卷49，頁1285。

【61】夏原吉監修，《明太祖實錄》，卷97，頁1657-8。

【62】使者入蕃國境，先遣人報蕃王。王遣官遠迎，前期，令有司于國門外公館設幄結綵，設龍亭於正中，備金鼓儀仗，鼓樂伺候迎引。

又於城內街巷結綵，王宮內設闕庭於殿上，正中設香案，於前設使者位，於香案之東開讀，案位於蕃王殿陛之東，北設蕃王拜位，於殿庭中北向。蕃國眾官拜位於蕃王拜位之南，捧詔、宣詔、展詔官位於開讀案之北。司禮二人，位於蕃王拜

目的當然是展現明朝皇帝象徵的宗主權力,由此可見,明太祖視宗藩關係具有實質的意義。可是,明太祖的行動將增加了蕃國對明朝的猜疑,因此而產生誤會,甚而導致明朝與南海國家的關係進一步惡化。

洪武八年六月,明太祖與廷臣會議後,命中書省臣敕諭「安南、高麗、占城等國,自今惟三年一來朝貢,若其王立,則世見可也。」[63]

位之北;引禮二人,位於司禮之南;引班四人,位於眾官拜位之北,俱東西相向。

陳儀仗於殿庭之東西,設樂位於眾官拜位之南,北向。其接詔官,遠接詔書、迎至館中,安奉於龍亭。至日,蕃王率國中眾官、耆老,出迎于國門外。王具冕服,眾官具朝服,行五拜,禮訖,王及眾官人等儀仗,鼓樂前行,導引詔書,至宮中。引禮,引王入就拜位,眾官、耆老各入就位。使者詣前,南向立,稱:「有制」,樂作,王及眾官以下皆四拜,樂止。司贊唱:「開讀」,宣詔官、展詔官陞案,使者詣龍亭捧詔書,授捧詔官捧至開讀案,宣詔官受詔展讀贊跪,蕃王及眾官以下皆跪。宣詔訖,捧詔官仍捧至龍亭中,蕃王及眾官以下皆俯伏,興,樂作,四拜;樂止,鞠躬、舞蹈、山(高)呼萬歲者三。樂作,復四拜;樂止,禮畢。以詔書付所司頒行,王釋服與使者相見。

蕃王居西,使者居東,凡行禮皆司贊唱之。其賜蕃國印綬,陳設行禮,俱如頒詔儀。但賜印則設案於丹陛上之東,其傳制則曰:「皇帝敕使爾某授某國王印,爾其恭承朕命。」如有賜物,則併宣之。使者至蕃國,先報蕃王,蕃王迎接、陳設、行禮,皆如迎詔,但王及官常服乘馬,前導至王宮,置龍亭於正殿中,王及眾官四拜。興引禮,引王詣龍亭前,使者稱:「有制」,贊禮唱「跪」,王及眾官跪,使者宣制曰:「皇帝敕使某,持印賜爾國王某,并賜某物。」宣畢,使者捧印并物,西向授蕃王,蕃王跪受以授左右。訖,引禮唱:「俯伏興」,王及眾官皆俯伏興。王復位,復四拜,禮畢。王與使者相見,一如見詔使儀。參見夏原吉監修,《明太祖實錄》,卷97,頁1660-1664。

[63] 夏原吉監修,《明太祖實錄》,卷100,頁1696-1697;並見《大明會典》,卷105,頁1585。

如果把罷市舶司及「自今惟三年一貢」一起看，才了解明太祖全面落實三年一貢的政策，當然也使前來貿易的番舶受阻。洪武九年（1376）五月，因安南不依期來，明太祖再次重申「蕃夷外國，當守常制，三年一貢，無更煩數。來朝使臣，亦惟三五人而止，奉貢之物不必過厚，存其誠敬可也。」【64】由於明太祖的決心，才出現「自洪武八年，沮至洪武十二年，方乃得止」的局面。

可是，就在這一段時間內，明朝面對一項極為艱鉅的外交挫敗。三佛齊自洪武四年（1371）入貢後，洪武六年（1373）、洪武七年（1374）都來入貢。洪武八年（1375）三佛齊國王仍奉明朝諭旨遣使西洋，招諭拂菻國前來中國入貢，【65】可見明太祖十分重視西洋國家的朝貢，但他似乎有意進一步利用三佛齊優越的中介地位。洪武十年（1377）八月，三佛齊國王怛麻沙那阿者逝世，他的兒子麻那者巫里繼位，並遣使臣奉表文前來中國請印綬並貢方物等。【66】明太祖在洪武十年（1377）冬十月下詔遣使者齎詔印，冊封三佛齊國王嗣子麻那者巫里為三佛齊國王，而國王印章用鍍金駝鈕銀印。詔書略曰：

> 朕自混一區宇，嘗遣使詔諭諸番，爾三佛齊國王怛麻沙那阿者，
> 即稱臣入貢，于茲有年，今秋使者齎表至，知怛麻沙那阿者薨
> 逝，爾麻那者巫里，以嫡子當嗣王位，不敢擅立，請命于朝，可
> 謂賢矣。朕嘉爾誠，是用遣使，賜以三佛齊國王之印，爾當善撫
> 邦民，永為多福。【67】

這一枚「三佛齊國王之印」應是明太祖第二枚頒賜給海外蕃國的國

【64】 夏原吉監修，《明太祖實錄》，卷106，頁1763。

【65】 夏原吉監修，《明太祖實錄》，卷101，頁1708。按：拂菻國即東羅馬帝國，
　　　這裏泛指阿拉伯及波斯灣地區的國家。

【66】 夏原吉監修，《明太祖實錄》，卷114，頁1879。

【67】 夏原吉監修，《明太祖實錄》，卷115，頁1888。

鄭永常　明太祖朝貢貿易體制的建構與挫折　　　477

王印章，第一枚應是在月前賜予暹羅斛國王的「暹羅國王之印」。【68】
無論如何，國王印鑑的頒賜，具有高度的宗主藩屬的象徵意義，伴隨而
來的是一套權威象徵的頒詔過程，這都將挑起南海舊有勢力的不滿和挑
戰。頒詔儀式是一套莊嚴肅穆的中國儀軌，非蕃國官吏所能認知，因
此，冊封使者必然率領一批訓練有素的軍士儀隊，使頒詔典禮能在蕃國
呈現出中國國家典禮的威儀，象徵蕃國與中國的從屬關係。在頒賜「暹
羅國王之印」時，相信明朝曾派將士參與，使團回國後並得到明太祖的
賞賜。《明太祖實錄》記載「使暹羅斛國將士三百一十一人還京，賜鈔
一千五百六十一錠」的訊息。【69】同樣，奉命頒賜「三佛齊國王之印」的
使團亦將包括三百多名將士。

　　明朝在同一時間內派遣使者及將士，出使暹羅及三佛齊頒賜國王之
印，必引起南海國家的關切。剛好這一年十月前來朝貢的還有爪哇使
團，【70】對於三佛齊請明朝冊封的事必有所聞，而南海的一場衝突，就
因為中國的頒賜「三佛齊國王之印」而引發，明太祖將面對更大的挫
折。

四、三佛齊事件始末

　　洪武十年（1377）十月，明太祖下詔冊封三佛齊國王嗣子麻那者巫
里為三佛齊國王，賜與「三佛齊國王之印」一事，如無意外發生，冊封
使團應在明年春出發，當年七八月便可回國。可是，從洪武十一年至十
二年（1378-1379）一直沒有使團回國的消息，自此以後，就不再見三佛
齊前來朝貢了，可見冊封使團已發生了意外。至遲在洪武十二年（1379）

【68】 夏原吉監修，《明太祖實錄》，卷115，頁1883。
【69】 夏原吉監修，《明太祖實錄》，卷121，頁1966。
【70】 夏原吉監修，《明太祖實錄》，卷115，頁1892。

21

九月前，官僚也許已知道不幸事件，當時爪哇東王及西王分別有使團前來朝貢，這顯得不太尋常；朝廷「以其禮意不誠，留其使者。」【71】把爪哇使者拘留下來，反映出南海海域的國際形勢起了根本的變化。

「禮意不誠」可能是宰相虛報當時的實況，筆者認為冊封使團遇害的消息，宰相胡惟庸並未據實報告。他可能正為此事而傷透腦筋之際，卻在洪武十二年（1379）九月被明太祖指責不即時報告占城朝貢一事；竟演變為明太祖廢相的導火線。明太祖乘機直接插手外交事務，他對宰相胡惟庸壟斷外交顯得極之不滿。《明太祖實錄》記錄了當時的情況：

> 占城國王阿答阿者，遣其臣陽須文旦進表及象馬方物，中書省臣不以時奏。內臣因出外見其使者以聞，上亟召使者見之。歎曰：「壅蔽之害，乃至此哉。」因敕責省臣曰：「朕居中國，撫輯四夷，彼四夷外國，有至誠來貢者，吾以禮待之。今占城來貢方物，既至，爾宜以時告，禮進其使者，顧乃泛然若罔聞知。為宰相，輔天子出納帝命，懷柔四夷者固當如是耶？」丞相胡惟庸、汪廣洋等皆叩頭謝罪。【72】

占城當時與安南時有爭執，當然希望明太祖關心。但是，明太祖直接插手外交後，最關心的是三佛齊和爪哇，占城使者也許已報告三佛齊冊封使團遇害的消息，明太祖才會發出「壅蔽之害，乃至此哉」的感嘆。【73】不過，詳細情況可能並未完全清楚，但他十分冷靜地面對這次南海的外交糾紛，他沒有公開指責爪哇或惡言相向，反之積極處理與爪哇的關係。在明太祖洪武十二年（1379）九月，下令：「釋爪哇使臣還

【71】夏原吉監修，《明太祖實錄》，卷126，頁2016。

【72】夏原吉監修，《明太祖實錄》，卷126，頁2016。

【73】按：筆者以為引致明太祖廢相的導火線，主要原因並不是「不以時奏」占城使至這事，而是占城使者報告了三佛齊冊封使被殺之事。這件事，胡惟庸一直在隱瞞真相。因此，明太祖接見了占城使後，才有「壅蔽之害，乃至此哉」的感慨。

其國。」【74】由此可見，明太祖不但插手外交事務，而且主導整個外交政策，宰相的功能已被他架空，胡惟庸於一年後被殺。洪武十二年的十月，爪哇使團再次入貢。【75】由此可見，爪哇並不願因此事件與明朝中斷朝貢關係，爪哇正試圖彌補與明朝關係。無論如何明朝與爪哇兩國關係正處於低潮之中。兩國的過節被公開是在洪武十三年（1380）十月，當爪哇使者再度入貢時，明太祖對爪哇國王提出嚴重的警告說：

> 爾邦僻居海島，頃嘗遣使中國，雖云脩貢，實則慕利，朕皆推誠以禮待焉。前者，三佛齊國王遣使奉表來請印綬，朕嘉其慕義，遣使賜之，所以懷柔遠人。爾柰何設為姦計，誘使者而殺害之，豈爾恃險遠，故敢肆侮如是歟？今使者來，本欲拘留，以其父母妻子之戀，夷夏則一。朕推此心，特令歸國。爾二王當省己自修，端秉誠敬，毋蹈前非，干怒中國。則可以守富貴，其或不然，自致殃咎，悔將無及矣。【76】

爪哇誘殺明朝冊封使事件，最有可能發生的時間是在洪武十一年初夏。明太祖在洪武十二年九月從占城使者處獲悉，經過一年多的了解，才向爪哇兩位國王發出警告，當時明太祖已廢宰相而獨攬外交大權。如果比照冊封暹羅國王的使團人數作為標準，前赴三佛齊冊封的將士亦應有三百多人，再加上正副使者及隨員，一行人等在抵達三佛齊國而被爪哇所殺。由於使團成員大都是軍人，所以能夠把他們殺害的一定是數量加倍的爪哇軍士才有可能。

明太祖對使團被殺竟如此的低調，只以「爾二王當省己自修」來化解兩國緊張。爪哇前次派來中國的使團也許是試探明朝的反應，不過，二蕃王同時入貢則反映爪哇國內有權力爭奪的情況，明太祖需要觀察一

【74】 夏原吉監修，《明太祖實錄》，卷126，頁2016-2018。

【75】 夏原吉監修，《明太祖實錄》，卷126，頁2018。

【76】 夏原吉監修，《明太祖實錄》，卷134，頁2125。

段時間才能作出回應。明太祖的警告剛好提供爪哇一個自省或賠罪的機會，洪武十四年（1381）十一月，爪哇遣使上表貢方物及黑奴三百人；又在洪武十五年（1382）春正月，遣僧阿烈阿兒等奉金表貢黑奴男女一百一人，大珠八顆、胡椒七萬五千斤。【77】這兩次朝貢包括黑奴共401人，顯然是賠償被殺害的人命。

明太祖接受了爪哇的朝貢，以為事件便已經解決，事情並沒有如此簡單。值得留意的是冊封三佛齊使團被殺害後，南海的勢起了激烈的變化。三佛齊位於蘇門答臘南部巴鄰邦（Palembang）或稱舊港的地方，在唐代稱室利佛逝（Srivijaya），控制馬六甲海峽及巽他海峽，扼住東西洋航道的咽喉，是南海的海島帝國。入宋後，中國史料改稱三佛齊（Srivijaya/San-fo-chi），仍然是最強的海島帝國，到了元代已為爪哇所兼併，成為爪哇的屬國。

進入明代，由於明太祖的實施海禁，因此在宋元時期可以出外從事國際貿易的中國海船已不可能承擔海外貿易的責任，外國如要與中國貿易則必須親自駕海船來朝貢才能達到貿易目的，這也是明太祖所說的「雖云脩貢，實則慕利」的意思。事實上，任何海外國家與明朝建立朝貢關係，目的在貿易是明白不過的。可是，三佛齊不但尋求與明朝貿易，而且企圖利用明朝擺脫爪哇的控制。三佛齊請求冊封其實就是挑戰爪哇在南海的霸權，三佛齊到中國來朝貢順道貿易看在爪哇眼裏還可以忍一忍，因為朝貢儀式在中國內舉行並不影響爪哇在南海的威望。但是，當明朝冊封使在將士三百人的護衛下在三佛齊舉行隆重的冊封儀式，即意味著爪哇與三佛齊的從屬地位被改變了。因此，爪哇為了穩住自己在南海的霸權地位，不得不出此下策，殺了明朝的冊封使團及摧毀了三佛齊王國，洪武十一年（1378）以後，三佛齊再沒有來中國朝貢。在這裏應稍作交代當時南海的國際形勢。

【77】夏原吉監修，《明太祖實錄》，卷141，頁2225；卷139，頁2200。

爪哇又稱闍婆（Java），國號稱麻喏巴歇/滿者伯夷（Majapahit），
是元世祖遠征爪哇失敗而新崛起的爪哇帝國。元世祖於1279年一統中國
後，便遣使者四出招降，並先後用兵日本(1280、1281)、占城(1282)、
緬甸（1283、1287）、安南（1285、1287）等國。當時爪哇王國稱新柯
沙里（Singhasari）從東爪哇興起，控制了中爪哇的馬打蘭王國（Kadari
Mataram）。新柯沙里國王利用佛教拜依拉哇（Bhairava-Buddha）的儀
式，宣稱為佛陀化身用以提昇自己的國際地位。【78】新柯沙里國王不但
是馬來群島神聖的宗教領袖，且成為抵抗蒙古人的神聖同盟領袖。但
是，馬來群島國家並未真實地形成軍事同盟，這可能只是宗教上的禮
儀，也許新柯沙里國王自覺有此重任，因此對於來自中國的挑釁都採取
抵抗的態度。

　　至元十八年（1281）元世祖忽必烈遣使者「詔諭爪哇國主，使親來
覲。」【79】這是蒙古人招降的手段，即要國王親來朝覲，否則以兵攻
略，這也說明為什麼元朝統一中國後四處征戰的原因。可是新柯沙里國
王並沒有遵命入朝覲見，元使者則一再派出，結果元朝使者被爪哇「刺
面」而回。【80】被刺面的孟右丞可能是在至元二十三年（1286）隨元正
使必剌蠻出使爪哇的成員。【81】元世祖在至元二十九年（1292）決定派
大軍跨海遠征爪哇。元軍二萬多人，海舟千艘由史弼、亦黑迷失、高興
等統率，當時要殲滅的對象是新柯沙里。可是當大軍抵達時，爪哇發生
政變，原馬打蘭王國王子葛郎/查耶卡旺（Jayakatwang）乘機叛亂，殺
國王及大臣等，新柯沙里亡國。但國王的女婿土罕必闍耶/韋查耶

【78】D.G.E.霍爾《東南亞史》〔A History of South-east Asia，中山大學東南亞歷史研
　　究所譯本〕（北京：商務印書館，1982），頁99-110。

【79】宋濂等撰，《元史》，（台北：鼎文書局，1981），卷11，頁236。

【80】宋濂等撰，《元史》，卷210，頁4665。

【81】宋濂等撰，《元史》，卷14，頁290。

（Reden Wijaya）則商請元軍平亂，並答允承認元朝為宗主國。史弼不疑有詐，出兵為土罕必闍耶平定馬打蘭叛亂，但是，土罕必闍耶並非真心臣服，下面的記載正好說明元軍的敗績：

> 土罕必闍耶乞歸易降表，及所藏珍寶入朝，弼與亦黑迷失許之。遣萬戶捏只不丁、甘州不花，以兵二百人護之還國。土罕必闍耶於道殺二人以叛，乘軍還，夾路攘奪。弼自斷後，且戰且行，行三百里，得登舟。行六十八日夜，達泉州，士卒死者三千餘人。【82】

史弼離開後，終元之世元軍再沒有南下，這提供了一大好機會讓爪哇擴張影響力。土罕必闍耶/韋查耶奉行印度教，以麻喏巴歇/滿者伯夷（Majapahit）為國都。滿者伯夷勢力擴張是在第三代繼承者特里布婆那女王（Tribhuvana）時期，因為大權掌握在首相卡查瑪達（Gajah Mada，在位1330-1364）手上。在卡查瑪達的領導下，滿者伯夷宣稱除控制了爪哇本島外，他的屬國或勢力範圍包括了整個蘇門答臘、馬來半島、婆羅洲、以及爪哇以東的巴厘島、望加錫、班達群島及馬魯古群島等。【83】（見附圖）由於忽必烈去世後，元朝中國再沒有對南海用兵，且採取開放的貿易政策，所以中國與爪哇基本上沒有衝突的。

卡查瑪達過世四年後，中國轉朝換代，明太祖一反元朝的海貿政策，禁止人民出海做生理。這麼一來，南海國家要跟中國做貿易，必須親自渡海前來，而明朝亦以此作為外交誘因，企圖建立以明朝為中心的國際新秩序，因此明太祖即位之初便使者四出招來。這樣的時空轉變，不期然的挑戰起滿者伯夷在南海的宗主地位，引起明朝與爪哇王朝一場隔空的政治角力。

【82】宋濂等撰，《元史》，卷162，頁3802。

【83】D.G.E.霍爾，《東南亞史》，頁123；並參Pluvier, Jan M. ,*Historical Atlas of South-East Asia*, Leiden: E. J. Brill, 1995, pp.14-15。

鄭永常　明太祖朝貢貿易體制的建構與挫折　　483

南海地區天然航道是以兩海峽通西洋，一是馬六甲海峽，一是巽他海峽。巽他海峽自古以來不是主要的航海線，原因是這條航線海濤險惡，且蘇門答臘西南沿岸人煙稀疏，無貿易可作。相反的，馬六甲海峽自古以來就是東南亞與南亞的主要海洋通道，且沿岸都是物產集散之地。在漢朝出使南支國（南印度）的中國使者便通過馬六甲海峽，抵達皮宗（馬來半島南端的柔佛地區）回中國。【84】在唐宋元三代，蘇門答臘南部的室利佛逝／三佛齊稱霸南海超過五百年，但是到了明朝開國時，三佛齊已完全受制於滿者伯夷，為海峽南端的小王國。

上文提及，洪武十一年（1378）明朝冊封使團在三佛遭到屠殺一事，反映出爪哇為了確保在南海的宗主地位不惜挑戰中國，而三佛齊似是利用與明朝的宗藩關係企圖擺脫滿者伯夷的控制。可惜的是，三佛齊低估了爪哇在南海仍具強烈的宗主國意志，竟然向中國輸誠「不敢擅立，請命于朝」的舉動，這完全是一項政治賭博，而明太祖更是無知或是高估中國的威望，派使者賜予「三佛齊國王之印」，結果，引致爪哇出動大軍屠殺了冊封使團，並完全摧毀了三佛齊王國。從室利佛逝到三佛齊，經歷了七個世紀的巴鄰邦王國就因這次政治事件中導致滅亡。

三佛齊應該清楚滿者伯夷對於在南海的宗主地位是真實的存在，這可從渤泥的處境一目了然。渤泥是爪哇的藩屬可從下述一事證明，「洪武初，（蘇祿）發兵侵渤泥，大獲，以闍婆援兵至，乃還。」【85】明朝使者沈秩、張敬之在洪武四年（1371）三月從爪哇抵渤泥，諭渤泥入貢，當時蘇祿入侵的戰爭已經結束。從滿者伯夷出兵支援渤泥，可證明爪哇與渤泥之間的宗藩關係，當時爪哇亦有代表駐在渤泥，因此渤泥對入貢明朝一事並不熱心，並推說戰爭剛完經濟仍未恢復，三年後才入貢。沈秩則以「皇帝富有四海，豈有所求於王？但欲王之稱藩，一示無外爾。」

【84】 班固撰，《漢書》，（臺北市：鼎文書局，1986），卷28，頁1671。

【85】 張廷玉撰，《明史》，卷325，頁8422。

但滿者伯夷代表則警告國王說：「蘇祿來攻，王帥師卻之。今聞歸誠中國，無我闍婆矣？」浡泥國王左右為難，索性稱病不見沈秩。但沈秩嚴厲的威脅浡泥國相說：「爾謂闍婆非中國臣邪？闍婆尚稱臣，於爾國乎何有？使者朝還，天兵旦夕至，雖欲噬臍悔可及乎？」[86]經明朝使者一番唇舌，浡泥國王派使者亦思麻逸等四人隨沈秩前來朝貢。

但是從史料中發現，浡泥入貢就只有隨沈秩、張敬之前來的一次，之後在洪武朝再沒有前來朝貢的紀錄。（見附表）有理由相信爪哇對浡泥採取阻嚇行動，才迫使浡泥再沒前來朝貢。關於爪哇在浡泥的影響力明太祖應該很清楚，因為沈秩出使浡泥的經過最後由宋廉奉旨紀錄在〈渤泥入貢記〉中。奇怪的是明朝沒有再追究浡泥為何不再入貢？花了這麼多人力物力四出招來，就這麼的一次而已，也許明太祖明白一度打敗元朝大軍的爪哇，仍具有一定的影響力，不必與他計較。但是，明太祖對於冊封三佛齊使團被爪哇誘殺的事就顯得耿耿於懷了，爪哇對於這次事件似有些歉意，因此以大珠八顆、胡椒七萬五千斤及黑奴四百人入貢，然而明朝最後還是中止與爪哇的關係，拒絕爪哇前來朝貢。[87]事實上自發生三佛齊事件後，在爪哇的勢力範圍內再沒有國家前來朝貢。馬六甲海峽及以西的國家，只有須門達那／蘇門答臘在洪武十六年（1383）前來中國朝貢一次，之後至洪武三十一年（1398）再沒有國家前來。也就是說，明朝與南海國家，除了中南半島的安南、占城、真臘、暹羅外，已沒有國家來朝貢。爪哇的滿者伯夷似乎成功的保衛了在南海的宗主地位，但是三佛齊已經亡國，南海貿易處於有史以來最低潮的年代。

---

[86] 宋廉，〈渤泥入貢記〉，收入《明經世文編》（北京：中華書局，1961 初版，1997 三刷），卷 2，頁15-16。

[87] 申時行重修，《大明會典》，卷105，頁1591。

五、朝貢貿易一體化的推行與結果

　　回過頭來觀察，自洪武十六年（1383）以後，爪哇只有在洪武二十六及二十七年（1393-1394）有入貢紀錄外，其餘年份都沒有入貢的記載，這種不正常的狀態當然是與冊封使團被殺事件有關。值得注意的是自洪武十三年（1380）丞相胡惟庸被處決後，明太祖宣佈廢除宰相，獨攬國家決策與行政大權，直接的處理國家大事，因此任何轉圜空間已被壓縮，對外政策也越來越僵化。上文提及洪武十三年明太祖公開指責爪哇屠殺使團一事後，爪哇在洪武十四年（1381）及十五年（1382）先後向明貢獻了黑奴401人及大明珠等方物以賠罪，但仍未得明太祖諒解，史料沒有提及爪哇使者與明朝的談判細節，《大明會典》提及「十四年來貢如初，有黑奴三百人，後絕其貢。」【88】拒絕爪哇來朝貢，應該是洪武十五年來貢後的決定。筆者的理解是洪武十四年所貢的黑奴三百人，原則上明太祖願意接受對被殺使團的賠償及道歉，否則便不可能有洪武十五的朝貢。明太祖是否曾要求爪哇不再阻止三佛齊前來朝貢，顯然雙方在三佛齊問題上沒有共識，明太祖似乎不知三佛齊已經亡國的事實。而爪哇只願提高賠償，卻不願在三佛齊問題上讓步，結果明朝拒絕了爪哇再來朝貢。而在處理爪哇等國的過程中，明太祖開始思考朝貢與貿易一體化的政策，這樣才有效制裁那些不友善的海外蕃國。

　　由於明太祖個性強烈，皇權至高無上，且大權獨攬，但是處理國外問題並不如此得心應手，爪哇寧願不來朝貢貿易，也不願在三佛齊問題上讓步便是一例。同樣，明朝與日本的關係自開國以來便有爭議，明太祖對倭寇在沿海出沒十分在意，他在洪武十三年（1380）十二月就輕蔑地質問日本：「蠢爾東夷，君臣非道，四擾鄰邦。前年浮池生釁，今年人來匿誠，問其所以？果然欲校勝負？」【89】洪武十四年（1381）七月，

【88】申時行重修，《大明會典》，卷105，頁1591。

日本良懷親王再次遣僧人如瑤入貢，但又遭明太祖拒絕，更命禮部移書指責日本「但知環海為險，限山為固，妄自尊大……今乃以敗元為長勝，以蕞爾之疆為大……週年以來，自誇強盛，縱民為盜，賊害鄰邦。若必欲較勝負，見是非，辯強弱，恐非將軍之利也，將軍審之。」[90]

由此可見，明太祖的海洋政策面臨新的考驗，東海的日本及南海的爪哇已被排除在朝貢之外，而爪哇控制下的國家如三佛齊已被佔領，浡泥也不再入貢。明初所推行的朝貢政策，並沒有出現萬國來朝的現象。相反的前來朝貢的國家越來越少，洪武十六年（1383）以後，仍正常的入貢國是高麗、琉球、安南、暹羅和占城，真臘則不常來朝貢。面對新的局面，明太祖並沒有提升朝貢的吸引力，即放寬貿易的限制，相反的是推行朝貢與貿易一體化，將朝貢與貿易完全綁在一起。

上文曾論及明太祖在洪武七年（1374）因不滿市舶官員的腐敗而罷市舶司一事，之後來朝貢的國家仍利用各種方法進行非官方的貿易活動，所謂「諸國來朝時，內帶行商，多行譎詐，故沮之。自洪武八年（1375），沮至洪武十二年（1379），方乃得止。」[91] 洪武十二年得以制止非官方的貿易活動，應與明太祖關注三佛齊事件有關，從而揭發胡惟庸「不時報」南海動態。廢相之後，明太祖對爪哇及日本採取絕貢的政策後，他對於朝貢與貿易的關係有了新的構思，就是把朝貢與貿易一體化，以勘合文冊作為朝貢和貿易的憑證，使來朝貢的或出使的都有憑照為證。由此可見，明太祖對於海洋政策有其脈絡可循，目的是打擊非法貿易活動，當然胡惟庸一案中涉及「使指揮林賢下海招倭軍，約期來會」一事，[92] 也促使他重新思考，如何把海上的朝貢貿易秩序規範下來。

【89】夏原吉監修，《明太祖實錄》，卷134，頁2136。

【90】夏原吉監修，《明太祖實錄》，卷138，頁2173-2177。

【91】申時行重修，《大明會典》，卷105，頁1590。

【92】夏原吉監修，《明太祖實錄》，卷129，頁2046。

勘合文冊的頒發是在洪武十六（1383）四月，《明太祖實錄》記載「賜暹羅、占城、真臘諸國。凡中國使至，必驗勘合相同？否則為偽者，許擒之以聞。」[93]據《大明會典》所記，勘合文冊的運作如下：

> 凡勘合號簿，洪武十六年始發給暹羅，以後漸及諸國。每國勘合二百道，號簿四扇。如暹羅國暹字號勘合一百道及暹羅字號底簿各一扇俱送內府。羅字勘合一百道及暹字號簿一扇，發本國收填。羅字號簿一扇發廣東布政司收。比餘國亦如之，每改元則更造換給。[94]

由此可知，暹羅是第一個「始發」勘合文冊的蕃國。自此以後，無論是來朝貢或出使的都以朝廷發出勘合作為憑證，若沒有勘合的國家便不得前來朝貢，當然更不可能貿易。也就是說，有朝貢才有貿易。由於洪武七年已經撤銷市舶司，所以貿易完全由中央壟斷。《大明會典》特別提及當時的朝貢與貿易作法：

> 凡進蘇木、胡椒、香臘、藥材等物萬數以上者，船至福建廣東等處，所在布政司隨即會同都司、按察司官，檢視物貨，封貯完密聽候。先將番使起送赴京呈報數目；除國王進貢外，番使、人伴附搭買賣物貨，官給價鈔收買。然後，布政司仍同各衙門官將貨清盤見數，分豁原報，附餘數目，差人起解前來。禮部委官及行戶部、都察院委官會同差督人夫，運進承運等庫，稱盤入庫。[95]

也就是說，入貢口岸不再允許私人貿易。可見，明太祖完全改變了明初的朝貢政策，當時還有一些空間讓私人貿易存在，現在完全由官方壟斷。值得留意的是，在洪武餘下的十五年中，勘合文冊就只賜予暹羅、占城、真臘三國，而他們都是南海國家。日本與爪哇被列為絕貢國，當

【93】夏原吉監修，《明太祖實錄》，卷153，頁2399。
【94】申時行重修，《大明會典》，卷108，頁1620。
【95】申時行重修，《大明會典》，卷108，頁1620。
【96】申時行重修，《大明會典》，卷108，頁1621。

然得不到勘合文冊，而琉球、高麗、安南並沒有頒發勘合文冊，不過以上三國幾乎每年都來朝貢。就是到了永樂朝（1403-1424），《大明會典》所列的勘合國共有十五國，也沒有列出琉球、高麗和安南三國。[96] 由此可見，明太祖的勘合文冊是有特定的頒授對象，據日本古籍中《戊子入明記》一書的記錄，很清楚的轉錄了禮部有關明太祖最初的〈聖旨〉：

> 查得洪武十六年間，欽奉大（太）祖皇帝聖旨：南海諸番國地方，遠近不等，每年多有番船往來進貢及做買賣的。（來）的人多，假名託姓，事甚不實，難以稽考，致使外國不能盡其盛款。又怕有去的人，詐稱朝廷差使，到那裏生事、需索、擾害他不便。恁禮部家置立半印勘合文簿，但是朝廷差去的人，及他那裏老（到）來的，都要將文書比對硃墨子（字）號相同，方可聽信。
> 若比對不同或是無文書的，便是假的，都拏將來。欽此。[97]

很明顯的，明太祖頒發勘合文冊的對象是「南海諸番國」，因此東海的高麗、日本、琉球並不在列，而安南及朝鮮都從陸路朝貢亦不在列。日本永樂時被列入朝貢國，並獲發勘合文冊，是明成祖一種權宜做法，不是明太祖的原意。[98] 當時明朝最親密或受到高度懷柔的國家要算是琉球，琉球雖小但有中山、山南、山北三王國，洪武十六年明太祖「各賜鍍金銀印」[99]，可見明太祖對琉球的重視，用以牽制日本。[100] 琉球朝貢不必憑勘合，幾乎每年都來。南海國家獲發勘合文冊的只有占

【97】近藤瓶城校，《戊子入明記》（收入《續史籍集覽》，第一冊，東京：近藤出版部，昭和五），頁974。

【98】參鄭永常，〈鄭和東航日本初探〉，收入《鄭和下西洋國際學術研討會論文集》，台南：國立成功大學歷史系編印，2002年10月。

【99】申時行重修，《大明會典》，卷105，頁1587。

【100】參曹永和，《中國海洋史論集》（台北：聯經出版事業公司，2000），〈明洪武朝的中琉關係〉，頁213。

城、真臘、暹羅，這三國被視為忠誠的藩屬，可合法從事朝貢貿易。日本、爪哇被視為拒絕往來戶，不得前來朝貢，當然也不可進行貿易。三佛齊已經亡國，浡泥也很久沒來朝貢了，當時西洋國家則不見蹤影。可見，明太祖的朝貢與貿易一體化的結果，就是越來越孤立了。

洪武十六年以後，在朝貢貿易一體化的政策下，加上明太祖執政專制，親力親為，有勢力的地方官或貪官污吏都忠於職守，按章工作，不敢謀取額外利益。由於走私舞弊消聲匿跡，貿易也隨之一落千丈，沒有明初的熱絡。也因此朝貢貿易開始出現問題，那就是中國與南海的貿易重擔完全由暹羅、占城、真臘三國來負責，而這三國都局處在中南半島，也非貿易大國，顯然不足以承擔大任。相反的，豐富資源的馬來群島及馬六甲海峽等以西的貨源則完全掌握在爪哇手中，由於朝貢中斷，貿易也無從進行。另一方面，因與日本朝貢中斷，倭寇問題也得不到解決，沿海的防衛明顯的加強以防止倭寇的侵擾。明太祖的朝貢貿易一體化政策，竟把自己迫入海洋上的死胡同，這是他始料不及的。

從資料（附表）中可以觀察出，自洪武十六年至洪武三十年（1383-1397）的14年當中，較正常朝貢的國家有琉球14次、高麗11次、暹羅10次、安南9次及占城8次，而真臘時斷時續4次，爪哇有2次（1393、1394）可能是試探性質的朝貢，其他南海諸國及日本等都是空白的紀錄。由此可見，明太祖的朝貢貿易一體化政策是極為認真的，若從歷史的角度來觀察，與宋元時代海洋貿易的熱絡與開放來比較，明朝的海洋與貿易政策確實走向保守的道路。

為了讓前來朝貢者有更大的貿易利潤，明太祖在洪武十七年（1384）下令「凡海外諸國入貢，有附私物者，悉蠲其稅」[101] 來加強吸引力。更值得留意的是，明太祖在洪武十九年（1386）八月，派遣「行人劉敬唐偕內使，齎磁器往賜真臘等國。」[102] 當時真臘已連續幾年沒來朝

---

[101] 夏原吉監修，《明太祖實錄》，卷159，頁2459-2460。

貢，除了以示招徠外，也許一些南海供應的必需品如蘇木、胡椒、香料等物已出現匱乏。一年後，劉敬唐帶回十分豐富的物產。《明太祖實錄》紀錄了「行人劉敬唐等還自真臘，其國王遣使貢象五十九隻、香六萬斤。暹羅國貢胡椒一萬斤、蘇木十萬斤，其臣坤思利濟、剌試職替等，獻翠羽、香物。」[103]

如果細心觀察，這次的出使完全著眼於貿易。出國時貨物以「磁器」為主，相信是以大型船隊才能把貨物運出口，回程時帶回貢象五十九隻，香六萬斤、胡椒一萬斤、蘇木十萬斤等貨物。以上貨品雖然說是貢物，但基本上是以磁器換回來的。貢象五十九隻，究竟要多艘海船才可順利運回中國？[104]若貢象都是成年象則一艘船只載一頭，若是小象則一艘可載兩頭，因此這次出使的船隊可能六十艘以上，至少三十艘以上。因為除了船上的原有海員及軍隊外，還相應地增加眾多的象奴等工作人員，以及大宗的其他貨物。況且這次出使距三佛齊事件只有幾年，相信明太祖會加強武裝及防禦的能力，以確保使團的安全。可見這是一支十分龐大的海軍艦隊出訪中南半島國家，似有意向爪哇示威。無論如何，現在明朝戰艦只能航行於中南半島沿岸海域，與明初時使者船隊航行於爪哇、浡泥、三佛齊等地不可同日而語了。在自然的均勢下，南海其實已分割為兩半；中南半島海域是明朝的海洋勢力，馬來群島海域仍

【102】夏原吉監修，《明太祖實錄》，卷179，頁2711。

【103】夏原吉監修，《明太祖實錄》，卷183，頁2761。

【104】據日本學者大庭脩提到：「1728年（享保十三申歲）6月13日，入港的十九號中國船載來了雌雄兩頭象。」十九號船是從越南中部的廣南出發，載來的是兩頭小象；分別是公象七歲，母象五歲。當初討論運送時，船頭吳子明提出：「小船不能載象，所以必須建造兩艘大船，其費用需銀一萬餘兩。」參大庭脩著，徐世虹譯《江戶時代日中祕話》（北京：中華書局，1997），頁115-117。可見載運一頭大象必須大船一艘，或兩小象一艘大船，清代如此，明代亦相差不遠。

鄭永常　明太祖朝貢貿易體制的建構與挫折　491

是爪哇的海洋勢力。也因此，明朝與爪哇的衝突只是時間而已。

　　被絕貢剛滿十年的爪哇，在洪武二十六年（1393）二月有一次試探性的入貢，《明太祖實錄》記載「丙申，爪哇國遣番僧阿烈、均祿等，上表貢馬及方物。賜其使二十五人鈔有差。」[105] 三個月後，又有「爪哇國民阿里等八人，隨其國使入貢，汎海至中途遇風相失，為邏卒所獲以聞。詔賜鈔，遣還其國。」[106] 明太祖對爪哇的再次入貢，沒有一口拒絕，對遇風災的商民並加以救濟，可見他對爪哇的氣憤已稍為減退。史料雖然沒有對這次入貢有更多的敘述，但是若照正常程序，爪哇使者僧阿烈等應會被迎抵南京按禮儀朝貢。筆者認為明太祖會利用此機會重申在南海的宗主權，以及追查有關三佛齊的問題。這就是為什麼爪哇使者僧阿烈匆匆的在同年十一月又回到中國朝貢的原因，他顯然是帶來了滿者伯夷王朝的口信。[107] 可惜的是，爪哇使者僧阿烈帶來的回音並沒有令明太祖信服，更麻煩的是引起他的極大不滿。這樣，我們才能理解為什麼明太祖在洪武二十七年（1394）正月忽然下令，「禁民間用番香、番貨」的原因，並重申了國家的南海政策：

> 海外諸夷多詐，絕其往來。唯琉球、真臘、暹羅許入貢。而緣海之人，私下諸番，貿易香貨，因誘蠻夷為盜。命禮部嚴禁絕之，敢有私下諸番互市者，必寘之重法。凡番香、番貨皆不許販鬻，其見有者，限以三月銷盡。民間禱祀，止用松柏、楓桃諸香，違者罪之。其兩廣所產香木，聽土人自用，亦不許越嶺貨賣，蓋慮其雜市番香，故併及之。[108]

明太祖的決定，顯然是針對爪哇而作出的，也就是說他不能滿意滿

【105】夏原吉監修，《明太祖實錄》，卷 225，頁 3300。

【106】夏原吉監修，《明太祖實錄》，卷 227，頁 3315。

【107】夏原吉監修，《明太祖實錄》，卷 230，頁 3367。

【108】夏原吉監修，《明太祖實錄》，卷 231，頁 3374。

者伯夷的回覆，他企圖以行政及經濟手段全面封鎖爪哇與中國的貿易。政令下達後三個月，爪哇仍有一次入貢的紀錄。【109】這是洪武朝最後的一次入貢，之後就沒有前來，也許爪哇已收到明朝完全絕貢的照會了。

明太祖的決心是堅定的，他一再申禁「人民無得擅出海，與外國互市」的政策，【110】當時地方也不得不徹底執行禁令，因此不但是番貨短缺，朝貢制度已瀕臨瓦解。除了朝鮮、琉球入貢正常外，安南與占城因爭戰曾被絕貢，而真臘自洪武二十四年後便不來朝貢了，可見，來朝貢的南海國家其實只剩下暹羅一國，而暹羅也是二年一貢。（見附表）到了洪武三十年（1397），天朝帝國只剩下一空架子，垂垂老矣的明太祖聽到禮部奏說：「諸番國使臣、客旅不通。」一句話，便惹起了無限感觸。他憶起開國時諸蕃國入貢的情景說：

> 洪武初，海外諸番與中國往來，使臣不絕，商賈便之。近者，安南、占城、真臘、暹羅、爪哇、大琉球、三佛齊、渤尼（浡泥）、彭亨、百花、蘇門荅剌、西洋邦哈剌等凡三十國。以胡惟庸謀亂，三佛齊乃生間諜，紿我使臣至彼，爪哇國王聞知其事，戒飭三佛齊禮送還朝。是後，使臣商旅阻絕，諸國王之意，遂爾不通。惟安南、占城、真臘、暹羅、大琉球，自入貢以來，至今來庭。大琉球王與其宰臣，皆遣子弟入我中國受學，凡諸番國使臣，來者皆以禮待之。我待諸番國之意不薄，但未知諸國之心若何？今欲遣使諭爪哇國，恐三佛齊中途阻之。聞三佛齊係爪哇統屬，爾禮部備述朕意，移文暹羅國王，令遣人轉達爪哇知之。【111】

明太祖這一段委婉的表白，顯示他已從三佛齊事件的陰影走出來，他接受了爪哇所說：「三佛齊乃生間諜，紿我使臣至彼。」這應是爪哇

【109】夏原吉監修，《明太祖實錄》，卷 232，頁 3398。

【110】夏原吉監修，《明太祖實錄》，卷 252，頁 3640。

【111】夏原吉監修，《明太祖實錄》，卷 254，頁 3671-3672。

鄭永常　明太祖朝貢貿易體制的建構與挫折　　493

前幾次尋求入貢的一貫說詞，但明太祖一直認定冊封使團為爪哇所殺，不願接受，因此無法復貢。現在，明太祖面對朝貢與貿易幾乎停擺，日常生活的必需品如蘇木、胡椒、香藥都供應匱乏，除非用兵南海，否則可說是無計可施。在此情形下，他對爪哇作出妥協的姿態，並通過南海唯一被視為盟友的暹羅轉達。《明太祖實錄》記載了禮部照會暹羅國王的信函：

> 自有天地以來，即有君臣上下之分，且有中國四夷之禮，自古皆然。我朝混一之初，海外諸番，莫不來庭。豈意胡惟庸造亂，三佛齊乃生間諜，紿我信使，肆行巧詐。彼豈不知大琉球王與其宰臣皆遣子弟入我中國受學？皇上錫寒暑之衣，有疾則命醫診之。皇上之心，仁義兼盡矣。皇上一以仁義待諸番國，何三佛齊諸國背大恩，而失君臣之禮，據有一蕞之土，欲與中國抗衡？倘皇上震怒，使一偏將，將十萬眾，越海問罪，如覆手耳！何不思之甚乎？皇上嘗曰：「安南、占城、真臘、暹羅、大琉球皆修臣職，惟三佛齊梗我聲教。」夫智者憂未然，勇者能徙義。彼三佛齊以蕞爾之國，而持姦於諸國之中，可謂不畏禍者矣。爾暹羅王獨守臣節，我皇上眷愛如此，可轉達爪哇，俾其以大義告於三佛齊。三佛齊係爪哇統屬，其言彼必信，或能改過從善，則與諸國咸。禮遇之如初，勿自疑也。」[112]

禮部當然理解明太祖的用意所在，雖然通篇語氣強硬，並威脅「將十萬眾，越海問罪。」但已把所有責任推在三佛齊身上，且承認三佛齊為爪哇所統屬。可見明太祖已不想在宗主國的問題上與爪哇糾纏了。所以最後說有「能改過從善」則「禮遇之如初，勿自疑也」之語，但是爪哇是否能體會明朝的善意是值得懷疑的。隨後一年，暹羅雖有三次入貢的紀錄，[113]但都沒有提及此事，而爪哇也沒有前來朝貢。筆者以為這封信並沒有轉到爪哇國王手上，當時，爪哇與暹羅在馬來半島南端有主導

【112】夏原吉監修，《明太祖實錄》，卷 254，頁 3672-3673。

權之爭，況且暹羅沒有必要為明朝做和事老，這對他的貿易並沒有好處。

六、小結

洪武三十一年（1398）閏五月，明太祖駕崩，由他一手推動的朝貢貿易一體化的體系可以說是失敗之作，明朝在南海的聲望跌至新低點。回顧明太祖的海洋政策，最重要的一條是禁止人民出海貿易。這一作法把宋元以來南海的經濟生態破壞了。在元代，自忽必烈後已沒有發動對外戰爭，沿海的貿易蓬勃，中國海船出海貿易是常態，龐大的中國船隊航行於南海與阿拉伯海之間，貿易與朝貢不相干擾地各自進行。[114]當時，南海最有影響力的是爪哇王國滿者伯夷，在其勢力範圍內因沒有競爭對手，海洋秩序及氣氛亦較為和諧，國際海域航道暢通無阻。中國海船航行其間，滿足了各地的需要。當時中國海商是南海貨物的收購者，也是中國貨物的舶來者，他們扮演著互通有無的角色，而南海國家不必與中國發生直接的關係便可滿足經濟上或生活上的需要。然而，明太祖的海禁政策，使中國貿易船隻銷聲匿跡，南海國家要得到經濟上的或物質上的滿足，就必須親自前來中國朝貢，建立宗藩關係。這麼一來，直接衝擊滿者伯夷在南海的地位，有理由相信浡泥入貢一次就不再來是受到滿者伯夷的禁止；三佛齊也因接受明朝冊封而引致亡國的命運，這是滿者伯夷為了維護在南海的宗主權而作出的暴力手段，同時也利用三佛齊的結果警告勢力範圍內的屬國。因此，我們就可以理解為什麼彭亨和百花只有一次的入貢紀錄，而較遠距離的須文達那、覽邦、淡巴和西洋瑣里都不能前來朝貢，就是受到滿者伯夷阻撓的結果。由此可見，宋元時期國際海域暢通無阻的航道，已因為明太祖的海禁政策而逐漸瓦解。

---

[113] 夏原吉監修，《明太祖實錄》，卷255，頁3686；卷265頁3695；卷257，頁3716。

[114] 參見喻常森，《元代貿易史研究》，（西安：西北大學出版社，1994），頁9-12。

在南海，除了明朝官方使團的海船出海外，洪武年間由於嚴格執行海禁[115]及推行朝貢與貿易一體化政策，出海從事走私貿易者只有幾起事件的紀錄。[116]明太祖也許想不到開國初期使者四出招徠的行動，觸動了滿者伯夷的政治神經，而勘合制度則進一步壓縮了明朝的海洋空間，只剩下中南半島海域。另一方面，因滿者伯夷用兵蘇門答臘南部的三佛齊及堵塞馬六甲海峽的航道，使來自西洋的印度、波斯及阿拉伯的海船只停泊在北部海岸的須文達臘（蘇門答臘）等港口國，而不敢穿越馬六甲海峽東來。這種轉變逐漸改變了公元以來的局面，那就是印度、波斯、阿拉伯的移民逐漸少到海峽的東邊來。

值得留意的是，當時暹羅與明朝的朝貢貿易發展最為迅速，數量龐大的中國商品經暹羅轉銷他處，而馬來半島的克拉（Kra）地峽自古就是暹羅灣與印度貿易的中轉走廊，當馬六甲海峽航海風險上升時，克拉地峽的中轉作用就越大。筆者以為暹羅商人就是透過這古老商路，把中國貨物轉賣至蘇門答臘北部的港口，再由西來的船隻帶回印度及阿拉伯地區。所以，須文達臘的貿易地位已取代了三佛齊，成為當時東南亞最重要的貿易港。在宋元時期，三佛齊是東來阿拉伯商人雲集的貿易港，[117]到了洪武十一年（1378）就因明朝的冊封引發爪哇的殲滅而退出歷史舞台，而國際海域秩序亦為之一變，馬六甲海峽成為一道不能穿越的水門，它正等待鄭和船隊的破冰之旅，再次把馬六甲海峽之門打開。而明太祖理想中的朝貢貿易體系也要等待明成祖派遣鄭和下西洋才重新建構起來。

---

[115] 懷效鋒點校，《大明律》，（北京：法律出版社，1999），〈私出外境及違禁下海〉條：「凡將牛馬、軍需、鐵貨、銅錢、段匹、紬絹、絲綿，私出外境貨賣，及下海者，杖一百。」參見頁119。

[116] 參《明太祖實錄》，卷70，頁1307；卷205，頁3067。

[117] 趙汝适撰，馮承鈞校，《諸蕃志》（台北：商務印書館，1970），〈三佛齊〉，頁13。

洪武晚期（1385-1398）東南亞各國形勢圖

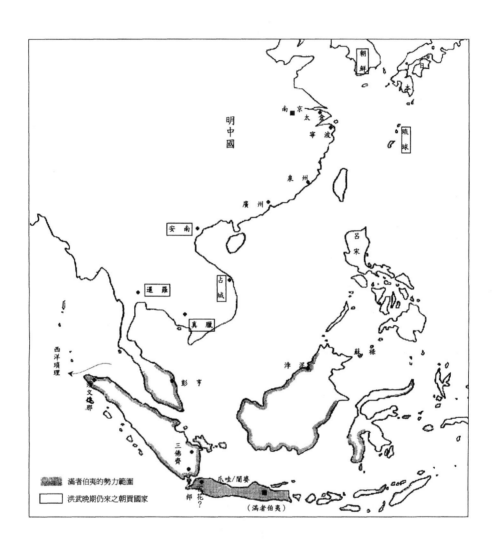

明洪武年間（1368-1398）東亞國家朝貢次數統計表

朝貢國家 洪武(西元)	高麗 （朝鮮）	日本	琉球	安南	占城	真臘	（暹羅斛）暹羅	爪哇 （闍婆）	三佛齊	彭亨	百花	浡泥 （渤泥）	須文達那 （蘇門答臘）	西洋瑣里 （瑣里）	覽邦	淡巴
一年（1368）																
二年（1369）	1			1	1											
三年（1370）					1				1					1		
四年（1371）	1	1		1		1	1		1							
五年（1372）	2		1	1	1									1		
六年（1373）	1				1	1			1							
七年（1374）			1				1		1							
八年（1375）	1	1					1	1								
九年（1376）	1	1	1	1											1	
十年（1377）	1				1	1	1※	1	1							1
十一年（1378）	1		1				1	1	1	1	1					
十二年（1379）	1	1		1			1									
十三年（1380）		2	1	1	1	1		1								
十四年（1381）				1			1	1								
十五年（1382）			1		1				1							
十六年（1383）			1				1							1		
十七年（1384）			1	1			1									
十八年（1385）	1		1	1			1									
十九年（1386）	1		1	1	1		1									
廿年（1387）	1		1	1	1	1										
廿一年（1388）	1		1	1			1									
廿二年（1389）	1			1	1		1									
廿三年（1390）	1		1	.	1	1	1									
廿四年（1391）			1		1		1									
廿五年（1392）	1※		2													

廿六年（1393）		1	1			1	1								
廿七年（1394）	1		1	1			1								
廿八年（1395）	1		1			1									
廿九年（1396）	1		1	1											
卅年（1397）	1		1		1		1								
卅一年（1398）															
總貢數	21	5	21	15	18	8	19	10	6	1	1	1	1	2	1	1

備註：1. ＊表示該年（1377）明朝將暹羅斛國正名為暹羅。

　　　2. ※表示該年（1392）明朝將高麗改國號為朝鮮。

資料來源：張廷玉《明史》整理自〈中央研究院漢籍電子文獻〉資料庫

東晉釋道安對佛經辨偽學之
開創及其成就與影響

何廣棪*

一、緒言

中國古典目錄學書籍之撰作可謂遠源而流長，考班固《漢書・藝文志・兵書略》載：

（漢）武帝時，軍政楊僕捃摭遺逸，紀奏《兵錄》，猶有未備。

是西漢武帝時已有古典目錄學之著作，楊僕紀奏之《兵錄》，殆其權輿也。惜楊書已不傳。

及後，繼其事而編撰古典目錄者，則有劉向《別錄》、劉歆《七略》，與班固《漢書・藝文志》。《漢書・藝文志・序》載：

至（漢）成帝時，以書頗散亡，使謁者陳農求遺書於天下。詔光祿大夫劉向校經傳、諸子、詩賦，步兵校尉任宏校兵書，太史令尹咸校數術，侍醫李柱國校方技。每一書已，向輒條其篇目，撮其指要，錄而奏之。會向卒，哀帝復使向子侍中奉車都尉歆卒父業。歆於是總群書而奏其《七略》，故有〈輯略〉，有〈六藝略〉，有〈諸子略〉，有〈詩賦略〉，有〈兵書略〉，有〈術數略〉，有〈方技略〉。今刪其要，以備篇籍。

是《漢志・序》所載「每一書已，向輒條其篇目，撮其指要，錄而奏之」者，即指劉向撰《別錄》事；「今刪其要，以備篇籍」者，乃班固自言

---

*本所博士（1992），華梵大學東方人文思想研究所教授。

1

據《七略》以編《漢書・藝文志》事。【1】今向之《別錄》多散佚，存者僅十篇，即：〈戰國策書錄〉、〈管子書錄〉、〈晏子敘錄〉、〈孫卿書錄〉、〈韓非子書錄〉、〈列子書錄〉、〈鄧析子書錄〉、〈關尹子書錄〉、〈子華子書錄〉、〈說苑敘錄〉。【2】而劉歆《七略》亦散佚，然其內容大體仍幸存班固之《漢志》。【3】

中國佛典目錄學之著述，其淵源亦甚長遠。惜隋費長房《歷代三寶記》卷十五著錄之秦釋利房《古錄》一卷、西漢劉向《舊錄》一卷、東漢迦葉摩騰《漢時佛經目錄》一卷、曹魏朱士行《漢錄》一卷，皆屬偽作，近人梁啟超〈佛家經錄在中國目錄學之位置〉、【4】馮承鈞〈大藏

【1】有關劉向撰《別錄》、劉歆撰《七略》、班固據《七略》以成《漢書・藝文志》，梁阮孝緒〈七錄序〉亦記其事，曰：「至（漢）孝成之世，頗有亡逸，乃使謁者陳農求遺書於天下；命光祿大夫劉向及子俊、歆等讎校篇籍。每一篇已，輒錄而奏之。會向亡喪，帝使歆嗣其前業。乃徙溫室中書於天祿閣上，歆遂總括群篇，奏其《七略》。及後漢，蘭臺猶為書部；又於東觀及仁壽閣撰集新記，校書郎班固、傅毅並典秘籍；固又因《七略》之辭，為《漢書・藝文志》。」可參證。〈七錄序〉，見載唐釋道宣《廣弘明集》卷第三〈歸正篇〉第一之三。

【2】劉向《別錄》僅存之十篇，今見載清嚴可均《全上古三代秦漢三國六朝文》之〈全漢文〉卷三十七。

【3】另嚴可均〈全漢文〉輯得《七略》佚文五十三則。

【4】梁文云：「謂《古錄》出秦時釋利防，謂《舊錄》為劉向所見，謂朱士行曾作《漢錄》，此皆費長房臆斷之說。（一）秦時有室利防齎佛經來華，說見王子年《拾遺記》。後人附會謂『室』音同『釋』，殊不知僧徒以釋為姓，始於道安，秦時安得有此？況《拾遺記》本說部非信史？又況《記》中亦並未言有目錄耶？（二）東漢始有佛典，謂劉向曾為作《錄》，太可笑！（三）朱士行，三國時人，《高僧傳》有傳，並未言其作經錄。所謂《漢錄》者，殆後人依託耳。」梁文又云：「《漢時佛經目錄》，《長房錄》不載，始見於《內典錄》耳。原注云：『似是迦葉摩騰所譯《四十二章經》等。』《四十二章經》已是偽書，則此《錄》之偽更不待辨。」

何廣棪　東晉釋道安對佛經辨偽學之開創及其成就與影響　　501

經錄存佚考〉【5】等文辨之明矣。《歷代三寶記》所著錄上述諸書，大抵
皆兩晉南北朝人所偽撰，而今亦並亡。

　　中國佛典目錄第一部專著，厥為西晉竺法護之《眾經錄目》。法
護，梁釋慧皎《高僧傳》卷第一〈譯經〉上有傳，而其書則《歷代三寶
記》卷十五亦著錄。據史載，護公精通西域文字，曾攜大量梵本經典詣
晉，致力翻譯。梁僧祐《出三藏記集》卷第二〈新集撰出經律論錄〉第
一載護公所譯佛經共一百五十四部、三百九卷。《眾經錄目》一書，應

　　梁文見載《圖書館學季刊》第一卷第一期。中華圖書館協會編印，民國十五年一
　　月出版，頁三——二十九。此文後收入梁著《飲冰室專集》第七冊《佛學研究十八
　　篇》。至梁氏謂《長房錄》不載「《漢時佛經目錄》」，非是，斯則梁氏之失慎也。
【5】馮文一「《三寶紀》撰時已佚經錄」云：「（一）《古經錄》，亦省稱《古錄》，
　　一卷。《三寶紀》卷十五云：『似是秦時釋利防等所齎來經目錄。』按釋利防於
　　始皇時齎經來化一事，並見《三寶紀》卷一。惟同卷帝年下無其事，疑皆為後人
　　所增。考《佛祖統紀》卷三十五所載始皇四年（前二四二）西域沙門室利防等十
　　八人齎佛經來化一事，謂見朱士行《經錄》。按朱《錄》，費長房且未嘗見，志
　　磐烏從知之！作偽顯然。又按《三寶紀》所載諸經，見《古錄》者有卷九北涼沙
　　門釋道龔譯《悲華經》十卷，又北涼三藏曇摩讖譯《悲華經》十卷，則不徒事偽，
　　《經錄》亦偽。（二）《舊經錄》，省稱《舊錄》，一卷，《三寶紀》謂似前漢劉
　　向搜集藏書所見經錄。按僧祐曾見《舊錄》者也，未言其出於劉向。（《三藏記》
　　卷二）《三寶紀》卷十一所誌南齊沙門道備所譯《九傷經》，謂『見《舊錄》』，
　　則亦五世紀後之偽錄矣。（三）《漢時佛經目錄》一卷。《三寶紀》謂『似是迦
　　葉摩騰所譯《四十二章經》，因即撰錄』，則亦偽錄也。（四）朱士行《漢錄》
　　一卷。《內典錄》云：『士行於洛陽講《道行經》，因著其《錄》。』按士行以
　　二六〇年發跡於雍州，西赴于闐，此《錄》殆係行前所撰。《三藏記》、《三寶
　　紀》數引之古代經錄較有歷史根據者，以此為首。」馮文初見載《燕京學報》第
　　十期，後收入馮著《西域南海史地考證論著彙輯》，中華書局香港分局一九七六
　　年九月港版，頁二四九——二五六。

3

為護公著錄其譯經之目錄，惜已不存。【6】

至東晉，則有釋道安編撰《綜理眾經目錄》一卷。《出三藏記集》卷第十五〈道安法師傳〉第二載：

> 自漢暨晉，經來稍多，而傳經之人，名字弗記。後人追尋，莫測年代。安乃總集名目。表其時人，銓品新舊，撰為經錄。眾經有據，實由其功。

此處所謂「撰為經錄」者，即指編撰《綜理眾經目錄》。惜道安斯《錄》，其後亦亡。所幸南朝梁時，此《錄》仍存，僧祐乃據之而成《出三藏記集》。

又考《出三藏記集》卷第二〈序〉載：

> 法輪居心，莫或條敘。爰自安公，始述名錄。銓品譯才，標列歲月。妙典可徵，實賴伊人。敢以末學，嚮附前規，率其管見，接為新錄。兼廣訪別目，括正異同，追討支、竺，【7】時獲異經。安《錄》所記，則為未盡。今悉更苞舉，以備錄體。

揣此〈序〉末「安《錄》所記，則為未盡。今悉更苞舉，以備錄體」數語，則知安《錄》應仍存祐《錄》之中。

綜上所述，倘吾人試持中國佛典目錄專著，以與中國古典目錄學書籍相比況，則竺法護之《眾經錄目》可比楊僕之《兵錄》及劉向之《別錄》，而道安《綜理眾經目錄》可比劉歆《七略》，是則僧祐《出三藏記集》，乃班固《漢志》之儔也。《七略》亡，其書存於《漢志》；安《錄》亡，其書存於祐《錄》。兩者事例，如出一轍。南宋鄭樵於《通志·校讎略》嘗發「書有名亡實不亡」之論，【8】《七略》、安《錄》之

【6】 前注書一「《三寶紀》撰時已佚經錄」云：「（五）《竺法護錄》一卷。按《三寶紀》卷六，法護所出有《眾經錄目》一卷，似為法護所譯經目。考諸經譯年似在二八四及三一三年之間。此《錄》未為諸錄所引。」可參考。

【7】「支」指支讖，「竺」指竺叔蘭。

【8】 見鄭樵《通志》卷第七十一〈校讎略〉「書有名亡實不亡論」。

何廣棪　東晉釋道安對佛經辨偽學之開創及其成就與影響　503

例，足證漁仲為論之確鑿。

二、釋道安之生平及其《綜理眾經目錄》

知人論世，乃孟子以來學人治學所遵循之方法。最早為道安撰傳者，厥為釋僧祐。《出三藏記集》卷第十五即有〈道安法師傳〉。然梁釋慧皎《高僧傳》卷第五〈義解〉二亦有〈晉長安五級寺釋道安〉。後人研治道安生平，有徵引皎公所撰之傳，並視之為第一手資料者；究其實，乃因未悉祐公於此事早著先鞭矣。余又嘗考《高僧傳》卷十四慧皎自撰〈序錄〉，中云：

> 沙門僧祐撰《三藏記》，止有三十餘僧，所無甚眾。

據是，則皎公必先已參考祐公〈道安法師傳〉以撰安傳，是則祐、皎兩人撰傳孰先孰後，固曉然矣。

僧祐所撰〈道安法師傳〉，凡三千餘言；而皎公之撰，增至四千餘言，則皎之所撰固較祐公為富贍。惟二公所撰〈安傳〉，皆研治道安生平不可或缺之史料，吾人似不宜於二者間有所軒輊，並作抑此揚彼之舉也。

茲為節省篇幅計，謹將近人比丘明復《中國佛學人名辭典》「道安」條迻錄如下，俾作知人論世之參考。

> 道安，晉比丘，通稱釋道安。扶柳（河北冀縣）魏氏子。少年出家，敏睿逸倫，研習經論，恒有卓識。長事佛圖澄，博通三藏，淹貫孔老。澄寂，義學之徒悉來歸投。會石氏亂起，乃率眾南徙，並分張徒侶，宏化四方，身共餘人駐錫襄陽，日事禪講。六時禮懺，更立規章以為依據。東土佛法由斯轉盛。秦王苻堅聞其名，驅十萬之眾攻陷襄陽，迎之入關，居五級寺，事以師禮，咨以國政。以建元二十一年（三八五）二月八日寂於居所，壽七十二。安手有肉瘤隆起，世稱印手菩薩。

5

頁 33 - 517

道安生平簡介如上。至道安《綜理眾經目錄》，僧祐已采之入《出三藏記集》中。今檢祐《錄》卷第五〈新集安公注經及雜經志錄〉第四載：

安為《錄》一卷。今有。

足證安《錄》，梁世猶存，故祐公得以參用而撰其新錄。

祐《錄》同卷又云：

此土眾經，出不一時。自（漢）孝靈光和已來，迄今晉康寧二年，近二百載。值殘出殘，遇全出全，非是一人，難卒綜理，為之《錄》一卷。今有。

上述一段文字，梁啟超於〈佛家經錄在中國目錄學之位置〉文中認為乃安《錄》自序語。余細揣文意，亦以任公之言為然。是則安《錄》固成於東晉孝武帝寧康二年（三七四）。唯祐《錄》「寧康」誤作「康寧」，則倒文耳。

有關安《錄》一書，其組織與內容，任公亦嘗考論及之。梁文云：

安《錄》今雖云亡，然其全部似已為祐《錄》采入。讀祐《錄》可以想見安《錄》，猶之讀班〈志〉可以想見劉〈略〉也。今略為爬羅，則安《錄》之組織及內容可考見者如下：

〈本錄〉第一——以譯人年代為次，自漢安世高迄西晉末法立，凡著錄十七家、二百四十七部、四百八十七卷。

〈失譯錄〉第二——不知譯人姓名者，凡百三十四種。

〈涼土異經錄〉第三、〈關中異經錄〉第四——亦無譯人姓名，但能知其譯地。涼土五十九部、七十九卷，關中二十四部、二十四卷。

〈古異錄〉第五——此蓋從大經中摘譯單篇者，後此所謂「別生」也，凡九十二部、九十二卷。

〈疑經錄〉第六——安公鑑別認為偽造之經，凡二十六部、三十卷。

〈注經及雜經志錄〉第七——皆安公所注群經及其他關於佛學之著述，凡十八種、二十七卷。

據梁文，則安《錄》凡分〈本錄〉、〈失譯錄〉、〈涼土異經錄〉、〈關中異經錄〉、〈古異錄〉、〈疑經錄〉、〈注經及雜經志錄〉七錄。語云：「創始者難為功。」故余以為如安《錄》者，論其內容則涵蓋面廣，囊括至富；論其組織則分類縝密，排比合宜。且安公所為書，前無所承，一空依傍，則其創闢之富，以較劉《略》，似有過之。蓋劉《略》仍於其父之《別錄》有所借鑑，而安《錄》則於護《錄》應無可取資也。

至安《錄》之成就，後人評論之者仍以祐公為最早。前文曾引及祐公所評者二條，茲再檢祐《錄》，祐公於其書卷第一〈出三藏記集序〉中又推譽安公及此書，曰：

> 昔安法師以鴻才淵鑒，爰撰經錄，訂正聞見。炳然區分。

同書卷第四〈新集續撰失譯雜經錄〉第一又云：

> 尋大法運流，世移六代，撰注群錄，獨見安公，以此無源，未足怪也。

據上補引之二條以觀，則祐公於道安其人其書亦可謂推崇備至矣。

梁任公於安《錄》亦表由衷之佩服，於前引之梁文中，任公云：

> 安《錄》雖僅區區一卷，然其體裁足稱者蓋數端：一曰純以年代為次，令讀者得知茲學發展之跡及諸家派別；二曰失譯者別自為篇；三曰摘譯者別自為篇；皆以書之性質為分別，使眉目犂然。四曰嚴真偽之辨，精神最為忠實。五曰注解之書別自為部，不與本經混，主從分明。注佛經者自安公始。凡此諸義，彙牢後此經錄，殆莫之能易。

是任公固洞悉安《錄》勝處及其對後世之影響，是以其文不惟對安《錄》之成就作條分縷析，而於文末且對安《錄》之影響更作「彙牢後此經錄，殆莫之能易」之褒譽。

梁氏於其文中又推譽曰：

> 安《錄》是將當時所有佛經之全部加以整理、有組織有主張的一部創作，故其書名為《綜理眾經目錄》。

斯亦任公經深入研究及鞭辟入裏之分析後，所給予安《錄》之極高評
價。

三、釋道安對佛經辨偽學之開創，兼論其辨偽態度、方法 與成就

　　如上所述，西晉竺法護《眾經錄目》雖為中國佛典目錄專著之權
輿，然其書所著錄者僅屬護公翻譯佛經之成果，故其內容必無與於佛經
辨偽。護公寂後，其弟子聶道真亦撰有同書名之《眾經錄目》一卷。聶
書內容乃以著錄護公譯經為主，而兼記其一己之譯作，【9】故其書亦必
不涉辨偽，且聶書已佚，《歷代三寶記》卷六則嘗著錄之。中國佛典目
錄學著作，至東晉安公，始於其書中開創〈疑經〉一錄。是故余謂中國
佛典辨偽學導夫先路之開創者乃釋道安，此說殆無疑義也。
　　又考《出三藏記集》卷第五〈新集疑經偽撰雜錄〉第三載：
　　　《長阿含經》云：「佛將涅槃，為比丘說四大教法。若聞法律，當
　　　於諸經推其虛實，與法相違，則非佛說。」又《大涅槃經》云：
　　　「我滅度後，諸比丘輩抄造經典，令法淡薄。」種智所照，驗於今
　　　矣。自像運澆季，浮競者多，或憑真以構偽，或飾虛以亂實。昔
　　　安法師摘出偽經二十六部，又指慧遠道人以為深戒。古既有之，
　　　今亦宜然矣。
據是，則僧祐亦將佛經辨偽創闢之功歸諸安公。

【9】陳士強《佛典精解》上卷〈經錄部・總敘〉「佛經目錄的源流」云：「竺法護的
　　助手、優婆塞（男居士）聶道真，在竺法護死後獨自譯經，也編撰了《眾經錄目》
　　一卷（同上，已佚），以記錄竺法護和他自己的譯本為主，兼記東漢支讖、西晉
　　竺叔蘭等的譯籍。這樣，在僅記個人譯本的專錄的基礎上，又產生了彙載不同年
　　代各個譯師的譯經情況的通錄。」可參考。

何廣棪　東晉釋道安對佛經辨偽學之開創及其成就與影響　　507

　　至道安辨別佛經之疑偽，其態度若何？余嘗細考祐《錄》卷第五〈新集安公疑經錄〉第二載安公所撰〈序〉，則知其辨偽態度至為堅決。安〈序〉云：

> 外國僧法，學皆跪而口受。同師所受，若十、二十轉，以授後學。若有一字異者，共相推校，得便擯之，僧法無縱也。
>
> 經至晉土，其年未遠，而喜事者以沙糅金，斌斌如也，而無括正，何以別真偽乎！
>
> 農者禾草俱存，后稷為之嘆息；金匱玉石同緘，卞和為之懷恥。
>
> 安敢預學次，見涇渭雜流，龍蛇並進，豈不恥之。今列意謂非佛經者如左，以示將來學士共知鄙倍焉。

案：安〈序〉凡分三段：首段以印度經師授經示例，指出有其極謹嚴之一面。〈序〉中「一字異者，共相推校」，則知其謹；「得便擯去，僧法無縱」，可見其嚴。蓋去偽存真之立場與態度，乃治佛經者所應有事。次段言經至晉土後，喜事者「以沙糅金」，故偽經從外表觀之則「斌斌如也」，應可炫人眼目，惟其為禍之烈，則足以誤導群生，是以於偽經尤須括正，以斥其贗。末段以「涇渭雜流，龍蛇並進」為喻，言佛經中既見真偽參雜，則道安引以為恥，故願以后稷、卞和為法，力辨偽經之訛，且決志與將來學士共相鄙背。如上所述，足見安公辨偽態度之堅決。

　　有關安公所辨二十六部、三十卷之疑經，其書目則祐《錄》卷第五〈新集安公疑經錄〉第二全載之。茲不妨轉錄如次，藉觀安公辨別疑經之實況。

> 《寶如來經》二卷　　南海胡作。或云《寶如來三昧經》。
>
> 《定行三昧經》一卷　　或云《佛遺定行摩目捷所問經》。
>
> 《真諦比丘慧明經》一卷　　或云《慧明比丘經》，或云《清淨真諦經》。
>
> 《尼吒國王經》一卷　　或云《尼吒黃羅國王經》，或云《黃羅王經》。
>
> 《胸有萬字經》一卷　　或云《胸現萬字經》。

《薩和菩薩經》一卷　《舊錄》云：《國王薩恕菩薩經》。

《善信女經》二卷　或云《善信經》。

《護身十二妙經》一卷　一名《度世護世經》。

《度護經》一卷　或云《度護法經》。

《毗羅三昧經》二卷

《善王皇帝經》二卷　或云《善王皇帝功德尊經》。或為一卷。

《唯務三昧經》一卷　或作《唯無三昧》。

《阿羅呵公經》一卷　或云《相國阿羅呵公經》。

《慧定普遍神通菩薩經》一卷　《舊錄》云：《慧定普遍國土神通菩薩經》。

《陰馬藏經》一卷　或云《陰馬藏光明經》。

《大阿育王經》一卷　云佛在波羅奈者。

《四事解脫經》一卷　或云《四事解脫度人經》。

《大阿那律經》一卷　非八念者。闕。

《貧女經》一卷　名難陀者。《舊錄》云：《貧女難陀經》。闕。

《鑄金像經》一卷　闕。

《四身經》一卷　闕。

《普慧三昧經》一卷　闕。

《阿秋那經》一卷　《舊錄》云：《阿秋那三昧經》。闕。

《兩部獨證經》一卷　闕。

《法本齋經》一卷　西涼州來。闕。

《覓歷所傳大比丘尼戒經》一卷　闕。

以上所列之疑經，均屬安公所肯定為「非佛經」者，故安公於其書名下所撰之小注，除第一部《寶如來經》二卷明示為「南海胡作」外，其餘皆不予考辨。

至安公考訂疑經，其所運用之方法與體例，則可歸納為以下七項：

一、有考及疑經之異名者：

安公於其小注中，每使用「或云」、《舊錄》云」、「一名」、「或

作」，而於其後列出另一書名，斯皆考一書異名之屬也。

二、有對疑經書名作解說者：

如「《貧女經》一卷」條，其小注云：「名難陀者。《舊錄》云：《貧女難陀經》。」乃解說貧女名難陀，即屬此例。

三、有述疑經之內容者：

如「《大阿育王經》一卷」條，其小注云：「佛在波羅柰者。」即屬此例。

四、有述疑經所持宗旨者：

如「《大阿那律經》一卷」條，其小注云：「非八念者。」即屬此例。

五、有考疑經卷數不同者：

如「《善王皇帝經》二卷」條，其小注云：「或為一卷。」即屬此例。

六、有指出疑經之來歷者：

如「《法本齋經》一卷」條，其小注云：「西涼州來。」即屬此例。

七、有明示疑經至東晉時已闕者：

如由「《大阿那律經》一卷」，至「《覓歷所傳大比丘尼戒經》一卷」等九書，其小注皆言「闕」。蓋此等疑經，東晉時已闕，安公不及見矣。是則安公所及見之疑經，十七部而已。

綜上所述，則中國佛經辨偽學乃由道安所開創，斯固不易之定論。至上引安公所撰之〈序〉，其中有談及辨偽理論，則可被視為佛經辨偽理論著作之嚆矢。此〈序〉對後此如僧祐等諸名僧所發表之辨偽理論，皆具啟迪與示範作用。另如安公對辨偽，其態度之堅決，其方法運用與體例之創闢，如斯種種，其對僧祐等編撰偽經目錄，應均具有指導價值及深遠之影響。由是觀之，則安公對佛經辨偽學之開創及撰作辨偽理論等各項成就，固不容忽視。

四、釋道安對後世佛經辨偽學發展之影響

有關安公對後世佛經辨偽學發展之影響，可分兩方面作闡述。

一為辨偽理論方面：

如上所指出，安公所撰辨疑之〈序〉，應可視作佛經辨偽學理論之嚆矢。故繼安公而後，如梁之僧祐，隋之法經、彥琮，唐之靜泰、道宣、智昇等皆續有所論說。茲以唐代智昇為下限，略徵上引諸家之說，藉觀於安公影響下佛經辨偽理論發展之一斑。

祐公於道安佛經辨偽創闢之功，至為推崇，前已述及。至其本人之辨偽理論，則續安公而有所撰作，《出三藏記集》卷第五〈新集疑經偽經雜錄〉第三云：

> 祐校閱群經，廣集同異，約以經律，頗見所疑。夫真經體趣融然深遠，假託之文辭意淺雜，玉石朱紫，無所逃形也。今區別所疑，注之於錄，并近世妄撰，亦標于末。並依倚雜經，而自製名題。進不聞遠適外域，退不見承譯西賓；我聞興於戶牖，印可出於胸懷。誑誤後學，良足寒心。既躬所見聞，寧敢默已。嗚呼來葉，慎而察焉。

案：僧祐此段辨偽理論，不惟明確指出真偽經之分別，是真經乃「體趣融然深遠」，而偽經則「辭意淺雜」。祐公又將疑經，細分為「疑經」與「妄撰」兩類，並推考妄撰經皆「依倚雜經」，「自製名題」而產生，且其經非來自「外域」，亦未「承譯西賓」，故頗易辨識。祐公如上所述，與安公辨偽理論相參照，則顯有所發展。

法經於隋文帝開皇十四年撰就《大隋眾經目錄》，其所上〈表〉盛稱安公及安《錄》具創闢之功，曰：

> 道安法師創條諸經目錄，銓品譯材，的明時代，求遺索缺，備成錄體。自爾達今二百年間，製經錄者十有數家。

其後法經將疑偽經分作「疑惑」與「偽妄」兩類。其書〈大乘修多羅藏

錄〉第一〈眾經疑惑〉五指出疑惑經之特點為：

> 多以題注參差，眾錄致惑，文理復雜，真偽未分。事須更詳，且附疑錄。

是疑惑經多為一書異名，故眾錄每懷疑其真偽；而其書文理雜沓，真偽莫辨。斯乃疑經之特點。

而偽妄經之特點，《法經錄》〈大乘修多羅藏錄〉第一〈眾經偽妄〉六則云：

> 並號乖真。或首掠金言，而末申謠讖；或初論世術，而後託法詞。或引陰陽吉凶，或明鬼神禍福。諸如此比，偽妄灼然，今宜祕寢，以救世患。

是偽妄經之特點為「乖真」。「或首掠金言」以下六句，則其作偽之方法，亦為其「偽妄灼然」之具體證據。末處「今宜祕寢，以救世患」二語，可見法經反偽經之堅決，可與安、祐二公同科矣。

彥琮於隋世亦撰《眾經目錄》，凡五卷，其書有〈序〉，云：

> 佛法東行，年代已遠；梵經西至，流布漸多。舊來正典，亦由翻出；近遭亂世，頗失原起。前寫後譯，質文不同，一經數本，增減亦異。致使凡人得容妄造，或私採要事，更立別名；或輒構餘辭，仍取真號；或論作經稱，疏為論目；大小交雜，是非共混。流濫不歸，因循未定。將恐陵遲聖說，動壞信心；義關紹隆，理乖付囑。

考《彥琮錄》所著錄疑偽經「合二百九部、四百九十一卷」，是知隋世「凡人得容妄造」偽經，其情況甚為嚴重。「或私採要事」以下諸語，皆言妄造偽經之法，較之安、祐及法經諸公所述更為備悉。末數句言偽經之危害，「陵遲聖說，動壞信心」云云，可知彥琮反偽經之立場與態度亦至為明確。

至唐，釋靜泰亦為反疑偽經之健將，所撰〈大唐東京大敬愛寺一切經論目序〉云：

> 自悲雲西起，慈液東飛。肇漸昭於周星，終大明於漢日。蘭、騰

鬱乎首唱，竺、什欣然嗣武。【10】於是三乘警轡，八藏張門。懸二耀之高暉，亘兩儀之長久。曩屬當塗龍駭，典午鳧驚；函谷風埋，道鏡如隱；金陵水鬥，性珠俄逸。遂有論參經語，疏涉論名，乘秦大小，教齊凡聖。亦有黃巾之醜，混莊、釋為同源；素褐之首，格儒、佛為派緒。叼天侮聖，肆虐胸襟：顏子標光淨之談，尼父牓儒童之稱。進退惟谷，首尾陷機；竊負神器，偷安智識；波旬妄說，邪辯亂真；疑偽之興，寔由於此。庸庸之輩，握魚目而偶驪珠；皎皎之流，揚濁涇而分清渭。開士所以扼腕，高僧以之長息者也。

靜泰斯文，誠可視作反疑偽經之宣言。全篇駢四儷六，鏗鏘可誦。其〈序〉中所言，良足以振聾發聵，雖至愚之士聞之，亦應知所興起矣。

釋道宣撰《大唐內典錄》亦嚴於真偽之辨，其書卷第八〈歷代所出疑偽經論錄〉，前有〈序〉云：

古人云：「正道遠而難希，邪徑捷而易明。」斯言得矣。夫真經體趣融然深遠，假托之文詞意淺雜，玉石朱紫，逃者混之，至於通鑑，逃形無所，固當定名偽妄，何得隸在遲疑。故晉彌天釋道安著〈疑錄〉云：「（下略）」。安〈序〉如此。妄作者凶終，歸愚者沿至。代代其濫，不無或致。妖訛相接，或因飾偽邪命，斯徒眾矣！務須糺除。其中名目相同，與正不別，如《提謂》、《法句》之流，若不親尋，則迷名法。愚斯及矣，可不誡哉！自法流中原，三被屏除，及後開顯，未閱正經。好事狂生，我聞興於戶牖；流俗蒙叟，印可出於胸懷。並趨耳目之事情，故非經通之意致。詿誤後學，良足寒心。悲哉！末法遂及此乎？昔隋祖開皇創定經錄，校閱偽濫，卷將五百，已總焚除。今人中流傳，猶未銓敘。既是法穢，不可略之。故隨代顯明，庶知博觀之弘益也。

【10】此二句之「蘭」指竺法蘭，「騰」指攝摩騰，「竺」指竺法護，「什」指鳩摩羅什。

此〈序〉用語斬釘截鐵，如「固當定名偽妄，何得隸在遲疑」；「斯徒眾矣！務須糺除」；「既是法穢，不可略之」云云，則知宣公辨偽至嚴，態度亦甚堅決。又〈序〉中云：「如《提謂》、《法句》之流，若不親尋，則迷名法。愚斯及矣，可不誡哉！」《提謂》，指《提謂波利經》二卷，北朝比丘曇靖撰；《法句》，指《法句譬經》三十八卷，南齊蕭子良造。於此宣公提出辨別偽經，有使用「親尋」之一法。「親尋」者，不厭其煩親自追尋也。人人倘能如斯認真辨偽，則庶免被「妄作」者所紿。宣公揭示此法，亦佛經辨偽學一大貢獻。

釋智昇撰《開元釋教錄》，亦以辨真偽為宗旨。故其書卷第一，開宗明義即云：

> 夫目錄之興也，蓋所以別真偽，明是非，記人代之古今，標卷部之多少，撫拾遺漏，刪夷駢贅，欲使正教綸理，金言有緒，提綱舉要，歷然可觀也。但以法門幽邃，化網恢弘，前後翻傳，年移代謝，屢經散滅，卷軸參差。復有異人時增偽妄，致令混雜，難究蹤由，是以先德儒賢，製斯條錄。

觀是，則昇公固以別真贗，黜偽妄為其撰錄宗旨之一也。

《開元釋教錄》卷第十八有〈別錄中疑惑再詳錄〉第六，及〈別錄中偽妄亂真錄〉第七，昇公對疑、偽經皆有所深究，其辨偽理論亦於前人基礎上有所發皇。〈別錄中疑惑再詳錄〉云：

> 疑惑錄者，自梵經東闡，年將七百；教有興廢，時復遷移。先後翻傳，卷將萬計；部帙既廣，尋閱難周。定錄之人，隨聞便上，而不細尋宗旨，理或疑焉。今恐真偽交參，是非相涉，故為別錄，以示將來，庶明達高人重為詳定。

此處指出疑經日多，而前人撰錄多未深究，故昇公皆明白分別之。且為避免「真偽交參，是非相涉」，乃將疑惑經置之「別錄」，俾將來「明達高人重為詳定」。昇公如斯處理，多聞闕疑，實至聰明，亦至矜慎之方法也。

至其〈別錄中偽妄亂真錄〉則云：

> 偽經者，邪見所造，以亂真經者也。自大師韜影，向二千年。魔教競興，正法衰損。自有頑愚之輩，惡見迷心，偽造諸經，誑惑流俗，邪言亂正，可不哀哉！今恐真偽相參，是非一概，譬夫崐山寶玉，與瓦石而同流；贍部真金，共鉛鐵而齊價。今為件別，真偽可分；庶涇渭殊流，無貽後患。

有關偽經之界說，昇公言之至明。偽經者，乃為「邪見所造，以亂真經」者也。其經則「頑愚之輩」因「惡見迷心」而撰作，目的在「誑惑流俗」、「邪言亂正」，以期達致「真偽相參，是非一概」之誤導。是故昇公不得不嚴別其真贗，庶期「真偽可分」，「涇渭殊流」，而「無貽後患」。據以上所分析，皆足證昇公之辨偽理論，乃繼安、祐諸公之後又有所補充，有所發皇也。

安公對後世佛經辨偽學發展之影響，其第二方面則為利用佛經目錄之撰作，以辨析疑、偽經。

如前所述，安公於《綜理眾經目錄》中開闢「疑經」一錄，斯乃佛典目錄有辨疑偽經之伊始。自此以降，佛經目錄多有疑偽經錄，茲略舉數例以說明之。

僧祐最早仿效安公，《出三藏記集》卷第五〈新集疑偽經雜錄〉第三中力辨其所得之疑偽經。其中有十二部為疑經，祐公指出其特徵為「或義理乖背」，「或文偈淺鄙」，故其書往往真偽相參，訛贗難辨；而另八部為偽經，其特徵則屬確知為後人偽造者。[11] 疑、偽之別，自祐公後，從此明確剖分，殊有功於辨偽。而祐公於書中亦另辨及江泌處女

---

[11] 僧祐指出《灌頂經》乃丘慧簡「依經抄撰」，《提謂波利經》乃比丘曇靖撰，《寶車經》乃比丘曇辯撰，《菩提福藏法化三昧經》乃比丘道備撰，《佛法有六義第一應知》、《六通無礙六根淨業義門》皆比丘釋法願「抄集經義所出」，《佛所制名數經》乃釋王宗撰，《眾經要攬法偈二十一首》乃釋道歡撰。

尼子所出經及郢州頭陀道人妙光妄造經之偽。

　　隋釋法經亦用安、祐之法，於《大隋眾經目錄》中分「眾經疑惑」、「眾經偽妄」兩類以辨疑偽經。經公所辨疑經五十四部、六十七卷，偽經一百四十一部、三百三十五卷。兩者合計，凡一百九十五部、四百零二卷。釋彥琮於其《眾經目錄》卷四〈疑偽〉所辨疑偽經則增至二百零九部、四百九十一卷。是疑偽經至隋世，其數量不斷增加，故經、琮二公皆不可不加以分辨，以絕其偽。

　　至唐，釋智昇撰《開元釋教錄》，其書中〈疑惑再詳錄〉與〈偽妄亂真錄〉，凡辨疑經十四部、十九卷，偽經三百九十二部、一千五十五卷，可謂集前人辨疑偽經之大成。且昇公於前人所辨疑偽經意有所未安者，亦多別加辨證。舉例言之，如《寶如來三昧經》二卷，安公本列疑經，昇公則以其書「翻譯有源」，乃東晉沙門祇多蜜所譯，遂將之「編入正經」，以糾安公之惑。【12】另如《無為道經》二卷，釋明佺《大周刊定眾經目錄》本列之正錄，昇公親見其本，知為漢魏人撰集，乃編之偽錄，而不依《大周錄》。【13】如斯之例，不勝枚舉。又如上言《開元錄》辨偽經凡三百九十二部、一千五十五卷，惟其中三十七部、五十四卷，實安公以降諸錄所未曾載，而為昇公獨自搜集所得。【14】由是觀

【12】《開元釋教錄》卷第十八〈別錄中偽妄亂真錄〉第七，昇公云：「右《定行三昧經》下二十五部、二十八卷，苻秦沙門彌天釋道安錄中偽疑經。安公偽錄本有二十六經，今以《寶如來三昧經》翻譯有源，以曾兩譯，編之正錄，故此除之。」昇公又於《開元釋教錄》卷第三〈總括群經錄〉上之三，東晉沙門祇多蜜名下，特收《寶如來三昧經》二卷，斯即「編入正經」也。

【13】《開元釋教錄》卷第十八〈別錄中偽妄亂真錄〉第七，昇公於「《無為道經》二卷」條下云：「右一經，余親見其本，似是漢魏之代此方撰集，非梵本翻。《周錄》之中，編之入正，今以名濫真經，依祐編之偽錄。」可參證。

【14】前注書昇公云：「從《佛名經》下，三十七部、五十四卷，承前諸經皆未曾載，今《開元新錄》搜集編上。」可參證。

之，則昇公辨偽之成績殊難縷述，而其貢獻亦卓絕一時矣。

如上所述，則自僧祐以迄智昇諸大德，皆於其目錄書中特闢疑、偽二錄以載新得之疑偽經，並加考究，以辨證其中之訛贗，其目的蓋在明辨真偽，以警世拯俗。祐公等之所為，實皆秉承安公之彝訓，深受安公之啟迪，是則安公以目錄辨佛經疑偽之法，及其開創之功與影響後世之鉅，亦可覘之矣。

五、結語

綜上所述，中國古典目錄學與中國佛典目錄學均源遠而流長。古典目錄之有劉歆《七略》、班固《漢書·藝文志》，亦猶佛典目錄之有安《錄》、祐《錄》也。《七略》亡，其書存於《漢志》；安《錄》亡，其書在祐《錄》之中；兩相比況，其揆一也。安《錄》內容富贍，組織縝密，其創闢之力，較之劉《略》，殆有過之。至安公於佛經辨偽學，誠一代開山，若就此而論其地位之崇高，祐、經諸公雖繼斯而有作，恐亦良難企及也。而安公辨偽態度之堅決，辨偽方法與辨偽理論所具篳路藍縷之功效，則在在皆對僧祐以降諸名僧產生深遠之影響。有關安公辨偽之研究，中外學人鮮有探討及之。竊不度德、不量力，嘗試撰為此文，敬乞方家不吝指正。《易》曰：「同聲相應，同氣相求。」凡我同志，倘能賡拙作以撰琅文；刪蕪辭而著鴻篇。發皇安公盛業，嘉惠辨偽學壇，斯則余不勝翹盼並馨香感禱者矣。

修真與體道

──陳希夷「無極圖」與周濂溪「太極圖」闡微

鄧立光*

　　歷來言周敦頤〔字茂叔、學者稱濂溪先生〕（1017-1073）的哲學思想，總牽涉到濂溪援道援佛入儒的問道。本文先就濂溪的詩文考察其思想與感情，以了解濂溪思想學問的基本方向，再就《太極圖說》[1]與《通書》〔即《易通》〕的義理開展對「大極圖」內涵的論述。濂溪的「太極圖」及《太極圖說》為宋明理學的大手筆，而「圖」與《說》彰顯出性理之學與易道、丹道的內在關係。濂溪《太極圖說》混融儒、道最高層

---

*　本所兼任副教授。

[1]　學者言濂溪《太極圖說》或言合儒家之旨，或言非孔孟之言，或言以道入儒，或言合三教而為一，眾說紛紜，但基本體認是兼取各家而標宗儒門。任繼愈說：「《圖說》有云：『二五之精，妙合而凝。』又云：『唯人也，得其秀而最靈，形既生矣，神發智矣。』此則同於《原人論》，非儒家言也。又如：『分陰分陽，兩儀立焉，陽變陰合而生水火木金土，五氣順布，四時行焉』，此道家言也。至於所云：『聖人定之以中正仁義而主靜立人極焉』以下，皆儒家言也。蓋宇宙論之間架乃儒家所缺，故必采自二氏始有以立。其初期融合，則不免有涇渭合流之痕跡。語其主要宗旨固為儒門宗旨，無可議也。」（《燕園論學集・理學探源之理學之興起》〔北京：北京大學出版社，1984年4月〕，頁337。）任繼愈認為儒家思想缺乏宇宙論間架，故補以道佛二教的哲學框架。在三教融合之初，難免有合流痕跡，但其主要宗旨則屬於儒家。筆者認為：濂溪無取於唐宗密的《華嚴原人論》，一則陰陽五行之說本為道教所專，再則「唯人也，得其秀而最靈」之句實從《禮記・禮運》：「故人者，其天地之德，陰陽之交，鬼神之會，五行之秀氣也」而出，不取《原人論》的更重要原因，是《原人論》貶抑儒道，這就更不會為儒道充身的濂溪所取法。

次的思想，顯示了一幅空前宏大的的本體宇宙論【2】圖式（架構），以
《說》合「圖」，則「圖」的內涵有定解，而濂溪「太極圖」，考其源流
則來自陳搏〔字圖南、宋太宗賜號希夷先生〕（？-989）的「無極圖」，
故本文即以希夷的「無極圖」對顯濂溪的「太極圖」，以開展對濂溪哲
學思想的論述。

濂溪的生命情調

　　現存濂溪詩作及其他有關資料中，不少是紀遊佛寺道觀的，如
《遊大林寺》、《題寇順之道院壁》、《題大顛壁》、《經古寺》【3】、
《宿山房》、《遊赤水縣龍多山書仙臺觀壁》、《香林別趙清獻》、《宿
大林寺》及《東林寺留題》〔留題〕，可以肯定濂溪具有強烈的宗教感
情【4】。濂溪《讀英真君丹訣》云：

【2】中國傳統哲學對天道的體會，既講本體又講發用流行，故當代新儒家提煉出「本
　　體宇宙論」的哲學概念以反映我們傳統天道觀的這一特色。

【3】其他版本作「遊山上一道觀三佛寺」。

【4】濂溪的宗教感情有來自道教的，這是本文的著重點，也有來自佛教的，如世傳濂
　　溪從學於潤州鶴林寺僧壽涯，參禪於黃龍山慧南（1002-1069），問道於黃龍山晦
　　堂祖心（1025-1100），謁廬山歸宗寺佛印了元（1032-1098），師廬山東林寺常聰。
　　（見蔣伯潛：《理學纂要》第二章〈周濂溪〉〔臺北：正中書局，1978年4月〕，
　　頁23。）對於濂溪是否曾師事僧人的問題，錢穆以濂溪的生平行誼加以否定，而
　　肯定濂溪喜歡和方外交遊。見氏著《宋明理學概述》〔臺北：臺灣學生書局，1984
　　年2月〕，頁35。二程云：「周茂叔窮禪客。」（見《二程集·河南程氏遺書》〔北
　　京：中華書局，1984年8月〕卷六，頁85。二程應指伊川（1033-1107））這應是
　　指濂溪修真打坐，但如此說話顯然不十分尊敬，這與師徒二人的氣質差異有關，
　　伊川嚴毅，觀「程門立雪」之事可知。黃百家（黃宗羲之子，字主一）在《安定
　　學案》案：「伊川之敬禮〔安定〕先生（993-1059）亦至，于濂溪雖嘗從學，往

鄧立光　修真與體道——陳希夷「無極圖」與周濂溪「太極圖」闡微　519

　　始觀丹訣信希夷，蓋得陰陽造化機。子自母生能致主，精神合後
　　（處）更知微。【5】

首二句言濂溪讀英真君【6】丹書，認為希夷體認到生生不已的形上根源
（陰陽造化機）而悟得大道，由是知希夷的丹道為真；三四句言修煉，
「子自母生能致主」一句中，「母」指先天之炁「子」為後天之氣，由
「子」反於「母」，是內丹修煉逆行之路，「致主」是歸還於生命之主的
意思；「精神合處更知微」言精氣神三寶的效用；稱精氣神為「精神」，
是遷就詩律的用法，「合」實言修煉逆反過程（煉精化氣、煉氣化神）中
的「化」；異文中以「合處」較「合後」更能表達修真的當下體認；「知
微」是指對「子自母生能致主」的深切體認。這不是文人式的舞文弄墨，
而是對丹道有所實踐，識門徑，才能有如此體會。除此之外，濂溪與道
教的深厚關係，使其詩作多次出現道教常用的「真」字【7】，這當然不
是偶然或行文習慣，而是思想、精神與道教契合，嚮往成仙的志意使
然。

　　仙風道骨的濂溪一任自然，故窗前草不除【8】，又喜愛遊山，遊山

────────────

　　往字之曰『茂叔』，于先生非『安定先生』不稱也。」（《宋元學案》〔北京：中
　　華書局，1986年12月〕卷一，頁26。）

【5】《周敦頤集・雜著・詩》〔北京：中華書局，1990年5月〕卷三，頁66。

【6】錢穆認為英真君即《雲笈七籤》卷一《紀傳部》的陰真君。（見錢穆：《宋明理
　　學概述》，頁35。）陰真君是東漢和帝時人，其所修煉為外丹服食，與留有內丹
　　丹訣的英真君當非同一人。

【7】《題惠州羅浮山》：「闞（闞、一）上羅浮閒送目，浩然心意復吾真。」《周敦頤
　　集・雜著・詩》卷三，頁65。）《題鄜州仙都觀》：「欽（緬）想真風杳何在，偃
　　松喬柏共蕭森。」（同前，頁65。）《宿山房》：「徘徊真境不能去，且寄雲房一榻
　　眠。」（同前，頁66。）

【8】明道曰：「周茂叔窗前草不除去。問之，云：『與自家意思一般』。」（見《周
　　敦頤集・遺事》卷三，頁76。）

又喜到寺觀，並常說「俯仰不怍，用舍惟道，行將遁去山林，以全吾志。」[9]這種生命意趣正反映了濂溪受道教修真思想的重大影響。濂溪「胸中灑落，如光風霽月」[10]的濃重「仙氣」，對程明道（1032－1085）的影響很深；明道十五六歲時受業於濂溪，「遂厭科舉之業，慨然有求道之志。」[11]由明道自言「昔受學於周茂叔，每令尋仲尼、顏子樂處，所樂何事」，以及「自再見周茂叔後，吟風弄月以歸，有『吾與點也』之意」[12]等等，反映了濂溪的啟發誘導式教學，使學生順著各自的性向探求形上世界的義理，這種探求，不仰觀天文，不俯察地理，而是反求諸己，以逆覺體證把握生命之源、成德之基的天命心性。

濂溪亦儒亦道的思想特質，使他一方面追求出世逸境，寄意山林，另一方面入世居官，中通外直、清廉勤政。《任所寄鄉關故舊》云：

> 老子生來骨性寒，宦情不改舊儒酸。停杯厭飲香醪味，舉筋常餐淡菜盤。事冗不知筋力倦，官清贏得夢魂安。故人欲問吾何況，為道舂陵只一般。

濂溪有儒家對世道人心的悲憫情懷，故「短於取名而銳於求志，薄於徼福而厚於得民，菲於奉身而燕及煢嫠，陋於希世而尚友千古。」[13]明道也受到濂溪這方面的影響，故一則有「吾與點也」的清明爽朗，一則「窮性命之理，率性會通，體道成德，出入孔孟，從容不勉。」[14]由此

---

[9] 呂陶《送周茂叔殿丞序并詩》所引。見《周敦頤全書》〔南昌：江西教育出版社，1993 年 9 月〕卷六，頁 296。）黃庭堅（1045-1105）《濂溪詞並序》亦云濂溪「雅意林壑」、「平生之志，終在邱壑」（同前，頁 304。）

[10] 黃庭堅《濂溪詞並序》，《周敦頤全書》卷六，頁 304。

[11] 見伊川作《明道先生行狀》，《周敦頤集·遺事》，頁 75。

[12] 見《周敦頤集·遺事》，頁 75。

[13] 見黃庭堅《濂溪詞並序》。《周敦頤全書》卷六，頁 304。

[14] 河間劉立之敍述明道先生事，見《周敦頤集·遺事》，頁 75。

可知，濂溪一方面表現為林間高士，一方面又是典型的儒者；儒家的成德之學與道教的修真之道，在濂溪的生命裡渾融無間，體現了人品內外無隔的道德美，發而為高尚的生命情調。真正的道教高真，是亦道亦儒，既重視永恆生命的追求，也重視敦品立行【15】，匡扶人倫，這方面與理學家是一致的，如邱長春（1148-1227）祖師云：

> 捨己從人，克己復禮，乃外日用。饒人忍辱，絕念思慮，物物心憂，乃內日用。
>
> 先人後己，以己方人，乃外日用。清靜坐修行，乃內日用。
>
> 常令人心澄湛，十二時中時時覺悟，性上不昧，心定氣和，真內日用，修仁蘊德。苦己利它，真外日用。【16】

邱祖攝三教而歸本於道，濂溪則兼三教而歸本於儒。

【15】 濂溪《題大顛壁》：「退之自謂如夫子，《原道》深排佛老非。不識大顛何似者，數書珍重更留衣。」（《周敦頤集・雜著・詩》卷三，頁64。）濂溪諷刺韓愈既深排佛老，又珍愛大顛和尚，點出文士好大言的弊病。

【16】 見海王邨古籍重刊《道書全集》之《群仙要語・直言》〔北京：中國書店，1990年10月〕，頁709下。）

陳希夷「無極圖」[17]

自《周易參同契》結合《周易》與煉養，內丹學說多與易理相通。宋代圖書之學與道教的關係非常密切，劉牧（1011-1064）的《易數鈎隱圖》，收入《道藏》的靈圖類，淵源自陳搏、種放（956-1016）等高道。濂溪「太極圖」的來歷、眾說紛紜，朱熹（1130-1200）因讀到濂溪的《墓誌銘》[18]而肯定「太極圖」是濂溪自作[19]，但亦說「莫或知其師傳之所自。」[20] 朱震的《進周易表》認為穆修（979-1032）傳「太極圖」於濂溪[21]、胡宏（1105－1155/1102－1161）《通書序略》[22]說與朱漢上同。毛奇齡《太極圖說遺議》[23]認為「太極圖」本二氏所傳。歸納種種觀點，多以「太極圖」與道教有關。黃宗炎《圖學辨惑》[24]以周茂叔「太極圖」出於陳圖南「無極圖」。「無極圖」是修真圖，自下而上，逆而成丹。圖分五層，分論如下：

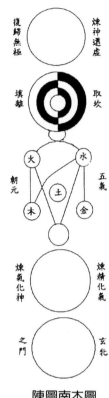

陳圖南本圖
自下而上 逆則成丹

---

[17] 陳希夷「無極圖」樣式取自黃宗炎：《圖學辨惑》。見施維等主編：《周易圖釋大典》〔北京：中國工人出版社，1994年12月〕，頁1189。

[18] 潘興嗣所寫濂溪《墓誌銘》謂濂溪「作『太極圖』、《易說》、《易通》數十篇。」（見《周敦頤集·附錄一》，頁85。）

[19] 《周敦頤集·太極通書後序》，頁43。

[20] 《周敦頤集·通書後記》，頁47。

[21] 《漢上易傳》，見《周敦頤集·附錄三》，頁128。

[22] 張伯行編：《周濂溪先生全集》卷七，見《周敦頤集·附錄二》，頁109。

[23] 毛奇齡：《西河合集》，見《周敦頤集·附錄三》，頁130。

[24] 見施維等主編：《周易圖釋大典》，頁1187-1188。

第一層：玄牝之門（「玄竅」為體，「玄關」為用）

「無極圖」最下的「○」是「玄牝之門」，「玄」為命門，「牝」指腎堂，但「玄牝」不實指，邱長春祖師云：

> 「玄牝」乃天地之根，在西南坤地，臍後腎前，非臍下一寸三分，非兩腎之空竅，此乃真竅，能得而知。上通泥丸，下通尾閭，中通心腎，中空內直，不可形求，不可意取，先天真種，實藏於此。通天地，通神聖，得則生矣，失則死矣。【25】

「玄牝之門」即所謂「玄竅」、「玄關」，在內丹修煉中居於關鍵位置。「玄竅」不在形軀的特定位置，不能指實，在修煉達到某種精神境界後才能把握到；「玄竅」是生天生地，生人生物的關鍵，由此而透出宇宙大原，這相當於《周易·彖傳》所言萬物資始資生的乾坤二元。丘長春祖師論「玄竅」的形上內涵云：

> 無內外，無邊傍，中有乾坤，理五氣，合百神，性命始於此，此結胎之所，根蒂之處，精氣神俱生於此。【26】

得道者對「玄竅」的體認，異時異地皆然；明代道士的《性命圭旨》對「玄竅」的存在性格敘述更為詳細：

> ……這個竅，元是廓然無際，神妙莫測的；元是渾然大中，不偏不倚的；元是粹然至善，純一不雜的。昭昭乎本是圓明洞徹而無礙，以為有，不覩不聞，奚所有也；以為無，至靈至神，未嘗無也；本無方所，亦無始終，未有天地萬物之先，這箇元是如此，既有天地萬物之後，這箇只是如此。至無至有，至有至無，乃乾坤之靈體，元化之玄樞。人人性命之本原，天下萬物萬事之大

【25】陳攖寧審定、胡海牙點校：《大丹直指·論玄竅》(邱長春真人秘傳本)，陳攖寧識於民國三十七年（1948）冬季，【http://www.dandao.org.tw/Culture/classics/LIBindex.htm】

【26】陳攖寧審定、胡海牙點校：《大丹直指·論玄竅》(邱長春真人秘傳本)。

本。太易所謂太極、四象、八卦皆由此出,大舜之謂中,孔子之謂一,帝王之授受,聖賢之相傳;明此,便是克明峻德,知此便是知《易》,見此便是見道,立此便是立天下之大本;通此,性由我盡,命自我立,造化盡在我矣!【27】

「玄竅」是宇宙的形上大原,也是道德性命的終極本原;從修真角度而言,天道以「體」言之則稱「玄竅」,以「用」言之則稱「玄關」;「玄竅」與「玄關」實是「體用一源,顯微無間」【28】。扶鸞作品《唱道真言》有云:

玄關一竅,微妙難知,以為在內非在內也,以為在外非在外也……夫未發非玄關也,既發非玄關也。惟將發未發,未發忽發之際,發之者玄關也。略先一息非玄關矣,略後一息非玄關矣。故玄關之在人,方其靜時,轉眼即是,及其動時,轉眼即非,是直須史耳、瞬息耳。自其大者而言,造化以前,方有玄關,何也?造化以後,天地日趨於動也。天地之動誰為動之?玄關動之也。一動之後,即非玄關矣。自其小者而言,鳶之飛也,魚之躍也,昆蟲之化也,蟪姑之鳴也,誰為飛之躍之化之鳴之?玄關為之也。……惟靜之又靜,寂之又寂,玄之又玄,空之又空,方得此玄關一竅。此竅也,乃真心、真性、真精、真神、真氣之所自出,而玄關者為之機括耳。……心何以明,忽然而明,此玄關也。性何以見,忽然而見,此玄關也。玄關為明心見性之靈機,結胎煉丹之妙括。【29】

【27】明代尹真人弟子撰:《性命圭旨》〔上海古籍出版社,1989年12月〕,頁59。

【28】此語出於程伊川,見《伊川易傳·序》〔上海:上海古籍出版社,1989年11月〕,頁3上。

【29】《唱道真言》卷一,見守一子(丁福保)編纂:《道藏精華錄》〔杭州:浙江古籍出版社,1990年6月〕,頁三後四前。

「玄關」出現於將發未發,未發忽發之際,但一動即入經驗界,不可復言「玄關」。此義猶言天道發用而元氣流行,而陰陽消長(元氣流行)不是天道。心、性與精、氣、神由「玄竅」出,然而明心見性以「玄關」為靈機,即使「明」與「見」得以生現的關鍵,而煉丹結胎也以「玄關」為妙括,是說玄珠之成、聖胎之結亦以「玄關」為關鍵,「玄關」實與理學所言性體的「發用」同義,故能體認把握「玄關」即可體認天道。

第二至四層:煉形還虛

第二、三、四層分別為「煉化」、「和合」、「得藥」,是修煉過程的逐步昇進。煉精化氣、煉氣還神雖為精氣神的依次轉昇,但仍不離「玄牝之門」,此因煉化以回復生命「本來面目」為鵠的。「五氣朝元」是化有形生命進入五行境界,但此五行並非一般所言的五行生尅,而是言四行相生,土土居中以主四方,故土行不設連線,其義誠如董仲舒(前179- 前104)所云:「土居中央,為之天潤。土者,天之股肱也,其德茂美,不可名以一時之事,故五行而四時者,土兼之也。金木水火雖各職,不因土,方不立……土者五行之主也」[30],與緯書所云:「土之為位而道在,故大不預化。」[31]「水」、「火」相交而連線於下方的「○」以示不離「玄牝之門」,二行亦向上連線相交,昇入取坎填離的「得藥」境界,生命由五行境回融至陰陽境。

第五層:虛入無極

最高一層為煉神還虛,復歸「無極」[32]。修煉由形軀上昇至五行氣

---

[30] 蘇輿:《春秋繁露義證・五行之義》〔北京:中華書局,1996年9月〕,頁322。

[31] 黃奭輯:《春秋元命苞》〔上海:上海古籍出版社,1993年4月〕,頁74。

[32] 「無極」一詞有取於《老子》。《老子》言「知其白,守其黑,為天下式。為天下式,常德不忒,復歸於無極。」〔見朱謙之《老子校釋・道經二十八章》〔北

化一層，再轉進即離氣入理，證入「無極」；「還虛」是一飛躍，即禪宗所言的頓悟，理學所言的一旦豁然貫通。修真到了這一層，已昇進至「墮肢體，黜聰明，離形去智，同於大通」的「坐忘」境界【33】，而存在式的（非思想性、概念式的）「天人合一」也真實的呈現出來。

「無極圖」分五層，用以顯示開展的次序。不同層級的「○」，其本質、內涵俱相同，猶如佛因之與佛果，因則種生，果則種成，由因至果為佛種的開展與攝聚。「○」貫穿各層，顯示內丹修煉以得「玄牝之門」（玄竅）為始，以復歸「無極」為終；由始至終，不離玄竅真宰。如此則煉化有所依，而生命與道合一為可能。得道者雖不落入追求形軀長生的窠臼，但可奪造化之機，使「宇宙在乎手，萬化生乎心」【34】，而有種種神通。內丹煉養本來是身心俱到的性命之學而不止於強身健體或單純精神境界的提昇。性命之理本來奧妙無窮，人透過修煉而回歸性命之原時，亦能與宇宙同其奧妙。

性命為體、神氣為用

天道性命相貫通的玄義，由修真可獲得具體而特殊的確認。丹道所言的性命，與儒家所言本質一致，《性命圭旨》云：

> 何謂之性？元始真如，一靈炯炯是也。何謂之命？先天至精，一炁氤氳是也。然有性便有命，有命便有性，性命原不可分，但以

京：中華書局，1984年11月〕，頁113。〕《老子》本章言知白守黑，義同知陽守陰、知強守弱。「為天下式」言為天下之則（式），指表現出人當遵守的、最高的價值及根本原則。能知白守黑的人，不會偏離恆真的德性，而復歸於道（無極、宇宙的大原）。

【33】 郭慶藩：《莊子集釋‧大宗師》〔北京：中華書局，1982年8月〕，頁284。

【34】 見崆峒道士鄒訢(朱熹)：《黃帝陰符經註解》。《道藏》〔文物出版社、上海書店、天津古籍出版社聯合影印本，1988年〕第二冊，頁826。

鄧立光 修真與體道——陳希夷「無極圖」與周濂溪「太極圖」闡微 527

其在天則謂之命，在人則謂之性，性命實非有兩，況性無命不立，命無性不存。而性命之理，又渾然合一者哉！……謂性者神之始，神本於性而性未始神，神所由以靈；命者氣之始，氣本於命，而命則未始氣，氣所由以生。……故身心——精神之舍也；而精神——性命之根也；性之造化係乎心，命之造化係乎身。【35】

丹家對性命的體會是由修煉悟入，與儒家言性命的角度不一，但其最高原理還是相通的。「性」是元始真如，是宇宙根源，一切價值皆從此出。「性」的本質是虛靈不昧的「靈」，宇宙生生不息，而天地恆久變化，是「一靈炯炯」的作用。「命」是化生具體萬物的形上關鍵（先天至精），是宇宙萬物的形上根源，是不可得而見的「炁」態（一炁氤氳）。在天則謂之「命」，在人則謂之「性」，「性」的造化與心相關而「命」的造化與身相關，「性」、「命」為身心所以存在的根源；「性」與「命」又是一體兩面，「性無命不立，命無性不存」。「性」所以出「神」，「命」所以生「氣」，故神氣的根本也在「性命」。《性命圭旨》云：

心性者本體也……惟此本體，以其虛空無朕，強名曰中，以其露出端倪，強名曰一；言而、中即一之藏也，一即中之用也；故天得此而天天，地得此而地地，人得此而人人，而天地人之大原，原於此也。【36】

「心性」是在精神境界中呈現出來的價值源頭，「心性」既是本體亦有發用，故言「中」言「一」。天以「心性」而成其為天，地以「心性」而成其為地，人以「心性」而成其為人。故「心性」的內涵與天道同。

道教的性命之學，不止色身的煉養，同時是宗教修為的深化與精神境界的提昇。儒家的盡心知性與道教的得丹結胎，實並行不悖，而同歸於「無極」。丹道必須實修，次第轉進，關閉理性，直觀道原而復歸本

【35】《性命圭旨》，頁26-27。
【36】《性命圭旨·元集·大道說》，頁20-21。

真，這種實修功夫能洞達生命境界的立體與層級，也是道教修真不可及之處。若與建構概念系統的純智哲學相較，則哲學為純粹的原則，而丹道為原則而兼具體內容。

周濂溪「太極圖」[37]

修真貫通天道性命，與儒家盡心知性知天之義無本質差別，故濂溪可變修真圖譜為宇宙生化圖。「無極圖」由人身小宇宙開始，逆行為煉化還無；「太極圖」由天道大宇宙開始，順生為理氣流行。兩圖一逆一順，構成「天人合一」的特殊形態，反映修真煉養的復歸「無極」，與哲學系統的天道性命密合無間。「太極圖」運用道教的修真歷程以開顯先秦儒家的道德形上學，而包羅了傳統哲學的重要內容，如道家道生萬物、陰陽五行等宇宙論思想，以及儒家天命心性、理氣相即等心性學說。「太極圖」與「無極圖」的所有圓圈「○」內涵相同，表示宇宙與道德的共同形上根源。各層的「○」顯示「理一分殊」[38]的義理格局。「太極圖」各層分論如下：

---

[37] 本文採用《四庫》本朱震《漢上易傳》所繪濂溪「太極圖」圖式，以其引用最廣，故從之。有關各種濂溪「太極圖」樣式，可參閱鄭吉雄：〈周敦頤《太極圖》及其相關詮釋問題・附圖〉，搜羅頗備。見氏著《易圖象與易詮釋》〔臺北：喜瑪拉雅研究發展基金會，2002 年 2 月〕，頁 289-303。

[38] 「理一分殊」的義理源於佛學，見永嘉玄覺法師（665-713）《永嘉證道歌》云：「一性圓通一切性，一法遍合一切法，一月普現一切水，一切水月一月攝。」水月之喻，被概括為月印萬川。華嚴宗第五祖圭峰宗密禪師（780-841）《華嚴法界觀門》云：「能遍之理，性無分限。所遍之事，分位差別。一一事中，理皆全遍，非是分遍。」

(1) 第一層「無極而太極」

《太極圖說》云：「無極而太極」。「○」表示「無極而太極」這本體宇宙論式的、由天道之本然至於與氣化相即的體認，代表宇宙的終極存在，為宇宙大原。「無極」言道的自身，不連繫於氣化，「無極」是宇宙的本然狀態，人不能對宇宙的本源狀態有任何認識。由體道過程而產生對道的體認，此能被體驗的道已入於認識論範疇，謂之「太極」。「太極」作為生化源頭，關連於氣而其自身非氣，故《繫辭》言：「太極生兩儀，兩儀生四象，四象生八卦」，是言「太極」與兩儀、四象、八卦所代表的氣化情狀連成生化進程的整體。「○」順生天地萬物的過程中，傳統哲學的理氣、陰陽、五行等系統全部納入。

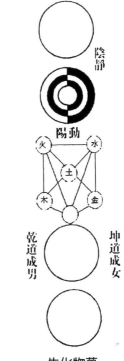

《四庫全書》本之朱震《漢上易傳》本

(2) 第二層「陽動陰靜」

《太極圖說》云：「太極動而生陽，動極而靜，靜而生陰，靜極復動；一動一靜，互為其根；分陰分陽，兩儀立焉。」第二層圖式以「坎」、「離」二經卦的陰陽相間表達陰陽消長，而帶出化生萬物的內涵；「○」代表無極而太極，但天道與氣化畢竟同在而異質，因此本層圖式展示了理氣相即，道不離氣的理學觀點。

太極之動，動而無動，不生成陰陽之氣，而陰陽氣變必因太極之動而得以顯示。氣變不直接呈現於現象界，故雖「動」而無相可見；由太極之動而顯出「陽」的內涵。「陽」是氣化的一端；「生」不是母生子之生，而是表達對道「行」而氣「動」的體認。《通書·動靜》

云：「動而無靜，靜而無動，物也。動而無動，靜而無靜，神也。動而無動，靜而無靜，非不動不靜也。物則不通，神妙萬物。水陰根陽，火陽根陰。五行陰陽，陰陽太極，四時運行，萬物終始。混兮闢兮，其無窮兮。」[39] 經驗世界中的物理事實，其現象皆動靜分明。「動而無動，靜而無靜」是對形上世界的體認：道有動靜，而其動靜非經驗世界的動靜，故用動靜之語，比擬而已。動而實無此動，靜而實無此靜所反映的境界，是以經驗界語詞把握形上真理的弔詭。「神」指謂道體的活動義。道體的「活動」是萬物生生的內因。萬物生生，自有氣化運旋，而氣化情狀，陰陽互為消長，而又彼此互涵，由此而有五行生剋。五行出於陰陽，陰陽因於太極。氣化無止，則四時運行不息，萬物終始往復。氣變情狀，有混沌，有闢開；一開一合而變化不息。

太極的「動」至於其極，而顯出「靜」態，在這種「靜」態中顯出陰的內涵。靜非真靜，是極動之謂，動極而有不動的假相，由此靜極再次顯出動來。此動靜用以表示宇宙根源是不息的「動」，而「動」有張弛，張至於極則歸於「靜」。「極」是極至的意思，「動極」只是譬況之詞；圓轉最快，動速最高之時，狀似靜止。由此靜狀而言「陰」。「靜而生陰」非言陽生陰，而是指因陽以見陰。「而」所反映出來的就是陰陽消長之情。陰陽是一氣的兩種狀態，其「動」者稱「陽」，而「靜」者稱「陰」；由名而返實，則知動靜互涵，「靜」是「動」的另一形態。靜之極則復現動態，「極」就其所反映的形上體會，是陰靜之中顯出陽動，這可意會而不能言詮，遂以「極」字來表述。因此，「靜極復動」是對氣化「陰」、「陽」兩種「動」態的體認。

「動」、「靜」是氣化流行的寫照，「動」與「靜」俱是動的狀態，故動靜互涵（互為其根），動由靜出，靜因動生。道「行」則氣「動」，

【39】《周敦頤集》卷二，頁 26。

氣「動」之極則「靜」生，「靜」至於其極而顯「動」相。一氣流行既分動靜二態，由此而言陰陽以對應動靜。陰陽兩個儀軌（兩儀）作為一氣流行的法則便得以確立。

（3）第三層「五行各一其性」

太極圖說》云：「陽變陰合而生水火木金土，五氣順布，四時行焉。」陰陽合變而有五行生尅，土行居中以推動四行，不直接生物，故妙合大道者為木火金水四行。理氣相即，故五行歸本於「○」。氣化以陰陽言大體，以五行言分流；陰陽、五行皆氣化流行的一體兩面，但敘述須有先後，此是邏輯先後，非其體性有先後，實則言陰陽則包涵五行，言五行亦包攝陰陽。陰陽消長顯示萬物生生不窮，五行生尅帶導物生方向。五行是元氣流行的生化力度與向度，變合是動靜消息，由此動變與和合而顯出五行的生尅相。

五行（即五氣）相生而為春夏秋冬的四時更迭，順布實指相生。五行化生的關係以連線表示（在各種濂溪「太極圖」中，五行一層的連線最紛紜），土行居中而主四方，故有四對角線以為連繫；四行之間的直連線表示相互的生尅關係，而連線於「○」，用以表示理氣相即；土行與道化同義，助成四行而不顯己位，故與「○」沒有連線。

（4）第四層「乾道成男，坤道成女」

《太極圖說》云：「五行，一陰陽也；陰陽，一太極也；太極，本無極也。五行之生也，各一其性。無極之真，二五之精，妙合而凝。乾道成男，坤道成女。」濂溪就天道氣化的總體再作解說，言天道氣化的相即關係與陰陽五行的化生萬物。五行是氣化作用最明顯的。五行的力度與向度，是陰陽消長的表現，無陰陽消長便沒有五行生尅。陰陽的變合，繫於「太極」的動靜。「太極」帶著氣化而言，其根本是「無極」。由五行往後返，直扣道源，以見「無極」至五行一體相即的關係，而五

行各得氣化的一體，形成相反相成的生尅關係。

無極的「真」與陰陽五行的「精」，出於《道德經》二十一章【40】，「真」與「精」是體道者所把握到天道內容，而萬物化生的關鍵就出現在「真」與「精」的妙合而凝處。因此，「無極之真」言道體生生的所在，「二五之精」表達陰陽五行所以化生之處。「妙合」言天道與氣化關聯，指道「行」而氣「動」的體會；「凝」點出萬物化生的所在。道與氣合，則物之性與形俱生。《通書·理性命》云：「二氣五行，化生萬物。五殊二實，二本則一。是萬為一，一實萬分。萬一各正，小大有定。」【41】就天道氣化言之，陰陽消長，五行生尅，而後萬物的生生可言。五行各得一性，陰陽各有一體，二體實為道體。因此，萬物歸於道，理一分殊，各正性命，宇宙萬物各得其性之正以成其物，物以類分而有定。乾道指「乾」父與「震」、「坎」、「艮」三男，坤道指「坤」母與「巽」、「離」、「兌」三女。成男成女之所以高於萬物化生，是天地人三才思想的體現。「○」表示人所以為人的根本價值仍是道德所從出的「天理」。因此，濂溪「太極圖」雖分五層而歸本於人，故《太極圖說》云：

> 惟人也，得其秀而最靈。形既生矣，神發知矣，五性感動，而善惡分，萬事出矣。聖人定之以中正仁義，而主靜立人極焉。故「聖人與天地合其德，日月合其明，四時合其序，鬼神合其吉凶。」君子修之吉，小人悖之凶。故曰：「立天之道曰陰與陽；立地之道曰柔與剛；立人之道曰仁與義。」又曰：「原始反終，故知死生之說。」大哉《易》也，斯其至矣！

只有人能表現出天道的秀質而最為靈通，這是濂溪對人具有價值自覺的肯定。形軀體態已經存在，而精神亦發出認知作用；五行之性（五性）在形軀則為氣性；氣性感動於物，而有由意念至於行為的種種反應，這

【40】朱謙之：《老子校釋》，頁89。

【41】《周敦頤集》卷二，頁30。

些反應有善有惡，紛繁的人事因此出現。聖人作為人類道德行為的典範，在人類社群中以中正仁義作為立教的中心；對心性的體會，必須落在心性自身然後為真，「主靜立人極」的主靜，濂溪自注「無欲故靜」，這不是說無欲念牽動而心境平和安靜，而是無欲念牽動才進入「靜」的內容，這「靜」不是動靜之靜，而是《禮記‧樂記》所言「人生而靜，天之性也」【42】的「靜」，「靜」實指性分的玄妙深細；「主靜」實言用力於體會人性分中玄妙深細之處（即本心善性），以此確立為人的最高原則，《通書》開首四章（〈誠上〉、〈誠下〉、〈誠幾德〉、〈聖〉）即是體會本心善性的表現。因此，《乾文言》所言：「夫大人者與天地合其德，與日月合其明，與四時合其序，與鬼神合其吉凶」【43】的「合」，表現出大人（聖人）在誠、神、幾三方面的修為已達到天人合一的境界。

　　君子以中正仁義自修而有吉慶，小人反是而自招禍敗。《說卦》云：「立天之道曰陰與陽，立地之道曰柔與剛，立人之道曰仁與義。」言三才之道俱立而以仁義為人道核心。《繫辭上》云：「原始反終，故知死生之說」，即人在回溯生命價值的始點，反過來對人生的意義有所體會，因此對生命的始終、形軀的生死都有一道德價值上的體會：生命實在是追求道德價值實踐與完成的過程。《周易》的哲理對道德生命的極成而言，真可謂說到盡處了（大哉《易》也，斯其至矣）。

　　濂溪結合《易傳》與《中庸》所言的「誠」，作為生化宇宙萬物的形上根源和道德根源。《通書‧誠上》云：「誠者聖人之本。『大哉乾元，萬物資始』，誠之源也。『乾道變化，各正性命』，誠斯立焉，純粹至善者也。故曰：『一陰一陽之謂道，繼之者善也，成之者性也。』元、亨，誠之通；利、貞，誠之復。大哉《易》也，性命之

【42】孫希旦：《禮記集解》〔北京：中華書局，1989年2月〕卷三十七，頁984。

【43】孔穎達：《周易注疏》〔上海：上海古籍出版社影四庫本，1989年11月〕卷一，頁43。

源乎！」【44】《乾彖》云：「大哉乾元，萬物資始」，是言乾元為萬物所以存在的始點，這是宇宙論式的體會。濂溪以此言「誠」的根源。《乾彖》云：「乾道變化，各正性命」，「變化」是指《乾‧卦辭》的「元亨利貞」，表示乾的生生不已。乾卦大象為天，故「乾道」即天道；乾道變化不已，萬物各自的性命亦得以貞定。濂溪以乾元為道德實體的「誠」，作為生命中的道德根源（價值根源），並引《繫辭上》言「一陰一陽之謂道，繼之者善也，成之者性也」為經證。「元亨」為「誠」的流注，「利貞」為「誠」的結穴，是宇宙根源與價值根源合一的思想展示。「誠」作為天道性命的載體，故《通書‧誠下》云：「聖，誠而已矣。誠，五常之本，百行之源也。」【45】

（5）第五層「萬物化生」

《太極圖說》云：「二氣交感，化生萬物，萬物生生而變化無窮焉。」萬物雖有形別，但「○」所表示者為統體一太極，物物一太極的思想。二氣交感而生萬物，即《泰‧象》云：「天地交，而萬物通也」的意思。「交感」指感應，氣化能生萬物，其原因是由於元氣陰陽的交感互應。萬物生生，則生化大流永續不斷。生生之義，在於其無終窮而亦變化不定。

結論

歷來有影響的內丹著作，都有哲學與宗教合一的精彩內容，而以天道性命為最高學理依據。【46】只要我們正視丹道的深層意義，便能更深

【44】《周敦頤集》卷二，頁12。

【45】《周敦頤集》卷二，頁14。

【46】如尤侗（1618-1704）在《性命圭旨‧序》云：「是書獨揭大道，而儒釋妙義，發揮旁通，要之以中，合之以一，而盡性至命之理，殊途同歸。」

入了解「天人合一」的內涵，而「宇宙在乎手，萬化生乎心」的玄義也可得到真切的體認。對修真有把握者，對哲學理境亦相應有存在式的體認，天道性命相貫通的真義，不能在概念上求分解，只能從實修中見真幾，這對儒家的心性之學是另一種體驗。

道教的煉養有養生的功能【47】，但以得道成仙為最終目的；修真煉養是對身心有特殊要求的宗教行為，修煉者透過煉精化炁、煉炁還神、煉神還虛等逆進方式，而達到與造化相忘的「天人合一」境界，從而變化陰陽而輔成天道。修真煉養與天道性命具有某種內在一體性，但要體驗這種一體性，則不論從道教的內丹修煉出發，抑或由理學的天道性命開始，都需要用生命去印證。踐行道德之外，默坐澄心，於靜中養出端倪，也是理學家的工夫，朱熹、王守仁（1472-1529）等大儒皆如此；這種反溯心源的內省工夫，使儒者可以參天地而贊化育，致廣大而盡精微；修真之士亦由煉神還虛而能覽天地於無窮，奪造化之神妙，至於道德教化，自為己之份內事。

濂溪濃重的宗教感情，以及對修真的深切體認，使他融通儒、道（教），而具備深廣的哲學睿見，故「太極圖」緊緊結合老子思想、道教宇宙論，以及《易傳》、《中庸》為主的儒家道德學說，消融了儒道的思想分野。由於濂溪的宗教經驗，使他了解人身小宇宙與理氣大宇宙的一體關係，故能以「無極圖」為基型以展示「太極圖」的心性哲學，而開出理學發展的宏規。

【47】就養生而言，現今稱之為氣功。氣功功法本質上是宗教性的，因此，練習者往往在鍛練過程中看見宗教性的幻象，這是氣功功法的屬性使然，不是練功者的主觀意願（如沒有宗教信仰、不把氣功與宗教聯繫等等）可以排除的。

景印香港新亞研究所《新亞學報》（第一至三十卷）

稿　約

（一）本刊宗旨專重研究中國學術，以登載有關中國歷史、文學、哲學、教育、社會、民族、藝術、宗教、禮俗等各項研究性之論文為限。

（二）本刊年出一卷，以每年八月為發行期。

（三）本刊由新亞研究所主持編纂，歡迎海內外學者賜稿。

（四）來稿每篇以三萬字為限，請附中文提要（二百字內）；英文篇題；通訊地址、電話、傳真及電郵地址。

（五）來稿均由本所送呈專家學者審閱，以決定刊登與否。

（六）本所有文稿刪改權，如不同意，請預先聲明。

（七）文責自負；文稿若涉及版權問題，由作者負責。

（八）來稿請勿一稿兩投。本所不接受已刊登之文稿。

（九）來稿如以電腦處理，請以 word 系統輸入，並隨稿附寄電腦磁片。

（十）請作者自留底稿。來稿刊用與否，恕不退還。若經採用，將盡快通知作者；如半年後仍未接獲採用通知，作者可自行處理。

（十一）本刊所載各稿，其版權及翻譯權均歸本研究所；作者未經本所同意，不得在別處發表或另行出版。

（十二）來稿刊出後，作者每人可獲贈本刊二本及抽印本三十冊，不設稿酬。

（十三）來稿請寄：

香港　九龍　農圃道 6 號，新亞研究所

《新亞學報》編委會收

Editorial Board, New Asia Journal

New Asia Institute of Advanced Chinese Studies

6 Farm Road, Kowloon

Hong Kong

景印香港新亞研究所　《新亞學報》　（第一至三十卷）

版權所有
不准翻印

新亞學報 第二十二卷

編　　輯：新亞研究所

　　　　　九龍農圃道六號

　　　　　No. 6, Farm Road, Kowloon, Hong Kong

　　　　　電話：(852) 2715 5929

發　　行：新亞研究所圖書館

　　　　　九龍農圃道六號

　　　　　No. 6, Farm Road, Kowloon, Hong Kong

　　　　　電話：(852) 2711 9211

定　　價：港幣二百元

　　　　　美金二十五元

　　ISSN: 0073-375X

出　　版：二〇〇三年十月初版

景印香港新亞研究所 《新亞學報》 （第一至三十卷）

新亞學報

目　錄

第二十二卷　　　　　　　　　　　　二〇〇三年十月

	前言 .... 陳志誠
(1)	珍重珍重——我對新亞校歌的體會 .... 孫國棟
(2)	荀子言「心可以知道」釋疑 .... 唐端正
(3)	墨學「言‧義」的哲理體系 .... 陳啟雲
(4)	雍正私生活的窮奢極侈 .... 楊啟樵
(5)	三十九卷本《拍案驚奇》對學界的影響 .... 蔡海雲
(6)	《清脾錄》作者與中國文士潘庭筠、李調元的 　　情誼和文字交往 .... 鄺健行
(7)	漢代郡縣鄉亭之等級 .... 廖伯源
(8)	中國現代學術典範的建立：救亡思潮和胡適的 　　《中國哲學史大綱》 .... 翟志成
(9)	福建在國史上地位的分析 .... 李金強
(10)	司馬氏篡魏軍政憑藉考 .... 張偉國
(11)	二十五史編纂時間緩速比較研究——附清史稿 .... 黃兆強
(12)	海上絲路與環球貿易 　　——以十六至十八世紀中國海外貿易為案例 .... 李木妙
(13)	近三百年嶺南十家詞選析 .... 韋金滿
(14)	杜佑《通典》的經世本質 .... 鄧國光
(15)	論新詩人兼作舊體詩的原因 .... 朱少璋
(16)	明太祖朝貢貿易體制的建構與挫折 .... 鄭永常
(17)	東晉釋道安對佛經辨偽學之開創及其成就與影響 .... 何廣棪
(18)	修真與體道 　　——陳希夷「無極圖」與周濂溪「太極圖」闡微 .... 鄧立光

NEW ASIA INSTITUTE OF ADVANCED CHINESE STUDIES

頁 33 – 555

景印香港新亞研究所《新亞學報》（第一至三十卷）